中国纺织工业年鉴

ALMANAC OF CHINA'S TEXTILE INDUSTRY

1993

《中国纺织工业年鉴》编辑委员会　编

The Editorial Board of the Almanac of China's Textile Industry

中国纺织出版社

Textile Press of China

中　国　北　京

Beijing China

·中国纺织工业年鉴　1993·

《中国纺织工业年鉴》编辑委员会　编

《中国纺织工业年鉴》编辑委员会

任重道远　为进一步发展我国纺织工业而努力奋斗

中国纺织总会会长
（原纺织工业部部长）

吴文英

1992年是纺织工业发展遇到重重困难的一年，更是纺织战线广大职工奋勇拼搏的一年。特别是经过纺织系统广大职工艰苦努力，终于实现了国务院领导同志提出的1992年要制止经济效益继续滑坡的目标，利税总额比上年增长22%，成绩来之不易。1992年全国纺织业（社会统计口径）工业总产值已达4526亿元，占全国工业总产值的16%，出口创汇占全国出口总额的29.2%，仍是我国国民经济的支柱产业、创汇产业，具有举足轻重的地位。1992年纺织工业在结构调整、技术改造、利用外资、科学技术、深化改革等方面都取得可喜的成绩，我国纺织工业的综合实力又有新的提高。

离本世纪末还剩七、八年的时间，这不仅是我国社会主义现代化建设的关键时期，更是纺织工业追赶世界先进水平、缩小差距的关键时期。到2000年，我国纺织工业的奋斗目标是：全国人均纤维消费量由目前的4.2公斤提高到5.2公斤；出口创汇力争突破400亿美元大关，吨纤维出口创汇水平要达到10000美元以上；纺织工业劳动生产率提高50%，达到36000元/人·年以上。实现上述目标，任务相当艰巨。特别是今后我们面临的问题，如棉花等原材料价格上扬、为适应国内外市场激烈竞争而必须进行的技术改造任务代价更为高昂、复关后对国内纺织品市场带来的冲击、日益加重的老企业负担等等一系列问题，解决的难度更大，工作将更为艰苦。

90年代是机遇与挑战并存的年代。我们要抓住机遇，迎接挑战，在党的十四大精神指引下，围绕建立社会主义市场经济体制的目标，进一步深化改革，扩大开放，搞好结构调整，依靠科技进步，使我国纺织工业登上新台阶。尽管我们面临的困难和问题很多，但是，有以江泽民同志为核心的党中央的正确领导，有1300万勇于开拓，苦干实干的纺织职工，通过坚韧不拔的努力，我们一定能够战胜困难，实现既定的目标。

编　辑　说　明

一　《中国纺织工业年鉴》是一本反映我国纺织工业生产建设历程的资料性工具书，本期为1993年刊，是创刊以来的第八册，内容以1992年的资料为主。全书包括综述、行业、地方、文献、人物、大事记、企业、成果、统计、附录、名录等篇，计75万字。

二　本期年鉴在综述、行业、地方三篇中把过去的文章式改成现在的条目式，这是初步尝试，因此一定有许多不完善之处，欢迎广大读者多提宝贵意见。

三　本期年鉴在结构上也作了一些调整，增加了新内容，使年鉴更具资料性和实用性。

例如在综合篇中，增加了利用外资、纺织市场等内容。在企业篇中，本期首次刊登了棉、毛、麻、丝绢、针织、服装、化纤、纺机器材等八个行业1992年在利税总额、销售收入名列前茅的企业名单，可供广大纺织企业了解行业中的一些情况。

四　纺织工业部作为新中国成立后的第一批国家经济管理部门之一，在从1949年至1992年长达44年的历史时期中，共有31位部级领导，他们为新中国纺织工业的发展，做出了不可磨灭的贡献，因此在人物篇中刊登了他们的照片和简历，这组资料是相当珍贵的。

五　由于机构变动等原因，1992年统计数字上报较迟，同时由于统计口径不完全一致，因此各篇引用的数字可能与统计篇的数字略有出入，凡不一致的地方，以统计篇的数字为准。

六　为了方便国外读者查阅，统计篇采用中英文对照。

七　由于编辑水平所限，在材料筛选、文字加工、体例统一等方面定有不少疏漏和欠妥之处，请读者多提意见，以便改进，使《中国纺织工业年鉴》的质量不断提高。

八　本期年鉴在编纂和出版过程中，得到了许多单位和同志的大力支持，在此一并致谢，并衷心希望以后能继续得到大家的帮助。

《中国纺织工业年鉴》特约编辑

（按姓氏笔划为序）

于立峰	卞大中	刘　刚	刘秉悌	孙依群
孙家宝	孙悦墨	李冬梅	李秀梅	李宝珠
吴大林	杜定广	肖浔兰	何永进	杨天赐
张　辉	张书令	张乐生	张克俊	张绍令
罗永芳	罗全林	周良才	周国书	胡尔寿
侯开伦	俞忠明	栗万钧	唐湄媞	袁志鸿
黄伯和	蒋子云	訾德祯	黎东简	

李鹏总理接见台湾纺拓会董事长赵谅公先生。吴文英部长陪同接见。

季国标副部长会见美国杜邦集团公司执行副总裁科罗先生。

杜钰洲副部长视察 ▶
哈尔滨市纺织企业。

▼ 王曾敬副部长视察纺织企业。

▲ 刘珩副部长视察苏州光明丝织厂，
了解国产喷水织机的情况。

◀ 许坤元副部长视察
江苏盐城地区纺织企业。

1992年7月18日中国华源实业有限公司在上海成立。▶

1992年我国引进国际新型纺织机械制造技术工作取得重大进展，在自动络筒机、无梭织机等关键设备上先后签订了引进制造技术合同，下面三幅为承担任务的部分企业。

▲ 中国纺机股份有限公司产品展示厅。
▶ 上海二纺机股份有限公司计算机中心内庭。
▼ 郑州纺织机械厂柔性制造系统。

1992 年全国纺织工业厅局长会议代表合影。

目　录
CONTENTS

综　合　篇
The Summary of China's Textile Industry

行　业　篇
The Survey of Major Textile Sectors

地 方 篇

The Survey of Textile Industry in Some Areas

纺 织

丝 绸

文 献 篇

Documents

一、纺织工业法规性文件

二、纺织工业重要会议文件

人 物 篇

Persons

大 事 记

Chronicle of Events

企 业 篇

Textile Enterprises

成 果 篇

Outcomes

统 计 篇

Statistical Data

一、我国纺织工业的基本情况

The Textile Industry in Chian

增列

Supplement

附

Appendix

二、各国纺织工业的主要情况

The Situation of Textile Industry by Country

附　录
Appendixes

名　录
Names of Enterprises

综合篇

The Summary of China's Textile Industry

综　　述

［**概况**］　1992年纺织工业在小平同志南巡重要讲话和中央进一步改革开放精神的指引下，广大干部职工进一步解放思想，转变观念，克服了诸多不利因素，千方百计搞好生产、经营，经过艰苦的努力，终于实现了国务院领导同志对纺织工业提出的1992年遏止经济效益继续滑坡的目标。

据国家统计局统计，1992年全国乡及乡以上纺织企业50133个（其中独立核算企业42879个），职工1275万人，共完成工业总产值4526亿元，实现利税242.9亿元。其中，纺织系统内共有企业10606个，职工761.5万人，实现工业总产值2391.55亿元，利税84亿元。

1992年全社会主要纺织产品产量为：化纤211.12万吨、比上年（下同）增长10.51%，棉纱2793万件、增长8.85%，棉布190.45亿米、增长4.79%，针棉织品折纱102.08万吨、增长7.66%，呢绒3.38亿米、增长8.68%，毛线35.06万吨、增长24.11%，丝7.33万吨、增长20.76%，丝织品25.24亿米、增长4.90%，服装42.66亿件、增长17.5%。

1992年纺织工业出口创汇246.3亿美元，约占全国出口商品创汇总额的30%左右，仍居各行各业之首。深、精加工产品比例进一步上升，其中服装已占整个纺织业出口创汇总额的三分之二。1992年纺织行业利用外资发展迅速，当年合同外资金额达27.63亿美元，项目达2369个。

［**基本建设与技术改造**］　1992年纺织工业系统内全年固定资产投资完成162.20亿元，增长31.64%，其中基本建设项目投资44.11亿元，占全部投资额的27.19%，技术改造项目投资占72.81%。1992年纺织工业部共下达中央技改专项633项，贷款总额29亿元，用汇总额2.8亿美元。当年基本建设竣工验收的大中型项目有仪征化纤联合公司二期工程和陕西第九棉纺织厂4000吨帘子线工程。

截止到1992年底，全国纺织工业形成生产能力：棉纺锭4189万锭、减少2.11万锭，棉布织机88.67万台、减少1.78万台，毛纺锭329.25万锭，毛织机35131台，麻袋织机14639台，麻纺锭107.84万锭（其中亚麻纺锭12.95万锭、苎麻纺锭64.03万锭），桑蚕缫丝机250.99万绪，丝织机20.38万台，化学纤维生产能力245.6万吨（其中粘胶纤维24.3万吨、合成纤维221.3万吨），棉印染生产能力149.14亿米。

［**技术进步**］　1992年纺织工业《织机惯性力机械定位开关装置》、《桑蚕丝与棉、麻复合丝工艺及设备研制》、《短棉绒二次提取工艺及设备》、《大麻纤维梳理纺纱系统工艺》和《四方连续螺旋循环法》等5项成果获国家发明奖，此外获国家科技进步奖12项，部级科技进步奖78项。

纺织工业重大技术装备的专项改造工作已经展开，自动络筒机、喷气织机、片梭织机等项目，已分别与德国、意大利、日本、瑞士的有关公司正式签订引进技术合作生产的合同，预计1993年将形成一定的批量生产能力。这些纺织关键设备的国产化，将对提高我国纺织工业的技术装备水平起到十分积极的作用。

［**结构调整**］　1992年纺织工业继续抓紧结构调整工作，加大力度，开拓新的领域，日见成效。在原料结构上，化学纤维用量占全部纺织原料用量的比例已到40%以上，达到历史最高水平。在产品结构上，服装、装饰用和产业用纺织品等最终纺织品结构继续朝着国际化方向发展。据抽样调查，全国城乡服装成衣率达45%左右；装饰用纺织品纤维用量已约占总量的20%，形成了墙面贴饰、地面铺设、家具露饰、挂帷遮饰、床上用品、卫生漱洗、餐桌杂饰等七大类系列产品；产业用纺织品逐渐渗透到航空航天、医药、交通、冶金、化工、建筑、汽车、水利、军工等各个行业和尖端科技领域。在品种结构上，中高档品种增加较多，纺织品市场上呈现出高、中、低档品种俱全，花色款式丰富，琳琅满目的喜人局面。在地区布局上，纺织初加工能力从大城市转移到原料产区、转向农村的速度加快，乡镇企业发展速度明显高于系统内纺织企业。在产业结构上，各地贯彻中央五号文件精神，许多纺织企业大胆跨出纺织行业，兴办第三产业，开展多种经营。如北京市纺织工业总公司提出“主业精、副业兴、企业活”的思路，并组织落实；上海市纺织局开始实施七成主业、三成副业和五个100（100个合资企业、100个企业转移到浦东、100个大技改项目、100个企业关停并转、100万平方米的地块搞改组改造）的调整计划。

［**深化改革**］　1992年纺织行业积极贯彻《全民所有制工业企业转换经营机制条例》，各地纺织主管部门和综合部门密切配合，广泛进行了转换机制、放开经营的试点；税利分流、税后还贷的试点；全员劳动合同制，人事制度改革的试点；股份制以及推动企业横向联合，发展完善企业集团的试点。通过以点带面的方式使全行业贯彻实施《条例》逐步深入。

很多企业在厂内搞特区，模拟“三资企业、乡镇企业”机制，在机构设置、用工制度、分配制度、管理体制等方面均按乡镇企业机制和三资企业机制，有效地提高了生产效率。很多企业在内部进行配套改革，为形成收入能高能低、职工能进能出、干部能上能下的激励机制作了大量的工作。各地纺织企业股份制改造积极性颇高，很多企业都在积极创造条件，争取早日过渡到股份有限公司。自营出口克服了工贸脱节，产销隔离，生产企业不了解市场，外贸企业不熟悉生产，国际与国内价格严重脱节的弊端，建立了工贸一体快速反应机制，在纺织企业实践中显示了强大的生命力和竞争优势。到1992年底，获得自营出口权的企业达302个，占全行业1700多个大中型纺织企业的18%，这些企业的出口额约占全行业出口的16%。纺织市场又有新的发展，“华南纺织原料纱布交易市场”、“西南纺织市场”、“中原纺织纱布交易市场”等相继开业。

[全国纺织工业扭亏增盈工作电话会议] 2月18日，纺织工业部在北京召开了全国纺织工业扭亏增盈工作电话会议。吴文英部长作了《全行业动员起来，扎扎实实地抓好扭亏增盈工作，促进纺织工业正常发展》的讲话。吴部长在讲话中指出，为了贯彻落实国务院关于深入抓好扭亏增盈工作的部署和国务院领导同志关于纺织工业1992年要遏止经济效益滑坡，1993年实现经济效益全面回升，1994年走上正常发展，三年打一个翻身仗的指示，必须动员全行业职工立即行动起来，千方百计提高经济效益，扎扎实实地抓好扭亏增盈工作，促进纺织工业尽快摆脱困境，走上正常发展轨道。

国务院生产办赵维臣副主任在会上讲了话。上海、江苏、辽宁、青岛纺织主管部门负责同志就本地区去年扭亏增盈工作和今年打算先后发了言，并当场与部领导签订了扭亏增盈任务书。杜钰洲、王曾敬、刘衍副部长出席了电话会。会议还决定组织以司局长带队的10个扭亏增盈工作联络小组赴部分省、市检查督促贯彻落实情况。

[全国纺织工业厅局长座谈会] 1992年7月15日～19日在上海召开。会议的主要内容是进一步深入贯彻中共中央二、四、五号文件精神，总结上半年工作，研究如何紧密结合纺织工业的实际，抓紧当前有利时机，加快改革开放的步伐，促进纺织工业的健康发展。会议还就浦东开发等工作进行了交流和探讨。吴文英部长在会上作了题为《抓紧有利时机，加快改革开放，促进纺织工业健康发展》的报告。上海等十八个省、市和计划单列市的厅局领导在大会和讨论会上发了言。上海申银证券公司、上海浦东开发办负责同志介绍了有关证券交易和浦东开发的情况。中纺机、二纺机负责人介绍了本企业改革经验。与会代表还参观了二纺机、大众汽车公司、永新彩管厂、工业缝纫机厂，参加了金港公司奠基典礼和中国华源公司成立大会。座谈会上代表们畅所欲言，相互启发，理出了一些新思路，感到对今后进一步开展工作很有帮助。

[全国纺织工业厅局长会议] 1992年12月23日至27日在北京召开。会议认真学习贯彻党的十四大精神，传达了朱镕基副总理对纺织工业的重要指示，传达了全国计划、经济、财政工作会议的精神，总结交流了1992年的工作，围绕纺织工业面临的形势、90年代的奋斗目标和发展思路，以及1993年的具体工作进行了认真的分析和讨论。各省、自治区、直辖市和计划单列市的纺织工业主管部门的负责人、国务院有关部委的同志，纺织工业部机关各司局及直属单位的负责人参加了会议。吴文英部长在会上做了“认真贯彻十四大精神，推动纺织工业上新台阶”的报告。报告中提出了90年代纺织工业的奋斗目标，明确了90年代纺织工业发展的基本思路。会议确定了1993年纺织工业要抓好的几项工作。

[矛盾与问题] 在向社会主义市场经济转变的过程中，纺织工业还存在不少矛盾和问题，形势仍然很严峻。一是纺织工业虽然遏制了经济效益下滑的局面，但棉纺织等行业仍然全行业亏损，纺织工业的经济效益仍未实现全面好转。而且由于面临纺织原料价格继续上扬、产品依然供过于求、1993年将要实行新的会计制度等原因，纺织工业经济效益将难以回升。二是行业管理和宏观调控手段不健全、力度不够，虽然国家有关部门三令五申严格控制纺织三大能力的盲目发展，但仍未扭转生产能力低水平延伸的状况，各地争上化纤抽丝“热”持续不退。三是纺织工业加工能力大，但装备水平低，急需改造的落后设备多，有几百万棉纺锭要淘汰、更新，有大量印染后整理设备要改造，但贷款改造包袱重、还本付息难，纺织企业特别是国营大中型企业经济效益不好，严重缺乏自我改造、自我发展的能力。（陈树津　顾　强）

利 用 外 资

[概况] 近两年来，纺织工业利用外资工作日益得到重视和加强，并取得了显著的成效。1991年，纺织工业批准利用外资协议（合同）项目981个、占全国项目数的7.5%，合同外资金额91398万美元、占全国外资总额的4.7%。其中，纺织工业对外借款项目9个、合同外资金额3007万美元，外商直接投资项目972个、合同外资金额85676万美元，外商其它投资合同外资金额2715万美元。1992年，小平同志的南巡重要讲话和中央关于加快改革开放的决定，极大促进了纺织工业利用外资的工作。借此契机，5月份纺织工业部在山东烟台召开了纺织工业利用外资工作座谈会，部分省市纺织厅局及“三资”企业的代表参加会议，会议交流了举办“三资”企业的体会和经验，分析了纺织工业利用外资的现状和问题，研究了《纺织工业指导外商投资目录》，提出了纺织工业利用外资的政策建议，进一步发展了纺织工业利用外资的大好势头。1992年纺织工业批准利用外资项目2369个、比上年（下同）增长141.5%，合同外资金额276384万美元、增

长 202.4%。其中，纺织工业对外借款项目 3 个、合同外资金额 1417 万美元，外商直接投资项目 2351 个、合资金额 273348 万美元，外商其它投资项目 15 个、合同外资金额 2099 万美元。

[**“三资”企业**]　在纺织工业利用外资工作中，中外合资、外商独资、中外合作经营企业发展很快。目前纺织工业“三资”企业已达 3000 多家，这些企业大部分集中在沿海地区，如广东、福建、江苏、上海、浙江、北京等省市。从投资方式来看，仍以中外合资方式为主，但值得注意的是，外商独资企业增长迅速；从投资外商来看，仍以港澳台为主，其它有日本、美国、澳大利亚、新加坡、韩国等国家；从行业分布来看，以服装业和针织业为主，近两年化纤“三资”企业的迅速发展引人注目；从项目类型来看，纺织“三资”企业的发展符合国家产业政策和鼓励外商投资的方向，技术先进型或出口创汇型企业占有较大比重；从经济规模来看，仍以小项目小企业为主，合资与独资的大型项目近两年来有了新的发展。

纺织“三资”企业的出口创汇尤其突出。1991 年纺织“三资”企业出口创汇 230569 万美元、占同口径纺织品出口的 16.2%、占全国“三资”企业出口金额的 25.1%，其中纺织纤维及废棉 3811 万美元、纺织品 118952 万美元、丝织品 7525 万美元、服装 100281 万美元。

通过利用外资建立“三资”企业，有效地引进了国外的资金、先进技术和现代化管理，推动了纺织工业的技术进步和产品结构调整，培养了一批既掌握先进技术、懂得现代企业管理，又熟悉国际市场的企业家和高级人才，沟通了企业与国际市场的信息渠道并使之逐步走向国际市场，扩大了纺织工业出口创汇能力。纺织“三资”企业已经成为我国纺织工业的重要组成部分，它弥补了我国纺织原料与建设资金短缺等问题，发挥了我国劳动力资源充分的优势，优化了资源配置，提高了总体经济效益，促进纺织工业跃上一个新台阶。在“三资”企业的发展中已经涌现出一批成功的企业，如新疆天山毛纺织联合有限公司、上海联合纺织实业股份有限公司、广州美达针织有限公司、北京京澳毛纺有限公司、深圳中冠印染有限公司、湖北黄石美尔雅服装有限公司等，这些企业采用科学的经营管理，努力提高质量，重视产品开发，善于创造名牌，不断改进技术，积极培养人才，开拓外销渠道，扩大出口创汇，获得了良好的经济效益，为其它企业起到了很好的示范作用。

[**重点项目**]　为了更好地利用外资，必须努力提高外商投资项目的质量，使之向更高层次发展，为此纺织工业部抓了一批利用外资的重点项目。1992 年，重点安排了一批中外合资 6 万吨聚酯项目，包括苏州、广州、海南、宜昌、阿城聚酯项目等；重点安排了中外合资济南锦纶工程（2.4 万吨）、吉林腈纶工程（6 万吨）、珠海 PTA 工程（25 万吨），以及外商独资杭州宜春涤纶工程等化纤项目。这些大型骨干项目的建成，可在相当程度上缓解我国纺织原料紧缺的矛盾，符合国家产业政策和外商投资方向，并可改善纺织“三资”企业的行业结构和规模结构。

[**发展政策**]　积极扩大对外开放，多形式、多层次有效地利用外资是我们的一贯政策。1992 年，为了贯彻国家产业政策，指导外商投资方向，纺织工业部提出了鼓励外商投资的重点项目。具体如下：①规模合理，技术先进，国内急需的化纤原料项目，如聚酯、PTA、乙二醇、丙烯腈、己内酰胺、尼龙 66 盐等；②国内薄弱的化纤高、新产品项目，如芳纶、碳纤维和新型功能性纤维、高档仿真纤维、保健纤维等；③引进化纤长丝织造、染整后加工技术，配套开发高档面料的项目；④代表当今国际先进水平的棉纺、毛纺一条龙开发项目；⑤引进国外先进技术、设备，扩大出口的苎麻、亚麻、丝绸项目及配套的织造、印染、服装项目；⑥以老企业改造为主多种形式的利用外资项目；⑦新型纺机制造项目及纺机专件，专用电脑控制系统的制造项目；⑧纺织用各种油剂、染化剂、助剂的研制、开发项目。对技术水平不高，规模不经济，又没有出口配额的一般性加工型项目，要加以控制。　（施禹之）

生产与质量

[**主要产品产量**]　1992 年全国纺织行业生产呈上升趋势。工业总产值完成 4345 亿元、比上年（下同）增长 18.72%，其中系统内 2391.55 亿元、增长 9.82%，低于全行业的增幅。在各类纺织产品产量中，系统内生产的比重也在进一步下降。化学纤维 211.12 万吨，其中系统内 111.19 万吨、占 52.67%；纱 2793.12 万件，系统内 2378.9 万件、占 85.17%；布 190.45 亿米，系统内 131.32 亿米、占 68.95%；针棉织品 102.08 万吨，系统内 65.54 万吨、占 64.20%；毛线 35.06 万吨，系统内 16.05 万吨、占 45.78%；呢绒 33791 万米，系统内 22254 万米、占 65.86%；丝 7.33 万吨，系统内 4.51 万吨、占 61.53%；丝织品 25.24 亿米，系统内 10.97 亿米、占 43.46%；服装 42.66 亿件，系统内 9.81 亿件、占 23.00%。

[**产销平衡状况**]　按照国务院的部署和要求，1992 年纺织工业继续抓了限产压库工作，一是控制总量，二是限制呆、滞、平产品的生产，三是加强销售，千方百计提高产销率。经过各地努力，纺织品产销率比年初有较大的提高。据统计，十大类产品中，有九类产品是提高的。1992 年末纱的产销率为 95.5%、比年初提高 8 个百分点，布的产销率为 97.9%、提高 5.4 个

百分点，呢绒的产销率为 99.5%、提高 19.1 个百分点，毛线的产销率为 99.5%、提高 10 个百分点，丝织品的产销率为 99.4%、提高 7.7 个百分点，汗衫背心的产销率为 98.9%、提高 5.2 个百分点，棉毛衫裤的产销率为 99.1%、提高 10.2 个百分点，卫生衫裤的产销率为 101.1%、提高 2.5 个百分点，各种服装的产销率为 99.2%、提高 1.9 个百分点，苎麻布的产销率为 103.7%、比年初有所下降。苎麻布、卫生衫裤、毛线、丝织品、各种服装、棉毛衫裤、汗衫背心、布八大类产品的产销率超过国家统计局对工业企业产品产销率要达到 97.84%的要求。

[**品种开发**] 根据国内外两个市场的变化以及不同层次消费者对纺织品的需求，各地纺织工业在 1991 年开发七大系列产品的基础上，1992 年又重点开发了轻薄型毛纺系列产品、纯棉高支纱系列产品、涂层织物、砂洗真丝绸系列服装、涤纶仿真丝绸产品、高强涤纶丝工业产品等。相继推出了一批高水平产品，如超细纤维砂洗面料、高支高密府绸、轻薄毛织物。新花色新品种有：热轧泡泡纱、人丝灯芯绒提花、色织、印花、提花牛仔布、直贡印花装饰布等。高档特种整理产品有：液氨整理，阻燃整理、深层防水、防缩整理等。由于新面料新花色的问世，增加了服装面料的选择范围，同时提高了服装档次，扩大了销售量。

[**产品质量**] 1992 年质量工作是在 1991 年质量、品种、效益年的基础上结合纺织工业的实际情况进行，重点是提高两纱两布的质量，同时带动全行业大面积产品质量的提高。

为了提高两纱两布的质量，增强出口产品在国际市场的竞争能力，1992 年纺织工业部与经贸部联合召开了全国两纱两布出口质量工作会议，两纱两布主要出口企业认真交流了经验，找出了差距，并提出了改进措施。根据纱布存在的纱疵、横档等质量问题，全国已有 25 个省市在现有国产络筒机和织布机上分别加装了空气捻接器和定位刹车装置。据统计，目前已安装空气捻接器约 6000 头，定位刹车装置 3 万多台套。由于采取了一系列措施，产品实物质量有了很大提高。

1992 年全国 17 项主要纺织产品质量指标与上年平均水平相比，粘胶纤维，棉纱、棉布，针织三大类 15 项稳定或提高；维纶、腈纶纤维 2 项下降；粘胶、涤纶、维纶、腈纶四种纤维正品率分别达到 99.06%、97.97%、98.36%、98.52；棉纱、棉布、粗细毛线、针织绒线、针织三大类衫裤入库一等品率均在 95%以上；棉印染布、中长印染布、丝织品等入库一等品率不足 90%。

1992 年全国 12 项纺织品出口合格率达到 90%以上的有汗布类衫裤、床褥单、精纺毛织品、粗纺毛织品 4 项，其它 8 项均在 80%～90%之间。（王佐萍）

国内外贸易

[**国内贸易**] 1992 年，全国衣着类零售总额为 1581.9 亿元（据《中国统计提要》），占当年全国社会消费品零售总额的 16.3%。几种主要纺织品零售量分别为棉布 77.6 亿米，棉花化纤混纺布 30.2 亿米，化纤布 13.2 亿米，呢绒 27212 万米，绸缎 76320 万米，针织内衣裤 8.9 亿件。

[**出口**] 1992 年纺织品服装出口金额为 246.3 亿美元（海关统计），占全国出口商品总额的 29.2%。全年进口纤维、面料、服装、染化料、机械器材等用汇 138.4 亿美元，净创汇 108 亿美元。1992 年出口商品的构成以服装等最终成品为主，其中纱线占 4.7%，面料占 20.5%，室内用、工业用纺织成品占 7.8%，服装占 67%。服装和室内用、工业用纺织成品已占出口总额的四分之三。随着这种结构的变化，我国吨纤维制品创汇水平又有较大幅度的提高，已达 8650 美元/吨左右。这是纺织行业以市场为导向，以效益为中心，以出口深加工、高附加值产品为战略目标，经过努力取得的丰硕成果。

[**工业自销**] 1992 年纺织企业继续抓住自销环节不放，可比产品自销量，多数比上年又有增加。据纺织工业部统计，1992 年国内纺织品市场工业销售总金额为 790.91 亿元，其中售给商业部门为 146.47 亿元、占 18.5%。在与 1991 年同期可比的四大类纺织品中，布、丝织品、毛线的工业销售量增加，呢绒下降。布为 101.36 亿米、同比增加 2.89 亿米，丝织品 7.02 亿米、增加 8695 万米，毛线 13.51 万吨、增加 1.09 万吨，呢绒 16315 万米、减少 2727 万米。

[**1992 年全国纺织工业产品交易会**] 为了探索新的销售形式，9 月份纺织工业部在南京组织举办了“1992 年全国纺织工业产品交易会”，这是纺织系统首次举办的大型工业产品交易会，也是纺织系统在多种经济成分激烈角逐的国内纺织品市场上第一次既以产品生产者，又以商品经营者的面貌出现，直接参与流通，减少了中间环节，缩短了供求距离。交易会期间，24 个省市的 1000 多家大中型纺织企业参展，总成交额 15.06 亿元。（秦 伟）

经济效益

[**概况**] 经过全系统广大职工的艰苦努力，1992 年纺

织工业扭亏增盈工作取得可喜成绩，不仅扭转了连续三年经济效益下降的局面，而且比上年有较大幅度增长，完成了国务院领导同志提出的纺织工业1992年要制止住经济效益滑坡的任务。根据国务院经贸办提出的扭亏增盈指标考核，国营纺织企业实现利税、减亏额和控亏面也都超额完成预定指标。1992年全系统完成工业总产值2025.2亿元、比上年（下同）增长7.9%（其中全民1693.3亿元、增长8.05%），销售收入1758.8亿元、增长5.3%（其中全民1456亿元、增长3.53%），利税合计84亿元、增长22.1%（其中全民69.4亿元、增长13.2%），利润19亿元、增长63.8%（其中全民15.2亿元、增长17.8%），亏损企业亏损额33.5亿元、下降22.8%（其中全民25.6亿元、下降25.8%），企业亏损面为39.1%、降低2.8个百分点（其中全民为36.9%、降低4.4个百分点），产成品资金241.7亿元、增长9%（其中全民189.6亿元、增长5.7%）。

［**行业经济效益**］　在棉纺、印染、复制、单色织、毛纺织、麻纺织、丝绸、棉针织、毛针织、人纤、合纤、纺机、纺器十三个行业中，仍有印染、复制、单色织、麻纺织、棉针织五个行业是全行业亏损。但净亏损额都有较大幅度下降。毛纺织和毛针织行业在连续两年全行业亏损之后，已实现扭亏为盈。在盈利行业中，除毛纺织和毛针织是扭亏为盈，纺机行业利润增长27.9%，合纤行业利润增长6.7%外，其他几个行业的盈利水平均有较大幅度的下降，棉纺、丝绸、人纤、纺器四个行业的利润下降幅度分别是32.2%、36.9%、13.8%和96%。

棉纺业由于原料形势有所好转，亏损面比上年有所缩小，由1991年的34.3%下降到32.2%，亏损企业亏损额减少了38%，但是由于产销矛盾依然突出，产品价格下降，特别是1992年新增了很多增支减利因素，使棉纺企业利润减少，库存产成品居高不下。全年棉纺业实现利润2.7亿元、下降32.2%，产成品资金则增长20%。

毛纺织、毛针织行业扭亏为盈，主要是毛纺产品市场趋好，特别是经过几年的调整，毛纺企业适应市场需求的能力大大增强，在开发高附加值、市场热销产品方面迈出了较大步伐，促进了效益回升，全年实现利税11.21亿元，其中利润4609万元。

丝绸行业受国际市场变化影响，产大于销，产品价格下跌，效益下降，库存压力增大。1992年实现利税9.69亿元，其中利润2.89亿元，分别下降12.5%和37%，亏损面为29.6%、上升2.2个百分点。虽然四季度丝绸产品的销售情况有所好转，但全年平均产销率只有88.9%，产成品资金占用达28.9亿元，比上年有所增加。

麻纺行业盈亏相抵后净亏损1.65亿元，比1991年的净亏损3.9亿元，减亏幅度为57.7%。麻纺行业大幅度减亏主要是近三年企业加快了结构调整的步伐，通过大力发展第三产业，搞跨行业生产经营，转产有盈利的产品，增加了利润，减少了亏损。

［**地区经济效益**］　发展不平衡，反差扩大。以江苏、浙江、山东、宁波等为代表的沿海省市和基础较好的河北、河南等地区经济效益回升较快，北方省市和内地一些纺织老基地虽然在提高经济效益上做了大量工作，但仍未摆脱全行业亏损局面。在29个省市中，仍有16个地区是全行业亏损，他们是：北京、天津、辽宁、吉林、黑龙江、安徽、湖南、广西、四川、贵州、云南、陕西、甘肃、青海、宁夏、新疆。在14个计划单列市中除宁波、厦门、深圳、青岛盈利，沈阳盈亏相抵持平外，其他9个城市都是全行业亏损。

根据纺织工业部下达的扭亏增盈指标考核，大多数地区完成情况较好，其中河北、浙江、山东、广东等省完成利税已达到1990年的水平，不仅遏制住了经济效益下滑，而且有所回升。

［**经济效益回升原因**］　①一年来纺织工业扎扎实实开展扭亏增盈活动，层层落实任务，取得了实效。如江苏省，抓住主要矛盾，带动全面工作，减亏额指标上抓亏损大户，减亏面指标上抓亏损额少的亏损小户，全行业抓住印染业，使全省纺织工业经济效益走出低谷。河北省抓住省内宏观调控和政策协调，抓好企业经营机制转换，同时抓住营销这一主要矛盾，面向国内外两个市场，建立内外销网络，克服内外贸减少收购带来的困难，带动了全省经济效益回升。②原料形势有所好转，价格有所回落。1992年由于国家对棉花流通领域加强宏观调控和治理整顿，又由于棉花丰收，原棉供应和棉花质量有较大改善，原棉价格较上年同期有所降低，部分冲减了纺织品价格下降对经济效益的不利影响。③加快品种结构调整开发，注意抓产品质量，带动了效益的增长。上海、浙江、江苏等地面对国内外更加激烈的市场竞争，发挥自身优势，积极开发独具特色、适销对路的主营拳头产品，提高市场占有率和产销率，有力地推动了本地区经济效益的回升。

（王长银）

纺织市场

［**概况**］　在改革开放方针的指引下，在逐步确立社会主义市场经济体制理论过程中，纺织市场逐步发展壮大。概括地划分，纺织市场为两大类：一类是由工商行政管理部门管理（组建）的以经营服装、纺织品（包括面料）为主的成品型市场（大都是零售兼批发），这类市场已遍布全国城镇，在各行各业中，不仅面广规模大，而且颇具活力；另一类是由纺织工业管理部

门为主组建的以经营化纤、纱、坯布为主的原料型市场（只有批发业务），这类市场在部分省区建立，并具备相当的幅射能力。纺织市场的发展前景广阔。

［纺织成品型市场］ 据国家工商管理局汇总资料反映，1991年全国工商部门管理的年交易额在1亿元以上的市场为162个，其中，经营服装、纺织品的达50多个；1992年交易额1亿元以上的市场预计在300个以上，其中经营服装、纺织品的将近100个。绍兴中国轻纺城市场（化纤布），辽宁海城西柳服装市场，西安文艺南路纺织品市场，嘉兴洪合羊毛衫市场，江苏吴江东方丝绸市场等均属此种类型的市场。

［纺织原料型市场］ 1991年年初的全国纺织工业厅局长会议上，纺织工业部领导提出，为了适应纺织工业的发展，要在全国组建若干个供需双方直接见面成交的经营纺织原料、初级产品的市场，这一设想获得各有关部门和各地政府的支持，很多纺织工业厅局，积极进行筹建工作。到1991年底，有华东六省一市联合组建的“华东纺织纱布原料交易市场”，山东省纺织工业厅等单位组建的“山东省纱布市场”，江苏省纺织工业厅等单位组建的“江苏纺织市场（无锡）”和广东“佛山南方纱布市场”等四个市场开业。进入1992年又有广州市组建的“华南纺织原料纱布交易市场”，云、贵、川、桂四省联合组建的“西南纺织市场”，河南省组建的“中原纺织纱布交易市场”，安徽省组建的“安徽省纺织品公司纱布交易市场”等四个市场开业。各市场都是以促进纺织企业走向市场、为企业服务为宗旨，不以盈利为目的，由进入市场的供需双方协商议价成交，市场只收少量管理费用。上述八个市场中的七个市场（江苏属综合服务），1992年总成交额为17.5亿元，成交的大类产品有：各种化纤4.4万吨，纱5.58万吨，各种布疋3.6亿米。此外，天津市和纺织工业部在天津筹建一个国家级的纺织原料市场，上海、新疆正在抓紧组建省级市场，中国丝绸工业总公司和中国丝绸进出口总公司牵头在浙江嘉兴筹办全国茧丝交易市场。

［市场的组织领导］ 以纺织工业部门为主组建的纺织市场，大都采用“政府搭台，企业唱戏”的组织形式。由各省、市纺织工业管理部门牵头主办，经所在省、市人民政府批准，省、市计经委、体改委、工商、税务、物价部门派员参加，组成市场管理委员会，其主要职责是：领导市场管理办公室，审查市场管理办公室的工作计划和报告，批准管理市场的规则、制度，实行宏观调控和政策导向。市场管理委员会下设市场管理办公室，由市场管理委员会中的行业主管部门指派人员组成，工商、物价、税务等部门派员参加，其主要职责是：负责具体组织制订并实施“市场管理”、“市场守则”等各项章程，定期向市场管理委员会汇报工作，贯彻市场管理委员会决定和调控意见，对进场人员进行政策、法纪和职业道德的宣传教育，保护合法交易，防止非法活动，建立文明市场。市场管理办公室要向所属的二级局纺织供销部门和大中型生产企业发展“市场联络员”，逐步形成购销网络。华东纺织纱布原料交易市场是华东六省一市纺织工业厅局联办的，设在上海，挂靠上海市纺织工业局，并接受纺织工业部的指导和协调。

［市场的性质和功能］ 由省、市纺织工业部门为主组建的纺织市场，都属于全民所有制的性质，但在经营权和受理权的分与合方面，有所不同。有管理服务型（不搞经营）的，如华东、山东等市场；有管理权和经营权相结合的，如佛山南方纱布市场。1991年，多数为管理服务型市场。1992年，有的市场经省市政府批准，市场管理办公室或“服务中心”也参加经营活动。上述纺织原料型市场的功能与特点，概括表现为：成交方便，信息面广，代为客户购销，交易公正、合法、安全，产销直接见面，减少中间环节和费用，减少供销人员“满天飞”，流通领域有条不紊，为国家进行宏观调控提供场所。

（陈忠良）

科学技术

［技术开发、成果推广］ 1992年是纺织“八五”科技攻关组织实施的第二年，到年底，“八五”纺织科技攻关4个大项，共15个子项，78个专题的攻关合同书已全部签定，这些涉及纺织、服装、丝绸等关键技术的项目，正由各承担单位全力组织实施，开展情况比较顺利。在加强纺织科技攻关等重大科研项目工作的同时，制定并实施了一些辅助政策和措施，如《纺织工业“八五”国家重点科技攻关项目计划管理实施细则》等管理办法，并开展了百余项包括纺织新产品开发、重点企业技术开发以及科技3项费用等重大科研项目，为提高纺织科技的整体水平，促进企业技术进步，发挥了积极的作用。

1992年纺织特品、军工科研工作在高、新技术产业化等方面又有新的突破，开展了120多项军工、特品科研、试制项目，圆满完成长征2号捆绑式火箭发射澳星的11项纺织新材料以及军工重点固体发动机火箭发动机配套材料等研制任务，成绩显著。

1992年共完成近百项“七五”纺织科技攻关、新技术开发和推广等重大科研项目的技术鉴定和评审工作，并有一批纺织科技成果获国家级、部级科技奖。其中，被评为国家发明奖三等奖的有2项，四等奖的有3项；国家科技进步奖二等奖的有3项，三等奖的有9项；纺织工业部科技进步奖二等奖的有7项，三等奖的有31项，四等奖的有40项。

1992年由纺织工业部和山东省烟台市共同组织

召开了烟台纺织科技成果交流、交易会，开辟了纺织技术市场，强化了一些对促进行业技术进步有显著作用或有重大经济效益的科技成果的推广应用，使得纺织科技成果、信息能适时地在全国范围内得到应用和流通，真正体现科技优势，实现科技工作的应用价值。比较突出的科研成果，如"计算机分色制版系统"、"节能空调"、"羊绒型精纺面料开发"、"FDY 热牵伸辊"、"棉纺厂老机技术改造"等项目，在纺织生产领域，尤其在调整纺织产品结构，提高产品档次，推进纺织工业技术进步等方面发挥了重要作用。

[体制改革] 1992 年纺织科技体制改革继续坚持"科学技术必须面向经济建设，经济建设必须依靠科学技术"方针，积极探索深化纺织科研机构改革的配套政策和措施，制定了《关于进一步推动纺织科研机构深化改革的若干意见》，有效地引导和推动了纺织科研院所调整结构和分流人才，加速了纺织科技体制改革的深化和纺织科技成果的商品化、产业化进程。

截止年底，在全国 133 家纺织科研机构中，达到经济完全自立或基本自立的占 72.9%，有 95.5%的科研院所实行了专业技术职务聘任制，77.4%的科研单位实行了院所长负责制。绝大多数科研机构已从传统、单一的科技管理方式向灵活多样的新型科研经营管理模式转变，初步实现了运行机制的转变，中试手段普遍加强，与企业建立了广泛联系，并创办了形式多样的技术经济实体，经济效益明显增加，向科工贸一体化方向发展。

1992 年纺织工业部试用纺织科研机构绩效考评办法对全国 133 家纺织科研与开发机构的经济效益、科技成果、科技管理（及效率）、科研后劲等 4 个方面进行了综合考评。共评出 12 个一级院所。这些单位是：河北省纺织科学研究所，北京市纺织科学研究所，浙江省丝绸科学研究院，上海市纺织科学研究院，大连市服装研究所，纺织工业部纺织科学研究院，北京市毛纺织科学研究所，中国服装研究设计中心，石家庄市纺织科学研究所，河南省纺织科学研究所，江苏省纺织科学研究所，大连市纺织科学研究所。

纺织科研机构绩效考评办法的实施，从宏观上讲进一步指导了全国纺织科研院所与经济建设的紧密结合，同时也促进了纺织科研机构调整和人才分流，逐步做到"稳定一头，放开一片"，对于振兴纺织工业，推进纺织科技进步起到积极的作用。

[智力引进] 纺织智力引进工作自 1985 年开展以来，成效显著，已逐渐成为我国纺织对外开放的重要组成部分。引进国外智力工作是一项花钱少，收益大，事半功倍，利国利民的事业，对于振兴我国纺织工业，加快现代化建设步伐，起到积极的作用。

1987 年至 1992 年，由纺织工业部组织引进日本大同毛织株式会社专家，对上海第六毛纺厂、上海元丰毛纺织厂和天津新港毛纺厂三家企业毛纺织品质量进行技术引进和指导。几年来的合作，不仅掌握了日本 MILLONTEX 名牌精纺呢绒产品的技术，使企业产品质量有较大提高，还扩大了出口，提高了企业的知名度。如上海第六毛纺厂在引进日本软技术的基础上，生产出高支轻薄型高难度产品，产品约 50%出口，销售到 50 多个国家和地区。

针对我国在高性能纺织纤维的开发中急需解决的关键问题，我们从前苏联引进从事芳纶纤维研究的专家，对上海合成纤维研究所进行技术指导，在一些关键技术上对提高我国纺织芳纶的研究开发有较大的启发和帮助。

为加快改革开放步伐，提高纺织企业在国际市场上的竞争能力，近年来，纺织行业智力引进工作除加强引进国外人才工作外，还进一步扩大派员出国培训的规模，并把为市场经济所急需的人员培训列为重点，特别是对重点出口企业、企业集团和总公司的经理、厂长等管理人员和营销、产品设计人员提供学习、培训机会，学习一些先进国家和地区，如德国、日本、加拿大、意大利、美国、香港等的纺织机械、针织、染整、服装等技术和管理方法，及时了解国际市场的变化和需求，为提高纺织产品质量和档次、增加出口创汇服务。

[标准、计量] 1992 年纺织标准工作继续坚持改革开放，积极采用国际标准，制定了一批国家标准、行业标准，初步形成以产品标准为主体，结合基础标准和方法标准的纺织标准系统，使纺织标准水平无论在数量上和质量上都有较大提高。

截止年底，纺织工业部归口管理 170 种主要产品，采标的有 89 种，采标率为 52%（高于全国 40%的平均水平）。与国际 ISO 标准化组织对口的有 TC38 纺织、TC72 纺织机械与配件及 TC33 服装 3 个技术委员会共有 285 项国际标准，其中已采用 188 项，采标率为 66%。

根据国家技术监督局要求，依照标准化法，1992 年全部完成清理整顿纺织行业标准。纺织工业部原有 1230 个标准，其中国标 394 项，经清理整顿后，继续为国标的 279 项，占原国标的 70%，调整为行业标准 89 项，废止 9 项；专业标准和部标准 836 项，清理整顿后，调整为国标的 23 项，继续为行业标准的 430 项，废止 383 项。

1992 年纺织计量工作继续贯彻、推广《计量法》，推行法定计量单位，完善管理制度。经国家技术监督局批准，在纺织工业部标准化研究所和上海纺织标准计量研究所分别筹建国家（级）纺织计量站和国家（级）纺织计量站——上海分站，建立了两套纺织工业部电容式电子条干均匀度仪部门最高计量标准装置。在太仓电子纺织仪器检测中心建立了纺织计量器具新产品定型检定机构，并相应制定了《纺织专用计量器具检定规程计划编制、修订和复审工作程序的暂行规定》和《电容式条干仪最高计量标准管理办法》等规章制度。目前，已在26个省市建立了省市级纺织计量站，初步形成了全国纺织计量网络。计量管理工作的不断完善，强化了对纺织企业计量检测性能的稳定性、可靠性和对纺织计量器具的管理，将为今后开发新型纺织仪器，用好进口及国产仪器，把好纺织产品质量关发挥积极作用。（俞亦政）

劳动工资

[概况] 1992年纺织劳动工资工作以贯彻落实邓小平同志南巡重要谈话精神和国务院颁发的《全民所有制工业企业转换经营机制条例》为中心，在搞好纺织国营大中型企业落实企业自主权，深化纺织企业劳动用工、工资分配和社会保险制度改革方面取得了新的进展。劳动用工制度改革围绕进一步下放企业用工自主权，在巩固劳动合同制的同时，扩大全员劳动合同制试点。到1992年底全国纺织工业系统劳动合同制工人已达239.48万人，约占全国纺织职工人数的31.45%，全员劳动合同制试点企业已有一百多个，全员劳动合同制职工约40万人。搞好各项劳动基础管理标准，抓紧修订纺织各行业产品用工标准，按照劳动部的要求完善了纺织工人技术标准。工资制度改革，在完善棉纺织企业岗位劳动测评的同时，进行纺织各行业岗位劳动测评工作。在搞好纺织21个试点企业工作的基础上，进一步扩大纺织岗位技能工资试点工作。

[纺织行业工种目录和工人技术标准] 上半年完成了纺织行业工种目录的最后修改完善工作，并根据劳动部专家审定组的意见，作了进一步的合并和修改。12月上旬劳动部举行了新闻发布会，确定纺织行业工种目录工种数目为549个。纺织各行业工人技术标准已全部投入印制，部分行业已发行完毕。到1992年底，这项历时两年多的修订工人技术标准的工作基本结束。纺织工人技术标准的重新修订为纺织企业工人技术培训，提高工人技术业务素质提供了适用的教材。

[用工标准] 1992年分别组织召开了针织、毛纺织、印染企业可比用工标准的审议会。根据部里提出的统一要求，按照“基本合理、大体可比、简明易懂、计算方便”的原则，充分听取各方面意见和建议又作了进一步的修改。缫丝、织绸企业可比用工标准进行了函审，各行业可比用工标准已修改定稿。这次修订工作紧紧围绕企业转换经营机制、面向市场的需要进行，特别是毛纺织、针织企业可比用工标准，结合企业实际作了较大的修改，使标准更加适应企业的需要，对于企业在减少用人和用工，提高效率方面有了标准和依据。为搞好棉纺织企业新型织机（如剑杆、喷气、片梭织机等）定员定额标准工作，在充分调查研究的基础上，委托山东、青岛、陕西等省市纺织厅局制订出标准的初稿，在8月份吉林会议、11月份保定会议上进行了讨论和审议。同时，对新型织机43个工种（岗位）的劳动规范也进行了审议，以备下发棉纺织企业参考试用。

[纺织岗位劳动测评] 1992年1月在河南中原棉纺织厂，组织有关人员对棉纺织岗位测评结果和岗位、技能顺序进行了平衡审议，共审议了干部职位202个，技术工人工种（岗位）157个，辅助后勤工人工种（岗位）31个，并按照岗位和技能分别进行了排序。还研究了如何与工人技术标准、劳动规范、工资标准配套的问题。会后将有关资料汇编成册，在全国纺织劳动人事处长会议上进行了审议，下发给试点企业参照执行。劳动部和有关省市纺织部门对此给予了充分的肯定，11月份在中国劳动学会定员定额专业委员会议上，纺织岗位劳动测评标准和结果被评为“科研技术促进奖”，并颁发了获奖证书。

为推动纺织岗位技能工资制试点工作，5月份在洛阳举办了岗位劳动测评培训班，棉纺织行业测评组介绍了搞好测评工作的经验和作法。按照部统一要求，承担纺织各行业测评任务的省市纺织厅局和单位积极组织力量，对各行业代表性的工种和干部职位进行了测评，并在10月底前将全部417个工种和岗位的测评结果报到部里，11月中旬组织有关人员在保定第一棉纺织厂进行了平衡审议，为正式汇总提供了较详细的材料。

[岗位技能工资试点] 纺织岗位技能工资制方案、测评标准下发给试点企业后，21个工资改革试点企业参照部制订的标准，结合企业实际进行工作有了新的进展。经过积极向地方劳动部门争取，在工资标准水平上都有不同程度的提高。常州市纺织局的11家试点企业（含棉纺织、毛纺织、印染、纺织机械等企业），下半年已全部进行工资兑现，人均增资在30元以上。长沙纺织厂于12月实行新的工资标准。辽宁锦州女儿河纺织厂是纺织行业岗位技能工资兑现较早的企业，1992年初已进入了正常的运行。这些企业较好地解决了各类人员的工资关系，激发了广大职工的积极性，取得了好的效果。为推广试点企业的经验，5月份在济南举办了有上百人参加的岗位技能工资和培训班，请有关专家授课，重点介绍了岗位劳动测评的方法，岗位技能工资方案等情况，有关试点企业还介绍了他们搞好岗位技能工资的经验，为企业培训了业务骨干。

[艰苦岗位津贴] 按照劳动部、财政部的安排，纺织工业部作为提高艰苦岗位津贴标准的第一批8个试点行业之一。在组织有关人员深入调查研究的基础上，提出了适合棉纺织企业的艰苦岗位津贴标准水平、实施工种范围及实施办法等，并于三季度上报劳动部、财政部

（许吉祥、张世昌）

教　育

[概况]　1992年，全国共有纺织院校346所，其中全日制纺织普通高等学校20所，全日制纺织普通中等专业学校52所，纺织成人高等学校48所，纺织职工中等专业学校63所，纺织技工学校163所。在校生达111872人。

1992年全日制纺织普通高校招生10686人，年底在校生32654人；全日制纺织普通中专招生9403人，年底在校生31141人；纺织成人高校招生3003人，年底在校生7722人；纺织职工中专招生2581人，年底在校生6731人；纺织技工学校招生11949人，年底在校生33624人。

纺织院校学科门类较全，设有理、工、管、文、艺术等大类近40个专业。理工类有：纺织工程、针织工程、丝绸工程、化学纤维、染整、纺织化学材料、纺织材料、精细化工、有机化工、工业分析、应用物理、应用数学、纺织品设计、服装、纺织机械、机械制造工艺与设备、供热通风与空调、工业电气自动化、生产过程自动化、计算机应用、电气技术、环境工程、金属材料及热处理、纺织器材；管理类有：工业管理工程、经济法、市场营销、工业外贸、涉外会计、涉外秘书、会计学；文、艺术类有：服装设计、服装与表演、工艺美术、染织美术、装潢设计、装饰艺术设计。

全国纺织普通高等院校设有博士授予点和硕士授予点，其中博士授予点7个，6个专业（化学纤维、纺织材料、纺织机械、纺织工程、染整工程、工业电气自动化）；硕士授予点39个，16个专业（纺织工程、针织工程、纺织材料、纺织机械、工业电气自动化、染整工程、化学纤维、固体力学、应用数学、机械制造工艺与设备、工业管理工程、丝绸工程、计算机应用、建筑热能、化学工程、纺织品设计等）。此外，经国家批准，中国纺织大学设有博士后流动站，已正式接受新生。

全国30个纺织厅、局和13个计划单列市设有教育专门机构。另外，10个省和计划单列市的丝绸、服装公司也设有教育专门机构。

[高校党的建设和教育评估]　为进一步加强高校党的建设和思想政治工作，根据中共中央和国家教委的工作部署，1992年3月，部属院校按照《高等学校党的建设和思想政治工作的检查总结提纲》进行了自查。在此基础上，杜钰洲副部长带领由部教育司、人事劳动司和院校同志组成的检查组从4月5日到9日对中国纺织大学进行了检查调研。检查组认真总结了中国纺大在加强党的建设和思想政治工作方面的主要工作和体验，并指出了问题，提出了建议，促进了该校的工作。

为了进一步提高部属院校的办学水平和人才培养质量，探索教育宏观管理的途径和经验，部教育司对部属院校的教学和部分管理工作进行了督促检查。这项工作分四个阶段进行：①教育司通过调查研究提出了《部属院校教学和部分管理工作督促检查提纲》。②学校根据“提纲”，发动全校师生员工对学校和本部门的工作进行全面的自查和自评，检查目标、计划、措施和工作情况，整理、补充、完备各种文件资料，总结经验和教训，找出并分析问题和不足，研究制定改进的方案和措施。③部教育司组织了专家组对学校进行复查。专家组成员有办学经验丰富的部教育司和有关院校老领导、系统内外学校和企业的各方面的专家教授。专家组各花了一周多时间对天津纺织工学院、西北纺织工学院和苏州丝绸工学院进行了复查。专家组进校后，认真、仔细审阅了学校和各部门的自查报告和背景材料，并听取了他们的汇报，在每校都召开了不同层次和人员的座谈会，还深入课堂、实验室、图书馆、操场、宿舍、食堂等场所进行了实地考察。专家组在充分掌握和核实学校基本情况的基础上进行了归纳、总结，并向学校进行了反馈，充分肯定了学校所取得的成绩和经验，指出存在的问题和值得深入研究的课题，提出了建议。④学校研究整改意见和措施。这次督促检查对各纺织高校提高办学水平，加强管理工作，起到了很大的推动作用。

[全国纺织教育学会成立]　经国家教委和纺织工业部批准，民政部注册登记，全国纺织教育学会于1992年10月10日至11日在天津纺织工学院召开成立大会暨第一届理事会议。会议选出理事61名、常务理事29名，组成了第一届理事会和常务理事会。常务理事会选举杜钰洲副部长为全国纺织教育学会会长，韩恩业、平茅卢、周永元、杜世弘、梁善为副会长，梁善兼任秘书长。第一届理事会还聘请林乃基、于宗尧、沈克俭、王春德等为该会顾问。会议讨论并通过了学会章程、组织机构，研究了工作计划。

学会会员单位分别来自全国纺织高等院校、中等专科学校、技工学校和各级职工学校、省市纺织教育行政部门和省市纺织教育社会团体以及有关纺织企业。学会分设高等、中等和职工教育三个分会。目前共有193个会员单位。学会以服务和发展纺织教育为宗旨，为学术研究、人员培训和咨询服务。学会是纺织教育管理工作者和广大教师自己的组织，同时也是纺织工业和教育行政部门的助手。

[全国纺织中等教育工作会议]　为贯彻《国务院关于大力发展职业技术教育的决定》（以下简称《决定》）精神，部教育司在黑龙江阿城市召开了全国纺织中等教育工作会议。韩恩业司长主持了会议。杜钰洲副部长就提高劳动者文化素质的战略作用和纺织中等教育的改革与发展等问题作了重要讲话。梁善副司长就纺织

中等教育的现状以及如何贯彻《决定》精神提出了原则性意见。大会对10个先进单位和33位先进个人进行表彰。有11个单位在大会上进行了经验交流，通过了《纺织工业部关于“八五”期间纺织中等教育发展意见》。这次会议对明确职业技术教育工作的形势和任务，以及更好地发展纺织中等教育事业起到重要的作用。

[职工教育] 1992年在全系统职教工作者中广泛开展了“企业机制转换，职工教育怎么办”的大讨论，各级领导及广大教育干部踊跃参加了讨论。通过讨论进一步认识到改革开放的大潮，给职工教育的发展与改革带来了机遇与挑战。当前要进一步转变观念，用新的思维方式构思职工教育工作，要改变各级领导管理部门统得过多过死的问题，把职工教育自主权下放给企业。教育工作者要树立主动服务，主动适应企业需要的观点，以需定培，自觉搞好职工教育，“有为”才能“有位”。企业内部要建立起与市场经济相适应的职工教育运行机制，职工大中专学校要加强自身改革，适应培训市场的需要。大讨论提高了教育工作者的认识，鼓舞了搞好职工教育的信心，为职工教育工作发展打下了基础。

继续教育工作取得新进展。各类专业技术人员通过多种形式进行知识更新，学习新技术、新经验。仅部教育司组织主办的高级研修班就有300多名高级工程师及专业骨干结合技术改造与引进，对新型织机、新型纺纱、产品设计等进行了研讨与学习。复合型人才、外向型人材的培养也已起步。

岗位培训向纵深发展。纺织企业领导班子培训大部分完成，50%以上的中层干部进行了系统的岗位专业知识与技能的培训，工人的中级技术培训普遍完成，培养了一大批高级技术工人。

成人高、中等学历教育在改革中发展。1992年职工学历教育的类别、办学形式及专业进一步拓宽，为企业人才培养、职工学习技术创造了有利条件。

（陈兴宝）

对外经济技术合作

[进出口贸易] 1992年我国纺织品、服装出口总额246.3亿美元（据海关统计）；进口纺织用纤维30.42亿美元，纺织面料66.59亿美元，服装4.02亿美元，染化料7.56亿美元，纺织机械29.5亿美元，共计用汇138.45亿美元。进出口相抵后，全行业净创汇107.85亿美元。

[利用外资] 随着我国改革开放步伐的加快和投资环境的不断改善，1992年我国纺织行业在吸收利用外资方面迈出了更大的步伐，全年批准利用外资项目达2369个，合同外资金额276384万美元，增幅均超过1991年。

纺织工业是我国较早吸收利用外资的行业之一，从1979年到1991年，纺织行业累计利用外资32.19亿美元，兴办三资企业逾三千多家。这些三资企业的建设，对弥补纺织行业建设资金不足，引进先进的技术设备、管理方式和经营机制，沟通企业与国际市场的信息与销售渠道，促进出口创汇等都已取得了较好的效果。据了解，目前大多数纺织三资企业生产经营情况较好，他们的共同经验是：选好项目，慎择伙伴，高效管理，真诚合作，扩大出口。

从近年的情况分析，纺织行业三资企业的发展已出现一些新的特点：一是在沿海地区兴办三资企业方兴未艾的同时，外商的投资注意力逐渐向内地省份转移；二是外商的投资数额在不断增大，从最初的小规模投入，到更大规模的合作，这是所办企业经济效益良好、合作双方彼此信任和支持的结果；三是向更大范围扩展，从服装业和针织业扩展到其它行业；四是新技术新设备水平不断提高，三资企业正在从单纯的劳动力和原料资源的利用开发，逐步转向先进技术的转让合作。

[技术引进] 1992年纺织工业技术引进突出在采用技贸结合、合作建厂等形式引进新型纺织机械的制造技术，争取尽快实现国产化，改变我国纺织装备落后的局面。1991年提出的以自动络筒机、无梭织机、清钢联合机、新型精梳机四大重中之重为突破口，加快发展新型纺织机械的战略决策在1992年得到具体贯彻，承担项目的企业加速与国外企业厂商进行引进技术、合作生产的谈判，经过货比三家，把国际上最先进的生产技术引进来。截止1992年底已有七家企业与国外厂商签订了引进技术合同，即上海二纺机股份有限公司引进德国赐来福公司的自动络筒机制造技术，咸阳纺机厂引进日本津田驹公司的喷气织机制造技术，南昌320厂引进瑞士苏尔寿公司片梭织机制造技术，青岛纺机厂引进意大利萨维奥公司自动络筒机制造技术，中国纺机股份有限公司引进日本丰田公司的喷气织机制造技术，常州纺器厂引进瑞士格拉夫公司的金属针布技术，陕西纺织器材厂引进法国柏克公司的异形筘技术。到1992年底共对外签订合同103份，包括引进软件及进口硬件，共计成交6812万美元。

[海峡两岸纺织工业合作研讨会] 应中国纺织工程学会的邀请，以台湾纺拓会董事长赵谅公先生为团长的台湾纺织业大陆访问团一行50人，于1992年9月20日至30日在北京和上海等地进行了考察访问，李鹏总理会见了访问团的部分成员。访问团在京期间，拜会了纺织工业部、经贸部、商业部、海协会和国务院台办，并同中国纺织工程学会联合召开了“海峡两岸纺

织工业合作研讨会”。两岸纺织业界的代表在亲切、热情友好和商讨纺织家务事的气氛下，本着坦诚、相互尊重、协商和务实的精神，交流了海峡两岸纺织工业的情况，并着重对市场行销、投资、配额管理、资讯交流和科技合作五个方面进行了分组讨论，商定了合作的内容、意向，研究了合作的途径。会议结束时，双方签署了“海峡两岸纺织工业合作研讨会备忘录”。

这次研讨会是海峡两岸纺织界最高层次的会面，是两岸大纺织的合作研讨。这不仅打破了两岸纺织界几十年封闭隔锁的局面，为两岸纺织业在优势互补的基础上发展合作迎来了一个新的开端，而且也为两岸产业界的合作开创了一种务实的新模式。

［**第四届北京国际化纤会议**］ 1992年5月19日至20日，第四届北京国际化纤会议在北京国际会议中心召开。参加会议的有15个国家和地区的578名代表，这是一次空前的国内外化纤界专家、学者、企业家聚集的盛会。会议以世界化纤工业的发展趋势和发展战略为主题，共宣读论文17篇，就2000年化纤发展预测、纤维生产及加工新技术的发展趋势、化纤应用领域的开发和发展等方面进行了广泛的讨论。这次会议对切实推动中外化纤界的交流与合作，促进我国化纤工业的技术进步和发展，将产生深远的影响。

［**第三届中国国际纺织机械展览会**］ 由纺织工业部和中国国际贸易促进会主办的第三届中国国际纺织机械展览会(CITME'92)1992年11月19日至25日在北京国际展览中心和农展馆举行。来自世界22个国家和地区的近千家纺机生产厂商参加了展出，展出面积达四万平方米，这是我国历史上规模空前，贸易额最大的一次专业性展览会。展出设备有前纺设备、络筒机、倍捻机、织造设备、针织机械、印染后整理设备、服装设备、多头电脑绣花机、电脑控制和设计系统以及测试仪器、零配件等，种类齐全、技术先进，观众超过15万人次。展览期间还举办了55场技术交流，展品留购1800万美元，期货成交超过1.5亿美元，国内贸易额达1亿人民币。

(陈大鹏)

体制改革

［**概况**］ 在14年的改革历程中，纺织国营企业深化改革，真正开始拿到生产经营自主权，并有较快进展的还是在《全民所有制工业企业转换经营机制条例》(以下简称《条例》)颁布后的1992年。

从年初开始，上海二纺机、北京一棉等大型纺织企业就多次参加国务院组织召开的有关座谈会，代表纺织行业的职工参加《条例》的修改。7月《条例》一颁布，引起了全行业职工的普遍重视，掀起了学习贯彻《条例》的热潮。大家盼望着《条例》规定赋予企业的14项生产经营自主权，都能逐项尽快落实。纺织工业部8月份成立了以吴文英部长为组长的贯彻《条例》领导小组。并由部体改司负责组织起草《纺织工业部贯彻《条例》的实施意见》和《纺织工业部直属公司贯彻《条件》实施办法》。部还与各省、自治区、直辖市、计划单列市的纺织厅局建立了贯彻《条例》情况的定期汇报制度。同时《中国纺织报》、《中国纺织企业管理》等报刊杂志也加强了对贯彻《条例》情况的宣传和报导。各部门、各企业、各单位都积极行动，密切配合，努力做好《条例》的贯彻落实工作。

北京市纺织工业总公司明确贯彻落实《条例》的核心是把企业推向市场，重点是落实企业经营自主权，并按照“大服务，小管理”的原则，采取了①缩小计划管理的范围，减少行政对企业的干预，进一步落实国营企业的生产经营自主权；②建立北京纺织品交易市场，开拓边贸市场，筹建技术和劳务市场，完善资金调济中心，精简局内机构，增强为企业服务的职能；③支持国营大中型纺织企业搞好劳动、分配、用工制度的改革，调整生产组织，建立快速反应机制，以适应市场经济发展的要求；④调整了12家扭亏无望、污染扰民的企业，使其按市场机制的要求投入竞争；⑤在服装、针织、印染行业优先发展合资企业，引进资金和市场经济的运行机制，放手让国营纺织企业在转换机制中实现“自主经营、自负盈亏、自我约束和自我发展”。

天津市纺织局适应企业经营机制转变的要求，主动在局的范围内给企业放权，把企业推向市场，积极推行东亚毛纺厂领导班子竞争上岗、层层聘任的改革经验，完善经营承包责任制。同时抓了第一棉纺厂的改革试点，大力推进分配、劳动、人事、机构四项改革，促进了国营企业经营机制的转变。

上海市纺织行业职工在纺织原材料提价、市场疲软、竞争激烈的形势下，依靠30万纺织职工，解放思想、转变观念、抓好试点、大胆改革，使1992年以转换国营企业经营机制为重点的各项改革试点，取得了以下效果：①股份制改造试点效益显著。这一年纺织行业就有上海二纺机、上海嘉丰纺织、中国纺机、上海申达纺织服装、上海龙头纺织等5个股份有限公司的股票上市。上海二纺机和中国纺机两个股份公司还向国外发行了B股。股份制试点为企业带来了三大好处：首先是变国营企业单一的全民所有制为多元化的股东所有制，企业从为主管部门负责转为对股东负责，实现了运行机制的转换；其次是通过发行股票，集聚了巨额的资金，为企业生产发展创造了雄厚的基础；第三是股份制企业吸收职工入股后，职工的收益和公司的效益直接挂钩，进一步调动了职工的生产经营积极性，有效地解放了生产力，增强了职工的主人翁责任感。②引进“三资机制”增强了企业的活力。上海十印在1990年效益下滑，企业十分困难的情况下，1991年底成立了中、台、港三方合资的“上海民丰纺织印染有限公司”，实现了“一厂两制”。民丰公司的生产经营实践证明，三资企业机制活、效益好、效率高。现在国营的十印老厂也引进了三资企业的运行机制，开始步入了良性循环。上海二十五棉虽然不是三资企业，但在该厂的毛纺车间采用了“模拟三资企业”的运行机制。在机构设置、用工制度、分配制度、管理体制等方面，都按三资企业的模式进行管理，同样达到了扭亏为盈、生产发展的目的。③围绕转换机制大力推进各种改革试点。今年上海纺织试点企业17家，这些试点都是围绕着转换国营企业经营机制，解放生产力的中心进行的。上海市纺织局全年实现利税11.58亿元，其中利润5.45亿元，比上一年增长10.6%，位于各省市之首。

各地纺织行业的职工，都在认真贯彻十四大精神，主动深化企业改革，努力扩大开放的成果。改革开放先行地区的广东、江苏、浙江、福建、山东、以及深圳、宁波、苏州、无锡、上海、石家庄等城市的纺织行业发展很快，效益上升幅度较大，推动着纺织国营企业转换经营机制的进展。

[**改革机构、转变职能**] 为适应发展社会主义市场经济的要求和企业转换经营机制的需要，纺织行业在贯彻十四大精神的过程中，大大加快了机构改革的步伐。

纺织工业部按照“转变职能、理顺关系、精兵简政、提高效率”的原则，一方面减少了指令性计划的控制范围，除棉纱、化纤原料等少数产品下达指令性计划外，其它产品都进入了市场调节，实现了以市场为导向。在基本建设和技术改造方面，只控制棉纺、毛纺、化纤抽丝3大能力项目和4个重大纺织机械技术引进项目，其余基建技改项目都由企业按照自我约束机制的要求，自我承担风险，实现了自我改造和自我发展。在部机关内，广泛进行了转变观念、转变职能的教育，进一步增强了职工为企业为行业服务的意识，提高了办事效率。在部级机关体制改革方面，按照国务院的统一安排，做了大量的准备工作，作为国家机构改革的试点，迈开了较大的步伐。

江苏省纺织工业厅是江苏省级机构改革的试点.在省委和省政府的大力支持下，今年顺利完成了撤厅和组建江苏省纺织工业总公司的改革任务。该总公司是自主经营、自负盈亏的法人企业，不再管各地、市、纺织企业的产、供、销和人、财、物。行业的服务和行业管理工作暂由总公司代管，尽快转由行业协会承担。上海、北京、天津等直辖市和其它省、区在机构改革中都不同程度地实现了转变职能，下放权力，增强了服务观念，为下属企业的自主经营创造了较为宽松的外部条件。

各省、市、自治区的纺织主管部门和各综合部门密切配合，广泛进行了转换机制、放开经营的试点，税利分流、税后还贷的试点，全员劳动合同制、人事制度的试点，股份制，以及推动企业横向联合，发展完善企业集团的试点。据21个省、市、自治区的不完全统计，1992年纺织系统有各种类型的改革试点企业188家，有效地加快了国营企业机制转换的步伐。

[**自营出口**] 随着外贸体制改革的不断深入，1992年一些有条件的大中型国营企业和企业集团，纷纷提出了要求自营出口权的申请，其中有210个企业经各省、市、自治区经委和经贸委审核同意，国家经贸办和经贸部批准，获得了自营进出口权。从而进一步打破了国家收购、一家垄断的僵化体制，初步形成了适应发展社会主义市场经济要求，又和国际贸易体制相接轨的新格局。至年底，获得自营出口权的大中型纺织企业已从年初的89个，增加到302个，占全行业1700个大中型纺织企业的18%。这些企业的出口额约占全年出口246.3亿美元的六分之一。如上海华申纺织，1992年自营出口额为4800万美元，在上年出口2400万美元的基础上又翻了一番。这类自营出口企业产销见面，机制灵活，已经成了一批新生的出口基地。

[**纺织企业集团**] 1992年初，国务院召开了企业集团座谈会，发布了“在国家实行计划单列企业集团的试点意见”，纺织系统的中国仪征化纤集团是国家计划单列的55个集团之一。5月，中国纺织工业（集团）公司联合会在宁波召开了第二次年会，使入会的企业集团总数从67个发展到78个。根据“企业集团化，集团国际化”的要求，各集团在发展横向联合，组织社会化大生产，发展专业化协作方面迈开了新步伐。中国仪征化纤、中国纺机、北京达美、石家庄常山、河南嵩岳、湖南华升、西北五环、四川九星等17个企业集团取得了自营出口权。上海申达、浙江中汇、西北五环、东北利美达等集团发行了股票，在发展股份制集团方面迈开了新步伐，创造了新经验。 （马玉良）

科技信息

[**概况**] 纺织科技信息工作，其历史可以追溯到1964年纺织部科技情报研究所的成立，以及1971年第一批全国性专业科技情报站的建立。经过近30年的发展和壮大，现在全国纺织系统基本形成了一个纵横交错、脉络相通的科技信息系统，拥有各类专兼职科技信息人员约5～6千人。他们以纺织工业经济建设为主战场，进行了大量的纺织科技信息的收集、整理、分析、传递、交流、报导等工作，促进了纺织工业的现代化进程。

从纵向上来说，全国已建立起包括有棉纺织、毛纺织、苎麻纺织、丝绸、针织、印染、合成纤维、人造纤维、纺织机械、纺织器材、纺织装饰品、服装、非织造布、产业用纺织品等 14 个专业科技信息站。从横向上来说，全国已有 26 个省、自治区、直辖市纺织厅（局、公司）建立了本地区的纺织科技信息中心站。此外，各省市还建立有本地区的专业信息站，大部分研究院（所）、大中型生产厂均建立了信息室。

1992 年纺织科技信息工作的重点是在做好为领导决策服务和为科技进步服务的前提下，转换机制，适应商品经济的发展，以取得良好的社会效益和经济效益为目的，开展多种形式的信息服务活动。1992 年，举办了技术交流会、展览会、信息发布会、培训班和定题定点咨询服务等。

[**经营服务**]　随着改革、开放的进一步深入，各级科技信息机构发挥自身的优势，不等、不靠，走出所门、站门，主动为各级政府管理部门服务，为企业科技进步服务，为振兴纺织工业服务，取得了新的进展。特别是在“第三次全国纺织工业科技信息工作会议和纺织系统站网建设 20 周年大会”后，各级信息机构的经营服务观念得到加强，开展了多种形式的经营服务活动。通过有偿服务、积极创收，逐步提高了自我发展能力，弥补了事业费的不足，也改善了工作手段和职工的生活待遇。例如，纺织工业部科技情报研究所组织的“样本、样品巡回展览”，按照用户的要求和市场的趋势，将信息送到用户身边，变被动服务为主动服务，使用户方便地获取国内外纺织机械、国际上流行的服装面料、服装款式等信息，有的企业通过参照国际样品，生产出了在国际市场上具有竞争力的产品。又如，该所配备有先进的摄、录、编辑等全套声像设备，制作了多部纺织科技专题片，1992 年派专人赴香港拍摄了由香港贸发局组织的“香港时装节”的全部演出，经编辑、整理的录像带很受用户欢迎，同时又带来了一定的经济收入。

[**合作与交流**]　在改革开放政策指引下，科技信息部门利用自身的优势，大力开展国际合作，把国外的科技信息引进来，为发展我国的科学技术、经济建设服务。纺织工业部科技情报所及其网络系统，近几年来与德国、瑞士、意大利、英国、香港、台湾等纺织工业发达国家和地区建立了良好的合作关系，交换刊物，结合展览会等活动合作出版专辑刊物，为引进外资牵线搭桥，进行咨询服务，受到国内外厂商的欢迎。

开展技术交流活动，是纺织科技信息系统坚持了 20 多年的一项传统的服务方式，其形式和内容不断得到发展和完善。目前，技术交流活动正在向将技术、经济、市场等融为一体的形式过渡，以推进行业水平的提高和基层企业的技术进步。技术交流活动一般有两种形式，一是根据生产实际需要，举办国内技术交流会，主要由信息人员收集信息，围绕新产品开发、引进设备的消化和吸收、老厂技术改造、产品的深加工和精加工等进行深入的交流；二是针对纺织工业的发展重点，举办国外先进技术交流会，介绍国外纺织新技术、新产品、新设备、新材料，对纺织行业了解国外新技术，进行技术引进和消化吸收等具有很大帮助，有时也以两者并存的形式进行交流。

1992 年由全国棉纺织工业科技信息站组织召开的“全国络筒技术交流研讨会”就是一个很好的实例。会议围绕推动我国络筒技术的进步，进行了国内外有关技术的交流。通过交流，一方面对国外络筒技术的进步有了新的了解，另一方面又有助于我国络筒技术的引进，设备选型和老机的改造。

[**信息报导**]　纺织工业科技信息期刊体系，已经形成了一个行业门类配套、专业分工齐全的格局。现在纺织科技信息系统出版的全国性科技期刊有：《纺织导报》、《棉纺织技术》、《毛纺科技》、《丝绸》、《印染》、《针织工业》、《合成纤维》、《人造纤维》、《纺织机械》、《纺织器材》、《苎麻纺织科技》、《产业用纺织品》、《中国纺织文摘》、《纺织文摘》和《化纤文摘》等。此外，为了弥补这些刊物周期长、篇幅有限的不足，还编辑出版各类快讯、简报、动态等信息类刊物。以上这些刊物，直接服务于纺织工业的经济建设。它们围绕纺织工业生产和科研发展的需要，传播和交流国内外纺织工业发展的最新动向和生产经验，为促进纺织工业的发展、推进企业的技术进步作出了重要贡献，深受广大读者的欢迎。在 1992 年“全国优秀科技期刊评选活动”中，《纺织文摘》荣获全国优秀科技期刊二等奖，《丝绸》和《中国纺织文摘》荣获全国优秀科技期刊三等奖。

[**科技信息**]　科技信息面向经济建设，使其分析研究和决策咨询进入更高的层次。一支实力较强的信息分析研究队伍正在形成。近两年来，主要完成的研究课题有：纺织企业老厂改造的研究，引进设备汇编，90 年代我国主要产业走向民办的战略研究，棉纺织技术政策等等。

纺织系统数据库建设不断发展，信息服务手段逐步走向现代化。纺织工业部科技情报研究所拥有全套先进的计算机设备，许多全国专业站和省、市中心站均配备有微处理机，各种事实型数据库正在逐步得以建立。目前，纺织工业部科技情报所已经或正在建立的数据库有：中国纺织文献数据库、纺织科技成果数据库、纺织机械引进设备数据库以及纺织行业单位代码数据库等等。

科技文献资源的开发利用在不断加强。纺织科技信息资源的合理布局和共享正在进行研究。“纺织工业部文献工作协调委员会”负责对全系统文献资源的协调和统筹安排，制订纺织系统文献资源的发展规划和方针政策，协调解决文献资源的合理布局与开发利用等问题，以减少重复订购率，增加订购品种，提高国外文献的覆盖率。纺织科技信息资源的开发利用，对促进纺织科技进步和经济建设会有很大促进作用。

（张景芳　尹耐冬）

环境保护

[**废水治理**]　据纺织系统内企业统计，纺织工业废水需治理量（不包括空调等清洁废水）为8亿吨，已治理量约6亿吨，治理率已达70%以上。印染废水占纺织工业废水总量的75%～80%，治理率也已达70%，治理后的印染废水达到《污水综合排放标准》要求的占已治理废水的72%。毛纺、丝绸等废水较易处理，其治理后的达标率在80%以上。化纤浆粕废水治理因技术原因是整个纺织工业废水治理中最低的。纺织工业废水对环境的污染主要是有机物，据国家环境保护局对全国3000家重点污染源企业调查资料，纺织系统重点污染企业废水所排COD占3000家的1.5%，排名第六。1992年9月纺织工业部就染整行业污染防治情况向国务院环境保护委员会第二十四次会议作了专门汇报，委员们表示满意。

[**废气治理**]　纺织系统废气对环境的污染主要是锅炉烟尘和二氧化硫。纺织工业一年约燃用2200万吨煤炭，排放锅炉烟气约2千亿标立方米。烟尘12万吨、二氧化硫40万吨。据国家环保局对全国3000家重点废气污染源调查资料，纺织系统企业排烟尘占3000家总量的1%，排名第11；排二氧化硫占总量2%，排名第4。纺织工业企业所用的锅炉，一般都已装有干式或湿式除尘器，可达到烟尘排放的标准，但由于一般没有脱硫装置，故二氧化硫排放较多。工艺过程所排放的废气主要从化纤厂产生，有二硫化碳、硫化氢、丙烯腈等，均采用烟囱高空稀释排放。如粘胶纤维生产，1992年约耗用8万吨二硫化碳，这些二硫化碳最终大部分以二硫化碳和硫化氢的形式排入大气。

[**废渣治理**]　纺织工业的固体废弃物有锅炉炉渣、维纶厂电石渣、纺机厂氰渣、废水处理后的污泥、自备电厂粉煤灰等。其中最主要的是炉渣，1992年约有550万吨。纺织系统的固体废弃物量较小，企业正在积极治理

（杨纪朝、龚铭祖）

安全生产

[**概况**]　1992年全系统共发生因工死亡56人，重伤188人，分别占职工总数（按700万人计）的0.008%和0.027%。因工死亡指标达到部颁二档水平，重伤达到部颁一档水平。“三无”（无因工死亡、无重伤、无火灾）企业9000多个，占企业总数的95%以上。有12个单位（天津市纺织工业局、山西省纺织工业厅、安徽省纺织工业厅、山东省纺织工业厅、四川省纺织工业厅、贵州省轻纺工业厅、云南省纺织工业局、仪征化纤工业联合公司、江苏省丝绸公司、广东省丝绸公司、浙江省丝绸公司、四川省丝绸公司）连续两年各项考核指标均达到三档以上，荣获纺织系统安全生产先进单位；有50多人获安全生产先进个人。

1992年全系统发生火灾67起，直接经济损失2213万元，比上年下降11起，直接经济损失增加327万元，其中损失超过50万元的火灾有5起。

[**规章制度**]　去年颁发了《纺织工业企业服装、鞋帽设备安全检查要点》、《纺织工业企业炊事设备安全检查要点》、《纺织工业企业烧毛机、焙烘机、热定型机、汽化室防火防爆安全技术管理（暂行）规定》。至此，全行业棉纺织、毛纺织、印染、丝绸、服装、鞋帽、黄麻、亚麻、苎麻、针织、复制、化纤、炊事机械等十几个行业均有了设备安全检查要点。

[**安全防火与保险**]　在总结大连、江苏纺织系统经验的基础上，纺织工业部与中国人民保险公司合作开展安全防火保险目标竞赛活动，并联合下发了《关于做好纺织系统防火安全和保险工作的通知》、《纺织系统开展防火、安全和保险工作目标管理竞赛活动实施办法》，发挥行政部门的管理优势和保险公司支持各项安全防火工作经费的优势，开展各项活动，促进了企业做好财产保险工作和安全防火工作。现有二十几个省、自治区、直辖市的纺织（丝绸）厅局和保险主管单位联合下发了具体的竞赛办法和考核目标。

[**安全检查和人员培训**]　1992年纺织工业部组织了对四川、云南、广西、贵州等边远地区纺织企业的安全检查，对在目前经济效益不好的情况下，仍想方设法筹措资金整改事故隐患、保障安全生产的企业进行了表扬，同时对安全工作较差、管理不严的部分企业进行了通报批评。去年纺织工业部举办了纺织系统安全技术防火管理人员培训班，请了公安消防部门、系统内有经验的一些同志讲课，使这些安全防火专职人员开阔了眼界，增长了知识，取得了较好效果。

[**存在的主要问题**]　①火灾损失增加。其主要原因是有的领导重视不够，管理不严，制度不落实，值班人员不到位，发现事故不及时，措施不得力，延误了时间，使小灾发展成为大事故。②在深化改革、企业转换经营机制的过程中，有的企业领导片面理解强化生产经营，削弱了安全管理工作。③不注意吸取教训，重复事故仍占很大比例。

（杨纪朝、龚铭祖）

勘察设计

[**概况**] 中国纺织勘察设计协会于1987年4月4日成立，在民政部注册登记，为全国性社会团体。现在省（区）、直辖市的会员单位共有36个，其中按资格等级划分：持有国家统一颁发的甲级资格证书单位共有9个（纺织工业部直属1个，地方8个）；持有乙级资格证书单位27个。甲、乙级纺织（轻纺）工业设计单位在全国的覆盖面达95%。全部通过全面质量管理达标验收。

按1992年全体会员单位统计，勘察设计队伍总人数为7501人，其中部直属为1160人，省市属6341人；实有高级工程师以上人数为1092人，工程师职称的工程技术人员为2474人（其中勘察229人，技术人员110人，工人106人）。纺织工业勘察设计队伍从总量来说是精干的，能够适应纺织工业建设发展的需要。全国勘察设计人员1984年约为30万人，至1991年增至70万人，增加幅度大；而纺织工业勘察设计队伍总量保持在10年前的水平，因而在总量的控制上是有成效的。

纺织工业建设工程的新建、扩（改）建和技术改造任务，各纺织工业设计单位均有力量分别予以承担，部分设计单位已承包国际工程业务，每年完成的设计任务都很多。1991年协会各会员单位仅国内10个大中型项目的建设就完成了年度15亿元的投资计划。

纺织工业设计单位完成的设计任务以折算后的设计投资额计算，在全国属于高水平。全国平均每人每年完成设计投资额在37万左右，而纺织工业部设计院一个院（3年平均值），每人每年完成设计投资额达56万元；国家收费标准平均为投资额的2%，而该院平均收费率为1.5%以下；该院平均全年向国家交纳税金达120.7万元，交纳能源交通基金71.5万元。全国纺织工业各设计单位都按国家规定全部完成了上交利税和交纳能源交通基金任务，纺织工业勘察设计行业的社会信誉较好。

[**重点工程**] ①仪征化纤联合公司三期工程。是纺织工业“八五”计划的特大型重点工程，PTA装置和涤纶长丝装置主机引进美国阿莫科和意大利莱茵等公司技术设备，由以纺织工业部设计院为主的几个单位同外商合作承担设计，年产25万吨PTA装置、年产2万吨涤纶仿丝和部分辅助项目初步设计在1992年已完成，正由国家计委组织审批中。②辽阳石油化纤公司二期工程。是中国石化总公司“八五”、“九五”计划的特大型重点工程，共有五个分厂，由纺织工业部设计院在1992年完成该项目二期工程第一阶段的总体设计，同年国家计委批准了该设计。③上海纺织涤纶总厂（一期工程）。该工程系1992～1993年上海市重大工程，也是上海市纺织工业局建国以来投资最大的基本建设项目，由上海纺织工业设计院承担设计，引进装置采用合作设计方式，由德国吉玛公司负责基础设计，上海纺织工业设计院负责详细设计。④安庆腈纶工程。由上海纺织工业设计院同美国姜子公司、上海市对外经济合作公司联合承包的大型化纤工程。1992年9月，按照合同执行进度由上海纺织工业设计院提交了基础设计文件、资料及图纸，基础设计审查在安庆石化总厂召开。

[**CAD技术应用**] 目前全行业拥有CAD工作站近50台套，微机近200多台。部分院装备了具有80年代国际先进水平的CAD系统，计算工作量的70%以上、方案设计的15%、绘图工作量的10%左右已用CAD完成，具备了用CAD技术完成勘察设计全过程的能力，但发展还不平衡。在实践中，培养了一批既有丰富工程经验，又能进行软件开发的复合人才，补充了一批计算机专业毕业生，使纺织工程设计行业已形成一支CAD技术骨干，为纺织工业的工程设计技术革命和腾飞奠定了基础。

工程设计中已开发毛纺、棉纺、自控工艺数据库应用软件、建筑软件包、多层织造厂房动力计算程序等各种程序上百个。

CAD技术的应用，取得了传统手工设计无法比拟的经济效益，实现了高效、精确和工程最佳效益。设计差错率由原来手工设计的5%降到1‰，有的降到万分之一，提高了设计精度。CAD技术的应用彻底改变了传统的设计方法，使设计人员从大量繁忙的计算绘图工作中解放出来，极大地提高了设计单位的生产力，工效提高5～10倍，甚至十几倍、几十倍。通过多方案比选、优化，可节省基建投资2%～5%，充分显示了在纺织工业工程设计行业应用CAD技术的水平和取得的经济效益。

[**厌氧——好氧——生物炭流程处理印染废水**（AABC法）] 由纺织工业部设计院开发并与北京市第二印染厂合作完成，荣获1992年度国家科技进步奖二等奖，已用于20几个项目，并开始走向国际市场。其特点：整套流程是利用微生物的作用，不加任何化学药剂，没有剩余污泥排出，不会产生二次污染公害。

[**拉毛机除尘系统与设备**] 针织厂拉毛机加工时，会排放出大量灰尘，严重地污染环境，危害工人的身体健康，也是燃烧爆炸的重要起因。上海纺织工业设计院结合工程设计研制了拉毛机除尘系统与设备。该系统具有过滤效率高（99.4%）、能耗低（1.34千瓦/每立方米风量）、占地面积小和管理方便等特点，达到纺织工业部规定的“除尘三连续”的防火防爆要求，过滤后空气含尘量低于国家规定的车间卫生标准，免除了工人人工出灰的恶劣劳动条件，解决了针织行业除尘中长期没有解决的老大难问题，填补了国内空白。它的原理与

设备还可应用到棉纺、毛纺、巾被等行业的除尘系统中去。在不到两年的时间里已在上海、大连、马鞍山、长沙、天津、安徽等地获得广泛的应用，该研究项目具有明显的经济效益和社会效益。1992年获上海市纺织局科技进步一等奖、上海市科技进步二等奖。（黄世铭）

监　察

[全国纺织行业监察工作座谈会]　1992年9月12日至16日在广西召开。来自全国各省、自治区、直辖市、计划单列市的纺织(轻工、丝绸)厅(局、公司)监察部门的负责同志，以及仪征化纤工业联合公司、上海二纺机股份有限公司等十几家企业共89名代表出席了会议。会议围绕监察工作如何更好地为经济建设服务问题，进行了广泛交流与探讨。会议强调，各级监察部门必须自觉地服从、服务于促进纺织工业发展这一中心开展工作，全面发挥监察职能，开创监察工作新局面。

[纺织工业部直属企事业单位监察工作会议暨表彰大会]　1992年1月8日至12日在山西召开。部直属企事业单位党政领导和监察部门的负责同志106人参加了会议，监察部有关方面负责同志出席了会议。吴文英部长到会并作了重要讲话，她肯定了监察工作所取得的成绩，强调各级监察部门要从反和平演变的高度来看待反腐败斗争，增强做好监察工作的责任感、紧迫感，紧密结合纺织行业的实际，全面有效地开展监察工作。她要求各级领导要从思想上行动上重视支持监察工作，为推动廉政建设，促进纺织工业发展做出新的贡献。会议表彰了15个廉政先进单位，9个监察先进集体，17名监察先进工作者。

[调查研究]　为保障和促进《企业法》和《全民所有制工业企业转换经营机制条例》的贯彻落实，监察局从执法监察入手，深入纺织企业开展调查研究，并及时为企业提供政策服务。1992年7月，监察局根据监察部的具体部署，对江西、福建、浙江和上海部分纺织企业全面落实《企业法》情况进行实地调查，走访了85个企事业单位，座谈245人次，并就《企业法》在贯彻实施过程中存在的问题、产生问题的原因及其解决的途径和措施，撰写了调查报告，反映了企业的实际，并已编入监察部《监察工作为经济建设服务的调查报告文集》中。

监察局针对在改革开放新形势下出现的新情况，就经济领域里出现的一些涉及廉政建设的有关政策性问题，制订下发了《关于支持保护改革，促进经济发展的若干意见》和《关于受理侵犯企业合法权益的专项举报的通知》，把为改革和经济建设服务落到了实处。（杜淑敏）

审　计

[概况]　1992年全国纺织工业共有审计机构750个，其中省、市厅局35个，企事业单位715个；共有专职审计人员1335名。至年底，全系统共有审计事务所8个，从业人员68名。

1992年审计工作认真贯彻邓小平同志南巡讲话精神，解放思想，转变观念，按照《审计工作发展纲要》中“改进、加强、发展、提高”的方针，努力拓宽审计领域。四月份召开的全国纺织工业审计工作会议，明确了围绕扭亏增盈、提高效益这一中心，加强审计工作。据全系统不完全统计，1992年审计项目3613个，审计资金总额236.11亿元，纠正违纪违规金额11675万元，促进增收节支5366万元（其中纺织工业部审计局审计24项，审计资金总额25.21亿元，纠违金额1014万元）。在审计项目中，财务收支审计848项，经济效益审计或调查1381项，承包经营和离任审计707项，其它审计677项。审计工作的开展，维护了国家财政纪律，也维护了企业的合法经济权益，为加强经营管理，提高经济效益作出了贡献。

[理论研究、制度建设]　1992年全国纺织工业审计学会开展了“纺织工业经济效益审计指标体系及评价方法”课题的研究。部审计局为《中国内部审计实用大全》一书撰写了“纺织工业审计工作情况”，为《中国改革开放辉煌成就十三年》丛书《审计分卷》撰写了“纺织工业审计工作蓬勃发展”，为《纺织工业法规规章基础讲座》一书撰写了“纺织工业审计法规规章”。向全行业发行了《纺织工业内部审计案例选编》一书，作为内审实务的重要参考资料。草拟了经济效益审计、内控制度审计、内部审计工作制度、专项审计等操作规程。制定了纺织工业部对直属单位主要负责人离任经济责任审计试行办法。

[全国纺织工业审计学会]　纺织工业审计学会经纺织工业部、国家审计署批准于1992年4月28日在上海成立，吴文英部长任名誉会长，王曾敬副部长任会长。学会的主要任务是：组织会员和审计人员积极从事审计理论研究和学术活动；宣传党和国家有关审计、财经方面的方针政策、法规和制度；协助和配合行政开展审计干部培训，提高审计干部的政治水平、政策水平和业务能力；交流纺织工业审计工作信息，总结推广纺织工业审计工作经验，发表审计理论和学术研究成果；研究在经济体制改革和实现四化进程中审计工作出现的新课题，探索有中国特色的社会主义审计工作的新路子；介绍国外审计工作和审计理论动态，参与国际审计学术交流；开展审计咨询服务；反映会员和审计人员的意见、要求和建议，维护会员和审计人员的正当权益。（魏淑清）

专　文

依靠技术进步，加快结构调整 努力提高纺织工业技术装备水平

纺织工业部技术装备司司长　凌宝银

“八五”期间，纺织机械行业肩负的任务非常艰巨。一方面为适应纺织工业发展和大规模技术改造对装备的需要，必须加快自身技术进步，加速开发新产品，特别是开发生产新型的具备国际先进水平的高技术装备，替代进口；另一方面，要加快企业经营机制转换，迅速挣脱长期受传统计划经济束缚所造成的观念、方法和习惯，根据市场经济的要求，调整结构，提高效益，走上良性循环的轨道。

然而，1992 年我国纺机行业的产销形势十分严峻。一是纺织工业的限产压库抑制了对棉纺织机械和专配件的需求，加之，三大能力设备受到严格控制，从而使本来已经供大于求的棉纺织机械，从速转产其他产品；二是面对纺织工业技术改造所需装备，特别是高技术的装备，不能在短期内开发生产，而“七五”期间自行开发或引进技术合作生产的产品又面临外商的激烈竞争；三是一部分企业经济效益滑坡，行业亏损面和亏损额分别比上一年度增加了 3.8 个百分点和 70%。

面对这一状况，怎么办?我们认真分析了困难和有利条件，从实际出发，对全行业的工作进行了部署。一年来我们以改革开放为动力，以提高经济效益为中心，以质量为主线，紧紧抓住三个环节，从行业角度，强化宏观指导，在全行业广大职工的共同努力下，取得了较好的成绩。

一是抓住技术进步的环节。1992 年，在国务院各部门的大力支持下，列入国家重点项目的“自动络筒机和无梭织机专项”，顺利完成了总体方案论证以及 22 个子项的可行性研究、立项和审批工作，进入了实施阶段。有 6 个主机项目已签订了引进技术合同。与此同时，试制完成高水平的新产品 28 项，鉴定 16 项。1992 年全行业技术改造加大了力度，总投入达 7 亿余元，是“七五”期间年平均的 4.3 倍，从而使纺机工业的制造水平有较大的改观。为了从根本上解决产品质量问题，1992 年开始，在行业中推行可靠性技术，包括设计可靠性和制造可靠性。在技术进步中，提出要正确处理好重中之重的“专项”与其他攻关任务的关系，正确处理好攻关任务中主机和配套协作的关系，正确处理好攻关中开发、引进和技术改造的关系，正确处理好企业技术进步与当前生产的关系，从而以“专项”为突破口，带动了行业的技术进步，促进当前生产。

二是抓住结构调整的环节。1992 年，我们面对难度很大的结构调整，下决心采取以下果断措施：压长线，重点项目不重复布点，积极扶植企业开发适销对路的新产品，大力开展老机改造和服务工作；同时对产品落后、长期亏损、调整无望的企业，坚决关停并转。通过艰苦的努力，产品结构调整取得了可喜成绩，1992 年产品销售率达 98%，其中无积压产品，新产品产值率接近 50%，当年生产的主机品种约有三分之一达到了 80 年代水平。企业结构的调整也初见成效，关停并转了一批企业。

三是抓住转换企业经营机制的环节。一方面根据“条例”规定转换政府部门职能，下放权力，如缩小国家合同订购产品计划，放开产品价格，组织开办和支持地方办贸易市场，为企业开拓市场组织新产品推广应用展销等活动；另一方面分类指导企业深化内部改革，包括股份制试点、仿三资、三项制度配套改革等，使全行业涌现出象上海二纺机股份有限公司这样的全国典

型，推动企业走向市场，建立起自主经营、自负盈亏、自我发展、自我约束的机制。

按照上述思路，从行业宏观上强化引导和管理，经过 1992 年的努力，全行业出现了新的局面。归纳起来是贯彻条例初见成效，结构调整前景良好，技术改造进展较快，生产销售形势喜人。1992 年纺机行业销售收入和利税总额都比上年增长 20%。

1992 年取得的成绩鼓舞着全行业职工，我们将继续按照上述思路，锲而不舍地抓下去，为纺织工业的建设和改造，提供更多更好的技术装备。

行 业 篇

The Survey of Major Textile Sectors

棉 纺 织

[概况] 1992年全国共有棉纺织企业8158家（不含印染业），职工461.2万人，全年共生产棉纱2793万件、比上年（下同）增长8.86%，生产棉布190亿米、增长4.57%，工业总产值1239.6亿元。其中，纺织工业系统内企业3281家，职工346.3万人，生产棉纱2376万件，布131亿米，工业总产值941.2亿元。1992年末，全国棉纺锭安装数为4189.6万锭、减少2.4万锭，全年淘汰落后棉纺锭106万锭；棉织机安装数为88.7万台、减少1.8万台，其中无梭织机23567台、占总织机数的2.65%。1992年系统内棉纺织行业销售税金21.96亿元，利润为－1.7亿元。

[限产压库] 1992年在国务院的统一部署下，纺织工业进一步开展了限产压库工作。由于纱、布是纺织品的源头产品，因此也是限产压库的重点。上半年纺织工业部发文部署了全年的工作，扣减了1991年超产地区棉纱生产计划，按月发布了棉纱限产"公报"，多次召开了会议，请产棉纱的大省、纺织工业老基地等地区交流了限产压库经验。1992年棉纺行业已从单纯的限产压库转为根据不同情况，有针对性地开展限制滞、呆产品的生产，压缩平销产品的库存，促进适销产品的生产和销售，工作的重点放在扭亏增盈提高企业的经济效益上。考核指标在原有的"棉纱生产计划完成指标"一项的基础上，增加了"产品产销率"、"库存可销天数"等指标的考核。1992年各地也做了大量的工作，有的地区积极进行压锭减员，发展第三产业；大力开发适销对路产品，积极进行产品结购的调整；减少生产班次，降低纺纱机运转速度等。通过这些措施，取得了一定成效。1992年纱的产销率已达95.9%、比年初提高了7.98个百分点，布的产销率为97.85%、超过了国务院经贸办提出的97.48%的要求。

[流通销售] 随着《全民所有制工业企业转换经营机制条例》的不断贯彻落实，大多数棉纺织企业已逐步走上了市场经济的运行轨道，加强了销售工作。为了促进棉纺织品，特别是纱布产品在市场上的流通，除了已开业的"华东纺织纱布原料交易市场"、"江苏纺织市场"、"山东省纱布市场"、"佛山南方纱布市场"外，1992年又有"中原纺织纱布交易市场"（河南省组建）、"安徽省纺织品公司纱布交易市场"、"西南纺织市场"（广西与西南三省组建）、"华南纺织原料纱布交易市场"（广州市组建）等市场陆续开业，并在不断地完善。这些市场为省内外、国内外企业牵线搭桥，促进了纱、布这两大类纺织品在市场上的流通。一些边境省市，如黑龙江、新疆、广西等充分利用有利的地理位置，大力开拓边境贸易，扩大了纺织品的销售。为了加强销售工作，9月份纺织工业部在南京举办了首届"纺织工业产品交易会"。这是在原系统内计划调拨渠道已经打乱，而新的市场供销渠道正在建立的过程中，举办的一个有效的促销活动，为企业进入全国性大市场创造了条件。由于各地加强流通销售工作，1992年布类在国内市场的销量为101.36亿米、增长2.93%，纱的销量全年为894.74万件，月销量出现上升的趋势。

[出口创汇] 1992年我国纺织品（不含原料和服装）出口额为85.87亿美元（海关统计数），其中棉纺织品占40%以上。主要产品出口：棉纱线162945吨、39121万美元，涤棉纱线21187吨、4932万美元，人棉纱线11827吨、2973万美元，棉布302313万米、205722万美元，涤棉布117914万米、66779万美元，人棉布54263万米、31414万美元。

1992年棉纺织品交货折纱量（只含纱和布）为772.05万件，占交货总折纱的79.67%。在棉纺织产品中纯棉、麻棉产品的交货有所下降，涤棉、人棉产品的交货有所上升，如纯棉纱交货量88.77万件、下降34.52%，纯棉布33.70亿米、下降1.4%，麻棉纱为23.38万件、下降27.28%，麻棉布8830万米、下降9.05%，涤棉纱31.59万件、增长15.75%，涤棉布20.73亿米、增长6.62%，人棉纱9.35万件、增长59.92%，人棉布2.92亿米、增长28.35%。到1992年底，纺织工业获得自营出口权的棉纺织厂48家，其中创汇在1000万美元（包括交外贸公司的出口量）以上的棉纺织厂有：西北第二棉纺织厂、西北第四棉纺织厂、西北第七棉纺织厂、南通第二棉纺织厂、无锡第三棉纺织厂、黄石棉纺织印染厂、安徽安庆纺织厂、河南洛阳棉纺织厂、富拉尔基纺织印染厂等。这些自营出口企业由于生产与市场相结合，信息灵，中间环节少，反应快，在国际市场的竞争中显示出巨大的优势。

[纱布质量] 1992年棉纺织行业的质量工作，以提高出口两纱两布的质量为重点，为此纺织工业部与经贸部在济南联合召开了"全国两纱两布出口质量工作会议"。根据国际市场的需要，纺织工业重点抓了无接头纱的生产和横档等关键质量问题，目前全国已安装空气捻接器约6000头，定位刹车装置3万多套，提高了纱布质量。组织了细纱、织布挡车工操作技术录像，作为示范教材，对企业挡车工操作技术的提高起到了推动作用。通过一系列有关活动的开展，纱布的质量有所提高，棉纱一等一级品率已达到99.26%、增长0.22%，棉布入库一等品率为96.15%、增长0.19%。

[存在问题] ①1992年棉纺织行业在限产压库扭亏增盈方面做了大量的工作，取得了一定的成效，但由于种种因素，经济效益仍未实现全面好转。棉纺织行

业盈亏相抵后仍亏损1.7亿元、增亏45.3%，资金利税率仅为3.56%，亏损企业为989户、上升4.99%，亏损面高达42%。②棉纺生产能力过大，造成设备的闲置和产品的积压。近几年来，棉纺行业生产能力发展过快，1992年末全社会已达4189.6万锭，而根据近几年的国内外市场容量，只要3200万锭左右即可满足需要。生产能力过大造成了投资的浪费，也造成了产品的积压，1992年纱库存152.48万件、比年初增长79.5%，布库存30.72亿米、增长16.96%。③设备陈旧，装备水平低。目前，工业发达国家已较普遍地使用了新型纺机、清钢联、自调匀整、细络联、无梭织机等，而我国几百万落后棉纺锭急需淘汰，无梭织机数量很少，大多数老设备仍在服役，影响了纱布的质量和企业的经济效益。（黄承平）

毛纺织

[概况] 毛纺织行业在经历1989年下半年开始连续两年多的市场疲软、经济效益滑坡后，1992年出现转机，生产、销售上升，全行业扭亏为盈。据国家统计局统计全社会毛纺织企业2092个，全年工业总产值362.63亿元。纺织系统内毛纺织行业完成工业总产值226.52亿元、比上年（下同）增长20.44%，实现利税10.49亿元，其中利润2924万元。

[产品产量] 1992年生产呢绒33791万米、增长8.50%，精梳毛织品16341万米（其中纯毛精梳毛织品5650万米，占34.6%，增长8.1个百分点），粗梳毛织品16445万米（其中纯毛粗梳毛织品1375万米，占8.36%，下降0.4个百分点），其余以毛混纺毛织品为主，占呢绒总产量72.33%，纯化纤仅占5.9%。毛线产量为35.06万吨、增长24.11%，其中纯毛毛线8.49万吨、占24.22%，毛混纺毛线9.34万吨、占26.64%，纯化纤毛线17.21万吨、占49.09%。按毛线大类品种划分：粗绒线11.22万吨，细绒线5.40万吨，针织绒18.42万吨（其中腈纶针织绒11.85万吨）。毛毯2457.10万条、增长2.38%，其中纯毛毛毯297.00万条、占11.36%、上升1.6个百分点，腈纶毛毯1743.85万条、占70.97%，人造毛毯242.70万条、占9.9%。还有梳条7.9万吨，长毛绒480万米，驼绒266万米，半精梳毛织品86万米，人造毛皮2821万米，工业用呢4074吨，工业用毡1209吨。此外有飞速发展的羊毛衫类毛针织品，装饰用毛纺织品等。

[生产能力与布局] 1992年末，全国安装毛纺锭329.25万锭、增长7.97%，其中精纺118.79万锭、增长3.54%，粗纺73.62万锭、增长3.59%，毛线精纺锭129.23万锭、增长14.05%。毛织机35131台、增长0.01%，针织横机72804台、增长7.36%，针织圆机2411台、减少3.23%。还有毛绒织机、驼绒织机、提花毛毯织机、造纸毛毯织机共6209台，增长3.03%。

毛纺工业布局趋于合理。主要分布在三条线上：第一条线是东部沿海八省、市，即江苏、山东、上海、浙江、北京、天津、河北、辽宁，合计占总锭数65%左右，仅江苏一省就占总锭数约25%，其次是山东和上海。我国一些老企业，大、中型企业大都集中在这一地区，因此技术力量雄厚。第二条线是北部羊毛产区八省（区），即新疆、宁夏、青海、甘肃、陕西、内蒙古、吉林、黑龙江，合计占总锭数约18%。这一地区毛纺企业大都是建国后依靠当地羊毛资源发展起来的，对当地经济影响较大。第三条线是河南、湖北、广东、四川，合计占总锭数约12%。沿海经济发达地区和原料产区毛纺织能力占全国的80%以上。

[产品质量与品种开发] 毛纺产品经历市场疲软的激烈竞争，更强化了企业坚持“质量第一”的观念，在抓质量过程中采取了各种有效措施，从抓现场管理入手，广泛开展操作练兵和技术竞赛活动，推行“一等品工资制”、“质量双向否决权”，推行质量优劣重奖重罚等制度，把质量和工资、奖金挂起钩来，促进了产品质量不断提高。1992年主要产品入库一等品率比1991年都有提高，精梳毛织品入库一等品率为93.81%、增长0.66个百分点，粗梳毛织品入库一等品率94.13%、增长1.39个百分点，毛线入库一等品率95.97%、增长0.68个百分点，其中针织绒入库一等品率96.04%、增长1.97个百分点。

1992年毛纺工业根据市场需求和原料供应情况，积极开发新品种，突出表现在重视市场的客观要求，根据地区、企业自身特点调整产品结构，在保持拳头产品的基础上开发出一批质量高、价格好、销售畅的产品，如纯毛驼丝锦、仿羊绒高级纯毛精梳系列毛织品、高支轻薄花呢、高支轻薄羊毛衫和圆机坯布羊毛衫等，扩大了市场占有率。同时，产品开发工作向深加工方向发展，从生产面料为主，逐步向面料、服装、装饰和针织品综合发展，在原料采用方面，发展了羊毛与丝、羊毛与麻、羊毛与化纤长丝（SIRO-FIL纺纱）混纺产品，扩大了特殊处理产品，防蛀纯毛毛毯趋于普及，防蛀毛线正在兴起，防缩羊毛衫逐步扩大，还有羊毛变性处理技术正在推广应用。

[技术改造] 围绕提高产品质量，开发品种，适应市场需要进行技术改造。1992年重点围绕适应高支优质毛纱生产，改造前纺纺纱工艺与设备，重点淘汰B465有捻粗纱机；为生产无结头或少结头纱，减少纱疵，改造并采用先进的筒、并、捻工艺及设备，或在现有后纺设备基础上采用有空气捻接器的筒、并、捻工艺；改

造织造工艺及设备，采用高速高效无梭织造工艺及设备，或改造国产有梭毛织机，如送经装置等，消灭送经不匀产生的厚薄不匀。此外对国产MB和MS型染整设备所进行的鉴定表明，其综合性能和整体效果比N型设备有提高，但有些机名尚需完善。染色工艺条染比重日益增多，据不完全统计平均高达90%左右；既增加原料消耗又提高成本，与国际采用匹染、条染、筒染并举的工艺很不适应，急需扭转这一现象，并使设备机电一体化，采用微机控制染料、助剂的自动加料。

[市场] 毛纺工业在认真贯彻治理整顿、深化改革的方针指引下，努力开拓国际市场，并重视发展农村市场。1992年呢绒和毛线库存量分别下降1.4%和18.8%，毛线（含针织绒）销售量增长20.67%，精梳毛织品、毛毯销售也很活跃，特别是纯毛提花水纹毛毯供不应求，南方地区农村市场需求量急增，毛纺产品销售形势趋于好转。毛纺产品出口创汇（经贸部口径）7亿多美元，其中毛针织品占60%左右。呢绒出口结束了多年徘徊在2000万米左右的局面（不含呢绒服装），1992年出口交货量达3342万米、增长39.12%。

（李椿和）

麻纺织

[概况] 1992年全国共有麻纺企业802家，职工42.2万人，实现工业总产值68.6亿元。其中系统内企业269个，职工29.8万人，完成工业总产值35.1亿元，净亏损1.66亿元，比上年（下同）减亏57.7%。

1992年末麻纺行业主要生产能力：黄、洋、青麻纺锭30.86万枚，亚麻纺锭12.95万枚，苎麻纺锭60.01万枚，聚烯烃编织袋织机435台，黄、洋、青麻包布织机2308台，亚麻织机1383台，苎麻织机8868台。

1992年麻纺行业共生产麻袋61453万条（混合数），其中聚烯烃交织袋177万条。纯麻麻袋折通用袋500.32万条，苎麻布9545万米（其中：涤麻混纺布157万米），苎麻纱线54351吨，亚麻布2864万米。

[黄麻行业] 1992年，黄麻制品市场形势出现转机，麻袋已由滞销转为畅销，麻袋积压现象已经消除，系统内黄麻企业亏损面减小，亏损金额降低。据对65家企业的典型调查，1992年有盈利企业41家、占63.1%，亏损企业24家、占36.9%、减少40%，净亏损金额1083万元，经济效益开始逐步回升。

1992年，黄麻企业贯彻国务院限产压库的指示精神，采取停开部分设备，减少麻袋生产；创造条件转产，压缩生产能力；部分新建小麻袋厂，尚未形成生产能力的停止建设等措施，从根本上解决麻袋市场供过于求的问题，促使麻袋生产形势的转化。按调查的65个企业统计，共有麻袋织机5381台，生产麻袋2.86亿条，按能力计算，平均减产约30%。麻袋价格也开始回升，黄麻制品的市场形势出现好转。

1992年黄麻企业注意调整产品结构，适应市场需求。如“927”克标准袋供过于求，市场滞销，但其它用途很多的非标准麻袋供不应求，还有多种用途的麻布、麻纱线，都有一定的市场容量和经济效益，他们就积极调整产品结构，65家企业生产的26845万条麻袋中，“927”克标准袋下降为10639万条，只占39.6%，而其它麻袋16206万条，占60.4%，经济效益亦比上年有所提高。还有部分麻纺企业，从市场需要出发，开发新产品，包括麻纺行业以外的产品，彻底走出单一品种生产的旧格局，都取得不同程度的经济效益。许多黄麻企业还努力提高产品质量，降低产品成本，积极转换经营机制，深化工资、人事、用工等制度的改革，初步形成了职工能进能出，干部能上能下，收入能多能少的激励机制，使企业内部机制适应市场机制的需要，大大提高了企业在激烈市场竞争中的适应能力。

（顾　强）

丝绸

[概况] 1992年全国丝绸工业生产保持了持续发展的势头，全国丝绸工业总产值达267.68亿元，比上年（下同）增加11.72%。丝绸主要产品产量：丝产量73269吨、增加20.73%，其中桑蚕丝60571吨、增加24.88%，丝织品产量25.24亿米、增加4.90%，其中纯桑蚕丝织品5.09亿米、减少5.74%。

1992年丝绸国内外销售均有较大幅度增长。全年丝绸商品出口额为28.08亿美元（海关口径），主要丝绸产品出口中：丝类商品出口5.25亿美元、下降14.61%，其中桑蚕丝出口3.14亿美元、下降21%，桑丝绸出口4.2亿美元、下降14.92%，丝绢梭织服装出口2.1亿件、增加约1倍，金额为16.7亿美元。虽然生丝和绸类商品出口额有所下降，但丝绸服装出口的大幅度增长更加引人注目。1992年丝绸内销市场由平转畅，全年丝织品销售7.02亿米、增长14.14%，其中工业自销6.61亿米、占总销售量的94%。

1992年丝织品期末库存为2.12亿米、增加8.17%，比年初库存增加2.09%。期末库存月数为1.76个月，比年初减少6天。

[**经济效益**] 1992年丝绸行业经济效益回升仍然缓慢。据全国20个重点丝绸城市统计，1992年产品销售收入完成129.63亿元、增长2.63%，利税总额完成8.16亿元、减少19.23%，产品销售利润完成9.03亿元、减少8.27%，亏损企业数为82个、增加33个、亏损面为25.08%，亏损企业亏损额为8694万元、减少17.37%，期末产成品资金占用16.03亿元、增加15.22%。经济效益不理想的主要原因：一是丝价下浮13%～15%，造成制丝行业和部分丝织企业效益下降；二是各种增支因素的影响；三是有些地区和企业产品结构不合理，企业管理不严格，经营机制不适应，造成效益不高。

[**质量品种**] 由于市场竞争日趋激烈，提高质量与开发品种已经成为企业的自觉行为，各种质量活动的开展取得了较好的成绩。据全国20个重点丝绸城市统计，白厂丝平均等级3A17、提高0.12级，丝织品入库一等品率88.79%、提高1.55%，百公斤丝耗毛茧量311斤、减少16斤。各地对丝绸产品新花色、新品种的开发，不但满足了日益丰富的市场需要，而且在一定程度上引导了市场。

[**技术进步与技术改造**] 1992年丝绸科技工作的特点是全面开展。一是在落实“八五”科技攻关计划的同时，抓紧完成“七五”计划的延续项目。丝绸工业所承担的“八五”科技攻关课题、专题已基本做到人员、资金、物资、技术方案四落实，有一批专题已取得阶段性成果，有的新产品已经上市，收到了初步效果。同时各地继续抓好“七五”延续下来的课题，取得了一批新的科技成果，已通过鉴定的有剑杆织机、倍捻机、茧检定配套技术、防缩抗皱整理技术等。二是加强科技成果的推广工作。1992年召开了制丝新技术推广会等多种活动，一批新技术、新装备，如自动缫丝机、星形架精练新技术、印花糊料、各种助剂和倍捻机等，都得到了较好的推广。三是工厂企业的技术开发活动受到普遍重视，已经开发出一批新产品和技术。如煮茧机，已开发出五种不同的型号；自动缫丝机、倍捻机也都有几种型号，工艺性能和自控系统更加完善。

1992年丝绸工业技术改造项目总数97个，总投资77317万元，其中续建项目50个，新开项目45个，新型纺机国产化项目2个。全年完成项目39个。通过这些项目的实施，一批企业的生产线得到更新，国产新型刚性剑杆织机、真丝倍捻机和新型缫丝设备得到提高，一些企业的印染、印花主机等关键设备得到填平补齐，提高了丝绸工业的装备水平。

[**深化改革**] 各地丝绸工业认真学习邓小平同志南巡讲话精神，认真贯彻《全民所有制工业企业转换经营机制条例》，在深化企业内部改革，调整企业组织结构方面作了一些有益的尝试与探索，取得了一些有益的经验和成绩。一是企业普遍树立了以销定产，以销促产的经营观念与组织模式，加强了生产与市场的联结。一些企业以市场为依据设立机构，一些有较好出口业绩的企业谋求更加有利的市场竞争机制，有21家丝绸企业先后获得了外贸经营权。这些企业通过直接参与国际市场竞争，加强了企业管理，提高了产品质量，增强了产品开发能力，提高了企业素质，扩大了创汇效益。二是企业劳动用工制度和分配制度的改革，经过试点和完善，现已推广开来。两项制度的改革广泛地调动了职工的积极性，增强了企业的活力，把企业的内部改革逐步引向深入。三是企业的承包制呈现出多样化模式。一些企业实行厂部、车间双层参与市场机制，把人财物、产供销下放，鼓励车间参与市场竞争；一些企业实行产供销、人财物一体的分厂制，改条线管理为块块承包；另外还有一些企业实行项目承包、分级承包、风险抵押承包等多种形式，深化和发展了企业承包制度。四是各地丝绸企业外引内联相当活跃，组建了一批企业集团。其中有的企业集团是跨行业的上中下游企业的联合体；有的企业集团是生产企业与供销单位的联合；有的企业集团则是跨省区、跨行业的联合。1992年全国丝绸行业注重引进外资，开办或立项“三资”企业近百家。有的企业积极到特区设窗口，到新的开发区办实业，到境外办企业，加速了丝绸工业外向型经济的发展。

[**调整结构**] 1992年全国丝绸工业调整产业和产品结构的明显特征是向原料和服装两头延伸。在原料的生产上，一些企业紧紧依靠科技成果的转化，开发生产多种规格的复合丝；一些企业引进与更新纺丝设备，开发出适合行业特点的新化纤织造原料，改变了丝织原料的品种构成。扩大丝绸服装加工作为调整产业产品结构、增加丝绸产品附加值的有效途径，现已被许多企业所认同。一些企业附设服装车间或服装分厂，更多的是与外商合资办服装厂，引进设备和技术管理，使丝绸服装的生产规模和产量与上年相比，都有很大的增加。

1992年丝绸行业兴办第三产业有了新的发展。在培育市场方面，各地加强完善已有的原料与成品批发交易市场。中国丝绸工业总公司与中国丝绸进出口总公司牵头与江苏、浙江、四川等省丝绸公司，在嘉兴市筹办全国茧丝交易市场。许多企业因地制宜，举办第三产业，范围已涉及商业、信息咨询、房产开发、技术开发与协作、娱乐等领域，形成多种行业、多种经营、多种经济成分的综合格局。吴江市新生丝织厂从事第三产业的独立经济实体有24家，领有营业执照的门市有41家，该厂1992年第三产业实现的利润总额在600万元以上，在全厂的经济效益中已成半壁江山。

（李明伟）

化 学 纤 维

[**概况**] 1992年化学纤维生产持续发展，全年产量突破200万吨，达到211.12万吨、比上年（下同）增长10.5%，粘胶纤维24.91万吨、增长3.75%，合成纤维186.21万吨、增长11.49%，涤纶136.7万吨、增长12.4%（其中长丝66.56万吨、增长24.5%，短纤70.1万吨、增长2.95%，锦纶16.09万吨、增长8.28%，腈纶14.39万吨、增长8.69%，维纶6.15万吨、增长2.5%，丙纶10.95万吨、增长1.58%），化纤浆粕26.95万吨、增长12.2%，聚乙烯醇19.57万吨、增长8.72%，涤纶切片112.88万吨、增长12.77%。1992年全国实用化纤约292.7万吨（国产200.1万吨，进口78.2万吨，进口化纤纱14.4万吨）、增加24.8%。国产化纤已满足国内市场68%。从分品种看，供不应求的有腈纶和氨纶，产销基本平衡的有维纶，接近平衡的是涤纶长丝，销售疲软的是涤纶短丝，滞销的有丙纶及各品种工业丝。1992年库存10万吨左右。

[**价格和效益**] 1992年化学纤维价格除个别品种，基本上放开。在七大类产品中，维纶价格上升，氨纶、腈纶价格平稳，其它品种纤维总的是降价趋势，但在统计的30个品种中，粘胶长丝呈明显上升趋势，销路极好。涤纶细旦丝、色丝等差别化品种售价仍呈上升趋势，产品销路畅通。而工业丝（涤、锦、粘胶）尽管降价，市场仍不见起色。这说明供求总量上有所变化，价格已无法启动市场。价格波动最大的是涤纶长丝，年初大幅度下降，下半年开始稳住，第四季度呈缓慢回升，但和年初的价格仍有较大差距。涤纶短纤上半年下降幅度较大，四季度略有回升。

由于1992年化纤总产量增长10.5%，全行业经济效益有上升。1992年实现利税29.99亿元，其中利润16.99亿元、增长6.19%。

[**基本建设、老厂改造**] 1992年共批准建设项目196项，新增抽丝能力97.32万吨，新增化纤原料能力、聚酯聚合能力73.8万吨，丙烯腈27.5万吨，PTA25万吨。分品种为：涤纶108项，聚合能力73.8万吨，抽丝能力42万吨，其中短纤13.5万吨、长丝28.5万吨；锦纶30项，抽丝能力12.25万吨；丙纶35项，抽丝能力6.24万吨；粘胶11项，抽丝能力12.71万吨；腈纶8项，原料AN27.5万吨，抽丝24吨；氨纶4项，抽丝能力0.12万吨。

1992年在建的大、中型基本建设项目相继投料试车及投产的有抚顺腈纶厂、秦皇岛腈纶厂、九江化纤厂、淄博腈纶总厂，青岛棉纺二厂锦纶帘子布项目亦进入生产准备的最后阶段。

1992年化纤老企业进行技术改造的丹东化纤公司年产2万吨粘胶短纤维和保定化纤厂年产8000吨粘胶长丝也相继动工。

1992年仪征化纤工业联合公司二期工程和陕西第九棉纺织厂锦纶6帘子工程通过了国家正式验收。

[**产品开发**] 依靠技术进步，紧密结合市场，全力抓好化纤纺织一体化新产品开发和三大领域的应用是振兴纺织、促进化纤工业发展的关键环节。纺织工业部化纤司面对90年代国内外市场的竞争，“八五”期间组织了七个地区，七大类别的22条龙，这些项目以最终产品为龙头，纵向组织化纤、纺织、染整、后加工乃至服装的一体化开发，横向紧密结合科研部门、大专院所、骨干企业的科技成果，促使其尽快转化生产力，形成纵横结合开发网络。各类织物开发总量已近4万米。

“八五”第一批部抓项目以涤纶特别是长丝为重点，22条龙分布：江苏7项，广东4项，上海3项，辽宁1项，浙江3项，北京1项，山东1项。按大类品种可分为7类，即多功能涤纶短纤、毛条及仿毛产品的开发（3项），锦、涤纶复合超细纤维及产品的开发（2项），仿真细旦涤纶长丝、仿真丝系列产品的开发（5项），复合高仿真多重变形加工涤纶长丝及装饰产品的系列开发（7项），涤纶高强工业丝及产业用纺织品的开发（2项），高吸水腈纶及产品的开发（1项）。

（王佐才）

纺 织 机 械

[**概况**] 1992年全国纺机行业共完成产量51万吨，销售收入107.8亿元，利税总额12.14亿元，分别比去年同期增长12.5%、20%和22%，其中国家合同订货任务全面并超额完成。企业亏损面和亏损额比去年同期分别下降6.1个百分点和14个百分点。

1992年纺机行业为纺织企业提供了231套精梳机组，绐纱机1636台，无梭织机1975台（其中喷水织机1194台，喷气织机131台，剑杆织机650台），圆网印花34台，经编机162台等较高水平的装备，满足了纺织企业技术改造的部分需求。1992年纺机出口创汇1.37亿美元，比上年增长24.5%。

1992年11月在北京举办了第三届中国国际纺织机械展览会，中国馆展台面积为3414平方米，参加展出的纺机企业147家，实物240台（套），超过前两届展览会。据70个主要参展企业的统计，参展企业签订国内销售合同1335台（套），展览样机当场销售28台（套），合同总价值2.8亿元，签订出口合同186万美元，并还签订了4329台（套）的销售意向，整体销售形势好于上届展览会。这届国际纺机展览会为我国纺织机械开拓国内外两个市场提供了良好的机会。

[**产品开发**] 1992年是“八五”国家重点科技攻关计划项目和国家重点企业技术开发计划项目实施的关键一年，两项计划均取得进展。

国家重点科技攻关计划的《棉纺织新装备的研制》项目中，FA006型往复式抓棉机、FA103型双轴流开棉机和FA016型自动混棉机、FA203型高产梳棉机等已通过样机鉴定，并投入试生产与工艺实验。电锭细纱机已试制出样机。

国家重点企业技术开发计划项目涉及3个项目6个子项。其中高速分条整经机、环锭细纱长机、倍捻机、球型钽喷丝头和星式度量泵等已研制出样机和样品。部分样机已进入工艺试验阶段。

部级纺机新产品项目全年共安排64项（包括调整、增列项目），其中试制项目53项，完成28项；鉴定项目11项，完成4项。全年共完成新产品鉴定项目16项，其中具有先进水平的产品有TP500Ⅱ型剑杆织机、LFU035型板式滤尘联合机、LKV301-4型切片干燥机、FB504型针织绒细纱机、GE542型中长统女袜机等。

[**质量和质量管理**] 1992年纺机产品质量仍作为重点工作来抓。据12个省市的统计资料，行业综合质量系数为0.99，总水平与上年持平。其中有6个省市比上年提高，5个省市持平，1个省略有下降。1992年行业质量监督抽查了台车、横机、有梭丝织机、纤维强力仪和梳理用齿条等5种产品的103个品种，品种合格率为59.2%。其中抽查横机31种，合格率仅为3.2%，质量问题极为严重。

1992年首次从用户中进行质量调查，调查的设备有腈纶成套设备、棉精梳机、喷气织机等共48个用户的372台产品，用户反映基本满意，但仍存在制造粗糙，电器稳定性差，配套件、器材寿命短等问题。纺机企业仍需在产品质量方面下大功夫，提高其竞争能力。

1992年纺机行业标准清理整顿工作初步完成，共清理行业标准587项，其中继续有效的92项，需修订的139项，废止的356项。全年共审批颁发50项行业标准，并审批颁发一批纺机纺器产品的检测规范。

[**技术改造和技术引进**] 1992年纺机行业技术改造项目共安排56项（含上海市的5个项目），总投资3亿元，其中贴贷款1.8亿元；基建投资项目44项，其中续建项目16项，总投资0.47亿元。主要投向是纺机引进和国产化专项中所列的项目。

1992年技术引进项目取得重大突破。上海二纺机股份有限公司引进德国赐来福公司、青岛纺机厂引进意大利萨维莫公司的自动络筒机制造技术，咸阳纺机厂引进日本津田驹公司、中国纺机股份有限公司引进日本丰田公司的喷气织机制造技术，南昌飞机制造公司引进瑞士苏尔寿公司的片梭织机制建技术等主机项目以及梳理器材、异型筘、制轴等辅助项目的引进技术合同，这些项目的实施将改变纺机产品落后面貌，生产一批高水平、高档次的纺机产品，为纺织工业改造提供适用的装备。

[**行业管理**] 国务院颁布《全民所有制工业企业转换经营机制条例》后，纺机企业在主管部门的支持和引导下，在外部环境逐步改善的基础上，积极进行内部机制的配套改革，增强了企业的整体活力。1992年纺机行业中，上海二纺机股份有限公司和中国纺机股份有限公司相继成立，一些大型骨干重点企业也在积极筹备进行股份制试点。纺机企业转换机制，在产品设计、生产组织、售后服务等方面适应市场经济快速反应的要求，促进了纺机行业形势好转和效益的提高。

1992年安排了化纤纺丝机等设备的生产许可证发放工作，经纺机质量监督检验中心的检测和考评，共颁发11个企业、16种产品的生产许可证。

1992年8月，纺织工业部技术装备司在武汉举办首届纺机、器材贸易市场，改变以往只进行国家合同订购产需衔接的单一计划分配的模式，引进竞争机制，吸引更多的纺机企业参加。各纺机企业采用作报告、座谈、放录像等方法介绍新产品，与用户广泛进行技术交流，这是政府部门转变职能，把企业推向市场的一个新尝试。

（顾　平）

针　织

[**概况**] 1992年全国乡及乡以上针织企业（不含毛针织企业）3978个，职工105.6万人，工业总产值248.8亿元。其中，纺织工业系统内企业1217个，职工64.8万人，工业总产值134.64亿元。全年共生产针织内衣15.08亿件，袜子11.13亿双。纺织系统内针织行业1992年实现税金3.13亿元，但仍未摆脱亏损局面，全年亏损金额达2.94亿元。

[**产品销售**] 由于市场变化大，针织产品供大于求，全行业除采取限产压库等措施外，普遍注重销售工作。一是调整销售机构，扩大销售队伍，充实销售人员。二是把销售人员的工资、奖金与销售收入挂钩，以调动销售人员的积极性。三是组织销售活动。如展销会、定货会、联销会和产品展示会等。中针协袜子专业委员会每年组织两次全国织袜行业国家二级企业联合定货会，成交额均在200至300万元。北京、上海每年由针织公司“搭台”、企业“唱戏”，发挥整体优势，促进产品销售。四是拓宽销售渠道，通过请进来，走出

去，厂店挂钩，送货上门，联营代销，开展边贸等各种形式，将本地区、本单位的产品推向国内外市场。随着销售工作的不断加强，成品库存逐月增长的势头得到控制，全行业逐步由按生产能力安排生产转到按市场需要组织生产上来，同时积极调整产品结构，拉动需求，促进生产，避免了因市场疲软造成大面积停产，全行业产销基本平衡。

[**结构调整、产品开发**]　当前，针织产品在面料、色彩、花型、款式的选用和设计上都反映了人们回归大自然的思想。在原料上向混纺交织发展，如棉涤、棉麻、棉粘等，通过新技术的整理达到仿丝、仿毛、仿绉等效果，使织物具有轻柔的质感，服装达到舒适的要求。在工艺上采取树脂整理、丝光烧毛、预缩、提花绣花、补花胶印、转移印花以及抽纱等深加工工艺，达到外衣面料的要求。在服装设计上，面料、色彩、图案、款式正在相互渗透，服装综合效果有所改善。在产品上向外衣、时装、便装发展，面料向细薄、质轻方向发展，针织面料在时装面料中的比重逐渐加大。各针织企业顺应潮流，加强了产品结构的调整，开发精新产品。从 1992 年全国针棉织品春交会的信息来看，成交额虽比 1991 年下降 11%，但新品种多，产品水平高。据统计，新推出的品种实样达 1.29 万个，占展样品种的 31.3%，更新率达 40%。如上海景福针织厂的弹力天鹅绒，产品技术属国内首创，主要技术、物理指标和外观、手感已接近意大利同类产品的水平。上海针织十一厂 1992 年开发 300 余项新产品、新款式，85%以上好销。如五彩手工绣花薄绒衫，因加工精细、宛如一件工艺品，数百件产品在法国马赛时装展览上被抢购一空。上海针织九厂推出棉毛升级换代产品——“复合层多变”提花组织产品。该产品和常规棉毛产品相比，柔软度平均高 2 倍，弹力恢复率高 28%，透气量高 72%，保暖性能高 42%，价格比一般棉毛产品高一倍多，在全国定货会上，成效额高达 400 多万元。广州针织厂开发出莎拉绸、花公子 T 恤布、单面氨纶布、弹力乔赛等新型面料，这些产品织造工艺难度较大，面料色彩鲜艳，花纹外观独特，穿着柔软舒适，制作时装范围广泛，制作的泳衣、萝卜裤、紧身衣、运动服装，穿着舒适，弹力持久，色彩鲜艳，时装效果强。

[**管理与质量**]　1992 年针织企业狠抓管理练内功，以质取胜增效益。①抓现场管理。纺织工业部和中针协共同组织在青岛第七针织厂召开了全国针织行业现场管理研讨会，初步制定了针织行业现场管理考核办法，并在部分厂家试行。上海等地区建立了样板车间，广州等地区建立了精品车间，全行业涌现出了像济南针织厂、青岛第七针织厂、上海第三针织厂等现场管理先进。②抓物耗管理。纺织工业部组织天津、上海、江苏等地区初步制定了全国针织行业物耗管理的考核办法，并在部分厂家试行，提高了经济效益。如无锡针织总厂，1992 年上半年就完成了全年的利税指标，跃居全国针织行业前列，降低消耗是重要原因之一。③抓操作比赛。纺织工业部和中针协共同组织全国各地开展操作比赛活动，评出部级操作能手，促进了职工技术水平的提高。④抓设备管理。纺织工业部组织了全国针织行业圆机的调研活动，特别是对进口设备的引进、吸收、使用和维修管理作了大量的调查研究。⑤抓质量管理。针对过去长期存在的产品变形大、染色度差，手感不好等问题，纺织工业部组织全行业攻关，主攻缩水合格率。经过一年的攻关，缩水合格率达 90%以上，产品质量大大提高。在 1992 年全国“打假”活动中，商业部门、检验部门和消费者反映，针织产品的质量稳中有升。

[**中国针织工业协会**]　1990 年 5 月成立，总部设在武汉。分别在武汉、上海、北京、天津、重庆等地设立了秘书处、产品开发部、企业管理部、规划部、信息调研部，在大连、天津、上海、济南、武汉设立了经编、运动服装、袜子、纬编、技术经济等专业委员会。协会成立以来，在协助政府、开展为企业服务上，做了许多工作，受到了政府部门的关注和企业的欢迎。

（朱仲山）

家用纺织品

[**概况**]　1992 年家用纺织品行业（原为纺织复制行业）连续第三年全行业亏损。根据对系统内 646 家企业统计，全年共生产床上用品（折合成单条算）14448 万条（不包括装饰用床罩及被套等），毛巾类产品（包括方巾、面巾、枕巾和浴巾）235200 万条，毛巾被 2608 万条；工业总产值 787600 万元，实现利税 5800 万元，出口创汇 89559 万美元。

造成全行业连续三年亏损的原因主要还在于生产能力发展失控，全行业产大于销的现象严重。到 1991 年止，床上用品年织造能力（包括系统外）超过 4 亿条，毛巾类产品的年织造能力（毛巾被除外、包括系统外）超过 60 亿条，均远远超过市场的需要量，造成了工商贸的大量积压。

1992 年全行业亏损没有制住，但行业内的多数企业（特别是骨干企业）由于积极适应市场要求，加快产品调整，加强技术改造、技术培训，大力发展第三产业，其总体生产水平还是有了提高和发展。

[**产品结构调整**]　家用纺织品行业生产的产品，都是直接与消费者见面的人民生活必需品，要根据市场需要不断进行产品结构调整。近几年，各企业为调整产

品结构做了大量工作，取得了一定成效。传统的纯棉中式（即“四角一中”——中间一株大花型，四角各一株小花型）印花床单，其产量和销售量正在逐年下降，而涤棉西式（即落地小花型或素色或漂白）印花床单及配套件（包括床单、枕套、床罩、被套、绗缝被和绗缝床罩、窗帘、台布和沙发套等）的产量和销售量正在逐年增加，现在全国具有生产阔幅（门幅在2.8米以上）印花布及配套产品的企业有18家，年生产阔幅印花布约1亿米，折合成阔幅西式印花床单约4000万条左右。其中尤以上海大华装饰用品厂、江苏常熟被单厂、武汉床单总厂、广西柳州床单厂、北京床单厂等企业的产品受欢迎。为了保护行业和企业的自身利益不受损害，上述十多家企业在《中国家用纺织品行业协会》的协调下，统一了产品内外销的最低限价和行业的协调价，以求一致对外，共同发展。毛巾类产品中，以全印底螺旋缎档印花浴巾（即国外统称的沙滩巾）档次最高、销价最好、生产难度最大，1989年以前，全国只有少数几家企业能够少量生产，近几年全国已有上海毛巾十五厂、上海三友实业社毛巾厂、上海华众毛巾厂、湖北沙市毛巾总厂、济南毛巾总厂、山东淄博毛巾厂、江苏扬州大华棉织厂、沈阳毛巾厂、合肥毛巾厂等十五家企业能生产这种产品。线带行业也改变了过去只生产缝纫线等传统产品的做法，开始生产多种原料的绣花线、编织线，以及用其编织成的各种服饰产品，这些产品在内外市场上均有较好的销路。织带行业生产的各种工艺商标、机织花边以及花色繁多的刺绣产品，均成服饰、装饰产品的重要组织部分，绗缝产品的销售价虽然较高，但已基本上成为床上配套产品不可缺少的套件。

[技术改造] 近几年来，在全行业中生产形势一直较好、产品销路一直很旺盛的企业，基本上都是根据市场提供的信息，加快技术改造步伐，并引进了必要的关键设备。到目前为止，生产阔幅西式印花床单及其配套产品的企业，多数都引进了阔幅（门幅在2.8米及其以上）圆网印花机、绗缝机及其配套设备，像江苏常熟被单厂、武汉床单总厂、广西柳州床单厂、上海大华纺织装饰用品厂等。用这些引进的设备生产的产品在国内外均享有较好的声誉，深受消费者的喜爱。毛巾行业一些企业引进了具有80年代末水平的平网磁棒印花机和松式烘燥机，这些企业生产的花型新颖别致、手感膨松柔软的全印底螺旋缎档印花浴巾，达到国际一流水平，在国际市场上具有一定的竞争能力。

[技术培训] 为适应市场需要，提高家用纺织品行业人员素质，从1989年到1992年，全行业共举办各种培训班（学习班）14个，培训时间为1～4个月，共培训产品花型（包括配套产品的款式和包装设计）设计人员230人，印花工艺及印染后整理人员100多人，企业管理和质量管理人员100多人。这些人员为企业的生产发展做出了贡献。

[一业为主，多种经营] 这几年，由于主业受阻，全行业经济效益较好的企业不多，但部分中小型企业，几年前就开始了“一业为主，多种经营”的工作，取得了较好的经济效益。江苏淮阴民用纺织品总厂原来是一个只有500多人的生产缝纫线的单一小厂，从1985年开始，该厂首先成立了2000锭的腈编针织绒分厂，以后又相继建成了绗缝产品分厂、无纺布（两条生产线）分厂，1989年以来又建成了涂层（箱包面料）、轻工机械（给台湾厂商加工产品）、化工产品（印染厂用的助剂）分厂等，现在该厂共有九个分厂，职工千余人，1992年下半年9个分厂又分别与外商合资成合资企业，并组成了中外合资淮阴宏丽集团公司。多年来该厂的年经济效益均为淮阴地区的大户。还有青岛毛巾四厂、江苏江阴被单厂、重庆制线厂、成都毛巾二厂、长沙毛巾集团公司、宁波线带集团公司、天津毛巾六厂等企业，均因开展多种经营（包括跨行业的企业），企业的生产呈现出欣欣向荣景象，成了全行业的利税大户。

（朱仲山）

非 织 造 布

[概况] 1992年非织造布行业蓬勃发展。①非织造布企业已增至400多个，还有一批大专院校、科研单位从事非织造布研究与开发，一些非织造布设备制造厂、专用化纤生产厂、化学粘合剂工厂和一批后加工工厂也从事非织造布的生产。非织造布拥有广阔的用户市场，已发展成一定规模的新兴行业。1992年非织造布企业已走出低谷，效益较好，不少工厂人均利润达万元以上，有的厂高达5万元～10万元。②产品开发有起色。非织造布生产厂已把产品的着眼点由衬布、喷胶棉等衣着用转向土工材料、过滤材料等产业用方面，新上的工厂多以防水油毡基布、土工布、人造革基布为主要产品。③重视新技术、重视信息。去年各种非织造布技术交流活动非常活跃，全国性的活动不下十次，纺粘、熔喷、水刺等新工艺更是热门。尽管信息有“价”，仍是十分抢手。④国产化设备由单台向成套发展，质量和性能不断提高。不仅喷胶棉、热熔衬的设备已能成套制造，丙纶长丝纺粘法设备也已国产化，这为进一步发展非织造布打下基础。

[产业用非织造布] 产业用纺织品是我国纺织工业一个新的生长点，而在产业用纺织品中非织造布占很大比例（在发达国家中占50%～60%），因此产业用非织造布产品大有发展前途。主要的产业用非织造布有：①聚酯油毡胎基。随着防水材料的更新换代，玻璃纤维

胎基、聚酯胎基逐步取代纸基，使用寿命由2～3年提高到10～20年。目前国内已引进10多条多功能防水材料生产线，生产能力上亿米，急需聚酯纺粘法非织造布作胎基。由于国内还没有聚酯纺粘法生产线，不少厂用聚酯短纤生产非织造布胎基，产品性能和使用寿命都有较大提高，但热收缩不均匀和粘合剂高温分解问题尚未解决，数量也只有几百万平方米，尚不能满足需求。②土工布。该布被称为继钢铁、木材、水泥之后的第四种建筑材料。去年土工布总量已超过1亿平方米，其中非织造土工布约占一半。经过几年的试验已摸索到土工布使用经验，充分显示其优越性。如水利工程中应用土工布最多的护坡反滤工程使用非织造布针刺土工布后，可代替传统砂砾反滤，施工方便，易于保证工程质量，可降低工程造价1/4左右。但土工布的推广使用进展较慢，一则是传统习惯难以转变，又缺少土工布的施工设计规范，再则使用土工布一次性投资较大，尽管可以节省今后的维修和经营费用，但一次性投资和长期经营费用如何权衡，也是困扰着产业用纺织品发展的问题。③过滤材料。用于环境保护、污染治理的过滤材料是需求量较大的产业用纺织品。非织造布可作高效、低效、气体、液体过滤材料，熔喷法非织造布其纤维直径仅3～5μ，整体结构疏松，是一种理想的气体、液体过滤材料。我国各种滤材用量达3500万平方米，是个广阔的市场。④农用丰收布。纺粘非织造布复盖农作物可起到保温、透光、透湿等作用，可提高农作物产量，被誉为丰收布。近几年在南北方的蔬菜田及人参等经济作物中试用，效果很好。据农业部测算需要4.5亿平方米，即1万多吨的纺粘法农用丰收布。

[**非织造布生产线**]　1992年非织造布引进项目多为长丝纺粘法和短纤热轧法，由于中高档热熔衬基布供不应求，去年各地又引进10条热轧非织造布生产线，基布供应紧张情况可望改观。丙纶长丝纺粘法去年引进的两条生产线已安装调试，今年将陆续投产，到目前为止已有五条引进的纺粘法生产线。值得一提的是通过“七五”科技攻关，在消化吸收引进技术的基础上，第一条国产化的丙纶长丝纺粘法生产线已建成投产，设计能力为1000吨/年，已试产300多吨，设备性能和产品指标均达到80年代中期引进样机的水平。今后丙纶纺粘设备可不再进口，从而为国家节约外汇和投资（国产设备为进口设备价格的1/2），并为进一步研制涤纶纺粘设备打下基础

由于中高档防水材料急需聚酯长丝油毡基布，众多厂家把目光转向聚酯纺粘法生产线，正在筹建和计划筹建的近20家，形成一股纺粘热，对此要因势利导，防止一哄而上。国家建材总局预测到1995年聚酯胎基最大市场为3000万平方米。同时由于涤纶纺速必须达到4000米/分以上才可使牵伸丝的沸水收缩率在5%以下，以满足土工布和屋顶防水材料的需要（丙纶纺速2500米/分即可满足要求），对于这样高的技术要求，并不是所有生产纺粘法的厂家都可做到的。就是在国外，真正掌握涤纶纺粘技术的厂家也为数不多。因此对于上亿元投资的大项目要慎之又慎，千万不能一哄而上。

[**技术交流、培训与宣传**]　非织造布技术协会、全国粘合衬热熔胶协会、全国非织造布工业科技情报站以及非织造布技术开发中心、非织造布技术开发基地为促进非织造布行业的技术进步，针对织造布生产、技术与市场开拓中的重大课题和热点，积极组织交流活动，如“国产针刺设备研讨会”、“全国非织造布工艺技术研讨会”等，参加人数上百人，会议气氛热烈，效果显著；编辑出版了《非织造布技术》、《非织造布》、《粘合衬、黑炭衬服装辅料通讯》等影响较大的刊物；为非织造布行业的发展沟通横向联系，加强科、工、贸协作，在组织较大规模会议时让生产（包括原料、设备生产）、应用、科研、教学、流通、外贸等各方面代表在会上见面；利用协会内10多家商业经销单位的优势，在国内大型商城和市场开设经贸“窗口”；开展技术和管理培训，先后举办了“标准与测试”、“产业用非织造布”、“粘合衬在服装业的应用双向班”等学习班、培训班。此外还协助制订方法标准，如热熔粘合衬针刺地毯、喷胶棉、土工布、热熔胶等标准并按照国家标准组织质量达标活动，抵制伪劣产品；针对非织造布这一行业较新的特点，积极开展多种形式的宣传，继摄制了《非织造布》、《农用丰收布》等科教片后，又拍摄了《非织造土工布》、《服装粘合衬》等科教影片或录相片，已有上百家企业翻录播放，扩大了影响，为拓展非织造布产品的市场，组织国内产品，如手术衣等出口，并通过特区向港澳市场出口优质粘合衬及非织造布产品。

（马　丽）

产业用纺织品

[**概况**]　我国产业用纺织品起步较晚，“七五”期间发展较快，现已初具规模。1988年我国产业用纺织品耗用纤维约52.35万吨，占纺织工业耗用量的8.7%，主要生产品种有骨架材料、蓬盖布、线带绳缆等三大类。这两年，新型产业用纺织品发展很快，1991年非织造、机织土工布用量已超过5000万米^2、过滤布3500万米^2。开发成功的产品也不少，如纺粘法涤论土工布、高效多功能吸附滤布、聚脂油毡基布、涤纶帘子布、新型保健遮阳用镀铝织物、针刺芳砜纶、汽车用复合内饰材料等。

为了进一步推动产业用纺织品的科研、生产和应用，1992年8月，纺织工业部在青岛召开了全国产业用纺织品工作会议，全国18个省市纺织系统的代表和14个相关部委办的有关同志参加了会议。会议重点研究了我国产业用纺织品生产与应用、科研、管理等问题，并就宏观管理、协调发展、产需结合、扶持政策、标准检测、行业协会等议题进行探讨。会议期间，农业部、卫生部、国家环保局、中国新型建设材料公司等9个单位的同志分别介绍了本行业“八五”期间发展概况和对产业用纺织品的需求情况，12个科研、生产单位介绍了经验。王曾敬副部长在会上做了《发展产业用纺织品是纺织工业新的生长点》重要讲话。这次会议对进一步加快纺织工业产业结构的调整，推动产业用纺织品的发展，具有重要意义。

[分类]　产业用纺织品分为农业栽培用纺织品、渔业和水产养殖用纺织品、土工织物、骨架纺织材料、蓬盖帐蓬帆布、产业用毡制品、线带绳缆、革毡瓦基布、过滤材料及筛网、隔层材料、包装材料、劳保防护工作服、文体用品基布、卫生保健用纺织品、国际尖端工业用纺织品等十六大类。产业用纺织品门类多、范围广，具有跨学科与高技术的特点，是传统纺织学科与边缘学科相结合的产物，原料、工艺、用途等各方面都在不断更新，具有与各产业部门配套所必须的特殊功能，质量要求很高，采用的原材料多为差别化、高性能的纤维，产品的社会效益与经济效益比较高。

[国外发展情况]　据有关部门调查，国际产业用纺织品的产量将从1988年的120亿米^{2}增加到1993年的170亿米^2，5年增长45%。国外产业用纺织品发展比较快，其中土工布近些年每年递增20%，目前用量已达7亿米^2，在高新技术产品开发上十分活跃。美国、德国、日本等在开发大类纺织品中，许多属产业用纺织品，如宇航、农用、建筑用、医用、环保地质用等。特别在开发土工布、过滤布、防护材料、火箭导弹、隐形飞机的结构材料等方面，有力地配合了各行业的科技进步与发展。在开发产业用纺织品中，高性能化学纤维成为主要原料，如高强丝、碳纤维、超细纤维、聚四氟乙烯纤维等越来越被广泛采用。目前美国产业用纺织品原料结构中，化学纤维约占90%。在生产产业用纺织品中，注意采用新工艺、新设备，如航天航空用的结构材料采用三维织机，高强整芯带采用重型、多臂、双幅、高速剑杆织机，非织造系列的针刺法、纺粘法设备被广泛用于生产过滤布、土工布、防爆布等。

与国际上相比，我们的主要差距：①从产业结构看，我国产业用纺织品在三大领域产品中比例太小，而且传统的、落后的产品多。②从加工手段看，美国采用非织造布加工手段完成的成品占60%，而我国仅占5%。③从纤维原料看，先进工业国纤维的品种系列很多，高性能、高功能的纤维系列也比较全，而我国仍属试制阶段。④从设备看，我国大多还是国产旧设备，性能较差。近几年来引进的设备也很少有国际一流水平的，有的还存在问题。⑤从技术水平看，在复合技术、表面处理等技术方面，与国外的差距还不小。⑥从人员素质看，由于产业用纺织品是一门跨学科的产物，要求有关人员知识新、知识面宽，而我国这方面的科研技术力量薄弱、人才缺乏、素质不高。

（廖美福）

服装鞋帽

[概况]　1992年全国服装产量为42.66亿件，比上年（下同）增长17.5%。全国乡及乡以上缝纫企业16706个，职工246.8万人，工业总产值690亿元。其中服装企业13152个，职工199万人，工业总产值566亿元。系统内重点统计的36个城市中，服装产量略有下降，但销售收入增长11.8%，出口交货值增长18.2%，利税总额增长15%。

[出口]　据海关统计，1992年服装及衣着附件共出口创汇167.48亿美元。织物制服装出口604157万件（套）、创汇143.84亿美元，布鞋出口57581万双、创汇8.52亿美元，帽类出口63549万顶、创汇2.09亿美元。织物制服装出口量和出口创汇额增长约一倍。在出口创汇中，城乡企业平分秋色。三资企业创汇额占创汇总额的16.6%。

[技术改造]　1992年列入中央技改专项35个，投资19167万元，其中专项贷款13266万元。当年总投资13031万元，其中专项贷款7986万元，用汇1468万美元。1991年底国家投资公司第五批服装招标项目20个，1992年实施，总投资1.2亿元。1993年的中央专项已在1992年审批完毕。国家投资公司“八五”前三年对服装技改基建总投资约在8亿元左右。

[92中国服装博览会]　1992年10月27日至11月16日在上海工业展览中心举办。本届博览会由中国服装工业总公司主办，上海市服装公司承办，日本东京重机珠式会社等协办，参展的有19个省市、214家企业。展览期间观众达40万人次，各地设计、供销人员到会参观交流学习的上千人，批发和零售商品总额达5000万元。博览会评出100个名牌产品，100个最受欢迎产品及服装精品设计金奖7个、银奖14个、铜奖17个、优秀设计奖97个、设计奖51个。

[服装标准]　1992年4月1日起在全国实施《服装号型》国家标准（BG1335-91）。这个新标准是中国服装工业公司在原GB1335-81标准基础上组织专家修改完成的。全套共有男子、女子、儿童服装三项独立标

准。标准以身高、净体胸围、腰围以及胸腰围落差作为号型命名依据，对每一号型列出了制做服装所必须的10个关键控制部位尺寸。中国服装研究设计中心组织制订的太空棉、森林防火服系列标准也开始实施，申报的《服装设计与加工系统示范中心》(CIMS)获得国家科委批准，纳入了国家“863计划”。

[**服饰文化交流**] 1992年中国服装协会组织了“日本小条顺子生活艺术设计展”，“国际奥林匹克邮票时装展示”，“日本婚礼文化表演等”。中国服装研究设计中心在京举办了历届金剪奖作品理论讨论会，组团参加了巴黎国际女装博览会、马来西亚文化节。举办了一年两度服装流行趋势发布会。《服装科技》,《中国纺织报·服饰版》创刊发行。《每周一款》在中央电视台黄金时间播出54次，推出54个系列200多件（套）新颖服装，受到群众欢迎。经国家文物局和纺织工业部批准，“中国服饰艺术博物馆”正在积极筹建。服装表演事业进一步发展，各地服装公司和一些重点企业都建立了自己的专业的或业余的时装表演队。中国服装研究设计中心组建的中国服装艺术表演团参加服装表演150场，在参加世界超级模特大赛中，陈娟红荣获世界超级时装模特称号。该团还组建了全国第一个服装模特经纪公司，开办了模特学校，在国内外实习演出40场，150人已经结业。

为支持中国服装工业发展，加强人才培训，香港田岛有限公司赠给中国服装工业总公司100万美元，用于培养服装人才。

（毋启良）

印 染

[**概况**] 1992年全国印染企业843个，职工36.7万人，完成工业总产值364亿元，其中系统内有309家企业，职工31.72万人，工业总产值252.84亿元。1992年末，全国印染生产能力达149亿米，比上年（下同）增加1.3亿米。印染布产量为124.55亿米、增长25.21%，其中漂白布26.93亿米、占21.62%，染色布71.50亿米、占57.41%，印花布26.11亿米、占20.97%。全年出口交货量26亿米，增加1.8亿米。

1992年棉印染布入库一等品率为88.39%，提高了1.29个百分点；棉混纺及纯化纤漂白布、染色布、印花布综合出口合格率1992年分别为87.33%、82.91%、82.92%，分别提高了2.08%、3.6%、2.49%。

1992年印染业获国家科技进步二等奖项目有超低甲醛DP功能整理等2项，三等奖项目有LMH085低张力绳状练漂联合机等3项；获纺织工业部部级科技进步奖的项目21项。1992年国家通过纺织工业部下达技改投入中印染行业共39项，总投资5.9亿元，外汇4000万美元。

1992年全行业仍然亏损，亏损额为2.8亿元，系统内亏损企业达46%，是纺织行业中亏损比较严重的行业。造成这种状况的主要原因是全国印染行业宏观调控不力，产品低水平延伸，库存量居高不下，转内产品压价销售，原料、能源价格上涨，内、外销产品售价下降，管理费用增加，产品成本不断提高，三角债未能根本解决，商贸拖欠款严重，银行贷款利息高，汇率高，企业缺乏技改能力等。

在全国印染行业经济效益滑坡的情况下，也有部分地区和企业保持较好的效益，如广东省，1992年不仅不亏损，而且利税总额达到3100多万元（全民），全年印染布产量达11.48亿米，在全国排名第三，他们的做法是：①高起点、高质量，挤入国际高档市场。②把客户真正当成“上帝”，千方百计满足客户要求；生产围着市场转，市场要什么花色品种，就生产什么花色品种。③加强培训，提高员工素质。④进行经济核算，指导销售策略，降低成本。⑤采用新技术，加强新产品开发。⑥把握住竞争的重点：质量（客户的选择满意）、品种（适合市场需要及引导市场消费）、价格（成本的降低、客户易于选择接受）、交货期（流行性、及时性、避免客户怕担积压的风险）、服务质量（客户的选择吸引力）等。国内同行普遍认为，广东印染行业的成功首先是他们具有适应社会主义市场经济的思想观念，主要是专业化、社会化观念，市场观念，竞争观念，科技是第一生产力观念和一切讲求实效的观念；第二是通过转换机制，基本解决了“三铁”的弊病；第三是综合经营水平高。

[**问题**] 印染行业除了产品结构需要调整，管理和工艺技术落后，技术装备水平不高，适应性不强，科技开发能力薄弱，对印染污染治理，节水节能，降耗节支重视不够之外，当前比较突出的问题表现在以下几个方面：

1. 印染产品直接与市场见面，与服装、装饰、产业用纺织品等最终成品直接相关，在由计划经济向社会主义市场经济过渡的过程中，对印染行业的触动就更大。因而，对产品的品种、质量、档次、深加工、批量、交货期、信息反馈、流行趋势等方面提出了新的更高的要求，尤其对那些由于机制不灵活，拖着沉重的社会、经济包袱，严重超员，产品没有特色，生产规模庞大，固定支出大，市场和竞争意识不强的国营大中型企业来说，困难更大，暴露出来的问题更为严重。

2. 进口面料大量增加冲击国内印染业。从1991年和1992年进口的纯棉布、棉化纤混纺布、人丝织物、合纤长丝织物看，1991年合计进口11.8亿米（14.1亿美元)，平均单价 1.20 美元/米；1992 年合计进口 32.2 亿米(27.1 亿美元)，平均单价 0.84 美元/米。以 1992 年各大类产品进口数量百分比看，最多的是合纤长丝织物，占 58.7%（与 1991 年接近)，纯棉布占 31.7%（其中染色布占 55%），棉化纤混纺布占 8.1%（其中 T/C 染色布占 52.2%)，人丝织物占 1.6%，进口面料中包含了来料加工的产品。从进口面料的平均单价看，档次并不高，而且近两年来平均单价是下降的，入关后会有更明显的冲击。

3. 目前获得自营出口权的印染企业较少，企业不能直接了解国际市场的产品、销售价格等情况，加上出口体制不适应，影响工业企业积极性的发挥。

4. 出口转内销商品削价严重，一般损失 40%左右。（卢润秋）

流 行 色

[**中国流行色协会**] 成立于 1982 年，是我国流行色研究和应用的法人团体。1986 年加入国际流行色委员会，1987 年加入中国科学技术协会。会长吴文英，理事长王曾敬。至 1992 年底，有集体会员 88 个，个人会员 1500 人。总部设在上海丝绸研究所内。

中国流行色协会的主要任务是，通过对色彩的研究和应用，推动我国轻纺产品的发展，提高产品的附加价值，为企业创造更多的经济效益。近几年，尤其在服装的设计、生产、销售方面，流行色的作用越来越显著，已经引起生产厂家的高度重视。

中国流行色协会的主要工作是：开展学术讨论，研究探索流行色预测，吸收国际流行色预测经验，发布中国流行色卡；开展国内外流行色技术交流，组织各种座谈会和交流会，促进色彩科学的发展；组织色彩市场调研，分折消费者对色彩反映的普遍性和特殊性，针对不同对象、不同年龄、不同用途、不同职业进行社会调查，为科学预测提供数据；出版《流行色》季刊，每期发行 4 万册，同时还出版名种色彩工具书，内部发行，向国内各企业提供流行色最新信息；组织短期色彩培训班，为各地培养人才。

[**中国科协与中国流行色协会**] 中国流行色协会 1987 年加入中国科学技术协会，成为中国科协的组成部分，这标志着我国流行色的研究进一步得到深化。许多相关科学领域要求得到色彩研究的最新成果，如美国宇宙飞船内仓的颜色选定，就经历了色彩在失重情况下作用于人的考验，在改变不佳颜色后使宇航员摆脱了困境。中国流行色协会加入科协后，努力贯彻执行中国科协宗旨，加强自身的组织建设，要求全国级协会会员必须具有中高级技术职称的水平，鼓励具有突出成绩的青年知识分子为色彩研究和应用多作贡献。1991 年度有一名青年色彩专家获中国科协青年科技奖。中国流行色协会理事长王曾敬为中国科协四大代表，秘书长蔡作意为中国科协联络网领导成员，副秘书长徐志瑞为中国科协组织联络工作委员会副主任。

[**九二国际流行色技术交流和应用展示会**] 1992 年 9 月在上海举办，全国共有 29 个省市及计划单列市参展。参展的产品有棉、毛、丝、麻、化纤等原料，采用流行色生产出来的各种面料和各类针织、梭织服装。会间还在上海商业区设置两个销售点进行展卖，受到上海市民的好评。会议期间组织了流行色应用技术交流，国际流行色委员会主席玛拉亚达·沙劳隆女士和日本流行色协会事务局长藤田正芳先生介绍了国际流行色预测技术，中国方面也有 8 名专家发表了流行色研究论文。大会期间还组织了大型系列时装表演，发布了中国流行色协会 1993 年春夏流行色应用主题。通过这次活动，扩大了国际流行色在我国的影响，推动了我国流行色事业的发展。（徐志瑞）

专 业 期 刊

[**概述**] 随着世界科学技术的发展，我国的纺织科学技术发展也进入了一个新的阶段，在软科学研究方面取得了较大的进展，其中代表之一的纺织专业期刊已经成为推动纺织工业发展的力量。

多年来我国纺织专业期刊从无到有，不断发展壮大，它通过传播先进理论、技术、管理经验、沟通科研信息等，为纺织工业的发展做出了贡献。不论是编辑队伍，还是期刊发行的种类和数量都有了很大的发展。截止 1992 年底，有国内统一刊号、正式出版发行的期刊共有 60 多种，其中全国性期刊 44 种，地方期刊 20 多种。44 种全国性期刊中，社会科学类 9 种、学院学报类 9 种、文摘类 3 种、技术类 23 种（详见成果篇），主要分布在上海和北京，分别占全部期刊的 38.6%和 22.7%。江苏、浙江、湖南、湖北、河南、河北、天津、海南、陕西都有正式期刊。从期刊的发展情况来看，最早是 1950 年创办的《中国纺织》，以后是 1956 年创刊的《丝绸》，约有 35%的期刊创办于 1980～1989 年间，近两年创办的刊物有《服装科技》、《丝绸技术》和《中国服饰文化》。期刊的发行量也在不断增加，除少数专业性较强、覆盖面较窄的刊物发行量受限制外，大部分刊物经济效益还好，很受消费者的欢迎。如《中国服装》、《时装与纺织品》、《流行色》等刊物，通俗易懂，拥有各种层次和档次的读者，发行量很可观，已经成为一种进入百姓家中的消遣文化刊物。由海南纺织总公司、纺织工业部政策法规司、中国服装设计研究中心联合创办的《中国服饰文化》，首期创刊号就发行十万册。据统计，全国性纺织期刊每期总的发行量在40～50万册之间。目前，全国性纺织科技期刊的数量占全国科技期刊总数的1.3%。

1992年度由国家科委，中共中央宣传部，新闻出版署三家联合举办的首届全国优秀科技期刊评比中，我部的32种科技期刊参加了评比，《纺织文摘》获二等奖，《中国纺织文摘》、《丝绸》获三等奖。（李卫平）

乡镇纺织业

[概况] 1992年全国乡镇纺织业发展较快，乡村两级纺织企业已达5.92万个、比上年(下同)增加5000个，就业职工524.8万人、增加26万人，工业总产值1921.3亿元、增加660.6亿元、增长52.4%，销售收入1726.86亿元。工业总产值超过100亿元的有江苏、浙江、山东、上海、广东五个省市，其中服装超过10亿元的有江苏、浙江、上海、广东、北京、福建、山东、天津、辽宁九个省市。在乡镇纺织各行业中发展最快是缝纫业，其次是毛纺、针织、化纤，棉纺织行业仍然发展较慢。缝纫业1992年有企业2.84万个，就业人数194.49万人，产值503.38亿元、增长67%，销售收入450.81亿元。毛纺织业有企业3477个，产值258.85亿元、增长50.9%，销售收入225.31亿元。针织业有企业7675个，产值210.85亿元、增长43.3%，销售收入184.36亿元。化纤行业有企业414个，产值52.93亿元、增长36.5%，销售收入48.27亿元。棉纺织业有企业9784个，产值471.5亿元、增长32%，销售收入421.63亿元。

[产品产量] 丝34115吨、增长24%(其中乡办30673吨、村办2640吨)，丝织品104807万米、增长36.5%(其中乡办57512万米、村办38861万米)，棉布391048万米、增长8%(其中乡办238169万米、村办123703万米)，呢绒12334万米(其中乡办8446万米、村办3525万米)，服装32.6亿件(其中乡办13.7亿件、村办10.72亿件)。

[出口创汇] 在三年治理整顿期间，乡镇企业一方面着重提高产品质量、产品档次，另一方面积极寻找国际市场。随着我国进一步改革开放，1992年乡镇纺织外贸出口创汇达到了历史最好水平，增长80%。其中服装出口交货额186.43亿元、增长90%，丝织品出口交货额58.45亿元、增长72.6%，纺织外贸收购额186.25亿元、增长73.9%。为了更好地与国际市场接轨，部分乡镇企业集外贸、外资、外经于一体，积极尝试在一个企业内既搞外贸生产、又办合资企业、还到国外办厂，实行“一厂三外”联动式生产和经营，促使企业在原有外贸生产的基础上利用外贸、引进技术，通过海外企业带回国际市场信息，按国际惯例组织生产，使外向型经济呈良性循环的发展势头。

[首届全国乡镇企业青工技术大赛] 为了提高乡镇企业青工技术水平，提高企业整体素质，农业部和共青团中央共同举办了全国乡镇企业青工技术比武活动，通过对乡镇企业参赛青工操作技能、技术理论的考核竞赛，分别评选出纺织档车工、服装衬衫缝纫工两个工种前十名操作能手，由农业部、团中央授予“首届全国乡镇企业青工技术标兵”的光荣称号，并颁发了证书和奖品。（李　侠）

总后勤部纺织服装业

[概况] 1992年，总后新兴（集团）总公司所属纺织服装企业31个，职工总人数6.7万人。拥有棉纺锭18万枚，气流纺2248头，棉织机2576台，印染生产能力3.5亿米，涤纶短纤维生产能力10000吨，各类缝纫机13620台。1992年主要产品产量：纱28297吨，布6456万米，印染布25330万米，棉针织品用纱1788.88吨，针织服装914万件，完成上级下达的军品生产任务，并保证了文职人员、三军仪仗队的换装及特体服装单量单做任务的完成。1992年工业总产值超额完成计划16.66%、比上年（下同）增长1.68%，实现利税2.5亿元，资金利税率9.84%，销售利税率7.53%，全员劳动生产率1.07万元/人。千万元以上利税大户11个，2千万元以上利税大户4个。三五〇六厂被国务院经贸办、国务院企业管理指导委员会评为国家现场管理先进企业。三五四〇厂哈树旺厂长被国防科工委授予军转民十佳企业家光荣称号。

[转换经营机制] 集团总公司把深化改革、转换经营机制作为一项中心工作来抓。为了促进企业的开放搞活，首先抓了公司本级的职能转换，按照强化宏观决策、弱化微观管理的精神，调整合并了一部分与生产经营关系不大的部门，撤销了一部分因人设事的岗位，机构压缩了42.5%，人员编制减少了25%。通过调整，

进一步强化了经营职能，弱化了行政管理职能，机关工作开始走上抓宏观、管大事、抓决策、重服务的运行轨道。二是把转换企业内部经营机制的重点放在三项制度的改革上。在人事制度改革方面，绝大部分单位完善了中层以下干部的聘任制度，总公司和各专业公司对副局级以下所有人员实行了聘任制，80%以上工厂的厂长具有了聘任行政副厂级干部的权利，初步改变了军需企业几十年沿袭的干部能上不能下的人事管理机制；在用工制度改革方面，各单位根据生产经营的实际需要，开始推行全员合同化管理，有的企业试行了全员劳动合同制；在分配制度改革方面，企业从调动职工积极性入手，建立职工工资增长机制，使工资奖金分配向苦脏累和技术性强、管理责任大的岗位倾斜，还有的工厂开始探索实行岗位技能工资制，从而使按劳分配、多劳多得的原则得到进一步体现。三是进一步完善承包经营责任制，把竞争机制引进车间班组，采取内部招标承包，划小核算单位，确保了承包任务的完成。

[**产品质量**]　在激烈的市场竞争中，坚持质量第一、信誉第一。公司在军品任务的分配上实行择优原则，对产品质量好、按期交货、服务好的企业给予倾斜。进一步加强产品质量监督抽查工作，扩大覆盖面，增加了抽查批次，及时通报抽查情况，减少了批量性质量事故的发生。针对纺织涤棉坯布的筘路、棉结问题，染整色布的条道、色差（包括左中右色差）、迷彩布的露底、搭色，以及服装缝制质量问题，工厂强化基础管理，进行群众性的技术攻关，取得较好效果。有的工厂还推行了以质量为主的工资分配制度，通过合理的分配加大向质量的倾斜达到了稳定提高产品质量的目的。1992 年棉纱、棉布、印染布、针织品和服装，质量稳定提高。经总后军需质量检测中心抽查，棉纱一等一级品率达到 99%以上，涤棉坯布下机一等品率达到 60%以上，被服产品出厂合格率 99%，染整、针织产品实物质量除个别品种外均完成了公司考核指标。武汉三五〇六工厂连续三年全军被服产品质量检查名列第一，该厂深化质量管理 QC 小组、检验方式优化 QC 小组被命名为国家优秀 QC 小组。

[**产品开发**]　企业以市场为导向，以提高经济效益为中心，努力开发高档次、高质量、高附加值的新产品。为了搞好产品结构的调整，在公司组织各厂去地方有关厂考察的基础上，召开了“纺织、染整产品开发研讨会”，明确了产品结构调整的方向。1992 年开发新产品 190 种，其中砂洗丝绸衬衣、牛仔裤、西服已大批量进入国际市场，染整行业初步改变了涤棉、纯棉产品只染色，品种单一的局面，向仿毛、仿丝绸、超细旦、印花、磨毛、减量等功能性产品发展。三五三三、三五四五工厂与科研单位合作研制生产的全染料迷彩布装备了部队，针织行业开发了外贸创汇产品和精梳高档针织衫，三五三二工厂还开发出烧毛、丝光针织产品。三五一〇工厂研制生产的涤棉锦交织袜和丙纶夹层绒衣，深受部队欢迎。新产品的开发促进了企业经济效益的提高，1992 年新产品产值率达到 30%。

[**技术进步**]　1992 年获全军科技奖 2 个，总公司科技进步奖 6 个（其中一等奖 2 个，二等奖 3 个，三等奖 1 个）。

1992 年棉纺织改造重点放在引进无梭织机、自动络筒机，改造棉纺关键设备。染整主要以优质、高效、多品种、短流程、低能耗、少污染、提高产品附加值为目标进行技术设备改造。针织改造主要引进大圆机、拉幅定型机、电脑绣花机等，改变只能生产中低档产品的面貌。80%的服装厂推广应用了 CAD 电脑辅助设计系统，引进高压粘合机、高速平缝套结机、双针双链缝纫机、高速筒型卷接缝纫机、双针绷缝机等多种专用设备。

（吴晓梅）

新疆生产建设兵团

[**概述**]　1992 年新疆生产建设兵团纺织工业主要产量：针棉织品折纱 3728 吨、比上年（下同）增长 2.4%，棉纱 45783 吨、减少 3.8%，布 9176 万米、下降 8.8%（其中棉布 8624 万米、下降 9.4%），印染布 989 万米、增长 27.6%，床单 58 万条、增长 20.8%，棉毯 23 万条、增加 11 倍，毛线 764 吨、下降 16%，呢绒 332 万米、增长 0.6%，毛毯 8.9 万条、增长 58.5%，服装 58.8 万件、减少 26.5%。

1992 年纺织工业总产值 9.69 亿元，下降 3.7%。大中型纺织工业完成总产值 6.7 亿元，净产值 1.86 亿元，销售收入 4.8 亿元。出口交货值 8884 万元、减少 17.57%，其中棉纺织工业 4858 万元、减少 27.99%，毛纺织工业 1541 万元、增加 22.69%，针织复制业 2485 万元、下降 25.9%。

1992 年兵团纺织工业经济效益较上年有所下降，亏损总额达 4000 余万元，其中大中型纺织企业利税合计完成 1750 万元，亏损 3575 万元。毛纺织工业形势趋于好转，多数企业已经开始扭亏，个别企业能够盈利。棉纺织和针织复制业效益滑坡，大部分企业亏损。

（陈　新）

地方篇

The Survey of Textile Industry in Some Areas

纺　　织

北　京　市

[**概况**]　1992年北京市纺织工业总产值448290.3万元、比上年（下同）增长1.69%，销售税金（全民预算内）12496万元、下降7.7%，实现利润（全民预算内）－2682万元、下降182.6%。主要产品产量：化学纤维24563.6吨、下降13.52%，纱64728.5吨、增长1.61%，布20498.2万米、下降3.82%，印染布11976.7万米、下降12.27%，呢绒1281.6万米、增长2.05%，毛毯39.3万条、增长7.67%，毛衣裤260.5万件、下降0.38%，毛巾2260.0万条、下降9.35%，床单266.3万条、下降8.43%，针织衫裤1517.1万件、下降22.36%，服装1502.7万件、下降13.90%，鞋1113.2万双、下降21.14%。

1992年北京市纺织工业生产总量压缩，部分生产能力开始转移。继京棉二厂淘汰2万锭棉纺设备、北京涤纶厂转让6000吨涤纶短纤维生产线之后，棉纺织、印染、针织、服装、鞋帽等行业，提出第一批转移的设备目录，共12条生产线，1542台套，价值3800万元，年生产能力为：棉纱1800吨，印染布4000万米，针织衫裤500万件，袜子200万双，服装20万件，鞋170万双，这些设备大多是70年代设备。随着生产总量压缩，职工总数由12.86万人缩减到11.85万人，减少7.85%。

[**结构调整**]　按照"少关停、多并转"的原则，全面推进企业结构调整。1992年共并转14家企业，其中行业内归并8家，向行业外转移4家，与其它行业联合建设开发2家，相当于"六五"、"七五"期间企业调整数的总和。根据"主业精、副业兴、企业活"的发展战略，大力发展第三产业。截至1992年底，第三产业网点382个，从业人员近9000人，营业收入3.07亿元，实现利润936.6万元。服装开发公司把生产设备全部转移，利用腾出的厂房，开办了小商品市场。前进鞋厂利用厂房改建成金桥宾馆。三环集团公司利用原第二羊毛衫厂厂房改建成正阳饭店。另外，第三棉纺织厂、第二印染厂等一些企业的食堂、托儿所等生活服务部门开始面向社会，独立核算，自负盈亏，减轻了企业的负担。

[**技术改造**]　为促进产品结构调整，提高产品质量和档次，增强竞争能力，1992年新开工技术改造项目投资4.5亿元，加上1991年开工项目，"八五"前两年开工项目投资约6.5亿元，相当于"七五"期间重点技术改造投资总额。1992年竣工投产24项，投资1.3亿元。经过改造，具有80年代技术水平的装备比例有所提高，其中毛精纺纺部由30%提高到48%，织部由25%提高到36%；棉纺织前纺由26%提高到36%，自动络筒由30%提高到35%，细纱机由60%提高到70%，织机由11%提高到21%。企业后劲逐步增强。与此同时，积极利用外资，加快老企业技术改造。1992年新建合资企业17家，至年底，共建成合资、合作企业43家，总投资1.1亿美元，其中外资约4000万美元。已经开业的30家合资、合作企业，在引进资金、引进技术的同时，注重引进机制，取得明显的效益，全年实现利润1584.8万元，创汇2761.2万美元。雪莲羊绒有限公司、京澳毛纺有限公司、埃姆毛纺有限公司实现利润超过100万元，出口创汇在100万美元以上。

[**转换经营机制**]　随着改革的深化和《条例》的贯彻，企业经营自主权进一步落实。各国有企业根据北京市转换经营机制试点方案，采取完善"两保一挂"、减亏承包、利税分流三种形式，与市纺织公司签订协议，按政策增提折旧、提取技术开发费和提补流动资金。总公司进一步把化纤、棉纱、坯布由视同指令性的计划管理改为指导性的市场调剂，并采用11项措施，缩小计划管理范围，减少对企业不必要的行政干预，以利于把企业推向市场，形成企业平等竞争机制。继1989年7个企业和企业集团取得外贸经营权之后，又有针织、染织、服装三个集团公司和维尼纶厂取得外贸经营权。特别是市纺织品进出口公司建制划归纺织工业总公司后，为更多的企业全面进入市场，直接参与国际交换和国际竞争，开辟了通道。围绕发展社会主义市场经济，各企业在转换经营机制方面做了大量工作，取得一定进展，活力有所增强。产品质量稳定，产销趋于平衡，出口继续增长，资金占用回落，部分行业经济效益出现回升。

（刘秉悌）

天 津 市

[概况] 1992年，天津纺织工业拥有生产企、事业单位186个。其中，全民所有制企、事业单位111个，集体所有制企、事业单位48个，中外合资合作企业6个，股份制企业1个，联办企业20个。按行业划分，拥有棉纺、印染、色织、针织、装饰、毛纺、化纤、丝绸、毛针织、产业用纺织品、机械器材11个行业，技术研究所6所，大中专及技校15所。全局期末职工总数183854人，固定资产原值288862万元，净值180643万元。主要生产能力，棉纺锭917168枚，气流纺10312头，棉织机15597台，毛纺锭94040枚，毛织机1382台，针织台车395台，棉毛机611台，大圆机183台，袜机1394台，印染年生产能力4.51亿米。1992年工业总产值517220万元、比上年（下同）下降1%，利税合计9028万元、下降46.73%，上缴利润2859万元、下降37.92%。主要产品产量：棉纱103806吨、增长10.2%，布32378万米、增长1.8%，印染布24320万米、与去年持平，化纤14649吨、增长9.6%，毛线4752吨、增长23.8%，呢绒852万米、下降24.1%，毛毯19万条，增长5.6%，毛针织衫裤147万件、增长27.8%，丝绸1598万米、下降25.7%，印染绸862万米、下降20.8%，麻袋119万条、下降10.5%，纺织机械2976吨、下降41.7%。

[合资合作企业] 1992年末累计，天津纺织工业的合资合作项目达43项。近年来开业并取得较好效益的合资合作项目有：津英纺纱有限公司、津通长毛绒有限公司、天永毛纺针织有限公司、李七庄纺纱有限公司等6个。1992年新洽谈的合资合作项目达37项，超过了前14年的总和。其中，已领取营业执照的12项，已完成并通过了可行性研究报告的4项，已经审批立项的7项，已签订了意向书的6项，正在进一步洽谈商定的8项。合资合作的范围广泛，是1992年的一大特点。在新洽谈的37项合资合作项目中，属于生产性的34项、占92%，配套服务性的2项，商贸性的1项。

[外贸出口] 1992年，天津纺织工业完成出口交货值14.5亿元，增长20.6%，高出全市平均出口增长幅度12.3个百分点。完成外口岸出口交货值4.08亿元，增长2.3倍；外口岸出口占全局出口总值的比重达28.1%，增长17.9个百分点。三资企业完成出口交货值8600万元，增长4.9%。自营出口企业已日趋成熟，出口创汇也有明显增长。1992年，三环印染集团完成自营出口创汇680万美元，增长50.8%；毛纺行业完成自营出口创汇520万美元，增长28.4%。一年来，全局恢复和新获自营出口权的企业3家，经市初审合格报国家待批的8家，报市初审待批的2家，上述企业获自营出口权后，出口比重将占全局的85%以上。

[扭亏增盈] 1992年，纺织工业部确定扶植天津纺织工业11户停产、半停产企业，除派专家组来津进行实地考察、具体指导帮助外，还采取请先进地区的兄弟单位实行对口帮助等措施，收到了明显效果。在11户企业中，实现经济效益增长的有10户，全年合计亏损238万元，减亏1169.1万元。其中，实现扭亏增盈的有毛巾六厂和纺织器材厂，全年合计实现利润8.7万元，减亏239万元；实现利润持平的有提花织物厂和丝绸印染厂；实现利润减亏的有6户企业，全年合计亏损246.7万元，减亏690.9万元。

[第三产业] 1992年，天津纺织工业坚持“一主多副、以副养主”的方针，在抓好主业的同时，积极兴办第三产业。全年共开办第三产业288个，安置富余职工8473人。截止1992年末累计，全局共开办第三产业766个，从业人员达22926人，其中安置富余职工18400人，占全局职工总数的10%。在开办的第三产业中，属于工业、加工业的258个，商业的332个，技术咨询服务的22个，交通运输、仓储、托幼、医疗卫生、房地产、修配服务及养殖等154个。初步形成了门类较为齐全的发展格局。 （张燕东）

河 北 省

[概况] 1992年，河北省纺织工业战线广大职工面对严峻的形势，在几乎全行业亏损的境地中起步，从3月份起，经济效益逐月回升，全年各项经济指标完成情况较好。1992年完成工业总产值118.31亿元，比上年（下同）增长5.28%。主要产品产量：合成纤维18630吨、与上年持平，粘胶纤维10733吨、增长0.7%，纱35.70万吨、增长4.9%，布118387万米、下降5.4%，印染布47880万米、下降3.68%，针棉织品折纱38483吨、下降16.83%，呢绒572万米、下降26.48%，毛线4122吨、下降35.63%，麻袋953万条、下降9.58%，丝96吨、增长21.52%，丝织品2782万米、下降28.48%。利税36483万元，增长42.63%。1992年在本口岸收购量比1991年大幅度减少（减少近30%）的情况下，全系统广大职工千方百计，全方位、多口岸发展出口，使外口岸收购成倍猛增，达16.42亿元，增长109.61%，占全年出口交货总值（35.26亿元）的47%。

[转换经营机制] 1992年全系统深入贯彻《全民所有制工业企业转换经营机制条例》，在三个方面实现了转变。一是计划体制，从计划调节为主转向市场调节为主，除对少数产品实行指令性计划管理外，其它产品

均已放开。为了有利于把企业推向市场，把原来重点考核计划完成情况，改为考核合同的履约率和产销率；把过去每季一次的计划平衡会改为产品定货协调会。定货协调会主要是洽谈订货、交流信息、互通情况、衔接生产，1992年12月已经举办了一次。二是发展出口，从基本依靠本口岸转向多口岸。鉴于绝大多数省放开了外贸收购价格，河北省政府决定从7月1日起不再由政府协调外贸收购及价格问题。在本口岸收购不旺的情况下，企业开始探索自已打出去，发展多口岸出口的路子。与此同时，在省总公司倡导下，各地市企业积极开展边贸活动，取得了一定成果。经过努力，外口岸比重已占到45%以上，是历史最高水平。三是机关职能开始转变，由管理为主转向服务为主。缩小了指令性计划，扩大了指导性计划，废止了企业升级、达标、检查等方面的文件，停止了检查验收等活动。与此同时，积极为企业基建、技改项目的立项、施工、投产提供服务；为企业（集团）积极争取外贸自营出口权；为组建、培育和完善专业市场探索路子。虽然这种转变是初步的，但为进一步搞好“两转一推”（企业转换机制，机关转变职能，把企业推向市场）打下了基础。

[扭亏增盈] 1992年，省总公司始终把扭亏增盈作为工作中的“重中之重”，并认真落实。一是按照省政府和纺织工业部下达的扭亏增盈指标，对各地市、各行业亏损情况认真剖析，摸清底数，层层分解下达到地市，签定责任状严格考核，逐月分析，指导扭亏工作。二是分清层次，分类指导。对亏损200万元以上的29个亏损大户，实行信息反馈制度，随时调度情况，解决问题。省总公司还派出4个小组，到重点亏损大户蹲点，具体帮助企业扭亏。今年以来，还采取现场办公的办法，由总公司领导带队，深入到40多个企业现场解决问题。通过一系列工作，全系统扭亏增盈工作初见成效。从3月份起，亏损企业及亏损额逐月减少。到年底，亏损企业已由上年127户下降到111户，下降12.6%，亏损额已由上年26321万元，下降到17640万元，下降32.98%。在全国纺织工业扭亏增盈工作会上，获纺织工业部授予的扭亏增盈一等奖。

[基本建设，技术改造] 一是几个大的基建、技改项目相继落实。其中，石家庄6万吨聚脂、保定化纤厂老厂改造工程和唐山2万吨粘胶项目已分别立项，通过了可行性报告和扩初设计；邯郸锦纶厂2000吨锦纶项目已投产；秦皇岛3万吨腈纶项目九月份已试车。这些项目的落实，对调整行业结构具有重大影响。二是技改项目增加了力度。将“八五”后两年的“深、精、高”出口专项计划提前到前三年，从而保证“八五”后两年可再安排一批新项目。结合压贷挂钩、压锭挂钩，在全省17个大棉纺厂安排了发展新型纺纱设备、新型织机、自动络筒等技改项目。这些技改项目完工后，将大大加快棉纺织工业技术进步的步伐。产业用纺织品的开发也开始起步，来势较快，其中秦皇岛2900吨土工布、承德2000吨丙纶细旦丝等项目已获批准，正抓紧落实。

（孙家宝）

山 西 省

[概况] 山西省纺织工业1992年完成总产值33.79亿元、比上年（下同）增长3.91%，实现利润629万元、下降66.58%，税金6983万元、下降3.09%。主要产品产量：化纤26965吨、增长9.94%，纱101670吨、增长4.79%，布42320万米、下降0.49%，印染布13483万米、增长2.55%，帘子布1101吨、下降14.58%，棉毛类衫裤383万件、下降36.17%，毛巾2101万条、增长22.58%，袜子2021万双、下降40.47%，毛线1743吨、下降0.80%，呢绒235万米、下降12.31%，毛毯12万条、增长20.00%，麻袋690万条、下降3.90%，丝416吨、增长6.94%，丝织品812万米、下降15.94%，服装（归口）2692万件、增长15.39%。

[扭亏增盈] 1992年，山西各地市主管部门和纺织企业围绕扭亏增盈和限产压库这条主线，做了大量的工作。从省厅来说，一是层层落实扭亏目标，部署扭亏工作，签订扭亏目标责任书；二是进行重点帮促，由正、副厅长、总工带领三个帮促组深入企业进行帮促服务；三是加强指导，引导企业做好扭亏增盈和限产压库工作。由于全省上下共同努力，全年亏损企业亏损额为2736万元，减亏22.38%，其中省直企业减亏59.49%。大同、阳泉继续保持了无亏损企业，临汾、忻州、梅花丝绸公司和省直企业完成了厅下达的扭亏目标。全省盈亏相抵后，不仅不亏损，而且实现利润629万元，获得纺织工业部扭亏增盈“二等奖”。

[对外开放] 在邓小平同志南巡重要讲话精神鼓舞下，山西纺织工业努力克服“内陆意识”，进一步解放思想，加快对外开放步伐，取得了可喜成绩。继1992年3月临猗针织厂第一家与香港合资经营“山西河东针织有限公司”后，山西针织厂、山西毛条厂、太原绒织印染厂、襄汾纺织厂、晋城梅花丝绸公司等20个企业积极与外商进行项目洽谈，兴办中外合资企业。截止年底，全省纺织系统共签订合资项目25个，总投资3.9亿元。其中，外商投资近2000万美元。随着市场经济的发展，山西纺织工业继续扩大与省外国外的联系，全省在省外的公司、经营机构和企业有19个，驻外办事处9个，相当一部分企业在沿海、沿边和特区

设有销售网点，山西毛条厂跨出国门到境外设点办厂，并开始了经营活动。此外，跨地区、跨部门的各种技术经济联系也有了新的发展。

采取多种形式，扩大产品出口，全年出口交货值达到4亿元，比上年增长7.9%，保持了连续4年增长的好势头；出口产品中深加工产品比重明显提高，深加工比重达到60%以上，创历史最高水平。

[**技术进步**]　为了尽快改变企业技术装备水平落后的状况，切实提高纺织产品的竞争能力，山西纺织工业紧紧抓住技术进步这一环节，以产品为龙头，以市场为导向，以提高经济效益为中心，集中资金，对一些重点骨干企业进行了技术改造，特别是引进了具有国际90年代先进水平的清钢联、自动络筒机、无梭织机等设备，开发了年产500吨的碳纤维原丝生产线，做到了技术改造、技术引进、技术开发"三结合"。全年安排基建技改20个项目，投资2.28亿元，是"七五"以来安排项目最多、投资最多的一年。同时，还全面完成了与省经委签订的11项重点技术开发项目。

[**转变职能**]　随着企业转换经营机制的不断深入，山西纺织厅积极进行了机关职能的分解与调整，使机关职能的转变有了很大的进展。(1)进一步改革计划管理体制。17大类产品中，只有9类产品实行指导性计划，其余8类产品实行市场调节。同时，改变了传统的生产衔接办法，允许企业自由选择供货单位，以销定供。(2)扩大了省直企业的投资决策权。省政府确定的改革试点企业，可自行确定2000万元以下的自筹基本建设项目和3000万元以下用自有资金进行技术改造的项目。其它省直企业自行确定项目的投资权限为：基本建设项目1000万元以下，技术改造项目2000万元以下。对于利用外资、合资的项目，省直企业可自行确定的投资权限为500万美元。(3)加强了宏观调控和行业指导工作。突出抓了四项工作：一是根据纺织工业部制定的产业政策和发展市场经济的要求，制定了上新台阶的方案；二是制订了13个细分行业产成品资金占用的"良好线"、"警戒线"、"关停线"标准；三是提出了产品结构调整和企业关停并转的意见；四是举办了毛纺织行业和针织复制行业新产品展示会。

（孙宝明）

内蒙古自治区

[**概况**]　1992年内蒙古自治区纺织系统认真贯彻党的十四大精神，不断深化改革，转换经营机制，各方面的工作得到了蓬勃的发展。全区纺织工业生产滑坡的局面得到了控制，开始呈现回升的势头，正逐渐步入良性循环的轨道。据统计，1992年工业总产值286258万元、比上年（下同）增长9.5%，利润2120万元、增长280.6%，税收8035万元、下降20.8%。主要产品产量：化学纤维7607吨、增长0.9%，纱20912吨、下降13.2%，布9537万米、下降11.9%，印染布1138万米、下降28.02%，毛条7627吨、增长11.7%，毛线3511吨、下降5.7%，呢绒1031万米、下降7.9%，丝织品182万米、下降40.1%，服装1004万件、增长4.8%。全区纺织工业亏损面下降了5.4%，亏损企业亏损额下降了64.3%，销售利税率增长了0.62%，资金利税率下降了0.35%。

[**深化改革，搞活企业**]　1992年，全区纺织系统各纺织企业均进行了以转换经营机制为主的内部改革。改革了人事用工和分配制度，压缩了非生产人员，缩减了行政机构，形成了竞争机制、激励机制，给企业注入了活力，带动了全区纺织行业的全面发展。为了使企业走向市场、适应市场，一年来，全区纺织系统加快了技术改造的步伐，不断完善现代化管理手段，给企业增添了后劲，提高了应变能力。如内蒙第二毛纺织总厂除完成了全部技改项目外，还采用电脑进行现代化管理，仅电脑控制染色一项就年增经济效益50多万元，染色事故从56.9%降到4.5%，色差合格率由50%提高到90%。为了适应市场形势的急剧变化，全区纺织系统加强了市场调研，根据国内外市场需要调整产品结构，增加花色品种，同时狠抓了产品质量，使产品的市场占有率不断得到了提高。1992年以来，随着社会主义市场经济的发展，全区纺织系统大力兴办第三产业，为搞活企业经营、提高经济效益拓宽了路子。

[**呼和浩特羊毛拍卖交易中心**]　为了开发和保护国毛资源，提高羊毛质量，把羊毛生产资料的流通纳入平等竞争的市场机制，1992年8月28日经纺织工业部、农业部和内蒙古自治区政府批准，内蒙工商行政管理局登记注册，"呼和浩特羊毛拍卖交易中心"在内蒙古自治区呼和浩特市正式成立。这是隶属纺织工业部、农业部两部"羊毛基地建设开发领导小组"领导的、具有法人资格的全民所有制企业，是当时我国第一家羊毛市场。在"呼和浩特羊毛拍卖交易中心"成立的同时，还举行了羊毛拍卖活动。参加这次拍卖的羊毛有内蒙古、新疆、黑龙江的国营农牧场，纺织工业部、农业部建设的羊毛基地所产的羊毛1487吨，其中内蒙古803吨、新疆280吨、黑龙江404吨。拍卖成交412吨，内蒙古纺织工业公司羊毛基地提供的羊毛全部成交，成交最高价格为66AI中国美利奴细羊毛，每公斤净毛35.20元。

（李秀梅、曾昭义）

辽 宁 省

[**概况**] 1992年辽宁省纺织工业的生产经营形势略有转机。生产总值略有增长，产品质量稳定提高，出口交货值同步增长，经济效益从二季度起出现减亏趋势，但是总的经济形势仍然严峻，经济运行仍未摆脱困境，深层次矛盾没有缓解，全行业亏损局面尚未扭转。1992年完成工业总产值（县以上）121.44亿元、比上年（下同）增长2.6%，其中纺织95.57亿元、增长1.4%，丝绸10.39亿元、增长1%，服装15.48亿元、增长12.4%。主要产品产量：化学纤维92117吨、增长4.6%，纱197698吨、增长0.4%，布55305万米、下降7.8%，印染布24512万米、下降4.8%，针棉织品折纱量30880吨、增长6.3%，呢绒1625万米、下降7.9%，丝织品7036万米、下降4.1%，服装4370万件、下降3.9%。出口交货值33.8亿元、增长2.6%，出口创汇7.02亿美元、增长9.6%，销售收入69.06亿元、下降7.3%，利润－18891万元、增长38.4%，税收17215万元、下降14.9%。

[**转变观念，转换机制**] 1992年首位工作是转变观念。从行业的实际出发，年初提出转变"生产经营观、投入效益观、内因外因观"；年中提出进一步解放思想换脑筋，明确树立"市场观、发展观、盈亏观和科技人才观"。在实践中逐步理顺发展思路，即外争市场，内抓管理，抓紧"三转、三改"（转变观念、转换机制、转调结构，改革、改造、改组），做好扭亏增盈工作，加快经济发展步伐，努力实现三年行业翻身，尽早步入生产经营和发展的良性循环。

学习贯彻《全民所有制工业企业转换经营机制条例》，积极转换企业经营机制。丹东化纤工业公司和鞍山合成（集团）股份有限公司，分别在全行业中首家实行投入产出总承包和股份制的试点。鞍山针织总厂和鞍山市纺织厂探索厂内划小核算单位承包责任制，实行风险抵押，二级法人，把全员推向市场。庄河市大连化纤厂运用乡镇企业经营机制，依靠院所科技力量，厂长带领110名职工，年创利税1000万元。

劳动、人事、工资分配三项制度改革普遍开展。质量否决型工资制、全员劳动合同制、岗位技能工资制、劳动制度综合配套改革初见成效。通过定岗定员，合理劳动组合，择优上岗，共下岗人员1.6万人。

[**扭亏增盈**] 扭亏是摆脱行业困境的突破口。省厅市局加大扭亏力度，加强组织领导，蹲点包片带行业，会同省政府共同派扭亏工作组，协助企业制订落实扭亏整顿方案，调整部分领导班子，建立扭亏责任制，实行风险抵押承包，全面开展企业整顿，组织重点行业扭亏增盈发展研讨会，邀请国内先进企业——无锡第二棉纺织厂、昆山印染厂及天津恒源毛纺织厂等企业，来辽宁传授经验。从第二季度起出现转机，遏制了效益下滑局面。全民预算内企业（177户）中，有95户亏损，全年亏损额2.69亿元（其中含处理1991年以前潜亏0.62亿元），同比减亏30%，占与省政府签订的扭亏责任书目标（3.2亿元）的84%。实现利税424万元，达到了与纺织工业部签订扭亏任务目标（－3956万元），被纺织工业部评为扭亏二等奖。从地区看：鞍山、沈阳市实现盈利；减亏50%以上的有辽阳、本溪、绵西市。从行业看：化纤、服装、毛粗纺、毛线等行业盈利，棉纺行业减亏幅度较大，同比减幅66%。从企业看：扭亏转盈的14户，减亏的50户，增亏的18户。盈利100万元以上的10户，亏损500万元以上的8户。辽阳纺织厂两年前是全省同行业最大亏损户，累计亏损4500万元，另有潜亏404万元，自1991年9月调整厂领导班子后，全厂职工振奋精神，外争市场及搞活营销，内抓管理及技术进步，1992年终于扭亏转盈。

[**市场营销**] 省厅市局普遍增强市场观念，加大把企业推向市场的力度。不少企业主动走向市场，了解市场，研究市场，制订营销策略，参与市场竞争。鞍山市印染厂坚持面向市场，研究信息，敢于竞争，善于竞争，以企业素质保竞争，赢得了市场竞争的主动权，经济效益在全省印染行业中一直保持前列。营口染织厂充分发挥设备优势，开发生产了大批适销的特宽幅床罩、窗帘等装饰布，还在国内各地区设销售代理商，扩大了销售又节省了人员。

各种展销交易活动日益活跃。省纺织厅今年组织企业参加4次大型展销活动，总交易额3.3亿元，其中在"92全国纺织产品交易会"上，销售额列第3位；第四届大连国际服装节，仅大连市直属企业成交额达1.3亿多元。在全国服装展销交易中，大连第三呢绒服装厂获国家金质奖的"九星"牌西服，以及沈阳市中日合资"黎富"西服，均获得好评。展示鞍山市高级服装设计师高喜林设计的"太阳雨"时装表演，在首都等地反响热烈。

各类商品交易中心及服装市场蓬勃发展。"辽宁纺织交易中心"于年底在沈阳市建成开业。以经营服装及面料批发为主的海城市西柳服装市场及沈阳市五爱小商品市场，跨入全国十大专业批发市场行列，年成交额均突破10亿元以上。在西柳，纺织、印染、水洗、服装加工厂点已达5000多个，产销两旺。

为扩大出口创汇，开拓外销市场，在积极依靠"大外贸"同时，大力开拓边贸，扩展自营出口（现有27家获准自营出口权），充分发挥工贸公司作用，如大连丝绸进出口公司、辽宁纺织品联合进出口公司、大连纺织品联合进出口公司、沈阳市东毛贸易公司的出口创汇均有新进展，连同自营出口共创汇1.3亿美元。对独联体及周边国家的易货贸易开始起步，建立边贸公司或销售点，兴办合资合作企业。

[**技术改造**] 重点组织"八五"技改投入的规划与实

施。全民预算内企业技改项目完成投资额4.86亿元。有一批好项目竣工投产。如鞍山合成纤维厂FDY1000吨细旦丝，朝阳合成纤维厂超高强丙纶长丝，鞍山彩蕾风雨衣公司电脑裁剪及悬挂服装生产线，营口化纤厂引进过滤咀项目，以及女儿河纺织厂增添改造喷水织机及引进自动络筒机等，均已收益见效。

省市厅局共同调查了“七五”技改投入存量及产出状况，研究拟定改进措施。锦州合成纤维厂、印染厂、棉织厂同女儿河纺织厂、惠州、西柳之间合理调整资产存量，优化组合配套，有效发挥先进设备的潜力。

为摆脱纺织行业困境求得发展，不少市局、企业本着“主业精、副业兴”精神，跳出纺织行业圈子，大力发展第三产业，有了良好开端。沈阳、鞍山、辽阳等市起步较早；沈阳纺织厂、大连第二呢绒服装厂等兴办“三产”创造的人均效益，已超过主业效益。

（胡尔寿、彭　克）

沈　阳　市

[概况]　1992年末共有纺织企业81个（其中全民企业33个），职工69312人，固定资产净值8.23亿元。全年完成工业总产值16.46亿元，产品销售收入15.84亿元，1992年实现利润393万元，扭转了亏损局面，获纺织工业部、辽宁省纺织工业厅扭亏为盈二等奖，沈阳市完成扭亏为盈责任状奖。

[出口创汇]　1992年沈阳纺织工业以扩大出口创汇为龙头，带动全行业经济发展，使全年出口交货值完成68900万元、比上年（下同）增长21.2%，连续8年保持20%以上的增长速度。16大类的出口产品中有10大类产品超过上年供货水平，全局自营出口创汇比上年有较大幅度的增长。

（一）把扩大出口创汇作为全年经济工作的龙头。局主要领导除亲自抓外，还带领企业党政领导赴江苏、上海、山东、河北等地区学习考察，并把出口创汇列为工作重点，促进了企业与国际市场接轨。

（二）提高出口产品质量。一是依靠科技进步，组织科技攻关；二是把出口产品质量与企业的荣誉和职工利益联系起来，与工资、奖金挂钩；三是积极开展创名牌工作，增强广告宣传意识。全年开发出口新产品30个、增加56.6%，出口交货值增加3780万元，创汇630万美元。

（三）狠抓自营出口创汇。局属自营对外贸易窗口东毛公司、国际贸易纺织分公司在1992年对外自营出口工作中，主动出击，成交活跃；具备条件的各出口生产企业通过挂靠专业出口公司也积极开拓国际市场。全局完成自营出口创汇3842万美元、增长一倍多。

（四）中外合资企业出口创汇出现新局面。至1992年底，全局共兴办中外合资企业25个，全年实现出口交货值8980万元，占全局出口交货总值的13%、增长4.5%。

（五）扩大深加工、高附加值产品的出口。各出口企业注重市场调研，在产品的精深度上下功夫，其中精粗高档呢绒的出口量比去年增加70万米，净增出口值3400万元，服装出口值增加5837万元、增长26.9%。

[压库促销，扭亏增盈]　1992年沈阳纺织行业面临的主要问题是“三项资金占用”居高不下，产成品库存积压严重。根据纺织工业部“控制总量、产销存效”的要求，组织全系统开展了推销压库，全员销售大会战，并把企业销售收入指标纳入经营责任状，分月严格考核。会战中，局机关干部带头推销积压产品300万元。局党委还重点组织了“全员销售”、“党员销售工程”、“工会、共青团双百万销售”和“拉练销售”等活动，全方位挤占市场，销售额达16854万元。局成立了纺织产品招商市场，为企业尽快走向国内外市场架起了桥梁。全局组织企业积极参加东三省举办的新产品展销会，全国纺织南京交易会，大连小交会、服装节以及沈阳市开明、五爱市场，辽中茨榆坨大集的产品拉练销售活动，销售额达4151.4万元。

为完成扭亏为盈的目标，为缓解资金紧张的矛盾，局党委组织动员全系统职工开展了“爱纺织、做主人”群众性集资活动，得到了全行业职工干部的响应，在短短的一个月内，共集资3000万元。局十分珍惜这批集资，以短期小额贷款、党委行政共保的办法注入企业，3000万资金全年周转了两个半周期，相当于投入7500万资金，为实现全行业扭亏为盈起到了不可低估的保证作用。

[外向型经济]　近几年来，由于沈阳纺织工业不断转变观念，增强对外开放意识，加大对外开放力度，使全行业很快形成了内有绒布、毛纺织和服装三大出口生产基地，出口专业厂14个，三资企业19个，对外自营贸易窗口5个，出口交货值连续8年保持20%以上的增长速度；外有海外生产企业、贸易公司和办事机构15个，分布在澳大利亚、日本、巴西、巴拿马、香港、科威特、印度尼西亚、俄罗斯和美国等国家和地区，从而走出一条符合沈阳纺织工业特点的对外开放新路子。

（一）抓好“四项工作”。抓好转变观念的工作，增强全行业发展外向型经济的紧迫感和责任感。抓好增强对外开放意识，使全体职工认识到发展外向型经济是客观的需要，关系到纺织工业的兴衰。抓好组织配备，加强工作力度。各级领导班子把实现行业对外开放列入重要的议事日程，精心组织，一抓到底。抓好制定规划工作，根据行业外向型经济发展的总体规划和计划，各企业认真结合自己的实际，确定奋斗目标，选准主攻方向。

（二）坚持“四个结合”。“上下结合”，即主管局和各企业紧密结合；“工贸结合”，即密切工贸关系的同时，发展自己的贸易机构，拓宽渠道；“技贸结合”，即通过合资、独资引进先进技术、人才，提高劳动管理水平和产品开发能力；“内外结合”，即以内养外，以外促内，国内发展出口基地建设，国外开展国际化经营。

（三）实施“四个战略”。“利用外资战略”，即大胆、审慎利用外资改造老企业，武装出口生产企业。“海外开发战略”，即通过建设海外企业、资源基地、贸易机构，扩大自营出口创汇能力。“产品战略”，即按国际市场要求，以开发名牌产品为轴心，提高产品知名度和竞争力。“人才战略”，即引进人才的同时派出一批专业人员和劳务人员到国外企业和机构去锻炼，增长经贸才干。

（修春波）

大连市

［概况］ 1992年，大连市县（市）、区属以上纺织企业111个，其中“三资”企业11个，职工总数80049人。拥有棉纺锭410603枚，织机8640台。全行业全年完成工业总产值217470万元、比上年（下同）下降2.2%，出口产品收购值79397万元、下降3.6%。12项主要产品质量计划完成率为100%，质量稳定提高率92.9%。获科技进步奖项目7个，其中两项荣获纺织工业部科技进步奖。万元产值综合耗能0.93吨、降低2.1%。主要产品产量：棉纱47606吨、下降5%，棉布11339万米、下降18.6%，印染布4494万米、下降8.1%，合成纤维3016吨、下降27.5%，麻袋621万条、下降32.5%，人造毛毯2.9万条、下降14%，丝26吨、下降30.7%，丝织品715万米、下降2%，服装1032万件、增长0.9%。1992年完成利润－2414万元、比上年亏1503万元，完成税收3415万元、下降11.3%。

1992年，全局生产经营中主要问题是经济效益没有明显好转，局属有7个企业亏损额在百万元以上；资金占用增长1/3，周转减慢15天，影响原料供应和储备工作。

［转换经营机制］ 1992年局属企业精减机构94个，精减管理人员1451名，富余人员4525名，清退计划外用工500多名。经上级有关部门批准，大连纺织厂实行投入产出总承包，大连呢绒服装厂、大连第二呢绒服装厂实行仿“三资”企业管理办法，大连运动衣厂实行股份制；大连服装工业集团公司、大连环球纺织集团、大连纺织厂、大连针织厂恢复自营进出口权。

［技术改造，产品开发］ 局属企业全年安排技改项目34个，完成投资8006万元。投产、达产项目32个，实现产值22473万元，实现利润922万元，上缴税金1782万元，创汇2444万美元。已投产的9家“三资”企业，实现产值11998万元、增长57.7%，实现销售额10633万元、增长47.9%，实现利润836万元、增长1.84倍，创汇915万美元、增长54.6%。

1992年试制新产品189种，其中出口产品42种。新产品投产45种，创产值6947万元，实现利税214万元。

［双增双节］ 各企业发动职工，广泛开展以挖潜力、争效益为主要内容的“双增双节”活动，全年共节煤1800吨，节水9万吨，节电136万度，节约资金67万元。开展操作大练兵活动，有4个行业的6个工种参加了省、市比赛，涌现出5名市级以上操作能手，其中有2人获得辽宁省“五一”劳动奖章，五人晋升为工人技师。

［第四届大连国际服装博览会］ 1992年9月18日～25日在大连举行，由中国国际贸易促进委员会、华润（集团）有限公司、香港贸易发展局、中国服装工业总公司、中国纺织品进出口总公司、中国服装研究设计中心、中国百货纺织品公司、大连市人民政府共同主办。博览会进行了西装、时装、羊毛衫、皮革、服饰佩件、服装面料和服装机械的交易，进行了服装及针纺织品展销，举办了时装表演、服装设计和流行趋势研讨会等活动。博览会展出面积达1.2万平方米，参展企业347家，其中有来自香港、澳门、台湾、日本、韩国、美国、法国、俄罗斯、芬兰等9个国家和地区的企业57家，参加洽谈订货的商业企业近千家，成交额4.18亿元，比上届超出1.88亿元，创历届服装博览会的最高水平。

（张克俊）

丹东市

［概况］ 丹东纺织工业历史较长、规模较大、基础较强，由化纤、丝绸、纺织、服装四大部分组成。1992

年末市直企业39家，其中大型企业7家，中型12家，小型20家，固定资产原值96116万元、净值60278万元，职工7.2万人。1992年工业总产值200135万元、比上年（下同）增长2.3%，占全省第2位，实现利润－1774万元、增亏1639万元，税金6011万元、下降13.6%，销售收入145724万元、下降8.3%。主要产品产量：化学纤维56003吨、增长6%，纱10394吨、增长1.8%，布1461万米、下降14.1%，丝715吨、下降21.7%，丝织品2657万米、下降13.3%，服装213万件、增长54%，呢绒326万米、下降15.3%，针织品1205吨、增长6.6%。

[**化纤工业**] 化纤工业是丹东市支柱产业，1992年末固定资产原值42602万元，占市属纺织工业的44.3%，职工人数1万人。1992年化纤工业总产值79996万元，占市属纺织工业的40%，增长4.7%。化纤总产量56003吨、增长6%，其中粘胶长丝5142吨、增长9.7%，人造棉12958吨、增长33.9%，人造毛6502吨、下降36.2%，涤纶长丝7594吨、增长5.4%，涤纶短纤维23807吨、增长13%。销售收入70088万元、下降4.4%，实现利税7585万元、占市属纺织工业的126.2%、下降16.5%。

[**丝绸工业**] 丹东市柞蚕丝绸是我国重要生产基地，柞蚕丝绸产品主要用于出口创汇，是世界柞蚕丝绸市场主要供货基地。在柞蚕丝绸的基础上，现已发展到利用多种纤维，能生产出锦、绫、罗、绸、缎、绢、纺、绉、纱、绡、绒、呢、葛等十四大类产品。1992年丝绸工业总产值60672万元，占全省的59.4%，与上年基本持平。销售收入30763万元、占市属纺织工业的21.1%、下降15.6%，印染丝织品产量2914万米、增长4.2%，丝织品下降13.3%，丝下降21.7%。利税1064万元，比上年增负1050万元。 （王日高）

吉 林 省

[**概况**] 1992年吉林省纺织工业有311家企业，16.4万名职工。全行业认真贯彻邓小平同志南巡讲话和中国共产党十四大精神，完成了吉林省政府下达的1992年考核的上新台阶指标计划，即工业增加值达到8.4亿元，与计划持平；资金利税率为0.99%，超计划0.99个百分点。1992年实现工业总产值33.9亿元、比上年（下同）增长0.2%，居省内14个工业厅局第三位，其中服装行业完成工业总产值4.9亿元、增长7.2%。预算内国营工业企业实现销售收入216372万元、下降6.5%，实现利税4921万元、增长3.66倍，其中利润亏损4887万元，亏损企业亏损额为7460万元。1992年完成出口交货额5亿元，与上年持平。没有突破省政府和纺织工业部下达的控亏指标，实现了1992年遏制全行业经济效益滑坡的目标。

1992年主要产品产量：化学纤维33721.5吨、增长8.8%，纱55647.1吨、增长4%，布18207.8万米、下降2%，呢绒575.8万米、下降7.8%，麻袋42.6万条、增长31.1%，服装1349.4万件、增长6%。

[**扭亏增盈**] 吉林省纺织工业厅根据纺织工业的实际，加强了对扭亏增盈工作的领导，成立了扭亏增盈工作领导小组。3月份，召开了全行业扭亏增盈工作会议，同各市（地）纺织工业局签定了扭亏增盈任务书，实行目标责任制。在保证盈利大户多创利润的同时，侧重抓亏损企业的扭亏和减亏。厅长带队，组织干部深入企业，对亏损企业分类指导，找出症结，帮助落实扭亏政策，解决具体问题。积极反映亏损企业困难，解决扶贫流动资金710万元；全年为企业筹措资金5000万元。配合省有关部门在行业内清理欠款，共清欠3500万元，缓解了一些企业的资金紧张。把限产压库、开拓市场等工作作为扭亏增盈的一项重要工作去抓。充实企业销售力量，健全销售责任制，强化销售手段，扩大销售渠道。吉林省纺织工业厅组织企业参加“92长春电影节产品展销会”和纺织工业部在南京举办的产品交易会，成果显著，成交额分别达10427万元和750万元，分别获得优秀展位奖和精神文明奖。

经过全行业广大职工的努力，基本遏制了经济效益滑坡。吉林省纺织工业厅获全国纺织行业扭亏增盈优胜单位二等奖。

[**转换经营机制**] 吉林省纺织工业厅认真贯彻《全民所有制工业企业转换经营机制条例》，制定了《吉林省纺织工业放开经营转换机制试点工作方案》，着重抓好吉林化纤厂、吉林毛纺织厂、长春纺织厂、白城纺织厂、通化市人造毛皮厂、辽源市化纤厂、辽源市第二针织厂、开山屯化纤浆厂等8个省级企业转换机制试点工作。建立8家试点企业档案，实行月份指标调度制，帮助实施试点方案，深入试点企业解决问题。省纺厅先后三次召开试点企业工作会议，交流了辽源化纤厂“改善经营机制、股份制设想”，白城纺织厂“销售实行大包干，厂内特区”，开山屯化学纤维浆厂“劳动制度改革”，辽源第二针织厂“一厂三制”，梅河口市棉织厂“抓三制改革、提高经济效益”等经验，促进了企业改革向纵深发展。辽源化纤厂在全面考察了上海市纺织企业股份制情况后，确定了本企业开展股份制试点方案。1992年11月8日，该厂和上海第二纺织机械股份有限公司、中国化纤公司等单位共同发起成立了“辽源得亨股份有限公司”，发行股票3000万股，并作为吉林省第一家股票异地上市的试点企业，计划于1993年上市。

[**结构调整**] 1992年3月份，吉林省纺织工业厅组成调查组，用一个月的时间，深入省内8个市地30户企业调研，制定了《吉林省纺织工业结构调整意见》，包括行业结构、产品结构和企业组织结构三个方面调整意见。调整的思路是：立足于本省的原料资源优势，以化纤纺织品仿真化为重点，实施化纤、纺织、印染后整理、服装、产业用和装饰用纺织品一条龙的配套调整。从产品结构调整入手，带动行业结构调整和企业组织结构调整。争取我省纺织工业在"九五"期间成为新的支柱产业。产品结构调整重点是抓住仿真系列产品的配套调整和50种特色产品的开发调整。行业结构调整重点是调整发展化纤、棉纺织、印染后整理、服装和产业用纺织品五大行业，企业组织结构调整重点是巩固完善洮南毛纺织服装集团、通化市人造毛皮集团、辽源海谊服装集团等，筹建化纤集团、亚麻集团和服装集团。

吉林省纺织工业厅把技术改造工作作为结构调整的一项重要手段努力抓好。在技术改造上，积极落实1992年度技术改造计划。1992年固定资产投资计划为30813万元、增长16.8%，其中国家专项贷款3132万元，外汇756万美元，外汇额度300万元。到1992年底完成投资的87%，投资总额和进度均达历史上最好水平。四平市工业涤纶厂的涤纶工业长丝、辽源化纤厂加捻机、辽源东海羽绒制品厂生产线改造等一批项目投产，新增产值1亿元，创利税500万元。1992年11月国家批复了开山屯化纤浆厂2万吨粘胶短纤维、吉林化纤厂3万吨腈纶两大化纤项目建议书。

[**外向型经济**] 经厅、市和企业的努力，开山屯化纤浆厂恢复了自营出口权，吉林化纤厂、辽源海谊服装公司、白城纺织厂、洮南市第一毛纺厂、长春印染厂、长春绒织厂、长春纺织厂获得了自营出口权。吉林省各级纺织主管部门加强了对兴办"三资"企业工作的领导。到1992年末，合资企业立项25个，有9个企业投产，利用外资1000万美元。白城市纺织厂、吉林市第一针织厂、辽源海谊服装公司、吉林羊毛衫厂、吉林省服装鞋帽工业公司到境外办厂、办公司，收到好效益；开山屯化纤浆厂、吉林时装公司扩大劳务出口，换回了外汇。各企业积极扩大边境贸易，1992年全行业边贸交货额达4500万元，提高50%。 （叶 伟）

长 春 市

[**概况**] 1992年长春市纺织工业系统实现工业总产值44601万元、比上年（下同）下降11.7%，实现销售收入30081万元、下降23%，出口交货值9014万元、下降13.7%，实现利润－1095万元。全年亏损额1295万元，完成长春市政府下达的控亏指标，比上年减亏19%。

[**产品质量**] 1992年全市纺织系统产品质量稳中有升，省纺织厅考核的产品质量稳定提高率为97%，市级考核产品质量抽检合格率为100%，质量承包指标累计完成率为74%。围绕提高质量，开展了攻关活动，全局制定攻关项目60项，运行55项，完成40项。

[**技术改造，结构调整**] 1992年是长春纺织系统固定资产投资最多、完成最好的一年，共落实固定资产投资项目19个，其中技术改造项目18个，基本建设项目1个，项目计划投资总额为14380万元，当年计划投资额为8607万元，竣工交付使用和冷封闭厂房16875平方米，投产技术改造项目7项，新增销售收入近3000万元，利润150万元，税金2000万元。

在调整产品结构中，对1991年生产的24大类产品逐一进行分析，确定90个品种为畅销产品、14个品种为平销产品、18个品种为滞销产品，对平、滞销产品采取停限措施，防止了新的积压。全年开发新产品项目61个，投产40项，实现产值6000万元，实现利税600万元，新产品产值率为12%。

[**转换经营机制**] 各企业通过改革减少机构69个，减少中层干部191名，一般干部210名。在定编定员中，有富余人员2400多人，通过兴办第三产业、退养、女工息工、停薪留职等措施，基本上妥善安置。在分配制度上，进一步完善工效挂钩，实行岗位技能工资，分配向生产一线，苦、脏、累、险和高技术岗位倾斜，稳定了职工队伍，调动了职工的生产积极性。抓了三个试点：一是在长春纺织厂、长春印染厂、长春市纺织机械厂实行放开经营试点；二是在长春纺织厂的出口专纺车间、长春市棉织厂的喷气分厂、长春市第一针织厂的印染分厂实行仿三资管理，进行"一厂两制"的试点；三是进行股份制试点，长春市纺织机械厂已列入全市股份试点企业。 （长春市纺织工业局）

黑 龙 江 省

[**概况**] 1992年，全省25万纺织干部职工齐心协力，艰苦奋斗，完成工业总产值41.4亿元，比上年（下同）下降1.2%。主要产品产量：化学纤维115312吨、增长5.7%，棉纱67640吨、下降10.4%，棉布21459

万米、下降14.5%，印染布8642万米、下降6.6%，呢绒441.6万米、下降19.9%，毛线1422吨、下降17.6%，毛毯270万条、增长8.4%，服装642万件、下降8.8%，亚麻纤维28181吨、下降0.7%，亚麻纱7998吨、增长4.3%，亚麻布1930万米、下降7.7%。全年完成出口收购值82762万元、增长9.5%，其中边贸出口完成25323万元、增长1.1倍。全省纺织预算内企业实现利税7631万元、下降31.1%。其中实现利润为-2319万元。全年计划完成投资2.5亿元，到年末实际完成2.9亿元，其中技术改造45项，完成投资2.3亿元，基建9项，投资0.6亿元。列入新产品开发计划的222项产品，到年末已研制开发出169项，完成年计划的76.13%，全年新增产值4亿元，新增利税0.48亿元。列入省考核的24个大类品种，月月完成计划，完成率达100%，提高4.17%。

[**限产压库**] 一是对市场无销路和库存超过3个月以上的产品，坚决实行限产停产，先后对36个企业，16个产品进行限产停产；对效益好、市场紧俏的产品，全力以赴组织生产，在原料的分配，资金的使用，以及电力和运输等方面，给予倾斜政策。二是在产品的内部产销平衡上，采取“满负荷、高质量、低成本”的原则，价格随行就市，微利或保本销售，既减少新的库存，又扩大了市场占有率。三是在生产指挥上，坚持每月的生产调度和现场办公会，为企业服务，为企业排忧解难。

[**外贸出口**] 为充分发挥地缘优势，在抓大贸出口的同时，将发展边贸作为扩大产品销售的重要渠道，使边贸出口收购值成倍增长。主要抓了以下几方面工作：一是巩固加强边贸队伍建设。省直所属各公司、各地市局和各大中型纺织企业，都加强了对边贸工作的领导，选拔了业务素质好，作风正派的同志负责边贸工作。同时对边贸人员进行了专业知识和外语能力的培训。目前全省纺织系统有边贸公司30个，专职工作人员1000余人。二是积极为企业争取大贸自营出口权和边贸出口代理权。1991年全省纺织行业仅有两家企业有大贸自营出口权，1992年又争取到了三家；1991年有边贸出口代理权的也仅有两家，1992年又争取了二十一家，为把企业推向国际市场参与竞争打下了基础。三是积极鼓励企业直接到国际市场经风雨、见世面。1992年，经过省厅牵线搭桥，到独联体国家的贸易团组有120个，接待国外客户150个，与东欧和独联体国家建立的贸易伙伴有100余个。

[**质量品种**] 一是抓产品质量。针对产品质量存在的问题，组织棉纺织、印染、毛纺织、亚麻纺织、丝绸和针织等行业的技术人员进行质量攻关，并确立了29个攻关目标。经过努力，纱疵由三档进入二档水平，印染布疵点比以前减少15%，毛线、粗纺呢绒的疵点减少1%，针织品缩水率平均达到二档水平，全省纺织产品质量继续保持稳定提高。二是抓品种开发，在产品附加值上下功夫。充分利用本省亚麻资源优势，积极开发亚麻系列产品；为提高经济效益，提高产品档次，努力开发附加值高的产品；针对市场急需，开发多功能、适销对路的产品，开发了麻毛凉爽呢、亚麻袜、超宽幅亚麻布和高档装饰面料等新产品169项。在抓本国产品开发的同时，还抓了国外新产品的仿制。1992年完成了28种仿制品，这些产品已批量生产，有的远销到俄罗斯、匈牙利、朝鲜和日本等国。三是抓科研项目的推广。在亚麻纺织行业和化纤工业上进行了科研项目的广泛推广，其中仅充气沤麻这项工艺，不仅缩短了沤麻时间，节约了能源，而且还提高了亚麻纤维的质量。每沤1000吨麻，可节约资金64万元。

[**产品销售**] 一是加强销售队伍的建设，建立健全我省纺织工业自己的营销体系。全省各级主管部门和企业，都配备了素质较高的销售人员，加强了业务培训。同时还进一步完善了销售承包责任制，对销售有功人员实行重奖，充分调动销售人员的积极性。为了更好地开展销售工作，各企业主要领导亲自抓，亲自走访用户，征求意见，稳定供求关系。各大中型企业还在省内外大中城市建立销售网点，进行售后服务。二是抓了企业生产内配工作和工业用布的衔接配套工作，搞好内销。1992年共签订棉纱合同11.5万件，工业用布合同689万米，对促进我省纺织产品销售，占领本省纺织市场起到了重要作用。三是全方位开拓市场。在国内市场，为了宣传亚麻，将我省的亚麻资源优势变为产品优势、经济优势，开拓亚麻产品的国内市场，省厅于1992年春夏组织了40余家亚麻纺织和服装企业共380余种亚麻精品，进京展销，7天完成零售额25万元，取得了轰动效应，在首都北京掀起了一股“亚麻热”。在国际市场，1992年3月，省厅组织了65家企业100多人的大型贸易团，到俄罗斯进行产品展销，易货合同达1亿瑞士法郎，合资项目15余个，为企业进一步开拓边贸市场奠定了基础。

[**技术改造**] 1992年我省的技术改造工作，主要突出了一个基础和四个重点。一个基础就是：以发展化纤行业作为基础，集中抓好黑龙江涤纶厂六万吨聚酯、黑河十万吨化纤浆、牡丹江纺织厂锦纶帘子布等5个重点项目。其中六万吨聚酯的前期准备工作已完成，预计在不增加外汇额度的情况下，可扩到八万吨，投产后每年可新增产值3.10亿元，新增利税1980万元。四个重点是：棉纺织印染、针织复制、亚麻纺织和服装行业。我省在近10年间棉纺织行业虽有较大发展，由1980年的46万锭增加到84万锭，但是设备陈旧落后的状况仍没有改变。我们首先在牡纺、佳纺、富纺和齐纺进行设备更新改造，然后再是中型棉纺织企业。通过改造使这四大棉纺织厂的出口全部实现自动络筒，无梭织机达到626台，采用国产宽幅布机472台，自动络筒机达到40台，从而保证我省出口纱布的质量。

哈尔滨市

[**概况**] 哈尔滨市纺织管理局所属企业，1992年实现工业总产值116846万元、比上年（下同）下降6.6%，实现利税1117万元、增长187.13%，完成出口交货值31910万元、增长10.74%，完成基改投资9501万元、增长11.06%。较之上年，纺织行业是上升趋势，主要表现：一是亏损企业亏损额下降。预算内企业亏损额2964万元，比上年减亏1931万元，下降39.32%。二是外向型经济有了新发展。新开办合资合作企业8个，引资到位337.8万美元。在沿边口岸及周边国家建“窗口”合资企业16个。1992年是引资和参与国际市场竞争成效最大的一年。三是改革力度加大。全行业“三项制度”改革面达80%以上，一企多制、分立经营及关停试点正在实施。四是技术进步取得新进展。新产品开发项目完成41项，投产率达到72%，增长2个百分点；优质产品产值率42.86%，增长5.1个百分点。五是促销压库措施得到强化。全行业齐心协力抓促销压库，责任制度更加严格和完善。内外贸易渠道增加，经销网点达1000多个。销售人员比例由不足1%提高到1.5%。

[**哈尔滨亚麻纺织厂**] 哈尔滨亚麻纺织厂拥有亚麻纱锭26816枚，各类织机861台，职工8862人，其中工程技术人员405人，固定资产净值18073万元。产品销售收入16639万元、比上年增长10.68%，亚麻布产量1236.4万米、下降24.07%，实现利润1003万元、下降46.07%，上缴利税752万元、下降6%，资金利税率6.52%，出口创汇2121万美元、增长17.83%，流动资金周转天数318天、比上年同期减少4.4天，全员劳动生产率17400元/人年。

1992年该厂继续把巩固提高产品质量作为全厂第一位大事来抓，并贯彻到生产经营工作的全过程，质量总体水平有了进一步提高，产品一等品率达到99.67%，比上年提高0.41%，创造了历史最好水平。

该厂通过充实力量，提供条件，保证资金，兑现奖励等措施，新开发了亚麻轻薄、中厚织物50多个品种。特别是72支纯麻纱、90支涤麻纱成为国内外首创产品，代表了我国亚麻纺织工业的最高水平。1992年5月在西班牙马德里举行的第六届国际纺织品暨成衣产品质量金牌颁奖仪式上，亚麻厂生产的双鹤牌101号、256号两种纯麻漂白细布获金奖。同年6月，在第八届法国莱比恩国际发明博览会上，该厂生产的3636号、3642号、4248号亚麻轻薄织物获特别荣誉大奖，试生产的绢麻混纺交织布一时成为日本、美国、香港客户的抢手货。

[**毛纺织行业**] 哈尔滨毛纺织行业有4户企业，职工6811人，固定资产净值9288万元。拥有毛纺锭24368枚，织机398台。年生产呢绒205万米，毛毯20万条。1992年完成工业总产值10759万元、下降24.14%，销售收入完成8255万元、下降22.06%，行业亏损2894万元、增亏475万元，出口交货值1353万元、增长87.9%，定额流动资金周转天数为889.7天、加快49.3天。

1992年，毛纺织行业开发新产品5项，推广新工艺8项。哈尔滨毛织厂的6508纯毛水纹提花毛毯又获国家银牌。投资1900万元，以生产高档次、高附加值、高创汇的宽幅毛毯为主的毛毯窄改宽技改项目正在紧张进行之中。

[**棉纺织行业**] 哈尔滨市棉纺织行业共有72家企业（包括集团企业31家），19167名职工。拥有棉纺锭86520枚，各种布机4836台。出口交货值31832万元、增长10.5%，利税实现－779万元、增长1341万元，定额流动资金周转天数410天、加快10天。

黑龙江纺织印染厂完成出口交货值4106万元，占总产值的47.3%，被列为黑龙江省、哈尔滨市出口创汇大户。

[**服装工业**] 服装企业共有38家，均为集体所有制，职工5071人，固定资产净值1583万元。有各种设备5388台（套），其中缝纫机4861台，年生产能力可达300多万件。1992年共生产各种服装209万件、增长10%，实现工业总产值9688万元、增长2.1%。

服装工业不但注重国内市场，还面向国际市场，发挥名优产品的优势，向美国、加拿大、日本、澳大利亚、独联体和香港等8个国家和地区出口羽绒服、亚麻服、茄克衫等15个种类、55万件，实现出口交货值3803万元、增长46.3%。

为提高服装的档次和增加出口服装，1992年，哈尔滨市时装厂、童装厂等8个企业，在生产亚麻衬衣、时装、牛仔服装和童装等产品的设施上进行改造。计划投资1043万元，已完成727万元，是哈尔滨市服装工业历史上投资最大、完成最多的一年。 （申国志）

上海市

[**概况**] 上海纺织工业以上海市纺织工业局所属企事业单位为主体，主要由棉纺织、印染、色织、针织、巾被、线带、毛麻、丝绸、化纤、服装、纺织机械等行业组成。至1992年末，全局共有企业471家，其中全民所有制企业370家，集体所有制企业64家，国集合营企业6家，中外合资企业31家。职工总数513232人，其中全民所有制企业职工467437人；共有各类专

业技术人员48899人，其中工程技术人员21519人。固定资产原值86.03亿元，固定资产净值54.96亿元。主要设备有：棉纺锭255.17万锭，气流纺17024头，织布机48068台，毛纺锭21.7万锭，毛织机2313台，床单织机1502台，丝织机5060台，绢纺精纺锭12744锭。1992年上海纺织工业总产值219.71亿元、比上年（下同）增长4.6%，利税总额11.87亿元、下降19.31%，利润总额5.63亿元、下降23.82%，出口收购金额74.13亿元、下降1.36%，资金利税率12.6%、下降3.07个百分点，全员劳动生产率43531元/人、增长7.48%。主要产品产量：化学纤维80033吨、增长6.99%，棉纱180.33万件、增长3.73%，印染布84311万米、增长0.95%，针棉织品折用纱80450吨、下降3.03%，呢绒2595万米、下降8.08%，毛线14833吨、下降2.55%，麻袋23万条、下降23.76%，丝织品8296万米、下降15.85%，帘子布9301吨、增长13.87%，服装8724万件（条）、下降4.55%。

[**技术进步**]　1992年，全局列入市新产品开发计划共32项，其中跨年度项目12项，在当年应完成的20个项目中，完成率90%；列入局新产品试制计划共152项，在当年应完成121个项目中，完成率为93.4%。除此以外，全局通过产品结构调整，开发新品种1500只，新花色20000只。

1992年列入市新产品试产计划共117项，完成产值共16.5亿元。全局新产品开发紧紧围绕提高经济效益这个指导思想，强化产品开发意识，形成了一批市场抢手产品。如上海香花纺织厂的白经白纬粗支牛仔布、上海针织九厂的柔暖棉毛多层复合提花组织产品、上海长征鞋厂的腈纶针织开司米炉壁鞋、上海二十一漂染厂的涤棉水洗磨毛布等等。还形成一批技术含量高、超前技术储备型产品，如上海针织厂的远红外针织保健产品、上海第一印染厂的丝鸣油光整理大提花织物等等。组织跨行业协作、一条龙开发继续发挥巨大作用，如化纤公司与康达集团的高支粘纤仿绸产品，毛麻公司与针织公司的全毛单面针织产品，上海丝绸公司与织布行业的120N绢丝绸等等。

1992年全局共完成113项科研项目计划，完成国家下达的军工科研项目86项。全局压缩陈旧落后棉纺锭10.3万枚。关停并转项目26项，涉及48家企业；老企业销号25家。技术改造进一步加快，全年新批项目115项，总投资28亿元。贴息贷款改造项目42项，核准贴贷3.74亿元，到位率达91.16%。全局固定资产投资完成9.62亿元，完成计划的103.44%。全年市重点技改引进项目竣工43项，当年新增产值6.50亿元，利税0.89亿元，创汇3728.56万美元，完成率为市经委下达计划的113.16%。

[**质量管理**]　1992年，全局在深化企业转换经营机制各项改革的过程中，继续强化企业领导的质量意识。根据新的情况，采取对企业分类指导的办法，特别是加强对三类企业的质量指导。为了使纺织产品质量加速与国际市场接轨，适应市场的需求，要求企业按贸易标准、用户标准进行生产，并大力推行条型码。1992年，全局对市下达38只产品考核质量指标完成率是104%；质量稳定提高率为100%，提高了2.78个百分点。商检不合格批次减少了17批，无对外出口理赔发生。

[**企业改革**]　1992年，上海纺织工业紧紧抓住机遇，思想观念的转变有了新的突破。根据建立社会主义市场经济体制、开放开发浦东和上海要发挥“龙头”作用的新形势，对上海纺织工业的结构调整和发展方向，确定了“高档次、新技术、多元化、外向型”的定位。在实施操作上提出“三七开”和“五个一百”的重大举措。“三七开”即在产业结构的构成上，致力于一业为主，多种经营。“五个一百”即当年办成100家合资企业；“八五”期间划出100万平方米土地发展第三产业，开展多种经营；“八五”期间实施关停并转，销号100家纺织老企业，生产要求优化组合；近期内要有100家企事业单位进入浦东，参与浦东开发；“八五”期间确定100个重点技术改造项目，促进技术进步，发展外向型经济。在实际执行中已取得了明显的成效，已划出27万平方米土地从事房地产，办成了102家中外合资企业，有108家企事业单位进入了浦东，确定了100项重点技术改造项目等等。

全局认真贯彻《全民所有制工业企业转换经营机制条例》，进一步把企业推向市场，实现计划经济体制向社会主义市场经济体制的转换。1992年，已有80%以上的企业进行了各种内部机制的改革，如全员劳动合同制、上岗合同制、仿三资、股份制、集体股金制等。其中，有7家企业进行了股票上市的股份制试点，2家企业还发行了B股；有6家集体企业、7家全民企业中的集体三产共13家企业试行了集体股金合作；有79户全民企业14.4万人进行了全员劳动合同制配套改革，占全局企业的20%、职工人数的32.3%。1992年，新批准获自营出口权的公司（集团）、企业有15家，至此全系统的各行业都已取得了自营进出口权。

[**出口创汇**]　1992年，全局出口创汇完成9.32亿美元，其中自营出口占一半以上。在全部创汇的构成中，由本市5家外贸公司代理出口为4.48亿美元，占48%；企业自营和三资企业出口创汇共4.84亿美元（三资企业创汇1.44亿美元），占52%。这一突破，标志着上海纺织工业出口创汇已出现了原来由专业外贸出口转向自营出口为主的新格局。（周良才、卢　勇）

江 苏 省

[**概况**] 1992年江苏纺织工业系统实现工业总产值276.33亿元、比上年（下同）增长15.22%，其中纺织品251.55亿元、增长13.66%，服装24.78亿元、增长33.80%。实现工业净产值55.91亿元，增长17.90%。全省系统内企业（含服装）实现利税11.03亿元、增长33.86%，利润3.58亿元、增长111.83%。全民企业定额流动资金周转天数87天，集体企业108天。年末，有企业818个，职工70.20万人，其中工程技术人员2.47万人，占全省职工总数的3.52%。全民企业全员劳动生产率41203元/人，人均收入2928元；集体企业全员劳动生产率32979元/人，人均收入2400元。固定资产原值平均余额99.08亿元（系统内）。

主要产品产量：化纤28.68万吨、增长20.46%（其中合纤27.39万吨、增长21.52%），纱55.39万吨、下降7.06%，布28.86亿米、增长15.35%，针棉织品折纱13.42万吨、与上年持平，涤纶针梭织品1.86万吨、增长9.84%，印染布16.49亿米、增长18.58%，呢绒1.16亿米、增长33.04%，毛线13.09万吨、增长48.34%，毛毯237万条、下降11.90%，麻袋3385万条、下降5.87%，服装3.75亿件、增长13.77%。

全年部、省考核入库质量指标稳定提高率均为100%，出口产品合格率除纯棉坯布及纯棉色织布略有下降外，其它均有不同程度的提高。共有8项科研成果获部级科技进步奖，20项获省级科技进步奖，46项获省厅级科技进步奖。

[**对外贸易，利用外资**] 出口大幅度上升。全年完成出口纺织品收购值110.37亿元、增长30.30%（其中本省口岸60.30亿元、下降2.44%），出口纺织品总折纱34.66万吨、增长15.30%。据海关统计口径：1992年创汇总计20.10亿美元、增长54.62%，其中服装9.06亿美元、占总数45.08%，针棉织品4.32亿美元、占总数21.49%。年末，全省有24家企业获得自营进出口权。

“三资”企业发展迅猛。据不完全统计，全省新批纺织“三资”企业210家，为以往4年的总和，合同总投资3.60亿美元，其中利用外资近二亿美元。“三资”企业从以小型加工业为主发展到大、中、小型企业并存。

广大纺织企业通过劳务输出、境外办厂等多种形式加强对外经济合作，取得了较好的经济效益。

[**产品品种**] 产品品种继续向“高、精、深、特”方向发展。全省耗用纤维量85.06万吨，其中化纤32.83万吨，占38.6%，提高了2个百分点。全省平均纱号20.47号。在纱产量中，粗号纱10.42万吨、占18.78%，中号纱18.58万吨、占33.54%，细号纱25.79万吨、占46.56%，特细号纱0.60万吨、占1.10%。生产精粗纱10.08万吨，占纱总量的18.20%，提高2.7个百分点。布产量中，色织布比重为12.60%，提高了3.4个百分点。服装行业全年生产高档服装比重达25%，提高了10个百分点，服装单件创税利增长50.29%。在一批老的拳头产品如双猫床单、黑牡丹牛仔、太平洋色织布、双鱼、吉庆高密防羽布等进一步扩大生产能力和市场覆盖面的同时，根据市场变化，开发完成省级新产品259项，投产246项，投产率达95%，新产品创利1.16亿元、增长130.60%。

[**技改投资**] 1992年全省纺织工业固定资产总投资20.71亿元，增长88.27%，其中技术改造措施17.40亿元，增长90.37%，占投资总额的84.02%。全年施工项目703个，新开工451个，竣工投产462个，实际完成投资15.37亿元、增长63.86%。

1992年投资以高起点、高速度为主要特点，年新增精梳机154台，清钢联16套，自动络筒机79台。全年引进外国先进设备共用资3.07亿美元。一批具有战略意义的国家重点项目如无锡涤纶帘子线、苏州聚酯、常熟纺机厂的多臂装置等在我省定点。年内平均项目建设周期比往年缩短了2～6个月，80%的项目建设周期在1年内，大型项目大丰化纤浆粕从开工到投产只用了13个月，连云港氨纶项目只用了12个月。

[**限产压库**] 1992年继续抓好限产压库工作，省纺工厅制定了产成品资金定额考核办法，建立月通报、季检查制度，广大企业通过各种方法促进产品销售，做到以销定产，全年产销基本平衡。年末棉纱产销率为98.70%，库存2.61万吨，比年初增加7181吨；坯布产销率为100.94%，库存1.67亿米，比年初增加196.77万米；色织布产销率为105.40%，库存4274万米，比年初减少410万米；印染布产销率为100.92%，库存为1.10亿米，比年初增加799万米。年末产成品资金占用16.47亿元，比年初增加了9.33%。经过努力，年末棉纺锭比年初减少15.68万锭，但还没有完成预定的23.45万锭的压锭计划。

[**扭亏增盈**] 年初，纺织系统全行业开展扭亏增盈工作，部、省分别下达了全年扭亏增盈目标，通过层层签订责任状，把目标分解到各市、县、企业，并制定了一系列奖惩措施。工作中重点抓亏损、减利、增利三类大户，行业上重点抓印染行业，把它作为扭亏增盈突破口。4月份，纺工系统组织了全省县以上主要印染厂负责人外出学习考察，排找差距，确定了“在重视规模效益的同时，把精力主要集中在追求质量技术效益上”的发展路子，在“降低出口加成率，提高印花水平和对小批量、多品种、快交货的适应能力”上搞突破，并选择重点企业进行试点攻关。年末印染行业完成利润405万元，已实现扭亏为盈，增加利润

2281 万元，亏损企业 12 户、与上年持平，亏损企业亏损额 3079 万元、减少 2441 万元。

经过广大干部、职工的共同努力，全行业扭亏增盈工作取得了显著成效，工作目标已基本实现。年初纺织工业部下达江苏国有纺织企业实现利税指标 8.3 亿元，亏损额控制在 1.2 亿元以内（不含南京市），年末国有纺织企业实现税利 8.304 亿元，完成纺织工业部目标，亏损企业亏损额 8935 万元，限亏目标完成较好。纺织工业整个经济运行情况有所好转，劳动生产率增长 16.16%，产值利税率、销售利税率分别提高了 0.7 和 0.9 个百分点。

[**体制改革**]　“三项制度”改革普遍推行；53 个企业、5.75 万职工实行了全员劳动合同制；22 个企业、5.71 万职工实行了岗位技能工资制；国有企业实行新五岗工资制的人数达 14.21 万人，占职工总人数的 37.05%。企业还进行了股份制试点、模拟“三资”企业、放开经营等多种形式的改革试点，在经营方式上跳出纺织业，大力兴办第三产业，形成了“以纺为主、以技补纺、以贸补纺、以房补纺”的产业新格局。各级纺织主管部门也积极转换职能，加强服务，纺工厅对全省纺织工业提出了“原料、生产计划管理、经营、价格”四放开的设想，并努力付诸实施，为企业经营机制转换创造宽松的行业环境。

4 月份省委工作会议以后，省政府确定纺工厅为机构改革试点单位。纺工厅抓住职能转换这个关键，发动全厅上下认真讨论，征求各市纺织工业主管部门和部分骨干企业厂长的意见，吸取兄弟省市纺织厅机构改革的经验，在纺织工业部的关心指导和省委、省政府的领导下，提出了机构改革的方案，经省委、省政府批准，在原来 24 个厅属企事业单位的基础上成立了江苏省纺织（集团）总公司，并于 12 月 31 日举行了成立大会。江苏省纺织（集团）总公司是以外向、开发、经营、服务为宗旨，具有生产、贸易、科研、开发、金融等多功能的大型企业，同时在一定时期内承担省政府赋予的行业管理职能。它的成立是我省加速社会主义市场经济建设、加快政府体制改革迈出的重要一步，对在新形势下如何引导、促进纺织工业的发展也是一个积极的探索。　（林庆生、龙在平）

南　京　市

[**概况**]　1992 年，南京纺织工业遏制住了经济大幅度下滑的局面，生产经营开始向好的方面转化。1992 年工业总产值 18.37 亿元、比上年（下同）增长 8.06%，实现利税 2017 万元、增长 170%。全年开发新产品 70 余只，新产品产值率达 17.87%，产销率达 90%以上。全年获部科技进步三等奖一项，省金牛奖两项，市科技进步二等奖一项、三等奖两项。

1992 年生产化学纤维 20892 吨、增长 1.46%，纱 17543 吨、增长 11.72%，布 7612 万米、增长 2.68%，棉毛衫裤 246 万件、下降 28.28%，绒布衫裤 95 万件、下降 8.65%，毛线 5370 吨、增长 6.82%，呢绒 221 万米、下降 3.91%，丝织品 1037 万米、增长 4.43%，丝 240 吨、增长 23.08%。

[**扭亏增盈**]　公司把扭亏增盈工作作为 1992 年工作主线，采取了 5 项强化措施。一是全面动员部署，强化扭亏意识；二是抓好“五个确立”，即确立扭亏增盈主体、责任、目标、产品、措施；三是层层签订扭亏增盈目标责任状；四是抓住盈亏两头，特别是对 1991 年户均亏损 200 万元以上的“八大户”分派工作组蹲点帮扶；五是建立责任点制度，切实转变机关工作作风。

1992 年市政府对南京市纺织工业公司系统下达的扭亏增盈指标是：减亏额 2052 万元、减亏率 30%，盈利额 1864 万元、增盈率 3.1%，减亏企业数 5 户、减亏面 20%。全年实际完成：减亏额 3830 万元、减亏率 56%，盈利额 1947.90 万元、增盈率 7.84%，亏损企业减少 10 户、减亏面 35.71%。

[**利用外资与技术改造**]　市纺织工业公司提出了“一个企业争取办一个合资厂，发展外向型经济”的口号，利用外资，兴办合资企业工作发展较快。到年末，已办理好审批手续，领取营业执照的有 13 家合资企业。

1992 年公司与 13 家企业签订了 15 个技改项目的当年竣工合同，全年实际完成 14 项，投产后可增产值 19032 万元，利税 1730 万元，创汇 1486.5 万美元。合成纤维厂“引进 1500 吨/年差别化纤维涤纶直接制条生产线”的技改项目，总投资 782 万美元。该厂组织得力，仅用三个月时间，即提前竣工投产，受到了市政府的表彰。

[**基础管理**]　为尽快改善公司系统企业管理工作、特别是基础管理工作严重松懈的状况，公司从 3 月份开始，有计划、有步骤、点面结合地对系统企业进行以现场管理、质量管理、资金管理、定员定额管理和班组管理为重点的企业整顿工作。通过整顿，管理混乱局面有所改善，对企业扭亏增盈起到了重要作用。大部分企业的现场管理有较明显的改善；班组管理已步入正轨；安全责任制得到进一步落实；质量管理水平有一定提高，全年重点产品质量稳定提高率达 95%，比去年同期提高 8 个百分点，纱疵、横档、纬斜、缩水等质量关键有不同程度的改善。

[**南京正华城市信用社**]　1992 年 12 月 8 日，由南京市纺织工业公司和南京市工商银行联合集资创办的、

主要为融通南京纺织工业企业资金的“南京正华城市信用社”宣告成立。该社的业务范围是向社会开展储蓄、资金拆借、财产保险等。由于人员精干、业务方式灵活多样，开业不久即吸收了一定数量的资金。正华城市信用社的成立，为融通南京纺织工业企业的生产经营资金、缓解资金奇缺开辟了一条新的途径。

（王跃军）

无　锡　市

[**概况**]　1992年，无锡纺织工业运行正常，实现工业总产值335774万元、比上年（下同）增长6.07%，利润14354.5万元、增长32.24%，税收14165.1万元、增长16.07%。主要产品产量：棉纱61083.79吨、增长4.32%，棉布14723.1万米、下降10.99%，印染布17598.36万米、增长5.61%，呢绒685.41万米、增长4.69%。

[**内部改革**]　全局学《条例》，换脑筋，转机制，上市场，加快改革步伐。色织一厂、宏源纺机集团公司实行投入产出总承包后出现好的效益；合纤总厂的股份制试点迈出突破性一步，国家体改委已批准该厂组建太极实业股份有限公司向社会公开发行股票；色织一厂、合纤总厂、纺站、宏源纺机集团、第二织布厂、第四织布厂、第一棉纺织厂推行的全员劳动合同制已顺利签约，第二棉纺织厂、色织一厂、合纤总厂、第二织布厂、第四织布厂、宏源纺机集团的岗位技能工资制已全面推开。其他企业也不等不靠，劳动、人事、分配三项制度改革逐步推开；销售承包，多元化经营、模糊分配引入企业，使企业活力有所增强。

[**外向开拓**]　外向开拓已成为发展无锡纺织工业的一个热点。老的三资企业已从创业期步入“收获期”，其效益好于同类型内资企业，联泰、嘉新、双星等3个企业人均创利达1万元以上；新办的三资企业数量多，规模大，全年已新批准19家，其中开业5家。更可喜的是一些效益好的大中型企业率先参与合资办厂，成为国际合作的主力军。21家非国营企业进入外贸工业代表处，借船出海，下半年自营实际收汇104万美元。外贸出口不断扩大，外贸供货值达11.87亿元、增长3.7%。首家自营进出口企业——协新毛纺织染厂经历了初创的艰苦阶段，逐步走上坦途，自营外贸出口创汇达600.62万美元、增长18.93%。

[**结构调整**]　全局以市场为导向，加速产品结构调整，发展“高效益，高质量，高难度，高竞争力”的“四高”产品，一批适销拳头产品有较大幅度增长。与上年相比，防羽布增长75.45%，色织府绸增长25.6%，精纺呢绒增长10.36%，服装增长26.6%，高速弹力丝假捻机增长42.85%，成为全行业发展的主要盈利产品。此外，还围绕市场抓开发，研制阿巴丁纱布，桃皮绒等新产品105只，其中鉴定39只，新产品产值率达14.79%，销售和利税分别占全局销售总额和利税总额的15.6%和18.9%，成为新的增长点。

[**技术改造**]　全局把技术改造作为发展无锡纺织工业的支点，瞄准“四高”产品，不断加大现有企业技改的分量。全年共完成30个技改项目，投入1.4亿元；引进新型织机308台，自动络筒机15台，使自动络筒机总数达45台。第二棉纺织厂总投资为3678万元的补偿贸易项目已竣工，形成年产特阔防羽布197万米、第三代防羽布60万米的能力。色织一厂加快总投资5000万元的“八五”技改进度，提前3年实现“染色电脑化、织机无梭化、整理特种化、产品成衣化”的纺织小“四化”。

（黄伯和）

苏　州　市

[**概况**]　苏州是江苏省纺织工业基地之一，现拥有包括棉纺、毛纺、印染、化纤、纺机、装饰、服装、复制等行业的48家企业和经营单位，其中列入国家大中型企业的有14家。1992年末全系统在职职工35448人，其中全民21163人，集体10135人，合资4150人。1992年完成工业总产值14.01亿元、比上年（下同）增长13.81%，出口收购值5.07亿元、增长24.91%，实现税利5353万元、增长9.2%。主要产品产量：合成纤维8314.20吨，纱17448.02吨，布6839.91万米，针棉织品拆用纱3608.82吨，毛巾271.4万条，棉、绒、汗布类衫裤875.22万件，床单99.6万条，袜子318.94万双，毛线3559.12吨，羊毛衫87.39万件，服装605.37万件。

[**技术改造**]　近年来，苏州纺织系统积极推行行业结构调整，加快行业技术改造步伐，大力引进先进技术和设备，努力开拓外向型经济，新建一批高新技术项目和合资企业，形成了新的经济增长点。1992年共投入3.02亿元，用汇3726万美元，一年技改投入接近“七五”投入总和。全年完成工作量13067.3万元，是上年的4.39倍。10个市新兴工程和4个部、省重点项目，已有3个建成投产，5个部分建成投产。全系统已有10个中外合资企业建成投产和开业。

[**主要产品**] 现有企业生产的主要大类产品有：各类化纤丝、纱、布、服装、羊毛衫、毛巾、手套、床单、袜子、纺织机械等。近年来，又相继开发出一批高新技术产品：苏州化纤厂生产的“三异”仿毛长丝，印染总厂生产的3.2米特阔装饰印染布，纺机厂生产的挠性剑杆织机，织带厂生产的高性能汽车安全带，苏州鞋厂生产的系列时装工艺鞋，服装一厂生产的“莱顿”牌高级服装以及具有地方特色的纺织装饰类产品等。其中部分产品填补了省内空白，在国内外市场上享有一定知名度。（张国钧）

浙　江　省

[**概况**] 1992年全省纺织工业实现工业总产值106.9亿元、比上年（下同）增长18.3%，实现税利4.9亿元、增长37%，其中实现利润2.08亿元、增长90.6%。

各地企业根据市场变化，积极生产市场适销对路产品，对销路不畅的产品采取停产、限产措施，使产品结构得到较大改善，促使生产稳定增长，产销基本平衡。全年实现销售产值96亿元、同比增长12%，产品销售率达96%，基本实现了产销同步增长。

1992年主要产品产量：化纤用浆粕25129吨、增长4%，化学纤维149834吨、增长24%，纱246679吨、增长21%，布132257万米、下降2%，印染布333992万米、增长96%，针棉织品折用纱线量85341吨、持平，棉毛类衫裤1566万件、下降19%，呢绒3348万米、增长6%，毛线23492吨、增长2%，毛毯117万条、增长15%，麻袋7832万条、持平，苎麻布777万米、增长19%，服装（归口）3235万件、增长37%，纺织机械64799吨、增长26%。

[**转换企业经营机制**] 《全民所有制工业企业转换经营机制条例》颁布以后，全省各级纺织工业主管部门对照《条例》，推进机关自身改革，清理职责，进一步转变职能。通过取消花纱布挂钩和棉纱、坯布出省许可证管理办法、放宽建设项目审批权限等措施，推动了企业机制的转换和《条例》的顺利实施，企业的经营活力得到增强，全省纺织品的自销率达到97%以上。同时，健全和组建行业协会，发挥其行业管理的有效功能，使机关从原来的微观管理转向宏观管理，从部门管理转向全行业管理；在生产上转向以市场信息促效益，在建设上转向以规划引导促发展，在质量上转向以监督帮促促提高，在管理上转向全行业、全社会，重点贯彻好国家的产业政策，服务于行业的发展，服务于企业的发展。

[**外贸出口**] 全省纺织品出口交货值达32.86亿元、增长20%，出口交货值占工业总产值的比重达30%以上。1992年主要出口产品产量：纱1.6万吨，布38700万米，针棉织品折用纱线量1.6万吨，呢绒107万米，毛毯2.9万条，麻袋464万条，服装1489万件。

在出口产品中，加工深度和附加值有所提高，初加工、半成口减少，如出口针棉织品用纱增长14%，成交服装增长5%。

自营出口创汇有较大提高，到年底，全省纺织自营出口企业达14家，出口创汇7755万美元、增长88%。

[**基本建设和技术改造**] 在注重投入的过程中，我们重点抓两头，一头是抓原材料，如化纤等大型基建项目，一头是抓一批上水平、上档次、高技术含量的技改项目，促使企业在上水平、上档次、上规模方面迈出步伐。全年共完成投资额7亿元，增长1倍。新形成的主要能力有：化纤长丝11000吨，无梭织机618台，服装1000万件。此外，全省压缩4.5万落后棉纺锭，更新改造12万棉纺锭，还引进了一些精梳机、清钢联等。

在加快建设的过程中，全省还积极利用外资嫁接改造老企业。全年发展三资企业36家，利用外资1600万美元。

[**经济效益**] 经过三年治理整顿，浙江纺织工业的经济效益已走出低谷，稳步回升。亏损企业和亏损额大幅度下降，全年亏损企业减少35户、下降三分之一，亏损额减少8200万元、下降63%，基本完成了纺织工业部和省政府下达的扭亏增盈目标任务。据统计，浙江纺织工业的综合经济效益和税利增长幅度位居全国同行前列。

浙江纺织工业在发展过程中还存在不少问题，主要表现在：一是经济效益仍然不高，实现税利离历史最好水平还有较大距离，而且这几年投入有较大增加，国有纺织企业的固定资产净值从1988年的15.7亿元，到年末已达到25亿元，增长了60%，从投入产出分析，产值利税率、销售收入利润率和资金利润率水平都还较低；二是三项资金占用仍居高不下，到年底全省国有纺织企业三项资金达17.6亿元，增加26%，净增3.6亿元；三是我省纺织工业由于亟需改造，还贷任务重，企业的经营机制仍不十分灵活，加上企业的组织结构不合理，规模效益不能充分发挥等问题，使浙江纺织工业的处境仍较艰难。（赵苗军）

杭　州　市

[**概况**]　1992年，杭州市属纺织化纤工业系统所属棉纺织、毛纺织、麻纺织、化纤、印染、针织、复制、装饰、服装、纺机、纺器等11个行业有生产企业30家(其中全民19家、集体11家)、集团公司6家、直属单位5家、中外合资企业11家，共有职工4.7万人。年末固定资产原值9.05亿元，固定资产净值6.03亿元。

1992年全系统主要专业设备有：棉纺锭215560锭、气流纺3240头、布机4793台、毛纺锭13120锭、毛织机176台、麻纺锭9140锭、麻织机403台、纺丝机13607/242锭/台、包缝机320台，印染生产能力9500万米。占地面积228.68万平方米，建筑面积176.22万平方米。

至1992年底，全系统有各类专业技术人员3160人，其中工程技术人员1296人，经济、会计、统计员988人。

1992年实现工业总产值21.37亿元、比上年（下同）增长13.23%，完成外贸收购值7.21亿元、增长33.96%，完成销售产值20.74亿元、增长11.83%，实现利税1.21亿元、增长12.79%，质量稳定提高率92.5%、提高2.5个百分点。主要产品产量：化学纤维31595.1吨、增长17.35%，粘胶纤维13411.9吨、增长17.2%，合成纤维18183.2吨、增长17.46%，涤纶13730.56吨、增长26.4%，纱41368.28吨、增长15.14%，布8730.75万米、下降11.17%，印染布6486.07万米、增长15.53%，麻袋2441.03万条、下降2.83%，服装695.41万件、增长29.11%，针织衫裤774.83万件（条）、下降33.04%，地毯162.19万平方米、增长67.93%。

[**转换经营机制**]　1992年，全系统以经济建设为中心，加大改革开放力度，促进企业经营机制的转换和生产的发展。主要工作有：一是搞好三项制度改革的试点工作。通过优化劳动组合，实行全员劳动合同制，全系统压缩二、三线人员1900名。干部实行招标聘用，精简了机构，减少了管理人员。同时还试行了岗位技能工资、完善了工资总额与经济效益挂钩办法。二是认真贯彻《条例》，转换经营机制。系统各企业普遍实行多种形式的经济承包，落实经济责任。杭州第二棉纺织厂和浙江麻纺织厂等由于建立了分厂制，划小了核算单位，把分厂推向市场，调动了各部门积极性，经济效益明显提高。三是继续实行企业兼并，优势互补。1992年，又有4家单位进行了组合：杭州市服装工业公司与杭州手帕厂合并建立了杭州市服装工业总公司；杭州第二纺织机械制造厂与杭州西子毛巾厂合并建立了杭州第二纺织机械制造总厂。此外，浙江麻纺织厂还与上海二毛合作，共同经营浙麻毛纺分厂，开创了全市大型企业跨地区合作经营亏损企业的先例。四是加快企业集团组建步伐，增强国际市场竞争能力。经市里批准，成立了杭州化纤（集团）公司和杭州纺织装饰（集团）公司。五是充分利用外资，加速技术改造。1992年，全系统共报批中外合资项目12个，至年底已建成5家，总投资4025万美元，相当于前几年总投资864万美元的4.66倍。全年完成技术改造总投资7917.5万元、增长70.5%，竣工项目26个。六是大力发展第三产业，开辟新的经销渠道。全年新开办“三产”企业60余家，“三产”销售收入达18100万元、增长20.67%。

[**扭亏增盈**]　由于纺织行业近几年不景气，致使经济效益滑坡严重。1991年市属纺织企业有亏损户11家，亏损额2423.4万元，成了全市工交系统最大的亏损行业。根据中央和部、省、市有关扭亏增盈的指示精神，1992年，公司把扭亏增盈作为深化改革、提高效益、加快发展的一项主要任务来抓。公司专门成立了领导小组和工作班子，抽调20余名干部组成联络组深入亏损企业，与企业的干部职工一起打好扭亏增盈翻身仗。公司在与市政府签订扭亏增盈目标责任状的同时，分别与11家亏损企业签订了扭亏责任状。经过一年的上下努力，至年底亏损企业已减少到7家，亏损额已降至1222.6万元，降幅达50%，超额完成了市政府下达的力争扭亏目标。

[**产品结构**]　1992年，市纺织化纤系统努力调整产品结构，适应国内外市场需要，扩大适销对路产品生产。杭州化纤厂针对下半年人造丝销售转旺的势头，压缩涤纶纤维生产，集中力量生产人造丝，平均月产量达到659吨，比上半年提高13.3%，产品仍供不应求。杭州第二纺织机械厂重点抓住市场畅销的针织横机产品，月产量从500台增至750台，全年横机产量达到7290台，增长87%。杭州印染厂采取6条措施，调整产品结构，生产国际市场适销的仿蜡花布和大提花贡缎，全年出口4123万米，占全厂印染布出口量的96%，企业从上年亏损153万元一举盈利203万元。一批国内外市场适销的丝绸时装、纯棉染色大提花贡缎、色毛纱、色织布、聚氨脂合成革、针织面料、毛衫、浴巾、地毯等产品增长幅度都在20%以上，全系统1992年增产的适销产品产值就达2.2亿元，销售收入首次突破20亿元大关，产销均创历史水平。

为了提高产品的市场竞争能力，公司还抓紧了新产品的研制和开发。全年开发新产品26只、“四新产品”1400余只，其中新产品创产值8000万元，创利润500万元。

[**外贸出口**]　全市纺织化纤系统所属企业抓住国际纺织市场复苏的机遇，扩大外销产品生产，为“入关”作准备。一是增加深加工、高档次产品出口。全年重点抓了服装、印染布、色织布、毛巾、针织衫裤等最终产品出口，出口交货量增长30%以上，出口交货值占

全部出口产品交货值的比重从1991年的52%提高到61%，其中高档丝绸服装全年出口量为239万件，增长一倍。初加工、低档次的棉纱和坯布的年交货量分别下降了25%和49%。二是实行全方位、多渠道出口。在保证本省外贸出口主渠道任务的同时，千方百计寻找省外新伙伴，扩大外贸出口，先后开通了与深圳、上海、江西、厦门、新疆等外省口岸的纺织品出口，全年向省外口岸提供纺织品2.03亿元，为上年的2.1倍。外口岸出口比重已从上年的11.7%提高到27.7%。此外，积极扶持系统内自营出口企业扩大外贸出口，通达集团、兔毛集团和浙麻三家自营出口企业全年创汇1929万美元、增长76%。（丁聚炎）

宁 波 市

[概况] 宁波市纺织工业产值占全省纺织工业26%，占宁波市工业系统25%，利润占全省纺织工业31%，占宁波市工业系统36%。创汇占全省纺织工业34%，占宁波市工业系统40%。

宁波市纺织工业主管行业内企业67家，其中全民32家，职工62260人，有各类专业技术人员1839人。现有固定资产净值62034万元，棉纺锭58.8万锭，毛纺锭9.5万锭，自动布机6520台，其中无梭织机542台，化纤能力达4万吨。在全国纺织行业经济不佳的情况下，宁波市纺织工业始终保持持续、稳定、协调发展的态势，连续3年各项经济指标超记录，1992年又获得新成绩。

1992年宁波市纺织工业总产值28.276亿元、比上年（下同）增长19.05%，外贸收购值10.3056亿元、增长20.83%，销售收入27.488亿元、增长15.05%，利税13332万元、与上年持平，利润5698万元、下降17.7%。主要产品产量：化学纤维38508吨、增长92.85%，纱71357吨、增长8.7%，布11686万米、下降2.1%，印染布11620万米、增长21%，针织衫裤2202万件、增长10.6%，呢绒101万米、增长16.6%，服装968万件、增长10.9%。

[转换机制] 确立市场经济新思想，坚持以市场取向为企业经营方向，努力寻求适应市场与开拓市场的最佳结合点。1992年下半年市纺织局率先转变机关职能，开始在宁波市工业系统中带头精简机构，把原14个处室压缩为9个，机关干部1/3“下海”。明确机关职能重点为“抓头头、抓效益、抓发展”，把本来是企业的权无条件地还给企业，启发和诱导企业全面走向市场的自觉性和自信心。多数企业根据市场需求和趋势，制订企业经营战略，分析把握市场机遇，加强市场预测，用新颖的产品，把消费者潜在需求转为现实需求。搞产品系列开发，提高了企业驾驭市场的主动权，很大一部分企业突破了单一经营的旧框框，建立立体型经营模式，推行全方位多元化经营策略，形成了系统和企业两个层次的多元化经营方向，参资、合资，发展商业、外贸业、房地产业、仓储、旅游、咨询、服务等内容的第三产业。涌现了一批具有鲜明个性特色的企业，这批企业有超前的市场意识，有独特的经营手段。“杉杉”西服不扩大总量，提高产品档次，质量保持一流名牌，产品供不应求，经济效益比1991年翻一番。人丰布厂形成大提花贡缎系列，使产品在内外两个市场中始终保持旺销态势。黑炭衬辅料集团公司、宁波线带集团公司，集科工贸为一体，以资产为纽带，形成了从原料到成品的一条龙规模经济。一批大中型企业发展充满着后劲，立体化经营发展迅猛，全系统坚持“主业精、副业新、企业活”的原则，“三产”发展步子快，起点高，到1992年底，注册“三产”超百家，资金超亿的有2家。三产比重比1991年翻了一番多。

[结构调整] 在优化行业结构上，围绕“化纤、棉纺、印染”三大调整为重点，形成了以棉纺为主到化纤、棉纺并重的格局，1992年重点投资用于化纤行业的改造和配套，共投入1800万美元和2亿人民币，相当于原有化纤固定资产的4倍。控制总量优化存量，全年压缩落后纺锭2万锭，结束了44#布机主宰宁波纺织工业历史的局面。用高新技术增强行业发展后劲，1992年总投资4.57亿元，用汇4628万美元，重点引进清钢联，自动络筒机及无梭织机，使一批老企业增强了发展后劲，大大增强了宁波纺织工业的生产实力。整个行业结构大体是化纤占26%，棉纺占28%，印染占13%，服装占10%，棉布占8%，针织占9%，复制占4%，其它占2%左右。1992年引进外资新开项目13个，总投资达7443万美元。在优化产品结构上，以发展化纤产品为方向，调整原料结构，不断提高了化纤的使用比重。从更新换代入手，不断开发新产品，全年开发“四新”产品400项，产值2.48亿元，产值率17%，创利税3516万，利税率14.1%。通过发展高新技术，使一批拳头产品形成系列化、配套化，“三绒二线一贡”和服装已形成中、低、高档齐全，前后道工序相衔接配套的竞争优势。使一批如大提花贡缎、缝纫绣花线、“杉杉”西服等拳头产品锦上添花。在优化企业结构上，通过调整，使生产要素配置更加合理，一批集约化、技术密集型、实力雄厚、产品幅射力强的联合型企业应运而生，形成了一批如宁波线带集团公司、炭衬服装辅料集团、人丰布厂、余姚化纤棉纺总厂等效益好后劲足的骨干企业。

[经营销售] 企业全面进入市场，调整了经营策略，

使全行业生产经营保持良性循环状态。1992年产销率达99.2%，自销率90%，其中针织、服装100%，并出现一批全国销售大户，如余姚化纤棉纺总厂销售额37585万元，在全国纺织行业中名列第二。宁波线厂人均创利税、外贸收购值、全员劳动生产率占全国同行第一。一批适销对路有竞争力的产品脱颖而出，人丰布厂开发的42/2大提花贡缎以先进工艺和技术优势胜过竞争对手，宁波毛条厂精纺呢绒客户坐等要货，宁波甬港服装总厂西装供不应求，1992年预付额高达2000万元。自行出口外贸代理十分活跃，1992年创汇在1000万美元以上的企业有10个，其中工贸合一的"宁纺联"创汇3015万美元，创历史最好记录。对外交往密切，接待外商60批次，组团对外考察50批次。

[**政企建设**] 管好队伍，建好班子是事业成功的保证。1992年通过培养、考察提拔任命了17名厂级干部，85%企业实行党政一肩挑，理顺了组织关系，一批有管理经验、有经营头脑、开拓务实的干部走上领导岗位。目前，全系统厂级领导班子平均年龄为42.2岁，大中专文化程度占60%。为适应高新技术需要，招收大中专毕业生55名。通过公开招聘，竞争上岗，量才录用方法，加强了中层骨干队伍，全系统形成党政共保"双文明"，上下一致上经济的蓬勃向上局面。

（张书令）

安　徽　省

[**概况**] 1992年安徽纺织工业经过30万纺织职工的顽强拼搏，夺得了生产速度稳步加快、产销率显著提高、出口交货值大幅度增长、经济效益滑坡得到遏制的好成绩。

1992年完成总产值71.97亿元、比上年(下同)增长13.21%，利润－12437.4万元，税收19880.2万元、增长6.94%，出口交货值15.07亿元、增长29.67%。主要产品产量：纱198302吨、增长8.53%，布62836万米、增长2.88%，印染布24376万米、增长17.55%，合成纤维13916吨、下降12.58%，毛织品196万米、下降24.81%，苎麻布899万米、增长62.86%，丝1686吨、增长2.64%，丝织品3532万米、增长1.7%，服装2294万件、增长5.04%，纺织机械3268台/5942吨，增长7.99%/13.39%。

[**新产品开发**] 以解放思想为先导，在全系统大力强化商品经济意识、竞争意识、质量意识、信息意识、效益意识、服务意识，推动企业转变经营思想，改变以往靠政府给政策、给条件、给市场的观念，破除重生产、轻流通、轻服务的观念，树立大市场、大流通、大服务的观念，主动面向市场，靠过硬的产品质量、领先的品种开发和优质高效的服务去挤占国内外大市场，参与竞争。全省棉、毛、针织复制、化纤、服装等行业，都有一批企业、一批拳头产品在国内外市场上拥有较强的竞争力。据对11个地市的统计，全年共开发新产品205只，创产值4.8亿元，利税3225万元。合肥毛巾厂开发的割绒全刮底印花系列产品，实现产值1496万元，利税143万元，全年新产品产值率达90%以上。

[**扭亏增盈**] 省纺织厅在调查研究的基础上，采取抓重点、抓两头的做法，从年初起就紧紧抓住合肥、蚌埠、芜湖、安庆、铜陵5个亏损大市、43个亏损大户和20个盈利大户，由5名厅领导带领30名机关干部组成5个联络组，深入亏损大市协助抓扭亏增盈，从当地政府争取扭亏政策，为企业排忧解难。据合肥、蚌埠两个市统计，共为亏损企业解决急需的流动资金2430万元，急需的技改资金2975万元。各地采取签订扭亏增盈责任状、实行减亏责任制、取消中层以上干部奖金和浮动工资作为限亏、扭亏风险抵押金等做法，真抓实干。至年底，减亏1.32亿元，国营企业实现利税9138万元，超额完成纺织工业部下达的国营企业利税及减亏指标，荣获纺织工业部颁发的扭亏增盈奖。

[**技术进步**] 全系统狠抓技术改造和技术进步，加快"七五"技改收尾项目的进度，积极利用外资发展"三资"企业，增添发展后劲。全年完成固定资产投入4.42亿元、增长29.92%，其中技改投入3.79亿元、增长11.5%。"三资"企业发展加快，据统计全省已有63家，注册资本达1.06亿元，其中外资3861万元，占注册资金的36.4%。投产的项目有铜陵化纤厂年产2000吨的涤纶长丝生产线，安徽维尼纶厂的72台喷水织机，芜湖印染厂的年产1800万米的宽幅印染生产线，铜陵衬衫厂的生产线扩建等12个项目。

[**转换机制**] 为适应社会主义市场经济的发展，切实搞活企业内部经营机制，全省有138家企业进行了人事、劳动、工资三项制度改革，参与改革的职工达20.09万人，占全行业职工总数的66.6%。通过实行干部聘用制，工人优化组合，加大质量在计件工资中的含量，完善销售承包等做法，从企业内部激发了动力和活力。合肥市16家国营企业上半年精减合并机构21个，36名中层干部落聘，158名工人、40名一般干部被聘为中层干部，436名工人被优化下岗待训。芜湖锦华被单厂、淮南印染厂、蚌埠第三毛纺厂、阜阳纺织厂等企业通过精减机构，裁减富余人员，"多开几扇窗，多辟几条路"，发展第三产业，企业面貌出现了转机。

（张乐生）

福 建 省

［概况］ 1992年福建纺织工业经过全省11万职工共同努力，生产仍然取得了稳定协调的发展。1992年完成工业产值35亿元、比上年（下同）增长5.3%，居全国纺织工业第十七位。实现利税2.07亿元、增长7.2%，出口交货值3.9715亿元，创汇6008万美元。全省考核38家企业73个主要产品，质量指标稳定提高率为88.05%，超过85%的计划指标。全年亏损企业减少25%，减亏额659万元。

［新产品开发］ 1992年通过省级鉴定的新产品共51个，其中达国际水平3项、属国内首创9项。这些新产品批量投放市场，深受消费者欢迎，并获得较好的经济效益。如华纶化纤公司的FDG细旦丝（单纤0.8旦）产品，1992年销售额为6220万元，实现利税1440万元，销售利税率为23%；三明针织厂开发的转移印花刷花绒新产品，1992年产值600万元，实现利税80万元；漳州毛纺织总厂生产的拉舍尔经编毛毯一般适用冬季，但该厂的设计人员试制出一只薄型印花毛毯，适宜春秋季使用，图案美观大方，而价格只有厚型毛毯的1/3，现已批量生产投放市场；金利森纺织印染公司搜集世界各国涤纶仿真丝绸样品，经设计人员分析后加工成新工艺、新品种。该公司产品长销不衰，没有库存积压产品，关键就是不断推陈出新。

［技术改造与技术引进］ 1992年全省纺织技改引进项目共39项，年度计划投资1.79亿元，增长132.5%，是历史上技改投入最多的一年，当年建成投产13项。

为推动设备更新改造工作，省纺织工业公司邀请国外专家来闽进行喷气织机、片梭织机、剑杆织机、自动络筒机、纬编机、高温高压和常温常压溢流染色机、圆网和平网印花机、预缩机、碱减量机、无纺布等技术交流，并组织200余名科技及有关人员参观1992年北京国际纺机展览会。针对染色不匀、缩水率大的问题，去年引进高温高压染色机、常温常压溢流染色机30余台。为满足客户对印花产品的需求，引进了圆网、平网印花机。为发挥已引进瑞士立达设备二万纱锭的优势，引进了日本喷气织机50台、剑杆织机150台、大圆机30台和超细旦涤纶长丝等。还从北方搬来进口经编机29台，合作承包经营。

通过技改，90%的棉纺设备具有国内领先地位，化纤、针织、印染行业装备水平大有提高，基本摆脱了品种单调、设备陈旧、企业规模小的局面。

［引进外资］ 1992年我省纺织工业引进外资工作出现了突破性进展。①大批有经济实力的外商到开发区整体规划、分项投资、成片开发。如印尼的林氏集团在福清计划投资（包括已竣工投产、在建、待批）7个项目共4.7亿美元；印尼的金匙集团筹建的腈纶和锦纶长丝项目，投资3亿美元。相继开发的有厦门海沧，福清融桥、元洪开发区、福州马尾开发区、福兴工业区，莆田秀屿岛，泉州湄洲湾。②开发区内成龙配套，自成体系。有切片、仿丝、织布、印染整理、针织、丝绸、服装、鞋帽等项目，从原料一直到成品，均在开发区内完成。引进的设备起点高，具有90年代国际水平，并采用新工艺，新材料，新技术和染化料助剂。③老客商扩大投资。香港南盖公司1985年来闽投资，组建了中外合资南丰纺织有限公司，当时总投资60万元，生产羊毛衫出口。经几年来不断再投资，现已扩展到大小27个企业，总投资超过2亿港元，并在泉州组建了蟠龙工业综合开发区。印尼华侨林文镜先生是福清县阳下镇人，他化了近4年时间，办了18个具有一定规模的企业，定名为洪宽开发区，当地农民已全部转为工人。该开发区按林先生的规划，要扩大到10平方公里。④国营企业嫁接外资。泉州市6家纺织企业全部嫁接外资，成立中侨企业集团公司。这些企业全由外方管理经营。通过这种做法，老企业可望获得新生与发展。

（俞忠明）

江 西 省

［概况］ 1992年江西纺织生产形势已朝着好的方向发展。1992年完成总产值34.2亿元、比上年（下同）增长10.99%，26种可比产品同比增长的有化纤用浆粕、电石、聚乙稀醇、化学纤维、纱、布、印染布、呢绒、丝等15种，占57.61%。纺织品综合产销率1～4月为83.1%，1～8月为89.66%，9～10月为93.11%，全年为94.41%，全年呈上升趋势。1992年出口交货值6亿元、增长13.43%，出口折纱总量为12.39万件、增长7.68%，半成品、制成品由1991年的53%上升到65%。全年实现利税1.16亿元、增长8.6%，超额完成省政府和纺织工业部下达的目标要求，其中利润3500万元、增长48%，亏损额下降49%，结束了连续三年滑坡局面。固定资产投资增长加快。列入省考核的质量稳定提高率和消耗稳定降低率分别达到92.31%和75%。其他主要产品产量：化纤25256吨、增长6.75%，纱91185吨、增长10.76%，布28294万米、增长4.24%，呢绒215万米、增长2.73%，毛线1024吨、下降15.43%，服装432万件、增长2.44%，针织品2626万件、下降5.84%，丝织品2080万米、下降3.71%。

1992年，江西纺织工业取得了一定的成绩，但还存在不少问题和矛盾，形势仍然十分严峻。一是供过于求、产品价格不到位的状况没有缓解；二是资金偏紧，原材料价格看升，煤、电、运价格上调，企业负担加重，成本上升；三是结构调整进展不快，管理和质量上程度不同的存在问题，有相当一部分产品不能适应市场的需求，产销率只达94%，随着社会主义市场经济的建立，矛盾将进一步突出；四是经济效益仍未全面好转，企业亏损面达40%。

[招商引资] 1992年全行业招商引资兴办"三资"企业具有三个特点：①发展态势呈跳跃式。1～9月份全省新批纺织服装"三资"企业106家，利用外资额4960.67万美元，分别为全行业前8年总和的1.63倍和2.16倍，占全省同期新批"三资"企业户数的20.5%和利用外资额的14.75%。②利用外资的领域拓宽。不少企业大胆跨出行业界线，走进新的生产领域。利用外资的形式不仅有合资、合作、独资、补偿贸易、境外办厂等，而且投资领域拓宽到房地产、电子玩具、装璜等行业。③项目的起点和技术含量提高。已正式签约的化纤、无梭织机等项目，填补了省内缺门，提高了产品质量和档次。到年底，已有50家"三资"企业挂牌开业。

[技术进步] 1992年全行业技术进步步伐显著加快。首先是技改项目投资结构明显改变。化纤、丝绸工业投入比重由1990年的15.78%上升到1992年的49.23%。棉纺织行业实现无梭织机零的突破，已有112台无梭织机投入生产，52台正在安装。项目资金从多渠道得到落实。全年技改项目总投资增长178.66%，完成投资额增长91%，已有16项工程竣工。列入省重点工程的九江化纤厂2万吨粘胶短纤维项目已于1992年竣工试车投产。其次是新技术推广应用取得成功。全年推广13项新技术，集中应用在棉纺织、麻纺织、印染、服装、纺机、纺器行业，提高了质量、提高了效益。三是新产品开发有新进展。全年新产品试制项目109项，完成试制任务并通过技术鉴定的有70项，这些新产品拓宽了纺织品的适用领域，提高了纺织产品的精深加工程度，为纺织产品的升档创造了条件。

["蚕桑工程"] 为配合省"蚕桑工程"的实施，江西纺织行业近两年重点抓了蚕桑生产的后加工、力促茧、丝、绸事业均衡发展。1992年，全省新增缫丝厂6家，缫丝能力25960绪，丝织机55台。到1992年底止，全省投产的缫丝厂有17家，缫丝能力达到47120绪。据省纺织局与省计委对33个重点县蚕桑生产情况的调查，桑园面积已达57.56万亩，消化鲜茧能力达到24万担。 （肖浔兰）

山 东 省

[概况] 1992年山东纺织工业遵循"稳定、改革、提高、发展"的指导思想和"保优、限产、压库、控能、开发、增效"的方针，经过全省65万职工的共同努力，较好地克服了社会供求矛盾突出、原料成本上涨、成品价格下跌等困难，呈现逐季好转的局面。虽然纺织工业深层次的矛盾并未从根本上得到解决，潜亏因素仍然很严重，结构调整步履艰难，但整个形势缓慢地向着好的方向转化。1992年完成工业生产总产值1903076万元、比上年（下同）增长11.13%，销售产值1792170万元、增长13.7%，税金50446万元、增长17.11%，利润15229万元、增长44.69%。主要产品产量：化纤72388吨、增长36.9%，纱720495吨、增长19.25%，布229725万米、增长8.73%，印染布85491万米、下降1.41%，服装27889万件、增长20.91%，毛线28528吨、增长8.47%，呢绒1891万米、下降8.6%，毛毯377.75万条、下降12.06%，麻袋8788万条、下降4.19%。

[限产、压库、促销] 为解决纺织工业总量过大而带来的经济效益低下的问题，纺织工业部年初下达1992年扭亏增盈任务书，要求我省国有纺织企业实现利税40319万元，亏损企业数和亏损额分别比上年降低10个百分点和减少1653万元以上。山东纺织工业抓住这一中心工作，按照省府制定的"保优、限产、压库、控能、开发、增效"的方针，坚持以市场为导向，结合调整产品结构，采取"拉、限、压、促"的措施，即拉长短线产品，限制长线产品，压缩库存积压产品，促进销售工作，并层层落实到基层，使全年扭亏增盈工作取得显著成效，预算内国有企业实现利税46336万元（不含青岛），超额完成6017万元，亏损企业比上年降低13%，亏损额与上年持平，获纺织工业部经济效益优秀奖。

年末系统内销售额总计168.27亿元，其中外贸收购值占30%、销往省内产品值占55%、销往省外产品值占15%。主要产品年末库存：化学纤维3922吨、服装818万件，分别比年初减少26%和14%；布、印染布和毛线分别为1.16亿米、1.05亿米和2160吨，均与年初库存持平；纱2.5万吨、呢绒478万米，分别比年初增加42%和3%；布、印染布、毛线和服装年末降到正常库存以下。

[结构调整] 结构调整的力度放在突出重点、突破难点上，在控制棉纱、毛纺、化纤抽丝三大能力的基础上，针对本省棉纺能力过大的实际，结合技术改造，从本年度开始有计划地减少一批旧纱锭，全年已淘汰10.4万锭，争取到"八五"末总能力为500万锭。同时，向最终产品行业倾斜，积极调整服装行业结构。一是加大服装行业技改投资，全省服装业投资完成

11112万元，其中轻纺出口项目完成投资777万元，是历史最高水平，新增加电脑设计系统CAD8套，电脑绣花机25台，高速平缝机2960台，大大提高了衬衫、牛仔服、茄克衫、童装等生产装备水平和产品水平。二是引导走集团化道路，发挥群体优势，成立了济南服装集团、青岛海珊衬衣集团和青岛蓝天运动衣集团，是服装业结构调整的重大突破。三是在全面提高档次的基础上，争创名牌、夺占市场。

产品结构调整，着重开发对全局有影响的三大类25个重点产品，全年开发新产品160个，新产品产值率达6.3%。大多数企业开始按小批量、多品种、快交货的要求组织生产。尤其是长期受计划经济制约的棉纺织行业有了明显突破，一部分十几年一贯制的产品被新产品所替代，重点出口企业产品翻改面都在100%以上。配合产品结构调整大力推广科技成果的应用，在精选的10项成果推广中有7项取得了明显的成效，特别是Fui滤尘器、WCT505提花装置、铁屑固定床污水处理及XH旋混系列烧毛机火口的应用，不仅在省内而且被省外企业广泛应用。

[基本建设与技术改造] 全系统固定资产投资完成161935万元，其中省管以上项目完成113777万元，基本建设为66462万元，技术改造为95473万元。在基建投资中，化纤项目所占比重达97%，新增化纤能力3.04万吨，总能力可达10.4万吨。全年安排245个技改项目，其中省管项目107个。棉纺织作为重点改造行业完成技改投资48729万元，占总投资的51%，改造旧纱锭13万枚，共批准引进自动络筒机233台，其中已投产160多台，引进各种新型布机1959台，使技术装备水平显著改善。同时，为企业用好进口设备，开展了技术和质量攻关活动，推行出口内控标准，使纱、布质量明显提高，出口纱全部达到1989年乌斯特公报50%以上水平和本省口岸出口纱实现无结头，出口坯布质量居全国先进水平。

[对外开放] 1992年全省纺织业又有401家外资项目批准成立，是前10年已批准成立的“三资”企业总数的两倍多。其中，中外合资经营企业352家；中外合作经营企业23家；外商独资经营企业26家。合计总投资7.6亿美元，其中外商投资2.69亿美元，使全省纺织业利用外资总计达4.68亿美元。1992年利用外资呈现三个特点：一是兴办的“三资企业主要分布在东部开放区，约占70%；二是投资超过1000万美元的大项目明显增多，共计10项，占全年总投资的26%，大部为港资；三是资金投向趋向合理，生产服装、针织品、装饰布、印染布等深加工项目占项目总数的80%，项目建成后可新增针梭织服装1.4亿件，各类色织布、印染布和装饰布2.4亿米，在10个大项目中，有6个是生产涤、锦、氨、丙纶化纤原料项目，新增各类化纤长丝4.8万吨。

在外经外贸方面，全行业推行多口岸、多形式、多渠道增加有效益出口的措施，出口产品交货值突破51亿元大关，增长22%，其中外口岸出口交货值达9.17亿元，增长31%。扩大企业自营出口，继“青纺联”、青岛衬衫厂、青岛针织一厂、潍坊二印后，1992年淄博织染厂、济宁毛纺织厂、淄博毛巾厂、济南针织厂、济南毛巾厂又获自营进出口权，部分企业亦到境外设点、办厂、开商店。

（訾德祯）

青岛市

[概况] 1992年，青岛纺织工业在连续几年滑坡之后，出现了可喜的转机。①系统内9个行业中，有7个行业生产有增长，其中化纤和针复制两个行业增长10%以上，扭转了前几年波动较大的局面。②出口交货值达到12.96亿元。青纺联创汇达到1.03亿美元、比上年（下同）增长30.60%，针织一厂创汇1496万美元、增长24.83%，海珊集团创汇602万美元、增长58%。③全年销售收入达21.86亿元、增长4%，全系统全年综合产销率为101.8%。由于销大于产，使产品资金占用减少14%。④可比产品总成本降低3%，亏损企业和亏损额分别降低8.33%和17.16%。1992年青岛纺织工业完成总产值30.42亿元、增长3.89%，出口产品交货值12.96亿元、增长17.5%，自营出口创汇1.24亿美元、增长30.96%，利税9469万元、增长73.81%。主要产品产量：化纤5960吨、增长14.15%，纱99043吨、增长2.88%，布33682万米、下降1.16%，印染布21534万米、增长7.68%，针棉织品折纱18667吨、增长1.5%，呢绒239万米、下降13.72%，服装2170万件、下降17.49%。

[扭亏增盈] 1992年1、2月份全系统大面积亏损，亏损企业高达36户，亏损额1800多万元，给全年工作造成很大被动。学习邓小平同志南巡讲话之后，根据同纺织工业部和市政府签订的扭亏责任书，层层分解，分月下达指标，定期进行调度。并加强了系统内的调控工作，用产品质量的优势和统一协调内部价格的优势，参与市场竞争。同时，抓了产品开发，全年完成新产品50项，投产率80%，新产品产值率为8.2%。在生产安排上，不少企业能根据国内外市场需要组织生产，据7个棉纺织厂统计，全年布机翻改达7000台次。仅国棉六厂即翻改3008台次、平均每台布机翻改一次半。青岛毛巾厂为适应市场需要，全厂280台布机，全年翻改900台次，平均每台机翻改3次。另外，为实现扭亏增盈，狠抓了营销工作，一年来，通过请

进来和走出去，共举办各种展销定货会30次，总成交额达5亿元。由于产销平衡，有力地促进了扭亏增盈工作。

[**体制改革**] 首先，把三项制度改革作为企业转换经营机制的突破口，本着积极、稳妥和注重实效的精神，在7个厂（两万职工）中进行改革试点。像青岛化纤厂，是以精干、高效为突破口，不仅产量翻番，而且人员减少了178人，企业利税和劳动生产率大幅度增长。青岛印染厂自实行一等品质量工资制以后，产品质量大幅度提高，特别是扭转了出口合格率长期完不成计划的被动局面。其次，根据《条例》精神，探讨建立对市场应变能力较强的二级经济实体，撤消了染织工业公司，组建了青岛海珊制衣集团。三是进行了企业调整。系统内有部分小型企业，由于厂房、设备陈旧，产品不适销，并长期亏损，在商品经济大潮中，显得极不适应。根据《条例》精神，采取了关停并转措施。一年来，兼并了3个厂，停产了2个厂，有2个厂转为第三产业。

[**技术改造与引进外资**] 全年完成技术改造工程19项，总投资完成1.14亿元。在已完成的项目中，青岛化纤厂年产微细旦丝1000吨，从立项到投产，仅一年多时间。第七针织厂新增出口内衣600万件，仅8个月即建成。此外，还有一批改善产品结构、提高装备水平的项目。国棉二厂4000吨锦纶帘子布工程，1992年完成投资7465万元，到年底已进入分工段试产阶段。

引进外资步伐加快。全年共谈成合资合作项目12项，超过了前4年的总和；总投资2123万美元，其中外资556万美元。截止1992年底，全系统已有合资合作项目21项，总投资6365万美元。重点项目中达化纤有限公司的3000吨锦纶细旦丝工程已基本完成，1993年上半年即可投产。

[**第三产业**] 在当前纺织工业总量过大、供过于求、效益低的情况下，固守主业是没有出路的，必须发展多种经营。在中央发出发展第三产业的决定以后，全系统第三产业发展迅速。据统计，1992年申请注册、并经批准的各种公司、经营部等达113家。由于纺织系统下属企业遍布全市，占据了不少"黄金地带"，这是发展三产极好条件。系统内所属企业有闲置厂房8.8万平方米，在商品经济大潮中，不少企业领导更新观念，注意发挥资产存量的作用，灵活经营，将厂房出租增加收入。目前总公司正在积极寻求合作伙伴，发展几个三产大项目。

（赵英恩）

烟　台　市

[**概况**] 1992年烟台纺织工业克服各种困难，取得了速度、效益同步增长的好成绩。1992年完成工业总产值17.08亿元、比上年（下同）增长19.44%，利润2177.7万元、增长36.08%，税金4047万元、增长17.33%。主要产品产量：化学纤维6375吨、增长127.92%，纱37710吨、增长30.75%，布17096万米、下降1.54%，印染布10099万米、下降1.62%，针棉织品折纱8959吨、增长8.75%，毛线3596吨、增长1.75%，服装3960万件、增长4.27%。

[**外经外贸**] 全市纺织系统加快对外开放步伐，利用外资取得突破性进展。年内批准成立三资企业17家，合同总投资额4814.14万美元，合同外资额1562.9万美元，合资项目利用外资额是前8年总和的110.37%。1992年，累计利用外资项目57个，合同总投资额1.36亿美元，合同外资额5419.5万美元。其中兴办三资企业34家，合同总投资额11174.62万美元，合同外资额2979.8万美元。三资企业效益明显提高。烟台华润锦纶有限公司，试产一年就突破产值过亿元，利税过三千万元的大关，经济效益居全市三资企业之首，获省双优三资企业称号。同时，发展外贸出口生产，开始向家家出口、户户创汇方向迈进，出口贸易大幅度增长。全年完成出口收购值5.96亿元，增长33.36%；其中外口岸出口9411万元，增长26.51%。

[**调整结构**] 市纺织系统从适应市场需要出发，采取重大举措，调整企业组织结构，对2户亏损严重、且扭亏无望的原烟台织布厂、原烟台西服厂，分别由烟台第一染织厂和烟台服装鞋帽工业公司实行企业兼并。为使兼并工作顺利进行，在市委、市府的大力支持下，市纺织工业公司领导带领机关工作组，先后深入2个企业，与兼并双方的干部职工一起，经过4个月的时间，确保了兼并期间的生产衔接、资产评估和1300多名职工的妥善安置等各项工作的顺利完成。不仅较好地解决了2个企业严重亏损的问题，而且促进了企业间生产要素的合理组合与流动，为扩大"拳头"产品和骨干企业的规模优势，加速发展创造了条件。

[**技术改造，新产品开发**] 全市纺织系统积极实施科技兴纺战略，把加快科技进步作为摆脱困境，增强后劲，促进发展的重要途径来抓。一方面，围绕宽幅布、灯芯绒、氨纶深加工、服装等重点产品，以出口大户和大中型骨干企业为主体，争取和落实了一大批重点技术改造项目，为培植"四高"产品和领航企业奠定了基础。1992年技改项目42个，总投资3.34亿元。其中在建项目27个，完成投资7490万元，已峻工17个项目。另一方面，坚持以市场为导向，不断开发适销

对路产品，提高产品质量。1992年共完成技术开发项目30项，其中新产品28项，新品种198个，新产品产值2.19亿元，新产品产值率达12.9%。考核20类主要纺织产品质量，18项稳定提高，稳定提高率90%；省级以上质量抽查合格率100%。同时，加强与科技院所的联系，有24个企业和14个院所达成各种意向76项，对推动科技进步起到了积极有效的作用。

[**扭亏增盈**] 一年来，全市纺织系统围绕企业生产经营中暴露出来的热点、难点问题，以企业内部“三项制度”改革为突破口，加大改革力度，积极开拓市场，强化落实扭亏增盈责任目标，使全市纺织工业形势有了较大好转。1992年，全系统亏损企业7户，亏损面下降46.7%，亏损额1171.3万元，减亏31.5%。实现利润过100万元的企业有8个。烟台氨纶厂、烟台宽幅布厂实现利税突破千万大关，其中烟台氨纶厂人均创利税52331元。10个县市区有9个盈利，其中7个县市区无亏损企业。（王连民）

河　南　省

[**概况**] 1992年是河南纺织工业遏制经济效益滑坡，取得较大成绩的一年，全年完成工业总产值111.86亿元，比上年（下同）增长12.52%，比全国纺织工业发展水平高2.45个百分点，增幅在全国名列第六，位次由上年第九位上升到第八位。主要纺织产品产量根据市场变化有增有减，化学用浆粕、化学纤维、纱、布、印染布、锦纶帘子布、针棉织品折用纱量、毛毯和丝等9种产品保持了一定的增长幅度，分别增长9.14%、3.32%、10.36%、8.68%、16.62%、7.33%、4.73%、27.87%和12.14%。

[**经济效益**] 根据1992年初国务院领导、纺织工业部提出的“纺织工业今年要制止住经济效益滑坡”的要求，省厅、地市主管部门和企业把扭亏增盈工作放到突出位置来抓，成立省纺织工业扭亏增盈领导小组，建立扭亏增盈责任网，分期检查落实扭亏增盈目标；重点抓好亏损大户、扭亏有望的企业和重点亏损行业；深入调查研究，帮助重点行业和重点企业选择扭亏突破口，改进内部管理，推广新技术新原料降低成本，提高产品质量扩大销售，开发经济效益好的新产品，从而实现了制止经济效益滑坡和纺织工业部、省政府的控亏目标。全年共实现利税4.87亿元、增长47.66%，其中利润1.77亿元、增长1.22倍，综合经济效益完成情况在全国仅次于河北排列第二；企业亏损面下降4.74个百分点，亏损企业亏损额减少55%；单色织、毛纺和丝绸3个行业扭亏为盈，亏损额曾占全省亏损总额近1/3的印染行业，也由上年7293万元降到2890万元，亏损额减少60.37%。扭亏增盈工作获纺织工业部和河南省一等奖。

[**产品质量**] 以“三抓一打”为重点（抓纱疵、条干；抓横档、条影；抓缩水、褪色；打击假冒伪劣产品），将质量攻关由重点产品向多数产品推广，使纱的纱疵、条干、布的横档等有了明显改善。据有关部门年底抽检资料，纯棉纱条干CV值达到乌斯特89公报50%水平的占62.26%，比上年底水平高出28.96个百分点；横档达到纺织工业部一档水平的占85%，比上年底提高46.1个百分点。纺织工业部考核的15大类产品质量稳定提高率达100%。出口产品中坯布商检合格率达到98.5%，提高4.87个百分点；印染布商检合格率96.8%，达到较高水平。产品质量的进一步改善，提高了我省纺织产品的出口信誉，继洛阳棉纺织厂、郑棉三厂、六厂之后，平顶山棉纺厂又获得了外商赠送的质量金盘。

[**对外经济贸易**] 积极申报15家纺织企业外贸自营出口权，目前中国神马帘子布集团、嵩岳纺织集团、新乡印染厂、平顶山棉纺织厂、郑棉二厂等已获批准，将为我省纺织工业自营出口闯出路子。中外合资纺织企业比去年有较大增长，新增引进外资（合资）项目19项，资金608.5万美元。许多纺织企业抓住有利时机积极发展与原苏联各国和原东欧国家以及朝鲜、越南等国的经贸关系，有重点地在沿边省分和地区设立了边贸办事处。加强工贸合作，推进国际化经营，增加本口岸出口和多口岸、多渠道出口，进一步扩大了出口创汇。全年出口交货值达到15.4亿元、增长13.64%，占工业总产值的比重达到14.61%、提高0.54个百分点。全年本口岸创汇达到4.13亿美元，增长25%。

[**技术进步和基本建设**] 全年系统内纺织工业固定资产投资完成4.1亿元，施工项目92个，竣工投产34个，其中技改施工项目60个，竣工投产20个，技术改造投资占74.6%，大大改变了过去技改投资少于基建投资的状况，投资结构有较大改善；按照我省重点发展化纤工业的上新台阶意见，化纤续建项目的竣工投产和规划项目的前期准备工作取得突出成绩，竣工投产化纤续建项目3个，新开和已经纺织工业部核准项目15个；淘汰陈旧落后设备和“四大重中之重”工作进展顺利，淘汰7万锭的任务可如期完成，引进自动络筒机、无梭织机、清钢联合机、精梳机等设备551台（套），总用汇额达5260.4万美元；科技攻关和新技术推广进一步推进，列为纺织工业部“七五”技术开发的液氨整理工艺与设备研究项目，于1992年4月通过鉴定验收，获得部较高的评价，“有梭织机启制动与送经机构研究”等3个国家“八五”攻关项目已按

计划实施。结合技术改造，积极推广一批成熟的短、平、快应用技术，如梳棉机新型针布 2066 台，电子清纱器 296 台，布机定位刹车装置 6190 台、空气捻结器 364 只等等，全省已有 25 万锭可按出口需要生产无结头纱。

[**产品结构调整**] 各行业、企业积极抓好分层次调整，适应性调整和战略性调整，使产品结构更趋合理，产品品种更适应市场的需要。棉纺织行业开发了高支紧密、稀薄织物和特种整理仿绸织物；丝绸行业采用“仿”、“引”、“创”相结合的方法，产品由低档人丝绸、合纤里子绸向高档真丝绸转移；毛纺行业减少大路货产量，开发 60 支以上的轻薄、高密产品，受到市场欢迎，增加了经济效益。列入国家、省级试产计划的新产品完成 70 个，其中国家级 5 个。新产品实现产值 5769.9 万元，利税 1551.49 万元，减免税 2000 万元以上。

（刘　刚）

湖　北　省

[**概况**] 1992 年湖北省纺织工业企业 40%以上已开始实行全员劳动合同制，上岗责任制，一厂两制，厂内摸拟市场等多种形式的企业人事、劳动、分配制度改革。全省纺织企业关、停、并、转 8 家，两家企业初步完成股份制改造，经国务院经贸办批准，有 4 家企业获得了自营出口权。

1992 年完成出口交货值 33 亿元、比上年（下同）增长 10%，产销率全年累计达到了 93.19%、增长了 4.55 个百分点，产成品资金自 8 月份以后逐月下降。全年完成工业产值 143.67 亿元、增长 7.43%，利税 2.1755 亿元、下降 0.9%，利润－3404 万元。主要产品产量：纱 211 万件、增长 2.58%，布 136228 万米、增长 12.35%，毛巾 21922 万条、增长 18.66%，床单 2312 万条、增长 17.27%，毛线 7452 吨、增长 6.39%，呢绒 378 万米，厂丝 707 吨、增长 14.97%，服装 5119 万件、增长 3.29%，人造丝 3435 吨、增长 11.71%。

1992 年全省纺织工业重点投入 57464 万元，其中技术改造投资 38651 万元，占总投入的 67%。基本建设项目 40 个，技术改造项目 148 个，已投产 107 个（其中基建 18 个，技术改造 89 个）。1992 年全省产品质量稳定提高率为 85.71%。优质产品产值率达到 20.76%。

1992 年落实 54 项新技术、新产品的开发，投资 3120 万元，培训全省大中型骨干企业车间主任 450 余人，直属企业中级技工 334 人，成人高校录取 120 人，职工中专 342 人。获省科技进步奖一等奖一个，三等奖二个。

[**扭亏增盈**] 为制止经济效益滑坡，总公司在省政府统一部署下，实行了全员扭亏风险抵压。一年来总公司把限产压库、扭亏增盈作为工作的主线，并与各地、市纺织工业公司（局）、直属企业厂长，签定了包括利税、利润总额、减亏户数、金额、产成品资金、三项资金等扭亏经济责任状，使全省纺织行业形成了一级抓一级，一级对一级的扭亏工作体系。总公司还逐月综合各地市经济效益及亏损企业的扭亏情况，向各地、市、企业通报；总公司领导则分片负责，深入基层，调查研究，现场办公。为更广泛的发动群众改变纺织行业的亏损局面，开展了“亏损企业扭亏增利争当排头兵”的竞赛活动。经过全省纺织职工的共同努力，遏制了效益滑坡，扭亏取得了初步成效。亏损企业由 221 个减少到 189 个，亏损额由 23742 万元减少到 15805 万元。

[**引进外资**] 全省纺织行业三资企业 163 户（系统内 120 户），已经投产的 38 户，总投资 3.9 亿美元，注册资本 3 亿美元，外商投资 1.1 亿美元，占注册资本的 37%，创汇约 3000 万美元。引进外资发展外向型经济有重大突破的有鄂州市与黄石市。鄂州市系统内 17 户企业有 16 户与外商合资。黄石市在 1992 年，以中日合资美尔雅服饰有限公司为主体，投资 1644 万美元，建成合资企业 8 个；黄石服装厂投资 1485 万美元，建成 8 个合资企业；黄石丝绸厂、床单二厂、麻纺厂等厂共投资 1631 万美元，组建了 6 个合资企业。黄石市纺织业在这些合资企业的带动下飞速发展，仅服装业共创产值 26500 万元，销售收入 10891 万元，利税 3447 万元，分别占市纺织行业 39.54%、26.39%、87.64%。

为争取纺织工业企业自营出口权，纺织总公司对连续两年创汇在 400 万美元以上的 18 个大中型纺织企业，积极向有关部门申报出口权，至 12 月底，国家已批准 4 个印染厂的自营出口权。由于外向型经济的发展，全省纺织出口交货值 33 亿元、增长 10%，其中纺织完成 25 亿元、增长 5%，服装 7.3 亿、增长 30%，丝绸 0.7 亿、增长 10%，出口深加工比重占 56%、增长了 8.5%。

[**第三产业**] 1992 年湖北省纺织行业在困境中大胆兴办第三产业，开展多种经营，使不少长期亏损企业，起死回生。以武汉第二色织布厂为代表的一批企业，面对产品无竞争力的困境，全部转向第三产业，他们将食堂、幼儿园、汽车队等生活服务部门对外营业，有关车间、门市部向社会公开招标开放经营，让出厂房、办公楼，开办歌舞厅、职工商场，一年减亏 66%；地处汉正街的武汉袜厂，将生产设备迁往汉阳，腾出 7000 平方米的老厂房，开办商场和自办服务业，安置

富余人员100人，增加租金收入200万元，一举扭亏为盈；武汉第五色织布厂利用武昌区“引摊入室”的机会，让出一车间2/3的场地引入集贸市场，一年创收25万元，减少亏损15万元。

[结构调整，产品质量] 湖北省纺织工业生产按市场滞、平、畅、紧排队灵活安排，各企业坚持以销定产，不再生产新的积压产品，畅销产品生产增幅较大，平销产品平稳增长，19种主要产品有化纤浆粕、化学纤维、纱、布、印染布、针棉织品、毛线、毛毯、苎麻布、丝、服装等11种产品同比增长。这些产品中，人造丝、涤纶混纺布、毛巾、床单、毛线、丝等产品，为今年畅销产品；麻袋、人造丝、部分坯布下半年来市场紧俏。1992年纺织工业系统，开发能批量生产的高难品种有仿丝绸、磨毛巾、水洗布等；棉纺厂为适应市场需要，克服生产调度困难，生产非常规支别的棉纱，如41支、35支、40.5支；印染厂努力适应小批量，多品种，快交货的经营机制，改变了过去企业不能接受3000～5000米色单的状况，使印染布出口大幅增长。“质量是生命”的意识已在各企业中扎下了根，棉纺织、针织、印染、毛纺等行业开展了对12大疵点的攻关，并都有不同程度的改善，棉纱条干CV%值达到乌斯特89公报50%水平的为86.6%，棉结达到乌斯特89公报50%水平的为100%，针织内衣缩水合格率提高到95%以上，横档符合率提高到70%，色差、纬斜、绉条、三渍四大疵布在总量中所占比例分别下降为0.16%、0.03%、2.53%、1.80%。四是关键质量指标和实物质量水平得到了全面提高，棉布下机一等品率，棉布出口合格率，印染布出口合格率分别提高到1992年的43.39%，87.6%，83.04%，纱织疵率下降到1992年的10.79%。

[科技进步，技术改造] 1992年湖北纺织行业的科技进步主要放在“开发、推销、运用、引进”几个方面。为开发高科技产品，落实贷款1140万元；为推广应用科技成果，实施十项星火计划，贷款1810万元。组织企业五次参加全国各次重大的科技成果展销活动。在国家科委举办的星火计划成果展示活动中，湖北省纺织产品有3个获优秀奖，有4个签订了合同协议，有17个受到用户的好评，商品成交额174万元。在国家计委组织的中小企业新产品、新技术展览及合作洽谈会上，湖北纺织产品只参览10个，10个均获得优秀奖。

在高科技运用方面，重点放在推广应用电子技术上，对全国电子技术运用试点城市沙市市纺织行业电子技术运用进行了试点总结，并分别以贴息贷款的形式，开发了宜昌棉纺织厂的电子信息管理系统，十堰市毛巾厂布机监测系统，及黄石棉纺织印染厂电子信息管理系统，使传统产业的改造与现代电子技术相结合，大大提高了生产能力。

1992年湖北省纺织工业技术改造落实投资27928万元，银行贷款19084万元，发行债券800万元，外汇2657万美元。重点抓了二个方面：一是对棉纺织行业的技术改造，引进喷气织机256台，清钢联4套，粗纱机16台，安排了8万纺锭的改造。二是抓了名优服装一条龙和茧丝绸一条龙的技术改造，投资5431万元，使黄石服装厂、美尔雅服饰有限公司、洪湖羽绒服装厂的名优服装形成批量，扩大出口；3871万元改造茧丝绸一条龙；为罗田丝绸厂引进了80台喷水织机；为黄冈地区印染厂引进丝绸后整理设备，开发真丝产品。整个技术改造的投资占总投入的67%，改变了历年来我省纺织行业技术改造投资少于基建投资的状况。

（罗永丰）

武　汉　市

[概况] 1992年武汉纺织工业出现经济效益降幅缩小，稳中见升的势头，主要经济技术指标实现“4个同步增长，1个大幅下降”：总产值完成28亿元、增长4.2%，其中局系统完成24.5亿元、增长3.5%，出口交货值实现5.8亿元、增长5.5%，全局劳动生产率增长8%，预算内企业实现利税1118万元、同比净增3844万元，预算内亏损企业亏损额大幅下降，减亏2610万元、扭亏率43%，完成了市政府和纺织工业部下达的控亏指标。

[促销活资] 针对市场疲软、资金紧张的矛盾，不少企业努力以开发品种，提高质量，平衡产销来遏制经济效益滑坡。一批骨干产品开始显露优势：冰川防寒系列产品、宽幅装饰布、人棉布、高支高密涤棉布、32ˢ精梳纱、竹山牌涤棉纱、劲士西服等已在国内外市场站稳脚根。其中冰川羽绒服、劲士西服在商业部举办的“最畅销国产商品展销月”活动中评为“金桥奖”。纺织机械厂以开发品种占领市场，年利润超过百万元，在行业中率先走出困境；第二针织厂依靠产品更新换代，刹住连续3年的经济滑坡。由于加快品种结构的调整，在全局12大类产品中，纱、布、呢绒、毛线、针织内衣、纺织机械等六大类产品生产增长。全局经销战线加大了改革力度，97%的企业推行了销售承包责任制；柜台战略进一步深化，专柜发展到300个，联营柜1000个，营业员达到2000人；5月份在深圳组织56家企业1000多个花色品种参展的展销会，成交额3亿元，有力地推动了促销活动，全局产销率由最低月份的87%上升到99%，全年累计达到93%以上。

[转换经营机制] 以三项制度为重点的企业改革逐步

深化，针织运动衣厂实行“内阁总辞职”，机构设置削减2/3，中层干部压缩1/3；绒印厂科室减少一半，中层干部落聘48人，并组织700人向三产进军；四棉实行干部实绩工资制后，企业管理水平和纱、布质量都上了台阶，资金利润率、产销率居行业前茅；中新纱厂围绕产品变机制，在国产设备上生产出符合国际标准的棉纱，使每吨出口纱售价高于同类产品600至800元；一棉坚持以改革促管理，全厂59个岗位、170名中层以上干部均与厂部立下军令状，全年降耗增效300万元，实现利润居棉纺行业之首。随着劳动制度改革的逐步深化，1992年全局在册职工11.5万人，比年初减少5000人。一年中，先后对10家企业实行关停并转，使一批特困企业出现转机。

[**引进外资**]　全年兴办合资企业36家，其中16家正式开业，注册资金6200万美元。其中外商出资2764万美元，占44.6%，外商资金到位1078万美元。合资企业职工4328人，占全局职工总数的3.8%。1992年兴办的合资企业有两个特点：一是合资范围扩大，有12家已跳出行业界限，涉足于电子、塑料、建材、轻工及高科技领域；二是大胆利用外资嫁接改造老企业。一棉、四棉通过部分合资，既促进了产品开发，又拓宽了产品销售渠道，使老企业出现生机；第二印染厂是武汉市第一家由外商控股外商管理的企业，人员减少2/3，质量提高20%以上，闯出了利用外资嫁接改造老企业的新模式。

[**第三产业**]　地处汉正街的12家企业，曾经是亏损一条街，通过大办三产，4家扭亏，6家大幅度减亏，2家继续盈利。12家企业1991年亏损1413万元，1992年减亏1000余万元，其中有7家企业完成了厂房搬迁，已经形成二产与三产两块基地，相互促进共同发展。进入下半年，三产已由小厂向大厂延伸，由闹市区向偏远地带拓展，由单一行业向多行业推进。武汉毛巾厂从事第三产业人数占全厂的20%，五棉关停200台布机的车间，开办商品交易市场。到年底，全局从事第三产业的职工已达9700人，占职工总数的8.5%。

[**技术改造**]　全年新开技改项目11项，落实技改资金1.35亿元；结转在建项目22项，已竣工21项，累计完成货币工作量1.1亿元，技改引进外汇成交额完成2288万美元。由于在技改中坚持抓质量、抓进度、抓责任制，逐步形成一批有实力的、竞争力较强的产品。近两年，百万元以上重点技改完工项目新增产值8400万元，新增利税520万元。1992年，顺利完成了纺织工业部下达的淘汰4万锭旧设备的任务。

（周国书）

湖　南　省

[**概况**]　1992年，湖南省纺织工业围绕“质量、品种、效益”年活动，解放思想，改变观念，深化改革，狠抓压库促销和扭亏增盈工作，扭转了连续两年经济效益大滑坡的被动局面，整个经济形势开始朝着好的方向发展。全年完成工业总产值53.34亿元、比上年（下同）增长6.07%，产销率为96.79%，出口交货值完成11.25亿元、增长33.96%，实现利税总额4354万元（预算内）、净增12318万元、增幅为154.67%，利润－5844万元、增长12141万元、增幅为67.5%，预算内企业亏损面由上年的73.84%下降为58.46%，亏损总额由上年的2.375亿元下降为1.145亿元、下降51.87%，比省政府下达的减亏31%的指标高出20.87%。预算内企业中有42户实现了减亏，共减亏6246万元；有25户实现了扭亏为盈，扭亏增盈总额达8371万元。其中，洞庭苎麻纺织印染厂和株洲苎麻纺织印染厂分别由上年亏损2989万元和1348万元转为盈利103万元和129万元；汨罗纺织印染厂、株洲市床单厂、邵阳市化纤厂、华容苎麻纺织厂、郴州黄麻纺织厂、娄底市纺织厂等一批百万元以上亏损大户，1992年都先后摆脱了困境，实现了扭亏。

为了提高经济效益，减少库存积压，全系统坚持以销定产，加快新产品开发力度，制订了鼓励新产品开发的有关政策。去年全省共鉴定省级新产品47项，实现新产品产值4亿余元。长沙毛巾集团、益阳地毯厂、益阳经编厂等一批中小企业，依靠开发新产品占领了市场，走出了困境，实现了扭亏为盈。同时，各地纺织企业努力改革营销制度，建立新的营销机制，推行了以全额风险承包为核心内容的多种销售承包，实现了市场疲软，销售不软，总量过剩，销售增长，全省产品产销率平均达到96.79%。特别是进入去年四季度后，随着销售旺季的到来，产销率平均达到100%以上。全省14个地市和省直企业中，有9个地市销售收入保持增长，株洲、娄底、零陵、邵阳、郴州等地市和省直企业的增长幅度都达到两位数以上。全省16种主要纺织产品产量，除化学纤维、呢绒、麻袋、丝、丝织品5种外，其他11种，如棉纱、布、针棉织品、帘子布、印染布、床单、毛毯、苎麻纱线、苎麻布、成衣服装、纺织机械等，同比都有所增长。

为了使纺织工业早日走入良性循环的轨道，一年来，纺织工业部采取了一系列措施，省政府也给纺织工业提供了不少优惠政策，如每担计内棉补贴奖售粮差价10元；对35家纺织骨干企业减免“两金”；对湘潭纺织印染厂和洞庭苎麻纺织印染厂实行挂帐计息；连续三年给纺织工业每年1000万元的技改贴息。同时，为了督促和帮助纺织工业，省政府领导还每季听取一次纺织厅的汇报，出现问题及时研究解决。各地市政府对纺织工业也十分关心，主要负责同志亲自带队，深入纺织特困企业，调查研究，帮助企业扭亏增盈。通过上下共同努力，效益滑坡的局面终于得到遏制，主要技术经济指标得到了提高。

[**出口创汇**] 面对国内纺织品市场总量过剩的局面，纺织企业纷纷向外拓展市场，扩大出口。1992年全省纺织品出口交货值净增2.85亿元。9大类出口纺织产品中，有6大类增长较大。其中，涤棉纱增长73.6倍，净增14480件；涤棉布在上年增长149%的基础上，又继续增长117.63%，净增1855万米；麻化纤混纺纱和交织布分别增长110.36%和274.13%。针棉织品出口也结束了多年徘徊不前的局面，床单、棉毛类衫裤、毛巾等都得到了长足的增长。值得注意的是出口产品中，深度加工产品的出口量取得了稳步的增长，全年共出口成衣服装831万件，在上年增长两位数的基础上又增长20.1%。湘潭纺织印染厂出口交货值达到1.1亿元、增长182%，成为全省纺织行业出口最多的企业。

[**发展三产、吸引外资**] 为了尽快扭转纺织工业的被动局面，不少企业已开始跳出纺织工业的现有格局，腾出厂房、地段和资金，开办第三产业和第二产业中的其他产业。如商店、旅社、饭店、舞厅、劳动服务公司等。还有的成立了创收办，广开门路办起了机械、化工、包装等产业，为企业摆脱困境增添了新的活力。益阳内衣厂通过办第三产业，一年中先后转移出五分之一共250多人，不但实现自养，还上交部分创利，一年节支和增收近100万元。长沙市纺织系统共办大小第三产业54个，从业人数达1450人，年产值870余万元，创利70余万元。

据长沙、湘潭、株洲、衡阳、岳阳、邵阳六市统计，共办各类合资企业45个，引进外资3619万美元，为我省纺织行业发展外向型经济，加快联合、改组、改造、改制产生积极的影响。 （宋宏尤）

广 东 省

[**概况**] 1992年广东纺织工业在十四大和邓小平同志南巡讲话精神鼓舞下，展示了良好的发展态势。工业总产值持续增长，产销平衡，出口交货值大幅度增长，经济效益好转。1992年完成工业总产值1740893万元、比上年（下同）增长30.2%，税利（国有企业）37773万元、增长70.67%，出口交货值556178万元、增长32.5%。主要产品产量：化学纤维171430吨、增长18.9%，化纤用浆粕7150吨、增长107.6%，纱124203吨、增长10.8%，布23644万米、增长5.53%，印染布42665万米、增长49.1%，针棉织品折用纱线量63882吨、增长12.2%，毛线16965吨、增长41%，呢绒279万米、增长11.6%，毛毯338万米、增长28%。

[**20年发展规划**] 邓小平同志南巡重要讲话发表后，中央提出了广东要用20年时间基本实现现代化的要求。通过比较广东纺织工业与香港、新加坡、南朝鲜、台湾纺织工业各个时期的技术经济指标以及其他国民经济指标，制订了广东省纺织工业力争20年基本实现现代化的规划。规划前10年以年均13.7%的速度发展，后10年以年均13.4%的速度增长。为了实现这一规划，必须大力发展化纤原料及化纤抽丝能力，使之达到规模经济，增强在国际市场的竞争力；大力促进现有企业的技术进步和技术改造配套成龙，发挥广东省改革开放以来引进的具有当代先进水平的化纤抽丝、棉纺环锭、气流纺及无梭织机等生产设备及工艺技术优势，增加花色品种，提高质量、档次；吸收先进国家在现代化管理方面的有益经验，提高企业劳动生产率，提高经济效益。

[**开拓国际市场**] 1992年，我省纺织行业开始向国内国外两个市场一体化、国际化经营方面转变，进一步开拓国际市场，参与国际竞争。深圳市纺织工业公司与深圳其他六大集团公司联手在莫斯科成立深圳（莫斯科）股份有限公司，从事贸易、金融、房地产、旅游、兴办实业等业务。广东（鹤山）美雅股份有限公司下苦功夫开拓国外市场，目前拉舍尔系列产品已遍及世界43个国家和地区，并派员到中东地区考察建立合作企业的可行性。

[**一业为主，多种经营**] 各级纺织主管部门和企业，认真贯彻中央、省委关于大力发展第三产业的指示精神，进一步解放思想，开阔视野，跨出纺织行业，兴办第三产业，开展多种经营。广州、深圳、惠州、珠海、佛山、清远等纺织工业公司和企业在这方面已经迈出一大步，取得了可喜的成绩，显示出广东省纺织工业全面开拓，综合发展的前景。

惠州市纺织企业集团公司牵头组建了“三湖（惠州）开发公司”，该公司获得了200万平方米的土地开发权，专项开发纺织工业用房及配套的公用工程和职工住宅。深圳市纺织工业公司取得了房地产的经营权和开发权，成立了房地产开发部，开展了中外合资开发房地产工作。广州市纺织系统也对市区的一些老企业进行改造搬迁，兴办第三产业。

一些企业向多元化经营、集团化发展方面迈出了可喜的一步。鹤山纺织工业总公司属下的许多纺织企业开始迈开多元化经营的步伐。鹤山蓝鸟时装开发中心成立了蓝鸟工贸公司、蓝鸟超级商场等，依靠集团力量，工贸结合挺进市场；鹤山玩具厂在强化原有玩具产品的基础上，生产台灯、阻燃电线、灯饰等产品；

鹤山化工制布厂和针织帽厂都增设了鞋类生产线。

[**深化改革，转变职能**]　为进一步适应发展社会主义市场经济的需要，广东省各级主管部门抓紧简政放权、体制改革工作。一些市、县的纺织主管部门简政放权步子迈得较大，取消了行业管理职能，组建企业集团。如汕头市纺织工业总公司经市政府批准，转为经济实体。新会县纺织工业总公司的行政职能交县经委，以骨干企业为龙头，组建了6个纺织集团。广东省纺织工业总公司也积极按照十四大精神和省委、省政府的部署，积极研究机构改革，转换职能。

《全民所有制工业企业转换经营机制条例》公布以后，各地放开手脚进行各方面改革，特别是在内部机构设置和劳动、人事、工资改革方面有较大的突破。广州市纺织工业系统内大多数国营企业根据各自的实际情况进行了精简机构，克服人浮于事的现象，并开始实行干部聘用制，工人合同制。全系统在6万多名职工中筛选出富余人员4403人，并通过多种途径进行了妥善的安置。继续深化分配制度的改革，拉大岗位之间收入的差距，使企业逐步建立起职工能进能出，干部能上能下，工资能升能降的内部运行机制。

积极推行股份制，加快企业经营机制的转换。1992年，广东省纺织系统除深圳特区外已经批准的股份制试点企业共10家。

（钟惠玲）

广　州　市

[**概况**]　1992年，广州市纺织工业总公司有经营性公司11个，生产企业95个(其中全民所有制企业43个，集体所有制企业20个，“三资”企业30个，全民与集体所有制合营企业2个)，事业单位4个，职工总人数59105人，固定资产13.28亿元。全年完成工业总产值30.09亿元、比上年（下同）增长12.86%，实现利润3984万元、增长85.56%，税利10587万元、增长14.66%，销售收入24.76亿元、增长9.52%，出口交货值11.70亿元、增长21.84%，全员劳动生产率10647元/人、提高20.07%。产品产量比上年增长的有8种，其中增长幅度较大的有纱、呢绒、浆粕、针棉织品折用纱线、印染布、绢纺丝等。

[**转换经营机制**]　1992年，广州市纺织工业加大了改革力度，狠抓了企业经营机制的转换。一是制定了《广州市纺织行业关于安置富余人员的若干意见的通知》，提出安置富余人员的十条具体意见，对富余人员采取了培训后重上一线岗位、搞第三产业、办理提前病退、自谋出路、厂内待业或离岗退养等多途径消化。二是管理机构普遍进行了改革，干部实行考核上岗、量才聘用，使管理队伍逐步精简高效，改变了机构重叠、人员臃肿、人浮于事的局面。三是实施了计件和岗位工资等多种形式的分配制度改革，将干部和职工的收入与岗位工作挂钩。同时，总公司提倡企业对有重大贡献和关键岗位工作的人员要敢于重奖，拉开分配差距，一些企业还对部分奖金试行半模糊分配。四是积极转换机制，推动企业走向市场。有的企业在内部试行按产品生产流程划分独立核算单位，采取委托法人等方式厂中办厂，组织新的经济实体；车间在完成厂部的计划任务外，可直接对外接单生产，或车间之间以签订委托加工合同的形式来组织生产，在企业内部建立了新的运作秩序。

[**结构调整**]　1992年广州市纺织工业总公司针对行业近几年来经济效益滑坡，发展缓慢的现实，对行业出路作了深层次的思考，明确了以效益为中心，以调整为重要手段的工作思路，提出了“主业精、副业兴、企业活”的重要决策，为广州纺织行业冲出困境，开辟了更广泛更有效的途径。①以纺织为本，大力开拓第三产业，向多元化、大纺织的新的产业结构发展。为此，总公司制定了关于加快发展第三产业的意见。这一年新开第三产业30个，其中有3个单位经营场地超过1千平方米。不少处于市区内黄金地段的企业，充分利用临街铺面的有利条件，办起了厂前商业一条街。一些企业还充分利用与客商已建立的良好关系，从单一生产型向工商贸企业发展，面向港澳，背靠内地，当好“二传手”，把初级产品及半成品的生产转移给内联企业，企业自身则搞好最终产品生产或通过扩大销售营业额来促进企业发展。②继续抓企业结构优化。实践证明大办“嫁接式”中外合资合作企业，是调整企业结构的重要手段，是摆脱困境提高经济效益的有效捷径。1992年全行业新办9家合资企业，其中广州中英线业有限公司等3家合资企业规模大，效益好。广州(恒丰)染整厂有限公司合资后，一年实现利润1000多万元，比上年增长约7倍。③花大力气调整产品结构，荷花公司在产品开发上新招迭出，该公司从长远出发，大胆购买了美国“狄士尼儿童卡通图案”在床上用品方面的国内总代理权，设计生产了狄士尼卡通图案儿单寝饰系列产品，形成了较好的市场效应。1992年全行业新产品产值达1.93亿元，“四新”产品产值5.92亿元，分别比上年增长3.55倍和1.15倍。

[**扭亏增盈**]　1992年，广州纺织工业公司针对纺织行业扭亏工作滞后于全市的实际情况，把扭亏增盈作为行业全年的中心工作来抓，加大改革分量，采取了动“真格”的新举措，出台了《增盈、扭亏和减亏承包责任制奖惩条例》，要求厂长（经理）或厂领导班子承包企业扭亏增盈指标，承包者均需要投入2000～6000元的风险抵押金，对实现目标的，给予重奖，对完不成

的扣风险金和奖金。此外，全行业所有企业都签定了扭亏增盈军令状，实施这一举措后，促使企业自上而下，层层咬住工作目标和任务不放松，企业亏损额逐月下降。到年底，全行业亏损26家，比上年减少9家；亏损额3931万元，减少2495万元，比上年减少38.83%。市纺织工业总公司被评为全国纺织系统10家扭亏增盈一等奖之一。（易宏谋）

深圳市

[概况] 1992年深圳市纺织工业大打经济效益翻身仗，10项主要经济指标均比上年增长。1992年完成工业总产值63000万元、比上年（下同）增长10.4%，销售收入10亿元、增长21%，产品出口交货值5.4亿元、增长10.7%，创汇1.2亿美元、增长11.9%，利润总额实现6200万元、翻了一番，并荣获全国纺织行业扭亏增盈一等奖。

[治理整顿] 随着市场形势的变化和企业的进一步发展，早期投资预测不足和国际纺织品市场变化与企业应变能力不强所带来的矛盾逐渐暴露出来，影响到整个企业的经济效益。“深纺”公司有6个企业属于这种情况。对这样的企业，公司采取坚决措施，进行整顿。例如，“环球”公司和“荣晖”公司两家企业，前者合资港方长期投资不足，财务管理混乱，无法维持正常生产；后者产品单一，销路不好，长期亏损。这次公司下决心砍掉，现已关闭、清盘。又如“龙滨”公司，是在国际市场亚麻纱、布极为紧俏时期建厂投产的，开始几年效益很好，可是近几年，国际市场发生急变，亚麻纱、布由紧俏转为滞销，产品大量积压，使企业陷入困境，对这样的企业，公司采取部分停产的措施，停止亚麻纱、布的初加工生产，保留深加工、附加值高、市场销路好的亚麻印染布生产，充分发挥其印染的优势，扭亏为盈。

[产品结构调整] 1992年，“深纺”公司所属企业生产的新产品、新品种共64种，比上年增加50%，产品档次也有所提高。印染布平均每码收汇提高3%左右，出口丝绸服装平均每单件收汇提高50%以上，每单件创利增长近一倍。

“深沪”针织公司以市场为导向，每年有新产品推向市场。1992年，他们根据市场需求开发出“九分裤”系列产品、“水晶袜”系列产品以及特厚氨纶包芯丝连裤袜等6个新产品，大部分外销，销售量占内销总量的30%，销售收入占销售额的60%以上，优质产品比上年增长近一倍。

“中冠”公司根据香港市场中支纱斜纹销路看好的信息，与上海申益纺织厂、深圳嘉丰纺织公司协作，组织试制，经过多次试验改进，确定生产32支精梳和40支全棉精梳两种斜纹布，由“中冠”公司染整，成品纹路清晰，手感柔软。产品投放香港市场，客户纷纷前来订货，并已打入日本市场。该公司1992年实现利润3699万港元，比上年提高161.2%。

[转变职能] 公司对企业的人、财、物和产、供、销基本上由企业自主，为企业创造宽松的经营条件。公司主要抓宏观调控、检查、督促，为企业生产经营服务。对企业实行分类管理，凡亏损企业实行风险抵押承包经营，并限期扭亏为盈，否则企业全员罚款，领导免职。对经济效益好的企业实行奖励政策，效益越高、奖励越多。1992年初企业与公司签订了经营责任制合同，作为共同遵守的契约。经过一年的努力，公司所属企业经济效益普遍提高，亏损企业由前年的16家减少到4家，亏损金额也大大减少。

“通益”丝绸公司，充分行使企业生产经营自主权，根据市场需求，及时调整产品结构，停止利少滞销的丝绸坯布生产，集中人力、物力生产利高畅销的丝绸服装，由于适销对路，产量由原来月产9000件，增加到3万件，一举扭亏为盈。“协利”公司，改铁工资为活工资，建立职工收入风险机制，企业经理提取每月工资的30%、中层干部提取20%、一般职工提取10%上交公司作为风险抵押金。1992年，该企业完成工业总产值年计划的197%，利润比上年同期增长96%。

[扬长避短，投资内地] 棉花是棉纺织企业的主要原料，但广东地区不产棉花，棉纺织的原材料基本靠内地供应。近年来原棉紧缺，国家计划供应深圳市的纺棉仅为生产需要量的四分之一，其余大部分要靠企业自己解决，因此困难很大。计划外议价原棉的价格比计划内高出30%，而且风险也很大。同时，其它棉纺织原材料，如棉纱价格也不断上涨，从而造成企业亏损。为解决棉纺织原材料短缺和销价差的矛盾，公司采取到内地进行长线投资的办法，建立稳定的货源基地。

“深纺”公司以500万元参股四川仁寿棉纺厂，成立兴达纺织有限公司，面对当时资金短缺，市场疲软等困难，通过各方努力，使该企业增强了经济实力，形成4000多万元固定资产，并每年向“深纺”公司提供10%的各种纱支，对“深纺”公司企业生产经营起到了促进作用。

“深纺”公司投资800万元到新疆白云棉纺厂，以补偿贸易的方式，通过棉纱和原棉的供销，既支持了“深纺”公司属下企业原材料的需求，也获得了较好成果。资金回收顺利，截至1992年底，两年共回收本息640多万元，占全部投资的80%。（袁志鸿）

广西壮族自治区

[**概况**]　1992年广西纺织工业在市场疲软、工费上涨的困境下，各级纺织主管部门积极为企业做好服务工作，企业根据市场的需求调整生产，使生产稳步增长。1992年纺织工业总产值完成32.20亿元、比上年（下同）增长12.43%，实现销售利润1.522万元、增加6588万元，由于企业营业外支出负担较重，使利润总额仍亏2380万元，但减亏5384万元，完成了纺织工业部的减亏任务。销售税金达到8024万元、增长31.74%，利税总额为5644万元、增值7316万元，出口创汇1.6亿美元、增长32.23%。

纺织生产的31种大类产品中，聚乙烯醇、合成纤维、纱、毛毯、毛巾、毛巾被、麻袋、丝、针织涤弹面料等9种产品超额完成全年生产计划。产量有增加的16种：除上述9种外，还有布、印染布、呢绒、麻包布、汗布类衫裤、针织品折用涤纶长丝量、针织机械。

[**扭亏增盈**]　1991年广西纺织企业利税合计为亏损户。1992年经过全系统努力，完成了纺织工业部下达的减亏指标，获二等奖。利税增长较大的有：广西维尼纶厂增加567万元，梧州合纤厂增加104万元，柳州纺机厂增加154万元，平南麻纺厂增加368万元，南宁麻纺厂增加339万元；南宁棉纺织厂减亏1400万元，柳州华侨化纤厂减亏606万元，柳州纺印总厂减亏1397万元，柳州印染厂减亏1345万元。全系统前10名利润大户为：广西维尼纶厂、梧州合纤厂、桂林棉纺厂、南宁合纤厂、柳州化纤厂、柳州纺机厂、柳州床单厂、柳州毛巾厂、桂林二针厂、柳州棉纺厂。

[**转变职能、转换机制**]　1992年广西纺织系统开始实行两个转变：管理部门以服务为主，为企业创造宽松环境；企业转换经营机制，提高管理水平，增加效益。

自治区纺织厅简政放权，服务上门。在下达年度生产计划中，确保指令性计划，而指导性计划由企业以销定产。同时向财政金融部门申请特困企业；特困企业流动资金贷款在一定期限内挂帐停息，全区共停息2000万元。机关为35个少数民族定点企业落实贷款优惠利率和民族纺织用品减免税的优惠政策。针对企业劳保统筹负担重，营业外支出造成亏损的情况，争取到这项资金在3年内暂缓上缴。

企业在转换机制中，有桂林棉纺厂等十家企业确定为自治区试点单位。桂林棉纺厂通过宣传、培训、测试，确定300多个工种的岗位排序、工资套改方案。该厂开展工艺、设备、操作三基工作上水平，管理上“增盈节支”，销售方面主动走向市场，成为全区棉纺行业利润最高企业，在全系统利润排位为第三位。柳州床单厂以产品为龙头，重金聘请美工设计人员，实行与生产、销售挂钩的奖励制。该厂床单在市场不景气的情况下，仍能一枝独秀。柳州市纺织局大力支持企业试行“一厂多制”的机制模式，积极筹办三资企业和中外合资公司，精简机构，压缩人员，探讨搞活企业的路子。

[**广西纺织行业工会**]　1992年12月18日经广西总工会批准在南宁召开了广西纺织行业工会成立大会。

广西纺织工会是广西总工会的派出机构，受广西纺织厅党组、广西总工会、中国纺织工会的领导。

（罗全林）

海南省

[**概况**]　1992年，全省纺织工业共有化纤、棉纺、印染、针织、麻纺、丝绸、纺器等7个行业51家（不含服装）企业，有职工13000人，固定资产4.6亿元。生产能力：化纤17000吨，棉纺31000锭，印染2500万米，麻纺3900锭，各类织机1772台（其中无梭织机128台）。

1992年，纺织工业总产值5.23亿元、比上年（下同）下降8.8%，占全省工业总产值的7.3%；实现利税5200万元、下降46.3%，其中利润1037万元；人均利税9900元。1992年，局（总公司）直属企业工业总产值1.13亿元，实现利税1612万元，分别占全行业的21.6%和31%。主要产品产量：化纤16239吨（其中涤纶长丝14894吨）、下降1.6%，棉及混纺布627万米、增长52.2%，纱2598吨、下降13.3%，针棉织品折用纱线量1299吨、增长272%，出口交货值3230万元、增长19.6%，人均纤维分得量3.26公斤、增长39.4%。

[**机构改革动作快收效大**]　1992年，海南纺织工业全面贯彻《全民所有制工业企业转换经营机制条例》，各级主管部门切实还权于企业，企业进一步完善了各种形式的承包经营责任制，各项管理得到了加强。省体改委将海德涤纶厂、琼海涤纶厂、海南化纤厂列为全省首批综合配套改革试点企业，以劳动人事、分配及保险制度改革为重点，较好地调动了职工的积极性，企业的竞争机制和风险意识增强，为企业的发展增添了新的活力。为适应社会主义市场经济的要求，从下半年起，省纺织工业局（总公司）开始了机构改革的一系列准备工作。12月份，在省委组织部和省工业厅的具体指导下，省纺织工业局（总公司）按照“精简、统一、效能”和“先挖渠、后放水”的原则，在省工业

系统中率先进行了机构改革。机关处室由原来的13个合并为7个，减少了46%；工作人员由112人精减为48人，减少了57%；处级干部由21人减为12人，减少了43%。由于准备充分，认识统一，步骤稳妥，改革较好地达到了动作快、震动小、收效大的目的。为进一步提高工作效率和服务质量创造了有利条件。

[**化纤工业居海南纺织行业主导地位**] 海南纺织工业经过几年的发展，已形成了化纤行业居主导地位的产业结构特点。琼海涤纶厂、海德涤纶厂、海南化纤厂等3家现代化企业，设备先进，效益显著，自1989年至1991年已连续3年实现了超常规发展。1992年7月11日，由国务院发展研究中心、《管理世界》中国企业评价中心和国家统计局共同进行的“1991年中国500家最佳经济效益工业企业评价”揭晓，在全国28家最佳化纤企业中，海南琼海涤纶厂居第6位，海南化纤厂居第7位，海德涤纶厂居第14位。1992年化纤工业总产值3.67亿元、增长4.3%，占全行业工业总产值的70.6%，占全省工业总产值的5.1%；实现利税4350万元、下降49.5%，占全行业的83.6%，其中利润1740万元，占全部盈利企业的95%；人均利税44000元，是全行业人均利税的4.5倍。海德涤纶厂投产5年，已还清投资贷款本息1.05亿元，净赚了一个厂，成为全省第一家收回全部投资的涤纶长丝生产企业。1992年该厂产品合格率达到93.7%，一等品率达84.9%，已超过国家二级企业规定标准，全年实现利税1900万元，被列入1992年全国500家最大工业企业排序。海南纺织工业的希望更突出地表现为在建项目中的大型企业、骨干企业全部是引进先进技术的化纤企业，如聚酯切片、锦纶帘子布、腈纶毛条毛毯等。在“八五”计划中，化纤行业固定资产投资达13.8亿元，占纺织工业“八五”计划投资的80%。化纤行业的发展，极大地推动了全行业的技术进步，已成为纺织工业超常规发展的关键。

[**外引内联**] 海南纺织工业与国内大部分地区存在较大的差距，在全国处于较落后的地位。纺织工业实现超常规发展在很大程度上取决于搞大动作，上大项目。1992年，全行业扩大外引内联，出现了新的投资热潮，全年共完成投资1.57亿元，是1991年的3.5倍。

锦纶丝和锦纶浸胶帘子布项目：由海南兴海国际锦纶制品有限公司兴建，投资5亿元，年产锦纶丝和锦纶浸胶帘子布各7000吨，民用丝600吨。该项目为亚洲第二大专业企业，利用外资全套引进瑞士、德国、意大利具有国际先进水平的技术装置。

聚酯切片项目：由海南兴业聚酯股份有限公司投资3亿元兴建。年产6万吨聚酯切片的一期工程全面动工。该项目全套引进美国设备，由居国际领先地位的世界最大聚酯生产者——杜邦公司提供技术。

腈纶毛条毛毯项目：由海南宏业毛纺有限公司投资1.2亿元在陵水县兴建，这也是全省最大的工业扶贫项目，1992年11月28日土建工程动工，一期建设规模为年产5000吨腈纶毛条和60万条拉舍尔毛毯。全套设备从意大利、德国和日本引进。

羊绒制品项目：由海南省纺织工业总公司与香港强仕公司合资兴建，投资2100万元，设备从日本引进，年产30吨羊绒纱及5万件高级羊毛衫。

海山织造厂与香港丽隆纺织公司合资3100万元兴建的海丽丝织厂100台喷水机项目：8月完成土建工程，年末大部分织机安装调试完毕。该项目的投产使全省无梭织机的比例由原来的1.2%提高7.2%。

海化、海德、琼海、临高四家化纤企业总投资4亿元，共13000吨的差别化纤维和细旦丝技改项目：已批准立项或开工。改造后的化纤生产能力将比目前提高76%。

[**股份制改革**] 1992年，海南纺织工业的股份制改造又取得了可喜的进展，其主要特点：一是新建合资企业直接改组为股分制企业。8月8日由省纺总公司为主要股东的海南兴业聚酯有限公司被正式批准为股份制企业，这也是海南首家以工业为主，高科技、房地产、金融、商贸、旅游等产业并进的股份制大型中外合资企业。二是国营内联企业改组为股份制企业。11月2日，海德涤纶厂正式改组为海德纺织实业有限股份公司。这家公司效益显著，目前正向多元化的企业集团方向发展。三是上市公司。海南化纤厂是1991年9月全省纺织工业中首家实行股份制的企业，1992年11月30日该公司股票正式在深圳上市交易，成为海南首批三家上市公司之一。

至此，海南已有3家大中型纺织企业实行了股份制改革，目前筹备改组的还有一批新建大中型企业。这种投资主体多元化、多种经济并存、多种利益相结合的股份制发展趋势，适应了海南纺织工业生产力发展的客观要求，为纺织企业的机制转换与发展提供了新的有效途径。

（卞大中）

重 庆 市

[**概况**] 1992年，重庆纺织工业在严峻的产销形势下，不断深化企业改革和扩大对外开放，各项工作有一定的发展。①“三资”企业由1991年的4户增加到1992年的13户，投资总额增长5倍，在引进技术设备和产品、扩大外销、转换经营机制等方面产生了积极的影响。②出口交货值完成2.7亿元、比上年（下同）下降2.19%，但服装出口增长18.13%，鞋帽出

口增长35.89%，棉布增长9.22%，针棉织品增长51.76%。③技术改造项目完成19项、增加3项，落实资金8800万元，用汇1548万美元，资金投入增加25.17%。洽谈引进自动络筒机6台，喷气织机、片梭织机214台，重棉三厂、重棉二厂大面积危房改造竣工。④试制完成新产品80项，新花色610个，发展了抗菌系列产品、无纺布产品、装饰产品和水洗、砂洗产品，扩产了天鹅绒、长统袜等适销产品。⑤制定行业第三产业发展规划，加快了第三产业发展步伐。到1992年底为止，全系统已兴办第三产业项目210个，安排从业人员2800余人。⑥大力调整产品结构，停止生产无销路和无合同的产品。1992年，全系统平均关停纱锭5.5万枚，占全民企业纱锭总数的15.5%，停止52个高亏和无边际效益产品的生产，全年产销率达到93.48%。⑦纺织局深化改革，职能处室由原来的19个归并为8个，精简了40%的机关人员，废除了64条约束企业规章制度，放开了计划、物价和原料控制。兴办了5个实体性公司，为向实体化过渡作了必要的准备。

1992年完成工业总产值15.4亿元，下降3.7%(其中全民企业下降6.54%，集体企业下降9.96%)。27户预算内全民企业实现销售收入9.32亿元、下降9.18%，应交税金3347万元、增长36%，利润总额为负14305万元，其中5户盈利企业共盈利115万元，22户亏损企业亏损额为14426万元；108户集体企业实现销售收入33330万元、增长0.41%，销售税金1206万元、增长33.11%，利润总额为负2032万元，亏损户数76户，亏损金额2253万元。

[扭亏增盈] 1992年，重庆纺织工业在系统内狠抓了深化内部改革和完善扭亏增盈承包责任制。年初，26户全民企业和5家专业公司的法人代表分别与主管局长签订了扭亏增盈承包合同，合同规定：连续6个月和全年累计完不成控亏或盈利目标的企业，其主要负责人将受到就地免职的处理。为了完成承包任务，各企业采取各种措施来减亏、控亏和增加盈利水平。主管局也制定了方针目标，对扭亏增盈过程实施控制。重棉四厂划小核算单位，放请假权、奖惩权、人事权、分配权于车间，并把扭亏增盈目标与职工收入紧密挂钩，调动了职工的生产积极性，全年共盈利16万元，是棉纺行业中唯一的盈利户。不少企业还实行了风险抵押承包，形成命运共同体，增强了职工扭亏增盈的责任感；实行最终产品一条龙承包，稳定和提高了产品质量，保证了出口合同按期完成；车队、食堂、机修、电气等生产、生活部门实行二级法人承包，推行自负盈亏，面向社会服务，增加了收入。服装公司内部开展了优势企业兼并亏损企业的工作，有2户亏损企业被兼并。同时，在行业内还大力推进了工转商等多种经营形式。到年底，重庆纺织工业中共有4户企业和2家专业性公司完成了扭亏增盈承包合同规定的盈利（控亏）目标，受到了主管局的奖励，有7户企业在合同执行过程中，由于未能完成承包目标，其领导班子成员分别受到调整，确保了合同的严肃性。

[利用外资] 重庆纺织工业从实际出发，通过改善厂房和技术设备条件来吸引外商、引进外资，加快了全行业对外开放的步伐。主管局和各企业都制定了吸引外资的奖励政策，并通过对外贸易的各种渠道，沟通合资合作信息，努力寻求合资合作伙伴。同时，利用派出12个出国团组和10余次各种洽谈会的机会，介绍重庆的投资环境和重庆纺织工业行业优势，提高了重庆纺织工业的知名度和吸引力。全系统在1991年办成4户合资企业的基础上，1992年又办成合资企业9户，呈现出良好的发展趋势。从全系统“三资”企业的发展状况看，具有以下特点：一是涉及面拓宽，从原来局限于服装行业扩展到棉纺织、色织、鞋帽、纺机制造、印染、房地产等行业；二是投资总额明显增加，由1991年的380万美元，增加到1992年的2216万美元；三是由单一的产品加工发展到完整生产线和成台设备生产；四是由生产一般的出口产品向高档、高技术的产品发展。重庆第一纺织机械厂与港商合资生产具有高技术含量的剑杆织机，在8个月的时间内就生产出了成台设备，并在短期内投入批量生产。

[重庆针织总厂破产] 西南地区最大的一家国有针织企业——重庆针织总厂于1992年11月3日正式宣告破产。重庆市中级人民法院在市审计、监察、国土、工商、财政、税务、物价、房管以及国有资产管理部门指定有关人员成立了清算组后，接管了该厂所有的财产、帐册、文书、资料和印章。这是至今为止我国最大的一桩国有企业申请破产案。

重庆针织总厂始建于1950年，占地面积11万余平方米，拥有各种针织机具设备1200台（套），具有年生产1600万件针织产品和800吨化纤加工能力，职工人数达2900余人，其中在职职工2038人。这家集针织、染、整为一体的针织企业，从1986年起连续亏损，亏损金额累计达209万元，经清理确认后的资产及债权4221万元，对外债务高达8250万元，资产负债率高达200%，已严重资不抵债，其原因是管理混乱，经营失策，盲目引进，浪费严重，以致连续亏损不止，背上了沉重的负债包袱。

重庆针织总厂提出破产申请后，重庆市政府及有关部门十分关注，采取了多种措施为职工提供就业机会。到年底为止，已有500多名职工通过介绍就业、自谋职业和其他方式走上了新的岗位。尚未就业的职工也全部领取了待业证，劳动部门按《破产法》和《国营企业职工待业保险暂行规定》，发放6至24个月的待业救济金。离退休人员的管理及退休金、医疗费等具体问题，也一并作了妥善处理。（姚　西）

云南省

[**概况**] 1992年，云南纺织工业围绕学习贯彻邓小平同志的南巡讲话和国务院颁布的《全民所有制工业企业转换经营机制条例》，以扭亏增盈为重点，开展各项工作。1992年共完成工业总产值157794万元，比上年（下同）增长1.53%。10种主要产品产量，增加的有8种，减少的有2种。全系统实现产品销售收入139838万元、下降16.72%，利税3674万元、下降41.6%，下降幅度减少10个百分点（其中利润－231万元，首次出现全行业亏损），税收3905万元、增长1.27%，亏损企业由上年的85个减少到73个，亏损金额为3024万元、下降4.41%。出口交货值5736万元、下降7.69%，出口创汇2662万美元、增长15.74%。

[**转换经营机制**] 全系统以昆明纺织厂等7个企业为重点，以人事、用工、分配制度为主要内容，制定方案，分步组织实施，使企业内部改革向纵深发展。同时按照《条例》规定和政企职责分开，宏观管好、微观放开等原则，把计划管理、棉纱坯布出省、原料采购、产品价格、固定资产投资审批等权利逐步下放给企业，促进了企业经营机制和机关工作职能的转换。

[**技术引进、产品开发**] 1992年共完成基建技改项目15个，完成投资8504万元，占年计划的98.57%。引进计算机管理、自动络筒机、横机、圆机、无纺布等先进技术设备14台（套），共406万美元。

引进外资实现零的突破。曲靖丝绸厂与香港德宝发展有限公司各出资250万美元成立林宝丝绸系列发展有限公司，开发丝绸系列产品，占领国际市场。

在产品开发方面，共有7个新产品通过省级鉴定，这些产品进入市场后，都有较强的竞争力。列入全省统一考核的12项质量指标，稳定提高率达到100%。

（侯开伦）

陕西省

[**概况**] 1992年陕西纺织工业经过广大职工的艰苦努力，团结拼搏，取得了一定的成绩。全年完成工业总产值54.54亿元，比上年（下同）增长4.5%。主要工业产品产量：化纤2.32万吨、增长8.6%，纱91.89万件、增长5.5%，布7.24亿米、增长3.5%，印染布2.81亿米、增长4.9%，针棉织品折用纱线量9.57万件、增长11.4%，毛线1796吨、增长13.8%，毛毯26.70万条、增长14.6%，丝1015吨、增长5.8%。

1992年末，全省纺织系统内共有生产企业272个，其中省属企业24个；按企业规模分，大型17个，中型25个，小型230个；全系统有国有企业100个，集体企业167个，其它企业5个。全省共有纺织职工20.15万人，其中国有企业职工17.84万人，集体职工2.31万人。拥有化纤生产能力2.97万吨，棉纱锭148.97万枚，气流纺1.59万头，棉织机3.13万台，其中无梭织机1903台，毛纺纱锭5.67万枚，毛织机899台，缫丝能力4.1万绪，印染能力5.64亿米，棉针织台车461台，针织棉毛车454台，床单织机696台，毛巾织机207台。

[**扭亏增盈**] 进入90年代以来，全省纺织工业处于生产低速运行，效益继续下滑的态势。在这种情况下，1992年我们把扭亏增盈工作作为中心任务来抓，把省政府和纺织工业部提出的效益目标、控亏任务和压缩三项资金指标，分解下达到各地市主管部门和直属企业，并同8个地市局、12户亏损企业及部属企业分别签订了扭亏增盈、压缩三项资金占用的责任书。总公司领导分片包干，组织了46人参加的亏损大户蹲点组、扭亏增盈联系组和面上巡回组，对扭亏增盈工作进行月汇报、季分析，实行分类指导，开展支、帮、促活动，取得了一定成效，各项经济指标除特殊因素影响外，基本完成了陕西省政府和纺织工业部下达的目标任务，荣获纺织工业部扭亏增盈工作二等奖。全省实现销售收入38.83亿元（财务口径）、下降70%，实现利税9675.86万元、下降27%，其中税金1.56亿元、增长22.5%，盈亏相抵后，净亏5958万元。省直属企业实现税利1.22亿元、下降16.5%，实现利润971万元、下降85%。全省10个地市中，除安康地区盈利195万元外，其余9个地市全行业亏损。全省亏损企业89户，增加8户，亏损额1.17亿元、下降13.2%，亏损面59.7%、增长5.7个百分点。省直属企业亏损8户，减亏3户，亏损额4593万元、减少2.1%。从行业来看，以省直属企业为例，针棉织全行业亏损，印染2/3企业亏损，机械器材1/4企业亏损，棉纺织15%企业亏损。

从经济效益运行状况来看，尽管出现了历史上从未有过的全行业亏损，但直属企业的效益逐季好转，出现了一些回升的苗头。一季度亏损1706万元，二季度盈利461万元，三季度盈利1178万元，全年盈亏相抵净盈利971万元；同时，盈利企业的利润在逐季增加，亏损企业的亏损额也在逐季减少。一季度盈利额738万元，二季度盈利2062万元，三季度盈利1734万元，全年盈利5564万元；亏损企业亏损额一季度亏2444万元，二季度亏1601万元，三季度亏556万元，全年亏损4593万元。从反映经济效益的综合相对指标看，上半年资金税利率（净值）30%、销售税利率4.2%，全年分别回升了0.4和0.3个百分点。

[**固定资产投资**] 针对全省纺织工业的现状和市场发展的需要，1992年我们把投资的重点放在了发展化纤原料和对老厂的技术改造上，新上了一厂年产5000吨粘胶、四厂年产4000吨涤长丝、九厂年产2500吨锦纶帘子布和十厂年产2500吨涤长丝等一批化纤项目；在技术改造上，侧重进行了对老布机的改造和自动络筒机的改进，并对浆纱、整经等工序进行了配套改造。全年新上无梭织机440台，自动络筒机54台，扩大了宽幅高档织物的无接头纱的比重，增强了出口产品的竞争能力。从全年完成的4.43亿元固定资产的投资来看，基本建设投资呈下降趋势，更新改造呈上升势头。基本建设项目正式施工24个，新开项目4个，全部投产项目10个，施工面积9.76万平方米，减少2.43万平方米，竣工面积5.23万平方米，与上年持平。完成投资2973万元，减少4587万元。更新改造项目施工102个，新开47个，全部投产48个，施工面积23.16万平方米、减少3.13万平方米，竣工面积6.93万平方米、减少3.43万平方米。完成投资4135万元，是1991年的1.64倍。这些项目的竣工投产，对于调整产品结构，提高产品质量，扩大出口，增强企业竞争能力都有重要的作用。

[**管理体制改革**] 为了适应社会主义市场经济的发展和社会化大生产的需要，根据党的十四大精神对总公司机关的管理体制和管理方法进行了改革，将原来的13个行政处室精减为“四部两室一中心”，即行业管理部、进出口部、财务部、人事教育部、办公室、审计室、统计信息中心，将分流出来的人员组建了6个实体性公司，即大元经销公司、纺织装备公司、发达科技开发公司、商旅公司、宏图房地产公司和长安投资纺织分公司。同时，在香港成立了慕德、兴都两个实业有限公司。在机构改革的同时，按照《全民所有制工业企业转换经营机制条例》的要求，总公司对机关的管理方式进行了改革，把14项自主权全部放给了企业，把过去对企业的直接管理为主转变为间接管理为主，把过去以行政管理为主转为以经济手段管理为主，通过经济利益的协调组织生产经营活动。总公司对直属企业只管四件事，即领导班子、承包合同、工效挂钩，国有资产，对企业的生产经营活动，产品定价，内部工资总额分配、招工、聘任企业内部专业技术职称、机构设置等不再干预，并且停止了各种社会评比、达标和检查。

[**结构调整**] 1992年陕西省纺织工业总公司坚持以市场为导向，加快调整产品结构的步伐，确定了以销定产的四项原则，即没有定货合同的产品不安排生产，库存超过正常储量的产品不安排生产，出口合格率低的产品不安排生产，亏损超过固定费用的产品不安排生产，做到不造成新的积压，不形成更大的亏损。同时，根据市场的需求，进一步调整原料结构和产品结构，压缩非棉纤维，增加纯棉比重，提高无接头纱、宽幅织物的比重。到1992年末，全省无梭织机的比重已达7%，精梳机的比重已达18%，全自动络筒机的比重已达27%，在全国处于先进水平。

[**出口创汇**] 1992年全国纺织工业产大于销，供大于求，致使内销不畅，为此，总公司把营销策略转移到扩大出口上来。经过艰苦的努力，全省出口的外贸公司由原来的9个增加到41个，出口的渠道进一步扩展到21个省市以及沿海、沿边、沿江64个外贸出口公司，初步形成了全方位的出口格局，使全省棉布的出口比重由原来的33%扩大到46%。全年完成出口交货值11.64亿元，出口创汇2.1亿美元、增长了2%。

[**困难和问题**] 1992年全省纺织工业出现了历史上从未有过的全行业亏损，明显地暴露出了自身存在的问题和弱点，一是行业结构不尽合理。就全国而言，近两年经济效益好的行业排位是：化纤最好，丝绸次之，服装第三。而我省却是化纤小，只有2.9万吨的生产能力，仅占全国的1.8%；丝绸少，深加工没有跟上；服装没有形成气候，年出口交货值不到全省的10%，与全国服装出口的63%的比例差距甚远。二是小棉纺落后，大印染无力。全省有乡以上纺织企业272户，除省直属24户外，其余大都是分布在地市的小型企业，几乎都是老设备、旧型号，缺乏市场竞争能力，效益很差。1992年全省发生亏损1.17亿元，其中地市亏损就达7132万元，占61%以上。印染能力大，但适应不了小批量、多花色、快交货的市场需求，缺乏品种多变、花色新颖的产品。省属的三个印染厂全年亏损3064万元，占直属企业亏损额的66.8%；三是资金投入强度不够，特别是后加工行业的技术改造没有跟上，缺乏发展后劲。 (李昭利)

宁夏回族自治区

[**概况**] 1992年宁夏纺织工业广大职工，拼搏奋战，大部分企业取得了扭亏增盈的较好成绩。1992年总产值为4038.6万元，比上年（下同）增长10.9%。主要产品产量：纱4507吨、下降2.72%，棉布902.15万米、增长0.08%，粗纺呢绒13.57万米、下降73.71%，毛毯24.92万条、增长114.46%，毛线1871吨、增长35.78%，精纺呢绒53.73万米、下降3.86%，涤纶长丝4212吨、增长16.13%。宁夏绒线厂在消化了因处理积压产品亏损307万元的基础上，盈利162万元，跨入全区预算内企业利税大户行列，排名第21位。

[**分配制度改革**] 宁夏的支柱产业之一是毛纺工业，

堪称“摇钱树”。但近三年无一不亏损，全都变成了“苦菜花”。根本症结在于长期受计划经济模式的禁锢，形成了等、靠、要的思维定势，虽然不断受到市场经济的冲击，但仍依赖政府的照顾，市场观念、竞争意识淡薄。另外，由于过去投资结构和投资规模不尽合理，造成先天不足的功能障碍，表现在一个厂即为一个行业，没有形成规模经济，深层次的改革就难以进行。宁夏绒线厂大胆改革分配制度，使企业活力大增。在三个主要纺纱车间实行了定员、定额、联产、联质、联耗大包干和班组小包干的办法，将职工的技能同企业的经济效益挂起钩来。厂里还规定在全厂技术操作运动会上获得各工段前3名的工人浮动一级工资，连续3年获得第一名的晋升一级工资。分配制度的改革极大地调动了广大职工学技术的积极性。

[**边境贸易**]　1992年边境贸易创历史最高纪录。宁夏虽然不靠边不沿海，但产品有一定的知名度，有影响的产品是毛毯、毛皮。在1992年乌鲁木齐举办的边贸洽谈会上，宁夏的滩羊裘皮系列产品，受到中外客商的喜爱，订货者十分踊跃。　(高广珍)

新疆维吾尔自治区

[**概况**]　1992年自治区纺织工业系统内企业共79家(其中全民所有制54家，集体所有制17家，中外合资企业7家，其他1家)，完成工业总产值28.71亿元、比上年(下同)增长4.21%。全区安装棉纺锭101.02万枚，气流纺9616头，棉织机11780台，棉印染能力1.57亿米(不包括简易生产线能力)，毛纺锭10.99万枚，毛织机1538台，缫丝机15200绪，亚麻纺纱锭6240枚，涤纶丝生产能力7000吨。12种纺织产品增长的有涤纶长丝、棉纱、呢绒、针棉织品、生丝、亚麻纱等7种，下降的有棉布、印染布、毛线、丝织品及服装等5种。

全年纺织品出口交货值33480万元，下降11.37%，交货的主要产品有棉纱线4849吨，针棉织品折用纱线量2184吨，棉坯布1157万米，棉印染布及色织布778万米，呢绒70万米，生丝17吨，丝织品7万米，服装7万件，毛针织折用毛纱线量178吨。

按财务口径对63家企业统计，全年销售收入25.36亿元、下降3.15%，实现税利11172万元(其中税金15684万元、利润−4512万元)、下降42.6%。亏损企业36家、增长50%、占企业总数的57.14%，亏损金额12199万元、增长59.77%。毛纺织企业税利有较大增长，化纤、丝绸企业税利下降，棉纺织、棉针织企业由上年盈余转为严重亏损。

存在的主要问题：一、企业缺乏市场意识，不少企业未能按市场需要组织生产，致使限产压库工作完成不好，产品库存量增加。二、技术改造进展缓慢，影响产品结构调整，产品档次低，严重影响企业经济效益。三、企业占用的“三项”资金(成品资金、发出商品、应收销货款)比上年增加，超出年末限额23.34%。四、铁路运力不足，产品不能及时运出。

[**基本建设**]　1992年自治区纺织工业基本建设投资计划为13532万元，在建项目20个，资金到位13056万元，实际完成投资12905万元。

1992年新开工项目4个，合计开工面积30385平方米。其中：吐鲁番地区棉纺厂18000平方米，新疆纺织技工学校2925平方米，新疆服装研究中心6500平方米，自治区纺织局机关住宅2960平方米。

1992年投产项目有4个。塔城毛纺厂毛精纺3000锭和莎车县缫丝厂2400绪/120台(为自治区投产项目)，墨玉县缫丝厂2400绪/120台和于田县缫丝厂2400绪/120台。

12月和田丝绸厂扩建100台织绸机工程竣工，通过验收，当年创利润40多万元。

[**技术改造及重点工程**]　1992年新疆纺织工业地方全民所有制企业技术改造计划项目投资12051万元，其中纺织工业部安排专项1200万元(包括新疆针织厂贴息400万元)，贴息1100万元；计划外项目投资877万元，总计12928万元，实际完成投资7675.7万元、为计划的59.4%。

技术改造计划内项目18个，计划外项目5个。其中新开16个(计划内11个)，续建7个。纺织工业部专项4个，地方项目19个。按行业分：棉纺织项目11个，毛纺织项目1个，针织项目2个，丝绸项目3个，服装项目2个，其他4个。

重点改造项目有：新疆七一第一棉纺织厂、新疆七一第二棉纺织厂引进喷气织机，新疆亚美有限公司引进二手片梭织机，新疆第二毛纺织厂引进精纺2240锭，和田丝绸厂一条龙改造项目，阿克苏丝绸厂染整改造项目，新疆奎屯针织服装厂扩建工程，新疆服装工业公司服装厂扩建工程。

已完成的项目有：新疆七一第一棉纺织厂扩建2.6万锭，新疆白云棉纺厂转产3.3万锭，新纺集团公司科研所废纺工程、和田丝绸厂立绒改造工程、新疆达亿服装集团公司引进电脑绣花机、新疆七一第一棉纺织厂、新疆第二棉纺织厂更新窄幅织机项目。

投产项目新增产值13010万元，利税730万元，创汇130万美元。

[**新产品开发**]　1992年自治区纺织行业共有10个产品通过自治区级新产品鉴定。这10个产品是乌鲁木齐市地毯厂的防蛀纯毛提花毯，和静县毛纺织厂的全化

纤针刺造纸毛毯，新疆北屯毛纺厂的系列变色绒线，新疆第三毛纺织厂的毛涤印花麦司林，新疆石河子第二毛纺厂的系列爱得丽斯呢、系列毛涤网络交织呢、系列花线立体呢，生产建设兵团农七师128团的纯棉染色上蜡防水帆布、乌鲁木齐市石化总厂化纤厂的涤纶低弹丝、涤纶牵伸丝。

[限产压库] 1992年纺织工业继续贯彻“限产压库”的方针，要求棉纱按国家下达的计划组织生产，对棉布、印染布、呢绒、毛线、丝绸等主要产品，按合理的库存限额，严格控制生产。

1992年棉纱计划生产152300吨，实际完成142682吨，完成计划的93.7%。其中：地方系统实际生产76009吨、比计划少生产3381吨，生产建设兵团实际生产45783吨、比计划少生产5967吨，乡镇企业实际生产20890吨、比计划少生产511吨。

年末产品库存：棉纱14414吨，超限额4414吨，比年初增加6238吨；棉布库存4128万米，比限额减少342万米，比年初增加877万米；印染布库存1967万米，超限额1017万米，比年初增加904万米，呢绒库存为378.09万米，超限额196.08万米，比年初增加108.09万米；毛线库存636.08吨，超限额336.08吨，比年初增加47.08吨；丝绸库存139.03万米，超限额69.03万米，比年初减少5.97万米。

[棉纺织行业严重亏损] 1992年自治区财务归口管理的31家棉纺织工业企业共实现销售收入15.35亿元，比上年下降5.35%。实现税利为－1050万元（上年税利为8712万元），出现全行业亏损。其中实现销售税金7724万元、增长1220万元，实现利润－8774万元（上年盈利2208万元）。31家棉纺企业中，有24家亏损，亏损额8936万元。

棉纺织工业出现如此严重亏损，除纺织产品市场变化，总量过剩等因素影响之外，主要是产品竞争力差，库存增加，“三项资金”占用过大，银行贷款增加，企业效益大幅度转移。1992年度全区棉纺工业“三项资金”累计占用高达12.57亿元，增加4.26亿元。其中成品资金增加1.21亿元，发出商品增加0.26亿元.应收销货款增加2.79亿元。根据行业年度统计，全年共支付流动资金贷款利息12478万元，比上年净增利息支出7950万元，增幅为1.75倍。

（新疆纺织工业局《纺织志》编辑室）

邯郸利华纺织集团公司

[概况] 邯郸利华纺织集团公司是邯郸市骨干支柱企业之一，是河北省出口创汇大户，也是全国纺织品出口基地之一。国务院有关部门已赋予进出口经营权。

[技术改造] 重新完善和修订了集团公司“八五”发展规划，提出了进一步调整结构，增强发展后劲的意见。1992年共完成基建、技改项目38项，完成固定资产投资18986万元。主要项目有邯郸锦纶厂年产4000吨聚合切片，2000吨锦纶长丝一期工程试车投产；棉三粗厚织物生产线改造；棉四高档精梳针织纱一万锭改造；服装公司出口服装生产线改造等。当年新增产值3800万元，实现利税120万元。通过各种渠道对外开放，发布利用外资项目25项，共签正式合同6项。

[新产品开发] 集团公司制定了新产品开发的奖励措施，充分调动产品设计人员、工程技术人员的积极性和创造性。全年共开发宽幅涤棉防羽绒布、腈纶机织布、普梳24.4tex棉涤混纺针织纱、精梳16.3tex棉涤混纺针织纱、精细斜纹、高支斜纹、纯棉精细卡其、手绘丝绸服装服饰、丽麻纱、衬条格绸、水洗绉纹纱色织布、锦纶6民用长丝系列等12项，其中填补国内空白2项，国内首创3项，国内先进2项，填补省内空白3项，省内首创2项。创产值7218万元，利税665万元。1992年度完成科研攻关项目9项，创利税150万元，其中网眼涤盖棉、银光缎，布机监测等获市优秀科研成果奖。

[产品结构] 集团公司在产品战略性调整的同时，根据市场需求，进行了大量的适应性调整，使产品的档次和质量有新的提高。全年生产品种287个，比上年增加32个。纱的平均号数由上年19.87号（29.3支）提高到18.7号（31支），精梳纱比重由上年20.29%增加到28.7%，棉布平均纬密270根/cm，比上年平均增加6根/cm，棉布平均幅宽127cm，比上年增加6cm，自用纱比重比上年提高12%。在产品质量方面，开展以“降纱疵、横档、色差、纬斜、缩水率”五大质量攻关活动为主的工作，使产品质量稳定提高，省考核的9项和市考核的17项质量指标，稳定提高率均达到100%，优质产品产值率达到40.6%。

[企业管理] 集团公司提出了“一手抓市场、一手抓现场”，“向管理要效益”的措施，强化企业管理，棉纺锭和织机设备利用率分别比上年提高10%和6.4%；吨纱通扯净用棉量1061千克，在省内处于领先地位，达到国内先进水平；万元产值综合能耗比上年降低6%，共节煤4238吨，节电687万千瓦时。全年可比成本降低额13286万元，降低率13.33%。

（栗万钧、杜国晨）

丝　　绸

江　苏　省

[**概况**]　全省丝绸行业广大干部职工克服种种困难，较好地完成了1992年的生产和出口任务。全年生产蚕种530万张，饲养蚕种506万张、比上年（下同）增养60万张，蚕茧产量16万吨、增长15.23%，收购蚕茧约10.1万吨、与上年持平。全省系统内丝绸工业总产值69.98亿元、增长25.38%，工业销售收入58.35亿元、增长4.58%，实现利税3.74亿元、增长5.30%，其中利润1.85亿元、增长3.26%。丝绸产品产量：丝类为17711吨、增长23.35%（其中白厂丝14762吨、增长27.88%），丝织品52802万米、增长11.65%（其中真丝绸11918万米、下降6.69%），练印染丝织品112360万米、增长47.53%。

[**蚕茧生产和收购**]　1992年，省丝绸总公司从全省实际出发，提出了全面提高蚕茧质量，赶超历史最好水平的目标，并制定了具体改革和考核管理办法。自1992年春季，省公司对蚕种生产和养蚕布局进行了合理调整，在发种上要求各地按照“叶蚕平衡、测叶定种”的原则，实行总量控制，在全省桑田面积增长较多的情况下，亩桑发种量比上年有所下降，基本做到良桑饱食。各地还围绕产前、产中、产后配套管理服务工作，有针对性地制订了一系列提高茧质的具体措施、办法，综合运用行政、经济和法律等手段，把提高蚕茧质量的高低与生产、收烘部门和蚕农的利益挂起钩来，做到“利益均沾、风险共担”，大大激发了各方加强管理，提高生产水平和蚕茧质量的积极性，出现了春茧质量超历史，全年水平有提高的可喜局面。

针对近年来蚕桑生产发展较快，基础设施、技术推广和服务体系建设相对滞后的状况，省公司和各市县政府有重点地增加了投入。一年来，新建和改造县级蚕种催青室23个，乡镇蚕桑站65个，目前全省175个年产茧5000担以上的乡镇，已全部建立了蚕桑技术指导站，以乡镇蚕桑站为主体的蚕桑技术指导服务网络已基本形成。为改善蚕茧收烘条件，1992年省公司投入茧站改扩建资金1832万元，解决部分超支资金500万元，两项合计2332万元。新建茧站45个，茧灶149付，新建各类业务用房67752平方米，增添自动评茧仪100台（套），添置塑料茧篮40万只。秋茧收购前，各地还在收烘能力不足的地区又新增茧站14个。这些投入，使新蚕区的蚕桑、收烘条件得到改善，进一步缓解了收烘能力不足的矛盾，有效地稳定了收购秩序。

1992年以来，各地从改革和完善茧丝经营管理体制入手，大胆革除弊端，积极探索新的运行机制，如丹阳、金坛、洪泽、徐州、淮阴等市县，纷纷建立了农工贸、茧丝绸合一的茧丝绸公司，较好地体现了责权利一致的原则，为搞好蚕茧生产和收购创造了宽松有利的环境。

[**产品质量**]　1992年，省丝绸总公司根据国际市场丝、绸供大于求，外商对丝绸产品质量要求越来越高的情况，积极贯彻“以质取胜”的方针，下大力气狠抓产品质量。一是按照“以销定产，择优安排”的原则，对直接出口的厂丝生产企业，在原料供应、产品收购和奖励补贴上给予倾斜，同时为恢复江苏厂丝在欧洲、日本市场的声誉，重点扶持技术力量雄厚、质量稳定、缫丝水质好的吴江、吴县的出口厂丝生产，并选择6家缫丝厂对其在技术改造和经济利益方面给予支持，全年在该地区收购适销优质白厂丝200吨，在欧洲、日本市场上反映很好。出口坯绸生产采取招标择优安排，按照市场经济规律淘汰了一些质量不稳定、交货不及时的企业，实行定客户、定品种、定工厂安排任务，从而保证了坯绸质量，稳定了一批老客户。1992年全省丝类、坯绸出口在全国各口岸仍保持了领先地位。二是组织力量，攻克质量难关。出口坯绸码折印是长期影响江苏绸缎质量的老问题，为此，省公司以主产区吴江盛泽为突破口，组织专门技术力量开展攻关，先后试制成功坯绸卷码机和经向检验机，并于下半年在全省普及推广使用，这一成果不仅较好地解决了困绕多年的绸缎质量问题，也填补了一项国内空白。三是实行重奖，争创名牌。为了使“雪松”牌高级白厂丝和“金水榭”出口坯绸等商标创出江苏丝绸的名牌地位，对使用该商标出口的厂丝和坯绸，从原料选取、生产工艺、质量检验等方面都采取了有效的质量监控措施，并制订了符合国际市场要求的内控标准，凡达到内控指标的产品给予奖励补贴，全年仅用于奖励生产这一名牌的高级白厂丝金额就逾千万元。同时加强售后服务和质量跟踪，凡客户反映有质量问题，实行包退包换，从而增强了客商经营江苏丝绸产品的信心，有效克服了丝绸出口的滑坡。

在技术进步方面，1992年共承担省（部）级以上科技项目105项，已鉴定56项，其中获省科技进步成果二等奖1项、三等奖3项。落实企业技改项目（包括续建）20项，总投资13538万元，当年投资10189万元，用汇1890万美元，使丝绸工业企业技术装备水平有了进一步提高，增强了发展后劲。

[**丝绸出口**] 1992年是丝绸行业面临形势严峻、困难较大的一年。国际丝绸市场极度疲软，出口价格大幅度下跌，成交困难，库存积压严重，成本上升，竞争十分激烈。面对这一形势，江苏丝绸发挥贸工农一体化优势，充分调动各方面的积极性，坚持以贸为龙头的经营方针，以服装成品等深加工产品的出口为重点，积极开拓市场，扩大成交履约，有效遏制了丝绸出口的滑坡。

1992年，丝绸出口在稳定原料性大宗出口商品的同时，根据市场需要及时调整产品结构，积极发展深加工产品和适销对路产品，对质量不稳定、市场滞销的品种采取减产、限产和停产措施。年内，全省印染绸的生产量大幅度增长，增长达47%以上，丝绸服装及制成品出口比上年增长22.7%。同时，下放经营自主权，使之建立起适应市场变化的灵活快速的反应机制。为了搞活经营，提倡公司内各出口经营部门之间的竞争，鼓励出口业务科室与企业开展多种形式的联合，调动了出口经营部门和业务人员的积极性。1992年全省丝绸出口创汇总额42792万美元，省公司出口创汇达38268万美元，完成年计划的100.7%，完成了省政府下达的出口创汇任务。其中丝类出口10700万美元，增长4.2%；绸缎出口14670万美元，下降34%；丝绸服装及各类制成品出口12898万美元，增长22.7%，据统计，苏州、无锡、常州、南通四市丝绸自营出口4524万美元，比上年增长108.56%。

[**兴办实体、发展“三化”**] 根据国家和省对经贸企业要向实业化、集团化、国际化方向发展的要求，1992年省丝绸公司在兴办实体，发展三资企业，扩大外向型经济方面取得了显著成效。一年来，省公司共兴办各类经济实体10家，其中系统内工贸联营企业6家，中外合资企业4家。另外正在着手筹建的7家，其中中外合资企业4家。在兴办经济实体过程中，本着稳定和确保丝绸大宗出口商品货源基地，特别是丝绸重点产区的一些龙头骨干企业，优先实行参股和多种形式的联合经营，有的通过嫁接，发展成为三资企业，有的引进国外先进技术设备和管理经验，进行老厂改造，增强了竞争能力。同时还积极向海外市场开拓，开办了驻外贸易机构“日本东京丝绸支店”，增派驻外贸易人员，各地丝绸企业也在深圳、珠海，海南等地纷纷开设了窗口企业。

浙　江　省

[**概况**] 1992年，我省丝绸工业生产保持平稳增长，出口创汇在激烈竞争中完成了国家计划。1992年工业总产值74亿元、比上年（下同）增长17.46%，利税总额3.5亿元、增长4%，丝绸出口4.4亿美元、增长3%。主要产品产量：丝类14700吨、增长16.8%（其中白厂丝12280吨、增长19.84%），丝织品总产量26900万米、增长1.58%（其中：桑蚕丝织品13000万米、增长7%），炼印染绸总产量25400万米、下降3.90%，丝绸服装1300万件、增长41.6%。

1992年全省蚕茧生产量13.5万吨、增长13.64%，收购量12.43万吨、增长20.6%，生产量和收购量均创历史最高水平。1992年的蚕茧收烘管理工作在省政府和有关部门的支持和配合下，彻底结束了蚕茧大战，收烘秩序正常，并逐步走向质量效益型管理。我省蚕茧基地经过几年来的开发、巩固和提高，现已进入向深加工发展的过程。

列入全省考核的11项质量指标，除印染绸和练白绸的一等品率与计划指标略有差距外，其余9项指标均完成。与上年比较，除绢丝一等品率略有下降外，其余10项均高于上年水平，其中白厂丝正品率为99.95%、与上年持平，白厂丝平均品位为3A+35、比上年的3A+20提高了0.15，是近年来平均品位较高的一年。

[**技术改造**] 1992年，省政府和有关部门十分重视我省丝绸行业技术改造。省丝绸公司制订了“八五”丝绸行业技改规划，技改投资总规模达到24.6亿元。目前在建项目已达122项，总投资15.161亿元，用汇1.95亿美元，其中已审批技改项目62个，批准总投资9.9亿元，用汇1.22亿美元，落实银行贷款人民币1.8亿元，完成扩初会审15只，竣工验收4只。

1992年是技术引进步子最快的一年，到年底行业引进无梭织机1088台，其中喷水织机736台，剑杆织机268台，片梭织机48台，喷气织机36台。如杭州幸福丝织厂引进24台剑杆织机，从已运行设备经济效益来看，效果十分明显。至1992年底无梭织机占有率已达到10%。这些设备适应了绸缎质量要求高、产品疵点要求少的特点，也使服装厂能生产高质量服装，在竞争中取得优势。同时，引进设备大大降低了工厂职工的劳动强度，一定程度上缓解了工厂招工难的问题，在取得较好的经济效益的基础上也取得了一定的社会效益。

[**转换经营机制**] 1992年5月，省丝绸公司召开了全省丝绸生产工作会议，会议紧紧围绕加快改革、放开搞活这一主题，提出了丝绸行业要全面进步必须有新思路新方法，要解放思想，勇于创新，以适应机制转换和市场变化的需要。这对各企业领导转变观念，放

手经营提供了舆论指导，使行业发展有了新的起色。如嘉兴丝绸印染厂面对强手如林、瞬息万变的丝绸市场，在转换企业经营机制上采取了早发动、早起步、早落实的方法，对企业劳动用工和分配制度进行了多次改革尝试，不断充实、完善，取得较好的效果。绍兴丝织厂的两制改革从深化企业人事制度改革，打破“铁交椅”，实行干部能上能下；改革劳动用工制度，实行全员劳动合同制；改革等级工资制为岗位技能工资制；进行劳动保险制度等入手，大大调动了广大干部职工的积极性，促进了企业经济效益的提高，使该厂工业总产值、销售收入、利润分别增长 21.56％、13.87％、10.74％，利润达到 1041 万元，创企业历史记录。1992 年预算内全省 106 家全民企业（不含宁波）经济效益逐步好转，全年完成利税总额比上年有所增长，尤其是丝绸服装、练印染、丝织企业经济效益明显好于往年。

[**对外贸易**]　为适应社会主义市场经济发展需要，我省丝绸业实施了“实体化、多元化、国际化”的发展新策略，以市场为导向，努力提高产品质量，改变计划收购方式，积极发展实业，开拓国际市场。1992 年疲软的丝绸市场使客户对产品质量要求到了近乎挑剔的程度，引起我们对产品质量的加倍重视。外贸收购部门对客户反映质量问题较为严重的、出口覆盖面较广的两只绸缎品种双绉和乔其纱进行全面返厂复验。为组织好优质出口货源，我们改变了以往货源计划收购模式，在出口绸缎和成品的收购方式上全面推行合同制收购，真正做到以销定产，适销对路。根据形势的发展，我们还不失时机地加快货源基地的建设以保证出口用丝的需要。面对疲软的市场，激烈的竞争，业务部门千方百计抓住每一个可以成交的机会，适时派出各类贸易小组上门推销，有的放矢地做好客户工作。经过努力，出口成交没有出现大的滑坡，个别地区成交量还略有上升。

1992 年省丝绸公司积极向实业化、国际化迈进，在兴办海外企业方面也跨出了一大步。在日本合作开办了中丝（日本）公司东京支店，年底已正式开张营业；在德国筹建了富德丝绸有限公司；在美国筹办了浙江联合贸易公司丝绸经营部；在波兰与省经贸委一起筹办了东欧国际有限公司。这些海外公司建成后，连同原有的香港富春丝绸有限公司，将形成初具规模的海外经营网点，将大大增强省丝绸行业在海外的实力和影响，有利于出口贸易向国际化方向迈进。

[**省丝绸进出口公司被命名为“海关信得过企业”**]
浙江省丝绸进出口公司是我省开展外贸业务比较早的企业，也是我省外贸的重点企业，自 1981 年自营出口以来，丝绸出口业务不断扩大，目前与世界上一百多个国家和地区的千余家客户建立了长期业务往来，出口创汇额 10 年内翻了近两番，跻身于我省十大进出口公司之首。多年来，公司在抓好出口创汇的同时，十分注意加强和完善各项基础管理工作，认真执行国家政策法规，积极支持和配合海关依法行政，不仅在组织机构上建立起与海关工作相适应的有关职能部门，而且不断完善与此相关的制度。同时，在多年的业务工作中，培养和建立起一支基本掌握海关法规，熟悉报关、核销等海关业务的比较称职的专职队伍。公司在与海关工作交往中，在执行海关政策法规方面，信誉比较好，在各方面都较好地支持了海关工作的开展。经省公司自查自评和省经贸委同意，杭州海关通过考核、审查，认为浙江省丝绸进出口公司已基本具备了“海关信得过企业”的各项条件，1992 年 6 月，杭州海关授予省公司为“海关信得过企业”。　（孙依群）

安　徽　省

[**概况**]　安徽省丝绸公司为工贸合一的公司，除从事丝绸商品进出口业务外，还兼有全省丝绸行业管理职能。1992 年安徽省丝绸工业总产值 7.788 亿元、比上年（下同）增长 19.19％，出口创汇 3203 万美元、增长 5.6％，工业利税 921 万元、下降 53.7％。主要产品产量：丝类 2105 吨、增长 16.69％，丝织品 4398 万米、增长 20.8％。

[**蚕茧生产**]　全省桑园面积达 50 多万亩，1992 年全省共发蚕种 100.29 万张，产茧量 55 万担，收购鲜茧 466220 担，收购均价为 444.5 元/担，产茧量和收购量分别增加 7 万担和 50862 担，创历史最好水平。特别是在抓提高蚕茧质量，促进质价相符方面取得很大进展。在全省全面实行仪评定价收购，仪评收购量达 60％以上，特别是金寨、歙县、绩溪、黟县全部实行密码仪评收购，仪评面达 100％，仪评收购量达 95％以上。产茧万担县有金寨、绩溪、歙县、青阳、黟县、天长、灵璧、泾县、六安、霍山等十多个县。

[**产量质量**]　全省丝绸工业总产值 7.78 亿元、增长 19.19％，其中全民企业工业产值 5.67 亿元、增 20.31％，全省缫丝能力达 15 万绪，丝织能力近 6 千台；生产丝类产品 2105 吨、增长 16.69％，其中白厂丝 1953.64 吨、增长 24.08％；生产丝织品 4398 万米，增长 20.8％。新上国家技改项目 3 个，新上省技改项目 7 个，共投资 7985 万元。桑蚕丝正品率为 99.82％，上升 0.33％，平均等级为 2A＋87，上升 0.1 个等级。丝织品入库一等品率为 83.80％、下降 0.81％，出口合格率为 71.16％、上升 21.21％。

丝绸工业力争向深加工、高附加值方向发展。不少丝织厂发展真丝针织和服装项目，有的到深圳等沿海特区办厂，有的与外商合资建厂。安徽丝绸厂取得丝绸进出口自营权。

[外贸出口] 在丝绸出口价格大幅度下降的情况下，全年出口创汇 3203 万美元，其中丝类商品 1489 万美元、占商品出口总额 46%，绸缎类商品 921 万美元、占 29%，服装类商品 793 万美元、占 25%。在全国丝绸创汇比上年下降的情况下，我省比上年增长 6%。

我省丝绸行业 1992 年在外向型、实业化、国际化道路上迈出可喜的一步。一是加强外贸力量，增加外贸业务人员，重在扩大丝绸深加工商品和其他三类商品的出口。二是在香港等主要丝绸市场开辟外贸窗口，增派出国团组推销丝绸商品，实施市场多元化战略。三是大力兴办中外合资、国内联营企业，壮大自身实力，加快实业化进程。已办和正在筹办中外合资企业 4 个，国内联营企业 5 个。（安徽省丝绸公司）

山 东 省

[概况] 1992 年山东省蚕桑生产在大灾之年创历史最好水平，共收购桑蚕茧 26235.8 吨、比上年（下同）增长 39.9%，张种单产和成龄桑亩产分别达到 30 公斤和 77 公斤，均比上年提高。茧质也有较大幅度的提高。工业总产值完成 19.37 亿元，增长 12.86%。主要产品产量：丝完成 3266 吨、增长 29.5%，其中白厂丝完成 2288 吨、绢丝完成 452 吨，分别比上年增长 49.23%、21.9%，丝织品完成 8042 万米、下降 10.47%，印染丝织品完成 4800 万米、下降 17.1%。考核的 6 项主要质量指标，有 5 项稳定提高，1 项与上年持平；考核的 5 项主要物质消耗指标，缫丝 3 项比上年降低，织绸 2 项比上年上升。产品销售收入完成 120795 万元、增长 13.51%，利税总额完成 8935 万元、增长 9.34%，实现利润 5051 万元、增长 10.07%，工业亏损户由 8 户减少到 5 户，亏损额由 477 万元减少到 120 万元。1992 年评出 59 个先进集体，143 个先进个人。

[企业管理，机制改革] 1992 年农业围绕工作重点转移，工业围绕转变经营机制，抓住典型，及时召开了三次现场会议，推动了面上的工作。昌邑工业现场会议召开之后，在全省织染企业为开展了学昌邑，找差距，订措施，见行动的活动，极大地推动了织染企业内部改革的深化。为扭转工业经济效益下滑的局面，自第一季度开始，建立了全系统的经济活动分析制度，加强了计划调度，及时向全省通报各市地、各企业生产及主要经济效益指标完成情况。对亏损企业，分别工业、县公司逐户对话，制订扭亏增盈措施，收到明显效果。围绕企业经营机制的转换，各单位还狠抓了基础管理和现场管理工作，并在进一步落实内部承包经济责任制考核办法的基础上，广泛开展了技术业务培训和工人技术大赛，强化了质量意识、效益意识、竞争意识。开展了以提高茧质、增加效益为目的的基础管理，全面推行了“五位一体”的蚕茧收购办法，强化了服务网络，由外延数量型向内涵质量效益型转化。对缫丝企业重点抓了新建缫丝厂的上马、试产及自动缫设备的安装、调试，并实行了质量分档管理，全省平均台时产量由 1991 年的 125 克提高到 1992 年的 147 克，乳山制丝厂、临沂丝绸厂达到了 150 克以上。织染企业抓重点品种、重点病疵，加强了原料、操作、工艺、设备、空调“五项”基础管理，起到了提高质量、降低消耗、增加产量、增加效益的作用。

[技术改造，结构调整] 1992 年实现固定资产投资 2.47 亿元，其中技术改造 1.86 亿元（包括利用外资贷款 570 万美元），基本建设 0.61 亿元，是省公司成立以来落实投资项目及投资总额最高的一年，接近“七五”期间五年投资额的总和。在技术改造投资中，丝绢、印染、服装、丝针织等后加工投资分别超出“七五”五年投资总和的 23%～66%。基本建设项目当年安排 55 个，投资 6162 万元、增长 93%，其中生产性项目 31 个、占项目总数的 56.4%，生产性基建投资 5019 万元、占投资总额的 81.4%。总建设规模 19.8 万平方米，增加 28%。通过基本建设和技术改造，新增自动缫 27 组 540 台、立缫 80 台，年末缫丝能力达到 3200～3400 吨，缫丝能力与茧资源的迅速发展基本平衡。缫丝、织造的自动化程度得到提高，自动缫丝机比例由 1991 年的 15.8%上升到 28.5%，自动缫产量占 35%以上；无梭织机达到 350 台，占织机总数的 5.4%，产量占 20%左右。全省真丝绸印染后整理加快了技术改造步伐，为发展服装、深加工，提高山东丝绸总体技术水平打下良好基础。蚕茧站新、改、扩建 140 处，引进热风烘茧炉两台，增加茧灶 140 副，扩大茧站规模 68675 平方米。蚕种场改造扩建蚕室 14200 平方米。

[科技进步] 1992 年是历年来立项最多，水平最高，效果最好的一年。全年共立项 49 个，完成 18 个，其中高速电子提花装置获“八五”期间国家重点攻关项目科研成果阶段奖；电脑意匠纹制 CAD 系统获纺织工业部行评总分第一，已经小批量投产。三眠丝、真丝复合丝、维尼龙蛋白液丝等高技术含量的新原料已开发出来。真丝扎染、蜡染、喷染等已试制投产。柞丝绸染色、印花、砂洗、色织、针织，已研制出高精尖产品。使用三异纤维和涤/棉剥离纤维开发高档仿真丝有了新的突破，具有山东特色。抓科研促转化，工业

方面开发的新产品超过100个，如威海丝织厂的桑波绉，昌邑丝绸印染厂的济乐缎、奥斯卡等产品投入市场效益很好；在农业方面，研究了桑柞蚕新品种培育及桑蚕人工饲料，综合开发3万亩优质高产桑园，大力推广应用植桑养蚕收烘新技术、测土配方施肥、桑树病虫害防治预测。海阳县公司采用电视讲座形式，普及植桑养蚕新技术，收到良好的经济和社会效益。方格簇使用率全省平均达82%，标准化小蚕共育达58.7%。另外，丝素原料的综合利用有了新的突破，特别是糊状叶绿素已成为重要的出口产品。

[**外贸出口**] 1992年，国际丝绸市场继续在低谷中运行，丝价第二次下调20%，国内各口岸也竞争激烈。为了稳定山东丝绸出口渠道，占领市场，我们发挥实体化优势，始终坚持以质取胜，以新取胜，以快取胜的方针，上档次，上水平。1992年外贸出口创汇9400万美元、增长15.32%，蚕茧出口883吨，成为我省一个新的大宗出口商品，受到日本、韩国市场的欢迎；白厂丝在日本、香港、韩国市场一直畅销，还向意大利出口5A级白厂丝12吨，为我省打开欧洲市场迈出了可喜的一步；泰山牌桑绢丝进一步改进了生产工艺，提高了质量，并开发了筒装绢丝，出口供不应求；电力纺是1992年出口的主销产品，小疵点明显减少，洁净度大有提高，特别是淄博丝织一厂、昌邑丝织一厂剑杆织机生产的电力纺，出口一等品率保持在90%以上，深受市场的欢迎。对真丝绸印染，省总公司组织力量重点抓了质量攻关，保证了印染、砂洗真丝绸服装出口有较大的增长，全年服装出口创汇在3200万美元以上，占创汇总额的34%，比上年增长30%。

（杨企新、张荣华）

广 东 省

[**概况**] 1992年，全省丝绸工业总产值18.8亿元、与上年比(下同)增长17.2%，外贸收购总值15.9亿元、增长21.6%，全省丝绸系统出口总值为2.7亿美元、增长13.3%，出口净收外汇（剔除各种还汇）1.6亿美元、与上年基本持平，其中省丝绸公司属下19家市、县丝绸进出口公司的出口总值为1.85亿美元、增长22.6%，占全省丝绸系统出口总值的66.9%。1992年广东丝绸产品外销38个国家和地区，其中对香港地区出口量最大，占84.5%，增长17.6%；其次为印度、美国等市场。全省丝绸系统丝绸服装制品类自营出口首次突破1亿美元大关；发展行业外非许可证、非配额商品出口700多万美元，实现零的突破。

[**企业管理，产品质量**] 1992年，省丝绸行业进一步调整布局，加强山区丝绸工业建设。经有关部门批准，在始兴、阳春县各新建一家缫丝厂；对郁南县缫丝厂进行易地改造、扩建；省丝绸公司组织力量帮助罗定、紫金、曲江、清远、英德、化州等丝厂扩建自动缫13组，全省新增缫丝能力183吨。在全行业狠抓以工艺、设备和操作为主要内容的“三基”管理，组织质量攻关，重点帮助新区丝厂提高生产技术、管理水平和产品质量。1992年，全省生产各类蚕丝3298吨，丝织品2695万米，其中真丝绸及交织绸738万米，印染丝绸8446万米。厂丝正品率为96.3%，平均等级2A+20，分别比上年提高2.17%和39个级分，创历史最好水平。广东省丝绸工业全面完成纺织工业部提出的“利税、亏损企业亏损额和企业亏损面”三项指标，实现全行业盈利，被纺织工业部评为全国纺织行业扭亏增盈一等奖。全省丝绸行业有3家企业通过了“两证”验收和复查；有5个新产品通过省级技术鉴定；有2个QC小组评为省优秀QC小组；有19家丝厂的产品获省丝绸行业厂丝质量奖。

[**技术进步，新产品开发**] 1992年，省丝绸公司加强了丝绸工业技改工作，有计划地组织技术攻关。组织全省部分丝厂工程技术人员到华东参观学习，举办两期制丝工艺学习班，邀请省外专家授课。受纺织工业部的委托，组织了“全国涤纶仿真丝织物技术开发学术讨论会”，广东丝绸工业10多家企业有关技术人员参加了讨论会。在曲江县缫丝厂进行了触蒸前处理工艺试验；在化州丝厂采用正交试验方法，进行煮茧工艺试验，取得初步成绩。伦教丝织厂引进剑杆织机及配套生产高档仿毛呢产品项目、化州丝厂更新改造六组自动缫及危房改造、佛山第四丝织厂引进剑杆织机及配套生产工业用绸项目、红棉丝织厂引进真丝服装生产线项目、顺德丝厂引进真丝针织关键设备项目、罗定丝厂引进24台剑杆织机及配套真丝绸生产线、佛山丝绸印染联合公司引进真丝绸印染后整理设备、中山丝织印染总厂引进真丝绸印染服装一条龙生产线、立新丝厂发展包芯丝缫丝成衣生产线、顺德丝厂与外商合资开发高档真丝针织物项目等10个技术改造项目得到国家和省有关部门的批准，总投资19603万元，其中外汇为1940万美元。广东省丝绸公司承担的“八五”期间国家重点科技攻关项目“真丝绸起绉、砂洗、防水透湿整理技术研究”和“高仿真涤纶仿丝绸新技术及设备”以及1992年度科技三项费用项目“莨纱绸的研究”等三个项目已安排落实。有6个品种列入省技术开发重点。广东省丝绸试样厂全年试制新品种85只，新花色600只。佛山星火纺织机械厂生产的“TK233多臂装置”、佛山第四丝织厂的“丽棉绸”、前进丝织厂的“弹力氨纶布”、伦教丝织厂的“涤梦思”、广东省丝绸试样厂的“领带绸”等5个新产品被评为

省优产品。省丝绸行业组织120个新品种、600多个新花色参加了纺织工业部在江苏南京召开的全国纺织工业产品交易会，受到客户的欢迎，顺德前进丝织厂的“氨纶布游泳服”、中山丝织印染总厂的“仿毛呢”在交易会上引起轰动，受到很高的赞誉。

（广东省丝绸公司）

宁　波　市

［概况］ 1992年，宁波丝绸工业出现新的转机，取得较好成绩。出口创汇2703.47万美元、比上年翻了一番；实现利润900万元、比上年有大幅度增长，年初各类库存高达3000万元，年末削减至700万元，净减2300万元，超过年初的预定压库指标；公司历年欠债、烂帐、呆帐基本清理了结，负荷减轻；技改步伐加快，仅三家企业技改项目总投资就达7000多万元。公司在按照市场经济规律制订经营方针的同时，着重对职工进行“换脑筋”的教育，克服“难、怕、等”的消极思想，并围绕市场经济这个主题做了一系列比较扎实的工作，所以职工思想解放，认识统一，竞争意识增强，为圆满实现年初制定的创汇增利目标奠定了基础，赢得了主动。

［市场战略］ 1992年国际丝绸市场仍未走出低谷，丝类市场清淡，绸缎市场疲软，服装市场竞争激烈，在这种情况下，公司外贸业务部门主动出击，积极开拓营销渠道。成品部过去产品出口局限于港澳地区，现在开始进入美国、加拿大、德国、法国、西班牙等经济发达的西方国家；丝类部的外贸业务逐步走出了以丝类商品为主体，玩具、台布、人造棉等商品为辅助的多种经营的路子；绸缎部也在进一步发展与港澳客户关系的同时，积极调研市场，为发展南朝鲜市场、打入欧洲市场和改变单种经营的局面打基础。公司不放过各类重要的出口商品交易会、洽谈会、展销会、博览会，主动参与，广揽客户，结交更多的新朋友，把信息反馈回来，把商品销售出去。1992年有13批共23人次出国洽谈、考察、贸易，广交当地客商，拓宽销售途径，扩大国际市场的覆盖面。目前我公司已与17个国家和地区建立了贸易业务关系，经营商品品种单一的状况也有了明显的变化。

［促销压库］ 公司历年积压的库存商品，在市场经济新形势下，已成为影响公司发展的一大包袱。这些商品有的已超过年限，开始变质，行将报废；有的唯有大幅降价，才能销售出去。鉴此，公司痛下决心，将促销压库作为内销部和进口部的主要任务、绸缎部的重要任务，并定指标、定人员、定时间，以经济责任制的形式予以保证。内销部、进口部、绸缎部认真执行公司的指令，利用多年销售关系，想方设法推销积压产品，他们把二快（压库快、回收资金快）、一小（削价幅度小）、一勤（勤跑）作为工作的指导思想，取得了较好的成绩，公司年初确定的压库指标全部实现。

［机构调整］ 公司认真落实《全民所有制工业企业转换经营机制条例》，深化内部机制改革，使公司真正成为自主经营、自负盈亏、自我发展、自我约束的法人实体和市场竞争的主体。随着行业管理职能的逐步缩小，原有的机构人员已不适应形势的要求，我们及时将计划科、生产科并为一科，同时压缩人员编制，省出来的人员充实经营第一线，逐步使公司从管理型转向经营型。此外，公司实行离岗休养办法，让年龄偏大、身体较差、不适宜继续工作的职工回家休养，使在岗人员更加精干，办事效率进一步提高。公司大力引进经营人才，接收大学毕业生进公司施展才华。一年来，公司职工总数没有增加，但创汇额和经济效益却大幅度增长，这说明只有深化改革，转换经营机制，公司才能焕发生机。

（钱治中）

重　庆　市

［概况］ 重庆是我国重要的桑蚕丝绸生产基地，也是全国14个丝绸重点出口基地之一，丝绸工业产业是重庆市的支柱产业。经过“六五”“七五”期间的技术改造，重庆丝绸工业已形成较为完整的具有一定规模的桑蚕茧丝绸生产出口体系。

1992年，重庆茧丝绸行业遏制了经济效益大幅度下滑的趋势，为1993年全行业扭亏增盈创造了条件。

全市现有蚕种场21个，桑树8亿多株，县（区）蚕茧公司13家。丝绸工业企业41家，其中全民所有制企业17家，集体所有制企业23家，其它经济类型企业1家；按规模分，大中型企业11家，小型企业30家；按专业分，丝、绸企业35家，绢纺企业4家，丝绸印染企业2家。拥有职工38000人。现有设备生产能力缫丝128930绪，绢䌷丝纺纱22456锭，丝织机2476台，针织机36台，练印染能力2200万米。主要产品有桑蚕丝、桑绢丝、桑䌷丝、桑绵球、丝织品、丝地毯等。

1992年末，桑蚕茧产量47.45万担，蚕农收益1.77亿元。主要质量指标均好于往年。全市正茧烘折

239公斤、比上年（下同）降低26公斤，综合烘折244公斤、降低17公斤，上车率、上茧率、解舒率分别提高2.25%、4.73%、5.29%，茧丝长增加5.9米。

主要工业产品产量：桑蚕丝2305吨，绢䌷丝和绵球1269吨，丝织品1350万米，练印染丝织品2261万米。1992年桑蚕丝商检正品率96.07%、增长1.11个百分点，桑蚕丝商检平均等级2A27级、降低0.12个百分点，桑绢丝一等品率98.77%、降低0.04百分点，丝织品入库一等品率76.52%、降低0.23个百分点，练印染丝织品一等品率96.20%、增长1.23个百分点，百公斤桑蚕丝耗毛茧378公斤、降低21公斤。

1992年，全行业实现工业总产值76501万元，销售收入60426万元；全行业利税总额－2304万元，其中税金2448万元，利润－4752万元。全市出口交货总值17813.11万元，出口创汇6222万美元，其中桑蚕丝类出口1195吨、创汇2517万美元、下降41.49%，绸缎类出口746万米、创汇1617万美元、上升44.29%，服装制品类出口2088万美元、增长503.47%。

[**技术改造**]　1992年，全行业市级重点开发项目9个，其中筒装绢丝（部级重点开发产品）、真丝砂洗绸、绵条球、低温精练新工艺4项已通过市级技术鉴定。60真丝纺，合股加捻漂白䌷丝，54素绉缎3个品种被评为市级新产品百花奖。新产品已全部投放市场，全年共创产值2343.94万元，销售收入2077.81万元，利税367万元，创汇306.06万美元。为推动丝绸产品上档次、上水平，1992年实施技改项目16个，总投资16053万元，至年末已投产6个，完成投资额4492万元，行业技术装备水平有所提高。1992年引进星型架练白生产线一条，引进24台剑杆织机及配套设备。以多种形式进行技术合作，邀请日本钟纺株式会社专家来渝技术指导，请瑞士唐德余博士传授世界丝绸高科技领域的技术成果，派研修生赴日本学习先进生产技术和管理方法。技改引进，合作交流，使全行业的技术装备水平和科学管理水平有了显著提高，员工素质和产品质量相应提高，推动了行业的进步和发展。

专　文

团结奋斗　再创佳绩

广东省纺织工业总公司总经理

李　炽

1992年年初，邓小平同志南巡讲话发表后，中央提出广东要用20年时间基本实现现代化的目标。广东省纺织工业系统积极贯彻邓小平南巡重要讲话和十四大精神，认真总结改革开放的实践经验，积极制订力争20年基本实现现代化的规划，以压力为动力，开拓前进。

面对新的挑战，我们首先组织大家对广东纺织工业改革开放的历程进行回顾总结。广东在改革开放之后不久，省委根据中央关于对广东实行特殊政策、灵活措施的精神，提出了“对外更加开放，对内更加搞活，对下更加放权”，加大广东改革开放的力度，促进商品经济的发育，使广东纺织工业企业较早地从计划经济的种种束缚中解脱出来，逐步地转换经营机制，掌握更多自主权。

下放项目审批权限，充分调动各级发展生产的积极性。早在改革开放初期，广东省政府就将项目审批权按不同资金限额下放到市、县，减少了审批层次，提高办事效率，促使一大批新项目上马，大大加快了广东纺织工业技术进步和技术改造的步伐，缩短了广东纺织工业与国内外先进水平的差距，增强了发展后劲。

改革计划、价格体制，转换企业经营机制。广东的计划、价格体制改革动得较早，从1982年开始，广东纺织工业产品改变了商业部门统购统销的传统做法，企业从过去单纯抓生产转到既抓生产又抓好经营上来。1984年，广东纺织工业产品自销率普遍在50%以上。从1985年起，全省纺织工业生产的指令性计划由17种减为2种，只有极少量化纤和化纤单体仍执行纺织工业部下达的指令性计划。物价方面，地产地销部分由省核定，调出省外仍执行国家统一价格。

广东纺织企业较早走向市场，参与竞争。各企业眼睛盯着市场，生产一代，研制一代，构思一代，从厂长到供销人员、技术人员，人人都盯着市场，以市场引导企业。更为可贵的是，广东纺织工业企业与国际市场联系密切，纺织生产企业可以直接与客商见面，直接签订外销合同。“三资”企业和一批有出口权的企业可以直接出口，其他没有出口权的企业可以选择有出口权的单位代理出口。各外贸专业公司也采取“随行就市”的灵活收购价格，使企业基本做到：凡是客商需要而有能力生产的品种，都积极组织生产；凡是政策允许出口的品种，都积极组织出口。因而广东纺织出口势头畅旺。

实践证明，党的改革开放政策给广东纺织工业带来了一个迅猛发展的黄金时期，“六五”、“七五”期间，广东纺织工业以年均19.8%的速度发展，为今后的发展奠定了坚实的基础。同时也昭示着我们，只要积极贯彻邓小平同志南巡讲话和十四大精神，坚持改革开放，上下同心，奋力拼搏，是有可能完成中央交给我们力争用20年时间基本实现现代化这一光荣而又艰巨的任务。回顾与总结，坚定了我们的决心和信心。

从国内外形势来分析，广东纺织工业面临着新的机遇和挑战。从国际上看，由于西方发达国家经济逐步呈现复苏迹象，加上乌拉圭回合谈判接近尾声，世界纺织品贸易将随着世界经济的发展和贸易壁垒的逐步冲破而继续增长。此外，发展与独联体各国边境贸易、经济技术合作的潜力还是很大的。从国内看，党的十四大确立了社会主义市场经济体制的目标，使全国上下加快了改革开放和经济建设的步伐，有利于我省纺织工业跃上新的台阶。

在此基础上，我们通过调查研究，比较了广东纺织工业与香港、新加坡、南朝鲜、台湾纺织工业各个时期的技术经济指标及其有关的其他国民经济指标，制订了广东省纺织工业力争20年基本实现现代化的规划。规划前10年以年均13.7%的速度发展，后10年以年均13.4%的速度增长。只要政策对头，措施得力，上下努力，这个发展速度是可以实现的。

首先我们要深入学习领会十四大精神，不断更新观念。广东虽然在市场经济方面先行一步，但是我们不能因此而骄傲自满，要克服比内地搞得活的自足心态。随着社会主义市场经济体制的建立和我国“入关”后世界纺织品贸易的挑战，纺织品市场的竞争将会更加激烈，优胜劣汰，适者兴，不适者衰，我们的思想观念要不断更新，在思想认识上要有更高的要求，要大胆试，大胆闯，敢于冒风险，努力创新路。

其次，要继续多元化开拓国际市场。广东纺织产品成本比内地高，生产一般的内销产品缺乏竞争力。从广东纺织工业的客观实际来说，有着发展出口产品的内在要求。而且广东毗邻港澳，信息灵，发展出口产品有着得天独厚的地理人文优势。我们要充分利用广东毗邻港澳，交通通讯方便，信息快捷，技术设备比较先进，直接出口企业多，出口体制比较灵活等优势，发挥小批量，多品种，交货快的特点，在国际市场竞争中取胜，并以扩大出口来带动纺织工业的加速发展，完成20年基本实现现代化的重任。1992年，我们在这方面作了努力，促使广东纺织工业出口交货值持续保持畅旺的势头，比上年增长31%。

同时，要抓紧进行战略性的结构调整，一业为主，多种经营，综合发展。前段的调整结构，主要是调整产品结构以适应市场。这种调整是十分必要的，今后要继续进行，而且还必须要从战略调整的高度进行产业结构调整。纺织工业必须实行跨行业、跨地区、跨部门、跨国界的综合发展，积极寻找新的经济增长点。特别是要加快发展第三产业，探索多元化、全方位的发展模式，鼓励一部分实力雄厚的企业集团向跨国经营的方向发展。

要抓好重大项目的立项、可行性研究和建设。为了力争20年基本实现现代化，我们要上PTA、丙烯腈、己内酰胺等一系列重大项目。要运用改革开放10年建成一批投产见效快的项目的经验，力促这批重大项目早日投产，为广东省纺织工业力争20年基本实现现代化奠定坚实的基础。要大力促进现有企业的技术进步和技改配套成龙，发挥我省改革开放以来引进的具有当代先进水平的化纤抽丝、棉纺环锭、气流纺及无梭织机等生产设备及工艺技术的优势，增加花色品种，提高质量、档次。

回顾广东改革开放10年的成就，我们倍感自豪。展望20年基本实现现代化，任重道远。我们一定认真贯彻十四大精神，坚持改革开放，上下团结，开拓进取，再创佳绩。

文献篇

Documents

一、纺织工业法规性文件

关于印发《纺织工业建设项目（工程）竣工验收实施细则》的通知

（1992年1月22日纺织工业部发布）

〔92〕纺计字第005号

我部于去年转发了国家计委（90）1215号文《建设项目竣工验收办法》，同时发文征求各地意见，修改制订了《纺织工业建设项目（工程）竣工验收实施细则》。经多次征求意见修改，补充完善，最后在全国纺织工业基本建设工作会议上再次征求意见，修改定稿。现正式下发你们，从1992年1月1日起实行。对在执行中出现的问题希及时向我部反映。

附件1：纺织工业建设项目（工程）竣工验收实施细则

2：纺织工业建设项目（工程）竣工验收证书（内容提要）

3：纺织工业建设项目（工程）竣工验收报告及附件（内容提要及目录）

附 件 1

纺织工业建设项目（工程）竣工验收实施细则

竣工验收是项目建设全过程的最后一个程序，是建设投资成果转入生产或交付使用的标志，是办理固定资产移交的必要手续。竣工验收全面考核项目建设工作，是检验项目立项、勘察设计、设备制造与施工建设质量、考核生产能力和投资效益、检查落实国家有关环保、安全、卫生政策法规的重要环节。

为了切实加强对纺织工业建设项目竣工验收的管理和监督，规范竣工验收工作、提高工作效率，根据国家计委颁布的《建设项目（工程）竣工验收办法》，结合纺织工业实际情况，特制定本实施细则。

一、竣工验收的范围

1. 凡新建、扩建、改建、迁建的纺织工业基本建设项目（工程）和技术改造项目，按照批准的设计文件所规定的内容建成，具备正式生产条件的，都应按本细则进行竣工验收。

2. 纺织工业企、事业单位或行政管理机关独立或自主建设的办公楼或营业楼、教学和科研实验楼和住宅等一般非生产性建筑建成正式交付使用前，应参照本细则组织竣工验收。

3. 中外合资、合作建设的纺织工业项目，原则上也适用本实施细则。

4. 关于轻纺出口产品固定资产投资建设项目的竣工验收，可参照本实施细则的精神，具体作法仍按《轻纺出口产品建设项目竣工验收办法》等规定执行。

二、竣工验收的依据

竣工验收应依据经过审批机关批准的可行性报告设计任务书、实施方案、初步设计、施工图纸和说明、设备技术说明书、施工技术验收规范以及有关建设文件。

工程建设规模、工艺流程、技术装备、自控水平、土地利用、总图布置、工程项目、建筑面积、主要建(构)筑物结构形式和建设标准等必须与有关批准文件内容相一致。属于国家控制发展生产能力的建设项目，必须与纺织部核准或国家批准的规模相一致。

建设过程中发生重大设计变更的，须有审批权或原批准实施的上级机关的批准文件和设计单位的相应设计修改文件。涉及到“三大生产能力”规模的变更，须有纺织工业部的相应核准文件。重大设计变更主要是指：工艺路线、主要工艺设备、重要辅机设备、总图布置、主要建（构）筑物的结构、施工工艺等变化，建筑面积的增加，建设标准的提高等变化。

从国外引进新技术或进口设备的项目以及中外合资、合作建设的纺织工业建设项目，应先按照签订的合同规定的设计文件，技术标准进行验收。然后再按本细则进行建设项目的全面正式验收。

三、竣工验收的要求

进行竣工验收的项目（工程）应符合以下要求：

1. 棉纺织、毛纺织、麻纺织、丝绸、化纤（包括原料单体、聚合、抽丝、后加工）、印染后整理、针织复制、服装、纺机、纺器等生产性工程和辅助公用设施，已按批准设计文件的要求建成、投料试车合格，并经规定的试生产期考核，能满足正常生产要求达到设计能力的，就应及时组织验收。

(1) 化纤（包括原料单体、聚合、抽丝、后加工）项目从第一条生产线全线投料试车，生产出合格产品时起（引进设备、技术的项目，按合同规定考核验收后）可安排不超过 6 个月的试生产期。

(2) 棉纺织、毛纺织、麻纺织等项目从投料试车，生产出设计规定的产品时起（引进设备、技术的项目，按合同规定考核验收后）可安排不超过 4 个月的试生产期。

(3) 印染后整理，针织复制、服装制造等后加工项目，从第一条生产线投料试车，生产出设计规定的合格产品时起（含引进设备、技术的项目，按合同规定考核验收后）可安排不超过 3 个月的试生产期。

(4) 按合理工期组织建设的大中型项目或其他项目比合理工期或合同工期提前建成的，经原批准单位同意，可适当延长试生产期，最多不超过提前的工期与规定试生产期之和。

(5) 为计算方便，试生产期以月计算，从生产出产品的当月开始计算。

(6) 在试生产期间的收入，基建项目应按《基本建设收入管理规定》办理。

2. 与主工艺流程配套的工艺设备、设施经联动负荷试车合格，能够生产出设计文件所规定的合格产品。

3. 环境保护、劳动安全、工业卫生、消防设施及节能技术措施等符合国家规定的标准或设计要求，并能与主生产装置同时投入使用。

4. 生产流动资金已落实，生产准备工作基本完成，都能适应投产初期的正常生产要求。

5. 职工宿舍和其他必要的生活福利设施，已按设计要求建成，能适应投产初期的需要。

6. 非工业建设项目（工程）按设计文件建成，符合规定的质量标准和使用要求。

7. 对分期建设的项目，本期工程主要生产装置已建成，相应的辅助设施配套，具备生产合格产品（含可商品化的中间产品）的条件，达到本期设计能力的，就应按时对本期工程组织验收，交付生产，不要等整个项目全部建成后集中一次办理。

8. 有些建设项目或单项工程，已形成部分生产能力或实际上已经使用，因其他原因近期不能按原设计规模继续建设的，应从实际出发，报项目（工程）的纺织工业主管部门同意后，经原批准单位批准，可缩小规模，对已完成的工程组织竣工验收，移交固定资产，并核定新增加的生产能力。

9. 非生产性项目（工程）应竣工验收后正式交付使用。特殊情况经验收主管部门同意，可先试用一段时间（最长不超过 3 个月）再进行竣工验收，正式交付使用。

10. 投产初期因故一时不能达到设计能力的项目，应及时上报，由纺织工业主管部门和项目审批部门共同确定是否办理竣工验收和移交固定资产手续，不应借故拖延办理。

11. 有的建设项目（工程）基本符合竣工验收标准，只是零星土建工程和少数辅助及非主要设备未按设计规定的内容全部建成，但不影响正常生产，也应办理竣工验收手续，对剩余工程应按设计留足投资，由建行监督限期完成，可不另报竣工决算。

四、竣工验收的准备工作

1. 建设单位必须重视竣工验收工作。建设项目开始建设时，就要确定一位领导分管这项工作。在签订设计、施工合同时，应有明确有关竣工图等竣工资料的整理及交接责任的条款，并认真执行。当工程进行到一定阶段，要抽调足够的人员组成专门机构负责全部工程竣工验收的准备工作。准备工作要统一部署，订出计划，定期检查，限期完成。

设计、施工单位有义务协助建设单位整理有关竣工验收资料，做好竣工验收工作。

2. 整理技术经济资料和文件档案。项目（工程）的建设（筹建）设计、施工单位应按国家计委、国家档案局〔国档发（1988）4号文〕制订的《基本建设项目档案资料管理暂行规定》对项目（工程）的档案资料进行认真整理。竣工验收时由建设单位移交生产（或使用）单位统一保管。

3. 编制竣工图。竣工图是真实记录各种地下、地上建（构）筑物等详细情况的技术文件，是对工程进行验收、维护、改扩建的依据，是建设单位必须移交生产（使用）单位的重要资料，也是生产、使用单位必须长期保存的技术档案。竣工图一定要与实际情况相符，要保证图纸质量，做到规格统一、图面整洁、字迹清楚、符合归档要求，在竣工验收时，移交生产使用单位统一保管。同时按国家有关规定交档案管理部门。

大中型建设项目的竣工图至少两套，小型项目（工程）及独立非生产性项目至少一套。

整个项目（工程）的竣工图由建设单位汇总移交生产、使用单位。采取项目总承包的项目（工程）也可由总承包单位在建设单位参加情况下直接移交生产、使用单位，但应在承包合同中明确。

具体施工图的编制按照原国家建委（82）建发施字第50号《编制基本建设工程竣工图的几项暂行规定》执行。

4. 编制竣工决算。竣工决算是反映竣工项目（工程）建设成果，概（预）算执行情况，投资效益的重要经济文件。建设单位在项目（工程）建成或投产以后就应认真清理债权债务和各项物资，编好竣工决算和固定资产交付使用清册。报上级主管部门审查，并送开户银行审查签证后提出竣工决算报告。竣工决算的编制，按财政部、原国家建委（78）财基字第85号《基本建设及项目竣工决算编制办法》进行。

5. 组织工程设计、施工、设备质量检查评定。建设单位在项目（工程）建成后，应及时组织有关设计单位，工程监理及当地质量监督检查，设备成套供应等单位对工程的设计、施工、设备质量进行检查、评定。检查评定必须按国家有关规定、标准进行。特殊要求的或无国家标准的，按双方原签订合同规定的标准进行。检查中不符合标准的，要确定工程内容、负责人，限期修改完善，并据此提出工程设计、施工、设备质量检查报告。

6. 组织环境保护、劳动安全、工业卫生和消防等设施的专项检查。这由建设单位负责组织有关部门进行，对不符合设计要求的，应限期加以改进完善，并据此提出专项检查报告。

7. 生产性项目（工程）在试生产期间，应完成工艺、设备技术的考核，包括引进的设备、工艺技术的考核情况，并据此提出试生产报告（包括生产准备情况）。

8. 大中型建设项目，因工程内容多，在每一单项工程竣工时，建设单位就应逐一检查工程质量、隐蔽工程验收报告、关键部位施工记录以及有无漏项等，发现问题，应及时解决，以保证整个工程的建设质量和竣工验收工作顺利进行。

9. 生产性项目，根据试生产核期的实际技术经济指标（计算平均值，推算出年平均值）与项目原批准的相应指标进行对比分析，提出分析报告。

10. 上报竣工验收申请报告。建设项目（工程）在完成上述主要工作情况下，应及时提出竣工报告，申请验收。竣工报告主要包括项目建设简况，工程质量评定意见，试生产（使用）情况报告，环境保护、劳动安全、工业卫生及消防设施等专项检查验收的结论意见，竣工文件资料，竣工图，竣工决算及移交使用资产等情况，遗留工程和需要上级解决的主要问题，以及拟邀请参加竣工验收的单位、验收委员会的组成单位建议名单等。

五、竣工验收的程度

1. 根据建设项目（工程）的规模大小和复杂程度，整个建设项目（工程）的验收工作可分为初步验收和竣工验收两个阶段进行。

大中型纺织工业基建项目（工程），限上技术改造项目以及由多个单项工程组成的较复杂的非生产性项目，应先进行初步验收，然后进行整个建设项目（工程）的竣工验收。小型化纤项目或较复杂的中外合资、合作经营项目也可以分两步进行竣工验收，由主管验收单位决定。

其他项目，可以一次进行整个项目（工程）的竣工验收。

2. 需要组织初步验收的项目，其初步验收一般由建设单位组织设计、施工、使用等单位参加。个别特殊项目可由其上级主管部门组织。

初步验收中既要对各个单项工程逐项进行设计、施工、设备检查验收，又要对整个项目的环境保护、劳动安全、工业卫生、消防等设施进行专项检查验收。

初验前，施工单位（承建单位）应按国家规定，整理好文件、技术资料，向建设单位提出交工报告。建设单位接到报告后，应及时组织初步验收，或向上级主管部门提出初验报告进行初验。

3. 建设项目（工程），经过各单项工程的验收，符合设计要求，并已完成竣工验收准备工作（需进行初步验收的，已完成初步验收），由项目（工程）主管部门或建设单位向负责组织验收的单位提出竣工验收申请报告。

4. 建设项目（工程）经竣工验收合格后，即完成全部建设工作。

六、竣工验收的权限和组织

1. 纺织工业大中型基建项目和限额以上技术改造项目（工程）（包括中外合资、合作建设的大中型项目），由国家计委或由国家计委委托纺织工业部、项目所在省、直辖市、自治区、计划单列市政府组织验收。其中，大型原料项目，由纺织工业部组织初步验收，然后报国家计委组织正式验收。其他大中型基建项目和限上技改项目根据项目隶属关系由当地纺织工业主管部门会同当地计划（建设）管理部门组织初步验收，然后报项目所在地省、市、自治区、计划单列市政府或纺织工业部组织验收。

纺织工业小型基建项目（包括中外合资、合作建设的项目）根据隶属关系分别由纺织工业部或地方政府组织验收。地方有具体权限划分的，按地方规定，没有具体划分的，由原批准立项单位组织竣工验收。

非生产性独立建设项目（工程）的竣工验收，按隶属关系，由上级主管部门组织竣工验收。

2. 根据工程规模大小、复杂程度组成验收委员会或验收组具体负责竣工验收工作。

纺织工业建设项目验收委员会或验收组的成员单位有：验收主管部门、各主要投资方、纺织工业主管部门、有关银行、物资供应、设备成套、环境保护、劳动卫生、消防、土地、档案、统计、审计等部门。

生产（使用）接收单位，勘察设计单位，施工单位应参加验收工作，并积极配合建设单位（筹建）做好各项竣工验收准备和竣工验收工作。

3. 验收委员会或验收组，在验收建设项目（工程）时负责审查工程建设的各个环节，按照国家规定和标准对项目进行全面检查验收。其主要任务是：

(1) 审查该项目（工程）是否达到竣工验收、交付生产（使用）的要求；

(2) 审议通过建设单位提出的竣工报告（包括相应的附件），组织办理移交固定资产和交付生产（使用）手续；

(3) 检查工程施工情况，审定设计、施工质量；

(4) 审定竣工决算（包括资金来源、运用及交付使用资产等）；

(5) 检查环境保护、安全、卫生、消防设施是否达到国家规定标准，可否验收；

(6) 检查生产准备工作，考核试生产情况和实际形成的生产能力，确定正式交付生产（使用）的日期；

(7) 对未完成的尾工，审定其内容、数量、投资和完成期限，由建设单位负责完成（这部分工程的实际成本，可依据具体情况进行估算，可直接列入竣工决算）；

(8) 对竣工验收中提出的主要问题，作出处理决定或提出解决意见；

(9) 对建设单位整理完的工程建设文件与技术资料（包括竣工图），审核检验后组织办理移交生产（或使用）单位；

(10) 审定技术经济指标对比分析报告；

(11) 通过并签署验收证书；

(12) 需初步验收的项目（工程）在初步验收时参照上述各款进行。

七、附则

1. 本实施细则自发布之日起施行，纺织工业部（85）纺建工字第34号文颁发的《纺织工业基本建设项目竣工验收规定》同时废止。

2. 本细则中引用的《基建试车收入管理规定》、《基本建设项目档案管理暂行规定》、《编制基本建设竣工图的几项暂行规定》及《基本建设项目竣工决算编制办法》等规定、办法，如有新的变化，按新规定执行。

3. 限额以下技术改造项目，竣工验收可参照执行。

4. 本实施细则由纺织工业部综合计划司负责解释。

附　件　2

纺织工业建设项目（工程）竣工验收证书
（内容提要）

一、项目（工程）名称和建设地址。

二、工程概况：概括性地叙述工程建设依据、建设规模、主要工程量、建设总进度等。

三、工程竣工决算，包括概算批准及执行情况，资金来源、运用等情况，投资效益、固定资产移交情况。

四、工程质量评定、环保、安全、卫生、消防等专项检查验收评定情况。

五、验收意见：对项目（工程）建设的总评价，未完工程和遗留问题的处理决定与解决意见，各项资料、档案的移交意见等。

六、验收委员会（验收组）名单和签字。

附 件 3

纺织工业建设项目（工程）竣工验收报告及附件（内容提要及目录）

一、竣工报告 建设单位综合报告建设全过程的主要情况，竣工验收准备情况，正式提出竣工验收申请。

附件包括

1. 建设情况报告
2. 建设工作概况及质量评定报告
3. 工程质量评定报告
4. 试生产情况报告
5. 材料消耗情况报告
6. 竣工决算情况报告
7. 安全、消防、劳动保护卫生情况报告
8. 环境保护设施验收报告
9. 合同外事工作情况报告
10. 竣工资料档案整理编制工作情况汇报

二、建设工作总结报告 主要包括工程概况、进度、项目管理、经验、教训总结等。

注：小型项目及没有引进设备，可简化上述报告，各项内容可以合并为一个报告。

非生产项目（工程）可参照上述要求，根据项目情况编报竣工报告。

轻纺出口产品建设项目按《轻纺出口产品建设项目竣工验收办法》填报《竣工验收考核表》。

关于颁发《纺织机械、器材企业设备管理规定》的通知

（1992年2月24日纺织工业部发布）

［92］纺技字第013号

我部委托中国纺织机械工业总公司起草的《纺织机械企业设备管理规定》，经广泛征集意见，多次修改后，现已定稿。该规定同样适用于纺织器材企业。现将《纺织机械、器材企业设备管理规定》印发给你们，希认真贯彻执行。要求各省（市）纺机纺器企业主管部门和集团公司对所属纺机纺器企业组织宣传贯彻。骨干和重点纺机纺器企业应在1992年内按本规定要求结合本企业实际，修订企业的设备管理制度，加强设备管理，提高维修水平，保证产品质量和企业经济效益的提高。

本规定自颁发之日起实行，原《纺织机械企业设备管理条例》即行废止。今后贯彻中有何问题，希及时向部技术装备司反映。

附件：纺织机械、器材企业设备管理规定

附　　件

纺织机械、器材企业设备管理规定

第一章　总　　则

一、为贯彻国务院《全民所有制工业交通企业设备管理条例》和《纺织工业企业设备管理制度》，加强设备管理，结合纺织机械、器材企业情况，特制订本规定。

二、企业的设备管理应当依靠技术进步，促进生产发展和预防为主，坚持设计、制造与使用相结合；维护保养与计划检修相结合；修理、改造与更新相结合；专业管理与群众管理相结合；技术管理与经济管理相结合的原则。

三、企业设备管理的基本任务是：贯彻国家有关设备管理的方针、政策、法规和规定，通过技术、经济和组织措施，对企业主要生产设备进行综合管理。做到统筹规划，合理选购，及时安装，正确使用，精心维护，科学检修，安全生产，适时更新改造，使设备经常保持良好的技术状态。不断改善和提高企业的技术装备素质，充分发挥设备的效能，以取得最佳设备投资效益。

四、企业设备管理的范围是指对构成企业固定资产的生产用设备的管理。企业应当积极采用先进的设备管理方法和科学技术新成果，不断提高设备管理和维修技术水平。

五、企业各级领导要重视设备管理，在厂长（经理）的职责和责任制里，都必须明确地把保持设备完好和提高企业装备素质作为目标管理的一项重要内容，作为考核企业承包经营工作的主要指标之一。

第二章　组织机构及职责

六、按照统一领导，分级管理的原则，企业应建立、健全设备管理机构。合理配置人员，保持专业人员（包括车间机械员）的相对稳定。

七、各级设备管理部门和人员的主要职责：

1. 厂长

要对本企业设备管理的方针目标中长期发展规划、重大技改项目作出决策；在厂长任期目标中，必须列入主要设备完好率、设备新度系数、无重大设备事故等主要经济、技术考核指标。

2. 主管副厂长（总工程师）

（1）负责贯彻执行国家和上级有关设备管理的方针、政策、法规和规定，并保证付诸实施。

（2）推行设备综合管理工作，组织制订本企业设备管理的工作计划、规划、规章制度和经济、技术指标。

（3）负责管好、用好设备折旧基金和大修理基金。

（4）定期组织设备的检查评比工作。

3. 设备管理部门

（1）执行上级有关设备管理的方针、政策、法规和规定。

（2）组织贯彻与实施本企业的各项设备管理，维修的有关规章制度、规程及相应的考核办法。

（3）负责完成年度设备的各项经济、技术指标，编制和完成企业年度设备各类检修计划。

（4）负责设备管理全过程的各项业务，对设备使用部门进行业务领导。

（5）做好设备管理各项经济、技术指标的统计分析，并及时向主管领导提出报告。

（6）负责设备事故的归口处理。

（7）积极推行先进的设备管理方法和维修新技术。

（8）加强生产设备的现场管理。组织开展群众性的设备维护活动，抓典型，总结推广先进经验。

（9）组织设备管理和维修人员的技术业务培训。

4. 设备使用部门

（1）学习并执行设备管理的有关方针、政策、规定和规章制度，协调好本部门生产与维修的关系。

（2）必须有一名行政领导分管本部门设备工作。设备使用部门必须设立专职（或兼职）机械员负责本部门设备管理与维修的全面工作，行使相当于工段长的职权。生产班组要设立设备员，开展群众性的“三好”（即管好、用好、维修好），“四会”（即会使用、会保养、会检查、会排除故障）活动。

（3）使用部门的维修人员要努力钻研维修技术，提高维修水平，做好日常维护、保养、检修及巡回检查工作，完成检修工作，做好重点设备包括工序质量控制点设备和特种、动能设备的点检与巡回检查工作。

第三章　设备的前期管理

八、企业设备管理部门负责或参与设备更新、技术改造、自制设备和零星购置设备的前期管理工作，包括调研、规划、选型购置（设计、制造）、安装、调试。

参与基建、改（扩）建工程、公用设施（风、水、气、汽、电等）的设计审查和施工验收。建立设备验收交接制度，要有严格的交接手续，把好验收质量关。

九、从计划、调研开始到验收交接为止的设备前期管理，设备管理部门要有完整的技术文件和管理资料。及时建档，为设备后期管理创造条件。自制设备经过验收，性能达到设计要求，技术资料齐全、正确、符合固定资产标准的，要建档，并纳入固定资产进行管理。

十、对精大设备、数控设备、进口设备，设备管理部门必须参与选型调查和考察，提出可靠性、维修性和经济性方面的论证，以及备件、润滑油品和安装、维修所需的技术资料、人员培训等方面的要求。设备到达后，应当认真验收，及时安装、调试和使用，对进口设备更应抓紧，必须在索赔期内做好有关工作，避免不应有的经济损失。

十一、设备管理部门要加强信息工作，广泛收集设备科技发展及市场信息和设备使用的意见，为做好设备选型提供依据，同时将有关部门及意见及时反馈有关单位。

第四章　设备的基础管理

十二、企业建立健全设备的各项管理制度和考核办法，工作流程畅通到位，工作有标准、有规范，使用表式力争与行业统一。

十三、企业设备管理部门必须按照规定对设备逐台统一编号，建立设备卡片和台帐，健全设备档案，做到技术资料齐全。进口设备的技术资料应及时翻译入档，每年进行复查核实，做到帐、卡、物相符。

十四、预计停用半年以上设备，应按规定办理封存手续，不提折旧。对于因工艺调整、产品转产确定不需用的闲置设备，企业应积极进行处理，纳入固定资产设备的转让或报废，按国家有关规定办理。

十五、企业应制订设备事故管理制度。对发生的事故要按“三不放过”（即原因不清不放过，责任者和群众未受教育不放过，没有防范措施不放过）的原则严肃处理。

设备事故分：

一般事故——修复费用一般设备在500元到1万元；精大设备在1000元到3万元；或因设备事故造成全厂电力中断10～30分钟。

重大事故——修复费用一般设备在1万元以上，精大设备在3万元以上或因设备事故造成全厂电力中断30分钟以上。

特大事故——修复费用达30万元以上或因设备事故电力中断造成全厂停产2天以上。

重大事故和特大事故应及时上报上级主管部门。

十六、动力设备要设专人管理，严格遵守安全技术操作规程，定期进行预防性试验。加强巡回检查，保证安全、可靠、经济、合理运行，防止跑、冒、滴、漏，做好能源节约工作。一般动力设备、管道和线路安装、改装须经设备动力主管部门审查，重大的由企业主管领导审批。动力站房有平面布置图，管线有分布系统图，修改有记录。起重运输设备、工业炉窑、压力容器、变配电等重要设备的安装、使用、改装、修理、更新均需严格按照有关安全规定执行，企业安技主管部门应予以监督。

十七、要加强对设备管理各项经济、技术指标、设备维修和状态信息的统计分析工作，做到原始凭证、图表齐全、数据正确。对上报的统计报表，填写要清晰完整，数据要准确，上报要及时。

十八、企业要制订设备检修的工时、材料消耗和资金占用定额，要合理使用设备维修费用。对大修理费用要实行单台核算，企业大修理成本和万元产值维修费用要有统计分析，力求经济合理。

十九、企业要设置润滑站（组），车间要设润滑点，要配专（兼）职润滑技术人员及润滑工，建立健全润滑管理制度，配备必要的润滑器具。要做好节约、回收工作。企业在执行润滑“五定”（定人、定点、定质、定量、定期）的基础上，推行根据油质实际状态监测来确定换油时间的科学方法。进口设备的润滑油应积极设法寻找国产代用油品。

二十、企业要组织好设备维修用备件的生产、保管和供应工作，编制备件储备定额。按设备购置原值的2%～4%核算。

建立备件帐卡，积极处理积压，做到备件储备合理、经济。要重视进口设备的备件储备，加强备件的厂际协作工作，在确保使用的前提下，积极采取国产代用。

二十一、企业的设备管理和维修工作，要逐步实现计算机辅助管理，提高设备管理与维修工作的现代化水平。

第五章　设备的使用和维护

二十二、操作工人必须经过培训学习，达到工种“应知”“应会”要求，考试合格取得操作证后，方能独立操作。

对电气、锅炉、压力容器、焊接、起重运输等特殊工种的操作和维修人员，必须按国家有关规定进行专门培训，经考试取得合格证后方可操作。

操作工人必须熟悉所用设备的结构、性能，切实掌握“三好”“四会”的要求。

二十三、设备的使用要定人定机，凭证操作，严格实行岗位责任制。

多班制生产的主要设备，操作工人必须执行设备交接班制度；精大和重要设备要有运行记录。

二十四、操作工人要严格遵守设备操作规程，合理使用设备。严禁“精机粗用”、超负荷、超规范、拼设备。如遇违章指挥现象，设备管理部门和人员有权制止，操作工人有权拒绝操作。

二十五、操作工人要严格执行设备保养的各项制度，结合文明生产，搞好设备的日常保养、定期保养，保持设备的“整齐、清洁、润滑、安全”。

要把定期保养的工时纳入生产计划中去，各有关部门要对设备保养的情况定期检查、考核。

第六章　设备的检修

二十六、企业应根据本企业设备的实际情况，结合生产安排，编制设备的年、季检修计划，设备检修计划必须纳入企业各级生产计划下达考核。

二十七、维修工作要实行区域维修负责制，对分工负责管辖范围的设备巡回检查、计划检修和故障检修，并做好记录。对关键设备要进行日常点检和定期点检，并做好记录。/

二十八、设备修理应以状态监测为基础，结合运行台时、修理周期采用多种维修方式进行。其方式分为：大修理、项目修理、小修理。

二十九、加强设备技术状态管理，采用先进的故障诊断和状态监测技术，根据设备实际技术状态，对状态劣化项目实行针对性修理（项目修理）。

三十、检修人员要严格遵守检修规程，执行检修技术标准，建立验收交接制度，保证检修质量。

三十一、积极运用系统工程、价值工程网络技术等先进的管理方法，采用新设备、新技术、新工艺、新材料，降低修理费用，提高维修质量。

三十二、严格遵守国家有关规定提取使用大修理基金。

第七章　设备的更新与改造

三十三、企业要根据产品发展规划，结合工艺改进和设备技术状态，本着技术进步、投资有效的原则，编制技术改造和设备更新的中长期规划和年度计划，有重点、有步骤地组织实施。

三十四、重大的设备更新与改造项目，必须在主管副厂长或总工程师组织下进行技术经济论证，按有关规定上报审批。

三十五、属于下列情况之一的设备应报废更新：

1. 经过预测，继续大修理后技术性能仍不能满足工艺要求和保证产品质量的；

2. 技术性能落后，耗能高，效率低，经济效益差的；

3. 大修理虽能恢复精度，但不如更新经济的；

4. 严重污染环境，危害人身安全与健康的，进行改造又不经济的；

5. 国家和有关部门规定淘汰的设备。

三十六、企业出租、转让、报废设备所得变价收益，必须用于设备的更新和改造。

三十七、严格按照国家规定，提取使用折旧基金，用于更新和改造，不得挪作他用。更新改造设备应及时办理增值手续。

第八章　教育和培训

三十八、对设备管理维修人员的培训应有计划，并纳入企业的培训规划。设备管理维修基础理论知识的教育应列入企业职工教育的内容里，以增强全体职工的设备管理意识。设备管理、维修人员参加的专业培训，企业应在时间、物质和费用上给予保证。

三十九、要特别重视对设备维修工人的培训，要及时从新工人中挑选素质好、责任心强的人经过专业培训充实到维修队伍中来。企业要重视培养机电一体化的人才，加强维修队伍的力量，提高设备维修水平。

四十、企业应积极支持设备管理人员、维修人员参加各种形式的经验交流会、专题研讨会，通过交流学习，不断提高他们的业务技术水平。

第九章　奖励与惩罚

四十一、企业应定期开展设备管理工作的厂内评比竞赛活动，并对做出下列显著成绩的职工和集体，根据贡献大小给予荣誉奖励、物质奖励和晋级奖励。

1. 设备维护保养信得过“标兵”；

2. 设备维修能手，为设备经常保持良好技术状况，保证产品质量，促进生产发展作出较大贡献者；

3. 发现设备隐患，及时防止重大事故的；

4. 推行现代化设备管理取得显著成效的；

5. 在大修结合改造更新和维修技术上有改革创新的。

四十二、企业主管部门对因设备管理混乱、设备严重失修、技术状况劣化而影响生产或使用国家财产遭受重大经济损失的企业，应责令其限期整顿，并根据情节轻重追究企业领导人员或有关责任人员的行政责任。

企业对下列行为之一的直接责任者和有关领导，根据情节轻重追究经济责任和行政责任，构成犯罪的由司法机关依法追究刑事责任。

1. 凡超温、超压、超速、超负荷进行生产，违反设备操作、使用、维护、检修规程，玩忽职守、违章指挥等造成设备事故和经济损失的；

2. 对特大、重大事故隐瞒不报或弄虚作假的；

3. 未使用或停用设备，因保管不良造成报废的。

第十章　附　　则

四十三、本规定适用于纺织机械和纺织器材企业。企业可根据本规定制订实施细则。本规定由纺织工业部技术装备司负责解释。

四十四、本规定自颁发之日起实行。原《纺织机械企业设备管理条例》即行废止。

关于印发《纺织工业行业协会管理暂行办法》的通知

（1992 年 4 月 28 日纺织工业部发布）

［92］纺体字第 14 号

改革开放以来，纺织工业行业协会得到迅速发展。许多协会以“双向服务”为宗旨，为本行业做了大量有益的工作。但各地区行业协会的发展很不均衡，协会在开展工作中也遇到许多内部或外部的问题。为了充分发挥行业协会在纺织行业中的桥梁纽带作用，促进其健康发展，我部从 1991 年起，根据国家公布的《社会团体登记管理条例》，在我部 1988 年发布的《关于纺织工业行业协会的暂行管理办法》的基础上，开始起草《纺织工业行业协会管理暂行办法》，起草过程中分别征求了民政部和我部有关司局、纺织工业全国性协会以及部分地方协会的意见。经过多次修改，拟定了《纺织工业行业协会管理暂行办法》。现发给你们试行。对试行中提出的意见，请反映到我部体制改革司行业处。

附件：纺织工业行业协会管理暂行办法

附　　件

纺织工业行业协会管理暂行办法

第一章　总　　则

第一条　为了发挥纺织工业各行业协会在政府和企业间的桥梁纽带作用，促进其健康发展，根据《社会团体登记管理条例》（以下简称《条例》）及国家有关规定，结合纺织工业实际情况，制定本办法。

第二条　本办法所称纺织工业行业协会（以下简称协会）系指棉纺织、毛纺织、麻纺织、丝绸、化纤、印染、色织、针织、复制、服装、纺织机械器材及无纺布等行业的全国性和地方性社会团体。

第三条　纺织工业行业协会是由同行业企业、相关事业单位和社会团体自愿组成的社会团体。会员不受部门、地区和所有制的限制。

第四条　行业协会的宗旨是：为企业和政府部门服务，维护会员的合法权益，协助政府部门加强行业管理，促进全行业健康发展。

第五条　纺织工业部为纺织行业全国性协会的业务主管部门，地方各级纺织工业主管部门一般为所辖区内纺织工业行业协会的业务主管部门。

业务主管部门负责的主要内容有：

（一）制定组建行业协会的规划，并组织实施。

（二）批准协会筹备机构的成立，审查协会的成立、变更、终止、年检登记等事项，配合民政部门对协会依法管理。

（三）向协会通报国家及行业的有关政策、信息，转发有关文件，吸收其参加有关会议。

（四）听取协会的工作报告及其对行业发展的意见和建议，指导或协助协会开展有益于本行业的各种活动。

（五）向有关方面反映协会的愿望与要求，做好协调、疏通工作，帮助协会解决实际困难。

第六条　各级纺织工业主管部门应尊重行业协会的自治权利和合法权益，支持协会依照章程独立开展工作。

行业协会也应自觉接受政府有关部门的指导、管理和监督。

第二章　协会的成立

第七条　根据国家关于行业划分的标准和纺织工业的实际情况，纺织工业可成立棉纺织、毛纺织、麻纺织、复制、丝绸、化纤、印染、色织、纺机纺器、针织、服装、无纺布等行业协会。在同一区域的同一行业不得重复成立名称、宗旨、性质、任务等相同或相似的社会团体。

第八条　成立行业协会应具备下列条件：

(一) 要有代表性和广泛性。协会的成员应包括不同系统、不同所有制的同行业骨干企业和科研、教学等事业单位。

参加协会的企事业单位，一般应占本行业企事业单位数的50%以上或产值占本行业的70%以上。

(二) 有符合有关法律规定，反映协会成员共同目的和要求的章程。

(三) 有固定的办事机构及办公场所。

(四) 有合法的经费来源。

(五) 能够独立承担民事责任。

第九条　成立协会要协调好同已成立的全国性或地方性协会的关系。地方协会可以为全国协会的团体会员，接受全国协会章程的约束。

第十条　协会的筹备、报批程序：

(一) 成立行业协会，首先由发起单位向业务主管部门提出筹备申请。成立全国性协会，向纺织工业部提出申请；成立地方性协会，向地方相应的业务主管部门提出申请。经业务主管部门批准后（要正式行文），方可成立筹备机构。

(二) 申请筹备的文件应载明以下事项：

1. 参加筹备的单位和筹备机构的领导人；

2. 拟成立协会的名称、宗旨及主要任务；

3. 本行业的现状，成立协会的必要性；

(三) 协会筹备机构按《条例》和本办法第八条筹备完毕后，向业务主管部门提交资格审查材料，由业务主管部门进行资格审查。

提交资格审查材料应包括：

1. 筹备机构负责人签署的成立申请书；

2. 符合《条例》规定的章程（草案）；

3. 筹备情况报告；

4. 办事机构地址及产权单位开具的房屋使用证明；

5. 拟定负责人（副秘书长以上）的姓名、年龄、住址、职业及简历；

6. 机构设置情况；

7. 会员名单。

(四)业务主管部门收到协会筹备机构送交的资格审查材料后，应当在30日内，做出同意成立或不同意成立的答复，并抄送同级民政部门。

(五)协会筹备机构持业务主管部门审查同意的文件，连同《条例》规定的其他材料，到民政部门申请登记。

第十一条　行业协会的成立，以在民政部门核准登记为准。未经核准登记，不应以协会的名义进行活动。

第三章　协会的组织建设

第十二条　行业协会组织机构的设置由会员民主商定，不应套用行政机构的设置办法。

第十三条　行业协会的权力机构为会员大会（或会员代表大会，下同），其基本职责有：讨论、通过章程及工作方针；听取审查工作计划和报告；选举产生和改选理事会以及决定协会其他重大事项。

第十四条　会员大会应有2/3以上代表出席才能召开；大会决议须经出席代表的半数以上同意方可通过。

第十五条　行业协会根据工作需要，可设理事会和常务理事会。经选举可产生理事长、副理事长（或会长、副会长），协会主要领导人实行任期制。

第十六条　理事会应设办事机构负责办理日常事务。并可根据需要设置若干专业机构开展工作。

第十七条　行业协会的团体会员应是依法取得营业执照的同行业企业、相关事业单位和社会团体。协会还可以吸收一些专家、学者以及对行业有突出贡献的人士为个人会员。

第十八条　会员的权利：参与协会的管理，有建议权、监督权和批评权；参加协会举办的活动，优先享用协会提供的各种服务；行使表决权、选举权和被选举权；有申请退会的自由等及其他应有的权利。

第十九条　会员的义务：遵守协会章程，执行协会决议，完成协会委派的任务，按协会要求提供有关资料、信息，按规定交纳会费等及其他应尽的义务。

第二十条　会员因自行停业、破产、依法被撤销，以及不履行会员义务等原因，可申请退会或予以除名。

第四章　协会的行为规范

第二十一条　行业协会的任务：

(一) 开展对本行业基本情况的调查研究，对基础资料的收集、统计和分析工作。

(二) 通过开展信息咨询服务、组织经验交流、推广新技术和人才培训等多种方式，帮助企业提高整体素质。

(三) 协调行业内企事业单位之间生产经营、技术合作中的问题，推动横向联合与专业化协作，在产品出口、技术引进等方面，协助政府部门对全行业起统一协调的作用。

(四) 向政府有关部门提出行业发展规划、技术经济政策、行业技术标准等方面的建议；协助政府部门贯彻技术经济政策和法令法规；完成政府部门委托的行业管理任务。

(五) 维护会员的合法权益，反映会员单位的正当愿望，代表行业与政府有关部门或相关行业协调解决本行业生产、经营以及科研、教育等实际问题。

(六) 发展与国外同行业及相关行业组织的联系，开展国际间经济、技术和管理等多方面的合作与交流。

(七) 组织会员协商订立行规行约，开展有益于本行业的各种活动。

(八)承办政府部门、会员单位等委托的其他事项。

第二十二条 行业协会不得从事下列活动：

(一) 以盈利为目的的经营性活动；

(二) 从事行业垄断和限制行业内部正当竞争；

(三) 干涉会员单位的自主权；

(四) 利用政府的委托或授权谋取不正当权益；

(五) 其他与协会的性质和宗旨不相符的活动

第五章 协会的日常管理

第二十三条 协会的财务管理。

协会的财务管理必须按国家有关财务制度执行。并于每一会计年度编制财务预、决算报告，提请理事会审议通过。

协会的经费来源与支出不得超出以下范围：

(一) 经费来源：

1. 会费。会费的收取标准应本着少收费、多服务(包括有偿服务)，尽量减少会员单位负担的原则，由协会民主商定；

2. 资助和捐赠。政府有关部门、企事业单位以及国内外团体和个人的资助和捐赠；

3. 有偿服务收入。包括咨询服务、出版刊物、编印资料、举办展览以及承办政府部门、会员单位和其他单位委托的工作所取得的收入。协会的有偿服务收入应与其他收入分帐核算；

4. 其他合法收入。

(二) 经费支出：

1. 常设机构的办公费用；

2. 开展活动的各项支出；

3. 工作人员的工资、奖金及福利等；

4. 其他合法支出。

第二十四条 协会的人员管理。

(一) 行业协会的编制为社团编制，由民政部门会同业务主管部门核定。

(二) 协会编制内工作人员的工资、奖金、福利待遇等可参照国家对事业单位的有关规定执行。

(三) 协会编制内工作人员的职称评聘工作，按国家有关规定和部署统一执行。

第二十五条 协会的制度建设。

如章程未载明，协会应建立以下规章制度：

(一) 入会与退会组织细则；

(二) 会费的标准与收交办法；

(三) 财务管理及监督制度；

(四) 协会的选举程序；

(五) 内部机构的任务及工作细则；

(六) 协会主要领导人的职责。

第二十六条 协会常设机构的党团组织的管理工作由业务主管部门的党组织或由其委托协会常设机构所在地的党组织统筹安排。

第二十七条 行业协会的会费收取办法，年度工作计划、工作总结，财务预、决算报告等重要规章制度和会议文件，在成立后30日内报业务主管部门备案。协会进行重大活动，应提前告知业务主管部门。

第六章 协会的变更与终止

第二十八条 协会改变宗旨、名称或自行解散，应首先经业务主管部门审查同意后，再按照《条例》有关规定办理变更或注销手续。

第二十九条 协会修改章程、更换副秘书长以上的领导人、改变办事机构地址、改变机构设置等，在改变后的10日内将变更内容报业务主管部门备案。

第三十条 协会以其全部经费和财产，连同所办公益事业承担民事责任。会员不负连带责任。

第三十一条 协会终止时，业务主管部门应负责协会的善后事宜。

第七章 附 则

第三十二条 本办法实施前成立的纺织工业行业协会，如在章程等方面与本办法有抵触的，应在本办法实施之日起1年内予以修订。

第三十三条 本办法适用于经合法手续成立的纺织工业行业性社会团体。纺织行业其他社会团体（学会、研究会等）可参照本办法执行。

第三十四条 本办法如与国家颁布的有关文件有抵触时，以国家有关规定为准。

第三十五条 本办法由纺织工业部负责解释。

第三十六条 本办法自发布之日起实施。1988年发布的《关于纺织工业行业协会的暂行管理办法》同时废止。

关于贯彻《国务院办公厅转发纺织部、国家计委、国务院生产办关于严格控制棉纺、毛纺生产能力和加强化纤生产能力管理意见的通知》的通知

（1992年5月3日纺织工业部发布）

［92］纺计字第041号

为贯彻国务院国办发（1992年）104号文《国务院办公厅转发纺织部、国家计委、国务院生产办关于严格控制棉纺、毛纺生产能力和加强化纤生产能力管理意见的通知》，进一步做好纺织"三大能力"项目的报批及管理工作，现将具体要求通知如下：

一、关于"三大能力"的申请、核准

1. 凡涉及纺织"三大能力"的大中型基本项目，限上技术改造项目，由项目所在省、自治区、直辖市、计划单列市计委（计经委、经委）和纺织行业主管部门向我部正式上报项目建议书，其中大中型基本建设项目主报国家计委和纺织工业部；限上技术改造项目主报国务院生产办公室和纺织工业部，由纺织工业部对项目建议书提出审查意见后，再按现行规定审批程序和权限审批立项。

从1991年起，大中型项目经国家计委批复可行性研究报告后，12个月内如不具备开工条件，没有上报申请开工的，则撤销其项目。

2. 涉及棉纺、毛纺（包括气流纺）、化纤聚合体（不含聚酯项目）与化纤抽丝能力的小型固定资产投资项目（包括三资企业及限下技改项目）的申报，由项目所在省、自治区、直辖市、计划单列市计委（计经委、经委）和纺织行业主管部门向纺织工业部报送项目建议书及有关文件材料，由纺织工业部审查核准能力后，按现行审批程序批准建设。

从1991年起需经我部核准能力的小型项目，18个月内如不具备条件，未批准开工建设的，则撤销该项目。

二、有关设备的进口

引进设备应按国发（1985）90号文及国家计委、海关总署计技改（1990）1558号等文件精神办理进口审查手续。其中列入海关总署关税司和原国家计委技改司联合下发的税则（1991）167号文中暂停进口设备表的设备，项目确需引进并经纺织工业部核准生产能力时明确同意进口的，应按以下程序办理设备引进手续：

1. 首先由项目所在省、自治区、直辖市、计划单列市纺织行业主管部门向纺织工业部及国务院生产办同时报送申请引进设备报告，并附有项目建议书，可行性研究报告及批准文件，项目引进设备所需外汇及配套人民币的落实证明。

2. 纺织工业部对上报材料审查提出意见后报国务院生产办复审。

3. 经国务院生产办批准同意引进的设备，在办理机电设备进口审查手续以后，可以开展对外商务谈判工作。在合同草签后，需经纺织工业部审核设备型号、能力、价格水平等合同内容并向国务院生产办出具函件后，引进设备合同方可对外正式生效。

4. 项目单位办理上述设备引进审批手续后，向经贸部申请领取设备进口许可证并凭证办理海关进关手续。

三、有关项目立项后的计划管理工作

1. 凡经纺织工业部核准新建、扩建、改建、更新、改造等纺织工业"三大能力"项目，项目所在地的纺织行业主管部门应将该项目的项目建议书、可行性研究报告、扩初设计、开工申请报告及相应批准文件抄报纺织工业部综合计划司。基本建设大中型项目批准项目建议书后；限上技改项目与小型基建项目批复基建项目批复可行性研究报告后，可分别上报列入纺织工业部年度建设计划或技术改造计划；涉及"三大能力"的技改项目同时应报列建设计划。

2. 项目在正式开工建设之前，应编制好项目建设进度总体网络计划，科学、合理地组织项目建设。并应及时做好工艺技术、原辅料供应、生产管理、人员培训等生产前准备工作。

3. 项目开工建设后，项目建设单位每季度应同时向纺织工业部综合计划司、当地纺织行业主管部门、有关银行等单位报送工程情况简报和有关工程进度情况汇报。

4. 各地纺织行业主管部门应按国务院国发(1991)38号文及国家计委《关于试编两年滚动计划的暂行办法》的规定，及时编制和报送下一年度和第三年度的滚动计划，并于年底报送本地区"三大能力"新增情况。

关于贯彻《改进纺织工业经济评价考核指标实施方案》的通知

(1992年5月6日纺织工业部发布)

纺计［1992］045号

国务院国发(1992)10号文件，批转了国家计委、国务院生产办公室、国家统计局《关于改进工业生产评价考核指标的报告》，对国务院各有关部门和各级地方政府提出了贯彻实施的具体要求。近日国家统计局、国家计委、国务院生产办公室又以统制字(1992)132号文对国务院各有关部下发了通知，制定了工业部门的上报内容和具体落实措施。其内容包括：纺织工业生产、经济效益和主要产品产、销、存等三部分。根据以上部署，纺织工业部拟建立和完善三张报表：(1)建立《纺织工业综合统计月报》，受表单位为：纺织工业部综合计划司，各省市、自治区、计划部门上报时间为季后20日前。(2)充实《纺织工业主要财务指标快报》，受表单位为纺织工业部经济调节司。以上两表均为系统内全部工业企业。季度财务部门的上报时间为季后22日前；月度重点大中城市财务快报的格式同季报，报送时间仍为月后8日前，从7月份开始正式报送(报送6月份快报)，取消国营大、中型纺织企业季报。经济调节司于季后28日前汇总后送计划司，由计划司统一上报国家统计局。(3)完善《纺织工业主要产品收、拨、存月报》，受表单位为纺织工业部生产协调司，各省、市、自治区上报时间为月后15日前，生产协调司汇总后于月后20日前上报国家统计局。(以上三种表式及指标内容见附表)

这次改进工业经济评价考核指标，意义重大，涉及到行业和企业计划、统计、财务、生产等管理指标体系的重大变化，是经济管理的战略性转移。工作量和工作难度也相当大，希望各部门和各企业加强对这项工作的组织领导，对承办这项工作的具体单位在人力、设备、经费等方面给予保证，确保此项工作顺利进行。

上述通知及附表从1992年6月份开始执行。

附　件：改进纺织工业经济评价考核指标实施方案

附表1：纺织工业综合统计月报

附表2：纺织工业主要财务指标快报

附表3：纺织工业主要产品收、拨、存月报

附　件

改进纺织工业经济评价考核指标实施方案

为了贯彻落实国务院批转的国家计委、国务院生产办公室、国家统计局《关于改进工业生产考核指标的报告的通知》和国家统计局《改进工业经济评价考核指标实施方案》，结合纺织工业的情况制定本实施方案。

一、改进评价考核指标的基本内容：

1. 建立工业增加值统计，全面反映纺织工业生产经营的最终成果。工业增加值在现价工业净产值指标的基础上计算。为了反映纺织工业增加值的速度，可暂按同期不变价工业总产值与现价工业总产值相比的系数，将现价工业增加值调整为按不变价计算的工业增加值，供内部分析使用。

2. 建立工业销售产值统计，反映纺织工业生产已实现产品销售的规模和速度。工业销售产值同时采用现价与不变价两种价格计算。用现价工业销售产值与现价工业总产值相比计算纺织工业产品销售率，用不变价销售产值进行纵向对比计算纺织工业销售发展速度。

3. 建立纺织工业经济效益评价考核指标体系，从各种生产要素的投入产出对比关系上全面反映纺织工业经济效益。根据目前统计资料的实际情况，选择以下六项指标进行评价考核：①工业产品销售率；②工业资金利税率；③工业成本利润率；④工业净产值率；⑤工业全员劳动生产率（按净产值计算）；⑥流动资金周转次数。

同时，在以上六项指标的基础上试算纺织工业经济效益综合指数，据此对不同地区、行业进行横向和纵向对比分析，作出综合评价。

4. 建立主要财务指标统计，以满足评价考核纺织工业经济效益所需的资料。其主要指标包括：销售收入、销售成本、销售税金、利润总额、固定资产净值、流动资金占用额等；同时，为反映库存积压及贷款拖欠情况，还包括产成品资金、发出商品、应收及预付货款、应付及预收货款等指标。

二、纺织工业有关定期统计报表的调整内容和上报时间

1. 建立两张定期综合统计报表（见附表）。

(1) 建立《纺织工业生产综合季报》。本表的统计范围为纺织工业系统内全部工业企业。上报时间：季后20日前。受表单位：纺织工业部综合计划司。

(2) 充实《纺织工业主要财务指标快报》。本表统计范围同上。季度上报时间：季后22日前。受表单位：纺织工业部经济调节司。

上述两张综合统计报表，由各省、自治区、直辖市、计划单列市的纺织、丝绸工业厅、局（公司）计划、财务部门分别汇总上报。纺织工业部经济调节司于季后28日送计划司，由计划司统一上报国家统计局。

2. 完善原纺织工业主要产品产、销、存报表（现名纺织工业主要产品收、拨、存月报），这张表对分析纺织工业产、销形势十分重要，本方案对原纺生定月10表略作修改，受表单位：纺织工业部生产协调司，上报时间：月后15日。为了保证统计数据质量，各省、市厅（局）要切实加强销售统计工作，厅局领导和综合统计部门加强督促、检查和指导。

3. 新建立的定期报表，从1992年6月份开始执行。其他各项定期统计报表仍按原报表制度执行。

这次改进工业经济评价考核指标，意义重大，涉及到行业和企业计划、统计、考核、评价管理指标体系的重大变化，是经济管理的战略转变。纺织工业部领导对这项工作给予了高度重视，专门召开了部长办公会议，听取汇报并指出坚决按国务院10号文件的精神组织实施。希望各部门加强对这项工作的组织领导，对承办这项工作的具体单位给予人力、财力等方面的支持，确保此项工作顺利进行。

三、新增指标的解释及计算方法

1. 工业增加值：指工业行业在报告期内以货币表现的工业生产活动的最终成果。

由于目前统计核算指标的局限性，季度工业增加值，由各省、市纺织工业厅、局以及有关上报单位根据季度工业净产值及有关资料推算，推算公式为：

工业增加值＝工业净产值－支付给非物质生产部门的费用－利息支出＋固定资产折旧＋大修理基金。

2. 工业销售产值：以货币表现的工业企业在一定时期内销售的本企业生产的工业产品总量。包括已销售的成品、半成品价值，对外提供的工业性作业价值和对本单位基本建设部门、生活福利部门等提供的产品和工业性作业及自制设备的价值。已销售的成品、半成品不论是本期生产的，还是上期生产的，只要是本期销售出去的均包括在内。对外提供的工业性作业是指企业按合同对外提供的劳务。企业为本单位基本建设部门、生活福利部门等提供的产品和工业性作业及自制设备也应视同销售，这部分也作为销售统计。

工业销售产值的计算范围、计算价格和计算方法与工业总产值一致，但二者的计算基础不同。工业销售产值计算的基础是产品销售总量，不论是否本期生产，只要是本期销售的都应计算工业销售产值，而工业总产值的计算基础是工业产品生产总量，只要是本期生产的不论是已销售的还是尚未销售的都要计算工业总产值。

工业销售产值分别按现价和不变价两种价格计算。根据工业销售产值的计算原则，现价工业销售产值中的销售成本价值按实际销售量乘其实际销售价格计算求得，具体计算公式为：销售成品价值＝（报告期某种产品销售量×该产品的实际销售单价）；对外提供的工业性作业销售产值按实际结算的劳务费计算；企业为本单位基本建设部门、生活福利部门等提供的产品和工业性作业及自制设备，可参照同类产品和设备的销售价格或实际成本价格计算销售产值。自行完成的本企业的工业性作业价值，按报告期实际完成工业性作业的核算成本计算销售产值。

不变价格工业销售产值的计算公式为：工业销售

产值＝［报告期某种产品销售量×该产品（或工业性作业）1990年不变价格］

计算报告期工业销售产值所依据的销售数量和日期，分别按以下情况确定：

（1）采用送货制销售的，产品如由本企业运输部门发运，则以产品出库单上的数量、日期为准，如委托专业运输部门发运，则以运输部门的承运单上的数量、日戳为准。

（2）采用提货制销售的，以给用户开具的发票和提货单上的数量、日期为准。

（3）交给商业部门“代销”的产品，以企业收到商业部门返回货款的日期为准。

产品尚未生产出来，已预收货款或预开提货单的，不应算作销售。

3．工业经济效益综合指数：以各项经济效益指标分别除以该项指标的纺织工业的标准值，乘以各自的权数，加总后除以总权数求得，计算工业经济效益综合指数，可以使全国和纺织工业系统分别有一个统一的指标体系和统一的经济效益评价标准，克服以往以上年为基础进行环比出现的“鞭打快牛”的弊病。计算公式为：

工业经济效益综合指数＝［（某项经济效益指标报告期数值÷该项指标全国（或纺织工业部）标准值）×权数］÷总权数

上式中总权数为100，按照各项工业经济效益指标在综合经济效益中的重要程度，分别确定下列权数：工业产品销售率为15，工业资金利税率为30，工业成本利润率为15，工业净产值率为10，工业全员劳动生产率为10，流动资金周转次数为20。

全国标准值的确定是根据上述指标“七五”期间的年度数据加权平均计算的，分别为：工业产品销售率97.48，工业资金利税率13.55，工业成本利润率8.41，工业净产值率29.01，工业全员劳动生产率5683，流动资金周转次数1.83。

全国纺织工业标准值亦根据上述方法计算，分别为：工业产品销售率95，工业资金利税率14.29，工业成本利润率7.70，工业净产值率24.55，全员劳动生产率5528，流动资金周转次数2.21。

4．工业产品销售率：指报告期销售产值与同期全部工业总产值之比，反映工业生产已实现销售的程度。计算公式为：

$$\text{工业产品销售率（\%）}=\frac{\text{报告期现价工业销售产值}}{\text{报告期现价工业总产值}}\times 100\%$$

5．工业资金利税率：指报告期已实现的利润、税金总额与同期全部资金（固定资产净值与全部流动资金之和）平均余额之比，反映企业资金运用的经济效益。计算公式为：

$$\text{工业资金利税率（\%）}=\frac{\text{报告期实现利税总额}}{\text{报告期全部资金平均余额}}\times\frac{12}{\text{累计月数}}\times 100\%$$

实现利税总额是指企业的产品销售税金、教育费附加、资源税和利润总额4项之和。

6．工业净产值率：指报告期工业净产值与同期工业总产值之比，反映降低物化劳动消耗的经济效益。计算公式为：

$$\text{工业净产值率（\%）}=\frac{\text{报告期工业净产值（按现价计算）}}{\text{报告期现价工业总产值}}\times 100\%$$

7．工业成本利润率：指报告期实现利润与产品销售工厂成本之比，反映降低成本的经济效益。计算公式为：

$$\text{工业成本利润率（\%）}=\frac{\text{报告期实现利润总额}}{\text{报告期销售工厂成本}}\times 100\%$$

8．工业全员劳动生产率：指报告期工业企业平均每个职工新创造的价值，反映活劳动的经济效益。计算公式为：

$$\text{全员劳动生产率（元/人）}=\frac{\text{报告期工业净产值（按现价计算）}}{\text{报告期全部职工平均人数}}\times\frac{12}{\text{累计月数}}$$

9．流动资金周转次数：指一定时期内流动资金完成的周转次数，反映流动资金的周转速度。计算公式为：

$$\text{流动资金周转次数}=\frac{\text{产品销售收入}}{\text{全部流动资金平均余额}}\times\frac{12}{\text{累计月数}}$$

全部流动资金月平均余额为期初、期末全部流动资金占用额之和÷2。

四、有关经济指标解释

1．产品销售收入：指企业产成品、自制半成品和工业性作业商品产品的销售收入。

2．产品销售税金：指企业已销售的商品产品应交纳的产品销售税金。包括产品锐、增值税、营业税和城市维护建设税等税金。

3．产品销售工厂成本：指企业已销售的商品产品的实际二厂成本。

4．销售及其他费用：指企业在商品产品销售过程中所发生的各项费用，以及按照国家规定从销售收入中列支的工资增长费用、教育费附加等费用。包括：销售费里开支的工资、职工福利基金、包装费、运输费、展览费、广告费、工资增长费用、教育费附加、技术转让费、技术开发费、其他。

5．利润总额：指企业实现的利润总额（亏损以“－”号表示）。包括实行资金有偿占用办法的企业按规定应从销售收入中交纳的固定资金占用费和流动资金占用费。

6．全部所得税、调节税、利润已交数：指企业实际已上交财政的（包括交纳本期应交和年初欠交的）利润、所得税、调节税、承包费、固定资金占用费和流动资金占用费等。包括原“以税代利”试点企业本期内实际已上交财政的资源税、收入调节税，以及企业通过主管部门上交财政的利润（不包括上交管理费和主管部门留利，不包括已交的产品销售税金和资源税)。

7. 企业留利：指企业按照国家规定留用的利润或超收、减亏分成（包括提取的企业基金)。企业如完不成包干任务，用专用基金自行弥补的包干不足数，应以“—”号表示。

8. 固定资产净值平均余额：指企业全部固定资产净值报告期的平均余额。月平均数为本月月初、月末固定资产净值之和÷2。

9. 折旧费：指企业按照核定的固定资产折旧率计算提取的折旧基金。

10. 提取的大修理基金：指企业按照核定的大修理基金提存率计算提取的大修理基金。

11. 全部流动资金期末占用数：指企业报告期占用的全部流动资金的合计数。包括占用的定额流动资金和其他流动资金。

12. 储备资金：指企业报告期末处于生产准备状态的流动资金。包括原材料、燃料、包装物、低值易耗品、委托加工材料以及在途材料等。不包括特准储备物资。

13. 生产资金：指企业报告期末处于生产过程中的流动资金。包括在产品及自制半成品、待摊费用及待摊税金等。

14. 成品资金：指企业报告期末待销产品所占用的流动资金。包括产成品以及企业产品配套出售的外购商品等。

15. 发出商品：指企业所有已按托收承付结算方式发出并已向银行办理托收手续但尚未收到货款和购买单位已经拒绝承付尚未退回的产成品、自制半成品、包装物、材料等的实际成本和代购买单位垫付的运杂费。采用分期收款结算方式销售商品的企业，已经发出尚未收回货款的分期收款销售商品的实际成本，也包括在本项目内。

16. 应收及预付货款：指企业所有采用托收承付和分期收款结算方式以外的其他各种结算方式进行销售而应向购买单位收取的货款和代购买单位垫付的运杂费，以及按照国家规定预付给供应单位或多付给供应单位的款项。

17. 应付及预收货款：指企业购买原材料、商品或接受劳务供应应付给供应单位的款项，以及按照国家规定预收购买单位的货款和多收购买单位的货款。

18. 支付给非物质生产部门的费用：指工业企业在生产和经营管理中对非物质生产部门支付的各种服务费用（即支付给除工业、农业、运输、邮电、商业、建筑业以外的部门，如文教、卫生、金融、保险、环保、公用事业等部门的服务费用)。包括广告费、保险费、养路费、绿化费、差旅费、职工教育经费、城市清洁卫生费、会议费、招待费、上级管理费等。企业在计算这项指标时可按年报中该项的比例分劈或根据计算出的上年的数字比例分劈。计算公式为：

$$\text{报告期支付给非物质生产部门的费用} = \text{报告期生产费用中其他支出}^{*} \times \frac{\text{上年支付给非物质生产部门的费用}}{\text{上年生产费用中其他支出}^{*}}$$

19. 支付给个人的费用：指除工资和职工福利基金以外从成本费用中对本单位职工及本单位以外的个人支付的各种费用如误餐补助、由成本开支的退休职工留用补差费、上下班交通补贴、发给职工的各种生活补贴等。不包括由营业外支出中支付给个人的费用。计算时可参照支付给非物质生产部门的费用的计算公式用年度数字进行分劈。

本方案自今年6月份起执行。

*其他：指工业净产值中除应得产品销售利润和应缴纳的产品销售税金、工资、提取的职工福利基金和利息支出以外的属于国民收入初次分配性质的支出，包括计入生产费用“其他支出”中的非物质消耗部分、销售费用中的其他非物质消耗、从外购燃料费用中扣除的烧油特别税。不包括退休职工的退休金和医药费、职工退职金、死亡丧葬费、抚恤费等劳保支出和编外人员生活费等。

附表1

纺织工业综合统计月报（生产部分）

表号：纺计定综01号
制表机关：国家统计局
文号：统制字（1992）132号

填报单位：

指标名称	计量单位	总计		其中：大、中型企业	
		本季止累计	去年同期累计	本季止累计	去年同期累计
工业总产值（按90年不变价）	万元				
工业总产值（按现价）	万元				
工业增加值（按现价）	万元				
工业销售产值（按90年不变价）	万元				
工业销售产值（按现价）	万元				
工业净产值（按现价）	万元				

续

指标名称	计量单位	总计		其中：大、中型企业	
		本季止累计	去年同期累计	本季止累计	去年同期累计
1. 应得产品销售利润和应缴纳产品销售税金	万元				
其中：应缴纳产品销售税金	万元				
2. 工资	万元				
3. 职工福利基金	万元				
4. 利息支出	万元				
5. 其他	万元				
其中：支付给非物资生产部门的费用	万元				
支付给个人的费用	万元				
全部职工平均人数	万人				
全部职工工资总额	万元				

单位负责人：　　　　制表人：　　　　年　月　日

附表 2

纺织工业主要财务指标快报

编报单位：　　　　单位：万元（不保留小数）

序号	项目	本月累计		上年同期累计		其中：国营本月累计		其中：国营上年同期累计	
		电报挂号	金额	电报挂号	金额	电报挂号	金额	电报挂号	金额
1	汇总企业数	1001		2001		3001		4001	
2	其中：亏损企业	1002		2002		3002		4002	
3	工业总产值（90年不变价）	1003		2003		3003		4003	
4	产品销售收入	1004		2004		3004		4004	
5	销售税金	1005		2005		3005		4005	
6	产品销售利润	1006		2006		3006		4006	
7	亏损企业亏损额	1007		2007		3007		4007	
8	利润总额	1008		2008		3008		4008	
9	归还专项和基建借款的利润	1009		2009		3009		4009	
10	企业留利	1010		2010		3010		4010	
11	应上交所得税、承包费、利润	1011		2011		3011		4011	
12	全部流动资金期末余额	1012		2012		3012		4012	
13	定额流动资金累计平均余额	1013		2013		3013		4013	
14	期末产成品资金	1014		2014		3014		4014	
15	期末储备资金	1015		2015		3015		4015	
16	发出商品	1016		2016		3016		4016	
17	应收及预付货款	1017		2017		3017		4017	
18	应付购货款	1018		2018		3018		4018	
19	期末流动资金银行借款余额	1019		2019		3019		4019	
20	国家流动资金	1020		2020		3020		4020	
21	企业自有流动资金	1021		2021		3021		4021	
22	可比产品实际累计总成本	1022		2022		3022		4022	
23	按上年实际单位成本计算的可比产品总成本	1023		2023		3023		4023	
24	全部产品实际总成本	1024		2024		3024		4024	
25	固定资产原值累计平均余额	1025		2025		3025		4025	
26	固定资产净值累计平均余额	1026		2026		3026		4026	
27	期末平均职工人数（人）	1027		2027		3027		4027	
28	产品销售工厂成本	1028		2028		3028		4028	
29	销售及其他费用	1029		2029		3029		4029	
30	其中：教育费附加	1030		2030		3030		4030	

续

序号	项目	本月累计		上年同期累计		其中：国营本月累计		其中：国营上年同期累计	
		电报挂号	金额	电报挂号	金额	电报挂号	金额	电报挂号	金额
31	期末生产资金	1031		2031		3031		4031	
32	折旧费	1032		2032		3032		4032	
33	提取的大修理基金	1033		2033		3033		4033	

注 ①序号 5 栏填应交税金

②序号 11 栏改填全部所得税、调节税、利润已交数

③序号 18 栏改填应付及预收货款

④序号 28 栏试行价税分流的企业填含税成本

⑤序号 28～33 栏为季度填报项目

附表 3

纺织工业主要产品收、拨、存月报

综合机关： 1992 年　　月

产品名称	计算单位	报送单位	年初库存量	仓库收入量			自产自用量	仓库拨出量											盘盈＋盘亏－	期末库存
				合计	合格品	来料加工		合计	销售									来料加工		
									小计	国内经销部门			外贸部门	再加工企业		军工军需	小计中合格品			
										小计	商业部门			小计	纺织企业					
											小计	当地商业收购								
甲	乙	丙	1	2	3	4	5	6	7	8	9	10	11	12	13	14	15	16	17	18
1. 纺织品金额	万元																			
2. 纱总计	吨																			
3. 坯布总计（不含色织布）	万米																			
4. 其中：棉布	万米																			
5. 涤纶混纺布	万米																			
6. 印染布总计	万米																			
7. 其中：棉印染布	万米																			
8. 涤纶混纺印染布	万米																			
9. 色织布	万米																			
10. 呢绒	万米																			
11. 毛线	吨																			
12. 苎麻布	万米																			
13. 丝织品	万米																			
14. 汗衫背心	万件																			
15. 棉毛衫裤	万件																			
16. 卫生衫裤	万件																			
17. 各种服装	万件																			

填表人：　　　　负责人：　　　　报送日期：　　　年　　月　　日

说　明

1. 产品目录中的产品分类、定义与 1980 年的《生产统计主要指标计算方法》的产品分类、定义一致。

2. “纺织品金额”是指纺织品仓库收、拨、存的全部产成品的货币表现。有生产、销售纺织品的企业均应填报纺织品金额。为使“纺织品金额”的收拨存平衡，本期纺织品单价使用财务报表的纺织品实际销售平均单价为：

$$纺织品实际销售平均单价（财务）=\frac{纺织品累计实际销售金额}{纺织品累计实际销售量}$$

纺织品（收、拨、存）金额＝上期纺织品实际销售平均单价（财务）×本期纺织品（收、拨、存）累计数量。

3. “仓库收入量”是指已经过质量检验、办理入库手续的最终产品的实际入库数量。既包括合格品，还包括具有使用价值的不合格品和上期销售后本报告期退回的产品。退回

的合格品还需要计入仓库收入量的合格品中。

4. "来料加工产品"的统计只计入"仓库收入量"中的"合计"和"来料加工产品"栏目，不计入合格品。在拨出时只计入"仓库拨出量"中的"合计"和"来料加工产品"栏目，不计入销售栏目。

5. "自产自用量"是指企业用于本企业生产、生活消费的成品数量，生产消费包括企业的工业生产用和非工业生产用的数量，如果非工业生产用和生活用进行结算做为商品销售的数量，就不应统计在"自产自用量"内，而应计入销售量中。

"自产自用量"中"本企业生产消费的成品数"包括本企业生产的产品，又作为本企业再加工用的原料，如织布用的自用纱、印染布用的自用坯布等。还包括企业在生产上耗用的自产产品，如打包布、印花衬布，扎绞纱等。

自产自用量＝仓库收入量中的合格品＋来料加工产品生产产量。

6. "仓库拨出量"是指合格品，不合格品及来料加工产品等的"仓库拨出量"。

7. "销售量"是指合格品、不合格品的销售量，不包括来料加工产品。"销售量"按销售去向分类。合格品的销量既计入按销售去向分类的栏目中，也要计入"合格品"的栏目。

8. 国内经销部门是指所有为卖而买的经营纺织品的部门。包括商业部系统、物资部系统、本企业门市部、个体等经营部门或个人。

9. "商业部门"是指商业部系统的各级批发站、供销合作总社及商店。

10. "当地商业收购"是指当地商业部系统的二、三级站的收购。"当地商业收购"数，视同为计划收购数。

11. "再加工企业"是指将购进纺织品作为本企业生产用原料的企业，既包括纺织工业系统内的企业，也包括系统外的企业。如服装厂、制做布娃娃的工厂、鞋厂、汽车制造厂等。

12. "外贸部门"与"纺织品出口交货量报表"统计制度口径一致。

13. 本表指标除呢绒和苎麻布保留两位小数，其余全部取整数。

14. 报送单位数是指填报本表纺织品金额的企业数。

印发《关于贯彻〈国务院进一步加强质量工作的决定〉的意见》的通知

（1992年9月1日纺织工业部发布）

纺生［1992］36号

根据国发［1992］41号《国务院关于进一步加强质量工作的决定》精神，结合纺织工业质量工作实际情况，制定了《关于贯彻〈国务院关于进一步加强质量工作的决定〉的意见》。现印发给你们，请参照执行。

附件：关于贯彻《国务院关于进一步加强质量工作的决定》的意见

附　件

关于贯彻《国务院关于进一步加强质量工作的决定》的意见

为了贯彻《国务院关于进一步加强质量工作的决定》，根据纺织行业质量工作实际情况，提出以下贯彻意见：

一、加快改革步伐，企业领导要进一步牢固树立"质量第一"的思想

纺织工业将在促进企业经营机制转换的基础上，

切实加强、抓好全行业产品质量工作。

第一，各级行业主管部门和企业领导，要切实加强对质量工作的领导；健全质量管理机构，增加质量投入；改进工作方法，讲究工作实效。克服片面追求产值、产量的倾向，切实摆正质量、数量、效益的关系，努力提高质量、发展品种、提高效益。

第二，各地纺织工业主管部门要积极贯彻《全民所有制工业企业转换经营机制条例》，推动企业走上市场。让企业通过市场竞争，进一步牢固树立起“质量第一、用户至上”的思想，把提高产品质量变成企业的自觉行为；同时要加强宏观调控，做好指导、监督、协调和服务工作。为企业创造条件，争取自营出口，增强企业提高产品质量的压力和动力。

第三，分配与产品质量挂钩，进一步改革企业内部分配制度。继续增加产品质量在分配制度中的比重，广泛推行各种形式的质量工资制，把“质量否决权”真正落在实处，进一步健全和完善企业质量责任制。

第四，产品要符合标准，并把达到国际高质量水平产品的实物外观标准，作为提高质量的目标。要从过去侧重抓评比、上等级，转变为抓好重点行业和重点产品质量、工程质量、服务质量。

二、继续狠抓重点行业和重点产品质量

纺织全行业要在巩固 1991 年开展五大质量攻关成果的基础上，进一步提高攻关水平和攻关产品档次，通过进一步提高重点产品的质量水平，带动纺织品质量的全面提高，取得更大的实效。

当前，我国纺织工业和国际水平相比，还有较大差距。在“八五”期间，纺织工业要重点抓好三方面产品的质量。一是提高作为纺织基础行业的棉纺织行业和以服装为代表的最终产品加工行业的产品质量；二是提高“优、深、精、高”出口产品的质量；三是提高差别化纤维的质量和档次，扩大功能化和高技术特种纤维的开发与应用。要积极引导各地和企业，结合自身的实际情况，调整产品结构，增加适销对路的花色品种，结合攻关工作抓好本企业重点产品质量和服务质量。

三、加快技术改造步伐，大力推进科技进步，使纺织产品质量达到新的水平

“八五”期间，纺织工业重点抓好三项工作：

1. 加强重点行业、重点企业和重点产品的技术改造。重点改造对出口和最终成品质量有重大影响的棉纺织行业和以服装为代表的深加工行业，使棉纱、棉布和服装等产品质量有明显变化。集中力量抓好“优、深、精、高”出口产品、出口创汇重点企业和国营大中型骨干企业的技术改造。

2. 调整结构，压缩初级产品和低档产品加工能力，下决心淘汰陈旧落后设备。计划在“八五”或稍长一段时期内淘汰、更新、改造棉纺能力 1000 万锭左右，其中，对解放前的 300 万锭旧设备，计划用 3 年时间，采取强制性措施全部淘汰。

3. 以“四大重中之重”(即纺织工业技改迫切需要解决的、对提高纺织产品质量有着重大影响的关键设备：自动络筒机、无梭织机、清钢联合机、新型精梳机）为突破口，加快发展纺织机械，努力促进纺织产品质量整体水平的提高。

四、大力加强企业管理，从严治厂，全面提高职工素质

1. 持之以恒地加强企业基础管理工作，完善制度、严格执行，从严治厂，努力提高企业全面质量管理水平。要进一步加强现场管理，重点抓好工艺上车、设备完好率和操作进级率。

2. 建立和完善产品设计开发体系，把研究、设计机构推上生产第一线，加强设计、科研成果转化为生产力，提高设计水平。把产品的高技术含量、高艺术含量、高附加值、高市场占有率作为设计的主攻方向。

3. 努力提高全体职工素质，重点抓好企业领导干部的培训。同时，紧密结合纺织工业技改、结构调整，抓好关键岗位、关键工序的职工岗位培训，提高职工履行本职工作的能力。对技术人员重点围绕知识更新，突出当代科学和高技术培训。广泛开展以提高质量、发展品种和节能降耗为中心的群众性技术革新、质量管理小组及合理化建议活动，使“质量是纺织工业的生命”和“质量第一、用户至上”的思想逐步深入人心，在全行业形成群众性抓产品质量的好风气。

4. 结合行业特点和国际上的要求，认真组织 ISO 9000《质量管理和质量保证》系列标准的宣传贯彻，统一认识，培养骨干，进行试点，摸索经验，逐步推开。各地区都要充分发挥质量管理协会的作用，采取分类指导的办法，帮助企业建立健全质量保证体系。

5. 认真部署、加快执行《全国工业产品质量指标体系》新指标步伐，结合纺织工业的实际，积极组织研讨，并做好纺织工业产品质量指标体系的试点工作，逐步扩大完善这项工作。

五、加强纺织产品质量的监督与抽查

1. 在抽查工作中，要重视抽样随机性和抽样的覆盖面，加强突击性抽查，特别要注意加强对出口产品、名优产品和量大面广的纺织产品的质量抽查。要抓好两头，一头是抓产品质量好的典型，宣传表彰，推广经验；另一头抓遏制生产和销售伪劣产品的工作。对抽查不合格的产品，要限期整改，整改期间暂停使用优质产品标志；经整改后再次抽查仍不合格者，区别不同情况，采取通报、曝光、吊销名优称号等办法，给予处理。

2. 严厉查处假冒伪劣纺织商品。重点抓毛、丝及其混纺的高级纺织品原料成分，做到货真价实。要求对 1992 年下半年以后生产的呢绒、绒线和挂纯羊毛标志的羊毛衫要严格按产品标准规定，在产品外包装、商标、吊牌上要标明厂名、品名、品号、原料配比等。经纺织工业部和省（自治区、直辖市）纺织产品监督部门抽查，凡发现没有以上标志者，予以通报，并限期整改。丝绸面料和丝绸、呢绒服装重点抓假冒商标、伪造产地、以次充好。要求各地纺织工业主管部门要加强质量监督，杜绝假冒伪劣商品流入市场。

3. 根据《决定》对加强质量监督抽查及所需经费开支的规定，各地区主管部门要重视并切实加强对纺织产品质量的监督与抽查工作。

六、编制“八五”期间主要纺织产品质量规划

根据纺织工业部制定的棉纺织、印染、针织、毛纺织、化纤、丝绸、服装及纺机纺器等8个行业主要产品的质量规划设想（已下发），各地要结合各自具体情况，认真编制本地区各行业的质量规划。要对照国际水平，围绕质量工作的难点和重点，本着远近结合的原则，明确需要解决的质量关键，列出重点出口产品或拳头产品质量的赶超目标。

七、结合贯彻国务院《决定》加强对质量工作的舆论宣传

通过《中国纺织报》等舆论工具，及时报道各地提高纺织工业产品质量方面的典型经验，并对假冒伪劣纺织产品予以曝光。

关于颁发《纺织工业部直属企业、事业单位行政主要领导干部离任经济责任审计试行办法》的通知

（1992年9月12日纺织工业部发布）

纺审［1992］3号

现将《纺织工业部直属企业、事业单位行政主要领导干部离任经济责任审计试行办法》印发给你们，请按照执行。执行中有何问题和建议，及时报告驻纺织工业部审计局，以便进一步修改完善。

附件：纺织工业部直属企业、事业单位行政主要领导干部离任经济责任审计试行办法

附　　件

纺织工业部直属企业、事业单位行政主要领导干部离任经济责任审计试行办法

第一章　总　　则

第一条　为了促进纺织工业部直属企业、事业单位行政主要领导干部在任期内认真贯彻执行国家财经方针、政策和财务制度，正确处理国家、单位、职工三者利益关系，严格履行经济责任，加强管理，提高经济效益，圆满完成任期目标，根据中共中央、国务院颁发的《全民所有制工业企业厂长工作条例》和《审计署关于开展厂长离任经济责任审计工作几个问题的通知》，结合纺织工业部直属企业、事业单位实际情况，制定本试行办法。

第二条　对纺织工业部直属企业、事业单位行政主要领导干部进行离任经济责任审计，是依据国家有关法规，运用审计手段，对其任期内本单位的财务收支是否合法合规，盈亏是否真实，经济效益是否达到任期目标，国家资财有无损失浪费等情况，实事求是客观公正地作出审计评议。审计评议，作为人事部门考核、任用干部的依据之一。

第二章　审计范围和内容

第三条　实行行政主要领导负责制的企业、事业单位的经理、厂长、院长、校长、社长、主任、所长以及主持全面工作的副职（以下统称行政主要领导），任期届满或中间调离及离休退休前，都要进行离任经济责任审计。

未实行行政主要领导负责制的企业、事业单位，在行政主要领导离任时，为了评价其经济活动和财务收支真实性、合法性及分清经济责任也应依照本办法进行离任经济责任审计。

第四条　离任经济责任审计按照干部管理权限进行。属纺织工业部任命管理的行政主要领导，由审计署驻纺织工业部审计局（简称驻部审计局）审计，或由驻部审计局授权内审机构或委托审计师事务所审计。

第五条　对行政主要领导离任经济责任审计的时限一般按任期审计，没任期的（或任期长）可审计离任前3年，重大问题可以追溯到以前年度。

第六条　离任经济责任审计的主要内容：

1. 任期目标完成情况；

2. 财务收支是否真实、合规、合法；

3. 资产是否真实、完整和增值；

4. 经营、财务、分配、资产管理等主要内部控制制度的建立健全和执行情况；

5. 有无因玩忽职守而造成严重损失浪费的问题；

6. 有无短期行为；

7. 其他需要审计的事项。

第三章　审计程序与方法

第七条　纺织工业部直属企业、事业单位行政主要领导离任经济责任审计，由驻部审计局组织实施。

第八条　纺织工业部直属企业、事业单位行政主要领导因年龄过限或任期届满而离任时，一般由纺织工业部人事劳动司提前通知驻部审计局。

第九条　驻部审计局对因年龄过限或任期届满而离任的干部，按人事劳动司的通知年初安排年度离任审计计划；对因干部交流等离任的干部，在接到人事劳动司通知后，一般15日内组成审计小组，提出审计方案，向被审计单位下达《审计通知书》。

第十条　被审计单位接到《审计通知书》后，参照本办法第六条审计内容，做好有关准备工作，并在一周内向审计小组提供以下资料：

1. 经上级主管单位批准的任期目标责任文件（协议或合同）；

2. 离任者述职报告及有关业绩材料；

3. 任期内对本单位的审计和财税大检查的结论和附件；

4. 任期内（或近3年）的财务、统计资料；

5. 任期内的重大经济决策方案、计划和第六条第四款所列内部控制制度；

6. 各种财产物资盘存表、债权、债务清查表；

7. 其他有关资料。

第十一条　审计后，审计组（或被授权的内审机构或受委托的审计师事务所）提出审计报告，征得被审计单位和被审计人签署意见，而后提交驻部审计局。

第四章　审计评议

第十二条　驻部审计局依据审计报告和被审计单位及被审计人的意见，作出离任经济责任审计评议，会签人事劳动司，呈报纺织工业部领导审批。

第十三条　经纺织工业部领导审批后，由驻部审计局对被审计单位和被审计人发审计评议，并抄送人事劳动司。被审计单位或被审计人对审计评议如有异议，在接到审计评议之日起15日内，可向驻部审计局或纺织工业部领导申请复审。

第十四条　在审计中若发现被审计单位或被审计人有严重违反财经法纪行为，以及因玩忽职守造成重大经济损失的问题，要查明原因，明确个人责任，并另案作出审计结论和决定，依据有关法规进行处理；审计中认为应当追究直接责任人员和单位负责人行政责任的，应当移送监察机关或有关部门处理；情节严重，构成犯罪的，应当提请司法机关追究刑事责任。

第五章　附　　则

第十五条　在审计实施过程中，审计部门依法独立行使审计职权，任何部门及个人不得干预。

第十六条　被审计单位和有关人员有责任向审计小组如实反映情况，提供有关资料，不得拒绝、隐匿或设置障碍。

第十七条　审计人员要坚持依法审计，做到实事求是、客观公正、忠于职守、秉公办事，严禁滥用职权、徇私舞弊、弄虚作假、泄露秘密。

第十八条　纺织工业部直属企业、事业单位，对其下属独立经济核算单位的行政主要领导，如实行离任经济责任审计，可参照本办法制定本单位的具体办法，由本单位内审机构实施审计。内审机构不健全、不具备审计条件的单位，可委托审计师事务所进行审计。

直属企业、事业单位主管财务、物资、经营的副职和有关的中层领导干部离任，如需进行审计，按照干部管理权限，由单位主要领导授权本单位内审机构或委托审计师事务所审计，可参照本办法执行。

第十九条　本办法由驻纺织工业部审计局负责解释。

第二十条　本办法自颁发之日起试行。

关于印发《关于纺织工业部直属高校深化改革，扩大办学自主权的若干意见》的通知

（1992年11月17日纺织工业部发布）

纺教［1992］20号

现印发《关于纺织工业部直属高校深化改革，扩大办学自主权的若干意见》，请各校结合改革办学体制，转换运行机制的实际组织实施。在实施过程中所遇到的问题，请及时报纺织工业部教育司。

附件：关于纺织工业部直属高校深化改革，扩大办学自主权的若干意见

附　　件

关于纺织工业部直属高校深化改革，扩大办学自主权的若干意见

为增强学校办学活力，主动适应和服务于国家经济建设和社会发展需要的运行机制，逐步确立高等学校的法人地位，进一步明确学校的权利和义务、利益和责任，根据国务院1986年发布的《高等教育管理职责暂行规定》中确定的高校管理权限，结合当前纺织工业部部属高等学校的实际，提出纺织工业部直属高校深化改革，扩大办学自主权的意见。

一、学校可根据学科发展和社会需要的变化，在学校现设置的本、专科专业内确定与调整专业方向；设置、调整与学校现在本科专业相近的专科专业。专业变动应报纺织工业部教育司备案。

二、学校可适当增加调节性的招生计划．可在年度本、专科招生计划总数的25%以内，招收委托培养和自费生。在此比例内，委培生和自费生比例可互相调剂，打通使用。

三、学校依据国家经济建设和社会发展需要，在确定的各校规模内和在办学条件允许的前提下，可适当招收计划外委托培养和自费生，增招自费生事先需征得地方同意，并报纺织工业部教育司核批，委培生和自费生不纳入国家分配渠道。学校可接受地方委托，按地方划转本、专科招生计划指标，为地方培养急需人才。

四、学校可依据社会需要，在办学条件允许和保证国家规定的录取标准的前提下，适当招收计划外委托培养，学校自筹经费研究生和自费研究生，学生毕业不包就业。

五、学校依据社会需要可举办多种形式和层次的继续教育及岗位培训等非学历教育，成人高等学历教育在办学条件允许和不降低录取标准的前提下，可在年度招生计划的20%以内增加计划外招生人数。

六、学校按照“包干使用，超支不补，结余留用，自求平衡”的经费管理原则以及有关法规，自主统筹安排使用学校的预算内事业经费和预算外经费。

七、学校可根据办学实际，并考虑学校所在地经济发展与群众收入的实际情况，提出年度收取学杂费和委培生、自费生等收费的标准，报纺织工业部教育司核批。

八、学校有权依据校内各类人员所承担的任务和工作性质不同，选择不同的用人制度和管理体制。在纺织工业部核定的学校编制总数内，学校可确定并调整校内各类人员的结构比例。

九、在不增加事业经费的前提下，学校可依据发

展校办产业的实际需要申报企业编制，增设的企业编制纳入劳动工资计划管理。

十、学校有权确定适合本校实际的校内分配办法和津贴标准。学校在对国家核定的工资总额包干使用的前提下，可将提高效益而结余的工资总额同学校自有资金用于提高校内津贴标准，用于津贴部分应向地方政府争取不作为奖金。

十一、学校在精简机构，提高工作效率的前提下，学校可依据学校的实际需要设置和调整校内机构及人员的配备。

十二、学校可根据纺织工业部的委托代行审批自费出国留学及合作科研。

十三、学校在办学条件允许的前提下，可直接招收录取自费来华留学生，并规定其学费标准。

十四、学校要不断完善聘任制度，在定编、定岗、定职责的基础上，逐步推行校内全员聘任制。教学、科研人员实行平等竞争、按需择优的原则聘任上岗。校办产业、科技开发、后勤服务的人员实行企业化的合同聘任制，任期或合同期限可依据实际需要采取定期、不定期以及完成单项任务为期限等多种形式。对未受聘待业人员，其工资和待遇随岗位变动。

在扩大纺织工业部部属高校办学自主权的同时，学校要转变观念和做法，充分发挥主动性和创造性，实现权限和职责的统一，学校要建立健全校内管理的规章制度和审议、监督、考核、评估制度，形成自我发展和自我约束的良性循环机制。在实施扩大办学自主权的过程中，学校要积极主动争取各地政府的领导和支持，注意与社会其他方面的改革相互协调，逐步形成国家宏观管理和高校自主办学相结合的运行机制，增加自我发展能力，不断提高学校的整体办学水平。

关于通报有关纺织行业价格分工管理情况的函

（1992 年 11 月 28 日纺织工业部发布）

纺经［1992］75 号

为贯彻落实《全民所有制企业转换经营机制条例》精神，扩大企业定价自主权，促进社会主义市场经济的发展，经国务院批准，国家物价局重新修订了价格分工管理目录。纺织品及纺织原料价格分工管理目录以（92）价工字第 541 号文颁布；纺织机械以（92）价工字第 474 号文颁布。为便于各地全面掌握，现将与纺织行业有关的价格分工管理目录整理、归纳，发给你们（见附件），并将有关事项通知如下：

一、目录所列品种，其价格管理分三个层次。一是国家物价局或国务院有关部门管理，其价格形式可为：国家定价、国家指导价；二是省物价部门与有关业务主管部门管理，其价格形式可根据当地实际情况具体确定；三是生产企业自主定价或供销双方协商定价，其价格形式为市场调节价。

二、从 1992 年 11 月 1 日起，所有纺织原料、产品价格均取消国家定价形式，除少数品种、类别仍实行国家指导价外，大部分实行市场调节价。实行国家指导价的品种，由国家物价部门或业务主管部门制定中准价和浮动幅度或最高限价、最低限价，企业在国家规定的政策范围内制定具体价格。实行市调节价的品种，由企业自主定价或根据作价原则和办法灵活作价。

三、下放给省级管理的聚乙烯醇、棉浆粕、绢、柞丝等品种，各厅（局）要积极与当地物价部门协商配合，根据当地实际情况具体确定价格管理形式和权限；对明确实行市场调节价的品种，各级主管部门必须真正把定价权落实到企业，不得截留。为保持市场物价基本稳定，维护公平竞争，防止暴涨暴跌，各主管部门要加强对企业定价的指导和对市场价格进行必要的监控。

四、生产企业要正确掌握国家物价政策和原料市场行情，加强企业成本核算，要根据企业自身实际情况，在国家政策范围内，灵活运用各种定价策略和方法，以提高企业经济效益和适应社会主义市场经济发展的要求。

附件：纺织行业有关价格分工管理目录一览表

附　件

纺织行业有关价格分工管理目录一览表

序号	品种类别	规格、等级、型号	管理内容	价格形式	管理部门	管理范围	备注
一	**化纤原料：**						
1	化纤浆	各规格、等级、型号	出厂价	国家指导价	纺织工业部会同国家物价局	吉林	
2	棉浆	各规格、等级、型号	省级定	省级定	省级物价局	产地	
3	精对苯二甲酸	各规格、等级	出厂价	国家指导价	国家物价局	产地	
4	乙二醇	各等级	出厂价	国家指导价	国家物价局	产地	
5	聚酯切片	各规格、等级、型号	出厂价	国家指导价	国家物价局	产地	
6	锦纶原料(己内酰胺、锦纶66盐)	各等级	出厂价	国家指导价	国家物价局会同中国石油化工工业总公司	产地	
7	丙烯腈	各等级	出厂价	国家指导价	国家物价局	产地	
8	聚乙烯醇	各等级	省级定	省级定	省级物价局		
9	其他	各规格、等级、型号	省级定	市场调节价			
二	**化学纤维：**						
1	涤纶(短、长丝、毛条)	各规格、等级	省级定	市场调节价			
2	锦纶(短、长丝)	各规格、等级	省级定	市场调节价			
3	腈纶(短纤、毛条)	各规格、等级	出厂价	国家指导价	国家物价局	产地	
4	维纶	各规格、等级	省级定	市场调节价			
5	丙纶	各规格、等级	省级定	市场调节价			
6	粘胶(短纤、长丝)	各规格、等级	省级定	市场调节价			
7	其他	各规格、等级	省级定	市场调节价			
三	**天然纤维：**						
1	棉花	等外品除外	收购、供应价	国家定价	国家物价局	合同定购内	从1992年9月1日起(除购销体制试点省外)
	棉花	各等级	收购、供应价	国家指导价	省级物价局	合同定购以外	从1992年9月1日起
2	黄红麻、苎麻、亚麻	各等级	收购、供应价	市场调节价			
3	羊毛	各等级	收购、供应价	市场调节价			
4	兔毛	各等级	收购、供应价	国家定价	国家物价局	产地	
5	蚕茧	各等级	收购价	国家指导价	国家物价局	产地	
6	厂丝	20/22D 2A级	出厂价	国家指导价	国家物价局	产地	

续

序号	品种类别	规格、等级、型号	管理内容	价格形式	管理部门	管理范围	备注
7	棉短绒	各规格、等级、型号	出厂价	市场调节价			
8	其他	各规格、等级、型号	出厂价	市场调节价			
四	**纺织产品：**						
1	锦纶帘子布（锦纶6、锦纶66）	各规格、等级	出厂价	国家指导价	国家物价局会同纺织工业部	产地	
2	其他纺织品	各种纺、针、机织产品	各种价格	市场调节价			
五	**服装**	各种针、机织服装	各种价格	市场调节价			
六	**纺织机械**		出厂价	国家指导价	国家物价局会同纺织工业部	全国	
七	**有关收费和费率**		收费标准等	国家定价	国家物价局会同有关部门	国家各有关部门直属物资经营企业及省以上物资经营企业	

1992年纺织工业部颁布的其他法规规章目录

司局名称	文号	法规规章名称
综合计划司	［92］纺计031号	颁发《纺织工业工程设计收费标准》（调整本）的通知
综合计划司	［92］纺计132号	关于颁发《纺织工业部监理工程师颁证试行办法》的通知
生产办调司	［92］纺生41号	关于修改“三无”企业活动分档考核指标的通知
经济调节司	［92］纺经39号	关于《中央外汇进口物资平均代理价核定标准》的通知
经济调节司	［92］纺经47号	关于加强院校财务管理的若干意见
教育司	［92］纺教5号	下发《纺织工业部关于“八五”期间纺织中等教育发展意见》的通知
教育司	［92］纺教6号	下发《纺织工业部关于贯彻〈国务院关于大力发展职业技术教育决定〉的意见》的通知
人事劳动司	［92］纺人字6号	关于颁发《纺织企业工人技术标准》的通知
化纤工业司	［92］纺化8号	关于重申化纤行业标准管理范围的函

二、纺织工业重要会议文件

刘珩副部长在“中国纺织机械总公司企业改革座谈会”上的讲话

（1992年4月30日）

中国纺机总公司认真学习贯彻中央二号文件，及时慎重地召开企业改革座谈会，这说明总公司所属核心企业和紧密层企业的改革已提到历史议程上来了，同时总公司的改革是《纺织工业部关于进一步加快改革步伐扩大对外开放若干问题的意见》总体部署中的重要试点工作，“部里已确定中纺机总公司作为试点单位，先行一步”。《纺织工业部对宏大纺织机械制造集团核心企业和紧密层企业实行放开经营试点的意见》是经过体改、装备、人事、计划、经调等部门的研究会签，最后由部党组定夺的，这是有权威性、严肃性、可行性的方案。如果说同志们来开会之前，既想搞改革，又有疑虑，那开了会之后就应该是“动真格”，“来实的”。下一步部的文件要兑现，部公司工作要抓落实，有关企业必须抓改革、见成效。提高企业整体素质，大力抓好品种质量，确保效益增长。下面我再着重强调几个问题。

一、学好二号文件

小平同志观察南方的讲话传达之后，在国内国外发生了巨大的影响。中央政治局会议发了二号文件，各省、市国家部门纷纷响应，使中国的改革开放形成完整的路线，是我国改革开放的新篇章。小平同志的讲话回答了最根本的问题：什么叫社会主义？怎样才是走社会主义道路？他指出了社会主义的实质是解放生产力、发展生产力，也就是生产力标准。

小平同志对判断改革开放姓“资”和姓“社”的标准，主要是看是否有利于发展社会主义社会的生产力，是否有利于增强社会主义国家的综合国力，是否有利于提高人民的生活水平。能符合上列三条，就是姓社，是走社会主义道路。象引进外资，在“左”的人心目中，似乎引进外资就是引进剥削，但引进外资符合上列三条标准，是社会主义的有益补充。现在小平同志的讲话，是从根本上奠定了深化改革扩大开放的理论基础，使我们明白：“只有坚持改革开放，才能坚持社会主义。”那我们就应该放开手脚干。我们要以国家前途、企业命运的高度，来投身于这一场富有历史性的改革大业。中纺机总公司所属核心企业和紧密层企业将要进行以转换经营机制为中心的综合配套改革。作为企业改革者，自身要树立“国家兴亡，匹夫有责”的主人翁思想，发扬不辞劳苦、不畏风险的精神，不能再左顾右盼。在《公司法》没有正式颁布之前，参照《企业法》的原则和规定，区别不同情况有步骤地解决所有权和经营权的分离，加大力度推行和完善承包经营责任制，使部直属企业尽早走上自主经营、自负盈亏、自我积累、自我发展的道路。使总公司所属22个企事业单位和5个经销单位，通过改革把原来的产品经济体制的模式，转变为市场经济体制的模式，为搞好大中型国营企业，提供新鲜经验，真正成为纺织工业部加快改革扩大开放的先行者。

二、迎接四个竞争

中纺机总公司和有关企事业单位，面临的竞争来自四个方面，一是来自上海纺机行业；二是来自军工和机电行业；三是来自乡镇企业；四是来自发达国家纺机对中国的倾销。竞争是无情的，我们中纺机总公司要把激烈竞争的压力变成迎接挑战的紧迫感和责任感。

宏大集团的核心企业中国纺机总公司和宏大集团紧密层的经纬纺机厂等22个企事业单位，都属于纺织工业部宏大企业集团管辖的，因此被称为国家队。实际上能否守住国家队的宝座，要接受市场的考验。

首先来看一下军工行业和机电行业搞纺机的力量，这次我仅仅是看了陕西省军工搞的纺机产品，就有剑杆、喷水以及自动络筒。尽管115厂的自动络筒机至今只生产出样机，但为攻克难关也打下了一定基础，430厂开发剑杆已达6年，将建成600台/年剑杆生产线，至今已销售480台，有1.9m、2.8m、3.2m、3.8m宽度系列产品。514厂目前生产津田驹喷水织机，据介绍已达300台/年的能力，虽然质量有待提高，但他们上喷水的决心还是有的。总之，军转民方针是国家支持的，目前航天航空企业的军品任务，只够生产能力10%，他们有理由来抓纺织机械生产。今后，纺机生产进入市场经济，打破部门界限的竞争才是方向。另一方面，机电部的782厂，企业素质高有目共睹，他们给机电一体化的络筒、无梭等新型纺机配电控部分，获得好评，这说明我国要上机电一体化的新型纺机，电控部分应该多发挥电子行业的作用。

第二，中纺机总公司的发展前景要与异军突起的乡镇企业相竞争，这是不可回避的。尽管当前各项政策，国营企业与乡镇企业处于不平等的竞争，但是乡镇企业不要国家投资就发展起来了，强大了国力，解决了就业，促进了工业化，获得举世瞩目的成就。据统计到1991年底，乡镇企业有职工9300万，占农业劳动力的22%；总产镇11000亿元，占社会产值的25%；其中工业产值8500亿元，占全国工业产值的33%；税金430亿元，占全国各项税收的15%；出口收购总值600亿元，占全国外贸收购总额的25%。就以纺织机械生产来说，尽管乡镇企业的设备条件、技术力量、管理水平都比不上几个大型国营企业，但是他们的产品优势和经济效益并不差，尤其是梳棉机生产频传佳音。青岛附近的胶南县，生产梳棉机能力已达到5000台/年，很受欢迎。小小的江阴机械厂生产的梳棉机出足风头，最近泰国举行国际纺机展，厂长张时兴带着他的优质梳棉机出国留洋了。还有胶南四纺机和台湾引进合资生产喷水织机不声不响地已达到相当大能力了（主要返销）。最近，张家港乡镇与台湾合资，生产印染设备举行隆重的开工典礼。乡镇企业（包括县办企业）生产纺织机械，其势不可挡，应予重视并要正确对待。问题在于大中型纺织企业，切莫掉以轻心。既要加快改革，扩大开放，注重质量，抓好服务，来增强竞争能力；也要掌握信息，知己知彼，调整产品，适应市场。我建议，宏大总部应尽早建成信息情报部，既掌握国际纺机情况，也掌握国内各地区、各部门包括乡镇生产纺机的情况，这样才能有效地生产，显示企业集团的优势。

第三，中国纺机总公司和上海纺机行业相比，总公司是20个企业，10个国家级企业；上海是10个企业，5个国家级企业。问题在于总公司的企业除了天津、青岛、广州、佛山之外，多数是内地企业。而上海纺机行业是中国纺织机械技术的老基地，大本营。它职工素质好，管理水平高，技术力量也强。过去说上海人聪明而保守，广东人精明而开拓，现在的看法是：今后沿海城市的改革开放都要看上海。如果说深圳面向香港，珠海面向澳门，那么上海浦东特区，应该是面向全世界。今后上海投资环境之好，是内地望尘莫及的。新型纺机的四个重中之重最主要的是自动络筒机和喷气织机，尽管上海原来没有稿，但在相当长一段时间中，多数人意见，都认为上海有优势，这对总公司是严峻的挑战。这一次你们把上海二纺机的同志请来，介绍经验，这样做法非常之好。既有你们的自尊心，也有你们的谦虚心。谦虚好学才能立于不败之地，何况上海二纺机的外部环境和内部机制，即使是经纬纺机、郑州纺机与之相比，也有逊色。原二纺机厂长黄关从作为一个党外知识分子主持全盘工作能够开创很好局面，我认为他是机遇加胆识。4月22日中国企业政工信息报登的上海二纺机党委的文章《开拓者的主心骨，企业家的保护神》，介绍党政合作的经验，只有两心合一心，才能使企业健康发展。上海几个纺机厂党政关系是和谐的，配合是默契的。领导班子就是生产力这一点现在看得比较清楚，我们宏大所属的20个紧密层企业，也要都做到党政一条心。班子有威力，才能更好地发挥中国最大的、最有影响的纺织机械制造集团的优势，与上海纺机行业互帮互学，共同为中国纺机事业的崛起而奋斗。

第四，中国纺机要参与国际纺机行业的竞争，更是刻不容缓。国产化固然好，但是不要片面追求国产化。因为对外开放，有出口就必定有进口。如果从经济效益来算，确实是国产不如进口，那该进口的还是要进口。因为任何一个国家，都不可能样样都自己干，况且，我国进出口贸易是顺差。我国纺机行业要逐步淘汰老产品，朝新型纺机发展，象自动络筒机、无梭织机以及其配套的纺机和器材，都要争取达到国际水平，这已经由国家列了专项。搞新型纺机的技术引进和国产化，其目的是要替代进口，而替代进口又必须参与国际竞争。众所周知，二次世界大战后世界经济的三条腿是国际货币基金会；世界银行；国际关税与贸易总协定。人们研究发现，战后世界经济发展很快，是因为这三个世界经济组织起了重要作用。尤其是国际关税与贸易总协定组织已有成员国103个，贸易额占全世界的90%，故国际关税与贸易总协定已成为世界贸易场所，被称为世界经济联合国。我们要在国际贸易中享受缔约国最优惠待遇和发展中国家的最优惠待遇，就必须参加这个组织，并承诺其义务。目前，随着恢复关贸总协定地位日期的临近，我们必须面对这个严峻的现实。纺机产品在恢复关贸总协定缔约国后，进口产品就要大量削减关税，逐步取消进口限制，靠行政手段来限制进口已不可能。因此总公司所属企业，凡是承担消化吸收和使用生产新型纺机任务的，不能跟国际标准接轨的话，那在国际竞争中会一败涂地。

三、开拓新型纺机

当前国营大中型纺织机械企业将要面临国际、国内如此激烈的竞争，要想占据阵地，必须勇敢地冲上去。总公司所属20个大中型国营纺机厂，如果不调整产品结构，不提高产品质量，不降低生产成本，也只能是前途茫茫。总公司很有优势的经纬纺机厂、天津纺机厂，40年经久不衰，可是今后面临着任务不足的严峻形势。其他几个企业也程度不同地存在这样的问题。为此，总公司当前要把大中型企业搞好，除了深化改革扩大开放转换经营机制之外，要把产品发展战略修订好，把干部积极性发挥好，这就要花大力气调查研究、科学论证，大胆实施总公司前段时期抓核心企业的改革。目前，总公司领导集中力量抓青岛纺机和咸阳纺机的工作，但要赶快把主要精力去抓紧密层广大企业的工作，要进一步研究调整已经制定的长远规划和相关的工作。关于产品发展战略方面，自动络筒机、无梭织机及其配套的设备和器材，选点方案至今还没有定，谁有可能承担，要看企业的条件。下一步能争取到的单位，要组织力量搞好专项可行性报告的论证。没有承担任务的，要经过部装备司、总公司的充分磋商后，争取搞一点生产要素的合理配置和优化组合。但必须说明“二机专项”只是新型纺机的重中之重，除了国家抓的“重中之重”，我们原来就有新型纺机技术攻关、合作生产发展规划，能承担重中之重的是极少数，总公司所属的20个直属企业，一般都应按照既定的“八五”新产品开发规划，加以修订和实施。宏大要搞活紧密层的20个大中型企业，除了改革，还必须以市场为导向开发新型纺机。90年代是全国纺织机械行业竞争最激烈的时期，“大江东去浪淘尽，千古风流人物”，优胜劣汰才符合市场法则。到本世纪末，以总公司为核心、以直属企业为紧密层的宏大集团，要建成一个国内先进，行业领先，跻身世界，国际知名，具有现代管理水平，具有高层次产品结构，具有参与国际市场竞争能力，具有一支“四有”职工队伍的国家重点集团。这是宏大的光荣，也是所有紧密层企业的豪言壮语。既然我们有了宏伟的目标，就应该为了实现这个目标而努力奋斗。

愿宏大核心企业、紧密层企业改革成功，愿宏大核心企业、紧密层企业前景宏大！

许坤元同志
在涤纶长丝项目建设工作座谈会上的讲话

（1992年4月）

最近，我随吴文英部长赴日本访问，去年也考察了德国、意大利等化纤企业，了解了一些国外“新合纤”发展的现状及趋势。今天就今后我国涤纶长丝发展问题谈些意见。

一、基本情况

据有关资料报道，1990年世界纤维总量为3845.9万吨，其中：化学纤维产量1771.5万吨，占纤维总量46%。化纤中长丝产量787.4万吨，占化纤的44.4%，短纤984.1万吨。化纤中合成纤维产量1486.9万吨，其中涤纶纤维826.1万吨，占合纤产量的55.5%，涤纶短纤471.1万吨，涤纶长丝391万吨（其中台湾省68万吨，美国50万吨，南朝鲜47万吨，中国大陆42万吨，日本41万吨），占涤纶产量的47.3%，占合纤总产量的26.2%。

1991年世界化学纤维总生产能力为2367.5万吨。其中：合成纤维生产能力2006万吨。合纤中涤纶生产能力1155.6万吨，其中涤纶短纤能力660.6万吨；涤纶长丝能力495万吨（1990年为445万吨），占涤纶生产能力的43%。

从以上数据分析可以看出世界涤纶及涤纶长丝的现状：

1. 涤纶纤维是合成纤维中主要的品种，产量居合成纤维之首，占合纤产量的55.5%。

2. 涤纶纤维中，长丝比例逐年增加，由1980年的40%增加到1990年的47.3%。

3. 涤纶纤维中的涤纶长丝已成为化学纤维中十分重要的产品，1990年其产量占化学纤维总量的

22%，近四分之一。

4. 随着涤纶长丝生产能力的发展，产品市场竞争激烈。1990年世界涤纶长丝的平均开工率为87%（即产量与能力之比）。进入1991年该比例将进一步降低，估计为85%左右。

我国涤纶及涤纶长丝也是化学纤维中的重要产品。

1991年我国化学纤维生产能力已达225.56万吨，产量191.04万吨。其中：合成纤维生产能力为200.64万吨，产量167万吨。合纤中涤纶生产能力139.27万吨，产量121.62万吨。其中：涤纶长丝产量已达到53.46万吨，占涤纶总产量的44%，长短丝比例为44∶56，已接近世界上涤纶长短丝47∶53的比例。据不完全统计，目前国内涤纶长丝生产企业（含乡镇企业）近200家，设备总生产能力约60万吨。"七五"以来，是我国涤纶长丝发展最快时期，1985年，我国涤纶长丝产量仅7.3万吨，1991年达到53.46万吨，6年间增长6.32倍，平均年增长率39%。

根据我国纺织工业10年规划和"八五"计划设想，90年代要大力发展纺织原料，坚持天然纤维和化学纤维并举的方针。并考虑到我国人多地少的实际情况，客观要求我们必须发展化纤及化纤原料生产，规划要求全国化纤产量由1990年的165万吨发展到1995年的200万吨，2000年规划260万吨。化纤生产能力由1990年202万吨发展到1995年260万吨，2000年规划能力350万吨，后10年共新增化纤能力150万吨。其中涤纶生产能力将由1990年125万吨发展到1995年的155万吨，2000年规划能力200万吨。即90年代涤纶生产能力将增加75万吨，其中相当一部分将用于发展涤纶民用长丝。因此，我国在"八五"和90年代涤纶长丝仍将有一个较快的发展。

二、发展趋势

（一）涤纶长丝国际发展趋势。

涤纶长丝国际上于60年代初起步，70年代和80年代是大发展时期。1960年世界涤纶长丝产量仅3.6万吨；1970年63.8万吨；1980年209.4万吨；1990年391万吨。70年代净增了145.6万吨，80年代净增了181.6万吨。

涤纶长丝之所以有这么快的发展，主要是涤纶纤维的本身特性决定的。同时，涤纶长丝生产工艺流程短，并随着高速纺新技术的推广、效率和质量的提高以及产品品种的开发，应用领域得到了不断的拓宽，而且最终产品成本相对较低，价格也比较便宜等等。由于涤纶长丝具有上述特点，据日本纤维界人士预测，今后仍将有一定速度发展。

但是涤纶长丝连续高速发展到今天，今后的发展不再是原有的重复，而将进入一个由单纯数量型到品种、质量型转变的新的发展时期。

近两年来，美国、日本、西欧等发达国家以聚酯纤维为主体的"新合纤"的开发，新型"仿真"甚至"超真"纤维给化纤纺织品市场和化纤工业带来了新的前景和机遇。在日本，有的百货店出现化纤纺织品要比天然纤维纺织品畅销的现象。这种"新合纤"的主要特征是：

（1）纤维细度大大提高，有的达到千分之一毫米。

（2）通过改变纤维的侧面和截面，在光的反射下提高商品的高级感。

（3）将不同组份、不同截面的化纤混纺或交织在一起，提高商品的自然感。

（4）通过各种特种后处理工艺，提高织物的仿真效果和服用性能。

这种具有高功能、高感性特点的"新合纤"，完全可以与天然纤维抗争，符合了当今时装行业的要求，在时装面料领域占据了重要地位。不仅如此，近来这种纤维的用途开始向医疗、眼镜擦布、汽车座套等领域广泛扩展。"新合纤"发展中，最有代表性的是涤纶长丝的发展。最近，我去日本访问考察时了解到，目前，日本在衣着类的"新合纤"主要有以下几种：

第一种仿真丝纤维。单纤截面形状酷似桑蚕丝，并且超越真丝的蓬松性和高收缩性，防止了真丝的收缩和起绉的弱点。

第二种仿桃皮纤维。单纤细度（DPF）0.4，总旦数为72dtex的高收缩混纤组成。

第三种称保健纤维。日本东洋人造丝公司推出"凉爽衣料"是用高技术把具有反射太阳光性能的微粒子掺入聚酯长纤维内而制成的。分散在纤维内部的微粒子反射太阳的可视光线和近红外线，因而抑制太阳能的吸收。夏季晴天时，能使衣服里的温度下降摄氏1～4度。也可以把粗细不同的纱组合起来，而使之具备通过毛细管现象吸汗和速干功能。日本尤尼吉卡公司研制出蓄热纤维，采取特殊的复合纺纱法把特殊的陶瓷材料封入长丝的中心部位，使纤维有效地吸收太阳光能，并将光能转变为热能。所使用的特制陶瓷材料还具备反射红外线的功能，因此，也能把由光变成的热能和体内热反射出来蓄于衣服里，用这种材料制成的泳装水分蒸发快，可防止游泳后体温急剧下降现象。日本帝人公司研究开发的吸汗聚酯纤维，是一种多孔中空断面纤维，在纤维表面分散有贯通到中空部的直径0.1微米到3微米的微细孔，通过这种微细孔借助毛细管现象而吸汗。

最近，日本各厂家下大力量积极研究开发的"保健纤维"是遮断紫外线的纤维。这种纤维可以防止皮肤晒黑，是美容和保健的热门商品，不仅可以制做连衣裙、连裤袜，而且可以做开领短袖衫。日本水野公司研制的一种新型保温衣料能适应温度的变化而改变颜色，5℃为白色，0℃左右变为粉红色或兰色，－5℃以下变为深灰色，此时温度上升2℃。

第四种涤纶长丝仿毛纤维。日本帝人、东丽等公司利用“新合纤”开发了许多仿毛象毛的涤纶长丝仿毛纤维产品,使其既具有毛型感又有良好的悬垂性。如采用多种方法制成多层交络混合纤维,同时致力于从聚酯原料、纺丝、织造、染整等工序进行一条龙开发。

最近,台湾纺织界掀起以超细纤维为主的新合纤“旋风”,目标对准以超细纤维为主的“新合纤”,大力扩充“染整”,做到“少量多样”。今明两年一批细旦、微细、超细纤维生产线将逐步投入批量生产,并带动下游染整业向“新合纤”领域发展。

总之,涤纶长丝已从70年代的异截面纤维发展到80年代的化学改性、物理改性和异收缩混纺,进而提高到聚合、纺丝、织造、染整,包括油剂、助剂各类技术相互渗透的高技术、高附加值纤维上,从而进入“新合纤”阶段,而且这个发展趋势,正在不断加快,我们必须要引起高度重视。

(二)国内涤纶长丝发展趋势。

80年代,我国纺织工业得到了飞速发展。“七五”期间是纺织工业发展较快时期,年均递增9.6%。涤纶长丝作为纺织织造原料一直供不应求,缺口相当大,矛盾也比较突出。为了满足纺织工业发展和品种调整需要,每年需进口一定数量涤纶长丝,以缓解生产矛盾。进入90年代,涤纶长丝供需矛盾发生了根本性变化。1990年国产涤纶长丝41.99万吨,进口6.32万吨,合计48.31万吨,供需基本平衡。1991年我国涤纶长丝产量53.46万吨,进口5.27万吨,总供给量58.73万吨,加上部分长丝织物的进口,基本改变了过去一直供不应求的局面,涤纶长丝市场已由俏转缓。近几年来,涤纶长丝由于比较俏,效益好,各地上涤纶长丝项目积极性高,能力和产量均上得很快,而品种上常规丝多,有的质量也比较差,而国内市场容量有一定限度,因此出现了近期的价格下跌,销势趋缓形势。这也充分说明了涤纶长丝和其他商品一样,其发展过程存在内在的必然规律。

今后影响涤纶长丝市场和发展的主要因素是:

(1)消费结构的变化。90年代,随着我国国民经济的发展,人民生活水平的提高,对纺织品的需求将有所增长,这是必然的,但要充分注意到消费结构的变化。今后,随着城市住房、医疗、社会保险制度的深化改革和陆续出台,在近几年内,必然会影响到城市纺织品的销售量,而我国有8亿多农民,纺织品消费潜力仍应是农村,要重点研究开发面向农村市场的纺织产品。

(2)原料结构的变化。同样,随着人民生活水平的提高,人们的消费观念在更新,消费心理在起变化,从对数量要求满足后,转向对质量要求,进而对感性要求,单一常规涤纶长丝织物已不能满足当今人们对纺织品的要求,广大中青年不但对穿着时装化、个性化、多样化有较强欲望,而且对服装潮流有一种反璞归真的心理状态。近几年来,涤纶长丝新产品开发步履缓慢,品种单一,常规品种多,又因受织造、染整、后处理技术水平的制约,织物服用性能不理想,跟不上人们消费心理追求的步伐,目前市场供求竞争更加激烈,因此,必须十分注意产品结构的变化。

涤纶长丝在衣着、装饰和产业应用方面,要打开新的领域,要尽快由常规品种向差别化、功能化方向发展。因此,今后涤纶长丝发展必须是上品种、上质量,进一步开发应用领域,坚决制止低水平的重复和延伸。否则,就会出现棉纺、毛纺行业的类似情况,其后果是不堪设想的。

三、对策和措施

通过对国际、国内涤纶长丝的发展趋势分析,给了我们很大的启示。为了使我国涤纶长丝今后能健康的发展,我们必须认真研究对策和措施。

(一)认真研究国际、国内涤纶长丝的市场走向、应用领域、技术发展和贸易规律的趋势,按应用领域的发展状况、市场发展趋势来发展我国的涤纶长丝工业,并按市场的容量和发展趋势严格控制总量的增长。

目前,我国53万吨涤纶长丝中绝大部分属中、低档大路货产品,因此,现在新建、扩建的涤纶长丝项目,必须向差别化、功能性方向发展,严格控制低水平延伸。

今后涤纶长丝发展主要靠老企业的扩建改造。目前我国涤纶长丝企业规模平均约3000吨,日本9个涤纶长丝企业共拥有45万吨规模,南朝鲜10个企业拥有50万吨规模,企业的平均规模为5万吨。我国涤纶长丝企业规模太小,势必产品成本高,缺乏竞争力。因此,今后涤纶长丝发展要严格控制新点建设。

关于化纤生产能力总量控制问题,最近国务院连续发了两个文件:一是国发(1992)17号文,国务院批转国家计委、国务院生产办《关于控制若干长线产品和热点产品建设项目审批请示的通知》;另一是国务院办公厅国办发(1992)4号文,国务院办公厅转发纺织工业部、国家计委、国务院生产办《关于严格控制棉纺、毛纺生产能力和加强化纤生产能力管理意见的通知》。希望各省、市纺织主管部门、计委、银行等有关部门共同来执行好这些文件。目的是使涤纶长丝总量上不致造成严重失控,给国家带来损失。

(二)努力拓宽涤纶长丝应用领域,大力开发涤纶长丝的新产品,新品种。

要使我国涤纶长丝工业能够进一步健康发展,摆在我们面前十分紧迫的任务是要拓宽涤纶长丝应用领域,在继续开发新的衣着面料以外,要积极开发装饰和产业用涤纶长丝产品。随着我国工农业生产的发展,产业用涤纶长丝仍有一定的发展潜力,特别是汽车工业、水利建设、交通运输发展的需要。在衣着、装饰类应用方面,当前我们要重点开发好仿丝、仿毛长丝等差别化产品。仿丝产品不仅开发夏季衣料，而且大力开发春、秋时装衣料，开发长丝与棉、毛、麻、丝的交织产品，开发功能性产品如保健产品等，并进一步解决好纤维的抗起球起毛，抗静电等问题，从而提高涤纶长丝的服用性能。

涤纶长丝织物新产品的开发，是当前我们全行业的大事。因为涤纶长丝织物新产品的开发必须是“一条龙”的开发，需要从聚合、纺丝、变形、织造以及印染后整理等一系列开发的系统工程。如仿丝、仿毛涤纶长丝纤维的开发，仅仅是基础，要真正加工出仿丝、仿毛风格的织物，需要配套开发织造和特殊后整理工艺。否则，将严重影响仿真效果，达不到开发新织物的目的。

目前，各地上涤纶长丝项目积极性很高，而后加工配套还没有引起足够重视，后加工上不去，涤纶长丝发展将会受到严重制约。我们希望各地特别是沿海地区抓好“一条龙”产品开发，有条件的组建企业集团，真正把涤纶长丝产品开发搞上去。

涤纶长丝产品与其它化纤产品一样，是一种资金密集和技术密集的产品。我们尽管进了不少先进设备，但开发品种还不多。上海二纺机通过技贸结合生产高速纺设备，这对提高我国涤纶长丝抽丝设备水平，促进我国化纤工业发展起到了一定的作用。但是，上海二纺机技术改进不快，难以适应化纤厂开发新型合纤的要求。长期下去，说明技贸结合的路子没有走通，也走不出一条良性循环的路子。因此，根本的出路是化纤企业、纺机企业、科研院所、大专院校协同努力，形成一个开发联合体，利益共享，共同开发新型纺机设备和新产品，化纤机械厂必须与化纤企业紧密结合，否则无法开发新的化纤机械。我们是社会主义国家，为了我国化纤工业的发展，应该提倡和鼓励这方面的合作。

（三）增强竞争意识、迎接新的挑战

目前，总的来说，我国涤纶长丝工业还处在发展阶段，基础比较薄弱，水平还不高。随着我国进一步扩大开放，特别是参加关贸总协定后，对化纤及涤纶长丝工业是一个严峻的考验，逼着我们去参预国际竞争。我们化纤行业的同志及各主管部门要充分认识这种紧迫感和危机感，要认真研究对策，重视市场信息，要积极培训人才，加强严格的科学管理，下功夫开发品种、提高产品质量，千方百计降低生产成本，提高劳动生产率，增强企业的竞争能力。否则，企业将不能生存而被淘汰。

（四）化纤项目的审批立项要实行滚动计划，采取择优安排的原则，以提高项目的投资效益和经济效益。关于滚动计划，对核准项目的有效时间，部里初步议定：大中型基建项目在国家计委批准可行性研究报告后 12 个月内不具备开工条件，未上报开工报告的，则撤消该项目；小型基建项目，经我部核准后，在 18 个月内未开工建设的，亦按撤消项目处理。

希望各省、市纺织主管部门，在申报项目时，必须十分注意项目的经济效益，使项目建成后，具有较强的竞争及应变能力。

中国化纤工业发展的前景和战略

季国标副部长在第四届北京国际化纤会议上的讲话

（1992 年 5 月 19 日）

首先，我代表中国化纤界，热烈欢迎世界各国的同行们前来参加第四届北京国际化纤会议。为增进我们之间的了解，促进技术、经济、贸易方面的友好合作，在此，我向大家介绍中国化纤工业发展的前景和战略。

一、中国化纤产量将有较大增长，2000 年计划 260 万吨，经过努力有可能达到 280 万吨

我国人口众多，人均耕地面积少，仅 0.086 公顷，为世界最少的几个国家之一。我国要用占世界 7%的耕地解决占世界 22%人口的“温饱”问题，是很不容易的。我国政府对发展化纤工业极为重视，早在 50 年代后期就制订了发展天然纤维和化学纤维并举的方针。30 年来国家用于化纤工业的投资约 280 亿人民币，占纺织工业投资总额的 28%。由于国家的支持，化学纤维和天然纤维都得到迅速发展。

80 年代以来化纤产量增长迅速，1991 年产量达到 186 万吨，10 年间增长了 133 万吨。

天然纤维中以棉花为主，近几年基本稳定在年产

500万吨左右。

化学纤维中以涤纶为主，1991年产量近120万吨；粘胶纤维近几年稳定增长，1991年产量超过25万吨。

到2000年，按现有的消费水平计算，仅仅为满足人口增长每年就需净增纺织纤维70万吨。纺织纤维的增长主要靠化纤的发展，为满足人民生活从温饱到小康和出口纺织品的需要，90年代化纤数量仍要有较大的增长。

1990年～2000年化纤发展的增长率预计为年均5%，和我国国民经济发展速度基本同步（表1）。

我国人均纤维分得量低于国际平均水平。2000年预计达到6.9公斤，逐步接近世界平均8公斤的水平。

回顾我国历年化纤分品种发展状况（表2）：

——60年代利用自己的技术，重点发展粘胶纤维，1970年粘胶纤维产量占化纤64%。

——70年代，随着石油化工的兴起，自力更生和引进技术相结合发展了腈纶、涤纶、锦纶，建设了上海金山、辽阳、天津、四川四大合纤基地。1980年合成纤维占化纤总量的70%。并初步建立了合成纤维的原料基地。

——80年代，在改革开放政策指引下，充分调动全国积极性，加强国际合作，引进了许多国外先进技术和装备，并由于几个合纤原料基地建成投产，化纤产量迅速增加，尤其是涤纶，1990年占化纤总量的60%以上。

——90年代，化纤的发展将重点放在老企业的扩建和改造上，加快发展化纤原料，逐步调整产业结构，完善企业规模，大力开发新品种，其发展设想是：

1. 涤纶（表3）。为满足我国12亿人口衣着需要，化纤仍以发展涤纶为主，加快原料的配套。本世纪末，涤纶年产估计达到160万吨，按市场需求掌握好长短丝比例，现在长短丝比例约为45：55。继续大力开发差别化品种及工业用丝，使聚酯非纤用比例有所上升。

2. 腈纶。由于我国的气候状况，以及羊毛产量满足不了毛纺织发展的需要，腈纶的发展仍将给予重视。本世纪末腈纶年产估计达到40万吨，占合纤总量的17%，比例接近国际平均水平。技术路线上，因地制宜，干法和湿法并举。

3. 锦纶（表4）。锦纶的发展以满足仿丝绸用和产业用品为主，努力开发装饰用锦纶产品。根据能源和交通部门的需要，大力发展产业用锦纶，为运输带和轮胎配套。并积极开拓煤化工生产尼龙原料的技术路线。

4. 维尼纶。生产量将不再增加，继续开发产业用途，向生产聚乙烯醇系列产品方向调整。

5. 丙纶。充分利用乙烯工程中丙烯产品，加快纤维级聚丙烯原料工程建设，积极发展丙纶纽旦丝，开发丙纶工业用途，2000年产量估计达到15万吨。

6. 粘胶纤维。目前，我国粘胶纤维产量在化纤中所占比例低于世界平均。我国将充分利用棉短绒资源，并积极开发速生阔叶树生产浆粕的技术，抓好三废治理，改造和扩建现有粘胶纤维厂，2000年产量估计可达到29万吨以上。

二、加快化纤品种开发，注重提高质量，满足衣着、装饰和产业用的需要

差别化纤维的比例从目前的13%，2000年提高到20%以上。

纺织纤维中化纤所占的比例逐年提高，1990年为30%，2000年上升到39%。

我国衣着、装饰、产业三大领域用纤维比例现在约为75：17：8，争取到1995年和2000年将其比例分别调整到70：20：10和60：25：15。（日本现在的比例约为各占三分之一）。

我国装饰和产业用纤维制品中，化纤用量较低，仅为发达国家的50%左右。本世纪末，装饰品中化纤用量预计将提高到60%～70%；产业用品中化纤用量预计将提高到70%～80%（表5）。

我们将加强对外合作，继续抓好从纤维到纺织品“一条龙”的开发，充分发挥现有生产能力，提高产品的档次和水平，增加附加价值，提高企业经济效益，逐步缩小和世界发达国家的差距。

三、重视特种化学纤维的发展，促进科研转化为生产力，实现工业化

为满足高、新技术对材料的要求，高强、高模、耐高温等特种化纤的研究开发突飞猛进，目前，发达国家特种化纤的产量年增长率高达12%～15%。

我国对发展特种化纤是重视的。60年代开始研制碳纤维，70年代开发芳纶，80年代引进氨纶生产技术实现了工业化生产。其他一些品种也建成了一定规模的中试或工业生产线。但总体看，我国还处在发展初期，特种化纤的年产仅约600多吨，今后将加快发展。

目前，中国市场对特种纤维需用量约5千多吨，主要是耐高温和阻燃纤维。如果消防法规和纺织品阻燃法规颁布实施，其需求将会更大（表6）。

我们将继续主要依靠自己的力量，加快特种化纤的研究和开发，实现产业化，尤其是碳纤维、阻燃纤维、高强纤维、耐热纤维等要尽快形成规模生产，同时积极开展国际合作，引进先进的技术和装备。

四、开拓与国外深层次的合作，加强工程设计和项目承包能力，进一步提高技术装备水平

中国化纤工业的起步和发展，始终贯彻了自力更生和对外开放相结合的方针。特别是70年代以来，我国分别从德、日、美、英、意、法、瑞士等国引进了涤纶、腈纶、锦纶、丙纶、氨纶和粘胶纤维等各个品种从原料到抽丝的不少生产技术和装备。

我国的化纤生产量虽然发展很快，但仍满足不了纺织工业的需要。每年从国外进口相当数量的化纤和化纤原料，90年代还将继续进口一部分（表7）。

今后，我们将继续贯彻改革开放的方针，进一步加强国际合作，并发展合作的方式和深度。

1. 高、新技术化纤项目，高档次差别化纤维，如仿毛、超细旦化纤等以及碳纤维，高强纤维等，积极引进生产技术和装备。

2. 在继续进行合作设计、合作制造设备的基础上，以“八五”和“九五”重点化纤项目为依托，开展工程建设的合作，建立工程设计、设备采购、配套、安装调试“一条龙”结合的建设体制，加强化纤设备制造与工艺技术开发的结合，提高化纤研究开发与工程设计承包的能力，加快技术进步。

3. 进一步扩大开放，积极利用外资兴办合资、独资、合作企业。目前一批三资企业正在建设，一批三资项目已经签约，如已经与美国康泰斯公司和日本丸红公司签订了广州6万吨聚酯项目。我们欢迎外国公司来中国投资，参与化纤项目建设。

4. 加强与国际化纤界的交往，举办有利于促进相互了解和合作的技术交流、会议、讲座和展销等活动，组织考察国外先进技术和管理经验。参加国际化纤活动，同时，欢迎国际化纤界来中国访问、考察、洽谈贸易与合作。

最后，我希望这次会议能成为进一步发展我们之间合作的又一个新起点。感谢各国朋友对中国化纤事业的支持和合作，祝大会成功。

表1　中国化纤的产量及增长率

（千吨）

年　份	产量（千吨）	年均增长率%
1960年	10.6	
1970	100.9	25.3（1960—1970）
1980	450.3	16.1（1970—1980）
1990	1648.1	13.9（1980—1990）
2000	2800*	5.0*

注* 2000年数值是估计值

表3　中国聚酯生产的现状及发展设想　（千吨）

	1990年	1995年	2000年
聚酯（PET）产量	920	1250	1750
纤维用PET	895	1200	1650
非纤用PET	25	50	100
涤纶产量	1040	1180	1600
短纤	620	700	850
长丝	420	480	750
工业用丝	1	30	50

表2　中国历年化纤分品种产量

（千吨）

年份 / 品种	1960年	1970年	1980年	1990年	2000年（预计）
	产量	产量	产量	产量	产量
化学纤维	10. W7	100.9	450.3	1648	2800
粘胶纤维	10.4	64.7	136.2	216	290
长丝	3.2	14.3	27.2	49	90
短纤	7.2	50.4	108.5	167	200
合成纤维	0.3	36.2	314.1	1432	2510
涤纶	0	1.3	118.3	1042	1600
短纤	0	1.3	115.6	622	850
长丝	0	0	2.7	420	750
锦纶	0.2	7.4	31.7	112	280
长丝	0	0	22.3	102	260
腈纶	0.1	5.1	58.0	122	400
维纶	0	19.0	96.7	55	50
丙纶	0	0	3.3	75	150
其他	0	3.4	6.1	26	30

表 4　中国锦纶生产的现状及发展设想　（千吨）

年份 用途	1990 年	1995 年	2000 年
服装用	61	82	132
袜用	/	3	8
工业用	51	80	120
地毯用	/	5	20
合　计	112	170	280
工程塑料	/	20	50

表 5　装饰和产业用品中化学纤维用量比例预计

国家 项目	1988 年		1995 年	2000 年
	发达国家	中　国	中　国	中　国
装　饰	81.2%	<50%	60%	70%
产　业	93%	39.5%	70%	80%

表 6　中国特种化纤需用量估计

用　途	性能要求	数量 （吨/年）
工业滤材	耐高温	650
绝缘材料	耐高温（阻燃）	1000
工业防护服	耐高温	1500
特种防护服	耐高温（阻燃）	500
增强复合材料	高强、高模（阻燃）	1000
摩擦材料、密封材料	高强	500
体育器材	高强	50
光缆、绳缆	高强	150
合计		5350

表 7　中国近几年化纤原料及纤维的进口量（千吨）

年　份	化纤原料	化学纤维
1986	366	600
1987	274	350
1988	579	543
1989	682	648
1990	659	610

吴文英部长在全国纺织工业厅局长座谈会上的讲话

（1992 年 7 月 15 日）

这次全国纺织工业厅局长座谈会在上海举行，今天正式开始，会期 5 天。这次座谈会是在全国各地认真学习贯彻邓小平同志视察南方的重要讲话精神、改革开放蓬勃发展的大好形势下召开的。我们这次厅局长座谈会，主要是进一步深入贯彻中央 2、4、5 号文件精神，请大家出主意，研究如何紧密结合纺织工业的实际，抓紧当前有利时机，加快改革开放的步伐，促进纺织工业的健康发展。

这次座谈会所以是在上海召开，还有一个交流的意义。上海纺织局在全市加快改革开放的步伐过程中，不失时机抓住机遇，以开发浦东为龙头，带动全局调整结构，积极转换企业经营机制，扩大股份制试点，品种开发，质量的提高均有新的变化，经济效益好（具体情况由梅寿椿同志介绍）。另外，我们在浦东成立中国华源实业有限公司，该公司的筹建工作一切就绪，将在会议期间正式成立，让我们致以热烈的祝贺。

为了便于讨论，我先谈一下纺织工业改革开放的形势和上半年纺织生产发展的情况、问题，并对下半年的工作提出几点要求。

一、纺织工业改革的形势和上半年的生产情况

（一）当前纺织工业改革开放总体形势是好的。沿海开放地区纺织企业的改革已经走在前列，如广东、上海、江苏、浙江、山东等省；内地一部分纺织企业的改革也取得了明显成效。他们在深化纺织企业内部改革和加快配套改革从而改善企业外部环境方面，探索出了新的途径和新的模式，为纺织工业的全面改革提供了十分有益的经验。

1. 纺织企业内部三项制度改革逐步展开。随着企业用工制度的改革，全国国营纺织企业实行劳动合同制工人已经达到 195 万人左右，约占全国国营纺织企业职工总人数的 26.5%，纺织系统有 50 多家企业约

15 万职工进行了全员劳动合同制试点。改革劳动用工制度的形式有：合理劳动组合，实行定额定员定岗，择优上岗，动态组合，建立厂内劳务市场等。

在企业分配制度改革方面，全国已有 120 多个纺织企业进行了岗位技能工资制的试点。许多纺织企业还进一步完善工效挂钩的办法。这些单位的工资奖金分配进一步拉开了档次，向生产一线，向苦、脏、累岗位，向有贡献的科技人员和管理人员倾斜。

企业人事制度改革首先是从领导干部做起的，能上能下，能官能民，对干部包括科技人员的任命实行考评结合，公开招标，平等竞争，双向选择，层层选聘，择优录取。

2. 纺织企业股份制试点初步显示了活力。股份制是转换企业经营机制的有效形式。根据中央的指示精神，积极创造条件，经过试点，取得经验，逐步扩大。到目前为止，纺织工业已有 10 多家企业进行了股票上市的股份制试点，这些企业主要分布在上海、江苏、深圳、浙江等地。此外，还有一些纺织企业进行内部职工持股和社会法人持股的股份制试点。

股份制以投资入股方式将分散的资金集中起来，统一使用，拓宽了资金的筹措渠道，创造了企业集团控股、参股、换股和直接投资等多种组织形式，促进资本的增殖和企业发展。有利于实现政企分开、资产所有权和经营权分离的目标；有利于建立企业的自主经营、自负盈亏、自我发展、自我约束的经营机制；有利于从制度上解决企业经营机制和激励机制的问题；有利于克服企业行为短期化。

3. 纺织企业积极开展多种经营、发展第三产业，有力地推动了产业结构的调整。纺织企业开展一业为主多种经营和大力兴办第三产业，是纺织工业改革、改组、改造以及进行结构调整的一个重要步骤。鼓励纺织工业企业的富余职工向第三产业转移，对提高纺织工业劳动生产率，促进纺织品流通体制改革和企业经营机制的转换，都具有重大意义。各地试点取得了初步经验：一是大力兴办第三产业。二是各级纺织主管部门在各级政府领导下，主动地协调财政、金融、保险和社会服务等各个部门的关系。三是采取多种途径妥善安置富余人员，如自找门路，厂方协助；大部分职工带资产、带资金由纺织主管部门安置进入其他同类企业；集中一部分资产、资金组建或扩大劳动服务公司；原退休职工实行社会保险统筹。四是合理处置资产与债务，采取兼并、拍卖、租赁、承包和其他有偿转让的方式等。五是对关停并转企业争取特殊政策，主要是债务停息、资产免税和经营范围扩大等。

4. 纺织工业企业自营出口的改革初见效果。改革开放以来，尤其是 1988 年以后，根据国际纺织品市场的需要，纺织品出口体制的改革有所进展，特别是推进了纺织工业企业自营出口。截止今年 6 月底，纺织全行业共有 111 家自营出口企业，去年为 87 个，增加 27.5%，占全国 1700 多个大中型纺织企业总数的 6.5%。纺织工业企业自营出口创汇去年达 18 亿美元，占全部纺织品出口创汇的 10%以上。

5. 纺织“三资”企业和引用外资工作的发展，提高了纺织行业的竞争力。近几年，各省市纺织行业在吸收利用外资方面做了大量工作，收到了一定成效，对纺织工业的发展起到了促进作用。据有关资料统计，从 1979 年到 1991 年，纺织工业累计利用外资 32.19 亿美元，其中，外商直接投资 27.35 亿美元，占全国吸收外商直接投资的 5.2%。今年一季度，纺织工业新增利用外资项目协议（合同）242 个，合同金额 3.72 亿美元，其中，外商直接投资项目 239 个，合同金额 2.56 亿美元。到 1991 年底，纺织“三资”企业共有 2790 多家，占全国三资企业的 6.5%。今年上半年又有新的发展。三资企业大部分集中在沿海地区，如广东、福建、上海、江苏、山东、浙江、北京、天津及辽宁和湖北等省市。合资伙伴 85%为港澳台商，日本占 5%，美国占 3%，其他一些国家和地区占 7%。纺织“三资”企业基本以服装业和棉针织、毛针织为主，棉纺、毛纺及麻纺的“三资”企业也占有一定的比重。1990 年纺织“三资”企业出口创汇 15.5 亿美元，占同口径纺织品出口的 12.4%，占全国“三资”企业出口的 25%。

（二）上半年，纺织工业比较集中抓扭亏增盈、提高经济效益，抓总量控制、限产压库，狠抓重中之重、落实技术改造项目。1～6 月份，纺织工业总产值为 1140 亿元，同比增长 5.2%；主要纺织品的工业销售开始回升，1～5 月份布的总计销售同比上升 1.99%，丝织品上升 11.62%；1～5 月出口交货值 237.7 亿元，增长 17.5%，出口创汇 73.62 亿美元。

1. 贯彻落实国务院关于深入抓好扭亏增盈工作的部署和国务院领导同志关于纺织工业 1992 年要遏止经济效益滑坡的指示精神。二月中旬纺织工业部在京召开了全国纺织工业扭亏增盈工作电话会议，动员全行业以提高经济效益为中心，推动纺织工业技术进步，并对扭亏工作进行了具体的部署，对各省、市厅局签订任务书。组织以司局长带队的 10 个扭亏增盈工作联络小组赴部分省市检查、督促贯彻落实情况。部咨询委员会重点帮助天津市停工、半停工的 11 个特困企业，并组织江苏、上海等地企业去互帮互学，使这些企业恢复生产，逐步减亏和不亏。各级纺织主管部门并把扭亏增盈工作与深化改革和扩大开放紧密地结合起来。上海纺织局自去年以来进一步加大改革力度，调整加强企业的领导班子，扭亏增盈目标明确，措施具体，上半年经济效益处于全国领先地位。江苏省纺工厅政策明确，措施扎实，效果显著，经济效益有较大增长。山东纺织厅提出坚持“改革、提高、发展”的指导思想和“保优、限产、压库、控能、开发、增效”的工作具体措施。河北省纺织公司层层分解扭亏指标，建立扭亏目标责任制，切实消化企业潜亏。

全国纺织工业（包括乡及乡以上纺织企业）的总体经济效益状况是开始向好的方向发展。单从国营纺织企业来看，经济效益形势也在发生变化。6月末39个大中城市1270户国营纺织企业利税总额为15.4亿元，其中，利润总额为3.6亿元，扭转了一季度连续亏损的局面。目前利税和利润两项指标同比虽然仍在下降，但下降幅度比前几个月有所减少。在39个大中城市中，盈利的城市有14个，主要是：上海盈利27470万元、无锡10942万元、苏州7558万元。虽未扭亏，但效益有所上升的城市有8个。

但是，当前纺织工业扭亏增盈工作总的形势不容乐观。从39个大中城市1～6月累计情况看，经济效益仍未摆脱下降局面，和去年同期相比，利税总额下降25.85%，其中利润下降60.92%，企业亏损面为41.51%，增加4.74个百分点，亏损企业亏损额增加12.37%。国营纺织企业经济效益不景气时间之长、累计下滑幅度之大，应当引起我们的高度重视。

今年纺织工业扭亏增盈工作遇到新的困难：一是由于纺织原料价格总水平提高和纺织品市场价格不到位所造成的全行业利润转移；二是去年上缴利税较高的化纤、丝绸行业，今年大幅下降；三是外贸压价收购，使一部分生产出口产品的企业亏损增大；四是工商贸的库存结构发生变化，工业库存增加，商业和外贸库存减少，工业企业产成品资金占用增加，资金利润率下降；五是某些改革措施相继出台，在一定程度上增加了企业的生产成本和费用支出，减少了利润。由此可见，实现今年扭亏增盈目标任务仍然十分艰巨，今后几个月还必须做出十分艰苦的努力。

2. 国家确定的纺织工业今年限产压库的目标各地还没有完全落实。据统计，今年1～5月全社会棉纱产量为1078.89万件，超产130.9万件。同时纺织工业产成品库存也比上年年底增加33个亿。

今年以来，我部为限制棉纱产量，已多次发文发电，要求各地务必从全局出发，严格控制总量，按计划均衡组织生产。各地区做了许多工作。如北京根据以销定产的原则主动削减了涤纶短纤维的生产数量，针织衫裤的内销生产量也比去年同期减少120万件；上海市积极调整产品结构，努力生产适销对路的产品，4月份全局产销率为96.85%，比上月上升了1.33个百分点。但从全国情况看，距年初确定的限产压库、扭亏增盈的总目标距离还比较大，还必须进一步研究限产压库、扭亏增盈的具体政策措施。

3. 上半年，纺织工业技术改造工作，在国务院领导同志的重视、关怀和国务院经贸办的指导下，进一步明确了改造的方向、重点，加强了组织领导，狠抓了各项技术改造专项的实施进度。我们突出了一个基础（纺织机械），抓住了三个重点（棉纺织行业、最终成品加工行业、产业用纺织品），保证了两个主体（出口创汇重点企业和国营大中型骨干企业）。列入国家重点技改的“深、精、高”最终纺织产品出口、发展新型纺织原料产品、新型纺机国产化、压锭技改、压贷挂钩等技改专项，项目已基本落实，所需资金也逐步到位。“重中之重”的自动络筒机和新型织机技术引进与国产化技术改造专项经过多次专家组的调查评议，及国务院确定的领导小组多次审核，总体方案已经国务院领导批准，在经贸办的大力协助下，进展比较顺利，对外谈判正在进行，预计月底可告一段落。

二、以提高经济效益为中心，继续落实今年的全面工作

下半年，要继续认真学习和贯彻小平同志重要讲话的精神和中央2、4、5号文件的精神，根据党中央关于改革开放的总方针和总的部署，进一步解放思想，大胆探索，勇于实践，抓住当前有利时机，以经济效益为中心，突出技术进步，推动结构调整，在深化改革、扩大对外开放上迈出更大的步子，力争全行业的经济效益能有新的突破和起色，为纺织工业尽快摆脱目前的困境，走上健康发展的道路，迈上一个新的台阶创造更为有利的条件。

在贯彻中央文件精神方面，我们已搞了15条（纺办字［1992］14号文）并已下发，这里侧重强调几点：

（一）加快改革步伐，推动国营企业经营机制的转换。

革命是解放生产力，改革也是解放生产力。纺织工业要克服当前面临的各种矛盾，从困境中摆脱出来，步入良性循环的轨道，唯一的出路在于深化改革。下半年纺织工业改革的具体措施主要包括三个方面：

1. 根据政企分开、宏观管好、微观放开的原则，认真转变各级主管部门的职能，搞好统筹、规划、协调、监督和服务。改革纺织工业计划管理体制，下放计划管理权限，在计划管理的20大类产品中，一是取消涤纶长丝织品、锦纶长丝织品、布鞋、帘子布等四类产品计划；二是进一步缩小计划管理的化学纤维、合纤聚合体等两类产品的指令性计划范围和数量；三是布、印染布、针棉织品用纱、毛毯、麻袋、成衣服装、纺织机械、纺织器材等八类产品计划只列全国指导性计划总量，取消其分省市计划，由各省市根据本地情况实行以销定产，以销促产；四是化纤浆粕、纱、呢绒、毛线、丝、丝织品等六类产品仍保留下达分省市的指导性计划。在纺织工业固定资产投资中，原则上仍按现行规定，严格控制“三大能力”；其他项目按现行程序权限进行审批。在控制“三大能力”中，对于直接利用外资、引进国际当代先进技术装备、开发国内缺门、短线高新产品、完善化纤合理经济规模、淘汰落后设备加快企业技术进步等项目，要采取灵活措施，给予积极支持。

进一步改革人事管理和劳动工资分配制度。制定和完善纺织工人技术标准、产品用工标准、劳动规范

等，为深化纺织企业人事劳动、分配制度改革服务。逐步实行以经济效益调控劳动工资的管理体制。协助地方进行劳动工资和社会保险三项制度的配套改革试点。推行岗位技能工资制和全员劳动合同制，在有条件的事业单位进行三保一挂或工资总额包干试点。

积极配合物价部门，进一步改革纺织及其制品的价格管理体制。除毛纺织及其制品、花色布、印染布等价格管理权限已下放或已决定下放到企业外，要会同国家物价局进一步下放纱、布、市销白布的价格管理权限，由生产企业根据市场需要和供求关系自主定价。并逐步创造条件，最终放开所有纺织产品价格，实行市场调节。

2. 认真搞好纺织企业机制的转换，特别是要搞活国营大中型纺织企业。国营企业能否搞活，关键在于能否真正从过去以计划机制为主的产品经济模式下解脱出来，真正转到以市场机制为主的有计划的商品经济运行轨道上来。纺织品生产一定要以市场为导向，以销定产，以销促产；要从过去产供销脱节的管理机制转到产供销一体化的管理机制上来；要从过去的单纯的销售承包转到科研、设计、开发、销售一条龙承包；要认真实行企业内部人事干部制度、劳动用工制度、工资奖励制度的改革，在企业里逐步建立起风险机制、激励机制和竞争机制。

要积极调整企业的组织结构，探索组建工、商、贸、科、金融一体化和跨国经营的大型纺织企业集团公司，以便形成原料、生产、内外销一体化管理的新格局，形成生产、贸易、科技、金融等多种功能兼备的综合优势，推动纺织工业走上新的发展阶段。

3. 加快发展第三产业，促进纺织工业结构的调整。要坚决贯彻中共中央、国务院《关于发展第三产业的决定》精神，把发展第三产业作为纺织工业调整结构、摆脱困境的战略措施，给予高度重视。发展第三产业，要以提高经济效益为中心，根据市场需求，打破地区界限、行业界限，采取国家、集体、个人一起上。以为纺织工业产前、产中、产后服务为重点，实行一业为主，多种经营。充分利用现有的人力、物力和财力，积极兴办商贸、金融、旅游服务企业和科技、咨询、信息等社会服务性事业。

为加快第三产业的发展，各地纺织工业厅局都要有一个主要领导同志亲自抓这项工作。要积极向地方政府争取优惠政策。

（二）进一步扩大对外开放，参与国际竞争，开拓国际市场。

我国恢复关贸总协定缔约国地位后，对纺织工业的发展将产生十分重要影响。从积极的方面讲，对纺织工业进一步加快结构调整，促进纺织品外贸体制和纺织工业经济运行机制的改革，提高纺织企业竞争能力都将起到重要的推动作用。可以说，恢复关贸总协定为纺织工业提供了新的发展机遇和空间，为扩大出口创汇提供了新的增长机会，当然也将面临着更加激烈的竞争。我们要抓住机会，研究对策，千方百计扩大纺织品和服装的出口，努力增加附加值、提高档次，以提高创汇水平。下半年纺织工业进一步扩大对外开放要着重抓好以下工作：

1. 继续推进纺织品出口体制的改革，发展多渠道、多口岸、多种形式的出口，进一步配合有关部门，改革和完善许可证和配额管理制度，大力推动出口代理制的完善和规范化经营。

2. 在巩固提高现有工业自营出口企业（集团）的基础上，大力推动更多具备条件的骨干企业和大型企业（集团）直接进入国际市场，争取在今年内再增加50～100家企业（集团）的进出口经营自主权。工业自营出口企业同外贸企业承担同样的出口创汇任务，也应享受同等的权利，力争在出口配额、创汇奖励、外汇分成等方面一视同仁。各地抓紧培训具有外贸业务知识的干部，以适应形势。

中央决定进一步开放长江沿岸城市，开放沿边城市和内地一些省会城市。各地纺织工业主管部门和广大企业，要结合当地特点，制定各具特色的发展规划，充分利用中央和各地方政府对鼓励开放实行的有关优惠政策，要用好、用足，以促进纺织工业的进一步发展。

3. 在自愿互利的原则下，组建工贸结合的、实力雄厚的大型企业集团和专业的工贸公司，使之成为行业的出口骨干企业。这些集团和公司可以有选择地在海外建立产品设计和销售部门，这样可以适应国际市场的变化要求，迅速开发设计新产品。

4. 拓宽利用国外资金、政府贷款、引进技术的领域。在扩大引进资金、设备的同时，大力引进专利、商标、工艺技术等。鼓励引进国外经营管理人才和销售渠道，积极吸收在国外留学的纺织、贸易人才，兴办境外企业。

（三）进一步搞好限产压库和扭亏增盈工作，努力实现遏制经济效益滑坡的目标。

当前，限产压库，扭亏增盈，促进销售，提高效益，仍然是摆在纺织工业面前的一项重要任务。各地务必从大局出发，认真做好这项工作。各级纺织主管部门要认真贯彻国务院关于深入开展企业扭亏增盈工作的通知精神，贯彻国务院经贸办最近发出的《关于加强1992年限产压库工作的通知》精神，要把扭亏增盈工作同进一步加快改革开放步伐结合起来，用改革的办法来解决扭亏增盈中存在的深层矛盾，推动扭亏增盈工作，力争完成今年的既定目标。

纺织品总量过大，库存超储积压严重，产成品占用资金过多，是我们所面临的十分突出的矛盾，我们一定要下决心控制总量，通过限产来促进纺织品价格到位，提高全行业的经济效益。

限产压库是一个积极的方针，要在限制那些滞销积压产品的同时，花更大的力气去开发新产品，增加适销对路产品的生产，努力扩大和促进销售。产品卖不出去，压在仓库里，越多越被动。所有的纺织、服装企业，都应以合理库存来控制产量，下决心把过多的生产停下来。特别是棉纱，凡是库存严重积压的企业不能继续生产，更不能削价倾销。各地可以考虑采取减少班次、降低车速的办法来控制产量，提高劳动生产率。

限产压库、控制总量，这不仅是纺织工业部门的任务，也是各级政府的任务。各地务必从大局出发，认真做好这项工作。各级纺织主管部门在当地政府的领导下，落实有关政策，进一步明确目标，明确责任，做到指标到位，责任到人，把限产压库、扭亏增盈工作落到实处。

（四）促进纺织品流通体制改革，加速市场体系的建立。

根据纺织工业产品直接面向国内、国际两个市场，直接面对亿万消费者，和以中小企业为主体的特点，要在国家宏观政策指导下，实行市场调节，当前要积极培育和发展以批发贸易为主的纺织品市场，尽快完善市场体系。大力培育、引导和发展工业自办、工商联办、城乡联办的区域性市场；创造条件开办全国性的大型纺织品交易中心和联销商店；要积极研究、探讨组建纺织原料市场，尤其是棉花市场问题；有条件的地区要继续组建和完善羊毛交易市场，使之规范化，增强其辐射功能，要充分利用保税区的优惠政策，来改善我们必需进口的原材料、染料、设备等工作。

在总结华东、广东、山东几个纱布市场经验的基础上，鼓励、引导各地再建立几个纱布市场，服装面料、辅料，以及染料、助剂市场和化纤市场。

建立纺织资金、劳务和技术市场，形成纺织科技成果交流、转让、推广的市场机制。开辟多层次、多种形式的科技成果转化渠道，支持科研院所积极转让科技成果，或以技术入股。

（五）加快纺织工业技术改造和技术进步的步伐。

要加快陈旧落后设备的淘汰速度。今年下达淘汰100万锭旧棉纺锭的分省市计划，有关省市要保证完成，在年底以前将压锭报废处理清单报部里。今年压锭专项贷款4.5亿元和国拨外汇1亿美元，国务院已批准，最近部里将根据压锭情况分解到各地。各地要用好资金，争取尽快生效。没有完成压锭的地区，要扣减相应的压锭专项贷款和国拨外汇数额。

抓紧组织实施国务院已批准的自动络筒机和新型织机的引进和国产化方案，承担任务的有关省市以及企事业单位，要全力以赴保证按时、高质、高效地完成任务。“重中之重”的项目谈判一旦结束，就抓紧落实工作，迅速落实到点，积极展开，做细做好。这里强调一点，就是按国务院的指示树立全局观念。

要坚决贯彻3年压缩300万锭的决策。第二个100万锭压锭技术改造，各地纺织厅局要认真进行准备，提出具体方案，我们平衡后报国务院经贸办，争取尽早评估审批。

要抓紧限上技改项目的进度。当前主要问题是审批手续过于繁琐。我们现在正在与国务院有关部门汇报，争取简化手续。

要加强科技攻关和技术开发工作，鼓励纺织科技人员进入纺织企业和企业集团，建立企业技术开发机构，积极开发纺织新产品和高科技产品。使科技成果尽快转化为现实生产力，促进纺织工业技术进步登上一个新台阶。

（六）抓紧研究机构改革，切实转变机关职能。

机构的改革，要在党中央、国务院统一领导和部署下稳妥进行。当前要按照中共中央［1992］4、5号文件的要求，遵循“政企职能分开，精简、统一、效能，宏观管住，微观放开”的原则，搞好规划、协调、监督、服务。要切实减少对企业的不必要的行政干预，加强产业政策的指导，加强对总量和资源优化配置方面的宏观调控，加强对中长期发展规划的协调和指导，加强企业外部环境和间接调控手段的改善，加强对全行业的协调和服务。研究事业单位和公司走实体化、多元化、国际化的方向，增强实力。

同志们，当前我国纺织工业发展面临新的机遇和新的挑战，我们一定要抓住时机，奋力拼搏，加快改革开放步伐，努力使纺织工业的发展步入良性循环，以优异的成绩，迎接党的十四大的召开。

关贸总协定与中国纺织工业

杜钰洲副部长在中央党校学习班上的讲话

（1992年11月）

我们正处在这样一个时代，由于科学技术的革命性发展，促使生产的国际间分工日益从纵向衔接向纵横交错的国际化发展，随之而来的是世界贸易日益从双边向国际一体化转变。今天，任何国家的经济都不能摆脱这一趋势而孤自发展，任何一种民族工业若估计不到国际化这一强劲趋势的影响，都无法决定其发展前景。

关贸总协定在1947年举行第一次多边贸易谈判的时候，仅有23个国家参加。到1986年第八次多边贸易谈判在乌拉圭举行的时候，参加谈判的国家和地区已达105个。这一回合时间最长，历经5年多讨价还价，才于1991年12月底妥协出一个《最后文件案》。可见，世界一体化大市场，无论是对发达国家还是对发展中国家，无论是国际垄断之间，还是区域集团内部，都具有举足轻重的作用。

中国重新以缔约国身份进入具有统一准则的国际自由贸易大市场，标志着我国的民族工业进一步向国际化迈进。中国自己的大市场也将进一步成为世界统一、开放大市场不可分割的组成部分，这对我国经济发展，特别是对依存国际市场程度较高的纺织工业，将发生重大影响。只要我们抓住时机，采取正确的对策，我国纺织工业必将在90年代再上一个新台阶，为我国的经济发展作出新的更大的贡献。

下面我谈一谈我国纺织工业的发展与重回关贸总协定有关的几个问题。

一、纺织工业是我国实现经济快速发展和国际收支平衡的第一位支柱性产业

新中国是在旧中国半封建半殖民地的极其落后的经济基础上开始大规模社会主义建设的。纺织工业作为传统民族产业，最早承担起为人民解决缺衣少被、为建设积累资金、出口创汇、解决大批就业的历史重任。经过40多年的发展，已成为门类齐全、规模庞大，具有一定科技水平和管理水平的重要工业部门。随着国际产业结构调整，劳动密集型产业优势东移，特别是我国改革开放带来的经济活力，使纺织工业在近14年中高速增长。从以下3个方面可以说明纺织工业在国民经济发展战略中的支柱性作用。

（一）纺织工业的发展，已使我国成为世界上最大的纺织品服装生产国。

我国纺织工业已是由棉、毛、麻、丝、化纤、纺织、印染、针织、服装、装饰品、纺织机械、化纤原料等行业组成的大产业，门类齐全，综合配套。1991年我国棉纺加工能力为4191万纱锭，居世界第1位；丝绸、苎麻纺织是我国传统产业，居世界之首；毛纺织生产能力303万锭，居世界第3位；化纤生产能力达226万吨，居世界第3位。从1983年起，我国终于结束长期以来凭票供应纺织品的时代。以布的人均占有量计算，1949年人均2米左右，1990年已增加到人均111米以上。我国靠自己的力量解决了占世界1/5人口的衣被问题，这确实是世人瞩目的奇迹。在国内市场零售额中，纺织品约占1/6。

纺织工业在积累建设资金方面一直处在最有效的地位，从1978年到1990年全国纺织工业累计实现利税2388亿元，约占国家财政总收入的11%。

纺织工业作为劳动密集型产业，对社会稳定，提高人民生活，发挥了关键性作用。1990年全国纺织职工总人数在1300万人，纺织职工占全国职工总人数的16%左右，是一支庞大的产业大军。

（二）纺织工业是中国最大的净创汇产业。

纺织工业的发展不仅实现了取消布票这一历史性转变，而且实现了在世界上纺织品服装出口量最多的大国地位。在满足国内需求的基础上，现在出口的纤维制品已占全部产品的1/3，占世界纺织品服装贸易实物量的1/7，居世界第一位。出口创汇额从1978年21.2亿美元，居世界第十位，到1991年已增加到167亿美元，居世界第四位。预计1992年将达到240亿美元，约占全国创汇总额的30%。并一直以60%的高比例净创汇满足我国扩大对外开放，引进先进技术和装备，支持国民经济产值结构的调整，支持发展基础工

业和新兴支柱产业。

(三)我国纺织工业已发展成对国际化依存度越来越高的外向型产业。

纺织工业的外向型特点首先表现为出口增长速度远远高于国内消费增长速度。从1978年到1991年,国内衣着类商品零售额由279亿元增加到1356亿元,增长了4.86倍,而纺织工业创汇由21.5亿美元增加到167.32亿美元,增长了近6.8倍。其次表现为纺织工业进口需求的提高。纺织工业出口的增长并非是单纯出口产品数量增长,而是与产业结构、产品结构调整和国际化程度提高相符相成。以引进消化成套现代化技术装备为起点的化纤工业获得了大步发展,1970年生产10万吨,1990年生产45万吨,1991年生产191万吨。由于纺织工业大量引进先进的加工装备,“七五”以来每年以10多亿美元引进纺织、印染、丝绸等先进装备,并用技贸结合的方式引进制造技术,发展国际间合作生产化纤、纺织、印染装备,因而使纺织工业出口向深加工转移,提高了出口吨纤维制品的创汇水平,从1981年3517.3美元上升到6830美元。以服装占出口比例看,到1991年已达纺织工业创汇总额的53.8%。同时,我国每年仍要进口纤维原料和纺织品,如1991年进口化学纤维73万吨,超过国内化纤产量的1/3,进口纺织品用汇达36.8亿美元。第三,随着我国产业进步速度的加快,农村集体化程度提高,发展外向型纺织工业也是扩大就业的必然出路。从纺织工业出口交货值分析,1990年乡镇企业已占39.4%,其中乡镇企业服装出口交货值占全国服装出口交货值的72.03%。三资企业1991年已发展到2700多个,利用外资32.19亿美元。

由此可见,纺织工业在运用国内外两种资源、国内外两个市场方面已经迈出了一大步。今后随着国内改革开放深入,国际产业结构调整和国际化趋势的加强,我国纺织工业将有更多的机会发挥其支柱性产业的作用。

二、关贸总协定乌拉圭回合谈判标志着世界纺织经济国际化进程已经发展到新的阶段

乌拉圭回合纺织品贸易谈判的焦点是世界纺织品主要出口国即发展中国家,要求摆脱旨在保护世界纺织品主要进口国即发达国家纺织业利益的《多种纤维协定》,使世界纺织品贸易回到关贸总协定的一体化原则上来。经过旷日持久的谈判,终于达成《纺织品和服装协议》,决定用10年时间过度,于2003年1月1日全部纺织品和服装取消所有产品配额限制,实现纺织品贸易自由化。这一谈判的结果,实际上是世界纺织经济国际化进程的必然产物。

(一)科学技术革命使世界纺织经济国际化分工出现新的格局。

从60年代到70年代,由于工业发达国家产业结构调整,传统的纺织工业被称为“夕阳工业”,向发展中国家转移。一些发展中国家和地区利用这一时机,发挥本国劳动力、资源的优势,大力发展纺织工业,取得了很大成功,从而世界纺织经济形成了发展中国家出口、发达国家进口的国际格局。发达国家出于国内矛盾的压力极力采取配额等手段限制发展中国家产品的进口。80年代以来,由于新技术成果的广泛应用,国际分工的原有格局逐步被打破。工业发达国家利用高技术使传统的劳动密集型纺织工业普遍向自动化、连续化、电脑化方向发展。随着资本和技术密集度的大大提高,以及随之而来的劳动生产力极大提高,造成发展中国家的低成本优势不断削弱。与此同时,争夺的焦点也从成本的竞争转向高附加值的竞争。这是因为原料和初级产品对于世界市场已相对过剩,而发达国家的纺织品服装消费普遍向高品质、多品种、高附加值和快速变化发展,传统的国际分工已不适应,各国按照在生产和流通过程中各自有利的条件去组织生产,造成国际分工日益复杂化,使低劳动力成本的国家并不占有明显优势。目前,在世界10大纺织品服装出口国中,有6个发达国家,即原联邦德国、意大利、比利时、法国、日本和英国,有3个新兴工业发达地区,即香港、南朝鲜和台湾。中国在出口总额上已进入世界第四位,但按吨纤维制品创汇额计算,仅仅为世界平均水平的50%。可见在附加值的竞争中,我们仍处于劣热。这就是新一代产业结构调整给国际分工带来的新变化。

(二)资本关系进一步社会化使世界纺织经济出现以国际垄断资本为核心的多极化趋势。

资本输出,这是金额资本占统治地位时代的主要特点。80年代以后,资本关系的进一步社会化与经济生活进一步国际化相适应,跨国公司、国家垄断同盟,区域经济集团的发展,成为当代世界生产国际化、国际分工向纵深发展的突出表现形式。

跨国公司通过对外廉价、合资、合作等,把各种类型和规模的资本重新组合,不仅使资本实力迅速膨胀,而且在内部重组结构,使国际销售、信息网络、生产的经济地理位置、技术类型和构成及企业规模经济等各方面都得到改善和优化,从而加强其垄断地位。它的发展使世界贸易的40%左右在公司内部周转。通过国外子公司销售商品可以使出口商品更迅速地打入国外市场,加速各种商业合同的签订和执行。我国目前一大批从事来样来料加工的企业基本上属于这种世界网络的加工点。突破贸易保护主义的唯一选择是在集团圈尚未形成时用直接投资挤进去。据美国学者分析,美国拥有的公司在外国经营的业务目前年销售额达10000亿美元以上,大约是美国总出口的4倍。跨国公司与海外子公司分工关系实际上体现着新兴国际劳动

分工。在纺织品、服装市场上这种垄断十分明显。日本十大商社的纺织品进出口贸易额占全日本纺织品贸易额的80%以上，欧美零售业垄断组织控制零售总额的40%～45%，欧美批发业垄断组织垄断65%左右。中国纺织品服装出口额中将近90%左右要经过这些垄断组织。国际垄断资本的超额垄断利润，也是我国纺织工业出口效益上不去的重要原因。我国出口纺织品服装折成纤维量占世界贸易量的1/7，而创汇额只占世界贸易额的1/14。

以欧共体为代表的由国家政府出面组成的国际垄断同盟正在引起整个世界经济向多极化发展。根据关贸总协定统计，世界最大的纺织品服装出口区域是西欧，它在1990年出口占世界总额的44.27%，而西欧纺织品出口额的79%、服装出口额的83%在内部进行。北美自由贸易区设想，亚太经济圈设想相继出现，这是一种新的竞争格局。这说明，关贸总协定乌拉圭回合谈判表面上缓解了纺织品出口国与进口国之间的冲突，实际上是在国际新格局下新的争夺加剧的结果。

(三)世界纺织经济国际化的新形势给发展中国家带来新的机遇。

既然国际竞争的焦点，已经从产品的成本竞争逐步转向争夺附加值的较量，这就为发展中国家提供一种机会，使它有可能凭借资源、劳动力、智力的特定优势吸引国外资本，引进先进技术，参与国际化进程，从而给民族工业的发展提供有利的条件。而跨国公司或多国集团出于自身竞争力的客观需要，也情愿把尖端的生产线向发展中国家转移。因为获得熟练的劳动力和熟练劳动力费用的高低对竞争力具有日益重要的作用。

多极化和一体化都是矛盾斗争的产物，多极化是一体化的动态表现，矛盾和变化是绝对的，而强与弱则是相对的。从亚洲四小龙的崛起，美国从债权国向债务国的转变，都说明国际化过程对各国经济的重要影响。在亚太经济合作区东亚五国（地区）即中国、日本、南朝鲜、香港、台湾的出口贸易中，其内部贸易在1980年占34%，目前已超过50%；进口纺织品服装中80%是内部贸易。目前在中国纺织工业1000余家“三资”企业中，80%是与香港、日本、南朝鲜、泰国、台湾等国家和地区合资合作兴办的。同时欧美国家也在增加对中国的投资合作。

乌拉圭回合的《纺织品和服装协议》使世界纺织品市场逐步走向开放和扩大。随着贸易自由化的进一步推进，产品竞争力将进一步左右每个国家的市场份额；按照各国（地区）的比较优势而形成的跨国（地区）的社会化生产将迅速发展；直接贸易增加，转口贸易减少；纺织工业将加快向资本密集和技术密集方向发展，并使发达国家出口纱布的比重不断增加。而服装由于劳动密集型特点，优势仍在发展中国家。这一形势，对中国纺织工业是非常有利的。

三、我国重返关贸总协定将对纺织工业产生重大影响

我国决定以积极的姿态重返关贸总协定。今天，在世界经济贸易一体化进程中，11亿人口的中国，特别是高速增长的中国经济对世界发挥着举足轻重的作用。同时，向着20世纪末和下世纪宏伟目标前进的中国，更需要以平等的身份在统一规则下发展国际贸易。然而，“入关”只不过是有机会参加更大范围、更加复杂、更加激烈的竞争，因而有机会获得更大的成果，也可能有新的风险。但无论如何，我们是抱着对机遇的渴求而入关的。这就有必要对重返关贸总协定所带来的机遇和挑战加以分析。

(一)“入关”是我国纺织工业实现质的发展和获得更多贸易成果的机遇。

正当我国进一步扩大开放，扩大纺织工业对外贸易的时候，恢复我国在关贸总协定缔约国地位的努力即将成功，这无疑是一个十分重要的机遇。

首先，重返关贸总协定标志着我国纺织工业出口在国际市场上恢复了自由贸易的平等权利。当前国际纺织品服装市场竞争十分激烈，贸易保护主义严重，我国在双边谈判中遭受发达国家各种关税和非关税壁垒的种种限制，使我国纺织品服装在国际竞争中一直处于不平等地位。重返关贸总协定后，原则上可以得到缔约国之间的最惠国待遇以及给与发展中国家的优惠待遇。可以利用“争端程序”解决我国外贸与其他国家的争端，维护我国经贸权益。特别是按乌拉圭回合纺织品服装协议的规定，在1993～2002年10年间分期过渡直到完全取消纺织品和服装出口配额限制的形势下，这种“回关”后的平等权利将会得到更充分的体现。

第二，重返关贸总协定将为中国纺织工业出口带来新的增长空间。在由《多种纤维协定》向一体化过渡的10年间，不仅在取消配额的范畴里可以增加出口，而且在按进度每年仍保留的配额当中还规定了一定的配额增长率。在第一阶段(1993～1995年)有12%纺织品、服装纳入一体化，其余设限产品配额每年增长为现行增长率的1.16倍；第二阶段（1996～1999年）将有17%产品纳入一体化，第三阶段（2000～2002年）将有18%产品纳入一体化，其余设限产品配额增长率为第二阶段的1.27倍。在这种有利形势下，我国的纺织品和服装出口将有可能在现在基础上成倍的增长。

第三，重返关贸总协定将有利中国纺织工业从国际市场上获得更多的资源。参与国际一体化市场必然带动我国纺织工业进一步向国际化迈进。在当代世界经济增长缓慢，发达国家不景气，而中国经济却保持快速发展的形势下，我国以缔约国的有利条件，根据无条件最惠国待遇，将有利于开展对外合作和更多地

吸引先进技术、引进先进设备、吸收外资、利用国外智力和原材料资源，发展跨国生产经营活动，以适应国际一体化竞争的要求。随着纺织工业向国际化发展，出口创汇提高和相应的进口放宽，还将促进我国传统纺织工业的结构调整和技术更新，达到行业素质的全面提高，同时对我国新兴支柱产业的发展壮大将产生更积极的影响。

第四，重返关贸总协定将有利于中国社会主义市场经济体系和运行机制的建立和完善。随着我国纺织工业国际化进程加快，将进一步促进国内外两个市场接轨，从而推动各类生产要素市场的加速形成，加快产业结构、生产组织结构的优化，促进我国纺织工业在科技水平和人才素质方面大幅度提高。我国纺织工业在国际市场上的地位和作用也将进一步提高。

（二）"入关"后我国纺织工业面临严峻挑战。

关贸总协定是国际垄断竞争的产物。乌拉圭回合多边谈判延续了5年之久正是当代竞争激烈程度的集中体现。"入关"之后，在协定原则下一些障壁排除了，竞争的空间扩大了。但是在这庞大的自由贸易舞台上，究竟谁是输家，这对每一个缔约成员国来说，都是严峻的考验。纵观当代纷繁复杂的市场较量形势，从我国纺织工业形势看，确实存在着不少薄弱环节。

首先，从最直观的竞争即物化商品竞争来分析。80年代我国纺织工业出口大幅度上升是基于3个主要原因。一是国际产业结构调整形成对我出口有利的机会；二是改革开放政策使我国棉花产量翻番和化纤工业的高速发展；三是由低工资和原料便宜带来的低成本优势。现在这3个条件都发生了改变。科学技术进步大大提高了纺织工业高档深加工和服装的劳动生产率，以致世界10大纺织品和服装出口国与地区绝大部分还是发达国家和地区。据关贸总协定公布的统计数字，1990年的顺序是香港236亿美元（包括转口）、意大利213亿美元、原联邦德国203亿美元、中国169亿美元（按国际可比口径，包括来料加工部分）、韩国141亿美元、法国108亿美元、台湾省105亿美元、比利时、卢森堡84亿美元、美国76亿美元、英国74亿美元。南亚、东盟一些国家正在迅速成长为纺织品贸易的主要国家和地区，改变着世界纺织品贸易格局。1989年巴基斯坦已超过我国成为世界第一位棉纱出口国。我国资源低价优势正在逐步消失。国内棉花价格在1988年还只相当于国际市场价格的65.47%，到了1990年就涨到了相当于国际市场价格的93%。我国低工资的优势也在逐步削弱。纺织工业净产值占总产值的比重从1980年到1989年下降了6.75个百分点，与此同时工资占净产值的比重提高了1.3倍，从14.6%上升到34%。如果考虑住房。医疗等支出，劳务费用还要高。从国际市场形势分析，全世界竞争正集中在附加值的提高上。对纺织工业来说，已从生产者领导的时代转向消费者领导的时代，人们追求高品质、多变化、表达个性。为适应这种要求，以科技进步为基础，广泛使用电脑和机电一体化设备，带来了灵活生产，跨国经营，迅速反应的有利条件，这使廉价劳动和费用的重要性日益缩小，在许多部门劳动费用只占制造费用的10%～15%。从装备总体状况来看，由于我国纺织工业出口是依靠低成本、低折旧、中低档产品的优势发展起来的，而这在传统计划经济体制和大一统外贸体制下，企业缺乏自我改造能力，只有靠重复建设、扩大加工能力才能发展，造成设备严重老化，包袱越来越重。1985年工业普查统计全国1600多个国有大中企业55万台设备中，达到当代国际先进水平的只占0.71%，国内先进设备只占5.03%。以棉纺设备为例，有近1/3属于该淘汰的。在纺织工业职工中具有大专文化程度的比例，1985年普查时是1.4%，低于全国2.55%的水平；而企业用于技术开发研究的资金就更少得可怜。总之，这些说明我国纺织工业生产力状况从总体来说还很落后。

第二，从我国纺织工业企业状况分析，还缺少能与国际垄断资本竞争的大型骨干集团。国有大中企业还没有真正成为自主经营、自负盈亏、自我约束、自我发展的独立法人。在条块分割、生产外贸金融等环节分离的情况下，企业处于势单力薄、各自为战的分散状态。在技术改造、产品开发、营销网络、承担风险等方面都处于不利地位。

第三，我国纺织工业在国内市场的垄断地位同样面临严峻的挑战。"入关"标志国内市场进一步开放，过去在政府关税或关贸严格保护下由国内产品垄断的市场，将面临境外产品的激烈竞争。以往"好产品保出口"的口号不再适用，我国纺织工业2/3的产品是供内部市场消费。因此，"入关"后不仅要面对国际市场的竞争，而且面对在国际市场上的国际竞争。世界上发展中国家关税年均13%～14%，发达国家是4.7%，我国实际税率是22.5%，其中纺织品进口关税66.9%，服装进口关税为100%。随着进口关税降低，国内那些质次价高的产品，或成本过高的产品，都必须有充分的准备。对国内的纺织、印染、针织、化纤机械设备制造业将有更激烈的竞争。

挑战是压力，也是动力。不能把挑战只看成是不利因素。有挑战才能发现自己的不足，才能促进自我改革的完善。因此，要同迎接机遇一样，迎接挑战。

四、重入关贸总协定需要及时调整我国发展民族工业的思路并采取相应的对策

在资本主义发展到国际垄断资本的时代，发展中国家如何保护民族工业，过去普遍奉行"保护"政策。然而实践证明，靠"保护"来发展的国家，其结果并没有缩短与发达国家的距离，反而更加落后。而某些

曾经十分落后的国家或地区以大胆“开放”和适度“保护”相结合，都得到了大步发展。这便是在世界经济国际化趋势下发展民族工业的两种思路和两种结果。鉴于上述对我“入关”形势综合分析，有以下几件工作急需要做。.

（一）探讨保护、重视和发展之间的最佳结合点。

“保护”是迄今为止一切国家都在使用的手段，有关税和非关税之分，但“保护”的程度和时限又从来以提高竞争力和获得真正发展为目标。关贸总协定规定对发展中国家的幼稚工业允许适当保护，这是合理的。完全取消保护并不能体现平等，“保护”目的是使幼稚工业能有一个成熟的环境，通过一定时间的“保护”达到具有平等竞争能力。同时任何国家的保护又都是付有代价的。对一种产品的消费，正是为着另一种产品的生产。在社会化日益复杂的现代经济社会，这种消费与生产的关系更加错综复杂。过分保护机电行业，必然阻碍纺织工业、化纤工业，从而削弱这两个行业的竞争力。过分保护纺织工业，必然妨碍服装业抓住高档次高附加值市场的机遇。同时过分保护更妨碍自身的进步，使产业停滞。当然，不能设想一下子就能将高关税一次降到位，那样势必造成国际经济的损失。世界纺织品贸易从《多种纤维协定》向一体化过渡还要10年，我们关税减低也要一个过程。这需要在外界环境和内部条件中运筹，寻找动态的最佳结合点，建立灵活的调控机制。

（二）加快产业结构调整。

为了巩固初级产品的市场，大力开拓高附加值的市场，必须加快产业结构的调整。

第一，在行业结构中纺织机械制造业要充分利用开放的条件加速用先进技术武装，向机电一体化迈进，以适应纺织工业大规模技术改造的需要。化纤生产作为基础性行业要适应国际竞争的需要，向规模经济转变，克服小而分散成本过高的状况，控制生产能力盲目发展，同时大力提高自我研究能力，并且在一定时期内需要适当保护和扶植。

第二，区域结构要围绕产品结构的调整而调整。同时发挥资源和劳动力优势以及地区科技社会化条件优势。在中心城市主要发展高附加值产品的生产，在广大产棉区，县以下企业通过改组改造提高初级产品的加工质量档次。通过跨地区、跨行业，跨所有制的兼并、联合、股份制等改善产业生产组织结构。

第三，在生产力结构上，要大力发展教育和科技事业，加速各类人才的培养。面对国际竞争的激烈挑战，我国纺织工业无论对生产过程还是对流通过程来说，都反映出科技落后，人才不足，教育滞后。当前大专以上文化科技人才还不到职工总数的2%，而各类经贸人才，开拓性管理人才更是短缺，必须为改变这一落后状况，采取紧急措施。

第四，三产的发展必须加快，这是提高行业劳动生产率的重要途径。

（三），大力扶植纺织工业的技术改造。

长期以来，在计划经济体制下，纺织工业面对着供不应求的形势，采取重复建设，“母鸡下蛋”，拼设备增能力的措施，致使纺织工业规模庞大，技术装备落后。棉纺锭虽然已达4千多万锭，规模在世界上数第一，但有1/3设备超期服役，面临淘汰和更新。印染设备不仅设备同样老化，而且还不适应小批量多品种的生产，既影响质量，又影响品种。服装出口额虽然已超过纺织工业出口额的50%，但服装的档次仍以中低档为主，急需大批高档专用设备来武装。这一切都需要大量投入，而目前纺织行业效益由于装备落后，原料能源提价，国际市场容量有限，企业亏损严重，急需国家政策扶植。技术改造慢了，就有可能错过时机。

（四）加快改革开放，加速社会主义市场经济体制和运行机制的建立和完善。

科学技术的竞争也罢，国际垄断资本的挑战也罢，说到底，提高我国纺织工业的国际竞争力，关键还是坚持党的一个中心两个基本点的基本路线不动摇。加快改革开放，加速社会主义市场经济体制和运行机制的建设和完善。发挥社会主义制度解放生产力发展生产力的优势。抓住时机，发展自己。江泽民同志在十四大报告中指出：“我国经济要优化结构、提高效益、加快发展、参与国际竞争，就必须继续强化市场机制的作用”。这是我国面对国际竞争和挑战，迎头赶上的重要条件。

首先要真正转换国有企业特别是大中企业的经营机制。要落实企业在国内外两个市场上的法人地位和竞争主体地位。让企业在两个市场竞争中承担创汇和国有资产保值增值的责任。从获得自营出口权的150家企业或企业集团来看都在短时间内站住了脚，效益都比一般靠收购出口的企业好，还须继续扩大审批范围，取消不合理限制，简化审批手续。在出口计划、配额分配、外汇流程等方面，对有出口权的企业与外贸企业一视同仁，平等竞争。原有外贸企业必须真正政企分开。改革出口配额管理制度。鼓励跨行业跨地区通过联合、兼并、股份制等形式组建容生产、流通、金融、科研开发、教育为一体的外向型企业集团。

第二，加快市场体系的培育。只有大力发展生产资料市场，积极培育包括债券、股票等有价证券的金融市场，发展技术、劳务、信息、房地产等市场，打破地方或部门对市场的分割、封锁、垄断，同时改革价格体系，建立由市场形成价格的机制，这样才能真正实现国际国内两个市场接轨。出口企业可以自选口岸，自选外贸代理，跨地区重组生产要素，也可以组织跨国生产，利用国内外资源跨国经营，跨国投资，开拓多元化出口市场，在竞争中发展和壮大竞争实力。培育市场体系同时必须加强法制建设，完善适应市场经济的法律体系，并严格以法办事。通过建立商会、协会的形式，加强群体约束。

第三，加快分配制度和社会保险制度的建立，以利于企业优化结构，提高劳动生产率，从而提高国际竞争力。

第四，转变政府职能。理顺中央和地方以及部门之间的关系，坚决按转变企业机制条例下放权利。真正把统筹规划、掌握政策、信息引导、组织协调、提供服务和检查监督的工作搞起来，运用政策和经济杠杆管理经济，建立科学的宏观管理体制和办法。

过去讲参加国际大循环，但成效还不够理想，其主要原因是中国自己的市场还不健全，不够开放，与国际市场基本没接上轨道。渠道不通，价格扭曲，生产要素不能流动，出口企业与国际市场隔离，即使有机会走上国际市场，也是包袱沉重，手脚被捆，既无技术实力，又无资金实力，单枪匹马，所以困难重重。而社会主义市场经济建立起来，有了良好的国内市场循环条件，加上对外开放的扩大，两个市场接轨，两种循环交汇，我国纺织工业的出口竞争力必将大大提高，我国纺织工业在新形势下几年再上一个新台阶的目标一定能实现。

王曾敬副部长在全国纺织工业计划统计工作会议上的讲话

（1992 年 11 月 13 日）

在党的十四大刚刚闭幕不久，全党、全国人民正在认真学习江泽民同志的十四大报告，贯彻十四大精神的时候，我们在山东济南召开全国纺织工业计划统计工作会议。党的十四大以邓小平同志关于建设有中国特色社会主义理论和党的基本路线为指针，确立了建立社会主义市场经济的改革目标，提出了 90 年代加快社会主义现代化建设的 10 大任务。这次会议的主要任务就是：学习、贯彻党的十四大会议精神，正确认识社会主义市场经济，解放思想，转变职能，结合纺织工业的实际，把十四大的精神和提出的各项任务，落实到我们的计划统计工作和今后的实际工作中去；为编制好明年的生产、基本建设和技术改造计划，同各地区交换意见，为全国计划工作会议和企业技术进步会议做好准备；这次会议与往年有所不同，增加了调整纺织工业“八五”计划及 10 年发展规划和统计工作的内容，是一次重要的工作会议。

为了便于大家讨论和研究，我想先讲几点意见：

一、树立社会主义市场经济观念，搞好计划工作

党的十四大在全面、准确地总结了改革开放 14 年来建设有中国特色社会主义的理论和实践的基础上，提出了建立和完善社会主义市场经济体制，并以此作为我国经济体制改革的目标。

市场经济是通过市场机制的作用来配置社会资源的一种经济形式，其特征是：一切经济活动都直接或间接地处于市场关系之中，市场机制是推动生产要素流动和促进资源优化配置的基本运行机制；企业具有进行商品生产经营所应拥有的全部权力，自主经营活动；政府部门不直接干预企业，而是通过财政、税收、价格等经济杠杆来规范、调节企业活动；按一套法规体系运行，使整个经济活动在法制基础上进行。社会主义市场经济是指社会主义制度下的市场经济，除具有上述 4 个特征外，还具有 3 个特殊性，即：公有制、按劳分配和宏观调控。

建立社会主义市场经济体制，核心问题是要认识和处理好计划与市场的关系。我国经济要优化结构、提高效益，合理配置资源，加快经济发展，就必须强化市场机制的作用。无论是资本主义还是社会主义，要想发展生产力，实现社会化大生产就离不开市场经济。市场经济不等于盲目发展，不要计划。市场经济并不排斥国家计划，就是在资本主义国家也找不到没有国家宏观调控的市场经济。由于市场经济不是万能的，本身也有一定的弱点和缺陷。市场调节是一种事后的调节，从价格的形成，信息的反馈到产品产出，有一定的时间差，所以在调节过程中往往会发生波动。特别是在现阶段，我国市场经济的发育程度还很低，市场机制不健全的情况下，国家的经济调控功能可进一步强化，以减少经济波动。国家计划是宏观调控的重要手段之一。重点是合理确定国民经济和社会发展的战略目标，搞好经济发展预测，总量调控，重点结构与生产力布局规划，集中必要的财力、物力进行重点建设，综合运用经济杠杆，促进经济更快更好地发展。

纺织工业是一个传统产业，在计划经济体制下运

行了几十年，严格的计划管理，束缚了我们的思想。改革开放虽然使我们的思想获得了大解放，但是社会主义市场经济观念的确立，则需要我们在思想上有一个新的、更深层次的飞跃。纺织工业属消费品生产部门，直接面对广大消费者，与市场最接近，市场调节作用非常明显。因此，市场调节与传统计划管理方式的矛盾也十分突出，尽快转变观念，适应市场经济、按经济规律办事尤为重要。

具体到纺织行业的计划管理、宏观调控上，应本着宏观管好、微观放开的原则，从行政命令式，转变为经济参数式。

1. 改变管理职能，在缩小指令性计划范围的基础上，进一步缩减计划指标和各级行业主管部门对企业经济指标的考核职能，而重点发挥其在产业政策、生产力布局、生产技术标准、信息引导、监督服务等职能，并为其创造行业管理、协调服务的条件。

2. 改变以实物量的平衡，为价值量的平衡；改变以生产能力平衡生产，为以市场需求平衡生产。对纺织主要生产能力的管理（主要指棉纺、毛纺、化纤 3 大能力）由被动控制，变为积极调控。重点放在产业政策引导和投资利率的倾斜上。使企业根据市场的需求决定投资和发展的方向。

3. 改进和完善地区平衡的方式，要按国内、国外两大市场需求进行平衡。打破封闭的、静止的地区保护，为逐步形成和健全全国统一市场，参与国际市场的竞争奠定基础，使纺织行业的发展与国民经济的发展相协调。

4. 加强对市场的认识和预测。这个市场是广义的大市场，对市场的预测应包括国家的经济政策，宏观经济要素的影响；包括世界经济动态及国际市场的变化等等。作为行业管理部门，搞好市场预测是宏观调控的重要一环。不仅是定量的预测和定性的分析，更多的是要有政策性、指导性的发展规划，为企业发展指明方向。

5. 积极培育和完善市场体系。市场经济要求企业走向市场，目前纺织品已有 80%左右由工业自销。集体、个人营销也很活跃。近几年各地也发育形成了一些纺织原料市场和纺织品贸易集散市场。要在现有基础上，提高纺织专业市场的层次，在有条件的大经济区域内建立国家级的大纺织市场体系。把过去分原料、分物资的政府行政管理，转到对市场的宏观调控管理上。为企业提供平等竞争的环境，达到资源的优化配置。

建立和完善社会主义市场经济体制任重道远，不是一朝一夕就能完成的。市场经济是对传统的高度集中的计划经济体制的突破，必将会引起各个方面的深刻变化，对以往的实践和今后的改革，我们还要不断总结、认识、提高、完善。

二、纺织工业面临的形势和存在的问题

改革开放 14 年来，我国纺织工业发生了深刻的变化，取得了巨大的成就。主要表现在以下几个方面：

1. 纺织品由短缺到丰富，由“温饱”向“小康”迈进。

我国是一个人口众多的大国，要解决好占世界 1/5 人口的穿衣问题，的确是一个难题。在党中央、国务院的关怀、领导下，经过我们的努力，长期困扰中国人民穿衣的问题得到了解决。1991 年我国纺织纤维加工量达到 671 万吨，人均纤维分得量已达 5.6 公斤，比 1978 年提高 2.5 公斤。1991 年我国棉纱产量达 460 万吨，比 1978 年增长 93%；化纤产量 191 万吨，增长 5.7 倍；棉布达 182 亿米，增长 65%；呢绒 3.11 亿米，增长 2.5 倍；丝织品 24 亿米，增长 2.9 倍；服装生产 36 亿件，增长 4.5 倍。1991 年全国衣着类商品零售总额达 1356 亿元多，占全国消费品零售总额的 16.45%，是仅次于食品的第二大类消费品。目前国内纺织品市场空前丰富、繁荣，为满足人们基本需求，和美化人们生活提供了保证。

2. 纺织品出口创汇大幅度提高，成为我国出口支柱产业。

“七五”期间，我国纺织工业抓住世界产业结构调整的有利时机，在满足国内市场的同时，以纺织品出口创汇为突破口，一举跃入世界纺织品出口大国的行列。到 1991 年我国纺织品出口创汇已达 167 亿美元（海关口径，不含纤维出口），比 1978 年增长 5.8 倍，占全国出口商品创汇的 1/4。纺织工业已成为我国重要的出口创汇产业和对国际市场依存度最高的产业。

3. 为国民经济的发展作出了重大贡献。

目前，纺织工业总产值占全国工业总产值的 16%，实现利税约占全国工业利税的 9.5%，都居各产业部门前列。1978 年到 1991 年，纺织工业创利税累计达 2550 亿元，出口创汇累计 1051 亿美元，有力地支持了国民经济的建设与发展。纺织工业作为重要产业部门从 1978 年到 1991 年，为国家为社会提供了 955 万人的就业。

4. 技术改造重点突出，推进了全行业技术进步。

近几年，我们花大力气进行技术改造，在国务院领导的关心和指导下，进一步明确了改造的思路、改造的方向和重点，狠抓了各项技术改造专项的实施进度，突出了以纺织机械为基础，以棉纺行业、最终成品加工和产业用纺织品为重点，以出口创汇企业和国营大中型骨干企业为主体的改造思想。通过技术改造，更新棉纺锭 127 万锭，改造 190 万锭；更新布机 2 万台，改造布机 6000 台；改造棉印染能力 2.5 亿米；翻建和改造危房 400 多万平方米。与此同时，每年还引进了新型化纤纺丝设备、新型染整设备、无梭织机、自

动络筒机等先进设备及新技术、新工艺。为提高纺织工业的装备水平、技术水平、产品档次、扩大出口起到了决定性的作用。

5. 纺织行业结构、产品结构调整初见成效，纺织品应用领域不断拓展。

改革开放以来，使纺织工业得以较快发展，通过行业结构，产品结构的适当调整，在纺织纤维加工量中，化学纤维所占比重由1980年的20.5%，提高到1990年的29.4%，1991年达到36%左右；国内市场商品成衣率由1980年的25%左右，提高到1990年的40%，1991年的45%左右。特别是在基本满足人们衣着需求以后，改变了单纯生产面料的局面，积极向装饰用、产业用纺织品领域拓展。目前，装饰用纺织品已广泛进入居民生活，产业用纺织品已应用到高科技、航天、汽车、建材以及医疗等多个领域。在行业结构、产品结构的调整中，一些地区还通过对滞销、亏损产品的生产压缩、运转班次的调整，优化劳动组合，减少定员，积极发展第三产业，取得了初步进展。北京市纺织系统还结合调整，利用城市土地收益级差，搞好产业置换。

6. 纺织工业基本实现了由生产型向生产经营型的转变。

随着纺织品的不断开发和丰富，工业自销的比重不断增大，已由卖方市场逐步向买方市场过渡。纺织工业企业的商品观念、市场意识、竞争能力也在不断增强。我们的企业已不再是仅就生产抓生产，更多的厂长把精力由抓生产转向了抓销售、抓市场上。特别是在发展外向型经济上，作出了很大努力。先后建立了青岛、上海、大连、宁波、广州、天津、福州7个工贸结合的纺联进出口公司；选择了一批在国际市场上有竞争力的生产企业，给予了直接出口权，到目前全行业已有150家具有直接出口权的企业和集团公司。可以说纺织工业企业已基本实现了由生产型向生产经营型的过渡。

7. 纺织“三资”企业、乡镇企业的发展，使纺织行业经济结构发生了重大变化。

改革开放以来，纺织行业在吸引利用外资方面收到了一定成效。从1979年到1991年纺织工业累计利用外资32.19亿美元，兴办纺织“三资”企业近3千家，目前大部分“三资”企业生产经营比较好，有一些企业在原有合资的基础上，进一步扩大了合作范围。1990年纺织“三资”企业出口创汇15.5亿美元，占同口径纺织品出口的12.4%，占全国“三资”企业出口的25%。今年上半年，纺织“三资”企业又有了新的发展，据统计，一季度纺织新增利用外资项目242个，合同金额3.72亿美元。乡镇纺织企业的迅速发展，使其地位和作用也越来越重要。截至1991年已发展到2.9万个企业。在全国纺织行业中的比重：总产值占1/3左右；布的产量占22.4%，呢绒产量占24.4%，服装产量占54.6%，出口创汇占21.7%。

目前纺织行业已形成了一个国营、集体、三资、乡镇及个体多种经济成份的纺织加工工业。过去我们常说的系统内企业的比例越来越小。从工业产值看，1985年系统内占全行业的66%，到1991年下降到57%，从利税看，1985年系统内占全行业的69%，到1991年下降到34.7%，纺织工业经济结构发生了重大变化。

8. 纺织工业的改革，企业经营机制的转换逐步展开。

近几年，在深化企业内部改革，改善企业外部环境方面，各地进行了大胆探索和尝试，有了一定成效。目前全国纺织企业已有195万人实行了劳动合同制，系统内有50家企业，约15万人进行了全员劳动合同制试点。分配制度改革也在120多家企业进行，工资、奖金的分配拉开档次，向一线倾线，向有贡献的人员倾斜。人事制度的改革逐步向聘任制过渡，打破工人干部界限，以才量人。此外，股份制试点初步显示了活力，成为转换企业经营机制的有效形式之一。这些改革和探索，为搞好企业经营机制的转换，使企业真正成为商品生产实体和经营实体，打下了良好基础，也为纺织工业的全面改革提供了有效的经验。

纺织工业近十几年来虽然取得了一些成就，但是在改革开放不断深化的过程中，仍存在不少问题，形势是不容乐观的。

一是纺织工业经济效益仍未摆脱下降局面。近两年为了遏止经济效益的滑坡，广大职工干部做了大量工作，抓品种、质量、效益，抓限产压库，抓扭亏增盈，取得了一定成效，但仍未完全遏止效益的继续下降。1991年全行业利税总额212亿元，较1990年下降7%；资金利税率为6.75%，较全国标准值低6.8个百分点；工业净产值率为20.63%，较全国标准值低8.4个百分点；成本利润率为1.89%，较全国标准值低6.5个百分点。今年1～9月全国国有纺织企业利税总额53.48亿元，比去年同期下降9.42%，因此完成今年遏止经济效益滑坡的任务相当艰巨。原因是多方面的，如原料价格调整、外贸补贴取消、工商库存变化等原因，使纺织行业效益下降，造成了纺织工业利、息、费的大量转移，企业生产经营艰难。

二是行业管理和宏观调控尚需加强。近几年我们虽然在行业管理和宏观调控方面做了一些工作，但是仍存在一些突出的问题。如纺织主要生产能力失衡的问题，到1991年末，全国棉纺织能力4191万锭，毛纺能力达到303万锭，加工能力都有富余，生产能力低水平延伸的问题仍有发现。

三是改组改造任务艰巨，虽然经过“六五”、“七五”技术改造的大量投入和科技攻关、新技术开发及推广应用，使纺织工业技术进步有了较大进展，但是还不能形成具有竞争力的综合经济实力，不能适应国际、国内市场优质、多变、快交货的需求。纺织工业加工能力大、装备水平低，急需改造的落后设备多。目前还有几百万的棉纺锭要淘汰、更新，有大量印染后整理设备要改造。纺织工业联合改组的任务，还要加强研究，理出思路。有些省市在组建企业集团大力发展第三产业等方面，已进行了有益的探讨，但从面上看进展不快。纺织工业改组改造任务很重。

三、纺织工业明年计划安排和"八五"计划及10年规划调整

明年纺织工业的计划安排，是在逐步形成社会主义市场经济新体制的情况下进行的。明年计划工作的指导思想是：以市场需求为导向，以经济效益为中心，以技术改造、技术进步、调整结构、优化存量为重点，加快纺织工业改革开放的步伐，尽快进入良性运行的轨道。

1. 关于1993年计划安排。

为适应社会主义市场经济的要求，使计划更好地面向市场、反映市场、引导市场，发挥宏观指导和调控作用，在计划管理上，根据国家计委编制1993年计划改革的意见，进一步减少国家指令性计划的范围和数量，扩大企业经营的自主权，逐步缩减生产、流通领域中的实物量计划指标。国家计委管理的生产计划指标，1993年由8类简化为4类。纺织工业部管理的生产计划指标，1993年由20类简化为11类，有5类只列全国部数，有4类取消生产计划，由市场调节。在指标安排上本着"以销定产、控制总量"的原则，考虑到今年仍呈现产大于销的状况，库存积压仍在增长，全行业平均产销率只91%左右。明年国内外纺织品市场虽将有所增长，但实物量的增长不会太大，更主要的是质量的提高，附加值的提高和价值量的增长。因此，明年的生产，要注意总量控制，一定要做到以销供产的顺序组织安排生产，不能造成新的库存增长。所有企业都要以质量、品种、效益为中心，要明确在社会主义市场经济体制下，这三点将是企业的生命线。

明年的基本建设计划要根据"八五"计划及10年规划的方向、目标，重点仍是化纤及化纤原料项目的建设，高新技术产品项目和纺机、纺器等，能带动全行业发展、上水平的项目。对于纺织三大生产能力的管理，鉴于目前棉纺、毛纺生产能力过剩，化纤能力增长过热。因此，明年对三大能力，仍要严格控制，由部里核准。对三大能力的存量调整、整顿要继续进行，对那些设备、技术落后，长期亏损的企业，要下决心结合产业结构的调整，关掉一批、转产一批。对涉及三大能力的利用外资项目，凡是引进国际当代先进技术装备，开发国内缺门、短线产品，完善化纤合理经济规模，淘汰落后设备，加快企业技术进步的，经审核批准后给予支持。明年基本建设要重点抓好进入收尾阶段的淄博、秦皇岛腈纶项目，青岛二棉的锦纶帘子布项目和九江粘胶项目，使其尽快收尾，形成生产能力。与此同时，要抓好已核准项目及新开项目的落实和进度，新上项目的起点一定要高，要注重效益。可以借鉴大中型项目的经验，编制建设进度网络计划，实行科学管理和施工。对列入"八五"计划的大中型项目有一批已进入初步设计和开工准备阶段，要积极创造条件，争取项目的早日开工。

明年的技术改造任务很重，除继续安排好3个中央纺织技改专项、压锭改造专项和新型纺机国产化专项以外，还要结合"八五"技改规划的调整，研究增加新的专项（如：产业用纺织品专项、印染后整理改造专项），另外对列入"八五"限上技术改造的项目要抓紧前期准备工作，提高开工率，以确保"八五"项目的顺利完成。对技术改造项目还要增加督促、检查的任务，检查工程进度，加快竣工投产达产，加强对投资效果和偿还贷款情况的检查。

1993年的中央专项技改贷款规模，目前尚未最后确定，国务院经贸办初步意见是按1992年的贷款规模安排，为此要首先保证续建项目，打足资金，使其早日发挥效益。

2. "八五"计划及10年规划的调整。

近两年，纺织工业"八五"计划执行情况是好的，基本达到了预期目标，使纺织原料得到了较大发展，落实了一批大中型化纤及化纤原料项目。同时，技术进步、行业结构、产品结构调整、利用外资工作也跨出了一步，加强了对三大能力的宏观控制和产业政策的引导。但是各方面情况也有了发展变化。根据党的十四大的精神，考虑到社会主义市场经济的发展要求及这两年计划执行的情况，我们有必要对原来的规划进行修改、补充。

初步设想修改的指标是：(1) 纺织纤维加工总量、人均纤维消费量；(2) 化纤产量、化纤生产能力；(3) 出口创汇、吨纺织品的创汇水平等等。需要补充的内容是：(1) 加大改革、联合、改组、改造的力度，实现纺织工业结构的合理化。通过改革、改组、改造，把资产存量调整与地域结构、规模结构、技术结构调整结合起来；通过调整提高纺织工业的素质和水平，使纺织工业产业结构、产品结构上一个新台阶，使技术装备水平上一个新台阶，使企业经营管理水平上一个新台阶。(2) 大力发展第三产业和利用外资，探索纺织多元化、外向型、全方位发展的新模式。注重同周边国家和地区在产业中的互补性，拓展沿海、沿边贸易交流。(3) 加快企业经营机制转换，继续进行企业内部三项制度的改革。要创造条件，实现国营企业与乡镇企业、三资企业的对接，系统内企业与系统外企业的对接。把乡镇企业、三资企业的经营机制引入国营大中型企业中，使之成为自我经营、自负盈亏、自我发展、自我约束的生产经营实体。(4) 培育、建立和完善大纺织市场体系。要培育纺织生产要素市场，建立纺织原料市场，扩大纺织初级品市场，完善纺织最

终商品市场。(5) 提高纺织工业的综合经济效益。纺织工业的发展要以经济效益为中心，通过改革、联合、改组、改造及纺织“三资”企业、乡镇纺织企业和第三产业发展，使全行业的经济效益有所提高。

这次会议，我们将通过座谈、讨论、广泛听取各方面的意见，看看上述修改、补充是否需要和合理，以便把纺织工业“八五”计划及10年规划调整好。在新形势下，规划工作是我们要强化的工作，搞好中长期规划是宏观调控的重要一环。希望我们搞规划的同志加强经济理论的学习和政策水平的提高，搞好市场预测与分析，搞好宏观调控和指导。

3. 关于统计工作。

在过去的一年里，广大纺织统计工作者，克服了数据量大，渠道不畅的困难，较好地完成了统计工作，为经济发展提供了信息，为宏观决策提供了依据。在社会主义市场经济的新体制下，统计工作更为重要。随着新国民经济核算体系和经济考评核算体系的形成、实施，统计工作也要相应转变。要结合纺织工业统计工作的改革，主要研究：(1) 生产数量型统计向经营效益型统计转变。进一步贯彻国务院10号文件，巩固和完善新的工业生产评价考核工作，提高数据质量。(2) 封闭型统计向开放型统计转变。不仅要为宏观决策管理服务还要扩大到为企业为社会服务。利用好现有的计算机网络组建纺织原料和产品市场信息站。在现有资料数据的基础上，建立企业信息库。(3) 部门统计向行业统计转变。在现有条件下，层层树立行业统计的观念，探讨搞好行业统计的途径和办法。

同志们！1993年是我国改革开放，经济腾飞的一个新的起飞点，也是执行“八五”计划的关键一年，让我们抓住这一关键时刻，认真学习贯彻十四大会议精神，加快改革、联合、改组、改造的步伐，发挥纺织工业支柱产业的作用，为社会主义经济现代化作出新贡献。

认真贯彻十四大精神
推动纺织工业上新台阶

吴文英部长在全国纺织工业厅局长会议开幕式上的讲话

(1992年12月23日)

今年的厅局长会议是在十四大胜利闭幕不久召开的。十四大全面、准确地总结了改革开放十四年来建设有中国特色的社会主义的理论和实践，确立了建立社会主义市场经济体制的目标，提出了90年代改革和建设的主要任务。所以，今年厅局长会议的主题是：进一步认真学习贯彻十四大精神，研究分析纺织工业面临的形势和任务，明确今后奋斗目标及发展思路，部署明年的工作，推动纺织工业上新台阶。

为了便于大家讨论和研究，我先讲几点意见。

一、正确认识纺织工业面临的形势

科学地分析形势，是正确确定今后发展目标和思路的前提。

(一) 14年改革开放为纺织工业今后的发展打下了一个良好的基础

十一届三中全会以来，在党的改革开放总方针和小平同志一系列建设有中国特色社会主义理论的指引下，纺织战线全体干部职工解放思想，艰苦奋斗，锐意改革，不失时机地采取了一些政策措施，进行了一些新的探索和尝试，主要有以下4个方面：

①逐步下放计划管理权限，缩小指令性计划范围，扩大市场调节的份量。目前除棉纱和部分化纤、化纤原料实行指令性计划，少数产品为指导性计划外，绝大部分产品都由企业根据市场需要进行生产；纺织品的价格也随着生产能力的扩大和市场的变化基本放开。

②在沿海纺织品出口主要城市建立了青岛、上海、大连、宁波、广州、天津、福州等7个工贸结合的纺联进出口公司和各种类型的对外贸易机构，选择了一批在国际市场上有竞争实力的生产企业和集团给予自营出口权，并在一些企业实行了外贸代理的试验。根据国家沿边开放的战略，很多纺织企业和企业集团获得了边贸代理权。

③进行了一些重大战略调整：抓转轨变型，从速

度型向质量品种效益型转变;以扩大出口为突破口,面对世界,带动纺织工业全面振兴;以服装为龙头,带动纺织工业全面发展的大纺织发展思路;沿海老基地初加工生产能力向资源省份、向内地转移;衣着用、装饰用、产业用三大纺织品领域共同发展;发展新型纺织机械生产;大力发展第三产业,提倡"一业为主,多种经营"等。

④狠抓企业的技术改造,固定资产投资逐步向技术改造倾斜,对提高我国纺织产品的档次、质量和加工深度,增加产品附国值,对提高纺织工业整体性技术水平,都起到了重要的推动作用。

经过14年的发展,我国纺织工业面貌发生了深刻的变化,取得了举世瞩目的成就,为今后的发展奠定了良好的基础。

纺织品由短缺到丰富,开始向小康迈进。14年来,我国纺织工业的主要生产能力大幅度增长,棉纱、棉布、丝织品、服装和针织品产量跃居世界第一,呢绒产量居世界第二位。1991年我国人均纤维消费量为4.2公斤,是1978年的1.7倍。1993年取消了实行近30年的纺织品凭票供应制度,基本解决了人民缺衣少被的问题。1991年全国衣着类商品零售总额达1356.3亿元,占全国消费品零售总额的16.45%,是仅次于食品的第二大类消费品。目前,国内纺织品市场十分繁荣昌盛,为满足人们的衣着需求、美化人们的生活提供了物质保证。

纺织品出口创汇大幅度提高,出口产品结构发生了显著变化。据海关口径统计,1978年我国纺织品和服装出口额只有24.3亿美元,居世界第11位;1991年我国纺织品和服装出口额达到167.3亿美元,比1978年增长5.8倍,上升到世界第四位;14年间累计出口创汇额达1051亿美元。去年我国服装类出口达89.98亿美元,占纺织品和服装出口总额的53.8%,首次超过纺织品出口,改善了出口产品的结构。自1986年以来,纺织工业出口创汇一直占全国外贸出口创汇的1/4左右,成为我国重要的出口创汇产业。

结构调整初见成效,开拓了纺织工业新的领域。近几年,纺织工业结构调整,化学纤维占纤维加工总量的比重达到30%;服装成衣率为45%左右;装饰用纺织品已广泛进入居民生活领域,装饰品纤维用量已占总量的18%~19%,形成了墙面贴饰、地面铺设、家具露饰、挂帷遮饰、床上用品、卫生漱洗、餐桌杂饰等7大类系列品;产业用纺织品逐渐渗透到航空航天、医药、交通、冶金、化工、建筑、汽车、水利、军工等各个行业和尖端科技领域。在服装加工中,已开始生产出一些具有国际竞争能力的西装和时装。

"三资"企业、乡镇企业迅速发展,纺织工业经济结构发生了重大变化。改革开放14年来,纺织行业累计利用外资32.19亿美元,兴办"三资"企业近3000家;乡镇企业发展迅猛,各类纺织乡镇企业已达2.9万个,职工460多万人,乡镇纺织企业的产值占整个纺织工业总产值的30%左右。目前,纺织行业已经形成了国有、集体、三资、乡镇及个体等多种经济成份并存的局面,经济结构发生了重大变化。

科技进步、人才培育和精神文明建设取得了显著成绩、改革开放以来,纺织工业先后攻克重大技术难题、取得科技成果3112项,获得国家科技进步奖107项,国家发明奖48项,部级科技成果奖1005项,开发了一大批纺机、纺器、差别化纤维、涂层织物和仿毛、仿丝织物等新产品,我国纺织工业综合技术水平有了显著提高。同时还十分重视对科研、技术和经营管理人才的教育和培养,增加了大专院校16所,初步形成了包括中等教育、高等教育和职工在职教育的比较完整的教育体系,累计培训输送各类专业人才20万人,对提高全行业素质起到了重要的作用。

在社会主义精神文明建设中,我们一直坚持"两手抓、两手硬"的方针,积极开展思想政治工作,不断地进行爱国爱党爱厂爱岗的社会主义教育和职业道德教育,培养了一支有理想、有道德、有文化、有纪律的职工队伍。

总之,14年的改革开放,使我国纺织工业发生了巨大变化。纺织工业得益于改革开放,当然,纺织工业今后的发展,更需要改革开放。

(二)今年工作取得新的进展

今春以来,在小平同志南巡重要谈话和中央进一步改革开放精神的指引下,纺织战线广大干部职工精神更加振奋,思想更加解放,工作更加扎实。突出抓了扭亏增盈和限产压库工作,实施了振兴纺机事业的"四大重中之重"的战略措施,取得了可喜的成绩。

第一,扭亏增盈工作取得初步成效。

根据国务院领导同志提出的纺织工业今年要制止经济效益滑坡的要求以及国务院经贸办的统一部署,我们把扭亏增盈和限产压库作为今年工作的主线来抓。各级纺织主管部门做了大量的、实际的、细致的工作,使纺织工业经济效益滑坡的现象逐步缓解。据初步预计,今年年底有望实现制止经济效益滑坡和亏损额减少10%的目标。这个成绩来之不易,是在消化了一系列增支减利的不利因素之后取得的,是纺织战线全体干部职工共同努力的结果。在这里重申,部里年初和各地厅局长签订的扭亏增盈合同是要兑现的,明年初选择适当的时机进行表彰和奖励。

第二,产品质量稳定提高,出口创汇高速增长。

按照全国质量工作会议和国务院经贸办打击假冒伪劣商品等一系列指示精神,结合纺织工业的实际情况,以提高出口两纱两布质量为重点,通过纺织系统广大职工的共同努力,今年纺织工业的质量工作取得了较好的成绩。截止10月底,全国17项主要纺织品累计质量指标与去年平均水平相比有14项稳定或提高,质量稳定率达82.35%,实现了攻关目标;12项纺织品出口合格率指标累计完成情况与去年平均水平相比，有 11 项稳定或提高。

出口创汇继续高速增长。今年 1～10 月我国纺织品和服装出口创汇已达 192.18 亿美元(海关口径)，占全国外贸出口总额的 29.5%，其中纺织品 66.66 亿美元，服装出口 125.52 亿美元，纺织品和服装出口额分别占出口总额的 34.7%和 65.3%，服装的比重继续上升。今年全行业出口创汇可超过 200 亿美元大关，预计将达到 240 亿美元左右，剔除海关统计口径改变等不可比因素，纺织品和服装出口创汇额仍比去年同期增长两成左右。

第三，外向型经济取得新的发展。

到目前为止，全国已获外贸经营权的纺织企业和集团有 213 家，其中有 131 家是在清理整顿后，主要是在今年获得外贸权的。有些条件较好的企业（如上海申达纺织服装集团）已经跨出国门向境外投资，开展国际化经营。中外合资纺织企业比去年同期有较大增长，全行业新增利用外资项目协议（合同）242 个，合同金额 3.72 亿美元，其中外商直接投资项目 239 个，合同金额 2.56 亿美元。

第四，淘汰陈旧落后设备和“四大重中之重”的战略顺利展开。

今年以来，在国务院领导的关怀下，纺织工业重大技术装备的专项改造工作顺利展开，引进技术合作生产的自动络筒机和新型无梭织机等项目资金已经落实；自动络筒机、喷气织机、片梭织机等项目，已分别与德国、意大利、日本、瑞士的有关公司正式签约。预计明年均可形成一定的批量生产能力，对提高我国纺织工业的技术装备水平将起到积极作用。

技术改造有了突破性进展。今年全社会纺织工业固定资产投资总额预计可完成 180～190 亿元，同比增长 46.3%～54.5%，其中技术改造投资占到 72%左右，大大改变了过去技改投资少于基建投资的状况，投资结构有较大改善。今年我们共下达中央技改专项 633 项，贷款总额 29.03 亿元，用汇总额 2.8 亿美元，基本上解决了“七五”与“八五”的项目衔接，扭转了纺织工业技术改造后继无项目的局面。陈旧设备淘汰工作进展顺利，今年计划淘汰 106 万锭的任务可以完成。

第五，结构调整逐步展开，第三产业有所发展。

在中央五号文件精神指引下，全国许多企业大胆跨出纺织行业，兴办第三产业，开展多种经营。北京市纺织工业总公司提出了“主业精、副业兴、企业活”的结构调整的新思路，上海市纺织局已开始实施七成主业、三成付业和五个 100（100 个合资企业、100 个企业转移到浦东、100 个大技改项目、100 个企业关停并转、100 万平方米的地块搞改组改造）的调整计划。山东省有很多纺织企业提出逐步由过去适应性的调整转向开拓性、战略性的调整。这一趋势将逐步把纺织工业结构调整推向一个新的高度。

（三）纺织工业面临的主要矛盾和问题

纺织工业近十几年来虽然有了很大发展，但是，在从计划经济向社会主义市场经济转变的过程中，还存在着不少矛盾和问题，形势仍然十分严峻。

一是纺织工业经济效益仍未实现全面好转。近两年为了遏止经济效益的滑坡，广大干部职工做了大量工作，抓品种、质量、效益，抓限产压库，抓扭亏增盈，取得了一定成效，但仍未实现全行业经济效益的全面好转。1991 年全行业利税总额 212 亿元，较 1990 年下降 7%；资金利税率为 6.75%，较全国标准值低 6.8 个百分点；工业净产值率为 20.63%，较全国标准值低 8.4 个百分点；成本利润率为 1.89%，较全国标准值低 6.5 个百分点。今年 1～9 月全国国有纺织企业利税总额 53.48 亿元，比去年同期下降 9.42%。纺织行业效益下降的原因是多方面的，从客观上看，如原料价格调整、产大于销、供过于求、价格不到位、工商库存变化等等，造成了纺织工业利、息、费的大量转移；从主观上看，企业经营管理水平不高，产品质量、品种、花色、规格、款式不适销对路，产品卖不出去甚至长期积压还照样生产，市场经济意识差。

二是行业管理和宏观调控手段不健全，力度不够。近几年，纺织主要生产能力失衡的问题很突出，到 1991 年末，全国棉纺织能力 4191 万锭，毛纺能力达到 303 万锭，加工能力都有富余。国家计委和纺织工业部虽三令五申严格控制纺织三大能力的盲目发展，但至今仍未扭转生产能力低水平延伸的状况，各地争上化纤抽丝“热”持续不退。

三是改组改造任务非常艰巨，资金严重不足。我国纺织工业加工能力大、装备水平低，急需改造的落后设备多，有几百万的棉纺锭要淘汰、更新，有大量印染后整理设备要改造。当前，突出矛盾是企业经济效益不好，缺乏自我改造、自我发展的能力。不改造，无法适应国际、国内市场激烈竞争的要求；贷款改造包袱重，还本付息难。纺织工业联合、改组和技术改造问题，还要继续加强研究，理出思路，制定有关政策和措施。

（四）我们面临着一个机遇和挑战并存的环境

在本世纪的最后几年中，尽管纺织工业面临着种种矛盾和问题，但纺织工业所处的国际国内环境将有明显改善，我们将面临着一个新的发展机遇。

从国内形势来看，随着社会主义现代化建设的发展和人民物质文化生活水平的提高，国内市场对纺织品的需求，将日益趋向成品化、成套化、时尚化和个性化，流行周期越来越短，对花色品种及质量的要求也越来越高。因此，纺织品市场将会平稳发展，逐步繁荣，并迅速从衣着用向装饰用、产业用领域扩展。与此同时，由于社会主义市场经济的逐步建立和完善，所有的纺织企业都要面临着严峻的市场竞争环境。

从国际形势来看，由于西方发达国家的经济逐步呈现复苏迹象，加上乌拉圭回合谈判接近尾声，国际间的贸易将进一步增长，国际市场对纺织品和服装的需求也会随之增加，这为我国扩大纺织品出口提供了新的机遇。同时，我国有希望在明年恢复关贸总协定缔约国地位。这一方面有利于拓展我国纺织品的国际市场；另一方面，也将受到较大冲击和挑战，面临着更加激烈的竞争。

另外，由于我国与独联体各国的产业互补性较大，双方在沿边开放方面都制订了很多优惠政策。几年来，双方在发展边贸上积累了一些好经验，所以，发展与独联体各国边境贸易、经济技术合作的潜力还是很大的。

总之，90年代国际、国内纺织品的贸易格局将发生许多新的变化，呈现出许多新的特点，对纺织工业提出了越来越高的要求，给我国纺织工业带来了巨大的发展潜力。

二、90年代纺织工业的奋斗目标和发展思路

90年代是承前启后的10年，是进一步加快改革开放，把具有中国特色的社会主义伟大事业大大向前推进的10年，是我国人民实现小康水平并继续向中等发达国家水平前进的10年。对纺织工业来说，将是充满机遇、希望和激烈竞争的10年。我们有信心有能力抓住机遇，迎接挑战，使纺织工业有一个新的、更大的发展。

90年代，纺织工业发展的基本指导思想是：建立和完善社会主义市场经济体制，加大改革开放力度，搞好以联合、改组、改造、提高为主要内容的结构调整，依靠科技进步和智力开发，使纺织工业登上新台阶。

根据上述指导思想，今后一段时期要努力使我国的纺织工业在技术水平、工艺水平、管理水平和产品质量水平上，有一个显著的提高；合理调控总量，优化存量，实现产需基本平衡，全行业经济效益根本改善；以当代世界先进技术为主导，先进技术、适用技术和传统技术相结合，形成合理的技术结构，进一步缩小与世界先进水平的差距；衣着用、装饰用、产业用纺织品比例与国民经济发展需要相适应，差别化、功能化纤维大幅度增加，产品结构进一步趋向合理；以优势企业为核心，实行联合、兼并，组建企业集团，形成合理的企业组织结构；以沿海地区纺织工业老基地生产高、精、深加工产品为主，内地和原料产区因地制宜、各展所长，形成合理的生产力布局；逐步建立全国统一的、开放的、有序竞争的大纺织市场体系，完善市场机制和法规原则；改革纺织品进出口体制，以适应关贸总协定的要求和国际市场竞争的需要；形成经营管理、科研设计、销售信息人才齐备、比例适当的人才结构。总之，90年代我们要使我国的纺织工业再登上一个新台阶。

第一，到本世纪末，纤维加工总量达到950万吨左右，人均纤维消费量从目前的4.2公斤提高到5.2公斤，以适应人民生活达到小康水平时对纺织品消费的需求和满足增加出口创汇的需要。

第二，以提高出口纺织品质量、档次和效益为重点，使纺织品出口创汇在1991年（178亿美元）的基础上翻一番，力争突破400亿美元（海关口径）；吨纤维出口创汇水平要达到10000美元以上。

第三，努力提高技术装备水平和管理水平，提高产品附加值，减少劳动用工，使纺织工业劳动生产率提高50%以上，即达到36000元（按1990年不变价格计算）以上。

90年代纺织工业的基本发展思路是：

（一）进一步解放思想，树立起社会主义市场经济观念

市场经济是由市场供求关系和价格变动进行调节的商品经济，社会必要劳动时间决定商品的价值，市场供求关系决定商品的价格，以竞争为基本原则。商品只能按照社会平均的必要劳动时间所决定的价值与其他商品交换。因此，一个企业要在市场竞争中取胜，就必须千方百计提高管理水平，提高技术水平，提高劳动生产效率，降低生产成本，提高竞争实力。纺织工业是一个传统产业，在计划经济体制下运行了几十年，改革开放虽然使我们的思想获得了大解放，但是社会主义市场经济观念的确立，还需要在思想上有一个新的、更深层次的飞跃。要破除在多年计划体制下形成的传统观念和积习，正确认识市场机制是推动生产要素流动和促进资源优化配置的有效手段；企业是进行生产经营的独立的法人实体，它应具有进行商品生产经营者所应拥有的全部权力；政府部门不直接干预企业，而是通过财政、税收、价格等经济杠杆来调节、规范企业行为，企业的整体经济活动应在客观经济规律和法制基础上运行，健康发展；纺织工业的调整、联合、改组、改造与经济效益的提高，只能在国家产业政策指导下，通过市场竞争机制来实现。

（二）积极培育、建立和完善统一的大纺织市场体系

统一的大纺织市场体系是指从纺织原料到最终纺织品销售这一全过程，由农村到城市，由区域到全国，从国内到国际，开放的、消除了分割和封闭的市场体系，人才与信息通畅豁达的市场网络。

建立与完善纺织统一大市场的宏观战略是：尽快建立和完善纺织原料的现货和期货市场；加快培育纺织工业要素市场；进一步扩大纺织初级和中间产品批发市场；尽快完善纺织最终产品市场；鼓励和支持乡镇纺织品集贸市场；逐步探索组建与国际市场对接的期货市场；建立起行之有效的市场规则，实现纺织品市场机制的有序运行；大力培养适应市场经济需要的

各类人才。

（三）认真贯彻落实《全民所有制企业转换经营机制条例》，尽快把国有企业转移到市场经济运行轨道上来

实行社会主义市场经济一个非常重要的问题是国有企业，特别是大中型企业如何转移到市场机制上来。当前主要是全面实施《条例》。

继续进行企业内部三项制度的改革，主要是建立和完善三种机制，即用人制度上的竞争机制，用工制度上的优化组合机制，分配制度上的风险机制和激励机制。

逐步扩大股份制试点的范围，主要是通过产权结构的调整，重新界定新增资产的所有权。当前在很多省市股票市场尚未发育成熟的情况下，可以搞法人股和职工内部股，使企业的产权与职工的利益挂钩，增强企业的凝聚力和长期自我发展的能力。

加快不同所有制形态的纺织企业体制和经营机制的对接，主要是实现国有纺织企业与乡镇企业、“三资”企业的对接，特别是国有大中型纺织企业，要积极引入乡镇和“三资”企业的经营机制，使国有企业真正成为自主经营、自负盈亏的市场竞争主体和法人实体。

对承包制加以深化和突破。当前，主要解决好包盈不包亏的问题。要把风险机制、激励机制进一步合理统一。承包经营的范围可以是一个企业，也可以是一个车间、一个工段、一个机台，承包经营者可以是集体，也可以是个人，可以是企业职工也可以面向社会，可以是干部也可以是工人，只要能把企业搞好，就要给予支持。

（四）加快联合、改组、改造，实现纺织工业结构的合理化

加快纺织企业的技术改造速度，淘汰陈旧落后设备，走优化存量的发展道路。沿海地区和国有大中型企业，下决心坚决淘汰那些竞争力不强、产品档次低、消耗高、质量差的加工能力。重申淘汰下来的陈旧落后设备，不准转移、扩散，制止一般加工能力盲目发展和低水平延伸的情况，对于涉及三大能力的利用外资项目，凡是引进国际当代先进技术装备、能够淘汰国内落后的设备、加快企业技术进步的，应给予支持。对于部分较先进的闲置设备和适用技术可以以投资形式向周边国家输出，把存量调整建立在积极发展的基础上。

进一步加快新型纺纱、新型织造、新型染整和新型化学纤维技术和装备的研制、开发。尤其要花大力气抓好自动络筒机、新型织机、精梳机、清钢联等新型纺织机械的引进、消化吸收和国产化工作。要增加纺机纺器企业技术改造的投入，加快纺机产品的更新速度，增强纺机企业、特别是骨干重点企业参与国际竞争的实力。

进一步抓好纺织最终产品的开发工作，特别要注重解决纺织印染和后加工整理技术、工艺水平发展滞后、档次不高等问题。通过技术的改进、吸收、开发和相关产业的改造、提高，使纺织最终产品质量、品种、档次能够进入更高的技术层次，改变面料大量进口的局面，提高最终产品的附加价值。

大力发展纺织高新技术。高新技术对未来纺织工业发展影响深远，也是未来纺织工业国际竞争的又一新领域。要跟踪研究和大力发展对提高生产效率、增加加工通用性、节能降耗显著的机电一体化装备，利用信息现代化技术和计算机辅助设计技术，提高纺织产品和纺机产品的柔性生产能力，开发各种新型材料和多种用途的纺织品，从而使我国纺织工业在纺织高新技术的国际竞争中取得主动权。

纺织工业必须实行跨行业、跨地区、跨部门、跨国界的综合发展，积极寻找新的经济增长点。特别要加快发展第三产业，积极组建纺织行业的金融企业，探索多元化、全方位的发展模式，鼓励一部分实力雄厚的企业集团向跨国经营的方向发展。

按“因地制宜、合理分工、各展所长、优势互补”的原则，加速调整纺织工业地区布局。对于初加工能力集中的沿海大中城市，把淘汰落后设备、缩小生产规模同技术进步、跨行业拓展结合起来，把沿海大中城市纺织工业的减量发展同当地经济结构高层化发展结合起来，发展高、精、深、尖产品和附加值、创汇水平高的产品。为了有效地发展我国纺织工业，必须打破地区封闭格局，搞好区域分工合作，以逐步提高资源配置效益，使沿海地区和内地原料产区形成优势互补、共同发展。

（五）加快招商引资的步伐，抓住机遇扩大纺织工业的对外开放

当前世界经济竞争激烈，为使更多的具有竞争实力的城乡纺织企业集团和企业进入国际市场，在总结现有纺织企业自营出口经验的基础上，力争再发展一批自营出口企业，使纺织工业具有一支能在国际竞争中打硬仗的骨干企业队伍。积极发展多渠道、多口岸和多形式的出口，进一步改革和完善出口代理制，改进纺织品出口配额的管理。

充分利用我国恢复关贸总协定缔约国地位给纺织工业扩大出口所带来的新的机遇，积极开拓新的市场领域，进一步扩大我国纺织品出口，大力发展外向型经济。一是大量吸收和引进国外纺织先进技术、资金、人才和管理模式，力争把国外的市场渠道和市场信息系统建立起来。二是充分发挥我国纺织工业现有技术、装备等优势，有计划地扩大对外技术输出，鼓励城乡纺织企业到海外投资办厂，搞好跨国经营。或者把设计、销售部门设在境外，以便了解当地市场变化和人民的消费需求，生产适销对路的产品。当前要注重发挥与周边国家在产业互补中的优势，特别要发展同独联体国家的贸易往来，积极拓展多边经济、技术、贸易合作。三是在引进外资中，要将分散与集中相结合，统一搞好几个关键项目的引进工作，形成拳头，便于参加国际市场的竞争。

（六）坚持“两手抓、两手硬”，为适应社会主义市场经济体制的建立抓好思想政治工作和精神文明建设工作

今后一个时期，要按照适应社会主义市场经济体制的需要，必须进一步解放思想、转变观念。在机制转换过程中，必然要涉及到每一个职工的切身利益，对此，思想政治工作要起先导作用，目的是充分调动广大职工群众的积极性，要努力探索新时期思想政治工作的新方法，要围绕经济建设做好思想政治工作，并要积极参与经济建设工作。要把思想政治工作贯穿于经济工作的全过程，从而创造一个齐心协力、勤奋务实的好环境。要提高职工的全面素质，提高适应社会主义市场经济竞争的能力。要进一步加强党的基本路线教育，爱国主义、集体主义和社会主义教育及专业技能和职业道德教育，积极培养一大批适应国内、国际市场需要的人才。要开展群众性的精神文明建设和企业文化建设活动，大力宣传、表彰具有时代精神的先进人物，努力培育有理想、有道德、有文化、有纪律的纺织职工队伍。

三、关于明年的工作

明年是全面贯彻十四大精神，逐步走向社会主义市场经济的关键性一年，我们要努力做好明年的工作，为完成90年代纺织工业发展的宏伟目标，打下一个良好的基础。

关于明年的工作，我讲以下五点意见：

（一）继续深入学习，深刻领会十四大精神，进一步解放思想，提高认识，全面树立社会主义市场经济的新观念

认真学习，深刻领会十四大精神，我们在思想认识上要达到“六个统一”，树立“六个观念”。统一对建设有中国特色社会主义理论的认识，深刻领会这一理论是全党和全国人民最宝贵的精神财富；统一对坚持党的基本路线一百年不动摇的认识，深刻领会党的基本路线是在总结了我们国家几十年正反两个方面的经验而得出的一条正确路线，是保障有中国特色社会主义事业成功的法宝；统一对建立社会主义市场经济体制的认识，深刻领会建立社会主义市场经济体制是我们在计划与市场关系问题上的又一次思想上的大解放，是对社会主义经济认识上的大飞跃；统一对90年代改革和建设主要任务的认识，深刻领会十项关系全局的主要任务对于促进我国经济发展和社会全面进步的重大战略意义；统一对抓住机遇，加快发展的认识，深刻领会经济能不能发展，不仅是重大的经济问题，而且是重大的政治问题，进一步增强加快发展的紧迫感和使命感；统一对坚持“两手抓”的认识，深刻领会坚持物质文明与精神文明两手抓，是我们党和国家的一项重要战略方针，两个文明建设都搞好了，才能建成有中国特色的社会主义。

围绕建立社会主义市场经济体制的总体要求，破除那些在长期计划经济体制下形成的旧思想和旧观念，树立起六个方面的新观念：一是破除认为市场经济是资本主义特有的东西，计划经济才是社会主义经济的传统观念，树立计划和市场都是经济手段，不是社会主义与资本主义本质区别的新观念。二是破除认为只有国有经济是社会主义的旧观念，树立以公有制为主、多种经济成份并存的新观念，重视发展个体、私营、合资合作经济。三是破除只重视速度和产值，忽视市场需求变化的观念，树立按照价值规律、市场需求搞好生产经营的新观念，以国际国内两个市场为导向，大力组织生产适销对路的产品。四是破除重生产、轻流通、轻服务的观念，树立大流通、大服务的新观念，努力开辟“一业为主，多种经营”的渠道，加快发展第三产业。五是破除单纯依靠劳力和资源优势发展经济的观念，树立科学技术是第一生产力的新观念，尽快转上依靠科技进步和提高劳动者素质的轨道。六是破除封闭保守观念，树立全方位开放新观念，大胆吸收和借鉴人类社会创造的一切文明成果，吸收借鉴当今世界包括资本主义发达国家的一切反映现代化生产规律的先进经营方式、管理方法。总之，要从实际出发，有什么思想认识就解决什么思想认识问题，通过解放思想、换脑筋，真正树立起新的社会主义市场经济观念。

（二）加快改革步伐，把企业推向市场

解决纺织工业面临的矛盾和困难最根本的办法是把企业真正推向市场，让企业自觉地按照市场需求，调整产品结构，参与竞争。

（1）进一步深化计划体制的改革，减少国家指令性计划的范围和数量。我们决定明年把纺织工业部管理的计划指标由20类简化为11类，有5类只列全国总数，有4类取消计划，实行市场调节。在指标安排上本着“以销定产，控制总量”的原则，考虑到今年仍呈现产大于销的状况，明年的生产一定要做到以销、供、产的程序组织安排，决不能造成新的积压。

（2）积极推动棉花流通体制的改革。明年国家要对棉花流通体制试行改革，我们要积极支持这一改革。通过改革，逐步建立起在国家宏观调控下，以市场调节手段为主，内外贸相互联结，高效畅通的棉花流通体制，达到放开经营、放开价格、放开市场。明年将主要在试点省积极完善和扩大棉花市场与价格放开试点，我们的棉纺织企业，对此要有足够的准备，及早做好安排。

（3）进一步改革纺织品出口体制，推动外向型经济的发展。目前全国纺织行业有自营进出口经营权的企业还比较少，大多数企业仍很难直接、及时了解国际市场的行情与信息，这种状况既不利于提高产品的市场适应性和市场竞争力，又影响企业的结构调整和外向型经济的发展。因此，我们要继续努力，争取进一步扩大纺织骨干企业及企业集团的进出口经营权，并力求在配套政策上与外贸企业一视同仁，争取全面落实外汇留成和出口奖励政策。同时，要协助有关部门完善外贸代理制，改革配额管理办法，把纺织品出口创汇与生产企业创利有机结合起来，改变创汇增长企业效益下降的状况。要大力提高自营出口企业的业务素质，大力培养外贸人才，总结推广自营出口的经验，进一步把生意做好、做活。

(4) 加快组建与完善纺织品大市场体系。

发育和成熟的市场体系是市场经济的基本要求。到目前为止，全国已有近百个各类纺织市场，但还很不完善，必须进一步培育和完善纺织品大市场体系。明年，除参与棉花流通体制改革之外，努力创造条件、加快培育和完善纺织原料市场，将在进一步帮助华东、佛山等纺织纱布原料交易市场发展、完善的同时，与天津市人民政府协作共同组建天津纺织原料、纱布市场。在总结经验的基础上，选择有条件的地区培育发展几个纱布市场和服装面料等专业市场，继续支持和发展城乡纺织品服装集贸市场。积极参与国家建立棉花、木浆等重要原材料的储备制度的工作，以保证纺织工业的正常生产和人民生活的需要。

(5) 认真贯彻“条例”，加快企业经营机制的转换。

明年要继续搞好企业内部人事、劳动、分配三项制度的改革，继续完善承包经营责任制，继续搞好股份制的试点，加强企业责、权、利的结合。要支持、帮助和鼓励国有企业，特别是大中型企业尽快转入市场经济的运行轨道，使之成为熟悉市场、适应市场、驾驭市场的法人实体和市场竞争主体。

(三) 进一步简政放权，加快结构调整的步伐

(1) 继续控制三大能力的盲目发展，抓好重点项目的建设。

明年国家将进一步下放投资决策权限，简化建设项目的审批手续。为了达到宏观管好、微观搞活的目的，我们重申对三大能力仍要严格控制。加快淘汰落后设备，在总结今年淘汰100万锭经验的基础上，进一步落实好明年淘汰108万锭的任务，争取3年时间把解放前的300万锭旧设备全部淘汰掉。

明年投资建设的重点，仍然是化纤及化纤原料项目及高新技术产品项目和纺机、纺器等带动全行业发展上水平的项目。象淄博、秦皇岛、茂名的腈纶项目，及以高档服装和装饰、产业用纺织品一条龙等项目，要集中力量加快建设。新开工项目，一定要以市场为导向，强调技术进步，工艺装备要坚持高水平、高起点，绝不能搞低水平重复建设，资金要打足，不留缺口。

(2) 精心组织好明年技术改造工作的落实。

技术工作要进一步加强。明年国家将进一步放宽投资决策权限。根据纺织行业的情况和特点，明年的技术改造工作要继续突出一个基础（纺织机械），抓住三个重点（棉纺行业、最终成品加工行业、产业用纺织品），保证两个主体（出口创汇重点和国有大中型企业）的技改项目重点安排。初步确定明年安排648项，贷款总额35.15亿元，用汇3亿美元的规模。在安排重点技改项目的同时，一定要坚持以最终产品为龙头，以经济效益为中心，进行一条龙配套改造的方针。在具体安排项目中，首先要保续建项目，打足资金，争取使在建项目尽快完成投产；新开项目要多争取一些限上项目，争取形成一批拳头产品、骨干企业、骨干生产基地等。继续重点支持“四大重中之重”的引进计划。要本着“质量第一”的原则，加紧落实“自动络筒机和无梭织机技术引进与国产化专项”计划。

(3) 加快第三产业的发展，搞好“一业为主、多种经营”。

在调整结构过程中，要把发展第三产业放在重要的位置上，放活政策、放开价格，以产业化为方向，建立充满生机与活力的第三产业发展机制。一些大中型企业要逐步把后勤、福利设施分离出来，面向社会服务，实行独立核算，自负盈亏；一些已停产的中小企业，利用地块、厂房、劳动力开办商、贸、饮服等三产；一些地处商业中心的困难企业，可以主业移地，把厂房、地块倒出来办三产，也可以以此为条件吸引外资与外商合作开辟第三产业，发展金融、保险、信息咨询、房地产、旅游服务等行业。

(四) 坚持以销定产，搞好产品开发，加强营销工作，努力提高经济效益

(1) 安排明年的生产，既不要按生产能力，也不要按原料资源，要坚持“以销定产、以销促产”的原则，那些产成品库存居高不下的，不要再生产，做到无市场的产品不生产，无效益的产品不生产。各企业必须做好对市场发展趋势的超前预测。不能盲目追求速度，无效益的速度是一种浪费。我们一定要杜绝过去那种边生产边积压的被动行为。

(2) 要面向市场，搞好产品开发。对于服装、装饰用、产业用纺织品要摸准市场需求，积极主动的搞好配套开发。一是要依靠科技进步开发新产品，最重要的是加快科技成果转化为生产力的速度，目前我们的转化率与发达国家相比还有很大差距，在这方面，我们应把有关机制建立起来，如技术市场，技术经纪人等。同时，要重奖开发新产品有贡献的人员，以鼓励他们开发新产品的积极性；二是积极学习、吸收国际市场上流行的纺织新产品、新款式和新花色，并组织科研设计人员进行攻关，开发出国内外市场需要的优秀产品；三是要加速培养一批高水平的设计队伍，要创造机会，让他们走出厂门、国门，开阔眼界、开拓思路、启发灵感；在生活上、工作上真正关心他们，爱护他们，使他们有一个良好的生活和工作环境。

(3) 要加强营销工作，这是某些企业摆脱困境的当务之急。在加强营销工作上各地企业创造了很多好的经验，象销售工作全额风险承包，产品开发设计、生产、销售一条龙承包等等。根据各省市的经验，一要建设一支数量足够、熟悉业务、善于公关的营销队伍，使营销工作兼备信息搜集、宣传广告、现场服务等多项内容；二要加强对营销工作的领导，企业的一把手，要亲自过问营销队伍的建设，亲自了解市场，指导销售工作；三要积极支持企业领导对促销形式和方法进行改革，对营销人员要关心，要帮助总结经验，不断提高营销工作水平。四要加强市场信息、广告宣传、售后服务工作。各省市厅局和有条件的企业要建立和健全信息机构，聘用一批专、兼职信息员，配备现代化的设备。要在大众中宣传和树立良好的产品形象、企业形象，要特别重视和加强包括广告、开展各种售后服务在内的宣传性、社会性活动。

(4) 要抓好清欠，活化资金。资金紧张是制约纺织企业生产、影响其经济效益的一个重要方面，清欠货款也是当前纺织企业营销工作的重要内容。一是要给政策，实行重奖；二是要组织强有力的清欠队伍，定方向、定任务，可以搞清欠大包干的办法；三是运用法律手段和银行结算纪律，加快货款的回收工作。

经济效益是企业素质和内外环境的综合体现，虽然经过纺织战线全体干部职工的努力，制止了行业效益的滑坡，但要使全行业经济效益全面好转，尚需下一番功夫。希望大家功夫要下在：①提高产品质量、增加适销对路的产品；②要减少劳动用工，提高职工素质，提高劳动生产率；③开辟第三产业，增加新的经济增长点；④加强资金管理，活化资金，提高资金使用效益；⑤要开展群众性的双增双节工作及合理化建议的活动。

（五）加快机构改革、转变政府职能

为了加快国有纺织企业转换经营机制的步伐，必须加快政府机构的改革和职能转换的步伐。这是一项事关全局而又政策性很强的大事，也是贯彻十四大精神，明年必须做好的一项重要工作。

我们要按照党中央、国务院的统一部署和安排，态度要积极，工作要稳妥，思想工作要做细，使“转变职能、简政放权、提高效率”的工作扎扎实实地开展起来。

(1) 按照精简、统一、效能的原则和社会主义市场经济体制的要求，进一步加强政策、信息、咨询等服务工作。根据中央统一部署，精简机关人员，改善人员结构，提高人员素质，以适应社会主义市场经济发展的需要。

(2) 抓紧组建各种类型的实体性公司，发挥优势，壮大力量，逐步形成科、工、贸、金融一体化的大型公司，有的可以开展跨国经营，努力开辟第三产业，发展多种经营。

(3) 健全和发挥行业协会的功能，逐步发展行业协会在政府与企业间的桥梁和纽带作用。大家要做好各种准备工作，努力争取迈出实际步伐，使纺织行业的机构改革和转变职能工作在新的一年里取得重大突破。

同志们，十四大为我们制定了明确的目标和大政方针，改革开放为我们提供了新的发展机遇，市场经济为我们搭起了新的竞争舞台，尽管我们前进的道路上还困难重重，但是只要我们认真贯彻十四大精神，进一步解放思想，转变观念，振奋精神，团结奋斗，真抓实干，我们有信心、有能力，在90年代使中国的纺织工业迈上一个新的台阶。

人 物 篇

Persons

纺织工业部历届部级领导简历

（所任职务截止1992年年底）

【曾　山】（1899～1972）

江西吉安人，原名洛生。1926年在家乡组织农民协会，同年加入中国共产党。1927年参加广州起义，曾任中共吉水县委书记，中国工农红军总前委委员，中共赣西南特委书记，江西省苏维埃政府主席，中华苏维埃共和国临时中央政府中央执行委员，内务部部长。1934年中央红军长征后，任中共江西省委代理书记，在江西坚持游击战争。1938年后任中共中央东南局副书记兼组织部部长，中共中央华中局组织部、华中分局组织部部长，中共中央华东局财政经济委员会主任。建国后，历任华东军政委员会副主席兼财政经济委员会主任，政务院财政经济委员会副主任，纺织工业部、商业部、中共中央交通工作部、内务部部长、党组书记。中共第七至九届中央委员，第二、三届全国人大代表，第二至四届全国政协委员。

【蒋光鼐】（1888～1967）

爱国将领。广东东莞人，字憬然。保定军校第一期肄业。1905年加入同盟会。1911年参加武昌起义。1913年参加讨伐袁世凯的二次革命，曾任国民革命军第十师副师长、第十一军副军长。1930年任国民革命军第十九路军总指挥。1932“一·二八”事变中，率部抗击日本帝国主义军队对上海的武装侵犯，为淞沪抗战最高指挥官，后任福建省政府主席，国民党中央委员。1933年联合李济深、陈铭枢，蔡廷锴等人在福州成立抗日反蒋的中华共和国人民革命政府，并与工农红军签订抗日反蒋协定，后赴香港参与组织中华民族革命大同盟。抗日战争时期，任国民政府军事参议院参议，第四战区参谋长，第七战区副司令长官。1946年在广州参与组织中国国民党民主促进会。1948年在香港参与组建中国国民党革命委员会。建国后，任纺织工业部部长。民革第二至四届中央常委、北京市委员会第一至四届主任委员，北京市政协第一至四届副主席，第一至三届全国人大代表，第一届全国政协常委。

【钱之光】（1900～　　）

浙江诸暨人。1927年加入中国共产党。曾任杭州中共两浙盐运使署支部书记。后在上海负责党中央秘密印刷厂工作。1933年到中央苏区，任中华苏维埃共和国临时中央政府国民经济委员会委员、对外贸易总局局长。1934年参加长征，在中央征发委员会工作。1937年后，任八路军和新四军驻武汉、重庆、南京办事处处长，中共南方局重庆工作委员会委员，中共中央重庆局委员。1946年任南京中共中央代表团办公厅主任。1948年在香港创办华润公司，并任董事长。建国后，历任政务院财政经济委员会委员，纺织工业部副部长、党组书记，轻工业部、纺织工业部部长，国务院顾问。中共第九至十一届中央委员，中共中央顾问委员会委员，第二、三届全国人大代表。

【郝建秀】（1935～　　）

女，山东崂山人。1949年进青岛国棉六厂当工人。1951年创造了棉纺细纱挡车工先进工作法，即“郝建秀工作法”，被授予全国工业劳动模范称号。1953年入中国人民大学速成中学学习，次年加入中国共产党。1962年华东纺织工学院毕业。后任青岛国棉六厂技术员，国棉八厂副厂长，青岛市革命委员会副主任，市总工会主任，山东省总工会副主任，省妇联主任，纺织工业部副部长、部长、党组书记，全国妇联第四届副主席，中共中央书记处候补书记、书记处书记，1988年起任国家计委副主任。中共第十一至十四届中央委员，第一至三届全国人大代表。

【吴文英】（1932～　　）

女，江苏常州人。1949年加入中国共产党。历任中共常州市区委组织科、市委工业部干部科科长，常州市纺织工业局党委副书记。1963年毕业于华东纺织工学院纺织系。后任常州市大成棉纺织一厂副厂长、党委书记，常州市纺织工业局副局长。1977年起任中共常州市委常委兼市革委会副主任，中共常州市委副书记兼组织部部长。1983年起任纺织工业部部长、党组书记，兼任中国纺织工业经济学会理事长，中国纺织工业企业管理协会会长，中国服装协会会长，中国流行色协会会长。中共十三、十四大代表，中共第十二、十三、十四届中央委员。高级工程师。

【张琴秋】（1904～1968）

女，浙江桐乡人。上海大学肄业。1924年加入中国社会主义青年团，同年转入中国共产党。1925年参加“五卅运动”，任上海市总工会联络员，同年赴莫斯科中山大学学习。1930年回国，曾任鄂豫皖边区彭（湃）、杨（殷）军事干校政治部主任，中国工农红军第四方面军师政治部主任，中共川陕省委妇女部部长，第四方面军总政治部主任、后方总医院政治部主任，第四方面军妇女独立团团长，西路军政治部组织部部长。参加了鄂豫皖革命根据地反“围剿”和长征。后任抗大女生大队队长，中国女子大学教务处处长，中共中央妇委委员。建国后，任纺织工业部副部长、党组副书记，全国妇联第一届常委，第二、三届执委。中共七大、八大代表，第一至三届全国人大代表，第一届全国政协委员。

【陈维稷】（1902～1984）

安徽青阳人。1925年毕业于复旦大学化学系。1928年毕业于英国里兹大学染化系。1929年回国后任上海暨南大学、复旦大学教授，南通纺织学院教授、教务长，青阳抗日民众动员委员会副主任。1939年加入中国共产党。后在重庆、上海从事统战工作。1945年加入中国民主建国会。建国后，任纺织工业部副部长。中国民主建国会第一至三届中央常委，全国工商联执行委员会第一至五届常委，中国纺织工程学会第一至三届理事长、第四届名誉理事长。第四届全国人大代表，第一届全国政协候补代表，第二、三届全国政协委员，第四至六届全国政协常委。

【韩纯德】（1913～　　）

山西定襄人。北洋大学、中国大学肄业。1935年加入中国共产党。曾任中华民族解放先锋队区队长，中共定忻阳中心县委书记，热河省委秘书长，热西地委书记兼热西军分区政委。建国后，历任中共太原市委书记兼市长，中共山西省委常委，华北行政委员会财政经济委员会副主任，纺织工业部、电机制造工业部副部长，纺织工业部顾问。

【王达成】（1905～1989）

山西柳林（原离石）人，原名道行。1926年毕业于燕京大学经济系。同年加入中国共产党。曾任清华学校党支部书记，中共陕北省委组织部、陕甘宁边区党委组织部、晋西区委员会组织部部长，中共中央晋绥分局组织部部长，中共晋西区委员会财政经济委员会副主任，中共中央晋绥分局财政经济委员会副主任，晋绥行署、陕甘宁边区政府秘书长。建国后，历任西北军政委员会工业部部长，西北财政经济委员会副主任，纺织工业部副部长、党组成员、顾问。中共七大、八大代表。

【荣毅仁】(1916～　　)

江苏无锡人。1937年圣约翰大学历史系毕业。曾任无锡茂新面粉厂经理，上海合丰企业公司董事，上海三新银行董事、经理。建国后，历任申新纺织印染公司总经理，华东财经委员会委员，上海市副市长、市工商联副主任委员，纺织工业部副部长，国家进出口管理委员会顾问。全国工商联第一至四届执委会副主任委员、第五届副主席，中国民主建国会第一至四届中央常委，第六届全国人大常委会副委员长，第五届全国政协副主席，中国和平统一促进会会长。1979年任中国国际信托投资公司董事长兼总经理。1982年当选为宋庆龄基金会副主席。1988年当选为第七届全国人大常委会副委员长，同年当选为全国工商联第六届执委会主席。第一至三届全国人大代表，第四、五届全国人大常委，第二届全国政协委员，第三、四届全国政协常委。

【李中一】(1913～　　)

四川达县人。1933年参加中国工农红军，同年加入中国共产主义青年团，1936年转入中国共产党。曾任川陕苏维埃政府财政委员会秘书，中共水东地委、冀鲁豫区第六地委、豫皖苏区第二地委书记、郑州地委书记。建国后，历任纺织工业部司长、部长助理、副部长，中共中央西南局经委副主任，中共绵阳地委书记，四川省经委副主任、省政府秘书长，四川省第五届人大常委会副主任。第四届全国人大代表，第五届全国政协委员。

【李竹平】(1912～1992)

江苏涟水人。1929年加入中国共产主义青年团。1931年转入中国共产党。曾在舒城、无为、怀宁等地从事统战工作。后任淮南行署处长，淮南津浦路西专署副专员，中共中央华东局财政经济委员会驻大连办事处副主任。建国后，历任山东省人民政府生产部副部长，华东纺织工业管理局青岛分局局长，纺织工业部建设局局长、副部长、党组副书记、顾问。

【张永清】(1915～1967)

江西永丰人。1930年参加中国工农红军，次年加入中国共产主义青年团，1933年转入中国共产党。参加了长征。曾任中央军委警卫连指导员、直属队政治处代主任。后入延安抗大学习。1938年后，任西北石油总厂厂长、中央军委直属队政治部科长，冀热辽贸易总局热中分局局长，东北纺织工业管理局副局长。建国后，历任广东省人民政府工业厅副厅长，纺织工业部中南纺织工业管理局副局长，纺织工业部供销总局局长，计划司司长、办公厅主任、副部长。

【王雨洛】(1920～　　)

江苏涟水人。1938年参加抗日同盟会，次年加入中国共产党。曾任中共江苏省涟水县委民众抗日救国会组织部长、涟东工委副书记、涟水县委副书记兼宣传部部长、组织部部长，县委书记，中共浙江省孝丰县委副书记、长兴县合溪区委副书记、书记，中共山东省平东县委、即东县委副书记、胶高县委书记。建国后，历任江苏省嘉定县委书记、苏南松江地委、专署城工部长、副专员、专员，华东局办公厅第三办公室主任，华东局工业部基建处长，中央书记处第三办公室轻工组长，中央工业部轻工业工作处处长，中央组织部第三处处长。1966年起任纺织工业部副部长。1972年后历任陕西省第十棉纺织厂党委副书记，西北国棉六厂党委书记，江苏省纺织工业厅厅长。

【焦善民】(1918～　　)

直隶(今河北)馆陶人。曾用名汝乾。1935年冬参加革命，曾任中华民族解放先锋队北平市第八区区队长。1936年加入中国共产主义青年团，同年转入中国共产党。1937年入延安抗大学习。后任抗大民先总队总队长，中共沁源中心县委副书记，安泽县委书记，太岳三地委组织部部长。四地委书记，冀南三地委书记。建国后，历任华北人民革命大学四部主任，政务院财政经济委员会处长，建筑工程部部长助理，建筑材料工业部副部长，中共甘肃省委书记，纺织工业部、轻工业部副部长、党组副书记，国家人事局局长，劳动人事部副部长，中共中央纪律检查委员会委员。第七届全国人大代表，内务司法委员会副主任委员。

【胡　明】(1914～　　)

福建同安人。1936年加入中国共产主义青年团。1937年加入中国共产党。同年入延安抗大、中央党校学习。曾任中共泾旌太中心县委书记，皖南地委书记，皖南游击队政委。1941年皖南事变后，坚持了皖南山区游击战争。建国后，历任纺织工业部华东纺织工业管理局局长，国家计委轻工局局长，食品工业部党组书记、副部长，中共旅大市委代理第一书记，抚顺市委第一书记，纺织工业部副部长、党组副书记、顾问，国务院上海经济区规划办公室副主任。中共八大、十二大代表，第二、三、五、六届全国人大代表，第一届全国政协委员。

【谢红胜】(1918～　　)

陕西延长人。1935年参加中国工农红军。同年加入中国共产党。曾任陕甘宁边区警备五团营副教导员，冀东军区军工处政委，热辽军区军工区处长。建国后，历任营口纺织厂厂长，东北纺织管理局副局长，纺织工业部纺织科学研究院副院长、党委书记，纺织工业部纺织机械公司副经理，轻工业部、纺织工业部副部长、党组副书记，国务院机械工业委员会副主任，国务院山西能源基地规划办公室副主任。

【王瑞庭】(1921～　　)

浙江上虞人。1941年参加新四军。同年加入中国共产党。曾任新四军第一师旅供给部会计、第六师旅供给部会计股长，苏南行署财务科、华东军区后勤部科长，中共中央华东局财政经济委员会驻大连办事处华顺商行副经理。建国后，历任青岛市国棉一厂副厂长、厂长，纺织工业部基建局北京工程公司经理，纺织工业部建设司副司长，中国纺织机械工业公司副经理，纺织工业部副部长、党组成员。

【寿汉卿】(1915～1991)

浙江诸暨人。1938年入延安陕北公学、抗大学习。同年加入中国共产党。曾任抗大总校政治部副科长、警卫连副指导员，四平市公安分局局长，辽北纺织厂副厂长，四平市电业局局长。建国后，历任东北纺织工业管理局计划处处长，纺织工业部计划司司长、副部长、党组成员，中国丝绸公司副董事长，中国纺织工业技术经济和管理现代化研究会第一届理事长。

【李正光】(1914～　　)

湖南平江人。1936年在上海参加全国各界救国联合会。1938年入延安抗大学习。次年加入中国共产党。曾任陕甘宁边区新华化学厂、纬华毛纺织厂厂长，西满军区后勤部纺织厂厂长，东北纺织工业管理局处长、副局长。1953年后，历任纺织工业部技术司副司长、化学纤维工业管理局局长、副部长、党组成员、顾问，中国纺织工程学会第三届副理事长，中国纺织企业管理协会第一至三届理事长，中国石油化工总公司副董事长。

【李　涛】(1913～　　)

奉天盛京（今辽宁沈阳）人，满族。曾参加“一二·九”运动。1936年参加中华民族解放先锋队。次年加入中国共产党。曾任夏县县长，晋南八县抗日游击队总指挥，牺盟会总会组织部部长，晋察冀五专署专员，中共抚顺市委书记，安东省人民政府秘书长。建国后，历任辽东省政府主席，中共辽东省委副书记，辽东省副省长，纺织工业部副部长、党组成员，中共辽宁省委书记兼沈阳市委第一书记、省顾委主任。中共八大、十二大代表，中纪委委员，第一届全国人大代表，第七届全国政协常委。

【朱致平】（1914～　　）

河南新县人。1930年参加中国工农红军。1932年加入中国共产主义青年团，1934年转入中国共产党。曾任第三十一军教导营指导员、军司令部参谋。曾参加鄂豫皖、川陕革命根据地反"围剿"和长征。后任安吴青训班代班主任，晋绥军区青年纵队纵队长、分区游击大队大队长，吕梁军区团政委。建国后，任军政治部组织部部长。1954年高等军事学院毕业。后历任中国人民志愿军师政委，解放军军副政委，纺织工业部政治部主任、副部长、党组成员。1964年晋为少将。曾获三级八一勋章、二级独立自由勋章、二级解放勋章。

【何正璋】（1927～1991）

福建闽侯人。1945年加入中国共产党。1948年毕业于上海南通学院纺织系。曾任中共华东区委员会一分区口岸交通站负责人，上海市委组织部干事。建国后，历任上海国棉二厂副总工程师，上海市纺织工业局处长、副局长，上海市经委副秘书长，中国纺织工程学会第四届理事长，《中国大百科全书》纺织卷编委会副主任。1982年起任纺织工业部副部长、党组成员。高级工程师。

【季国标】（1932～　　）

江苏无锡人。1952年毕业于华东纺织工学院纺织系。1954年加入中国共产党。次年赴民主德国学习人造纤维生产技术，1956年回国。历任保定化纤厂技术室主任，纺织工业部工程师，南京化纤厂、兰州化纤厂副总工程师，纺织工业部建设局副局长、化纤局局长，仪征化纤工业联合公司总工程师，中国纺织工业对外经济技术合作公司总经理。1982年起为纺织工业部党组成员。1984年起任纺织工业部副部长、党组成员，兼任中国国际贸易促进委员会纺织分会会长，中国纺织工程学会理事长、纺织工业部科技委主任。第七届全国政协委员。高级工程师。

【杜钰洲】（1942～　　）

黑龙江齐齐哈尔人。1965年加入中国共产党。1966年毕业于清华大学建筑系。历任湖南常德纺织机械厂技术员、车间副主任、副科长，纺织工业部设计院工程师、设计室副主任、第一副院长、院长。中华全国青年联合会第五届特邀委员。1985年起任纺织工业部副部长、党组成员兼直属机关党委书记，兼任中国纺织工业企业管理协会理事长、中国工业设计协会顾问、中国管理现代化协会理事、中国大学生足球协会名誉主席、中国摄影家协会会员。中共十三大、十四大代表。高级建筑师。

【王曾敬】（1933～　　）

天津人。1952年毕业于东北工业会计专门学校统计系，同年入中国人民大学工厂管理系攻读研究生，1955年毕业，同年加入中国共产党。历任东北工业会计学校、哈尔滨工业大学助教，中国人民大学助教、讲师，北京市第一轻工业局副处长，北京市第一轻工业总公司处长、副总经理，国家经济委员会轻工业局副局长、局长，中国新技术开发公司副总经理、总经理，国家计划委员会工业综合二司司长，兼任中国流行色协会理事长。1988年起任纺织工业部副部长、党组成员，兼任中国工业经济协会副会长、中国服装协会副会长、中国乡镇企业协会顾问兼纺织委员会会长。高级工程师。

【刘　珩】（1936～　　）

上海人。1949年入华东军政大学、华东人民革命大学学习，结业后参加华东土改工作队，"三反"、"五反"工作队工作，并由组织选派参加高校预科班学习后升入大学。1956年毕业于华东纺织工学院。历任纺织工业部纺织机械设计院技术员，湖北沙市纺织机械厂技术员，沙市第二机床厂工程师，沙市职工大学、职业大学副校长。1983年起任沙市市副市长，湖北省政协委员。1990年起任纺织工业部副部长，兼任国务院重大装备领导小组成员、国务院机电进口领导小组成员、国家创造发明奖评审委员会委员、中国纺织机械器材工业协会名誉会长。1988年加入中国民主建国会，历任民建沙市市主任委员、民建湖北省副主任委员、民建中央常务委员，1992年任民建中央副主席。高级工程师。

【许坤元】(1941～　　)

江苏常熟人。1965年加入中国共产党，1966年华东纺织工学院毕业后留校任教，后调湖南邵阳第二纺织机械厂工作。历任湖南邵阳第二纺织机械厂研究所技术员、副所长，湖南省轻工设计院副科长、科长、副院长，湖南省轻工业局科技处负责人，湖南省纺织工业总公司副经理兼洞庭苎麻纺织印染厂建设指挥长、党委书记，湖南省纺织工业总公司经理、党委书记，纺织工业部计划司、综合计划司司长。1992年起任纺织工业部副部长、党组成员，兼任中国化学纤维工业协会会长、中国纺织规划研究会副会长。高级工程师。

【董绍杰】(1922～　　)

直隶（今河北）大城人。曾用名王纯。1939年加入中国共产党。曾任中共任河县委、青沧交县县委书记。建国后，历任沧州专署副专员，国家建委机关党委副书记，华北制药厂厂长兼党委书记，化学工业部生产司副司长、政治部干部部部长，石油化学工业部政治部副主任，教育部政治部主任，农垦部副部长，农牧渔业部机关党委书记。1983年起任纺织工业部纪律检查组组长，党组成员。中共十一大代表。

【刘　瞻】(1911～1992)

四川大足人。1929年加入中国共产党。曾任中国工农红军川沔独立团副团长，八路军一一五师留守处民运科长，陕甘宁边区师范学校生活指导科科长，鲁迅艺术学院副处长、处长，重庆新华日报社营业部主任、党支部书记，中共湖北省均县县委书记。建国后，历任重庆豫丰纺织公司军事代表，西南纺织管理局党组书记、副局长，四川省轻工业厅厅长、党组书记，纺织工业部办公厅主任、生产司司长、部党组成员，1980年起任纺织工业部顾问。

【黄　杰】(1910～　　)

女，湖北省江陵县人。1927年春考入黄埔军校武汉中央军事政治学校女生队，1928年初加入中国共产党。1928年春由鄂西特委派到湖北松滋县任支部书记，后任县委书记，领导九岭岗农民暴动。1929年4月由鄂西特委派往上海，先后在法南区委、江苏省委、南京市委、中央军委、中央组织局、江苏省妇委工作，后在上海闸北区、沪东区任女工部长。1938年初，任新四军军部服务团女生队队长。1938年秋，任鄂西中心县委委员，后到重庆办事处，任合川战时第一儿童保育院工场主任。1940年后在延安党校学习，任四十五班党支部书记。1942年冬任陕甘宁边区妇联组织部长。1943年底至1945年在中央党校二部学习。1945年任陕甘宁边区第一保育院院长。1946年底由延安到晋冀鲁豫军区，随军行动。1949年在青岛纺织厂及纺织工会工作，1950年后任纺织工业部人事司副司长、司长，纺织工业部顾问，第三届全国人大代表，第五、六、七届全国政协委员。

纺织工业部历届部级领导任职时间

部长

曾　山　1949年10月

蒋光鼐　1952年8月

钱之光　1977年12月（1949年10月担任副部长，1968年7月担任轻纺两部合并后的轻工业部部长）

郝建秀　1981年3月（1977年12月担任副部长）

吴文英　1983年3月

副部长

张琴秋　1949年10月

陈维稷　1949年10月

韩纯德　1954年6月

王达成　1954年10月

荣毅仁　1959年8月

李中一　1960年5月

李竹平　1964年4月

张永清　1964年4月

王雨洛　1966年1月

焦善民　1966年4月

胡　明　1977年12月

谢红胜　1977年12月

王瑞庭　1977年12月

寿汉卿　1977年12月

李正光　1977年12月

李　涛　1978年11月

朱致平　1979年12月

何正璋　1982年3月

季国标　1984年12月

杜钰洲　1985年9月

王曾敬　1988年3月

刘　珩　1990年8月

许坤元　1992年9月

董绍杰　1983年7月担任纺织工业部纪检组组长

刘　瞻　1980年8月担任纺织工业部顾问

黄　杰　1981年12月担任纺织工业部顾问

1992 年纺织系统荣获全国“五一劳动奖章”个人名单（59 人）

姓名	性别	工作单位	职务
董　红	女	北京衬衫厂	工人
工　瑛	女	天津服装四厂	工人
卢义竹	女	河北省石家庄市第七棉纺织厂	组长
郑秀凤	女	河北省唐山市华新纺织厂	细纱车间挡车工
侯国建	男	河北省山海关化纤总厂	副主任
何和平	男	河北省安国市棉纺织厂	车间主任
仇锁贵	男	河北省石家庄市纺织研究所	所长
冯丽芳	女	山西纺织印染厂	北细车间挡车工
孙秀蓉	女	山西省国营经纬纺织机械厂	铣工
荣文彬	男	内蒙古第三毛纺织厂	厂长
李素梅	女	内蒙古赤峰第二毛纺厂	挡车工
杨　斌	男	辽宁省鞍山化纤毛纺织总厂	挡车工
张东生	男	辽宁省营口纺织厂	厂长
石玉红	女	辽宁省营口第二纺织厂	织布车间挡车工
蔡英林	男	辽宁省阜新第四服装厂	厂长
张玉宽	男	辽宁省铁岭市色织总厂	厂长
吴艳霞	女	吉林省吉林市毛纺织厂	工人
孟祥发	男	吉林省洮南市毛纺织厂	工人
孙凤祥	女	黑龙江省佳木斯针织厂	工人
越瑞民	男	黑龙江涤纶厂	厂长
倪建中	男	上海针织十一厂	科长
王秀芳	女	上海第十七棉纺织厂	工人
顾敏达	男	上海色织二厂	厂长
马爱珍	女	上海富丽时装工业公司	经理
陆素英	女	江苏省苏州苏纶纺织厂	工人
茅　健	女	江苏省南通第三棉纺织厂	工人
李　清	女	江苏省徐州色织总厂	工人
杨复华	女	江苏省金湖缫丝厂	厂长
施美倩	女	江苏省苏州市太仓布厂	工人
李春贤	男	浙江省杭州第二纺织机械制造厂	钳工
王定军	男	浙江省宁波丝织厂	电工

姓名	性别	工作单位	职务
朱祖柯	男	浙江制丝一厂	车间主任
杨莉华	女	浙江省桐乡县梧桐丝厂	缫丝工
朱荣荣	男	浙江省德清县绸厂	车间副主任
程速英	男	浙江省湖州市东风丝织厂	工会主席
高惠芬	女	浙江省杭州纺织工会	主任
陈巧玲	女	安徽省庐江色织厂	班长
李建勋	男	福建省邵武市针织厂	厂长
贺才林	男	山东省青岛衬衫厂	厂长
马明顺	男	山东省青岛市胶南纺织机械厂	组长
周忠兰	女	山东省潍坊化学纤维厂	副总工程师
杜爱玲	女	山东省潍坊市服装二厂	厂长
吴其亮	男	河南省郑州纺织机械厂	工会主席
严大文	男	河南省第二纺织器材厂	工人
舒友清	男	湖北省武汉市第二棉纺织厂	设备科管理员
周忠明	男	湖北省黄石纺织机械厂	厂长
越启英	女	湖北省洪湖市纺织机械总厂	工人
张艺霞	女	湖北省蒲圻纺织总厂纺织厂	工人
杨伟仁	男	湖南省常德市化学纤维厂	厂长
曾郎秋	男	湖南省邵阳第二纺织机械厂	冷作工
黄秀燕	女	广东省台山纺织厂有限公司	织布教练员
詹炳泰	男	广东省潮州市绣衣厂	厂长
郑小燕	女	广西梧州市棉纺织厂	工人
祁林山	男	四川省自贡纺织厂	厂长·
杜青春	女	四川省射洪县纺织厂	挡车工
何宝芬	女	四川省南充地区阆中丝绸厂	工人
文彦生	男	国营陕西第九棉纺织厂	工人技师
越小明	女	甘肃省兰州第一毛纺织厂	挡车工
娄源远	男	新疆七一第二棉纺织厂	厂长

1992年全国纺织工业“巾帼建功”标兵名单（94人）

姓名	工作单位	职务
张淑玲	北京毛纺织厂	织布挡车工
董红	北京衬衫厂	缝纫工

姓 名	工作单位	职 务
金淑惠	北京市第二棉纺织厂	织布挡车工
张惠玲	天津第四棉纺织厂	穿筘工
李宝安	天津第六棉纺织厂	络筒挡车工
张桂敏	天津仁立毛纺织厂	细纱挡车工
关淑芬	河北省石家庄第一棉纺织厂	工会女工生活干事
暴秀芬	河北省邯郸第三棉纺织厂	细纱挡车工
史艳玲	山西省运城地区永济纺织厂	挡车工
董爱云	山西省晋华纺织厂	细纱挡车工
石文尃	内蒙古纺织工业公司	副总工程师、高级工程师
解 敬	辽宁省辽阳市纺织工业局	局工会主席
徐 琳	辽宁省鞍山市服装一厂	副厂长
付多丽	辽宁省沈阳毛巾厂	织布挡车工
蒋晓文	辽宁省大连纺织厂	细纱挡车工
刘凤英	吉林省吉林市毛纺织厂	织布挡车工
郭凤英	吉林省长春市西装厂	缝纫车间生产组长
孙凤翔	黑龙江省佳木斯针织二厂	缝纫挡车工
高 菲	黑龙江省哈尔滨毛织厂	织布挡车工
闻 觉	上海第七毛纺织厂	挡车工
钟敏觉	上海三友实业社毛巾厂	技术科科长
何小英	上海灯芯绒总厂	工人
宋小楚	上海经昌色织厂	副厂长
王秀芳	上海龙头（十七棉）股份有限公司	布机挡车工
王治英	上海二纺机股份有限公司	女职工委员会干部
许琴华	江苏省常州市第三毛纺织厂	销售科长
朱雪英	江苏省无锡市第二棉纺织厂	工会主席
朱金媛	江苏省苏州市纺织工业公司	经理兼党委书记
刘 怡	江苏省南通市色织一厂	党委书记、女职工委员会主任
马国美	江苏省苏州市丽华丝绸印染总厂	科研科长
朱浩珍	江苏省无锡市第一缫丝厂	车间质量员
唐全珍	江苏省南京棉织厂	厂长
吴央如	浙江省杭州第一毛纺织厂	专纺车间主任兼支部书记
张春芳	浙江省嘉兴市南湖染织厂	织布挡车工
何红娣	浙江省舟山市岱山丝织厂	丝织挡车工
徐 红	浙江省海宁市中丝三厂	缫丝工
顾绮芬	浙江省宁波线带集团公司	副经理
郭锡妹	安徽省阜阳纺织厂	毛纺车间主任
王卫国	安徽省安庆纺织厂	西前纺车间主任
叶秀华	安徽省黟县缫丝厂	厂长
郑碧漪	福建省福州棉纺织印染厂	厂长
刘爱武	江西省九江化学纤维厂	整理车间挡车工
刘秋仙	江西省化学纤维厂	织布挡车工

姓 名	工 作 单 位	职 务
刘淑华	山东省烟台市服装鞋帽工业公司	经理
季永红	山东省德州第二棉纺织厂	副总工程师
高秀蕊	山东省太安毛纺织厂	工程师
秦 云	山东省济宁毛纺织厂	总工程师
王纪成	山东省乳山制丝厂	厂长兼党委书记
刘月霞	山东省青岛第八棉纺织厂	细纱挡车工
陈仙妞	河南省洛阳棉纺织厂	整理车间织补工
王绍蓉	河南省纺织工业厅	技改基建处副处长
刘娜林	河南省南阳棉纺织厂	细纱挡车工
赵炳婷	湖北省宜昌旭光棉纺织厂	细纱挡车工
杨桂英	湖北省襄樊棉织厂	车间副主任
李仁仙	湖北省安陆棉纺织厂	经营科科长
胡丽君	湖北省武汉床单总厂	花型设计室助理设计师
凌翠娟	湖南省维尼纶厂	财务处长
伍金莲	湖南省益阳苎麻纺织印染厂	织布挡车工
谭耐女	广东省新会合成纤维厂	女职工委员会主任
王汝梅	广东省佛山市三叶织染厂	挡台工
黎琼珍	广东省化州县缫丝厂	缫丝工
潘贤蓝	广东省广州市针织厂	外贸车间主任
何国妹	广东省深圳市中冠纺织印染股份有限公司	女职工委员会主任、工会副主席
陈爱民	海南省海口市纺织印染厂纺纱分厂	细纱挡车工
邓彭南	广西武鸣染织厂	织布挡车工
吴秀凤	广西柳州市针织总厂	缝纫工
潘玉芝	四川省内江市棉纺织厂	络筒挡车工
吴桂华	四川省川康毛纺织（集团）一厂	党委书记
杨碧琼	四川省南充市嘉丽华丝绸集团公司	自动缫丝挡车工
寇宗惠	四川省成都涤纶工业集团公司	党委副书记
李荣兰	四川省重庆市第三棉纺织厂	细纱挡车工
张海鹰	贵州省凯里涤纶纺织集团公司长丝一厂	副厂长
卫学琴	云南省滇西纺织印染厂	准备车间挡车工
兰 军	陕西省西北国棉二厂	络经挡车工
张亚莉	陕西省陕西第十三棉纺织厂	细纱挡车工
吕建玲	陕西省西安市津河毛纺织厂	电工班长
吴永红	甘肃省张掖市纺织总厂	毛巾织机挡车工
张莲英	青海省青海棉纺织厂	生产组长
贾素荣	宁夏绒线厂	摇纱挡车工
陈美玲	新疆和田棉纺织厂	细纱挡车工
顾国瑞	新疆毛纺织厂	织布挡车工
王桂玲	江苏省仪征化纤工业联合公司动力厂	供热所班长
陈贵兰	山西省国营经纬纺织机械厂	车工
张新荣	河南省郑州纺织机械厂	厂工会副主席

姓　名	工作单位	职　务
丁玲媛	湖南省常德纺织机械厂研究所	设计组组长、高级工程师
孙国茹	天津纺织机械厂	冲压车间车工
黄淑芳	湖北省宜昌市纺织机械厂	金一车间铣工
武荣瑞	北京服装学院合成纤维研究所	所长、教授
蔡惠华	浙江丝绸工学院	外语教师
尹　敏	武汉纺织工学院	讲师
周　翔	中国纺织大学	纺化系主任、染整专业教授
谢友兰	郑州纺织工学院	英语教师
申小明	西北纺织工学院	纺化系讲师
皮德祥	纺织工业部研究院	高级工程师

1992 年全国"巾帼建功"标兵名单（11人）

（纺织系统）

姓　名	工作单位	职　务
刘英慧	纺织工业部研究院化机厂	厂长
宋若花	河南省郑州国棉三厂	细纱挡车工
徐　红	浙江省海宁市中丝三厂	缫丝工
林引中	上海第七印绸厂	厂长
张明英	河北省承德市针织一厂	厂长
程丽花	河北省邯郸市第二棉纺织厂	技师
杨玉莲	江苏省南京市第一棉纺织厂	生产组长
马堂芳	安徽省淮北市第一棉纺织厂	
郑碧漪	福建省福州市棉纺织印染厂	厂长
崔梅兰	河南省平顶山市被单厂	厂长
曾　嵘	湖南省长沙市毛巾集团公司	总经理

大事记

Chronicle of Events

1992 年纺织工业大事记

纺织工业部办公厅　编

1 月 6 日至 21 日

吴文英部长率国务院赴天津调研小组了解贯彻中央工作会议精神的情况。

1 月 8 日

国务院副总理朱镕基听取我部季国际、王曾敬、刘珩副部长关于“八五”技术改造工作安排的情况汇报。

1 月 8 日至 12 日

纺织工业部监察工作暨表彰会在山西榆次经纬纺织机械厂召开，吴文英部长出席会议并讲话。会议授予中国纺织大学等 15 个单位为“廉政先进单位”，授予仪征化纤工业联合公司监察处等 9 个单位为“监察工作先进集体”，授予梁方义等 17 名同志为“监察先进工作者”。

1 月 10 日至 14 日

全国纺织机械及器材工作会议在无锡召开。刘珩副部长出席会议并讲话。大会向经纬纺织机械厂颁发了国家一级企业证书。

1 月 11 日至 14 日

全国纺织工业中等教育工作会议在哈尔滨召开。杜钰洲副部长出席会议并讲话。会议表彰了常州纺织工业学校等 26 个先进集体、李同庚等 33 名先进个人。

1 月 11 日至 20 日

应香港中华总商会邀请，王曾敬副部长率领中国纺织工业代表团赴香港访问并出席香港时装节。

1 月 14 日至 16 日

全国纺织高技术纤维产业化研讨会在广东鹤山县召开，季国标副部长出席会议并讲话。

1 月 20 日

纺织工业部发出《1992 年纺织工业主要产品产量计划（草案）通知》。《通知》指出，1992 年纺织工业主要产品产量计划本着“以销定产、控制总量”的精神安排。

1 月 31 日

纺织工业咨询委员会成立。委员会由纺织行业的 22 位专家组成。部经济研究中心主任、中国纺织报社社长吴鹤松任主任委员。吴文英部长、季国标、王曾敬、刘珩副部长出席成立会，并向在京委员颁发了聘书。

2 月 12 日

纺织工业部原顾问刘瞻同志在北京逝世，终年 81 岁。

2 月 12 日至 3 月 3 日

季国标副部长率纺织工业代表团赴巴西和美国进行工作访问。

2 月 15 日

按照 1991 年 11 月 30 日《国务院批转国务院生产办公室关于进一步做好限产压库工作意见的通知》和国务院生产办、国家计委、纺织工业部 1991 年 9 月联合召开的全国纺织工业限产压库电话会议精神，纺织工业部和国务院生产办公室、国家计委联合发文，对 1991 年超计划生产棉纱的 12 个省下达扣减 1992 年生产指标。

2 月 18 日

纺织工业部召开“全国纺织工业扭亏增盈工作电话会议”。吴文英部长在讲话中要求全行业职工要立即行动起来，扎扎实实做好扭亏增盈工作。目标是确保实现利税不低于去年，坚决遏止经济效益滑坡，全系统企业亏损面下降 10%，亏损额减少 20%。国务院生产办赵维臣副主任在会上讲了话。上海、江苏、辽宁、青岛纺织主管部门负责同志发了言，并当场与部领导签订了扭亏增盈任务书。杜钰洲、王曾敬、刘珩副部长出席了电话会议。

为配合各地做好扭亏增盈工作，部派出 10 个联络组分赴江苏、山东、河北、湖北、天津等地及化纤、服装、丝绸、纺机、纺器等行业帮助开展工作。

2 月 25 日至 27 日

1992 年全国服装鞋帽经理会议在宁波召开，吴文英部长到会并讲话。

2 月 26 日

江泽民总书记为《中国企业政工信息报》题写的报名在第 8 期《中国企业政工信息报》上首次刊登。

中国丝绸博物馆在杭州落成开馆。吴文英部长出席开馆仪式。江泽民总书记为该馆题词：“弘扬古蚕绢文化，开拓新丝绸之路。”

3 月 6 日

国家计委发出《关于印发 1992 年国家重点建议项目名单的通知》，山东淄博腈纶厂为 1992 年国家重点建设项目，仪征化纤工业联合公司二期工程、济南涤纶厂为 1992 年国家重点建设收尾项目。

3 月 7 日

全国纺织工业“巾帼建功”标兵表彰会在京举行，101 名全国纺织工业“巾帼建功”标兵、全国总工会表彰的纺织先进职工、优秀女企业家以及部分省市纺织厅(局、公司)女领导参加了会议。吴文英部长作了题为《振奋精神,争作贡献,把纺织工业‘巾帼建功’活动推向深入》的报告。季国标、杜钰洲、王曾敬、刘珩副部长,全国妇联副主席赵地,全国总工会副主席章瑞英,国家机关党工委副书记李明豫应邀出席了会议。

会上全体代表向全国纺织战线的姐妹们发出《为中国纺织走上振兴之路再立新功》的倡议书。

3月7日至9日

全国纺织质量和检测工作会议在江苏扬州召开。

3月9日至19日

应日本日中经济协会和东京重机株式会社的邀请,吴文英部长率中国纺织工业代表团赴日本进行友好访问。

3月12日

国家税务局发出通知,1992年对单色织行业、毛纺织行业中部分产品,继续实行优惠税收政策。

3月20日至4月3日

全国人大七届五次会议在京举行。吴文英部长列席了会议,并代表国务院听取浙江、湖南代表团审议《政府工作报告》等文件的讨论意见。

3月21日至23日

全国纺织系统安全生产工作会议在宁波召开,表彰1991年度无死亡、无重伤、无火灾的“三无”企业1388家。

3月27日

1991年全国纺织工业经济效益指标竞赛揭晓,上海、宁波、江苏等13个省市获优秀奖;南京、内蒙古获提高奖;无锡市获特别奖。

4月1日

刘珩副部长会见荷兰施托克公司总裁布莱克斯通,探讨了在纺织方面进一步合作的前景。

4月1日

纺织工业部制定的GB1335—91《服装号型》国家标准经国家技术监督局批准发布。新标准是在原GB1335—81的标准基础上修订完成的,是根据消费者对服装求美、求适体的普遍要求和我国服装工业生产的现状而建立的人体尺寸系统,是编制各类服装规格的依据。

4月3日

纺织工业部科技文献工作领导小组成立。

4月5日至4月9日

杜钰洲副部长深入中国纺织大学检查党的建设和思想政治工作。

4月6日

吴文英部长会见斐济贸商部长乌尼博博。

4月6日

王曾敬副部长率团赴澳大利亚,进行1992年度的中澳羊毛领导小组会议。

4月11日

吴文英部长代表中国政府出席澳大利亚驻华使馆新馆落成启用仪式。

4月11日至14日

吴文英部长在常州召开华东地区省市纺织工业厅局长座谈会。会议讨论了全国纺织工业贯彻邓小平同志南巡重要谈话精神,进一步深化改革,扩大开放的意见,同时研究了纺织工业如何加快步代进入上海浦东新区等问题。

在此期间,吴部长还出席了1992年秋冬季中国服装流行趋势发布会和“92常州时装节”活动,听取了常州市纺织工业情况的汇报。

4月12日

季国标副部长陪同朱镕基副总理在中南海紫光阁接见日本化纤协会代表团。

4月14日

吴文英部长会见日本化纤协会代表团。

4月21日

纺织工业部浦东开发工作领导小组成立,吴文英部长任组长,王曾敬副部长任副组长。

4月22日

纺织工业部制订《纺织工业部关于进一步加快改革步伐,扩大对外开放若干问题的意见》,要求各地结合本地实际情况贯彻执行。《意见》共提出4个方面15条意见,主要内容是:(一)进一步解放思想,统一认识,加快改革开放步伐;(二)要以搞好国营大中型企业,转换经营机制为重点,为建立纺织工业经济运行新机制进行积极大胆的探索;(三)要进一步扩大开放,全方位地参与国际竞争;(四)要加大改革力度,转变机关职能,加快部直属企事业单位的改革进程。

4月23日至27日

全国纺织工业审计工作会议暨纺织工业审计学会成立大会在上海举行,王曾敬副部长作题为《围绕纺织工业中心任务,发挥审计监督作用和进一步加强对内审计工作的领导问题》的讲话,大会选举王曾敬副部长为学会会长,并通过了学会章程和1992年审计学会的工作计划。

4月27日至28日

全国质量工作会议在北京召开,吴文英部长出席会议,并在会上作了《依靠科技进步,加强企业管理,把我国纺织产品质量提高到一个新水平》的发言。

5月2日

吴文英部长接见1992年荣获全国“五一劳动奖章”的纺织系统先进个人和集体进京代表。

5月3日

纺织工业部下发《关于贯彻〈国务院办公厅转发纺织部、国家计委、国务院生产办关于严格控制棉纺、毛纺生产能力和加强化纤生产能力管理意见的通知〉的通知》,对纺织“三大能力”的报批、有关设备的进口及有关项目立项后的计划管理工作等问题作出了具体的规定,要求各地严格执行。

5月4日至7日

“提高中国国营工业企业效益”国际会议在北京举行,吴文英部长出席了会议并发表《关于提高国营纺织企业经济效益的探讨》的讲话。

5月8日至11日

玻利维亚总统海梅·帕斯·萨莫拉对我国进行友好访问,吴文英部长担任我政府陪同团团长陪同访问。

5月12日

应纺织工业部邀请，美国阿莫柯公司总裁富勒先生对我国进行友好访问，朱镕基副总理接见了富勒先生一行，吴文英部长、季国标副部长参加了会见。

5月18日

纺织工业部下发《关于贯彻全国质量工作会议精神的通知》，要求各地把纺织行业开展的"质量品种效益年"活动进一步推向深入，继续抓好产品质量攻关工作，严厉查处假冒伪劣纺织商品，强化纺织行业质量监督抽查工作，加强对质量工作的舆论宣传。

5月19日至20日

第四届北京国际化纤会议召开，来自中国、美国、法国、日本、意大利、英国等10多个国家和地区的近600名化纤界专家、学者、企业家出席了会议。朱镕基副总理接见了与会部分国家和地区的代表，吴文英部长致开幕词，季国标副部长作了题为《中国化纤工业发展的前景和战略》的专题报告。会议就2000年国际化学纤维工业发展预测、化学纤维新技术的发展趋势、化学纤维应用展望等问题进行了深入讨论。

5月19日至21日

纺织工业部生产协调司、中国纺织品进出口总公司在山东济南联合召开全国两纱两布出口质量工作会议。会议表彰了13家纱布出口质量优良的生产厂家。

5月22日

李鹏总理视察江苏省苏州振亚丝织厂，并为该厂新建幼儿园题词："振亚幼儿园落成纪念。"

5月23日

李鹏总理视察江苏省常熟被单厂。在参观该厂样品大楼时李鹏总理指出，外销市场也面临一个市场竞争的问题。要利用质量和价格的优势，创出自己的牌子。投入外销市场的竞争，要以质量取胜、价格取胜。李鹏总理还为该厂题词："质量取胜，价格取胜，敢超世界名牌。"

5月24日至25日

为了进一步加强销售工作，拓展市场，实现纺织工业生产与销售的良性循环，纺织工业部在南京市召开了全国纺织销售工作座谈会。

5月26日

郝建秀小组建组40周年庆祝大会在青岛国棉六厂举行。

5月26日至29日

全国纺织企业改革与企业集团工作会议在浙江省宁波市召开。杜钰洲副部长出席会议并作题为《抓住时机，加快改革，扩大开放，为纺织工业再上新台阶迈大步》的报告。

5月30日

"庆祝'六·一'儿童节文艺服装表演"在北京国际俱乐部举行，全国人大常委会阿沛·阿旺晋美副委员长、吴文英部长、王曾敬副部长等领导同志观看了表演。

6月3日至6日

全国纺织工业思想政治工作会议暨全纺政研会第九次年会在成都市召开。会上，传达学习了李瑞环同志有关思想政治工作的指示，听取了吴文英部长作的《认真学习贯彻邓小平同志最近谈话精神，加强纺织行业思想政治工作》的报告。

全纺政研会副会长董绍杰同志作《进一步发挥政研会在加快改革开放步伐中的作用》的工作报告。

会议表彰了1991年度全国纺织工业228个双文明建设优秀企业、刘德本等61名优秀思想政治工作者和北京市纺织政研会等44个先进政研会，修改通过了《中国纺织职工思想政治工作研究会章程》。

6月14日

中共中央政治局常委宋平视察全国"十佳"合资企业之一的新疆天山毛纺织有限公司，并为该公司题词："永保先进。"

6月16日至7月7日

应印尼工业部长、国内事务部长，比利时外交大臣，意大利贸易部长的邀请，吴文英部长率中国纺织工业代表团访问了印尼、比利时和意大利三国。印尼总统苏哈托会见了吴文英部长及代表团成员。

6月25日至27日

纺织工业部、国家计委、国务院经贸办在北京召开了山东、河北、河南、江苏、安徽五省纺织工业限产压库促销工作座谈会。国务院经贸办赵维臣、石万鹏副主任，纺织工业部王曾敬副部长，国家计委轻纺司负责人先后到会讲了话。

会上交流了纺织工业生产经营情况及限产压库促销工作的经验，分析了当前生产形势，提出了完成1992年限产压库的具体要求。

6月30日

王曾敬副部长在京会见亚美尼亚共和国轻工业部部长罗伯特·斯·姆克里贤先生。

6月30日

国家技术监督局以技监局量发[1992]291号文同意筹建国家纺织计量站、国家纺织计量站上海分站。

国家纺织计量站设在纺织工业部标准化研究所，是国家技术监督局授权承担全国范围内的纺织专用计量器具计量检定、测试任务的国家法定计量检定机构。

国家纺织计量站上海分站设在上海纺织计量标准研究所，是国家技术监督局授权承担部分省区的纺织专用计量器具计量检定、测试任务的法定计量检定机构。

7月10日

田岛香港有限公司向中国服装工业总公司赠款仪式在人民大会堂举行，雷洁琼副委员长、吴文英部长、王曾敬副部长等出席。田岛香港有限公司是独资经营日本田岛工业株式会社生产的电脑绣花机专业性公司。董事长陈利松先生向中国服装工业总公司赠款100万美元，资助建造中国服装培训大厦。

7月11日

吴文英部长、王曾敬副部长出席天津市政府在天津毛巾六厂召开的全市工业系统扭亏增盈现场会。

7月15日至19日

全国纺织工业厅局长座谈会在上海市举行。会议的主要内容是进一步深入贯彻中共中央二、四、五号文件精神，总结上半年工作，研究如何紧密结合纺织工业的实际，抓紧当前有利时机，加快改革开放的步伐，促进纺织工业的健康发展。会议还就浦东开发等工作进行了交流和探讨。吴文英部长在会上作了题为《抓紧有利时机，加快改革开放，促进纺织工业健康发展》的报告。王曾敬副部长出席了会议。

7月18日

由纺织工业部牵头主办的中国华源实业有限公司在上海正式成立，吴文英部长为该公司揭牌。

7月30日

吴文英部长会见日本日中经济协会理事长诸口昭一先生一行。

8月5日至8日

由商业部、纺织工业部、农业部联合召开的全国棉花工作会议在京举行。会议主要研究如何进行棉花流通体制的改革。国务委员陈俊生代表国务院作了上年度棉花工作总结，并就如何做好今年棉花收购工作和棉花流通体制改革提出了初步意见。国务院副总理朱镕基到会听取汇报并在会议结束时发表重要讲话，提出今年棉花流通体制改革一定要起步，在主要产棉省区建立棉花市场体系。吴文英部长、王曾敬副部长出席了会议。

8月6日至10日

应吴文英部长邀请，澳大利亚初级产品和能源部长西蒙·克林先生来华访问。朱镕基副总理接见了克林先生一行。吴文英部长、王曾敬副部长会见了克林先生，并就中国毛纺工业现状和发展前景、对澳毛需求等方面互通信息和看法；还对中国羊毛进口税、许可证，中国购买羊毛体制的改革，以及在澳投资进行羊毛初加工和在中国投资进行羊毛后加工结合起来等问题进行了探讨。

8月10日

中国纺织计划统计学会改名为中国纺织规划研究会。

8月10日至11日

中国纺织工程学会组织的海峡两岸纺织学术研讨会在北京召开，以中国台湾纺织工程学会理事长严义雄为团长的台湾纺织工程学会代表团一行26人参加了会议。这是海峡两岸纺织界的首次高层次人士正式交往。会议探讨了振兴中华民族纺织工业的大计，进行了学术交流，并就两岸纺织科技、经贸等方面的交流与合作等事宜进行了商讨。纺织工业部副部长、中国纺织工程学会代理事长季国标接见了台湾代表。

8月12日

全国纺织信息协会成立大会在青岛举行，杜钰洲副部长出席。吴文英部长任协会名誉理事长，杜钰洲副部长任理事长。

8月19日

纺织工业部电子计算中心更名为纺织工业部信息中心。

8月21日至24日

纺织工业部主办的首届纺织机械器材贸易市场在武汉开市，刘珩副部长出席了开幕式。

8月22日至9月4日

季国标副部长参加由国务院在乌鲁木齐市举行的西北五省经济规划研讨会，并考察了新疆纺织工业及边贸情况。

8月28日

全国纺织行业技术开发中心、科研中试基地工作会议在杭州召开，刘珩副部长出席。

9月1日

纺织工业部下发《关于贯彻〈国务院进一步加强质量工作的决定〉的意见》。

9月5日

国务院决定，任命许坤元为纺织工业部副部长，免去季国标纺织工业部副部长职务。

9月11日

经纺织工业部科技进步奖评委会评审出获纺织工业部科技进步奖项目78项，其中二等奖7项，三等奖31项，四等奖40项。

9月11日至14日

1992年全国纺织工业产品交易会在南京举行。吴文英部长、王曾敬副部长出席了开幕式。

这次交易会是由纺织工业部主办，采取工商之间、工工之间交易订货的销售形式，产销直接见面，促进企业转换经营机制，为企业参加市场竞争创造条件。大会成交总金额达15.06亿元。

9月12日

纺织工业部颁发《纺织工业部直属企业、事业单位行政主要领导干部离任经济责任审计试行办法》的通知，对审计范围和内容，程序与方法作出具体规定。

9月13日

纺织工业限产压库、扭亏增盈分片工作会议9月份分别在南京、鞍山、湘潭召开。王曾敬副部长出席了南京的会议并讲话。

9月14日

1993年度全国纺织器材会议在福州召开。刘珩副部长出席了会议并讲话。

9月17日

由纺织工业部中国流行色协会、上海纺织局、国际羊毛局共同举办的“92国际流行色技术交流和应用展示会”在上海举行。中国流行色协会会长吴文英、中国流行色协会理事长王曾敬出席了开幕式并讲话。

9月21日至23日

以台湾纺织业外销拓展会董事长赵谅公先生为团长的台湾纺织业大陆访问团一行59人，应中国纺织工程学会代理事长季国标邀请前来北京参加“海峡两岸纺织工业合作研讨会”。通过交流，双方共同认为，当今世界经济发展正在进行着新的产业结构调整，区域性的经济合作是世界经济发展的必然趋势。海峡两岸纺织业携起手来，顺应世界潮流，谋求优势互补，共同发展，对双方都具有十分重要的意义。

21日研讨会开幕式在人民大会堂举行。吴文英部长作为特邀嘉宾参加了开幕式并致贺词。中国纺织工程学会代理事长季国标和台湾纺织业外销拓展会董事长赵谅公先生分别在开幕式上致词。

23日研讨会闭幕式在人民大会堂举行。吴文英部长、季国标代理事长出席了闭幕式。会后，李鹏总理在中南海紫光阁亲切接见了赵谅公先生和台湾访问团部分成员。

从22日起，台湾访问团在北京、上海两地与大陆纺织业人士进行广泛接触，进行为期10天的参观访问，就市场行销、投资、配额管理、资讯交流、技术等五个方面的问题进行交流。

9月23日

纺织工业部设计院建院四十周年。四十年来，该院为全国纺织工业的发展建设做出了重要贡献。吴文英部长、杜钰洲副部长到院向全院职工表示热烈祝贺和亲切慰问。

9月25日至26日

十市纺织局长（经理）座谈会在北京举行。吴文英部长、王曾敬、许坤元副部长出席了座谈会。会上纺织老基地就如何贯彻邓小平南巡讲话和中央2号、4号文件精神进行交流、座谈。

10月5日至9日

吴文英部长出席了在北京举行的中共十三届九中全会。

10月7日

中国色织行业协会在江苏省无锡市成立。

10月10日

经民政部核准，全国纺织教育学会在天津纺织工学院召开成立大会暨第一届理事会，会议选举杜钰洲副部长为会长。

10月12日

以纺织工业部原副部长胡明为组长的国务院税收财务物价大检查工作组赴天津、辽宁开展工作。

10月12日至18日

中国共产党第十四次全国代表大会在北京召开。原国务院顾问、纺织工业部部长钱之光作为特邀代表出席了会议。吴文英部长、杜钰洲副部长及19位来自各省市纺织行业正式代表出席了大会。吴文英部长当选为大会主席团成员，并被选为党的第十四届中央委员会委员。

10月24日

纺织工业部与国务院经贸办联合发出明传电报，要求各地政府与地方行业主管部门共同采取果断措施，搞好纺织工业的限产压库、促销及扭亏增盈工作。1. 必须认真贯彻执行国办发[1992]4号文件《关于严格控制棉纺、毛纺生产能力和加强化纤生产能力管理意见的通知》。2. 企业必须严格按照以销定产的原则组织生产，对边生产边积压，长期亏损且整顿无效的企业，坚决采取停止贷款，停止供电等措施。3. 为了有效压缩纺织品生产总量，加快开班工时改革，并合理调整车速。4. 认真清理棉花拖欠款。5. 各生产企业一定要加强促销工作。6. 各地政府和有关部门对纺织品限产压库、扭亏增盈工作要在纺织全行业加强监督检查，保证各项措施的落实。

10月24日

中国机械进出口公司与德国赐来福公司在北京签订了由赐来福公司向上海二纺机股份有限公司转让自动络筒机设计制造技术的合同。吴文英部长、刘珩副部长出席了签字仪式。

10月26日

中国纺织机械与技术进出口公司与日本津田驹公司在北京签订了由津田驹公司向咸阳纺织机械厂转让喷气织机设计制造技术的合同。吴文英部长、刘珩副部长出席了签字仪式。

10月27日至11月14日

以刘珩副部长为团长的中国纺织工业代表团一行7人赴日本、泰国考察。

10月28日至30日

由中国服装工业总公司主办的“92中国服装博览会”在上海举行。吴文英部长、王曾敬副部长出席了开幕式。

中共中央政治局委员、上海市委书记吴邦国参观了博览会。他希望以服装为龙头，带动整个纺织行业的发展，加快我国服装纺织一体化进程。

11月3日

重庆市中级人民法院经过公开审理作出裁决，重庆针织总厂从即日起破产。这是自建国以来，纺织行业第一家宣告破产的国有大中型企业。

经各纺织院校推荐、中国纺织工程学会奖学金评审委员会评审通过，1992年共有104名同学获得中国纺织工程学会奖学金。

11月6日

以纺织工业部所属的华诚财务公司为核心的华诚集团公司在京成立。这是国务院经贸办批准的第一家以金融资本为龙头的大型实业集团公司。该公司的成立，是我国金融体制改革又一新的尝试。

11月9日

仪征化纤工业联合公司二期工程通过国家正式验收。仪化公司已形成年产50万吨聚酯、24万吨涤纶短纤维、4000吨中空立体卷曲纤维的生产能力，成为我国最大的化纤生产基地，生产规模跃居世界大化纤企业第四位。

国家验收委员会主任、纺织工业部部长吴文英，江苏省省长陈焕友，纺织工业部副部长许坤元以及国家、江苏省有关部门的负责同志出席了仪化二期工程国家验收庆祝大会。

11月13日

北京市政府批准市纺织品进出口公司成建制划归市纺织工业总公司。

11月13日至16日

全国纺织计划统计会议在山东济南市召开。王曾敬副部长出席会议并讲话。会议安排1993年的生产、基建、技改计划，调整纺织工业“八五”计划，十年发展规划。

11月16日

中国纺织机械股份有限公司与日本丰田株式会社自动织机制作所喷气织机技术转让合同在京签订。吴文英部长、刘珩副部长参加了签字仪式。

11月17日

江苏如皋毛巾厂与兄弟企业帮促汇报会在人民大会堂举行。天津毛巾六厂原是一个濒临倒闭的特困企业，在如皋毛巾厂的无私援助下，通过努力使企业迅速改变了落后面貌。吴文英部长肯定了在社会主义市场经济下企业间的这种协作精神。原中顾委常委、国务院副总理张爱萍，全国人大副委员长雷洁琼，全国政协副主席马文瑞出席了汇报会。

11月17日

纺织工业部原党组副书记、副部长李竹平同志在北京逝世，终年80岁。

11月18日至25日

第三届中国国际纺织机械展览会在北京举行，中国贸促会纺织分会季国标会长主持了开幕仪式，吴文英部长和中国贸促会郑鸿业会长为开幕式剪彩，杜钰洲、王曾敬、刘珩、许坤元副部长及各有关部委领导，各参展国驻华使节和参展商代表共一千八百多人出席了开幕式。

11月20日

北京宏大纺织机械集团（公司）更名为中国纺织机械集团。吴文英部长，杜钰洲、王曾敬、刘珩副部长等出席了更名揭牌仪式。

11月21日

瑞士苏尔寿·鲁蒂公司向南昌飞机制造公司转让片梭织机技术合同在京签订，刘珩副部长出席了签字仪式

经国家科技进步奖评委会批准，纺织行业获1992年国家科技进步奖项目共12项，约占全国获奖项目的2%。

11月26日

在中国民主建国会第六届全国代表大会第一次中央委员全体会议上，刘珩副部长当选为民建中央副主席。

11月29日

经国家科技进步奖评委会批准，纺织行业获1992年国家发明奖项目共5项，其中获三等奖2项，四等奖3项。

12月1日

吴文英部长接见了以陈瑞球为团长的香港纺织业联合会代表团全体成员。接见时，许坤元副部长在座。

12月3日至5日

全国大中型化纤企业厂长经理座谈会在广东佛山市举行。会议研究我国化纤工业90年代的发展趋势，分析和研究解决存在的问题。许坤元副部长出席会议并讲话。

12月9日

国务院副总理田纪云视察了兰州第三毛纺织厂。

12月10日

纺织工业部与天津市人民政府发出《关于组建天津纺织原材料交易市场的通知》。

12月12日至14日

全国纺织科研院所工作会议在无锡召开。会议着重讨论研究纺织科研院所进一步深化改革的问题。刘珩副部长出席会议并讲话。

12月18日

中国机械进出口总公司与意大利莎维奥公司在北京签订了莎维奥公司向青岛纺织机械厂转让自动络筒机设计制造技术的合同。吴文英部长、刘珩副部长、季国标理事长出席了签字仪式。

12月23日至27日

全国纺织工业厅局长会议在京举行。各省、自治区、直辖市、计划单列市纺织（丝绸）厅（局、公司）的主要负责同志，部机关各司局、直属企事业单位的负责同志参加了会议。国务院有关部委和新闻单位的同志应邀也参加了会议。会上传达了朱镕基副总理对纺织工业的重要指示和全国计划、经济、财政工作会议精神。吴文英部长在会上作了题为《认真贯彻十四大精神，推动纺织工业上新台阶》的报告。报告分析了纺织工业面临的形势，提出了90年代纺织工业的奋斗目标和发展思路，明确了1993年的工作任务。

12月31日

国务院经贸办（国经贸[1992]649号文件）同意赋予83家纺织生产企业外贸经营自主权，截止1992年底，纺织行业获自营进出口权企业总数已达302家，其中218家是在1992年中批准的。

企业篇

Textile Enterprises

1992年纺织系统获得全国“五一劳动奖状”企业名单（11个）

石家庄市第一棉纺织厂
吉林化学纤维厂
佳木斯经编印染厂
上海民光被单厂
无锡第二棉纺织厂
浙江嘉兴制丝针织联合厂
安徽省安庆纺织厂
山东菏泽第二毛纺织厂
山东淄博织染厂
国营新乡化学纤维厂
广西桂林市棉纺厂

1992年纺织系统获得全国“五一劳动奖状”班组名单（12个）

天津市国营第二棉纺织厂二布场织布车间乙班一车间一组
哈尔滨亚麻纺织厂细纱分场乙班
上海市第九棉纺织厂一纺工场清花保全保养小组
常州第一棉纺织厂后纺乙班头排二组
苏州东吴丝织厂C401甲班小组
南通第二棉纺织厂一织车间布机乙班四工区
江苏省无锡市第二棉纺织厂查正南小组
湖北省沙市第一棉纺织厂筒捻车间丁班摇纱小组
湖北宜昌棉纺织厂准备车间丁班穿筘小组
湖南邵阳纺织厂后纺车间乙班五组
重庆第三棉纺织厂准备车间甲班络筒组
国营西北第一棉纺织厂织布车间乙班五组

全国妇联、共青团中央、纺织工业部等十三个部委表彰的全国城镇妇女“巾帼建功先进单位”纺织系统名单

西北国棉一厂赵梦桃小组
长春纺织厂“四姐妹”党员机台小组
淮南纺织厂
长沙市立新童装厂
海南省海德涤纶厂女职工委员会
贵阳棉纺织厂女职工委员会
郑州市轻纺工业局妇委会

1992年棉纺织工业大中型企业按利税总额排序（系统内，前40名）

企业名称	大型或中型	利税总额（万元）
安庆纺织厂	大	5721
上海第十二棉纺织厂	大	5147
北京第二棉纺织厂	大一	4976
上海第十七棉纺织厂	大	4415
上海永新雨衣染织厂	中	4409
上海新光内衣染织厂	中	4324
开平棉纺厂	中	4314
北京第三棉纺织厂	大一	4198
石家庄第二棉纺织厂	大	3938
上海第二十八棉纺织厂	中	3898
上海第一印染厂	大	3757
中冠印染有限公司	中	3699
上海第二棉纺织厂	大	3656
石家庄第三纺织厂	大	3615
石家庄第四纺织厂	大	3471
恩平广联泰纺织企业有限公司	大	3454
上海嘉丰棉纺织厂	中	3260
上海第一棉纺织厂	中	3242
上海第八棉纺织厂	中	3217
上海第九染印厂	中	3150
无锡市第二棉纺织厂	大	3090
上海第二十一棉纺织厂	大	3088
保定第一棉纺织厂	大	3084
五环（集团）股份有限公司	大	3077
上海第二印染厂	大	2992
西北第七棉纺织厂	大	2859
上海第六棉纺织厂	中	2833
上海第三印染厂	中	2643
上海第三十五棉纺织厂	中	2639
南通第一棉纺织厂	大	2469
上海第十印染厂	中	2448
北京第一棉纺织厂	大一	2404
西北第四棉纺织厂	大	2401
德州棉纺织厂	大	2303
湖北化纤厂	大	2288
无锡市第三棉纺织厂	大	2263
上海第十一化学纤维厂	大	2223
上海第五印染厂	中	2198
西北第一棉纺织厂	大	2120
上海第九棉纺织厂	大	2115

1992年棉纺织工业大中型企业按销售收入排序（系统内，前40名）

企业名称	大型或中型	销售收入（万元）
无锡市漂染厂	大	42025
上海第十七棉纺织厂	大	39144
蒲圻纺织总厂	大	37059
北京第三棉纺织厂	大一	35798
金州纺织厂	大	34125
北京第二棉纺织厂	大一	32642
常州东方印染厂	大	31956
四川第一棉纺织印染厂	大	30649
山西纺织印染厂	大	30371
五环（集团）股份有限公司	大	29954
无锡市第一棉纺织厂	大	29905
郑州印染厂	大	29349
石家庄第二棉纺织厂	大	29320
南通第一棉纺织厂	大	28750
德州棉纺织厂	大	28383
石家庄第四棉纺织厂	大	28024
西北第四棉纺织厂	大	28001
杭州印染厂	中	27950
上海永新雨衣染织厂	中	27876
上海第十二棉纺织厂	大	27745
上海第九棉纺织厂	大	27713
西北第七棉纺织厂	大	27243
盐城市纺织厂	大	27129
襄樊棉纺织印染厂	大	26951
保定第一棉纺织厂	大	26536
郑州国棉五厂	大	26479
潍坊第二印染厂	大	26461
上海新光内衣染织厂	中	26453
邯郸第三棉纺织厂	大	25987
石家庄第一印染厂	大	25746
邯郸第二棉纺织厂	大	25701
石家庄第三棉纺织厂	大	25515
江西棉纺织厂	大	25463
安庆纺织厂	大	25205
湘潭纺织印染厂	大	25177
南通第三棉纺织厂	大	25092
无锡市第二棉纺织厂	大	24819
常州东风印染厂	大	24818
上海第一印染厂	大	24795
郑州国棉四厂	大	24562

1992 年毛纺织工业大中型企业按利税总额排序（系统内，前 40 名）

企业名称	大型或中型	利税总额（万元）
鹤山美雅股份有限公司	大	6393
北京清河毛纺织厂	大二	3883
上海第二毛纺织厂	大	3421
内蒙古第二毛纺织厂	大	3316
兰州第三毛纺织厂	大	3250
新疆伊犁毛纺织厂	大	3010
无锡市协新毛纺织染厂	大	2808
上海章华毛纺织公司	大	2687
上海工业用呢厂	大	2600
上海第三毛纺织厂	大	2459
北京毛纺织厂	大二	2309
伊盟羊绒衫厂	大	2176
上海华丰毛纺厂	大	2061
上海市第五毛纺织厂	大	2058
上海第一毛纺织厂	中	2040
甘肃绒线厂	大	2035
上海第一毛条厂	大	1977
新疆石河子八一毛纺织厂	大	1936
天津东亚毛纺厂	中	1924
嘉兴毛纺织总厂	大	1921
北京第二毛线厂	中二	1603
内蒙古第一毛纺织厂	中	1582
南京毛麻企业集团	大	1578
牡丹江毛毯厂	大	1537
上海毛毯厂	大	1439
济宁毛纺织厂	大	1399
常州毛纺织厂	大	1371
赤峰第一毛纺织厂	中	1357
开封毛纺织总厂	大	1335
新疆毛纺织厂	大	1260
滨州毛纺织厂	大	1237
上海元丰毛纺织厂	中	1194
河南第一毛纺织厂	大	1182
上海第十七毛纺厂	大	1139
无锡市第一毛纺织染厂	中	1049
菏泽第二毛纺织厂	中	1036
大庆毛毯厂	大	1032
兰州第一毛纺织厂	大	1028
黑龙江毛纺厂	大	1014
杭州第一毛纺厂	中	1005

1992 年毛纺织工业大中型企业按销售收入排序（系统内，前 40 名）

企业名称	大型或中型	销售收入（万元）
鹤山美雅股份有限公司	大	54826
南京毛麻企业集团	大	22468
伊盟羊绒衫厂	大	22211
北京第二毛纺织厂	大一	19122
上海第一毛条厂	大	18188
无锡市协新毛纺织染厂	大	16122
嘉兴毛纺织总厂	大	15536
上海第二毛纺织厂	大	14623
北京清河毛纺织厂	大二	14019
兰州第三毛纺织厂	大	13837
新疆伊犁毛纺织厂	大	13684
内蒙古第二毛纺织厂	大	13617
上海市第五毛纺织厂	大	13316
甘肃绒线厂	大	12027
抚顺崇业毛纺集团	大	11605
陕西第一毛纺织厂	大	11528
上海章华毛纺织公司	大	11421
沈阳第一毛纺织厂	中	11355
赤峰第二毛纺织厂	大	11115
新疆石河子八一毛纺织厂	大	10941
上海华丰毛纺厂	大	10747
牡丹江毛毯厂	大	10602
北京毛纺织厂	大二	10559
杭州第一毛纺厂	中	10512
上海第三毛纺织厂	大	10494
天津东亚毛纺厂	中	10014
北京制呢厂	大一	10013
兰州第一毛纺织厂	大	9830
上海第一毛纺织厂	中	9794
常州毛纺织厂	大	9253
大庆毛毯厂	大	9022
南海毛纺厂	大	8876
上海工业用呢厂	大	8811
内蒙古第一毛纺织厂	中	8525
开封毛纺织总厂	大	8305
常州市毛条厂	中	7760
宁夏绒线厂	中	7618
沈阳第二毛纺织厂	大	7558
大庆毛纺有限公司	中	7528
上海第十九毛纺厂	中	7387

1992年麻纺织工业大中型企业按利税总额排序（系统内，前20名）

企业名称	大型或中型	利税总额（万元）
哈尔滨亚麻纺织厂	大	2136
广州美达针织有限公司	中	711
株洲苎麻纺织印染厂	大	601
八一麻纺厂	中	472
郴州市黄麻纺织厂	中	469
合浦麻纺织厂	中	437
湖南洞庭苎麻纺织印染厂	大	410
广州绢麻纺织厂	大	388
箫山麻纺织厂	中	373
考首纺织印染厂	中	355
江陵县麻纺厂	中	329
克山亚麻纺纱厂	中	278
承德市黄麻化纤纺织总厂	大	235
京山县麻纺织厂	中	228
大连麻纺织厂	大	223
白城市麻纺厂	中	201
齐齐哈尔亚麻纺织厂	中	194
肇庆市萝定县银河纺织总厂	大	187
湖南省沅江苎麻纺织厂	中	184
济宁麻纺织厂	中	183

1992年麻纺织工业大中型企业按销售收入排序（系统内，前20名）

企业名称	大型或中型	销售收入（万元）
哈尔滨亚麻纺织厂	大	16639
浙江麻纺织厂	大	14183
湖南洞庭苎麻纺织印染厂	大	10719
广州绢麻纺织厂	大	8369
株洲苎麻纺织印染厂	大	7517
承德市黄麻化纤纺织总厂	大	7257
大连麻纺织厂	大	7237
吉林麻棉纺织厂	大	6975
广州美达针织有限公司	中	6460
蚌埠第二麻纺织厂	中	5844
舒城麻纺织厂	中	5720
天津市麻纺织厂	中	5196
铜陵苎麻纺织一厂	中	5014
箫山麻纺织厂	中	4776
固始县麻纺织厂	中	4395
白城市麻纺厂	中	4325
济宁麻纺织厂	中	4275
铜陵苎麻纺织二厂	中	4275
益阳苎麻纺织印染厂	大	4121
枣阳市麻纺厂	中	4080

1992年丝绸工业大中型企业按利税总额排序（系统内，前40名）

企业名称	大型或中型	利税总额（万元）
苏州市振亚丝织厂	大	4171
苏州光明丝织厂	大	3403
苏州新苏丝织厂	大	3120
福州金利森纺织有限公司	中	2344
阆中丝绸厂	大	2006
绵阳丝绸印染厂	大	1762
嘉兴绢纺厂	大	1687
苏州东吴丝织厂	大	1676
绍兴丝织厂	大	1581
嘉兴制丝针织联合厂	大	1566
杭州丝绸印染联合厂	大	1499
无锡市丝绸印染总厂	大	1493
国营吴江新生丝织总厂	大	1424
苏州丝绸印花厂	大	1325
浙江制丝一厂	大	1295
东风丝绸印染厂	大	1287
天昌企业集团	大	1167
绍兴丝绸印花厂	大	1136
杭州丝绸练染厂	大	1121
顺德前进丝织厂	中	1121
无锡市第一丝织厂	大	1113
吴江绸缎练染一厂	中	1109
上海绢纺织厂	大	1020
吴江绸缎练染二厂	中	1013
顺德伦教丝厂	中	1012
吴江新民丝织总厂	大	1010
上海第一丝绸印染厂	大	1007
杭州丝绸印染厂	中	972
顺德丝毛纺织公司	大	924
南充第三丝绸厂	大	886
国营吴江新华丝织厂	大	885
佛山三叶织染厂	大	885
吴江丝绸印花厂	中	872
红雷丝织厂	中	871
南充绸厂	大	855
乐山丝绸厂	中	852
浙江制丝二厂	大	835
泗阳绢纺厂	大	831
莱阳绢纺厂	大	798
吴江震丰缫丝厂	中	778

1992年丝绸工业大中型企业按销售收入排序（系统内，前40名）

企业名称	大型或中型	销售收入（万元）
苏州市振亚丝织厂	大	29521
国营吴江新生丝织总厂	大	27590
天昌企业集团	大	25037
无锡市丝绸印染总厂	大	23978
苏州东吴丝织厂	大	22565
杭州丝绸印染联合厂	大	21353
苏州光明丝织厂	大	19501
阆中丝绸厂	大	18706
杭州丝绸练染厂	大	18558
苏州新苏丝织厂	大	18306
苏州绸缎练染一厂	中	16729
杭州丝绸印染厂	中	16306
国营吴江新华丝织厂	大	16048
国营吴江新联丝织厂	大	15755
上海第一丝绸印染厂	大	15451
新华丝厂	大	14807
吴江新民丝织总厂	大	13979
苏州绸缎练染二厂	大	13525
无锡市第一丝织厂	大	13450
嘉兴制丝针织联合厂	大	13000
绍兴丝织厂	大	12687
嘉兴丝绸印染厂	中	12549
嘉兴绢纺厂	大	12505
达昌绸厂	大	12454
顺德前进丝织厂	中	12247
丹东毛绢纺织厂	大	11660
丹东丝绸印染厂	大	11567
顺德伦教丝厂	中	11172
湖丰绸厂	大	10839
天成丝织厂	中	10811
南充绸厂	大	10584
福华丝织厂	大	10393
南充第二丝绸厂	大	10099
上海第七印绸厂	大	9962
绵阳丝绸印染厂	大	9952
上海绢纺织厂	大	9861
浙江制丝一厂	大	9682
南充第三丝绸厂	大	9529
无锡市第二丝织厂	中	9458
上海第三丝织厂	大	9139

1992年针织工业大中型企业按利税总额排序（系统内，前40名）

企业名称	大型或中型	利税总额（万元）	企业名称	大型或中型	利税总额（万元）
北京雪莲羊绒有限公司	中二	2472	无锡市针织总厂	大	641
上海针织九厂	大	2081	深沪针织有限公司	中	610
仙桃市经编毛毯厂	大	1629	佛山第二针织厂	大	605
江苏省棉纺针织厂	中	1441	上海五和针织一厂	中	600
广州名格针织厂	中	1439	上海针织十二厂	中	560
佛山第一针织厂	大	1333	广州第四针织厂	中	519
上海针织厂	大	1254	上海针织十四厂	中	511
上海第一棉纺针织厂	大	1230	青岛针织七厂	中	493
上海织袜一厂	大	1193	襄樊市人造毛皮厂	中	492
上海景福针织厂	大	1176	开平针织厂	大	481
上海针织十一厂	中	1168	福建华盛针织工贸集团公司	中	476
上海针织五厂	大	1045	柳州市针织总厂	大	446
上海五洲针织有限公司	中	982	宁波针织厂	中	432
上海景纶针织厂	中	833	张家港羊毛衫总厂	大	429
济南针织厂	大	822	威海丝针织厂	中	426
青岛针织一厂	大	767	上海联合纺织集团有限公司	中	425
石家庄纺织经编厂	大	745	赤峰市羊毛绒厂	中	400
广州针织厂	大	731	广州全新针织厂	大	399
上海第十五羊毛衫厂	中	698	漯河市针织化纤厂	中	398
诸暨针织厂	中	672	昆明针织二厂	中二	398

1992年针织工业大中型企业按销售收入排序（系统内，前40名）

企业名称	大型或中型	销售收入（万元）	企业名称	大型或中型	销售收入（万元）
上海针织九厂	大	14303	广州全新针织厂	大	7925
佛山第一针织厂	大	11583	广州中英线业有限公司	大	7810
上海联合纺织集团有限公司	中	11076	上海景福针织厂	大	7421
宁波针织厂	中	11005	诸暨针织厂	中	7017
无锡市针织总厂	大	10429	上海第一棉纺针织厂	大	7015
广州针织厂	大	10030	上海针织十一厂	中	6521
上海针织二十厂	大	9908	招远县针织厂	中	6333
石家庄纺织经编厂	大	9878	仙桃市经编毛毯厂	大	6237
北京雪莲羊绒有限公司	中二	9709	柳州华侨化纤纺织厂	中	6197
青岛针织一厂	大	9705	太仓针织总厂	中	6171
上海五和针织二厂	大	9407	福建华盛针织工贸集团公司	中	6131
佛山第二针织厂	大	9066	张家港羊毛衫总厂	大	6037
江苏省棉纺针织厂	中	9053	青岛针织七厂	中	5964
山西针织厂	大	8981	宁波浙东针织厂	中	5944
上海针织厂	大	8871	北京第一针织厂	大二	5515
柳州市针织总厂	大	8639	济南针织厂	大	5486
上海针织五厂	大	8596	保定外贸纬编厂	中	5434
上海织袜一厂	大	8457	上海第十五羊毛衫厂	中	5419
常州针织总厂	大	7999	烟台针织联合公司	大	5380
广州梅园针织印染厂	中	7944	营口针织二厂	大	5339

1992年服装工业大中型企业按利税总额排序（系统内，前40名）

企业名称	大型或中型	利税总额（万元）
南通三友时装有限公司	中	2737
北京市大华衬衫厂	中一	924
武汉市羽绒服装厂	中	735
北京长城风雨衣公司	中二	726
上海衬衫长	中	688
杭州第二丝织服装厂	中	665
黄石凯吉服装有限公司	中	661
上海第三衬衫厂	中	658
东南丝绸有限公司	中	650
上海第二衬衫厂	中	646
蓝鸟时装中心	中	585
上海第十二服装厂	中	570
上海雨衣厂	中	525
湖州针织服装总厂	中	500
上海西服厂	中	496
大连第三呢绒服装厂	中	442
洪湖羽绒服装厂	中	427
上海飞达羽绒服装厂	中	406
青岛衬衫厂	中	370
扬州友谊服装厂	中	330
上海第二服装厂	中	328
无锡市震球服装厂	中	305
无锡光明制衣集团公司	中	299
昌邑服装厂	中	287
南京服装一厂	中	277
苏州服装一厂	中	275
常州市服装一厂	中	265
烟台服装工业公司	中	227
北京衬衫厂	中一	216
沭阳服装厂	中	211
青岛西装厂	中	210
大连第一服装厂	中	208
大连第二呢绒服装厂	中	203
石家庄市新华服装厂	中	201
上海春光服装厂	中	194
北京羽绒制品厂	中二	187
淄博服装十厂	中	170
金州服装总厂	中	169
仪征市服装厂	中	162
南京友谊服装总厂	中	156

1992年服装工业大中型企业按销售收入排序（系统内，前40名）

企业名称	大型或中型	销售收入（万元）
南通三友时装有限公司	中	15369
杭州第二丝织服装厂	中	10838
上海飞达羽绒服装厂	中	10742
北京市大华衬衫厂	中一	8412
苏州服装一厂	中	6970
武汉市羽绒服装厂	中	6509
无锡光明制衣集团公司	中	6403
扬州友谊服装厂	中	6305
北京衬衫厂	中一	6039
北京长城风雨衣公司	中二	5722
蓝鸟时装中心	中	5477
常州市服装一厂	中	5326
大连第三呢绒服装厂	中	4869
东南丝绸有限公司	中	4692
洪湖羽绒服装厂	中	4649
湖州针织服装总厂	中	4578
南京服装一厂	中	4275
上海衬衫厂	中	4219
大连衬衫厂	中	4124
安丘县被服厂	中	3962
烟台服装工业公司	中	3940
南京友谊服装总厂	中	3847
大连呢绒服装厂	中	3665
大连第一服装厂	中	3489
上海第三衬衫厂	中	3431
上海第二衬衫厂	中	3383
黄石凯吉服装有限公司	中	3281
石家庄市新华服装厂	中	3244
上海雨衣厂	中	3238
天津时装总厂	中	3231
无锡市震球服装厂	中	3219
北京羽绒制品厂	中二	3198
沈阳黎明高级服装厂	中	3167
青岛衬衫厂	中	3028
上海第十二服装厂	中	2847
大连第二呢绒服装厂	中	2754
沭阳服装厂	中	2718
昌邑服装厂	中	2612
上海西服厂	中	2584
芜湖天河羽绒制品公司	中	2563

1992年化学纤维工业大中型企业按利税总额排序（系统内，前40名）

企业名称	大型或中型	利税总额（万元）
仪征化纤工业联合公司	大特	85138
平顶山锦纶帘子布厂	大	15779
保定化纤厂	大	7713
丹东化纤工业公司	大	7475
新乡化学纤维厂	大	6064
上海联华合纤有限公司	中	5474
开平涤纶厂	中	5353
黑龙江涤纶厂	大	5200
中山涤纶厂有限公司	大	4881
浙江涤纶厂	大	4880
珠海市富华化纤股份公司	中	4693
福建化纤化工厂	大	4693
潍坊化学纤维厂	大	4003
吉林化纤厂	大	4002
无锡合成纤维总厂	中	3882
新会涤纶集团公司	大	3809
厦门华纶化学纤维有限公司	大	3783
石家庄市化工化纤厂	大	3444
广汉涤纶总厂	中	3381
湖南省维尼纶厂	大	3284
深圳惠中华纤厂	中	3261
杭州化学纤维厂	大	3219
湘潭市化纤厂	中	3071
成都涤纶厂	大	2957
南海涤纶厂	中	2877
江西涤纶厂	中	2825
广西维尼纶厂	大	2802
新会合成纤维纺织厂	中	2662
余姚化纤棉纺织总厂	大	2634
广州合成纤维厂	大	2612
安徽省维尼纶厂	大	2571
开山屯化纤浆厂	大	2523
杭州第二化纤厂	中	2462
南通合成纤维厂	大	2403
新会达美锦纶厂	大	2395
苏州化学纤维厂	大	2173
常州合成纤维厂	中	2138
山西维尼纶厂	大	2135
山西涤纶厂	中	2119
海南化纤工业股份有限公司	中	2113

1992年化学纤维工业大中型企业按销售收入排序（系统内，前40名）

企业名称	大型或中型	销售收入（万元）
仪征化纤工业联合公司	大特	442407
平顶山锦纶帘子布厂	大	86720
丹东化纤工业公司	大	66519
开平涤纶厂	中	50030
新会涤纶集团公司	大	46079
黑龙江涤纶厂	大	41051
余姚化纤棉纺织总厂	大	41007
深圳惠中化纤厂	中	39866
保定化纤厂	大	36328
福建化纤化工厂	大	33443
新乡化学纤维厂	大	32053
开山屯化纤浆厂	大	26639
吉林化纤厂	大	26580
南京化学股份有限公司	大	25759
新会达美锦纶厂	大	25549
中山涤纶厂有限公司	大	24125
潍坊化学纤维厂	大	23954
营口化纤厂	大	22130
无锡合成纤维总厂	中	21956
杭州化学纤维厂	大	21584
安徽省维尼纶厂	大	21324
南海涤纶厂	中	20813
江西化纤厂	大	20467
佛山涤纶长丝厂	大	19040
厦门华纶化学纤维有限公司	大	17752
浙江涤纶厂	大	17421
湖南省维尼纶厂	大	17110
广州合成纤维厂	大	17007
广汉涤纶总厂	中	16607
新会合成纤维纺织厂	中	16605
兰州维尼纶厂	大	16399
南通合成纤维厂	大	15369
石家庄市化工化纤厂	大	15073
江西涤纶厂	中	14865
常州合成纤维厂	中	14448
顺德锦纶厂	中	13661
盐城市印染厂	中	13574
山西涤纶厂	中	13476
湘潭市化纤厂	中	13465
成都涤纶厂	大	13337

1992 年纺织机械、器材工业大中型企业按利税总额排序（系统内，前 40 名）

企业名称	大型或中型	利税总额（万元）
上海第二纺织机械厂	大	7982
经纬纺织机械厂	大	6338
郑州纺织机械厂	大	6044
天津纺织机械厂	中	3774
无锡宏源纺机集团公司	大	3037
中国纺织机械厂	大	2836
沈阳纺织机械厂	大	2772
上海第一纺织机械厂	大	2631
邯郸纺织机械厂	大	2374
常德纺织机械厂	大	1879
宜昌纺织机械厂	大	1783
邵阳第二纺织机械厂	大	1352
黄石纺织机械厂	大	1348
上海纺织机械专件厂	大	1310
上海远东钢丝针布厂	大	1065
上海第七纺织机械厂	大	1036
河南省纺织机械厂	大	1017
上海印染机械厂	大	922
咸阳纺织机械厂	大	915
胶南纺织机械厂	中	881
北京化纤机械厂	中一	856
杭州纺织机械制造总厂	中	771
无锡市纺织机械专件厂	中	721
无锡市第二纺织机械厂	中	676
衡阳纺织机械厂	大	638
上海纺织机电厂	中	526
常州纺织仪器厂	中	503
费县纺织机械厂	中	501
常州喷丝板厂	中	487
大丰县淮南第二纱厂	中	430
兰溪纺织机械厂	中	402
上海纺织机件二厂	中	395
南通第二纺织机械厂	中	355
无锡市纺织器材厂	中	354
佛山纺机厂	中	345
苏州市纺织机械厂	大	337
北京第一纺织机械厂	中二	336
渭南纺织机械厂	中	332
横峰纺织器材厂	中	329
上海纺织轴承一厂	大	315

1992 年纺织机械、器材工业大中型企业按销售收入排序（系统内，前 40 名）

企业名称	大型或中型	销售收入（万元）
上海第二纺织机械厂	大	51241
经纬纺织机械厂	大	41587
郑州纺织机械厂	大	23896
中国纺织机械厂	大	21573
天津纺织机械厂	中	18075
无锡宏源纺机集团公司	大	17390
沈阳纺织机械厂	大	13040
上海第一纺织机械厂	大	12835
邯郸纺织机械厂	大	11224
大丰县准南第二纱厂	中	11195
邵阳第二纺织机械厂	大	10086
河南省纺织机械厂	大	9925
宜昌纺织机械厂	大	8874
常德纺织机械厂	大	7567
上海印染机械厂	大	7509
咸阳纺织机械厂	大	7436
胶南纺织机械厂	中	6681
黄石纺织机械厂	大	6527
金坛县纺织机械厂	中	6114
上海第七纺织机械厂	大	6108
上海纺织机械专件厂	大	6107
杭州纺织机械制造总厂	中	5342
吴县纺织机械二厂	中	4894
苏州市纺织机械厂	大	4569
苏州第二纺织机械厂	中	4237
上海远东钢丝针布厂	大	4178
武汉市纺织机械厂	中	4024
兰溪纺织机械厂	中	4021
无锡市第二纺织机械厂	中	3911
上海纺织机电厂	中	3854
费县纺织机械厂	中	3659
上海第四纺织机械厂	大	3571
仪征纺织机械厂	中	3521
南通第二纺织机械厂	中	3195
泰州纺织机械厂	中	3162
昌邑纺织机械厂	中	3127
苏州市第三纺织机械厂	中	3077
衡阳纺织机械厂	大	3070
佛山纺机厂	中	3038
上海第三纺织机械厂	大	2921

纺织行业已获外贸经营权的企业名单

（截止 1992 年 12 月 31 日）

中国纺织机械集团公司
仪征化纤工业联合公司
华联纺织集团有限公司
中国华源实业有限公司
纺织工业部设计院
纺织部纺织科学研究院
北京达美纺织集团公司
北京针织集团公司
北京五洲染织集团公司
北京市京工服装工业集团公司
北京三环毛纺针织集团公司
北京顺发进出口公司
北京溥利毛纺织进出口公司
北京时代毛纺织进出口公司
北京进丰进出口公司
北京四达毛纺织品进出口公司
北京维尼纶厂
北京东华服装集团公司
天津恒源毛纺厂
天津仁立毛纺厂
天津毛织厂
天津红旗毛纺织厂
天津新港毛纺织厂
天津第四染整厂
天津第二染纱厂
天津三环纺织印染集团公司
天津华欣毛纺织厂
天津纺织品联合进出口公司
天津市宇华制衣实业公司
石家庄旅游装饰集团公司
石家庄新华服装厂
石家庄常山纺织集团公司
石家庄星球服装鞋帽联合集团公司
邯郸利华纺织集团公司
保定化纤厂
唐山针织总厂
河北宁晋县纺织印染厂
河北高阳纺织印染总厂
河北辛集服装厂
河北定兴县丽华制帽厂
山西针织厂
山西纺织印染厂
内蒙古第二毛纺织厂
内蒙古第三毛纺织厂
内蒙古伊克昭盟羊绒衫厂
包头纺织总厂
内蒙古赤峰针织厂
内蒙古扎兰屯市寒宝服装集团公司
辽宁省纺织品联合进出口公司
辽宁锦州纺织厂
辽宁丹东化纤工业联合公司
辽宁丹东丝绸集团公司
辽宁鞍山化纤毛纺织总厂
辽宁崇业毛纺集团公司
辽宁鞍山印染厂
辽宁熊岳印染厂
辽宁营口针织二厂
辽宁阜新毛纺织厂
辽宁海城丝绸厂
沈阳东毛实业有限公司
沈阳第一毛纺织厂
沈阳第二毛纺织厂
沈阳第二印染厂
沈阳服装集团公司
大连服装工业集团公司
大连纺织品联合进出口公司
大连纺织厂
大连环球纺织集团公司

大连针织厂
大连大扬服装集团公司
大连麻纺织厂
大连印染厂
大连运动衣厂
吉林开山屯化学纤维浆厂
吉林化纤厂
吉林辽源市海谊服装工业公司
吉林洮南毛纺织厂
吉林白城纺织厂
吉林白城市服装工业集团公司
吉林通化市人造毛皮联合公司
吉林四平市印染厂
吉林龙井市亚麻纺织厂
长春市纺织厂
长春市印染厂
长春市绒织厂
黑龙江毛纺织厂
黑龙江富拉尔基纺织印染厂
大庆市三环企业总公司
牡丹江毛毯厂
牡丹江市纺织厂
牡丹江市床单色织厂
黑龙江涤纶厂
黑龙江肇东毛纺织厂
哈尔滨亚麻公司
上海第一丝绸印染厂
上海第七印绸厂
上海康达纺织联合公司
上海华申纺织印染集团公司
上海申达纺织服装集团公司
上海第二纺织机械厂
上海新联纺织品进出口公司
上海第二毛纺织厂
上海手帕进出口公司
上海针织集团公司
上海针织内衣集团公司
苏州针织总厂
苏州振亚丝织厂
苏州第二纺织机械厂
苏州苏纶纺织品联合公司
苏州振华毛纺织厂
江苏苏州印染厂
江苏苏州丽华丝绸印染总厂
江苏苏州染织二厂
江苏苏州服装一厂
江苏常州蝶球纺织印染集团公司
江苏常州东方印染厂
江苏常州灯芯绒总厂
江苏常州服装集团公司
江苏常州毛纺织厂
江苏常州第二色织厂
江苏武进华喜毛纺织总公司
无锡协新毛纺织厂
无锡针织总厂
无锡震球呢绒服装厂
无锡第一色织厂
无锡市印染厂
无锡丝绸印染总厂
无锡三利纺织集团公司漂染厂
无锡第一棉纺织厂
无锡第三棉纺织厂
无锡光明内衣厂
江苏盐城针织内衣厂
江苏清江印染厂
江苏南通印染厂
江苏南通扎染厂
江苏南通绣衣时装集团公司
江苏南通通盟色织集团公司
江苏南通针织厂
江苏南通第二棉纺织厂
江苏南通第二色织厂
江苏南通八一印染厂
南通第二纺织机械厂
江苏仪征市服装厂
国营江阴印染厂
江苏常熟被单厂
江苏常熟印染总厂
江苏常熟服装一厂
扬州友谊服装总厂
扬州印染厂
扬州毛纺厂
国营靖江布厂
扬州红星针织总厂
江苏扬州大华巾被集团公司
江苏如皋毛巾厂
江苏吴江新生丝织总厂
江苏吴江新联丝织厂
江苏吴江新华丝织厂
江苏吴江新民丝织厂
江苏吴江丝绸印花厂
江苏张家港市沙洲纺织印染公司

江苏张家港市毛纺织染总厂
江苏高邮市服装厂
江苏镇江市友谊服装厂
江苏连云港市服装厂
江苏太仓服装厂
南京毛麻纺织企业集团
南京服装集团公司
杭州兔毛纺织品集团公司
杭州通达纺织印染联合公司
杭州丝绸印染厂
杭州丝绸印染联合厂
杭州丝绸练染厂
杭州东风丝绸印染厂
杭州第二丝绸服装总厂
杭州丝绸进出口公司
杭州天成丝织厂
杭州都锦生丝织厂
杭州青春服装厂
杭州化纤集团公司
杭州富强服装厂
杭州色织染整总厂
浙江麻纺织厂
浙江省纺织工业集团公司
浙江嘉兴制丝针织联合厂
浙江嘉兴南湖色织厂
浙江嘉兴丝绸进出口公司
浙江嘉兴毛纺织总厂
浙江嘉兴第二毛纺织厂
浙江台州绣衣厂
浙江湖州毛纺织集团公司
浙江湖州针织厂
浙江湖州印染厂
浙江湖州丝绸印染厂
浙江绍兴毛麻纺织总厂
浙江绍兴平绒总厂
浙江金华印染厂
浙江东阳针织一厂
浙江绍兴新建染织厂
浙江嵊县棉麻纺织印染总厂
浙江舟山纺织厂
宁丰纺织印染联合公司
宁波纺织品联合进出口公司
宁波床单厂
宁波服装联合进出口公司
宁波线带集团公司
宁波余姚化纤棉纺织总厂

宁波针织厂
宁波第二针织厂
安徽丝绸厂
安徽安庆纺织厂
安徽芜湖天河羽绒制品公司
福建福联纺织股份有限公司
福建榕华纺织印染工贸集团公司
福州纺织企业联合进出口公司
福建华盛针织工贸集团公司
厦门纺织工业总公司
厦门福联纺织股份有限公司
沪东纺联合公司厦门分公司
厦门华达纺织企业联合公司
江西棉纺织印染总厂
江西针织总厂
江西九江第三棉纺织厂
南昌手帕厂
南昌针织厂
山东潍坊第二印染厂
山东潍坊化学纤维厂
山东淄博毛巾厂
山东淄博织染厂
山东济宁毛纺织厂
济南针织厂
济南毛巾总厂
烟台第一染织厂
烟台宽幅布厂
青岛衬衫厂
青岛针织一厂
青岛纺织品联合进出口公司
青岛西装厂
青岛市印染厂
青岛市第二印染厂
青岛市毛巾厂
河南平顶山锦纶帘子布厂
河南嵩岳纺织工业集团公司
河南新乡印染厂
河南洛阳棉纺织厂
郑州第二棉纺织厂
河南新乡化纤厂
河南第二印染厂
河南平顶山棉纺织厂
河南新乡针织厂
郑州服装总厂
河南安阳内衣厂
河南光山县绒毛制品加工厂

湖北蒲圻纺织总厂
湖北襄樊市棉纺织印染厂
湖北襄樊印染厂
湖北沙市印染厂
湖北黄石市棉纺织印染厂
武汉羽绒服装厂
湖南华升苎麻纺织企业集团公司
湖南丝绸进出口公司
湖南湘潭纺织印染厂
湖南长沙市毛巾集团公司
广东省纺织工贸进出口公司
广东佛山纺织工业公司
广东佛山服装企业集团公司
广东新会县纺织服装工贸集团公司
广东鹤山毛纺织总厂
韶关市纺织工业公司
佛山市丝绸进出口联合公司
广东佛山公记隆丝织厂
广东新会美达锦纶集团公司
广东潮州市城西服装厂
广州绢麻纺织厂
广州纺织工业联合进出口公司
广州服装工业公司
四川南充嘉陵府绸集团公司
成都九星纺织集团公司
重庆苎麻纺织总厂
广西南宁绢麻纺织印染厂
贵州凯里棉纺织厂
贵阳市棉纺织厂
贵州都匀毛麻纺织印染总厂
西北国棉一厂
西北国棉二厂
西北国棉三厂
西北国棉四厂
西北国棉五厂
西北国棉七厂
陕西第八棉纺织厂
陕西第十棉纺织厂
西北第一印染厂
陕西第一毛纺织厂
陕西渭南针织厂
西安黄河棉织厂
陕西第一针织厂
兰州第三毛纺织厂
兰州第一毛纺织厂
新疆纺织工业集团公司
新疆石河子八一毛纺织厂
新疆石河子八一棉纺织厂
新疆湖光纺织针织厂
乌鲁木齐服装鞋帽工贸公司

附

上海浦东开发区批准外贸经营权的纺织企业名单

上海棉纺织印染联合公司
上海毛麻纺织联合公司
上海丝绸公司
上海毛巾被单公司
上海化纤公司
上海纺织装饰（集团）公司
上海线带公司
上海八达纺织印染服装公司
上海纺织机械（集团）联合公司
上海纺织设备器材工业联合公司
上海友谊羊毛衫厂

部 分 纺 织 企 业 介 绍

山 西 涤 纶 厂

山西涤纶厂是中型化学纤维企业，全厂有职工1171人，1992年实现总产值16024万元，销售收入13476万元，利税总额达2119万元。

该厂注意及时捕捉市场信息，摸清市场变化趋势，与全国40多个同类型企业互通价格信息，经常组织力量调研市场，走访用户，了解需求状况，为生产提供依据。如根据市场调研，及时组织生产68D牵伸有光三叶丝，投放市场大受欢迎，始终保持高价销售。坚持销售围绕市场转，生产围绕销售转的原则，努力增加产品品种，实行多品种小批量生产。如按照用户的要求，开发生产72孔涤纶低弹丝和36孔涤纶牵伸丝，率先打入市场，赢得主动权。注意狠抓质量，加强质量责任制和质量否决权的贯彻执行，深入开展质量攻关活动。注意采用灵活经营方式，及时调整产品价格，促进销售，并做好售后服务工作。

在原料成本上升、产品售价下跌情况下，该厂以降低成本为重点，加强企业管理。狠抓节能降耗，全年在降低切片消耗、节约水电方面，节约194万元。注意调查分析信息，及时组织购进大批量质优价低的原材料，一年中仅此一项就节约860万元。加强成本管理，使全厂成本始终处于受控状态。1992年单位产品成本每吨比上年同期降低142.97元，有效地提高了经济效益。

山西涤纶厂是省改革试点企业，1992年以贯彻《条例》为重点，有领导、有计划、有步骤地开展三项制度改革，先后完成了干部聘用制、动态优化组合、职工养老保险等工作。

厂常委发挥政治核心作用，紧紧围绕生产经营这个中心，开展思想政治工作，加强精神文明建设，有效地调动了职工的积极性。

山 西 维 尼 纶 厂

山西维尼纶厂是山西省最大的化纤化工联合企业，现有职工3200人，固定资产1.4亿元。1992年实现产值13242万元，实现利润757.1万元，税金1606万元，利税总额达到2363万元。

该厂积极进行三项制度改革，成立了三项制度领导机构，具体制定了三项制度改革实施方案，并经省政府批准实行。在厂内坚持实行了向生产一线和苦、脏、累、差岗位倾斜的分配政策，拉开了收入档次，稳定了一线职工队伍，对厂现行机构进行了精简和调整，完成了定员定编方案，进行了岗位归并和部分岗位测评工作，为实行岗位技能工资，进行合理劳动组合打下了基础。与此同时，该厂主动适应市场经济的需要，在济南、北京创办了经销部销售产品，减少中间环节，在连云港市兴办了维罗工贸公司，与港商合资建乳胶厂，在内蒙古创立了额尔古纳右旗晋维贸易公司，开展对俄边境贸易。由于全方位改革，多元化经营，使企业在激烈的竞争中立于不败之地。

该厂坚持不断进行技改开发、努力调整产品结构的战略方针，以小滚大，不等不靠，自我建设，自我发展。1992年兴建了年产2000吨醋酸生产装置，缓和了几年来醋酸供应紧张状况，也使厂主要产品PVA17-99、17-88的生产成本有所降低。为了调整产品结构，寻求增产VAC的途径，该厂与清华大学化工系联合进行技术攻关，对合成反应器进行技术改造。经过20个月的努力，终于使这项应用性技术成果获得巨大效益，同时为继续开发PVA系列产品和乳胶系列产品提供了充足的原料，为企业经济效益持续增长奠定了坚实的基础。

内蒙古第二毛纺织总厂

内蒙古第二毛纺织总厂是全国大型精梳毛纺织企业之一，拥有15000锭精梳毛纺织染全套设备，有18个产品先后被评为部优、区优、行优，金羊牌啥味呢获国家银质奖，产品出口到二十多个国家和地区。

该厂1982年投资2200万元人民币（其中497万美元），率先引进4800锭具有世界先进水平的毛纺织染整成套设备和先进技术，该工程由于进度快、质量好、效益高，荣获国家“引进技术改造现有企业全优奖”。1987年自筹资金3300万元人民币（其中461万美元），用2年多的时间，在全国先期对老万锭车间进行了技术改造，使基本生产条件发生了根本性的变化。这两项工程的完成不仅使该厂生产能力扩大了60%，而且使设备水平赶上了80年代国内先进水平，大大提高了企业的适应能力和竞争能力，使产品能够迅速更新换代，不断向高档化发展，高技术难度产品逐年增加。

该厂在企业内部进行了以转换经营机制为主的全方位配套改革，通过“四定”（定岗、定责、定薪、定人）方法，改革了人事、用工和分配制度，形成了岗位靠竞争，待遇靠贡献，干部能上能下，工人能进能出，收入能高能低的机制。

同时改革了营销策略，把生产技术部门同营销部门合为一体，成立了生产营销公司，使生产和销售成为一体，生产直接进入市场。

宁 波 线 带 集 团 公 司

宁波线带集团公司是资产经营一体化的企业集团，实行总经理负责制，并享有外贸自营进出口权，属国家大二型企业。

公司有职工2500名，下设棉纺、制线、织带、针织、纺器五家专业厂，拥有棉纺锭4万枚，捻线锭10720枚，固定资产为5067万元，企业已配置了具有80年代国际先进水平的德国“福尔克曼”倍捻机、“哈科巴”全自动绕线机、意大利“发达时”全自动摇纱机、“麦克泰尔式”丝光机、“倍利尼”箱式染色机、“立新”筒子染色机、“立特”纱线烧毛机、法国“ICBT”长丝倍捻机。

1992年公司实现工业总产值11744万元，产品销售收入9511.46万元，实现利润852.88万元，税金182.5万元，全员劳动生产率77307元/人年，出口创汇640万元。主要产品涤纶缝纫线和人造丝绣花线，年产量分别在3000吨和300吨以上，产品销往美国、中东等国家和地区。

宁波线带集团公司能在纺织行业普遍不景气的情况下，保持稳定发展趋势，主要是通过以市场为导向，内引外联，不停顿地调整组织机构，形成新的生产力。实现经营机制的转换，在充分发挥规模经济整体优势的基础上，达到提高经济效益目的。

青岛国棉六厂

青岛国棉六厂1992年完成总产值20263万元，实现销售收入17281万元，产销率达103.77%，实现利税1826万元，其中利润1197万元；完成出口交货值12006万元，创汇2285万美元。

该厂以市场需求为导向，坚持以销定产，从接单、试制、投产、调度、销售各环节环环相扣，确保每一次调整品种达到翻改一次成功、管理一次到位、质量一次达标。在产品开发方面，坚持三新（品种新、功能新、技术新）；四高（高技术含量、高质量、高附加值、高竞争力）；五多（多种原料结构、多种设计风格、多种产品功能、多和应用领域、多种门类）方向发展，基本上形成了棉纱从高支到低支多系列，普梳、精梳多档次，上腊、定长、空气捻结、电子清纱多功能，棉布从窄到宽幅多规格，纯棉、化纤、混纺多门类的品种格局。

加快技术改造步伐，增强企业发展后劲。全厂上下破除满足于"以国产设备生产出口产品"的思想，确定引进关键设备、改造国产设备关键部件和消化移植先进技术的技改方针，引进11台日产自动络筒机，实现当年立项、申报、考察选型、引进安装，当年投产受益。

加大营销力度，牢牢抓住市场，促进产销良性循环。组建强有力的营销队伍，在巩固大用户的基础上，在华东、华南等地增设"窗口"，扩大产品的市场覆盖面，并完善企业营销机制，落实大包干承包责任制，实行灵活的经营策略，加强产品的售后服务，从而确保产销基本平衡。

青岛衬衫厂

青岛衬衫厂是1988年经国家批准成为第一批有自营进出口权的企业，现有职工1200人．生产各类服装设备900多台套，年产标准衬衫480多万件，，年产值4000多万元，利润570多万元，1992年自营出口创汇602万美元，收汇470万美元，创利润450万元。

该厂认真贯彻国务院关于进一步改革完善外贸体制的精神和经贸部实施市场多元化战略要求，在巩固日本、美国、香港等老客户的基础上，又发展了台湾、韩国、新加坡、澳门等国家和地区的九个新客户，成交非配额创汇额达200多万美元。在发展新客户的工作中，坚持以诚恳的态度，严谨的工作作风，耐心细致地对待每一位客户，以求得与新客户建立长期合作的关系。同时采取积极主动的态度，利用一切机会，想方设法动员客户多做非配额贸易。通过与客户真诚相待，促进了双方的了解，使许多客户能在非配额品种上多落单，现在成交的非配额总值已占总成交额的70%。

该厂以热情的服务、精湛的做工、薄利多销为宗旨，广泛联系客户，主动提供样品，对第一次合作的客户均给予优惠的价格，以建立长期的合作关系。

抓质量、上档次。首先抓住面料质量关，建立了一整套质量保证体系和措施，与岗位经济责任制紧密挂钩。为了企业发展的长远目标狠挖内部潜力，真正以国际市场为导向，努力开发适应国际市场需要的花色品种，注重提高产品的质量和档次，使自己的产品过得硬、信得过、走得出。

烟台宽幅布厂

烟台宽幅布厂现有职工1700人，拥有国产、进口2.5～3.2米幅宽印染机468台，一条国产2.8米和一条进口3.2米幅宽印染生产线，固定资产总值4140万元，年织造能力1000万米，印染布加工能力1600万米。1992年完成工业总产值7420万元，实现销售收入7931万元，其中外贸出口收购值5311万元，上缴税金422万元，实现利润614万元。

为适应国际市场幅宽、质优、色全的需要，厂里投资2500万元，进行两次大的技术改造和设备更新，引进了48台具有国际先进水平的3.2米宽幅剑杆织机，一条特宽印染生产线和两台平网印花机，使企业的技术装备水平、生产能力、花色品种、产品质量均跻身于全国同类厂家的前列。先后开发出高支、高密、印花特宽幅布品种15个，为参与国际竞争，扩大出口创汇打下了基础。为开拓欧、美、日市场，又投资3700多万元，引进具有国际先进水平的丝光机、涂层拉幅定型机，连续轧染机、圆网印花机和多功能轧光机。目前，产品70%以上出口。

该厂对企业的管理制度、运行程序、激励机制等进行了全面的改革和完善。建立了专兼职结合的市场调研、分析和营销队伍。坚持每季度进行一次市场调研，先后在深圳、哈尔滨设点，常年派驻联络员，及时反馈市场动态，发挥南北两个"窗口"信息灵、传播快的优势，引导企业生产适销对路产品；派员到国外考察，摸清国际市场行情；积极参加各类交易会，广泛与外商接触洽谈；与16个外销口岸建立了固定的供货关系。

潍坊第二印染厂

潍坊第二印染厂是一个大型骨干印染企业，年产能力1亿米。1992年完成外贸交货量4802万米，出口交货值1.82亿元，出口创汇3000万美元，创历史最好水平。自正式承担出口创汇任务以来，自营出口262万米、创汇148万美元，占同期出口创汇的14%。目前，该厂产品已远销40多个国家和地区，外销比例已达70%以上。

该厂已建立起以进出口部为龙头、计划为中心、质量为重点、设备为基础的经营一条龙，完善各种基础管理制度，严格按"四定"（机台、人员、工艺、原料）、"四优先"（计划按排、资金落实、坯布供应、染化料保证）安排生产，确保了外贸生产的顺利进行和产品质量的不断提高。

该厂成立了经营、技术、设计人员三结合的产品开发工作班子，编制了从调研、设计到试制、鉴定、投产的一整套开发体系。先后开发了高支高密防羽绒什色布、涂层轧光防雨什色布等十几个新品种。去年，该厂生产的外销花色品种达1500多个，基本上满足了市场需求。

在自营出口工作中，该厂始终把对外履约和搞好服务作为赢得企业信誉的重要措施和手段，不断完善供产销全过程的质量控制，一方面加强同坯布厂家的联系，对坯布质量实行预先控制；另一方面，进一步完善售后服务机制，认真听取用户对产品质量的反映，及时处理用户查询，保证了产品质量的稳定提高。全年报验的385批出口产品，经商检部门检验全部合格，得到了外商的一致好评。1992年被评为全国"质量效益型先进企业"。

山东滨州印染厂

滨州印染厂现有职工1032人，固定资产4500万元，具有漂、染、印、整功能的四条生产线，年产印染布5500万米，年产值近2亿元，全员劳动生产率176149元/人·年，1989～1992年四年间实现利税3248万元，积累资金1000万元。

该厂1988年将传统的按工序切段划分的工艺车间调整为按产品一条龙生产划分的产品车间，推行了"万米产量质量计件承包工资"，同时把设备维修人员分配到生产车间，把外部影响生产的多种因素全部交由车间承担，从而形成车间内部完整的利益共同体，保证了生产的均衡满负荷运转，月产量由150万米猛增至350万米，混合一等品入库率由78%上升到90%。

1991年8月，该厂又实行了"分厂制"，以二级核算方式建立数个相对独立的经济核算单位，做到责权利一致，产供销人财物一体，把生产车间直接推向市场。与分厂制配套，还推行了厂长领导下的"三总师"体制，发挥总师职能的"思想库"、"智囊团"的作用。同时，对职能机构进行了精减，科室人员精减30%。

加快技改步伐，促进企业发展。投资4000多万元，完成29项技改项目，其中冷轧堆、磨毛机、接触式气体烧毛机、电子测色配色及西德产二辊多功能轧光机、意大利柔软整理机，美国小批量热熔染色机、特宽幅卷染机等，对增强企业新产品的开发能力，提高产品质量和档次，发挥了重要作用。

云南维尼纶厂

云南维尼纶厂是云南省纺织行业第一利税大户。全厂有职工2692人，1992年实现产品销售收入8762万元，实现利税1182万元。

云南维尼纶厂经济效益大幅度提高，主要是抓了技术改造。原来的4台35吨锅炉，由于长期运转不正常，供气不足，浪费严重，污染环境，影响了生产的正常进行和产品质量的提高，在很大程度上制约着企业的经济效益和社会效益。1992年，该厂抓住这个关键问题，下决心投入了近900万元的资金彻底进行改造。这一改造项目的圆满完成，使锅炉用煤得到了充分利用，消除了烟尘污染，净化了空气，为职工的生产生活创造了一个良好的环境。同时有效地提高了锅炉的供气能力，保证了生产需要，稳定了八千瓦余热发电机组的正常运行，促进了生产的发展和经济效益的提高。

与此同时，该厂还花了40万元对全厂的水循环系统进行了改造，减少了用水量，降低了生产成本。

该厂1992年对分配制度进行了改革，把经济效益同职工的工资奖励直接挂起钩来，改变了长期存在的劳酬不分的平均主义分配办法，有效地激发了职工的积极性。

成 果 篇

Outcomes

荣获国家科技进步奖的纺织科技成果

授奖部门：国家科学技术进步奖评审委员会

（1992 年）

（一） 二等奖（3 项）

编号	项 目 名 称	主 要 完 成 单 位
2-01	D301A 型自动缫丝机	杭州纺织机械厂 杭州丝绸印染联合厂 杭州新华丝厂 浙江丝绸工学院 浙江丝绸科学研究院
2-02	超低甲醛 DP 功能整理	中国纺织大学
2-03	厌氧一好氧一生物炭流程处理印染废水	纺织工业部设计院 北京第二印染厂

（二） 三等奖（9 项）

编号	项 目 名 称	主 要 完 成 单 位
3-01	FA611 型气流纺纱机	国营经纬纺织机械厂
3-02	LMH085 低张力绳状	陕西第一纺织机械厂

续

编号	项 目 名 称	主 要 完 成 单 位
	练漂联合机	航空航天部 618 研究所 西北第一印染厂 石家庄第四印染厂
3-03	能源微机监测管理系统	石家庄第二棉纺织厂
3-04	GA471 型全自动接经机	青岛第二纺织机械厂
3-05	高吸水涤纶	中国纺织大学
3-06	亚麻织物染整工艺及设备	哈尔滨亚麻纺织厂
3-07	SMU005-100 型管燃煤热风炉	杨州印染厂 江都热风炉制造厂
3-08	半精梳呢绒系列产品	威海市第三毛纺织厂
3-09	圆网印花制网设备	山东省青州纺织机械厂

纺织工业部科技进步奖获奖项目

授奖部门：纺织工业部

(1992 年)

(一) 二等奖 (7 项)

编号	项 目 名 称	主要完成单位
2-1	纺牵一步法纺丝技术及设备部分国产化	大边合成纤维研究所 张家港中港纺织集团公司
2-2	化学纤维新品种—超细纤维	江苏省纺织研究所 纺织工业部研究院 营口化纤厂
2-3	真丝绸“洗可穿”系列产品的研究与开发	华丝企业股份有限公司 浙江丝绸研究院
2-4	LMA331-180、200 型气流式圆网印花联合机	国营黄石纺织机械厂
2-5	转移法涂层技术和产品开发	纺织工业部纺织科学研究院 昆山纺机厂 鹤山化工制布厂 纺织工业部标准化研究所
2-6	微机质量管理信息系统	石家庄第一棉纺织厂
2-7	吊挂传输式服装生产系统	中国纺织大学 解放军 5720、3506 工厂

(二) 三等奖 (31 项)

编号	项 目 名 称	主要完成单位
3-1	中空粘胶纤维(中试)	广西化学纤维研究所 江西化学纤维厂
3-2	SL—240 涤纶弹力丝后加工油剂	天津纺织工学院
3-3	精密聚酯切片机研制推广	山东省纺织科学研究所
3-4	化纤工艺路线研究	上海市合成纤维研究所 中国纺织大学 纺织工业部研究院化纤所 江苏省纺织研究所
3-5	锦纶单丝纺丝技术及产品开发	无锡华燕化纤有限公司 江苏省纺织研究所
3-6	LKP703 型丙纶扁丝联合机	纺织工业部纺织科学研究院机械厂
3-7	EGS 部分直接回用技术	佛山聚酯切片厂
3-8	提高新型织机综合效益及对前织工序要求的研究	石家庄市纺织工业局
3-9	SGT4301 型毛巾织机布动起毛装置	上海市纺织装饰用品科技研究所
3-10	滤尘系统火警探测器(火苗报警品)	无锡市第一棉纺织厂
3-11	新型分条整经机消化吸收国产化	纺织工业部纺织科学研究院 宁波市镇海纺织机械厂
3-12	涤纶空变丝仿精纺呢绒	盐城化纤厂 南京棉织厂 扬州布厂 常州针织总厂 盐城纺织厂
3-13	大麻纺纱织造和染整系统工艺技术	泰安大麻纺织科学研究所

续

编号	项 目 名 称	主 要 完 成 单 位
3-14	CGE288-6/2 型双针床贾卡经编机	绍兴县经编机械总厂
3-15	针织新面料时装设计加工新工艺技术	上海市针织科学技术研究所 中国纺织大学
3-16	GE041 型台车	国营广州针织机械厂 广州第四针织厂 广州利工民针织厂
3-17	ZD203 不锈钢煮茧机研究与开发	浙江丝绸科学研究院
3-18	衬纬经编粘合衬系列品种开发与胶料国产化研制应用	辽宁省朝阳衬布总厂
3-19	高速高效平幅练漂机及生产工艺	沈阳印染机械厂 山东纺织工学院 汨罗纺织印染厂
3-20	SME242(Ⅳ)型常温常压喷溢染色机	江苏省射阳纺织机械总厂 南通市纺织科学研究所
3-21	小批量连续轧染机的研制及生产试验	江苏省纺织机械器材工业公司 南通印染机械厂 江都纺织机械厂 常熟印染厂
3-22	MDC/FDC 型光电整纬装置	国营太仓纺织仪器厂
3-23	磺化过程计算机控制系统	浙江大学 余姚第一化学厂
3-24	国产软件计算机测色配色系统应用技术研究	大连印染厂
3-25	高透明、多功能单片机开发系统	天津纺织工学院计算中心
3-26	FJ59—60—87、FJ62—67—87 纺织机械产品图样及设计文件	纺织工业部纺织机械研究所
3-27	西裤结构与工艺研究	大连市服装研究所
3-28	服装流行趋势研究	中国服装研究设计中心 北京服装学院
3-29	编制《纺织汉语叙词表》研究	纺织工业部科技情报所
3-30	化纤拉断机专用胶辊	山东淄博纺织器材二厂
3-31	70 立方米/小时自动化砂处理系统及 DISA—FORMA 铸造生产线配套项目	国营咸阳纺织机械厂

（三） 四等奖（40 项）

编号	项 目 名 称	主要完成单位
4-1	抗静电丙纶短纤维	山东省合成纤维研究所 山东省莱芜市丙纶厂
4-2	涤纶牵伸整经丝	吉林省辽源市化纤厂
4-3	FA201 型梳棉机间歇吸尘系统	青岛纺织机械厂 西北第四棉纺厂
4-4	精纺纯化纤呢绒高效短流程工艺与设备研究	上海市毛麻纺织科学技术研究所 天津新港毛纺织厂 天津毛纺织研究所 天津纺织工学院 西北纺织工学院
4-5	涤纶仿毛精、粗纺呢绒	苏州化学纤维厂 常州毛纺厂 苏州第四毛纺厂 常熟第三色织厂 无锡第一毛纺厂
4-6	提高山羊绒分梳提取率的研究	西北纺织工学院 榆林地区羊绒分流厂
4-7	毛条连续防缩工艺及绒线、针织绒系列产品	上海华丰毛纺厂
4-8	毛纱防缩研制和生产	上海第十七毛纺厂
4-9	羊绒毯	内蒙古第四毛纺织厂
4-10	274 纯毛中粗防蛀绒线	甘肃绒线厂
4-11	特殊整理羊毛衫(防缩防蛀羊毛衫)系列产品	上海第一羊毛衫厂
4-12	GE015 型罗纹机研制开发	浙江省绍兴柯桥轻纺机械厂

续

编号	项 目 名 称	主要完成单位
4-13	针织仿真丝产品	上海印染针织厂
4-14	GE701—800×6 型钩编机	浙江东阳针织机械厂 纺织部工业纺织机械研究所
4-15	GD102 型无捻并丝机	杭州纺织机械制造厂
4-16	煮茧前真空触蒸前处理新工艺及新设备研制	浙江丝绸工学院 浙江制丝二厂 杭州振华丝绸机械厂
4-17	GD012 型簧子络丝机	湖州纺织机械厂
4-18	真丝消光砂洗绸	上海第一丝绸印染厂
4-19	FD202 型筛茧机	湖州纺织机械厂
4-20	涤纶织物的阻燃整理	中国纺织大学
4-21	高效精练助剂 WZ—1 的研制和应用	中国纺织大学染整教研室
4-22	小批量练染工艺与设备	纺织工业部印染行业技术开发中心 南通纺织工学院 昆山印染厂 上海纺织工业职工大学印染分校 上海第二印染厂 北京纺织科学研究所
4-23	纺织印染行业水污染物总量控制技术	北京纺织科学研究所
4-24	日本津田驹喷水织机生产线设备电控原理解剖、测绘	浙江省宁波大昌布厂
4-25	上海市纺织局管理信息系统	上海市纺织局 中国船舶工业总公司应用软件开发中心
4-26	JXQ 型静电消除器推广应用	中国纺织大学化纤研究所

续

编号	项 目 名 称	主要完成单位
4-27	GB11047—89《织物勾丝试验方法》	纺织工业部标准化研究所
4-28	新型服装里料的开发	纺织工业部纺织服装技术开发中心 宁波大昌布厂 绍兴市新建染织厂
4-29	纺织工业科技进步与纺织品价格	天津纺织工学院管理系
4-30	积极采用国际标准建立具有中国特色的纺织标准化体系的研究	纺织工业部研究院标准所
4-31	“棉型粗纱机水平评价方法”软科学课题研究	无锡纺织机械研究所
4-32	擦光钢领磨损机理研究	上海市纺织科学研究院 上海纺织机件一厂
4-33	碳、氮、稀土共渗—室温电解渗硫 PG 型棉纺钢领	山东省夏津纺织专件厂 山东工业大学
4-34	化纤吊具带系列	上海第三织带厂
4-35	DML96 铝合金综框	上海纺织综架厂
4-36	用滚动轴承支承的纸管型络纱锭子	上海第十棉纺织厂 浙江黄岩市纱管二厂
4-37	TP500 剑杆刺轴	上海纺织刺轴厂
4-38	XQW 梳毛机搓皮板	青岛纺织橡胶器材厂
4-39	QFF—Z 植针式分梳辊	江苏纺织器材研究所
4-40	中国首次二百余万纺织职工结核病流行现状及防治对策研究报告	全国纺织系统结核病防治研究协作组

荣获国家发明奖的纺织科技项目

授奖部门：国家科委

（1992 年）

等级	项 目 名 称	主要完成单位
3	织机惯性力机械定位开关车装置	石家庄第二棉纺织厂
3	桑蚕丝与棉、麻复合丝工艺及设备研制	苏州丝绸工学院

续

等级	项 目 名 称	主要完成单位
4	棉短绒二次提取工艺及设备	山东省诸城市棉油加工厂
4	大麻纤维梳理纺纱系统工艺	泰安大麻纺织科学研究所
4	四方连续螺旋循环法	

纺织工业部科技进步奖部分获奖项目内容简介

2－1 纺牵一步法纺丝技术及设备部分国产化 该项成果是采用连续切片干燥，连续纺丝牵伸一步法技术，除引进牵伸卷绕机外，切片干燥、纺丝均为国产设备，国产化率达 70%，并开发了全套软件技术，其技术水平已达到或超过同类引进设备水平。

2－2 化学纤维新品种—超细纤维 涤/棉复合分离法超细纤维的研究，是软件和硬件紧密结合研制的裂片型超细纤维，喷丝板结构合理，具有国内领先水平，其纤维分掰纤度达 0.2D 左右，质量水平接近或达到 80 年代国际水平。超细纤维附加价值高，很受用户欢迎。

2－3 真丝绸“洗可穿”系列产品的研究与开发 该项目是针对真丝绸存在的易皱、缩水率大等质量问题而进行长期研究所取得的成果。用国产整理剂，改进整理工艺，并研究相应的染色、印花工艺，在提高染色牢度的固色工艺上有创新。真丝绸抗皱性能提高，缩水率降低到 3%以下。该项目还研究了砂洗工艺。经过整理的真丝绸产品，其洗可穿质量达 4～5 级，每米增值 4.37 港元，效益显著。

2－4 LMA331—180、200 型气流式圆网印花联合机 该项目系与荷兰 SYORK 公司技术合作项目，并逐步提高自制率，达到了基本国产化并已批量生产。国产化率达 93%，产品的技术指标和制造水平已达到 80 年代中期荷兰 STORK 公司 RD—AF 型圆网印花机水平。具有外型美观、运转平稳、调速范围广及烘干效率高等特点，可提高印花织物档次及市场竞争能力，可替代进口。经济效益显著。

2－5 转移法涂层技术和产品开发 该项目全部采用自行研制的涂层剂及配套助剂，开发了即剥离型工艺，简化了工序，并使用国产设备和国产涂层剂开发出釉光服装等三类产品，为国内首创，性能达到国际同类产品水平。在消化吸收引进设备的基础上，研制出由 9 个单元机型组成全部国产化、防爆型多功能转移涂层联合机，性能达到 80 年代引进意大利同类涂层设备的先进水平。

2－6 微机质量管理信息系统 该系统运用 10 台微机，对 13 个部门的 17 道工序 51 个工种和 32 个品种的质量特性值和质量指标进行采集和处理。系统有 627 个程序模块，管理的质量数据 193 个，输入质量信息凭证 127 种，63 个质量指标考核落实到班组、个人。系统还具有质量分析预测和工序质量报警等监控信息，使质量分析从定性转向定量。应用该系统全厂质量数据的统计工作全部实现了计算机化，实行单轨运行，取消了人工统计和台帐，加速了信息传递和反馈。还可自动形成各种报表，容易及早发现关键质量问题。

2—7 **吊挂传输式服装生产系统** 该项目是在引进消化进口设备的基础上，结合国情研制的国产化服装生产吊挂传输系统，该系统总体性能达到瑞典GTON2001型水平，国产化率达100%，价格仅为进口设备的1/3，设计合理，结构紧凑，电器控制安全可靠，安装调整方便，可根据工艺要求随意组合。采用该系统可节省辅助时间，且提高产量25～30%，生产周期缩短1/2，适合多品种少批量短周期的服装生产。

3—1 **中空粘胶纤维（中试）** 该项目开发的中空粘胶纤维，具有比重轻，吸水性、蓬松性、透气性、染色性好等特点。经试纺，其纯纺或混纺织物的外观丰满、手感柔软、毛感强、服用性能好。该纤维性能明显优于普通纤维，为纺织后加工提供了新原料，填补了国内空白。纤维的结构和性能接近英国考陶尔兹公司生产的同类纤维水平。

3—2 **SL—240涤纶弹力丝后加工油剂** 该项目在吸收和剖析国外同类油剂的基础上，选定了以日本松本公司的TP—800油剂为主攻对象，采用国产原料进行油剂配方的筛选，经反复对比试验，生产出SL—240油剂。其工艺成熟，各项理化指标和应用性能已达到进口同类产品水平。

3—3 **精密聚酯切片机研制推广** 该机是将聚酯颗粒切成厚度均匀（≤0.02毫米）的薄片，以满足物理检验采样要求。本机设计合理，操作方便，加工精度较高。1989年获国家专利，现已推广应用500台左右，经济效益较好，还可出口创汇。

3—4 **化纤工艺路线研究** 该项目提出了近30万字的研究报告，总结了国内多年来生产实践经验和研究成果，汇总了引进技术及消化吸收的经验，并进行了大量的设计研究，是在具有较丰富资料的基础上认真分析、对比而写成的。该报告条理清晰，分析有据，结合国情，观点明确，对科研选题、化纤企业的技术进步和新产品开发有指导意义，为领导部门制订发展规划、技术政策也有参考价值。

3—5 **锦纶单丝纺丝技术及产品开发** 该项目采用多孔牵伸分丝法，选用国外先进设备和国产设备相配套，生产出单丝纤变为22～30分特，单耗1.025吨/吨，合格率为97.56%，一等品率68.3%，产品质量接近国外水平。该单丝用于头布纱、透明丝女袜、金丝绒、外科手术用微血管缝合线、筛网等。采用该工艺路线，降低成本12156元/吨，可替代进口。

3—6 **LKP703型丙纶扁丝联合机** 该项目采用国外80年代发展起来的平膜水冷、热板牵伸定型等新工艺技术，产品质量较老机型有很大提高。该机设计合理，运行稳定，不仅挤压量提高，而且换网周期延长，已推出十条生产线，居国内先进水平。

3—7 **EGS部分直接回用技术** 该成果是在引进德国K·F公司直接酯化生产装置上（年产3万吨）进行了部分技术改造，即对废EG不经蒸馏而直接回用，使低聚物直接转化为产品。此技术部分解决了旧工艺中废EG中低聚物作为残渣处理，因而产生三废污染环境的问题。

3—8 **提高新型织机综合效益及对前织工序要求的研究** 该成果汇集了棉纺织厂引进的新型织机的使用经验和技术资料，并对国外部分研究成果进行了验证和补充，在系统性及理论与实践相结合等方面具有一定的特色，对原纱质量、优化工艺、前织工序及浆一质量、测试方法等提出了明确要求。

3—9 **SGT4301型毛巾织机布动起毛装置** 该装置消化吸收了国外剑杆织机布动起毛原理，在国产1511B毛巾织机上进行了成功的改造，产品具有高毛环、低毛环、高低毛环并存及毛环平齐均匀的特点，同时开发出质量好的中高档巾类产品，部分产品已打入国际市场。

3—10 **滤尘系统火警探测器** HTI—6型红外火警探测器，采用红外探测原理，在滤尘系统中探头探测到隐燃火信号后，能发出声、光报警信号并显示火警位置，同时切断风机电源。电路采用高阶有源滤波网络，增强抗干扰作用，误检误报率小于1‰。该探测器对隐燃火检测灵敏度高，反应快，工作性能可靠，造价低，能满足棉纺厂使用要求。

3—11 **新型分条整经机消化吸收国产化** 该机是在消化吸收德国HACOBA—USB型分条整经机基础上，在电机、刹车及摩擦离合器的材料、计长器精度等方面做了改进，全部零件国产化。该新机比老机车速提高50%，适应无梭织机配套。

3—12 **涤纶空变丝仿精纺呢绒** 该项目采用喷气变形涤纶长丝多重复合加工工艺，自行研制了新型喷嘴，使变形丝有毛纱的某些特性，并利用原丝优化组合空变加弹，网络的多种复合，加工出8个系列20多个ATY、DTY、NSY不同品种的产品，后整理采用抗静电、抗起球处理，仿毛效果好。

3—13 **大麻纺纱织造和染整系统工艺技术** 该成果较系统地研究了大麻的纯纺、混纺的纺纱、织造和染整工艺，并开发了几大类产品（大麻夏布、毛麻涤、麻丝等）。完成了全流程工艺技术，初步实现了工业性生产，为大麻资源的开发利用提供了新的方向。

3—14 **CGE288—6/2型双针床贾卡经编机** 该机是在引进消化吸收日本MAGER公司的HDRJ6/2—NE型双针床贾卡经编机的基础上，结合我国实际情况研制而成的新型经编机。用于生产成形针织品，采用微机控制，经济效益较好，已推广应用。

3—15 **针织新面料时装设计加工新工艺技术** 该项目是从原料到成品一条龙的开发研究，形成了绢丝、麻、仿麂皮等三条工业化生产线，改进了工艺，提高了产品质量，降低了成本，开发出多种针织新产品。

此项技术改进了绢丝针织面料的生产工艺，解决了刚度大、延伸性差、编织性差的技术难关。

3—16 **GE041 型台车** 该机是在消化吸收美国汤姆金公司 DM 型台车的基础上，结合国情自动设计研究的。采用储存式积极送纱，进纱路数较老机增加 40～60%，产量增加 36%。研制了 14 种成圈系统组合，可变换多种形式。采用变频调速系统，起动平稳、制动快、设计合理、结构先进。

3—17 **ZD203 不锈钢煮茧机研究与开发** 该机集中了国内外煮茧机的特点，结合国情设计研制的，替代了原木质或水泥煮茧机。该机设计合理，运转平稳，生产效率比同类机型提高 20%。能耗小，可提高鲜茧解舒率 3%左右，缫折降低 3 公斤，洁净提高 0.5 分，每台耗煤减少 0.6 吨/日。

3—18 **衬纬经编粘合衬系列品种开发与胶料国产化研制应用** 该项目在引进衬纬经编设备基础上，摸索了适合衬布用的组织、结构、编织工艺，开发了新型衬布用坯布，剖析了进口热熔胶原料的组成，使聚酰胺 PA 粉的主原料 PA 粉、分散剂、增稠剂、增塑剂实现了国产化，浆料质量接近原联邦德国 KUFNER 水平。

3—19 **高速高效平幅练漂机及生产工艺** 该项目采用冷轧堆设备工艺与高速高效平幅练漂机相结合，解决了纯棉厚织物的平幅\煮漂质量问题。

3—20 **SME242（Ⅳ）型常温常压喷溢染色机** 该机是在消化台湾亚矶公司 AK—L 型机基础上设计改进的。采用喷射与溢流相结合的染色工艺，单机容量大、浴比小，节能节料，自动化程度高，能满足中簿型棉及混纺织物的煮漂洗染工艺要求，已形成 20 台/年的生产能力。

3—21 **小批量连续轧染机的研制及生产试验** 该机是一种能适应多种染色工艺的小批量连续轧染设备，全机结构紧凑，流程短，适合小批量（1000 米）。换色时间不超过 30 分钟，通用性强，为同类设备的老机改造创造了条件。

3—22 **MDC/FDC 型光电整纬装置** 该装置是引进意大利 BIANCO 公司技术，难变大、软硬件复杂，本装置设计先进、检测精度高，功能多，适用织物的范围广，纬斜校正能力较强，具有自检、自控、自调、故障检测报警等功能。国产化率 90%以上，适用于印染、色织、针织、被单等行业。

3—23 **磺化过程计算机控制系统** 该项目为多级分布式计算机实时控制系统，该系统成功地解决了多台磺化机并行控制和公用设备的分配优化控制，还实现了磺化温度的最佳自动控制，可提高产量和质量，降低消耗，改善劳动条件。一等品率增加 3～4 个百分点，每年增加产量 1110 吨。

3—24 **国产软件计算机测色配色系统应用技术研究** 该成果是采用国产软件和引进分光光度计进行应用技术研究，对基础光学数据进行优化和校正，解决了涤棉混纺织物的测配色以及长期以来因国产染料不稳定而影响计算机配色应用等关键技术问题。

3—25 **高透明、多功能单片机开发系统** 该项目用于 51、96、98 型单片机的开发系统，系统采用动态切换技术不占用户软硬件资源，提供 64K 仿真空间，可实现一次性在线仿真。具有快 EPROM 固化功能，有完善的小键盘及 PC 机多窗口软件，并具有国内其他 96/98 仿真器中所不具备的硬断点设置和条件断点。

3—26 **FJ59—60—87、FJ62—67—87 纺织机械产品图样及设计文件** 该套基础标准对统一纺机技术术语、统一产品图样技术文件、缩短设计周期、提高产品质量均有显著作用，为企业管理、建立和健全技术档案创造了先决条件。

3—27 **西裤结构与工艺研究** 该成果在西裤的款式、造型方面结合我国人体特征和服装生产厂的实际进行了研究，达到外观稳健、洒脱、穿着舒适并符合国际男装流行趋势。该成果系统地确定了男裤关键部位（立裆深度、前后臀宽、大小裆、幅势和起翘）合理的分配关系，工艺上省去了传统的归拨做法，加工简易，提高工效 20%。

3—28 **服装流行趋势研究** 该项目较全面深入地研究了我国服装流行理论，初步建立了包括预测系统、传播系统、协调滚动系统及支持系统等一套适合国情的流行趋势预测方法体系，形成了研究、预测、发布、推广网络，提出了我国流行中的“着装风貌”中心论，可促进引导消费、引导生产的作用。

3—29 **编制《纺织汉语叙词表》研究** 该项目是实现纺织行业汉字信息处理及自动化检索的基础工作，对情报工作的发展有重要作用。该叙词表在大量收集的基础上吸收国内外有关词书、词表的叙词，在结构上进行了合理布局，基本上反映了现代纺织科技发展的状况。该表结构层次清晰科学，可供编写、查阅文献、书籍时参考。

3—30 **化纤拉断机专用胶辊** 腈纶厂进口拉断机所用胶辊一直靠进口，该项目仿造、研制的胶辊，攻克了材料配方、原料选用、工装模具、工艺方法和流程等关键技术，胶辊的主要物理性能指标：硬变、耐热、抗压、粘结性、抗静电等接近进口配料水平。

3—31 **70 立方米/小时自动化砂处理系统及 DISA—FORMA 铸造生产线配套项目** 咸阳纺机厂引进国际 80 年代中期先进造型设备 DISA—FORMA3030 无箱造型机，自行设计制造了主机所需生产线配套设备和自动化砂处理系统，其技术要求高、系统复杂，有相当的难度。该系统采用三点式电子称，控制水分精度达 4%。

1992年竣工验收的纺织大中型项目

陕西第九棉纺织厂锦纶6帘子布工程

项目建设规模为年产4000吨锦纶6浸胶帘子布，主要技术和设备由国外引进。1989年国家计委批准开工，经过两年建设，1990年11月开始审机调试及联动试车，1991年1月31日正式投料试车，10月5日中国和德国双方举行考核验收交接签字仪式，1992年8月8日顺利通过国家竣工验收，正式交付使用。

项目聚合纺丝工艺及设备从德国吉玛公司引进，织布机从德国多尼尔公司引进，浸胶设备从美国利茨莱公司引进，均具有80年代末国际水平。捻线机由宜昌纺机厂配套供应。项目实际竣工面积77520米^2，其中生产用53389米^2。项目概算为35394万元，竣工决算为35054万地，交付使用财产为33969万元。

仪征化纤工业联合公司二期工程

仪化二期工程由国家批准，1985年开工建设。工程项目包括涤纶二厂、三厂、四厂和相应的水、电、汽、气等公用工程及辅助配套工程。设计生产能力为聚酯切片18.9万吨，涤纶短纤维12万吨，中空立体卷曲纤维4000吨，共计年产31.3万吨。装备五套与一期工程同时从德国吉玛公司引进的聚酯装置，八条从国外引进工艺技术软件、由国内制造的纺丝生产线，一套引进的多品种聚酯和涤纶中空纤维生产装置。

仪化二期工程分为两个阶段进行建设。第一阶段以涤纶二厂为主，1985年1月动工，1987年9月开始投料试生产；第二阶段以涤纶三厂为主，1987年7月开始建设，1989年底进入投料试生产。涤纶四厂于1988年7月开工建设，1990年4月投料试车。配套工程同步进行。1990年10月涤纶三厂最后一条聚酯生产线投产成功，标志仪化二期工程的全部主生产装置建成，整个工程比定额工期提前一年两个月。

二期工程总概算为188323万元，全部建成总投资为188233万元，占总概算的99.95%。共完成建筑面积87.35万平方米，安装设备14775台，各类管道828.2千米。试生产期至1991年底，共生产聚酯切片38.15万吨，涤纶短纤39.19万吨，中空纤维4750吨，合计77.82万吨，实现工业总产值73.71亿元，实现利税12.30亿元。涤纶短纤获部优、国家银牌奖，聚酯切片产品保持国优称号，中空立体卷曲纤维产品填补了国内生产的空白。

仪征一、二期工程建成后，已形成年产聚酯53万吨，涤纶短纤24万吨，中空立体卷曲纤维4000吨能力，成为我国最大、世界排名第四的大型现代化企业。1992年11月8日～9日，以吴文英部长为主任的国家验收委员会对仪征二期工程进行验收，顺利获得通过。

通过生产鉴定的纺织机械新产品

（1992年）

1.LKV301—4型切片干燥机 设计制造单位：河南纺织机械厂。本机用于涤纶长丝纺丝前的聚酯切片干燥工序。干燥生产能力400千克/小时，湿切片含湿量≤500ppm，干切片含湿量≤50ppm，干空气露点温度

≤－10℃，预结晶系统空气流量6000牛顿米^3/小时，干燥系统空气流量780牛顿米^3/小时，预结晶系统空气温度170～180℃，干燥系统空气温度170～180℃。切片预结晶时间15～20分，切片干燥时间约4小时。总装机容量250千瓦，风机耗水量0.5吨/小时，空气除湿机耗水量40吨/小时。本机为联合机，主要由预结晶热风循环系统和干燥热风系统两部分组成，具有干切片均匀一致、含水率低、自动化程度高、操作简便等特点，机器的主要性能达到80年代国际同类型产品水平，在国内处于领先地位。

2. FB213型精纺梳毛机 设计制造单位：山东青岛胶南纺织机械厂。机型上行半周式，适用原料范围：羊毛≤200毫米，细度48～70支，含杂5%；化纤原料长度≤200毫米，细度3～20旦。机幅1550毫米，机电控制称重式喂毛计，喂入次数3.1～3.5次/分，产量48～70千克/小时，出条重量15～20克/米，锡林转速163转/分，道夫转速8.142～36.64转/分。除草形式：落杂输送装置4套，莫雷尔装置2套，除尘刀一把，除草刀一把。剥毛斩刀1460次/分、1730次/分，全机功率11.9千瓦。本机设计合理，采用全封闭罩壳和锡林罩壳电动开启，减轻劳动强度，安全可靠，对梳理含草籽5%以下原料，除草籽性能良好，梳毛条优于老机，系国内新一代机型。机器技术水平接近国际80年代水平，属国内首创，填补了国家空白。

3. FB522型绒线细纱机 设计制造单位：上海纺织机械研究所、无锡第七纺织机械厂。锭数200锭/台，锭距120毫米，纺纱线密度330～50特（3～20公支），锭速范围2000～4500转/分。拉伸倍数5～15倍，捻度范围90～280捻/米，拉伸型式为罗拉轻质辊牵伸机构。钢领φ90×16.7毫米，设有满管自停、自动下钢领板、钢领板自动复位、钢领板适位自停等装置。主电动机功率11千瓦。

4. FN902型切断机 设计制造单位：安徽第二纺织机械厂。工作幅度220毫米，切断定长范围22～38、38～51、65毫米，每分种切断次数272，旋转飞刀转速136转/分，主电动机功率2.2千瓦。

本机采用具有较大冲量的旋转刀片与固定刀片组成切断剪口，刀片以点接触的方式完成纤维的刀断，以给料罗拉的线速度与飞刀切断频率匹配方式完成切断纤维的定长。机器切断效能好，产量高，噪声小。

5. MS—88型剑带式无梭织布机 设计制造单位：广东东莞伯路机械制造有限公司。机器穿筘幅度1200～1900毫米，转速220～280转/分，纬纱色数：单色、混纬、4～8色任意选择，综框数8页，经纱轴直径710、760、910毫米，最大卷布直径510毫米，电动机功率2.2千瓦。本机织作棉布、牛仔布、混纺布、麻布、化纤布、轻型帆布等多种织物，比传统的有梭织机具有品种适应性广、生产效率高、断头率低、噪声小等优点。

6. GD162型倍捻机 设计制造单位：浙江绍兴纺织机械厂。形式为双面双层，锭数240锭，锭距214毫米，锭速5250、6000、8250和900转/分，捻度范围72～4456捻/米，捻向：S或Z捻，最大卷装量0.6公斤，电动机功率11千瓦×2，机器外形尺寸15405×950×2300毫米。本机系消化吸收意大利样机基础上研制而成，全机零件国产化率高，性能接近国外同类设备水平。

7. GA014型络筒机 设计制造单位：上海沪西纺织机械厂。形式为双面槽筒式，100锭，锭距254毫米，络纱速度510、570、643、713米/分，络纱动程152毫米，成筒尺寸φ200×152毫米，电动机功率3千瓦。电子清纱器型号QSD—6型、H8006型，适应纱支范围29～7.3特（20～80^s），正刀率≥70%，定长装置型号DC—1A型，长度设定范围20000～200000米，重量不匀率（CV%）≤1.3%，空气捻接器型号FG304型，捻接强力>80%，捻接速度0.3～1秒，捻接直径为原纱的1.3倍左右，捻接长度20～25米。金属槽筒型号CTL型，表面硬率≥HV460。本机在功能上有较大提高，能获得无结头优质纱线，因而提高了纱线及其织物的质量，技术水平在国内领先。

8. 非织造布喷胶棉生产线成套设备 此生产线是以中空螺旋卷曲涤纶纤维为原料，采用精确配棉、均匀混合开松和充分梳理、特殊喷胶技术以及高效干燥技术加工生产。喷胶棉生产线由下列机型组成：BG011型混和给棉机、BG031型开松机、BG032型混棉机、BG211型梳理机、GB252型交叉铺网机、LBG113型喷胶烘燥联合机（包括BG453型前喷胶机、BG454型后喷胶机、BG523型烘燥机、BG623型切边成卷机）。设计制造单位：南通县纺织机械制造厂、胶南纺织机械制造厂、昆山纺织机械制造厂。此套设备生产能力为600吨/年，产品种类有硬、软手感喷胶棉、仿羽绒手感喷胶棉，产品规格80～300克/米^2，产品主要质量指标：回弹性大于70.9%，水洗收缩率小于3.8%，热收缩率小于3%。主要特点有①自动配棉，纤维配比准确，混合均匀；②梳理性能好，出网均匀；③静压无空气喷胶和负压胶回收工艺，纤维粘结效果好，无胶污染并能回收胶液；④油加热的三层穿透对流式烘澡热效率高，固化效果好，占地面积小，机电一体化水平较高，具有国际80年代水平，填补国内空白。

9. GD041型槽筒式倒筒机 设计制造单位：杭州市丝绸工业公司装备开发中心、杭州纺织机械厂。本机用于各种纤度的真丝、化纤长丝的倒筒，锭数25锭/台，最高线速1000米/分，单锭最大卷装容量1.6公斤，花纹动程 206 毫米。筒子形式圆柱、圆锥，机型单层双面，全机功率 5 千瓦，机器设置电子式卷取计长器及单锭电传感无接触式断头自停控制装置。由单锭主电机传动金属槽筒，线速度由电子式变频无级调节并显示，张力控制采用重片式梳形张力调节补偿器，丝线自动上油，上油率电子式无级微调并显示，该机具有国内先进水平并填补国内空白。

10. **AF 系列固定盖板针布** 设计制造单位：南通市金属针布厂。它是高产梳棉机上的一种重要的附加分梳元件，也适用于老机改造。采用 AF 系列固定盖板后，梳棉的生条和成纱的棉结、杂质可以明显降低，成纱条干改善，品质指标提高。主要技术参数：齿片总高 7±0.03、7.5±0.04 毫米，基厚 0.8±0.02、1.6±0.02 毫米，工作角 90°±1°，齿尖硬度≥660HV，装备后两端螺孔中心距 1047±0.4 毫米，前后固定盖板针布齿面平面误差≤0.06 毫米。此产品制造质量接近 GRAF 公司同类产品，属国内先进，可替代进口。

11. **化纤弹力丝机假捻胶圈** 设计制造单位：无锡第二橡胶厂。该胶圈主要应用于进口日本村田公司 M—333DTY 弹力丝机配套。胶圈由表面橡胶层、中间合成纤维（聚酯纤维）骨架层和内层改性丁腈橡胶组成，内层橡胶表面覆有涤棉织物。假捻胶圈内径 7.3 毫米，宽度 8±0.2 毫米，原度 $1.4^{+0.06}_{-0.02}$ 毫米，内周长极限偏差为±0.94 毫米。本产品上机使用所适纺的 DTY 丝质量接近或达到进口假捻胶圈的水平。

12. **FB504 型细纱机** 设计制造单位：上海第二纺织机械厂。本机适纺线密度 12.5～62.5 特（16～80 牛米），锭距 82.5，锭数 384、372、360、96 锭等，钢领直径 φ55.60 毫米，筒管长度 285 毫米，拉伸型式 SKF—PK1601 或 YJ6—230 型。三罗拉上短下长皮圈弹簧摇架加压，总拉伸倍数为 12～40 倍，锭子 89TD301 型，锭速 5000～13000 转/分，捻度范围 170～1000 捻/米，捻向 Z 或 S 捻，粗纱卷装，无捻（双根）或有捻（单根）。本机采用狭机幅、大卷装、同步齿形带传动，全封闭齿轮箱，大小纱锭速变换采用变频调速，可编程序控制器控制纺纱动作，运转状况数字显示等一系列先进技术，达到国际 80 年代中期水平，属国内领先。

13. **V 型及 E 型金属自锁针布** 设计制造单位：河南光山县纺织器材厂。它是纺织行业中的棉、毛、化纤、非织造布梳理机上配套的主要器材。V 型自锁针布有 GBC 系列 6 种型号、8 种规格；E 型自锁针布有 E_8、E_{10} 二种规格。自锁针布包卷后，齿顶平整、自锁性能好，有利于安全生产，提高了包卷后辊筒的综合精度，改善了梳理效果，延长了针布使用寿命。此产品质量接近国外同类型技术水平，可替代进口。

14. **YG027 型电子缕纱强力机** 设计制造单位：河海大学机械学院科海公司、常州市第二纺织机械厂。它用于测定棉、毛、麻、化纤等纺织原料的纯纺、混纺纱线的强力。强力测试范围 0～2000 牛、示值误差±1%，最小分度值 1N，F 纱钩牵引速度 300±10 毫米/分、600±30 毫米/分，F 纱钩回升速度 1500 毫米/分，纱钩直径 φ10 毫米，纱钩宽度系列 8、12、16、20、24、28、32 毫米，该强力机采用 CRE 机理，高精度传感器测力和 A/D 转换及 PID 调节器技术，单片计算机控制和数据处理，打印输出，整机水平处于国内领先地位。

15. **YG606 型平板式保温仪** 设计制造单位：纺织工业部标准化研究所、常州第二纺织机械厂。该仪器用来测定普通织物、针织起毛织物、绗缝制品及各种保温纺织材料的保温性能。全机由计算机控制，并实现检测、数显，最终打印出试验结果。主要技术指标：各加热板温度调节范围 20～40℃，预热时间设置范围：1～9999s，试验循环次数设置范围 1～9 次，温度显示值最小分辨率 0.1℃，温控精度：各加热板±0.5℃（20～40℃），室温±0.5℃（10～30℃）。加热器容量：试验板 40 瓦，保护板 80 瓦．底板 120 瓦，功耗 300 瓦。该仪器填补国内空白，达到国外同类型技术水平。

16. **IFU2155—2VV—90Z、91Z 三相外转子永磁同步电动机** 设计制造单位：上海纺织机电厂。它是高速纺丝机卷绕头的主要配套件，主要技术参数：PH＝700W，f＝25～212Hz，η＝81%，Cosφ＝0.815，M_{st}/M_H＝2.33，M_{max}/M_H＝1.59，I_{st}/I_H≤8。上海纺织机电厂引进德国西门子公司制造技术，消化吸收制造的上述二种电机在性能上达到了国际 80 年代中期水平，可替代进口。

17. **ME271—2、4、6 型常压溢喷染色机** 设计制造单位：江苏射阳县纺织机械厂。其功能是对棉、涤棉、混纺中薄型圆筒织物、梭织布匹进行染色及煮漂洗。对喷嘴适当改进后，厚型织物同样可以进行煮染漂洗。主要技术参数：管数Ⅳ（基本型），最大容布量 300～400 公斤（单管 75～100 公斤），织物规格 85～250 克/米，布速 0～300 米/分，浴比 1∶5～7。使用蒸汽压力 0.3～0.5 兆帕，最高工作温度 98℃，加热时间由 20℃升至 98℃需 30 分钟，冷却时间由 98℃降至 40℃需 20 分钟，冷却水压力 0.1 兆帕，循环泵流量 180 米/时，扬程 18 米，电机总功率 18.37kW。该机系喷射与溢流相结合，采用电脑控制，自动化程度高，技术水平属国内先进，达到国际 80 年代中期同类型产品水平。

18. **MB423 型钢丝起毛机** 设计制造单位：浙江海宁纺织机械厂。本机有三种型式，MB423A 型适用于各类毛毯起毛，MB423B 型适用于针织和机织长丝织物起毛，MB423C 型适用于棉及棉混纺织物起毛。机器公称宽度 2200、2500 毫米，布速 7～30 米/分，锡林转速 85、

110 转/分，锡林与织物转向：同向、逆向，锡林直径 φ750 毫米，针辊数量 24 根，针辊直径 φ70 毫米，电机功率 7.5、11 千瓦。该机具有起毛零点显示，随着布速的变化由电气控制可实现零点的跟踪。起毛力矩大，顺逆针辊及布速调整均采用齿链式无级变速器，由伺服电机控制仪表显示，具有国内先进水平。

19. MD351 型高温高压蒸化机 设计制造单位：杭州九堡锅炉容器厂。主要用于涤棉、丝绸、涤纶、呢绒等印花织物的高温高玉蒸化显色定色处理。主要技术参数：设计压力 0.24 兆帕，最高工作压力 0.22 兆帕，最高工作温度 135℃，全容积为 10.5 米³，电机功率 1.5 千瓦。工作原理是利用蒸汽喷头分六道均匀喷出，另一道管路进入内外筒之间夹层，使蒸汽产生旋流速加温，根据工艺要求，控制适当的温湿度及压力，并保持恒温恒压使印花织物永久定色。

20. LMA072 型低张力绳状练漂联合机 设计制造单位：陕西第一纺织机械厂。穿布头数是单头，织物运行状况是松式，轧洗特点是高速松式振荡，适应织物宽度为中薄形＜1800 毫米。工艺车速 100～180 米/分，洗布机轧洗道数 28 次，全机配套动力 221.8 千瓦。耗汽量 6.85 吨/时，耗水量 45 吨/时，直流电机无级调速拖动。要求出布 PH 值 7～8，伸长率＜3%，白度≥82，纬斜≤2.5%，退浆率＞90%，毛细效应≥10 厘米/30 分。该机属国内领先，达到了 80 年代中期国际水平。

21. FU501 型金属针布包卷机 设计制造单位：山东莱芜第一纺织机械厂。本机最大包覆长度 2600 毫米，最大清刷长度 2600 毫米，包覆辊筒直径 φ90～1600 毫米，包覆罗拉调速范围 105～1050 转/分，包覆锡林道夫调速范围 1.35～13.5 转/分。

22. FU502 型来回磨辊机 设计制造单位：山东莱芜第一纺织机械厂。本机最大磨砺长度 2600 毫米，磨砺直径 φ90～1600 毫米，砂轮直径 φ200×宽 40 毫米，砂轮转速 2600、1100 转/分，往复移动速度 0.37 米/分，电机总功率 1 千瓦。

23. GT503A—992 型提花机 设计制造单位：山东潍坊第三纺织机械厂。本机与织机配套起经纬纹编织提花开口作用，生产多种提花毛巾、床单、浴巾等提花织物。针数 992 针，最大开口高度为 150 毫米，最高转速 160 转/分，开口形式为单动式中央闭合梭口。本机采用新型凸轮机构，提刀摆动机构和双向钩竖针机构等，结构合理，达到国内先进水平。

24. ME693 型扩幅预缩机 设计制造单位：山东单县纺织机械厂。门幅宽度 300～1300 毫米，车速：基本速度 37±1.5 米/分，喂入速度 35～50 米/分，输出速度 32～40 米/分。型式：立式撑板、四轮送布、冷辊加压式。扩幅率 0%～35%，落布折叠长度 550 毫米，容布器 φ850×250 毫米，电机容量为 0.74、0.37 千瓦各一台。本机能按一定超喂量送布和合理扩幅率扩幅，达到降低产品缩水率目的。机器技术水平属国内领先，填补国内空白。

25. GA472 型接经机 设计制造单位：青岛第二纺织机械厂。本机适应棉、毛、麻、化纤、色织等各种细、中、粗号纱织物的接经。适应幅宽 1100、1400、1900 毫米，适应纱线范围 144～4.9 特、采用管式打结器，挑纱方法为挑纱针或压纱板，打结速度 80～500 结/分，双纱成结率不大于 0.3/1000、断头率不大于 1/1000、单纱成结率不大于 0.1/1000，采用可控硅无级调速。本机采用组合可换式机芯结构，提高了打结速度，适应多种形式的接经方式。设有积极式张力器，排纱均匀，挑纱针垂直动程小，能减少经纱绞头和断纱。本机设有剪纱尾装置，可调整成结后的纱尾长度，从而可使结头顺利通过钢筘，适应细密织物的接经。机器性能达到 80 年代国际水平。

26. FYY902 型自动单纱强力仪 设计制造单位：纺织工业部纺织科学研究院。本机适应各种短纤维纯纺和混纺纱线拉伸试验仪。它由一台便携式计算机控制，能测定纱线的断裂强力、伸长时间及强度等，并能将测试数据进行数理统计分析，由打印打出结果。测力：最大量程 3000 厘米、最大误差≤示值的±1%，最大伸长 250 毫米，拉伸速度 30～1500 毫米/分，连续可调，最大换管数 20，数显强力瞬时值、断裂值，屏幕液晶显示断裂时间值、断裂伸长值、断裂强力值、纱管序号。功率 400 瓦。该仪器已申请专利，具有国际 80 年代技术水平。

27. FA006 型往复抓棉机 设计制造单位：郑州纺织机械厂。适用于各种等级原棉和 76 毫米以下的化纤，为开清棉联合机或清梳联的第一道工序。产量 1000 公斤/时，堆放棉包重量不少于 5000 公斤。抓棉打手型式为双打手锯齿刀片，每片 6 齿，18 片/只，直径 φ300 毫米，转速 1250 转/分，工作宽度 1720 毫米，打手刀尖离地距离最高位置 1700 毫米，最低位置 30 毫米，打手间歇下降量 2～10 毫米/次，可调整，连续上升时间 1670 毫米/57.2 秒，压棉罗拉（三根）直径两侧 φ130 毫米，中间 φ116 毫米，压棉罗拉线速度 10 米/分，行走小车往复速度 10 米/分，输棉风机型式六叶径向式，直径 425 毫米，转速 1500、1600、1700 转/分。电动机总功率为 11.52 千瓦，全机净重约 4000 公斤。本机采用钢板构架，结构合理，每侧棉包能堆放 45 包，在产量为 600～1000 公斤/时时，抓取棉束平均重量为 30 毫克以下，达到了充分混合、精细抓取的工艺要求。采用机电一体化，选用进口 PLC 可编程控制器和西门子电气元件，自动化程度高。该机技术水平属国际 80 年代水平，填补了国内空白。

28. FA016 型自动混棉机 设计制造单位：郑州纺织机械厂。该机是在 A006BS 型自动混棉机基础上消化吸收进口样机研制而成。机器的产量 800 公斤/时，机幅 1060 毫米，输棉帘速度 1.25、1.5、1.75 米/分，压棉帘速度 1.25、1.5、1.75 米/分，均棉打手 200 转/分，摆斗型式翼片式摆动 19～25 次/分，喂棉型式由凝棉器从本机顶部喂入，电动机总功率 2.67 千瓦，全机净重约 3000 公斤，机器的打手直径为 400 毫米，第一打手为 6 排圆柱角钉打手，第二打手装有 6 排在圆周上等分的 U 型刀片，打手角钉与角钉帘钉距互相交叉，尘格装置由扁钢尘棒组成，设置在打手下方，均棉打手直径为 260 毫米，装有六排在圆周上等分的均棉钉子，均棉钉子与钉帘钉距相互交叉。本机与 A045B 型凝棉器联结使用，具有较高的开松除杂能力和排除棉籽能力，其除杂效率在 15%左右，排除棉籽能力达 5%以上。

29. FA103 型双轴流开棉机 设计制造单位：郑州纺织机械厂。机幅 1300 毫米，产量 800 公斤/时。打手型式角钉辊筒式，直径 ϕ605 毫米，第一打手转速 412 转/分，第二打手转速 424 转/分；除尘打手型式为八排皮翼式，直径 ϕ315 毫米，转速 11 转/分；尘棒型式三角尘棒，共两组，每组 23 根，隔距 5～10 毫米。打手角钉至尘棒间隔距 15～23 毫米，电动机总功率 2.45 千瓦。机器的除杂效率可达 15%以上，落棉中含棉籽率 4%以上，具有早落少碎、少伤纤维、高效除杂的优良工艺性能。

30. FA046A 型振动棉箱给棉机 设计制造单位：郑州纺织机械厂。本机适用于各种等级的原棉、棉型化纤和中长化纤，经充分开松的纤维被本机处理成均匀的筵棉，喂给成卷机制成棉卷。机幅 1060 毫米，产量 250 公斤/时。剥棉打手直径 320 毫米，转速 429 转/分；均棉罗拉直径 320 毫米，转速 272 转/分。角钉帘速度 46.5～75.6 米/分，振动板振动频率 154、205、257 次/分，振动板振幅 8～12 毫米，电动机总功率 2.94 千瓦，全机净重 1800 公斤。本机可与 A076C、A076E、FA141、FA142 型单打手成卷机联接使用。机架采用钢板结构，增加了立式棉箱、中间棉箱、振动棉箱的有效容积，输出棉筵稳定均匀。其中立式棉箱、振动棉箱均由光电管控制喂棉，中间棉箱由摇板控制喂棉。剥棉打手和均棉打手由 117 个角钉分 6 排组装而成。

31. FA142 型单打手成卷机 设计制造单位：郑州纺织机械厂。机幅 1060 毫米，产量 250 公斤/时，成卷重量：棉≤30 公斤、化纤 13 公斤左右，直径≤500 毫米，宽度 960 毫米，棉卷罗拉直径 230 毫米，转速 10～13 转/分，单尘笼直径 500 毫米。风机型式 12 翼直叶双进风离心风机，转速 1400、1600、1800 转/分；打手型式综合及梳针两种，转速 820 转/分；尘格型式为机外可调节的三角尘棒，尘棒包围度 1/4 圆周，根数为 15 根。天平罗拉直径 76 毫米，转速：棉 7.45～11.38 转/分、化纤 10.22～15.48 转/分，电动机总功率 8.34 千瓦。本机采用压卷罗拉加压生头及气动渐增加压成卷方式，生头率高，棉卷成形圆整。压紧罗拉采用气动油压，最大压力达 6000 公斤，最大成卷重量达 30 公斤，车头采用齿轮箱闭式传动，天平均棉装置由自调匀整仪，位移传感器和 PS 变速电机组成，正卷率和棉卷均匀度均提高。采用电子棉卷称，称量精度高，使用可靠。采用单尘笼结构，纤维凝聚时无分层，加工化纤品种不会产生粘卷现象。

32. FA146 型成卷机 设计制造单位：江苏金坛县纺织机械总厂、无锡纺织机械研究所。适用范围棉、化纤。单尘笼，采用梳针式打手形式。棉卷重量为 40 公斤，棉卷加压方式是外渐增加压，SYH301 型自调匀整装置，三罗拉生头方式，电机功率 8.62 千瓦。本机是一台机械、电子、气动、液压一体化的棉纺新型成卷机械。采用单笼混合环自调匀整，机台自回风，气动加压及 MJC-50 带自锁装置的棉卷电子称重等先进结构，加工纯棉时，棉卷重量不匀率控制在 0.8%左右。本机可替代 A076C 型成卷机，是属 80 年代国际技术水平。

33. FA334 型条卷机 设计制造单位：经纬纺织机械厂、无锡纺织机械研究所。本机系将经过梳棉机梳理的棉条经过牵伸后，并合制成棉卷。棉条并合数 24 根，适合棉条筒规格最大 ϕ600×1250 毫米。喂入棉条定量 3.5～5.5 千特，成卷筒管直径 ϕ145 毫米，长度 249.2 毫米。导条型式采用高架式导条架。导条罗拉每边二列，直接 ϕ45 毫米，导条压辊直径 ϕ45 毫米。拉伸型式四上六下曲线拉伸，总拉伸倍数 1～2（一般 1.3～1.7），前后罗拉中心距 217～283 毫米，上罗拉加压气动加压 2～2.5×10^5 帕。输出棉卷定量 50～～75 千特，满卷重量 8.5～13 公斤，最大满卷直径 ϕ450 毫米，成卷宽度 250 毫米，成卷速度 50～70 米/分，全机功率 4 千瓦。产量最大 250 公斤/时，噪声小于 83 分贝。本机拉伸区分主拉伸区和预拉伸区两个区，拉伸加压及成卷加压采用气动加压。设有自动落卷装置，导条断条自停，牵伸部件上罗拉绕花自停装置及筒管库空或满卷信号装置等。

34. FA344 型并卷机 设计制造单位：经纬纺织机械厂、无锡纺织机械研究所。本机系将经过条卷机并合后的棉卷再牵伸并合，提高纤维的伸直度和平行度，供下道精梳机使用。型式有牵伸成卷，喂入棉卷并合数 6 只，喂入棉卷定量为 50～75 千特，输出棉卷定量为 50～75 千特，满卷重量 8.5～13.5 公斤，满卷最大直径 ϕ450 毫米，成卷宽度 300 毫米，最大成卷速度 68 米/

分，总拉伸倍数5～8。前后罗拉中心距112～160毫米，喂卷罗拉6对，直径ϕ70毫米，成卷筒管直径×长度为ϕ145×299.2毫米，电动机功率4千瓦，产量最大250公斤/时。

35. FA261型精梳机 设计制造单位：山西经纬纺织机械厂、无锡纺织机械研究所。眼数8，眼距470毫米，喂入小卷宽度300毫米。直径：有存卷架550毫米、无存卷架650毫米，定量50～70千特，适用棉纤维长度25～50毫米，落棉率5～25%。承卷罗拉直径ϕ70毫米，承卷罗拉表面均匀沟槽；给棉罗拉直径ϕ30毫米，前进给棉长度5.2、5.9、6.7毫米，后退给棉长度4.2、4.7、5.2、5.9毫米。锡林整体锯齿型38排，直径ϕ125.4毫米，转速300转/分，顶梳采用固定式。分离机构罗拉2根，直径ϕ25毫米；分离皮辊直径ϕ24.5毫米，加压量（两端）240～384牛（每根），有效输出长度31.71毫米。拉伸型式三上五下曲线牵伸。前罗拉直径ϕ35毫米，牵伸皮辊直径ϕ45毫米，加压量前上罗拉（两端）346～415牛，第一、二上罗拉（两端）485～623牛。并合数8、总拉伸倍数8.6～19.6，拉伸距离31～50毫米。单筒单圈条成形，条筒尺寸ϕ600×1200毫米，输出精梳条线密度3～6千特。吸落棉型式为滚筒分离器，电动机功率8.15千瓦。本机的分离罗拉传动机构集中在车头箱油浴中，它由连杆机构、差动轮系和传动轮系组成，由锡林轴传动钳板摆动。圈条成形机构采用棉条筒自转，曲线斜管自转两者偏心配置和棉条筒能前后往复三个运动合成，棉条筒前后往复能增加容量10～15%。机器附设喂完小卷自停，台面喇叭处踊头自停，牵伸系统绕花自停，圈条喇叭堵塞自停，无空筒自停，满筒自停，满筒过满自停，分离和牵伸皮辊加压不足自停，吸排落棉管道积花自停，尘笼压差异常或故障自停，各种门罩开启自停及主电机过载自停，每种故障有信号灯显示。

36. LFU035型板式滤尘联合机 设计制造单位：上海第一纺织机械厂。本机用于棉纺、麻纺的清花、梳理等机器的除尘工程及有关车间的回风过滤等。本系统经一级过滤收集起来的废纤维通过压紧器压紧收集，再经打包机挤压成包。经二级过滤收集起来的粉尘，通过旋风分离器、粉尘压并机压制成块状，便于包装运输。机器效率：一级与二级总效率可达98%以上，处理风量30000～144000米^3/时，车间回风过滤可达220000米^3/时。空气含尘量可达国家标准1毫克/米^{3}以下。机器的一级过滤器（碟式）过滤面积3米^2，滤网规格80目/吋与120目/吋二种不锈钢丝网。阻力≤40毫米水柱，传动功率0.18千瓦。二级过滤器（板式）过滤面积20～72^2，滤料为阻燃长毛绒。除尘方式：带吸口的机械臂巡回清除滤料积尘，传动功率0.49千瓦，电脑程序控制机械动作，压力自动控制及报警系统。本系统中各单元机既可单独使用，又可组合配套使用，采用矩形多层板块滤网结构，使过滤面积增加。选用的一级不锈钢丝网及二级阻燃滤料有阻燃防爆作用。采用机械臂与PC机所组成机电一体化的清洁装置，自动化程序高，动作可靠，且又可手动操作，便于机器调试。本机技术水平处于国内领先，各项性能指标接近80年代同类产品水平。

37. FA312型并条机 设计制造单位：石家庄飞机制造厂。眼数2，眼距900毫米，输出速度200～500米/分，喂入并合数6～8根。喂入条筒尺寸最大800毫米，喂入型式为高架导条积极喂入，输出条筒尺寸450～500×1100～1200毫米（直径×高度）。牵伸型式：三上三下压力棒加导向皮辊（或五上三下），罗拉直径40×35×35毫米，皮辊直径34×34×34×34毫米，加压型式为弹簧摇架加压，适纺纤维为24～80毫米原棉，棉型化纤及中长纤维。清洁方式上下均为摩吸式，横送直推方式的自动换筒，主电动机功率5.6/1.4千瓦。本机采用微电子技术，对开关车、快慢速、换筒、风机、揩拭器等运行实行程序控制。本机技术性能达到国际80年代初期水平。

38. FA212型梳棉机 设计制造单位：江苏江阴机械厂。本机是在A186F—S型梳棉机上参考西德及瑞士引进的梳棉机有关结构改进研制。整机安全罩改半封闭形式，采用液力偶合器传动锡林，传动平稳，保护电机过载。道夫采用日本进口变频无级调速。增设棉网下坠光电检测停车功能，加强对棉网质量的监控，防止棉网破边、棉网堵喇叭口等引起棉条质量下降，减低棉花消耗。增设道夫三角区返花光电检测停车功能，改用小踵趾面活动盖板，踵趾差为0.56毫米，增强分梳效果。增设脱卷自停装置，并配有灯光显示。在刺辊后车肚门及抄针门处加装电子联锁及配灯光显示。加装前三后二固定盖板，进一步强化分梳以适应高产。给棉罗拉改锯齿形沟槽，改善对棉层的握持效果，有利开松除杂，减少对棉纤维的机械损伤。机器工作宽度1020毫米，可加工纤维长度24～75毫米，棉条定量3.2～5.6克/米，给棉板工作面长度为28、30、32、36、46、60毫米。给棉罗拉直径ϕ70毫米，加压重量34.3～55.8牛顿/厘米，锡林直径ϕ1289毫米，锡林转速330、360转/分，道夫直径ϕ707毫米，最高转速40转/分，盖板工作根数/总根数为40/106根，剥棉形式为四罗拉剥棉。适用条筒ϕ600×900毫米、ϕ600×1100毫米，安全自停装置设有脱卷、厚卷、刺辊缓速、返花、断条、棉网下坠、堵管、满筒、抄针门和后车肚门电子联锁等，而且装有满筒100米前预报警、定长计数显示、出条速度显示。主机风量1300米^3/时，电动机总功率3.36千瓦，最大生产能力 35 公斤/时。

39. FU245 型上罗拉压园机 设计制造单位：陕西省第二纺织机械厂。压辊幅度 420 毫米，压辊直径 φ100 毫米，压辊转速 146～292 转/分，滚压时间 0～60 秒，压辊电机 0.6/0.4 千瓦，压辊压力 0.3～2.5 兆帕。本机由机械传动、液压传动和电气三部分组成，可以手动或半自动电气控制操作，后者操作每一循环时间可在 0～120 秒内调节。

40. 纺织品燃烧性试验仪 设计制造单位：纺织工业部纺织科学研究院。本仪器有四种系列产品：①FYY904 型纺织品 45°燃烧性试验仪，主要用于测定 45°向纺织品在规定条件下燃烧后的损毁面积（包括 45°向熔融织物接触火焰次数的测定）；②FYY907 型纺织品水平燃烧性试验仪，用以测定水平方向纺织品在规定条件下的燃烧速率；③FYY908 型纺织品垂直燃烧性试验仪；④FYY909 型纺织品小 45°燃烧性试验仪。这四种产品技术规格：定时范围 0.2～999.9 秒，定时精度 0.1 秒，试验火焰高度 16 毫米。这四种系列产品仪器经使用后均达到国家标准。

新颁发的纺织产品标准目录

（1992 年）

（一）国 家 标 准

类 别	标 准 代 号	标 准 名 称	被代替的标准号
基础标准和方法标准	GB/T 13759—92	土工布术语	
	GB/T 13760—92	土工布的取样和试样准备	
	GB/T13761—92	土工布厚度的测定方法	
	GB/T13762—92	土工布单位面积质量的测定方法	
	GB/T13763—92	土工布梯形法撕破强力试验方法	
	GB/T13764—92	土工布透气性的试验方法	
	GB/T13765—92	纺织品色牢度试验 亚麻和苎麻标准贴衬织物规格	
	GB/T13766—92	纺织品耐氧化氮和烟熏色牢度试验用控制标样和褪色标样	
	GB/T13767—92	纺织品耐热性能的测定方法	
	GB/T13768—92	测定服装尺寸变化试验时试样的准备、标记和测量	
	GB/T13769—92	纺织品 耐久压烫织物经家庭洗涤和干燥后外观的评定方法	
	GB/T13770—92	纺织品 耐久压烫产品经家庭洗涤和干燥后褶裥外观的评定方法	
	GB/T13771—92	纺织品 耐久压烫产品经家庭洗涤和干燥后接缝外观的评定方法	
	GB/T 13772.1—92	机织物中纱线抗滑移性测定方法 缝合法	
	GB/T 13772.2—92	机织物中纱线抗滑移性测定方法模拟 缝合法	
	GB/T 13772.3—92	机织物中纱线抗滑移性测定方法 摩擦法	
	GB/T13773—92	机织物及制品 接缝强力和接缝效率试验方法	
	GB/T13774—92	纺织品 机织物组织代码及示例	
	GB/T14014—92	蚕丝、合成纤维筛网	
	GB/T14033—92	桑蚕经纬捻线丝	
	GB/T13758—92	粘胶长丝	

（二）行 业 标 准

类 别	标 准 代 号	标 准 名 称	被代替的标准号
纺织综合			
	FZ 01018—92	机织物疵点术语	
	FZ 01019—92	纺织品　缝迹型式　分类和术语	
	FZ 01020—92	纺织品　机织物的描述	
	FZ/T 01021—92	织物抗菌性能试验方法	
	FZ/T 01021—92	纺织地板覆盖物　静电性能评定—人体行走试验方法	
棉纺织	FZ/T 10001—92	气流纱捻度的测定　退捻加捻法	
	FZ/T 10003—92	帆布织物试验方法	
	FZ 12001—92	气流纺棉本色纱	FJ 546、547—84
	FZ 13002—92	服装用棉本色帆布	
	FZ 13003—92	鞋用棉本色帆布	GB2907.1—2907.4—82
	FZ 14001—92	服装用棉印染帆布	
	FZ 14002—92	鞋用棉印染帆布	GB2908.1—2908.6—82
毛纺织	FZ/T 25001—92	工业用毛毡	FJ313、314-81 FJ318-81
麻纺织	FZ/T 30001—92	苎麻主要化学成份系统定量分析方法	
	FZ/T 32002—92	苎麻纱	FJ 522-82
	FZ/T 33002—92	苎麻坯布	FJ 524-82
	FZ/T 33003—92	地毯用黄麻、洋麻底布	
	FZ/T 34001—92	苎麻印染布	FJ 525—82
	FZ/T 34002—92	亚麻印染布	
丝纺织	FZ/T 40001—92	丝绸平滑度试验方法	
	FZ 43004—92	桑蚕丝纬编针织绸	
	FZ 43005—92	柞蚕绢丝	FJ 307—82
纺织制品	FZ/T 60008—92	毛毯非可复性伸长试验方法	
	FZ 63001—92	涤纶本色缝纫用纱线	
针织	FZ 70003—92	针织　基础术语	
	FZ 70004—92	纺织品　针织物疵点术语	
	FZ/T 70005—92	毛针织物伸长和回复性试验方法	
	FZ/T 72001—92	涤纶针织面料	FJ_n 469—481—80
特殊整理	FZ 77001—92	阻燃涤纶针织面料	
服装鞋帽	FZ 81006—92	牛仔服装	
	FZ 82002—92	缝制帽	SG 159、160—79
纺织机械及附件	FZ/T 90033—92	纺织机械　综框节距及其相关尺寸	
	FZ 90034—92	织机工作宽度	
	FZ 90035—92	纺织机械　整经轴术语和主要尺寸	FJ 485—81
	FZ 90036—92	纺织机械　织轴术语和主要尺寸	FJ 486—81
	FZ 90037—92	纺织机械　织机综框编号	
	FZ/T 90038.1—92	棉纺牵伸胶辊用胶管试验方法　内径和壁厚	ZBW 90003.1—89
	FZ/T 90038.2—92	棉纺牵伸胶辊用胶管试验方法　邵尔A型硬度	ZBW 90003.2—89

续

类 别	标 准 代 号	标 准 名 称	被代替的标准号
	FZ/T 90038.3—92	棉纺牵伸胶辊用胶管试验方法　回弹性	ZBW 90003.3—89
	FZ/T 90038.4—92	棉纺牵伸胶辊用胶管试验方法　恒定压缩永久变形率	ZBW 90003.4—89
	FZ/T 90039.1—92	棉纺牵伸胶圈试验方法　内周长和厚度	ZBW 90004.1—89
	FZ/T 90039.2—92	棉纺牵伸胶圈试验方法　扯断力	ZBW 90004.2—89
	FZ/T 90039.3—92	棉纺牵伸胶圈试验方法　动磨擦系数	ZBW 90004.3—89
	FZ/T 90039.4—92	棉纺牵伸胶圈试验方法　静磨擦系数	ZBW 90004.4—89
	FZ/T 90040.1—92	梳毛机用搓条胶板试验方法　层间粘着强度	ZBW 90005.1—89
	FZ/T 90040.2—92	梳毛机用搓条胶板试验方法　耐磨性能的测定	ZBW 90005.2—89
	FZ/T 90040.3—92	梳毛机用搓条胶板试验方法　耐油体积变化百分数	ZBW 90005.3—89
	FZ/T 90041.1—92	纺纱和捻线平面钢令用钢丝圈试验方法　镀层厚度	ZBW 90006.1—89
	FZ/T 90041.2—92	纺纱和捻线平面钢令用钢丝圈试验方法　表面粗糙度	ZBW 90006.2—89
	FZ/T 90041.3—92	纺纱和捻线平面钢令用钢丝圈试验方法　磁吸力	ZBW 90006.3—89
	FZ/T 90041.4—92	纺纱和捻线平面钢令用钢丝圈试验方法　显微维氏硬度	ZBW 90006.4—89
	FZ/T 90041.5—92	纺纱和捻线平面钢令用钢丝圈试验方法　开口拉伸变形率	ZBW 90006.5—89
	FZ/T 90041.6—92	纺纱和捻线平面钢令用钢丝圈试验方法　基本尺寸和形位公差	ZBW 90006.6—89
	FZ/T 90042.1—92	纺织机械用同步带传动　优先规范	
	FZ/T 90042.2—92	纺织机械用同步带传动　高扭矩同步带尺寸	
	FZ/T 90042.3—92	纺织机械用同步带传动　高扭矩同步带轮尺寸	
	FZ/T 90042.4—92	纺织机械用同步带传动　高扭矩同步带传动的设计计算	
	FZ 90042.5—92	纺织机械用同步带传动　同步带	
	FZ 90042.6—92	纺织机械用同步带传动　带轮	
	FZ 90043—92	纺织机械术语　织机零部件术语	
	FZ 92013—92	SL 系列上罗拉轴系	FJ/JQ 5—82
	FZ 92014—92	滚盘	
	FZ 92015—92	粉末冶金钢领	FJ/JQ 59—86
	FZ 92016—92	精梳毛纺环锭细纱锭子	FJ/JQ 58—86
	FZ 92017—92	毛、苎麻、绢纺细纱机和牵伸下罗拉	FJ/JQ 57—86
	FZ 92018—92	平面钢领	FJ 95—83

续

类 别	标 准 代 号	标 准 名 称	被代替的标准号
	FZ 92019—92	棉纺细纱机牵伸下罗拉	FJ/JQ 1—82
	FZ 92020—92	锭带张力盘	
	FZ 92021—92	吊锭	FJ/JQ 48—84
	FZ 92022—92	锦纶帘子线初复捻机锭子	
	FZ 93013—92	精梳毛纺环锭细纱机	FJ/JQ 56—86
	FZ 93014—92	棉纺牵伸胶辊用胶管	ZBW 93003—89
	FZ 93015—92	转杯纺纱机	FJ/JQ 139—88
	FZ 94006—92	织机用停经片	FJ 1017—78
	FZ 94007—92	织机用钢丝综	FJ 1014—78
	FZ 94008—92	织机用钢片综	
	FZ 94009—92	织机用铝合金综框	
	FZ 94010—92	织机用铁综框	FJ 1019—81 FJ 1020、1116—78
	FZ 94011—92	织机用金属丝编扎钢筘	FJ 1107—81 FJ 1117—81
	FZ 94012—92	织机用线编扎钢筘	FJ 1016—78 FJ 1118—81 FJ 1126—81 FJ 1129—81
	FZ 95002—92	导辊式横穿布热风烘燥机	
	FZ 96003—92	涤纶高速长丝纺丝机	
	FZ 96004—92	涤纶普速长丝纺丝机	
	FZ 96005—492	涤纶短丝纺丝机	
	FZ 96006—92	丙纶长丝纺丝机	
	FZ 96007—92	帘子线纺丝机	
	FZ 96008—92	干法腈纶纺丝机	
	FZ 96009—92	湿法腈纶纺丝机	
	FZ 96010—92	粘胶短丝纺丝机	
	FZ 96011—92	丙纶短丝纺丝机	
	FZ 96012—92	化纤牵伸加捻机	
	FZ 97009—92	纬编机 双面提花圆型纬编机	
	FZ 98002—92	电容式纤维长度(自动)测定仪	
	FZ 99003—92	纺织用 FO 系列三相异步电动机	FJ 567—87
	FZ 99004—92	纺织用 FW 小功率三相异步电动机	ZBK 22005—89
	FZ 99005—92	纺织用 JFO_2、FO_2 系列高力能指标三相异步电动机	ZBK 22006—89
	FZ 99006—92	FX 系列纺织用高效率三相异步电动机技术条件	ZBK 22001—88
	FZ 99007—92	Ω300 型储纬器	

纺织工业期刊一览表

刊　名	主办单位	出版地	创刊时间
中国纺织	纺织工业部	上海	1950
中国服装	中国服装设计研究中心	北京	1985
中国纺织管理	中国纺织工业企业管理协会	上海	1981
中国纺织美术	纺织工业部生产协调司	上海	1985
流行色	中国流行色协会	上海	1982
纺织经济研究	纺织工业部经济研究中心	江苏	1987
纺织财会	中国纺织工业会计学会	江苏	
纺织政工研究	全国纺织职工政治思想研究会	上海	1983
中国服饰文化	海南省纺织工业总公司 纺织工业部政策法规司 中国服装设计研究中心	海南	1992
	(以上社会科学类)		
北京服装学院学报	北京服装学院	北京	1981
天津纺织工学院学报	天津纺织工学院	天津	1982
中国纺织大学学报(英文)	中国纺织大学	上海	1982
中国纺织大学学报(中文)	中国纺织大学	上海	1956
苏州丝绸工学院学报	苏州丝绸工学院	江苏	1981
郑州纺织工学院学报	郑州纺织工学院	河南	1993
武汉纺织工学院学报	武汉纺织工学院	湖北	1993
西北纺织工学院学报	西北纺织工学院	陕西	1986
纺织基础科学学报	西北纺织工学院	陕西	1987
	(以上学报类)		
中国纺织文摘	纺织工业部科技情报研究所	北京	1979
纺织文摘	纺织工业部科技情报研究所 上海纺织科学研究院	上海	
化纤文摘	上海市合成纤维情报站 全国合成纤维工业科技情报站	上海	1972
	(以上文摘类)		
纺织导报	纺织工业部科技情报研究所	北京	1982
时装与纺织品	纺织工业出版社	北京	1985
毛纺科技	纺织工业部科技情报研究所	北京	1971

续

刊　名	主办单位	出版地	创刊时间
纺织机械	北京市毛纺织研究所 中国纺织机械器材协会 全国纺织机械科技情报站	北京	1979
纺织标准与质量	纺织工业部科学研究院	北京	1979
纺织科学研究	纺织工业部科学研究院	北京	1990
服装科技	中国服装设计研究中心	北京	1992
针织工业	全国针织工业科技情报站 天津针织技术研究所	天津	1973
人造纤维	全国人造纤维工业科技情报站	河北	
国外纺织技术(纺织分册)	中国纺织大学	上海	1974
国外纺织技术(针织服装分册)	中国纺织大学	上海	1974
国外纺织技术(化纤染整环保分册)	中国纺织大学	上海	1974
纺织教育	纺织工业部教育司	上海	1978
印染	纺织工业部印染行业开发中心 全国印染工业科技情报站	上海	1975
纺织学报	中国纺织工程学会	上海	1979
合成纤维	全国合成纤维情报站 上海市合成纤维研究所	上海	1972
产业用纺织品	全国产业用纺织品情报站	上海	1984
国外丝绸	苏州丝绸工学院	江苏	1978
苎麻纺织科技	全国苎麻纺织科技情报站	湖南	1991
棉纺织技术	全国棉纺织科技情报站 陕西省纺织科学研究所	陕西	1972
纺织器材	纺织工业部科技情报研究所 中国纺织器材企业协会 中国纺织器材工业公司 陕西纺织器材研究所	陕西	1973
丝绸	中国丝绸工业总公司 中国丝绸协会 纺织工业部科技情报研究所	浙江	1956
丝绸技术	浙江丝绸工学院	浙江	1992
	(以上科技类)		

统计篇

Statistical Data

一、我国纺织工业的基本情况

The Textile Industry in China

纺织工业部综合计划司统计处　编

by the Statistics Office of Comprehensive Planning Bureau
Ministry of Textile Industry

1992年全国纺织工业乡及乡以上企业主要经济指标（大纺织内容）

Major Economic Indices of the National Textile Industry Including Township Enterprises in 1992

	单 位 Unit	1992
1. 纺织工业企业单位数 Number of textile enterprises	个 No.	50133
占全国工业企业数 Share in national industrial enterprises	%	10. 0
2. 纺织工业总产值（90不变价计算） Total output value of textile industry (calculated on the constant price in 1990)	亿元 100 million yuan	4526
占全国工业总产值 Share in total output value of national industry	%	15. 9
3. 纺织工业年末职工人数（乡及乡以上独立核算企业） Staff and workers in textile industry in the end of the year (Rural and above independent calculation enterprises)	万人 10000 persons	1274. 8
4. 纺织工业净产值（现价）（乡及乡以上独立核算企业） Net output value of textile industry (current prices) (Rural and above independent calculation enterprises)	亿元 100million yuan	894. 5
5. 纺织工业利税总额（乡及乡以上独立核算企业） Total value of profits and taxes of textile industry (Rural and above independent calculation enterprises)	亿元 100 million yuan	242. 9
6. 纺织产品销售收入（乡及乡以上独立核算企业） Sales revenue of the textile products (Rural and above independent calculation enterprises)	亿元 100 million yuan	3489
7. 纺织品、服装出口总额（海关资料） Total export value of textiles and apparel (Based on the data of the customs)	亿美元 US $ 100 million	246. 3
8. 纺织工业固定资产投资 Investment value of fixed assets of the textile industry	亿元 100m million yuan	162. 2

注　大纺织内容包括纺织、缝纫、化学纤维、纺织机械和化纤机械制造行业。

Note　It includes textiles、sewing、chemical fibers、textile mechinery and chemical machinery production in this table.

1992年纺织工业（系统内）主要经济指标

Major Economic Indices of Textile Industry in 1992（Internal the Ministry of Textile Industry）

	单 位 Unit	1992
1. 纺织工业企业单位数 Number of textile enterprises	个 No.	10606
占乡及乡以上纺织企业单位数 Share in number of rural and above textile enterprises	%	21.2
2. 纺织工业总产值（90不变价计算） Total output value of textile industry（calculated on the constant price in 1990）	亿元 100 million yuan	2391.5
占乡及乡以上纺织工业总产值 Share in total output value of rural and above textile industry	%	52.8
3. 纺织工业年末职工人数 Staff and workers in textile industry in the end of the year	万人 10000 persons	761.5
占乡及乡以上纺织职工人数 Share in staff and workers of rural and above textile industry	%	59.7
4. 纺织工业净产值（现价） Net output value of textile industry（current prices）	亿元 100 million yuan	523.6
占乡及乡以上纺织工业净产值 Share in net output value of rural and above textile industry	%	59
5. 纺织工业利税总额 Total value of profits and taxes of textile industry	亿元 100 million yuan	84
占乡及乡以上纺织利税总额 Share in total value of profits and taxes of rural and above textile industry	%	34.6
6. 纺织产品销售收入 Sales revenue of the textile products	亿元 100 million yuan	1731.6
占乡及乡以上纺织产品销售收入 Share in sales revenue of rural and above textile products	%	49.6

纺织工业主要行业总产值平均增长速度

Average Growth Rates of Total Output Values in Major Textile Sectors

单位：%

Unit：%

时　　期 Period or year	"一五"时期 1953～1957	"二五"时期 1958～1962	1963～1965年	"三五"时期 1966～1970	"四五"时期 1971～1975	"五五"时期 1976～1980	"六五"时期 1981～1985	"七五"时期 1986～1990	1953～1992年
纺织工业合计 Total textile industry	8.6	−3.3	21.3	6.2	3.9	13.8	7.8	7.3	7.3
其中：化学纤维工业 of which：Chemical fiber industry	—	—	—	15.1	4.4	37.2	10.9	22.2	—
棉纺织印染工业 Cotton spinning，weaving，dyeing and printing industry	5.7	−5.5	22.0	8.5	4.3	11.5	6.1	3.3	6.0
针织工业 Knitting industry	22.7	−0.9	6.1	13.9	8.1	15.4	9.1	4.3	12.6
毛纺织工业 Wool spinning，weaving and dyeing industry	32.0	−4.6	−2.3	7.9	6.4	12.3	17.6	4.0	12.6
麻纺织工业 Bast fiber industry	13.7	−4.6	−2.3	7.9	6.4	12.3	11.8	6.3	8.8
丝绢纺织工业 Silk and spun silk industry	15.3	12.7	8.9	9.8	2.2	11.3	13.5	3.7	9.5
纺织机械工业 Textile machinery industry	29.3	1.4	21.6	6.9	2.1	20.6	8.1	8.2	12.6
纺织器材工业 Textile accessories industry	—	—	—	—	—	—	7.2	6.1	—
服装工业 Apparel industry	—	—	—	—	—	10.3	5.9	—	—

注　按可比价格计算。

Note　On the comparable price.

纺织工业（系统内）主要行业总产值及构成
Total Output Value and Composition of Major Textile Sectors (Internal the Ministry of Textile Industry)

年 份 Year	1952	1957	1965	1978	1991	1992
总产值（亿元）Total output value (100 million yuan)	94.3	143.6	216.5	473.2	2177.7	2391.5
其中：化学纤维工业 of which: Chemical fiber industry	—	—	4.2	28.3	243.1	277.0
棉纺织印染工业 Cotton spinning, weaving, dyeing and printing industry	73.7	100.6	137.5	316.8	1102.8	1194.0
针织工业 Knitting industry	3.6	9.8	11.3	40.9	149.7	157.7
毛纺织工业 Wool spinning, weaving and dyeing industry	1.4	6.1	9.1	26.8	183.4	203.5
麻纺织工业 Bast fiber spinning and weaving industry	2.1	3.9	2.8	7.5	41.3	43.4
丝绢纺织工业 Silk and spun silk industry	3.0	5.6	15.3	35.7	227.6	249.0
纺织机械工业 Textile machinery industry	0.3	1.1	3.3	8.9	51.0	58.8
纺织器材工业 Textile accessories industry	—	—	1.1	2.6	11.6	12.9
服装工业 Apparel industry	—	—	—	—	124.9	140.9
比重（%）Share (%)	100	100	100	100	100	100
其中：化学纤维工业 of which: Chemical fiber industry	—	—	1.9	6.0	11.2	11.6
棉纺织印染工业 Cotton spinning, weaving, dyeing and printing industry	78.2	70.1	63.5	66.9	50.6	49.9
针织工业 Knitting industry	3.8	6.8	5.2	8.6	6.9	6.6
毛纺织工业 Wool spinning, weaving and dyeing industry	1.5	4.2	4.2	5.7	8.4	8.5
麻纺织工业 Bast fiber spinning and weaving industry	2.2	2.7	1.3	1.6	1.9	1.8
丝绢纺织工业 Silk and spun silk industry	3.2	3.9	7.1	7.5	10.5	10.4
纺织机械工业 Textile machinery industry	—	0.8	1.5	1.9	2.3	2.5
纺织器材工业 Textile accessories industry	—	—	0.5	0.5	0.5	0.5
服装工业 Apparel industry	—	—	—	—	5.7	5.9

1992 年纺织工业部系统净产值
Net Output Value of the Enterprises under the Ministry of Textile Industry in 1992

单位：亿元
Unit：100 million yuan

	总产值（现行价）Total output value (present price)	净产值 Net output value	净产值为现价总产值的百分数 Share of net output value in total output value of present price（%）
全国总计 Grand total	2251.1	523.6	23.3
化学纤维工业 Chemical fiber industry	245.2	63.4	25.9
其中：合成纤维工业 of which：Synthetic fiber industry	203.7	48.3	23.7
棉纺织印染工业 Cotton spinning，weaving，dyeing and printing industry	1141.0	234.4	20.5
其中：印染工业 of which：Deying and printing industry	222.4	21.4	9.6
针织工业 Knitting industry	149.5	36.5	24.4
毛纺织工业 Wool spinning，weaving and dyeing industry	179.9	55.6	30.9
麻纺织工业 Bast fiber spinning and weaving industry	38.7	8.8	22.7
丝绢纺织工业 Silk and spun silk industry	233.5	54.5	23.3
纺织机械工业 Textile machinery industry	55.9	18.9	33.8
纺织器材工业 Textile accessories industry	12.4	4.3	34.7
服装工业 Apparel industry	141.8	35.0	24.7

注 由于总产值与净产值存在填报企业单位不完全一致的情况，这一百分数仅供参考。

Note Since there is a lack of consistency in the number of the enterprises between the total output value and net output value，the percentages are only for reference.

纺织工业（系统内）主要行业职工人数
Number of Staff and Workers Engaged in Major Textile Sectors (Internal the Ministry of Textile Industry)

单位：万人
Unit：10000 persons

	1952年末 End of 1952	1957年末 End of 1957	1965年末 End of 1965	1978年末 End of 1978	1991年末 End of 1991	1992年末 End of 1992
纺织工业合计 Total No. of staff and workers in textile industry as a whole	97.0	131.3	148.5	311.2	777.97	761.50
化学纤维工业 Chemical fiber industry	—	—	2.5	11.0	30.75	32.42
棉纺织印染工业 Cotton spinning，weaving，dyeing and printing industry	71.0	84.3	95.0	175.3	389.22	379.94
其中：印染工业 of which：Dyeing and printing industry	—	—	—	14.9	33.89	31.58
针织工业 Knitting industry	7.9	12.2	13.6	37.3	68.13	64.84
毛纺织工业 Wool spinning，weaving and dyeing industry	2.1	4.3	8.3	16.2	64.82	63.52
麻纺织工业 Bast fiber spinning and weaving industry	3.6	5.0	3.2	9.0	31.41	29.81
丝绢纺织工业 Silk and spun silk industry	7.7	6.8	16.6	34.7	78.89	80.10
服装工业 Apparel industry	—	—	—	—	56.81	53.33

注 包括计划外用工。

Note Figures include extra budgetary workers.

历年纺织工业
Output of Major Textile

年份 Year	化学纤维（万吨） Chemical fiber (10000 tons)	其中 of which 粘胶纤维（万吨） Rayon fiber (10000 tons)	其中 of which 合成纤维（万吨） Synthetic fiber (10000 tons)	纱（万件） yarn (10000 bales)	纱（万吨） yarn (10000 tons)	布（亿米） fabric (100 million meters)
1949	—	—	—	180.3	32.7	18.9
1952	—	—	—	361.8	65.7	38.3
1956	—	—	—	524.7	95.2	57.7
1957	0.02	0.02	—	465.3	84.4	50.5
1958	0.30	0.30	—	695.4	126.2	64.6
1959	0.54	0.53	0.01	843.6	153.1	75.7
1960	1.06	1.04	0.03	602.5	109.3	54.5
1961	0.53	0.51	0.02	368.6	66.9	31.1
1962	1.36	1.32	0.04	302.3	54.9	25.3
1963	1.89	1.80	0.09	373.8	67.8	33.4
1964	3.21	3.02	0.19	534.8	97.0	47.1
1965	5.01	4.49	0.52	716.4	130.0	62.8
1966	7.58	5.81	1.77	862.5	156.5	73.1
1967	5.22	3.68	1.54	744.6	135.1	65.6
1968	3.60	2.62	0.97	758.8	137.7	64.3
1969	6.66	4.55	2.11	994.9	180.5	82.1
1970	10.09	6.47	3.62	1131.0	205.2	91.5
1971	11.99	7.60	4.39	1047.0	190.0	84.2
1972	13.73	8.70	5.03	1039.3	188.6	83.5
1973	14.88	9.22	5.66	1084.2	196.7	87.1
1974	14.26	8.53	5.73	993.5	180.3	80.8
1975	15.48	8.91	6.57	1161.8	210.8	94.0
1976	14.61	6.77	7.84	1080.3	196.0	88.4
1977	18.98	8.41	10.57	1228.9	223.0	101.5
1978	28.46	11.52	16.93	1327.9	238.2	110.3
1979	32.63	11.27	21.36	1467.4	263.5	121.5
1980	45.03	13.62	31.41	1628.7	292.6	134.8
1981	52.73	14.26	38.47	1763.0	317.0	142.7
1982	51.70	14.16	37.53	1867.7	335.4	153.5
1983	54.07	13.87	40.20	1820.4	327.1	148.8
1984	73.49	15.91	57.58	1790.6	321.9	136.9
1985	94.78	17.73	77.06	1966.5	353.5	146.7
1986	101.73	18.66	83.07	2213.7	397.8	164.7
1987	117.50	19.30	98.20	2431.6	436.8	173.0
1988	130.12	17.66	112.47	2594.3	465.7	187.9
1989	147.82	19.60	128.22	2656.1	476.7	189.2
1990	164.82	21.64	143.18	2574.1	462.6	188.8
1991	191.04	24.01	167.03	2565.7	460.8	181.7
1992	211.12	24.91	186.21	2793.1	501.4	190.5

主 要 产 品 产 量 （一）

Products（1949～1992）（1）

其中 of which					
纯棉布（亿米）All cotton fabric (100 million meters)	棉混纺交织布（亿米）Cotton blend fabric (100 million meters)	纯化纤布（亿米）All chemical fiber fabric (100 million meters)	涤纶混纺布（亿米）Polyester blend fabric (100 million meters)	印染布（亿米）Printed and dyed fabric (100 million meters)	针棉织品折用纱量（万件）Cotton knitgoods converted into yarn consumed (10000bales)
—	—	—	—	—	13.0
—	—	—	—	19.20	30.4
—	—	—	—	32.70	78.7
—	—	—	—	29.40	71.7
—	—	—	—	39.20	111.5
—	—	—	—	46.40	165.3
49.9	—	—	—	32.20	127.0
28.2	—	0.97	—	18.20	55.2
22.7	0.20	1.07	—	18.40	46.6
30.7	0.20	1.26	—	23.40	44.3
43.8	—	1.54	—	29.80	65.2
57.4	—	1.95	—	35.90	98.1
64.8	—	2.22	—	40.40	122.2
58.1	—	—	—	35.10	113.5
56.0	—	—	—	37.10	109.6
71.0	—	—	—	48.80	152.0
78.0	—	—	—	53.00	185.5
71.0	—	—	—	47.60	180.4
70.0	6.57	1.97	1.67	46.50	171.7
72.2	8.85	2.52	3.49	51.60	178.7
66.5	8.37	2.94	4.02	51.25	170.2
77.7	9.61	3.38	5.10	58.88	189.1
71.7	10.36	3.26	6.98	53.57	185.3
81.6	12.58	3.78	10.07	59.77	210.5
81.5	20.23	4.68	16.18	65.00	226.5
82.2	28.29	6.81	23.64	71.78	244.4
87.1	33.69	9.69	26.33	80.71	278.1
85.2	40.93	12.56	35.21	82.85	308.3
101.2	37.77	10.18	27.34	80.77	353.8
90.4	42.45	11.17	39.60	73.29	341.8
70.1	46.43	15.03	46.41	68.10	328.7
82.1	46.94	17.59	48.76	75.27	381.2
99.1	45.41	20.26	47.83	79.47	426.8
107.6	47.99	17.15	48.60	83.12	488.9
118.7	51.47	17.65	50.79	95.23	560.4
117.9	53.32	17.96	51.78	87.02	555.4
108.2	56.21	24.38	57.60	91.55	534.3
108.6	55.22	17.95	54.70	99.47	528.0
111.7	57.55	21.16	56.14	124.55	568.6

历 年 纺 织 工 业
Output of Major Textile

年份 Year	针棉织品折用纱量（万吨） Cotton knitgoods converted into yarn consumed (10000 tons)	针织品折用化纤长丝量（万吨） Knitgoods converted into chemical fiber (fil) consumed (10000 tons)	毛线（万吨） Hand knitting wool yarn (10000 tons)	呢绒（万米） Wool fabric (10000 meters)	毛毯（万条） Woollen blanket (10000 pcs.)	麻袋（亿条） Gunny bag (100 million pcs.)
1949	—	—	0.18	544	22.2	0.10
1952	—	—	0.20	423	71.7	0.67
1956	—	—	0.57	1427	92.0	0.79
1957	—	—	0.57	1817	86.2	0.83
1958	—	—	1.00	2674	142.9	1.20
1959	—	—	0.88	3385	170.3	1.07
1960	—	—	0.95	2646	206.0	0.86
1961	—	—	0.53	3092	161.6	0.59
1962	—	—	0.78	3242	191.4	0.44
1963	—	—	0.80	4369	188.9	0.50
1964	—	—	0.96	4809	208.0	0.86
1965	—	—	1.10	4240	242.0	1.25
1966	—	—	1.25	4383	267.0	1.46
1967	—	—	1.11	3577	280.0	1.24
1968	—	—	1.21	3976	300.0	1.08
1969	—	—	1.70	4975	360.0	1.48
1970	—	—	2.17	5776	445.1	1.84
1971	—	—	2.35	6153	398.8	1.81
1972	—	—	2.21	6046	382.8	1.32
1973	—	—	2.32	6211	434.8	1.69
1974	—	—	2.36	6357	486.1	1.68
1975	—	—	2.66	6943	513.0	1.91
1976	—	—	2.78	7072	505.6	1.88
1977	—	—	3.11	7840	539.0	2.45
1978	40.72	1.99	3.78	8885	625.0	2.89
1979	43.88	2.59	4.44	9017	690.0	3.39
1980	49.97	4.57	5.73	10093	883.7	4.25
1981	55.43	6.91	7.65	11308	1067.0	4.29
1982	63.53	6.64	9.25	12669	1378.8	5.00
1983	61.42	7.44	10.21	14291	1621.6	5.51
1984	59.10	8.58	11.00	18049	1745.4	5.48
1985	68.53	9.13	12.59	21816	2015.4	6.27
1986	76.69	7.58	14.91	25186	2421.8	7.60
1987	87.82	7.55	20.42	26540	3018.5	8.58
1988	100.59	8.09	22.44	28611	3515.6	9.31
1989	99.69	7.37	24.99	27963	3081.5	8.54
1990	96.02	6.95	23.79	29505	2295.6	7.40
1991	94.82	6.65	28.25	31143	2400.3	6.51
1992	102.08	6.17	35.06	33791	2457.1	6.15

主要产品产量（二）

Products（1949～1992）（2）

苎麻布（万米）Ramie fabric（10000 meters）	亚麻布（万米）Linen fabric（10000 meters）	丝（万吨）Silk（10000 tons）	丝织品（亿米）Silk fabric（100 million meters）	服装（亿件）Apparel（100 million pcs.）	纺织机械（万吨）Textile machinery（10000 tons）
9	9	0.18	0.50	—	—
2	66	0.56	0.65	—	1.99
163	2286	0.94	1.19	—	5.14
126	2398	0.99	1.45	—	4.33
528	2609	1.13	2.03	—	6.29
1176	2425	1.02	2.78	—	8.19
995	2487	0.83	2.83	—	11.81
775	1019	0.52	2.53	1.99	3.98
458	1098	0.47	2.25	2.35	2.23
1007	907	0.47	2.46	2.56	2.47
1276	1190	0.71	4.77	3.07	4.78
1299	1412	0.91	3.42	3.85	8.63
967	1848	1.18	3.79	4.41	10.68
—	—	1.13	3.24	4.08	5.72
—	—	0.93	2.86	3.25	6.28
—	—	1.30	3.55	3.54	8.70
—	—	1.67	4.32	3.66	11.47
—	—	1.93	4.48	4.14	12.01
1137	1455	1.95	4.48	4.86	11.13
731	1581	2.11	4.60	5.47	11.27
384	1592	1.82	4.22	5.68	11.18
729	1814	2.31	4.54	6.73	11.92
774	1534	2.28	4.60	7.18	10.53
691	1800	2.69	5.29	7.17	12.08
620	1931	2.97	6.11	6.73	19.25
1581	2081	2.97	6.63	7.44	19.47
1965	2097	3.54	7.59	9.45	24.53
2963	2052	3.74	8.35	10.08	27.98
4491	2110	3.71	9.14	9.85	32.81
2858	1881	3.69	10.03	10.04	33.79
4204	2056	3.76	11.78	11.06	30.18
3936	2262	4.22	14.49	12.67	35.59
4697	2657	4.72	15.01	—	39.77
6988	2843	5.19	16.02	22.60	46.56
7159	3070	5.15	17.11	29.11	66.86
15358	3331	5.23	16.28	30.03	49.33
7119	2733	5.66	17.12	31.75	44.42
8053	3139	6.07	24.06	33.84	44.85
9545	2864	7.33	25.24	28.23	42.16

纺织工业主要产品产量增长速度
Growth Rates of Major Textile Products

单位：%
Unit：%

	化学纤维 Chemical fiber	纱 yarn	布 fabrics	针棉织品折用纱 Cotton knitgoods (converted into yarns consumed)	毛线 Hand-knitting wool yarn	呢绒 Wool fabrics	毛毯 Woollen blanket	麻袋 Gunny bag	丝 Silk	丝织品 Silk fabrics	服装 Apparel
增长速度 Growth rate											
1952 : 1949	—	100.7	102.6	133.8	9.5	-22.2	223.0	592.2	210.7	30.0	—
1957 : 1952	—	28.6	31.9	135.9	185.6	329.6	20.2	23.4	77.4	123.1	—
1962 : 1957	6700	-35.0	-49.9	-35.0	38.0	78.4	122.0	-47.0	-52.9	55.2	—
1965 : 1962	268.4	137.0	148.2	110.5	40.5	30.8	26.4	184.2	96.0	52.0	—
1970 : 1965	101.4	57.9	45.7	89.1	97.6	36.2	83.9	47.4	83.0	26.3	-4.9
1975 : 1970	53.4	2.7	2.7	1.9	23.0	20.2	15.3	3.7	37.7	5.1	83.9
1980 : 1975	190.9	40.2	43.4	47.1	115.4	45.4	72.3	122.5	53.2	67.2	40.4
1985 : 1980	110.5	20.8	8.8	37.0	119.7	116.2	128.1	47.5	19.2	90.9	34.1
1990 : 1985	73.9	30.9	28.7	40.2	88.9	35.2	13.9	18.0	34.1	18.2	150.6
1992 : 1949	* 2685	1433	908	4274	19378	6111	10968	6050	3972	4948	* 540
年平均增长速度 Annual average growth rate											
恢复时期 Economic recovery period	—	26.2	26.5	32.7	3.1	-8.0	47.8	90.6	45.9	9.2	—
"一五"时期 1st 5-year plan period	—	5.2	5.7	18.7	23.4	33.9	3.8	4.3	12.1	17.4	—
"二五"时期 2nd 5-year plan period	126.1	-8.3	-12.9	-8.3	6.6	12.3	17.3	-11.9	-14.0	9.2	—
1963～1965	54.4	33.3	35.4	28.2	12.0	9.4	8.1	41.7	25.1	15.0	—
"三五"时期 3rd 5-year plan period	15.0	9.6	8.1	13.6	14.6	6.4	12.9	8.1	12.8	4.8	-0.8
"四五"时期 4th 5-year plan period	8.9	0.5	0.5	0.4	4.2	3.8	2.9	0.7	6.6	1.0	12.9
"五五"时期 5th 5-year plan period	23.8	7.0	7.5	8.1	16.6	7.8	11.5	17.3	8.9	10.8	7.0
"六五"时期 6th 5-year plan period	16.1	3.8	1.7	6.5	17.0	16.7	18.0	8.1	3.6	13.8	6.1
"七五"时期 7th 5-year plan period	11.7	5.5	5.2	7.0	13.6	6.2	2.6	3.4	6.0	3.4	20.2
1950～1992	* 14.9	6.6	5.5	9.2	13.0	10.1	11.6	10.1	9.0	9.5	* 7.7

注 有*号者为1966～1992年。
Note Sign "*" shows the growth rate for 1966～1992.

纺织工业部系统全员劳动生产率
Labor Productivity of Enterprises under the Ministry of Textile Industry

单位：元/人
Unit：Yuan/Person

年 份 Year	1952	1957	1965	1978	1991	1992
*全员劳动生产率 Labor productivity of whole work force	10309	12756	13195	17793	30121	32587
化学纤维工业 Chemical fiber industry	—	—	—	26241	77810	81682
其中：合成纤维工业 of which：Synthetic fiber industry	—	—	—	36010	91823	96131
棉纺织印染工业 Cotton spinning，weaving，dyeing and printing industry	—	—	—	19986	29300	31234
其中：印染工业 of which：Dyeing and printing industry	—	—	—	70295	72214	79828
针织工业 Knitting industry	—	—	—	15070	20987	21378
毛纺织工业 Wool spinning，weaving and dyeing industry	—	—	—	19045	28547	31642
麻纺织工业 Bast fiber spinning and weaving industry	—	—	—	10565	13840	15913
丝绢纺织工业 Silk and spun silk industry	—	—	—	12090	30446	33328
纺织机械工业 Textile machinery industry	—	—	—	6506	26211	30426
纺织器材工业 Textile accessories industry	—	—	—	—	21445	21145
服装工业 Apparel industry	—	—	—	—	23123	23163

注 ①*包括丝绸、服装工业。
②1978 年仅为全民所有制企业，不包括服装工业。1991、1992 年也为全民所有制企业。

Note ①Sign "*" shows figures include the silk industry and the apparel industry.
②Data listed in the above table for the year 1978 only from state-owned enterprises，and exclude the apparel industry. Those in the years 1991 and 1992are only from state-owned enterprises also.

纺织工业实物劳动生产率
Labor Productivity in Kind of the Textile Industry

	单 位 Unit	1978	1991	1992
棉纱 Cotton yarn	工/吨 man-days/ton	31.16	30.36	29.76
棉布 Cotton fabric	工/万米 man-days/10000 meters	102	98.77	95.53
印染布 Dyed and printed fabric	工/万米 man-days/10000 meters	—	32.25	29.70
针织品 Knitting goods	工/千件 man-days/1000 pcs.	—	46.24	44.99
毛织品 Wool fabric	工/百米 man-days/100 meters	—	24.29	24.38
麻袋 Gunny bag	工/百条 man-days/100 pcs.	—	4.51	4.35
化纤 Chemical fiber	吨/人年 tons/man-year	5.84	9.51	9.23
缫丝 Silk reeling	工/百千克 man-days/100 kg	—	151	133
织绸 Silk weaving	工/百米 man-days/100 meters	—	5.16	4.82

1991、1992年纺织各行业主要技术经济指标
Major Techno-economic Indices of the Textile Sectors in 1991 and 1992

指 标 Item	单位 Unit	1991	1992
化学纤维 Chemical fiber			
粘胶纤维正品率（混合） Quality rayon (mixed)	%	98.88	99.18
每吨粘胶短纤维用浆粕 Pulp required to produce 1 ton of viscose staple fiber	千克 kg	1044	1051
每吨粘胶长丝用浆粕 Pulp required to produce 1 ton of viscose filament yarn	千克 kg	1142	1116
每吨粘胶短纤维用二硫化碳量 Carbon disulfide required to produce 1 ton of viscose staple fiber	千克 kg	187	196
每吨粘胶长丝用二硫化碳量 Carbon disulfide required to produce 1 ton of viscose filament yarn	千克 kg	368	357
每吨粘胶短纤维用硫酸量 Sulfuric acid required to produce 1 ton of viscose staple fiber	千克 kg	916	911
每吨粘胶长丝用硫酸量 Sulfuric acid required to produce 1 ton of viscose filament yarn	千克 kg	1354	1308
每吨粘胶短纤维用烧碱量 Caustic soda required to produce 1 ton of viscose staple fiber	千克 kg	632	618
每吨粘胶长丝用烧碱量 Caustic soda required to produce 1 ton of viscose filament yarn	千克 kg	840	801
每吨粘胶短纤维用电量 Power required to produce 1 ton of viscose staple fiber	千瓦·时 kW·h	1918	1921
每吨粘胶长丝用电量 Power required to produce 1 ton of viscose filament yarn	千瓦·时 kW·h	10000	9902

续

指　　标　Item	单位 Unit	1991	1992
合成纤维正品率（混合） Quality synthetic fibers (mixed)	%	98.42	98.74
每吨锦纶用原料量 Raw material required to produce 1 ton of nylon	千克 kg	1147	1128
每吨涤纶短纤维用原料量 Raw material required to produce 1 ton of polyester staple fiber	千克 kg	1053	1045
每吨涤纶长丝用原料量 Raw material required to produce 1 ton of polyester filament yarn	千克 kg	1069	1065
每吨维纶用原料量 Raw material required to produce 1 ton of vinylon	千克 kg	929	926
每吨锦纶用电量 Power required to produce 1 ton of nylon	千瓦·时 kW·h	3186	3099
每吨涤纶短纤维用电量 Power required to produce 1 ton of polyester stape fiber	千瓦·时 kW·h	750	824
每吨涤纶长丝用电量 Power required to produce 1 ton of polyester filament yarn	千瓦·时 kW·h	2542	2503
每吨维纶用电量 Power required to produce 1 ton of vinylon	千瓦·时 kW·h	2245	2232
每吨锦纶用标准煤量 Standard coal required to produce 1 ton of nylon	千克 kg	1479	1329
每吨涤纶短纤维用标准煤量 Standard coal required to produce 1 ton of polyester staple fiber	千克 kg	686	646
每吨涤纶长丝用标准煤量 Standard coal required to produce 1 ton of polyester filament yarn	千克 kg	667	570
每吨维纶用标准煤量 Standard coal required to produce 1 ton of vinylon	千克 kg	2309	2228
棉纺织 Cotton spinning & weaving			
棉纱一等一级以上品率 First grade cotton yarn	%	99.10	99.26
平均纱号 Average yarn count	号 tex	20.80	20.68
每千锭时产纱量（混合数） Yarn produce per 1000 spindle hours (mixed)	千克 kg	19.92	19.92
棉纺锭设备运转率 Operating cotton spindles	%	90.66	92.00
棉纺锭设备利用率 Utilized cotton spindles	%	38.05	90.57
每吨棉纱通扯净用棉量（包括化纤） Average cotton (include chemical fiber) required to produce 1 ton of cotton yarn	千克 kg	1069	1077
每吨棉纱用电量 Power required to produce 1 ton cotton yarn	千瓦·时 kW·h	2125	2126
棉布入库一等品率 First grade cotton fabric in stock	%	95.89	96.01
平均纬密 Average weft density	根/10厘米 ends/10cm	252	258
平均幅阔 Average fabric width	厘米 cm	114	117
棉布织机每台时产量（混合数） Hourly output of cotton loom (mixed)	米 m	3.32	3.39
棉布织机设备利用率 Utilized cotton looms	%	87.76	88.95
棉布织机设备运转率 Operating cotton looms	%	92.09	92.22
每百米棉布用纱量 Yarn required to produce 100 meters of cotton fabric	千克 kg	17.08	17.87
每百米棉布用电量 Power required to produce 100 meters of cotton fabric	千瓦·时 kW·h	26.32	26.90
印染 Dyeing and printing			
棉印染布入库一等品率 First grade cotton printed and dyed fabrics in stock	%	87.12	88.39
每百米印染布用碱量 Caustic soda required to produce 100 meters of printed or dyed fabric	千克 kg	2.12	2.20
每百米印染布用标准煤量 Standard coal required to produce 100 meters of printed or dyed fabric	千克 kg	45.58	50.50
针织 Knitting			

续

指　标　Item	单位 Unit	1991	1992
棉毛类衫裤入库一等品率 First grade cotton interlock underwear in stock	%	92.79	94.55
绒布类衫裤入库一等品率 First grade flannelette underwear in stock	%	96.45	97.18
汗布类衫裤入库一等品率 First grade singlet in stock	%	94.02	94.56
毛纺织 Wool spinning, weaving and dyeing			
毛线入库一等品率 First grade hand-knitting wool yarn in stock	%	95.29	95.97
每百千克毛线净用毛条量 Net tops required to produce 100 kg of hand-knitting wool yarn	千克 kg	107.5	109.4
毛线精纺锭千锭时产量 Output of hand-knitting wool yarn per 1000 worsted spindle hours	千克 kg	45.29	45.40
精纺毛织品入库一等品率 First grade worsted fabric in stock	%	93.15	93.81
精梳毛织机每台时产量 Hourly output of worsted loom	米 m	1.96	1.97
每百米精纺毛织品净用毛条量 Net tops required to produce 100 meters of worsted fabric	千克 kg	42.97	42.44
粗纺毛织品入库一等品率 First grade woollen fabric in stock	%	92.74	94.13
粗梳毛织机台时产量（不包括素毛毯） Hourly output of woollen loom (exclude plain woollen blankets)	米 m	2.46	2.81
每百米粗纺毛织品耗用洗净毛量 Net scoured wool required to produce 100 meters of woollen fabric	千克 kg	77.17	74.67
毛毯入库一等品率 First grade wollen blanket in stock	%	85.66	74.63
提花毛毯织机台时产量 Hourly output of jacquard blanket loom	条 pcs.	1.11	1.23
每条毛毯用洗净毛量 Scoured wool required to produce 1 piece of woollen blanket	千克 kg	1.94	2.04
麻纺织 Bast fiber spinning & weaving			
麻袋正品率 Quality gunny bag	%	99.91	99.84
麻袋织机台时产量 Hourly output of sacking loom	米 m	21.39	22.01
每百条纯麻麻袋耗用熟麻量 Scoured jute required to produce 100 pieces of gunny bag	千克 kg	86.74	87.67
苎麻布入库一等品率 First grade ramie fabric in stock	%	80.56	82.71
苎麻织机台时产量 Hourly output of ramie loom	米 m	2.28	2.47
每百米苎麻布用纱线量 Yarn required to produce 100 meters of ramie fabric	千克 kg	21.98	28.03
缫丝、丝织 Silk reeling & weaving			
桑蚕丝正品率 Quality mulberry silk	%	99.19	98.71
百千克桑蚕丝用毛茧量 Raw cocoons required to produce 100 kg of mulberry silk	千克 kg	340	326
丝织品入库一等品率 First grade silk fabric in stock	%	85.14	85.59
丝织机台时产量 Hourly output of silk loom	米 m	2.25	2.19
百米丝织品用原料量 Raw material required to produce 100 meters of silk fabric	千克 kg	11.01	11.78
服装 Apparel			
内销成衣服装合格率 Certified shrinkage of ready-made clothing for domestic market	%	98.81	99.49
出口服装合格率 Certified shrinkage of apparel exports	%	99.72	99.74
布鞋合格率 Certified shrinkage of cotton shoes	%	98.75	99.03

纺织工业主要专业设备
Principal Specialized Equipment in the Textile Industry

	单 位 Unit	1952	1957	1965	1978	1991	1992
棉纺锭 Cotton spindle	万锭 10000 spdls.	561.00	755.60	980.10	1561.92	4192	4190
棉布织机 Cotton loom	万台 10000 sets	—	42.14	30.92	49.65	90.45	88.67
毛纺锭 Wool spindle	万锭 10000 spdls.	12.31	15.62	27.98	47.81	303.02	329.25
毛织机 Wool loom	台 sets	1909	1830	4040	7120	35128	35131
麻袋织机 Sacking loom	台 sets	1042	1418	1821	5725	15528	14639
麻纺锭合计 Bast fiber spindle	万锭 10000 spdls.	4.80	5.40	7.65	15.00	101.34	107.84
其中：亚麻纺锭 of which：Flax spindle	万锭 10000 spdls.	1.42	1.58	1.44	1.93	12.44	12.95
苎麻纺锭 Ramie spindle	万锭 10000 spdls.	0.31	0.64	1.67	3.22	58.95	64.03
桑蚕缫丝机 Mulberry silk filature	万绪 10000 ends	16.72	20.56	26.52	72.23	234.54	250.99
丝织机 Silk loom	万台 10000 sets	4.42	3.09	2.67	4.54	17.21	20.38
化学纤维生产能力 Chemical fiber producing capacity	万吨 10000 tons	—	0.03	6.70	38.10	226.02	245.67
其中：粘胶纤维 of which：Rayon fiber	万吨 10000 tons	—	0.03	5.10	13.38	23.60	24.36
合成纤维 Synthetic fiber	万吨 10000 tons	—	—	1.60	24.72	202.42	221.31
棉印染生产能力 Cotton fabric printing and dyeing capacity	亿米 100 million meters	—	—	—	68.66	147.69	149.14

纺织机械工业主要指标
Main Indices of the Textile Machinery Industry

	单 位 Unit	1952	1957	1965	1991	1992
企业单位数 No. of enterprises	个 No.	8	48	153	484	292
总产值 Total output value	万元 10000 yuan	3058	32502	82720	844188	760735
纺织机械产量 Output of textile machinery	万吨 10000 tons	1.99	8.63	19.25	44.85	42.16
年末职工人数 No. of staff and workers by end of year	万人 10000 persons	1.62	3.96	6.28	39.06	28.01
全员劳动生产率 Labor productivity of whole work force	元 yuan	4543	6893	7676	21780	29536
金属切削机床 Metal-cutting machine tool	台 set	2392	6293	11541	66327	47202
锻压设备 Forging press	台 set	304	989	2076	9466	6285
利润总额 Total profit	万元 10000 yuan	1533	5832	9007	50365	56385
税金 Tax	万元 1000 yuan	—	—	—	47024	36778

纺织工业主要农牧业原料生产量、收购量
Output and Purchase of Principal Agricultural and Animal Husbandry Raw Materials by the Textile Industry

单位：万吨
Unit：10000 tons

年 份 Year		1952	1957	1965	1978	1991	1992
棉 花：产 量	Cotton：Output	130.35	164.00	209.75	216.70	567.5	450.8
收购量	Purchase	108.70	141.20	195.6	209.60	529.0	435.8
黄洋麻：产 量	Jute and kenaf：Output	30.55	30.05	27.90	108.80	51.3	61.9
收购量	Purchase	11.4	13.3	13.2	53.4	58.20	50.7
苎 麻：产 量	Ramie：Output	4.05	5.25	2.95	2.60	5.82	6.1
收购量	Purchase	3.20	3.60	2.35	2.25	9.40	7.6
桑蚕茧：产 量	Mulberry cocoon：Output	6.20	6.80	6.65	17.35	55.05	—
收购量	Purchase	4.60	5.15	6.20	17.05	50.8	62.8
柞蚕茧：产 量	Tussah cocoon：Output	6.10	4.45	3.85	5.45	3.30	—
收购量	Purchase	5.05	3.25	3.55	5.50	2.1	1.0
绵羊毛收购量	Sheep wool：Purchase	3.63	4.32	7.49	13.82	17.3	15.0
山羊毛收购量	Goat hair：Purchase	0.13	0.40	0.80	0.76	0.5	0.5
羊绒收购量	Cashmere：Purchase	0.21	0.23	0.41	0.30	0.4	0.4

注 黄洋麻收购量为熟麻。

Note Purchase of jute and kenaf are all of scoured bast.

主要纺织品按人口平均分得量

Per Capita Allocation of Principal Textile Products

	单位 Unit	1952	1957	1965	1978	1991	1992
化学纤维 Chemical fibers	千克/人 kg/person	—	0.0003	0.07	0.30	1.66	1.81
布 Fabric	米/人 m/person	6.66	7.81	8.56	11.51	15.80	16.35
棉布 Cotton fabric	米/人 m/person	6.66	7.81	8.20	8.91	9.44	9.59
棉花化纤混纺布 Cotton blend fabric	米/人 m/person	—	—	0.09	2.12	4.80	4.94
化纤布 Chemical fiber fabric	米/人 m/person	—	—	0.27	0.48	2.16	1.82
呢绒 Wool fabric	米/人 m/person	0.007	0.028	0.058	0.093	0.27	0.29
毛线 Hand-knitting wool yarn	千克/人 kg/person	0.003	0.009	0.015	0.039	0.246	0.301
袜子 Hosiery	双/人 pairs/person	0.62	0.90	0.60	0.85	1.10	0.96
针织内衣裤 Knitted underwear	件/人 pcs./person	0.12	0.33	0.51	0.98	1.31	1.12
丝织品 Silk fabric	米/人 m/person	0.11	0.22	0.47	0.64	2.09	2.17

1992 年各省、自治区、直辖市
The Textile Industry in Provinces, Autonomous Regions

地　区 Area	总　产　值 (90年不变价)(亿元) Total output value (90' constant price) (100million yuan)	化学纤维产量 (万吨) Output of chemical fiber (10000 tons)	纱产量 (万吨) Output of cotton yarn (10000 tons)	布总产量 (亿米) Output of total cotton fabric (100 million meters)
全国总计 Nationwide grand total	2391.5	211.12	501.42	190.45
北京 Beijing	45.9	3.65	8.01	2.97
天津 Tianjin	58.0	8.36	10.86	4.30
河北 Hebei	118.9	3.02	38.94	12.59
山西 Shanxi	33.8	2.70	10.17	4.23
内蒙古 Inner Mongolia	28.6	0.76	2.09	0.95
辽宁 Liaoning	121.6	17.08	20.10	6.00
吉林 Jilin	33.8	3.37	5.58	1.88
黑龙江 Heilongjiang	41.6	11.90	6.75	2.21
上海 Shanghai	219.8	28.75	36.36	13.93
江苏 Jiangsu	397.3	55.09	55.88	29.04
浙江 Zhejiang	181.4	14.98	24.67	13.22
安徽 Anhui	72.2	1.46	20.54	6.95
福建 Fujian	34.6	3.56	6.15	2.30
江西 Jiangxi	34.3	2.54	9.64	2.92
山东 Shandong	207.5	7.24	72.05	22.97
河南 Henan	113.4	7.17	37.44	12.66
湖北 Hubei	142.9	2.87	39.99	15.16
湖南 Hunan	53.6	2.19	14.34	4.57
广东 Guangdong	190.7	18.18	14.35	7.07
海南 Hainan	5.2	1.62	0.26	0.06
广西 Guangxi	32.2	1.99	7.48	2.00
四川 Sichuan	98.1	6.60	19.32	9.39
贵州 Guizhou	6.8	0.52	2.31	0.81
云南 Yunnan	15.8	0.64	4.33	1.79
西藏 Xizang	0.1	—	—	—
陕西 Shanxi	54.5	2.32	16.37	7.24
甘肃 Gansu	12.3	1.86	1.99	0.47
青海 Qinghai	3.8	—	0.70	0.25
宁夏 Ningxia	4.0	0.42	0.48	0.11
新疆 Xinjiang	28.7	0.29	14.27	2.40

纺 织 工 业 基 本 情 况

and Municipalities under the Central Government in 1992

纯棉布产量（亿米） Output of pure cotton fabric (100 million meters)	棉混纺布产量（亿米） Output of cotton chemical fiber blend fabric (100 million meters)	化纤布产量（亿米） Output of chemical fiber fabric (100 million meters)	印染布产量（亿米） Output of dyed and printed fabric (100 million meters)	针棉织品折用棉纱线量（万吨） Cotton knitgoods converted into yarn consumed (10000 tons)	毛线产量（万吨） Output of hand-knitting wool yarn (10000 tons)	呢绒产量（万米） Output of wool fabric (10000 meters)
111.75	57.55	21.16	124.55	102.08	35.06	33791
2.30	0.60	0.08	1.60	1.02	1.07	1512
2.68	1.44	0.18	4.98	3.31	0.70	901
7.06	4.06	1.47	5.26	4.42	4.32	925
3.42	0.78	0.03	1.35	0.95	0.17	235
0.14	0.29	0.52	0.11	0.29	0.35	1029
3.20	1.71	1.09	2.86	3.36	0.50	1672
1.05	0.61	0.22	0.43	0.66	0.24	590
0.94	0.86	0.41	0.94	0.90	0.15	442
7.10	4.51	2.33	9.40	9.45	2.07	2799
16.24	8.63	4.17	16.51	13.42	13.12	11648
5.69	2.50	5.03	33.40	8.53	2.35	3348
4.27	2.63	0.05	2.53	3.39	0.48	211
0.89	1.01	0.40	1.52	1.43	0.41	118
1.67	0.94	0.32	1.38	1.30	0.10	236
15.30	5.35	2.33	8.55	12.72	2.85	1891
8.16	4.02	0.48	4.44	4.04	0.43	1244
9.52	5.23	0.41	6.07	5.29	0.78	379
2.56	1.92	0.08	2.28	2.29	0.18	38
5.47	1.10	0.50	11.48	17.02	2.85	946
0.01	0.05	—	—	0.13	—	—
1.11	0.82	0.06	1.16	1.79	0.17	126
4.76	4.15	0.47	3.66	2.47	0.25	425
0.54	0.27	—	0.45	0.35	0.06	29
0.89	0.87	0.03	0.71	0.53	0.08	33
—	—	—	—	—	—	13
3.72	3.02	0.49	2.81	1.71	0.18	565
0.32	0.13	0.02	0.12	0.38	0.74	853
0.25	—	—	—	0.03	0.09	236
0.11	—	—	—	0.12	0.21	68
2.35	0.06	—	0.55	0.79	0.16	1274

地 区 Area	麻袋产量（万条）Output of gunny bag (10000 pcs.)	丝产量（吨）Output of silk (ton)	丝织品产量（万米）Output of silk goods (10000 meters)	服装产量（万件）Output of apparel (10000 pcs.)
全国总计 Nationwide grand total	61453	73269	324208	282345
北京 Beijing	6	—	1753	11037
天津 Tianjin	119	—	1918	18159
河北 Hebei	1000	97	3899	21159
山西 Shanxi	690	416	1076	2691
内蒙古 Inner Mongolia	360	—	259	1004
辽宁 Liaoning	2197	1917	9644	18311
吉林 Jilin	2547	12	1014	2446
黑龙江 Heilongjiang	797	1	1416	1310
上海 Shanghai	23	431	10902	29146
江苏 Jiangsu	3499	18455	82363	41282
浙江 Zhejiang	7832	20332	160302	16308
安徽 Anhui	5458	2344	4967	8866
福建 Fujian	340	24	2112	15961
江西 Jiangxi	1358	381	2581	3311
山东 Shandong	8788	3387	9015	28119
河南 Henan	5743	657	3619	2283
湖北 Hubei	9056	902	4232	11659
湖南 Hunan	2267	141	689	4088
广东 Guangdong	673	3397	3071	12210
海南 Hainan	0	—	—	—
广西 Guangxi	3592	1188	1312	6102
四川 Sichuan	4228	17515	15969	18230
贵州 Guizhou	133	66	130	—
云南 Yunnan	473	272	527	1162
西藏 Xizang	—	—	—	4
陕西 Shanxi	264	1015	993	6560
甘肃 Gansu	10	—	109	—
青海 Qinghai	—	—	—	156
宁夏 Ningxia	—	—	142	207
新疆 Xinjiang	—	319	193	574

注 利润税金全国总计中包括纺机企业3.44亿元。

Note The profit and tax of nationwide grand total includes those of textile machinery industry 341 million yuan.

续

化学纤维生产能力（万吨） Chemical fiber producing capacity (10000 tons)	棉纺锭（万锭） Cotton spindles (10000 spdls.)	毛纺锭（万锭） Wool spindles (10000 spdls.)	棉印染生产能力（亿米） Cotton dyeing and printing capacity (100 million meters)	职工人数（万人） No. of staff and workers (10000 persons)	全民所有制企业全员劳动生产率（元/人） Labor productivity of whole work force from state-owned enterprises (yuan/person)	利润税金（亿元） Profit & Tax (100 million yuan)
245.67	4189.6	329.25	149.14	761.50	32587	79.09
5.87	54.06	9.26	2.28	11.12	40089	0.73
7.77	91.72	9.40	4.51	19.68	30537	0.63
4.08	367.64	7.99	11.22	40.41	30632	3.43
3.65	69.91	2.91	3.39	14.95	21864	0.76
0.69	19.86	7.43	0.60	10.55	31368	1.01
18.49	158.80	14.12	6.04	49.94	26302	−0.35
4.46	45.13	4.77	1.09	15.12	19485	0.50
12.98	85.99	8.89	1.98	24.99	19255	1.06
30.15	255.17	21.70	13.79	51.12	43531	9.36
61.30	561.39	100.96	19.18	86.98	43661	21.98
16.55	187.74	23.76	10.73	38.63	49036	9.36
2.41	167.41	7.48	4.67	30.57	26773	0.48
3.71	49.12	3.46	1.66	9.60	32719	2.04
3.05	77.47	3.21	2.97	15.45	23342	1.15
10.38	568.26	27.77	13.37	69.83	32340	7.46
9.09	315.57	9.96	8.84	38.09	30206	4.87
4.11	329.31	11.11	11.98	58.07	24589	2.18
4.90	126.29	2.71	3.89	26.82	20677	−0.12
20.26	118.99	11.43	8.86	25.99	56280	7.10
1.75	3.00	—	0.25	1.10	49420	0.24
4.58	53.21	2.32	2.42	10.37	30803	0.57
7.80	151.90	5.71	5.25	47.80	22258	−0.63
0.65	18.36	0.81	0.70	4.73	18605	−0.58
1.38	35.63	1.33	1.69	7.50	23534	0.32
—	—	0.23	—	0.09	11489	—
2.97	148.97	5.67	5.64	20.42	27481	0.68
2.08	18.92	8.03	0.50	5.62	21108	0.55
—	5.81	3.58	—	2.37	17959	−0.19
0.35	2.97	2.24	0.08	1.83	24721	−0.06
0.20	101.02	11.00	1.57	11.89	23864	1.12

1992年纺织品、服装出口创汇
The Value of Textile and Apparel Export in 1992

单位：亿美元
Unit：US $ 100 million

	金额 Value		金额 Value
出口创汇总额 Total value	246.3	二、服装、衣着 Apparel	156.4
一、纺织产品 Textile products	80.6	其中：织物制服装 of which：Apparel of fabric	143.8
其中：纱线 of which：Yarn	7.8	三、鞋 shoes	8.0
棉织物 Cotton fabrics	20.6	四、纺织机械 Textile machinery	1.3
丝绸 Silk	5.1		

1992年纺织品、服装出口分国别、地区情况
The Value of Textile and Apparel Export by Country and Region of Destination in 1992

单位：亿美元
Unit：US $ 100 million

部分国家（地区） Country（or Area）	金额		金额
香港 Hong Kong	118.94	英国 UK	3.08
日本 Japan	36.94	新加坡 Singapore	3.00
美国 USA	20.9	阿联酋 UAE	2.34
俄罗斯 Russia	8.57	沙特阿拉伯 Saudi Arabia	2.32
德国 Germany	7.63	法国 France	2.03
意大利 Italy	5.16	澳门 Macao	2.00
韩国 Korea，Rep. of	3.95	荷兰 Netherlands	1.59
澳大利亚 Australia	3.27	比利时 Belgium	1.39
加拿大 Canada	3.13		

增列
Supplement

乡镇纺织与缝纫工业统计资料
Statistical Data of Rural and Township Textile and Sewing Industries

农业部乡镇企业司 李 侠 摘编
Bureau of Township Enterprise Ministry of Agriculture Editied by Li Xia

全国乡村纺织工业与缝纫工业概况
Total National Rural Textile and Sewing Industry

项 目 Item	年 份 Year			
	1986	1990	1991	1992
企业数（个） Number of enterprises	49617	53079	53555	59213
纺织工业 Textile industry	25269	29061	29348	30385
其中：棉纺织工业 of which：Cotton spinning，weaving，dyeing and printing industry	6867	10485	10122	9784
毛纺织工业 Wool spinning，weaving and dyeing industry	2380	3115	3203	3477
针织工业 Knitting industry	7333	7397	7635	7675
化学纤维工业 Chemical fiber industry	498	547	658	414
缝纫工业 Sewing Industry	24348	24018	24207	28414
其中：服装业 of which：apparel mill	19940	17081	18264	20868
从业人数（万人） Number of staff and Workers（10 thousand）	380.5	460	491.13	524.71
纺织工业 Textile Industry	250.2	304.4	320.61	324.06
其中：棉纺织工业 of which：Cotton spinning，weaving，dyeing and printing industry	79	127.3	130.56	117.86

续

项目 Item	年份 Year 1986	1990	1991	1992
毛纺织工业 Wool spinning, weaving and dyeing industry	34.4	45.3	49.2	47.37
针织工业 Knitting industry	60.3	58.9	63.02	62.16
化学纤维工业 Chemical fiber industry	4	5.6	7.07	6.22
缝纫工业 Sewing Industry	130.3	155.6	170.52	194.48
其中：服装业 of which: apparel mill	107	117	129.71	117.05
总产值（亿元） Total output value (100 million yuan)	301.19	933.03	1151.16	1921.31
纺织工业 Textile Industry	235.62	703.78	919.4	1365.01
其中：棉纺织工业 of which: Cotton spinning, weaving, dyeing and printing industry	79.43	303.23	356.41	471.50
毛纺织工业 Wool spinning, weaving and dyeing industry	44.34	116.1	171.45	258.85
针织工业 Knitting industry	37.44	102.13	147.07	210.85
化学纤维工业 Chemical fiber industry	5.3	22.24	38.77	52.93
缝纫工业 Sewing Industry	65.57	229.25	302.55	503.38
其中：服装业 of which: apparel mill	53.81	176.89	231.73	364.46

注 ①乡镇纺织、缝纫工业统计资料根据农业部编《乡镇企业统计资料》。
②乡镇纺织工业包括丝绸，不包括纺织机械与纺织器材行业。
③乡镇缝纫工业包括服装制造业、制帽业和制鞋业。
④乡村工业（企业）指乡办、村办工业（企业）合计；乡镇工业（企业）指乡村办、联户办、个体办工业（企业）合计。
⑤省、自治区、直辖市统计数字已包括计划单列市统计数字。
⑥1985～1989年总产值均按1980年不变价格计算。
⑦1990～1992年总产值均按1990年不变价格计算。

Note ①Statistical data of rural and township textile and sewing industries is based on the Ministry of Agriculture "Statistic data of rural and township enterprises".
②Rural and township textile industry includes silk industry, but excludes textile mechinery and accessories.
③Rural and township sewing industry includes apparel, hat and shoes mills.
④Rural industry (enterprises) means the amount of countryside and village industries (enterprises). Rural and township industry (enterprises) means the amount of rural, unite-household and individual industries (enterprises).
⑤Statistical data of provinces, autonomous regions and municipalities under the central government includes municipalities those plans are controlled directly by the central government.
⑥Total output value from 1985 to 1989 is calculated on the constant price in 1980.
⑦Total output value from 1990 to 1992 is calculatated on the constant price in 1990.

省、自治区、直辖市乡村纺织工业概况（总产值）

Rural Textile Industry in Provinces, Autonomous Regions and Municipalities under the Central Government

(Total Output Value)

单位：万元

Unit：10 thousand yuan

地　区　Area	1989	1990	1991	1992
全国总计　Nationwide grand total	5244470	7037809	9194030	13650093
北京　Beijing	88677	115526	148700	185960
天津　Tianjin	148024	193500	237657	303592
河北　Hebei	107761	114034	146501	185199
山西　Shanxi	8690	9967	12481	17346
内蒙古　Inner Mongolia	2405	2724	4381	7013
辽宁　Liaoning	67988	86005	101391	120789
吉林　Jilin	5407	6420	6217	8088
黑龙江　Heilongjiang	16177	16102	22560	26422
上海　Shanghai	286710	439899	596392	718165
江苏　Jiangsu	1886676	2581261	3199082	5692686
浙江　Zhejiang	1448480	1774983	2644974	3536966
安徽　Anhui	45098	61212	78571	120595
福建　Fujian	29741	34986	45377	114189
江西　Jiangxi	17716	18163	22685	37351
山东　Shandong	535884	781902	905920	1182423
河南　Henan	47484	72921	100022	143899
湖北　Hubei	133919	150534	163471	211872
湖南　Hunan	28492	31311	38068	48209
广东　Guangdong	230029	330385	436389	602149
广西　Guangxi	4797	7074	8465	10257
海南　Hainan	194	432	817	325
四川　Sichuan	73942	153797	194658	276773
贵州　Guizhou	347	225	246	986
云南　Yunnan	1352	3528	3981	4943
西藏　Xizang	—	—	—	—
陕西　Shanxi	15064	16893	25134	38695
甘肃　Gansu	5861	10407	12982	14821
青海　Qinghai	246	176	236	169
宁夏　Ningxia	1324	1534	1873	1895
新疆　Xinjiang	5985	21908	34799	38316
以下合计：　Hereafter amount：	419312	538865	661227	900759
重庆　Chongqing	16772	46762	2185	53406
西安　Xian	3765	3748	8486	14184
武汉　Wuhan	28556	28323	32954	37423
广州　Guangzhou	22157	28590	39300	53544
沈阳　Shenyang	4540	5972	7906	9641
大连　Dalian	19441	26540	30595	41181
哈尔滨　Haerbin	2004	2726	2679	3166
青岛　Qingdao	90584	106728	134461	156134
南京　Nanjing	24328	26963	32385	43516
宁波　Ningbo	196753	252603	357837	452750
成都　Chengdu	4959	7106	9758	23087
厦门　Shamen	420	517	496	1342
长春　Changchun	2176	2287	2185	2521

1991、1992年省、自治区、直辖市乡村服装工业概况

Rural Apparel Industry of Provinces, Autonomous Regions and Municipalities under Central Government in 1991 and 1992

地区 Area	企业数（个） Number of Enterprises		从业人数（人） Number of Staff and Workers		总产值（万元） Total Output Value (10 thousand yuan)	
	1991	1992	1991	1992	1991	1992
全国总计 Nationwide grand total	18264	20868	1297142	1170529	2317366	3644641
北京 Beijing	467	592	59405	67142	179833	243113
天津 Tianjin	470	452	62642	61658	187363	146904
河北 Hebei	657	497	37956	32767	46783	67715
山西 Shanxi	97	99	2865	2468	2061	2510
内蒙古 Inner Mongolia	78	87	1767	2088	1301	1723
辽宁 Liaoning	703	758	46828	52525	92011	110447
吉林 Jilin	67	69	2026	1514	2464	3187
黑龙江 Heilongjiang	120	89	3787	3180	5080	5776
上海 Shanghai	673	684	128863	128301	320805	418498
江苏 Jiangsu	2158	2355	191358	200379	412651	857188
浙江 Zhejiang	2023	2111	131900	—	290677	493279
安徽 Anhui	290	322	11558	15366	18557	33746
福建 Fujian	1227	2552	55638	79258	85514	238192
江西 Jiangxi	184	153	4273	4766	5785	7563
山东 Shandong	1130	1018	54563	52732	118990	163517
河南 Henan	221	279	9002	12728	10936	20534
湖北 Hubei	1021	646	39607	29402	83208	99054
湖南 Hunan	269	234	10183	9126	10514	15140
广东 Guangdong	4657	5895	399816	365246	401617	650993
广西 Guangxi	120	166	1992	5266	1511	10447
海南 Hainan	13	17	225	320	98	990
四川 Sichuan	1035	1159	23215	25477	26017	38738
贵州 Guizhou	23	25	694	645	622	613
云南 Yunnan	134	121	6296	4671	4640	4588
西藏 Xizang	—	—	—	—	—	—
陕西 Shanxi	270	253	7447	10132	5834	6863
甘肃 Gansu	64	60	2155	2366	2062	2930
青海 Qinghai	11	4	136	98	65	63
宁夏 Ningxia	7	6	98	159	60	45
新疆 Xinjiang	75	165	847	749	307	285

续

地 区 Area		企业数（个） Number of Enterprises		从业人数（人） Number of Staff and Workers		总产值（万元） Total Output Value (10 thousand yuan)	
		1991	1992	1991	1992	1991	1992
以下合计：	Hereafter amount：	2223	2507	192056	218455	346266	513085
重庆	Chongqing	196	233	5454	5853	1625	7236
西安	Xian	104	117	4631	7202	4087	4237
武汉	Wuhan	59	—	3708	—	3978	—
广州	Guangzhou	332	569	54741	76236	84704	163643
沈阳	Shenyang	118	143	7246	6147	11615	15656
大连	Dalian	174	178	22970	25977	57476	55261
哈尔滨	Haerbin	21	18	1043	725	1032	961
青岛	Qingdao	289	266	15719	13858	33080	45455
南京	Nanjing	210	231	20496	21962	35046	58226
宁波	Ningbo	550	544	43829	44146	96384	133669
成都	Chengdu	139	167	9542	10705	13474	20617
厦门	Shamen	12	17	1634	2763	2140	3419
长春	Changchun	22	24	1043	2881	1625	4705

1991、1992年乡镇纺织及缝纫工业主要产品产量与全国相比较

Rural and Township Textile and Sewing Industries Compare with National Textile Industry at Output of Major Products in 1991 and 1992

项 目 Item	单 位 Unit	乡镇纺织及缝纫工业 Rural and Township Textile and Sewing Industries		全 国 National		乡镇占全国 Share in National (%)	
		1991	1992	1991	1992	1991	1992
布 fabrics	亿米 100 million meters	35.99	39.10	181.7	190.45	19.8	20.53
呢绒 Wool fabrics	万米 10 thousand meters	—	12334	31143	33791	—	36.50
丝 Silk	吨 ton	30211	34115	60700	73268	49.8	46.56
丝织品 Silk fabrics	万米 10 thousand meters	76799	104807	240600	252361	44.9	41.53
服装 Apparel	亿件 100 million pcs.	39.38	32.61	33.84	42.66	116.4	76.44

1992 年乡镇纺织行业分地区出口产品交货总额

Goods of Export Volume by Regions of Rural and Township Textile Circle in 1992

单位：万元

Unit：10 thousand yuan

地区 Area		总计 Total	纺织 Textiles	丝织 Silk	服装 Apparel
全国总计	Nationwide grand total	4311316	1862503	584472	1864341
北京	Beijing	159251	44864	135	114252
天津	Tianjin	178964	27465	1907	149592
河北	Hebei	42530	11815	13	30702
山西	Shanxi	1607	434	73	1100
内蒙古	Inner Mongolia	424	98	—	326
辽宁	Liaoning	112873	15726	3024	94123
吉林	Jilin	1803	849	15	939
黑龙江	Heilongjiang	6723	6119	100	504
上海	Shanghai	512473	102702	156825	252946
江苏	Jiangsu	1715438	1050116	237053	428269
浙江	Zhejiang	731032	297413	151923	281696
安徽	Anhui	32705	14355	2482	15868
福建	Fujian	173904	13384	4610	155920
江西	Jiangxi	12547	8645	1191	2711
山东	Shandong	169717	110072	4219	55426
河南	Henan	20889	13905	541	6443
湖北	Hubei	79829	26879	602	52348
湖南	Hunan	15632	4830	226	10576
广东	Guangdong	282375	73425	2493	206457
广西	Guangxi	2206	1421	398	387
海南	Hainan	120	120	—	—
四川	Sichuan	38486	33822	—	4664
贵州	Guizhou	475	451	—	24
云南	Yunnan	1404	569	571	264
西藏	Xizang	—	—	—	—
陕西	Shanxi	2225	914	—	1311
甘肃	Gansu	800	250	98	452
青海	Qinghai	—	—	—	—
宁夏	Ningxia	147	125	—	22
新疆	Xinjiang	2046	1735	652	19

附

Appendix

台湾省和香港地区统计资料

Textile Statistics of Taiwan Province and Hong Kong

中国纺织科学技术信息研究所 摘编

Editing by China Textile Information Institute

台湾省纺织工业概况

Textile Statistics of Taiwan

项 目 Item （单 位 Unit）	1987	1988	1989	1990	1991
产 值 Shipment （亿台元，10^8NT $）					
化纤 Man-made Fiber	874.77	947.49	1023.79	1003.90	1235.36
纺织 Spinning，Weaving	3827.08	3432.30	3578.01	3374.06	3824.67
制衣 Apparel	956.32	880.50	945.35	919.44	920.25
合计（A） Total	5658.17	5260.29	5547.15	5297.40	5980.28
全部制造业（B） All Industry	32350.42	44250.00	42669.00	41515.00	44831.08
纺织业/制造业（A/B） Textile/All Ind.（%）	17.50	11.9	13.0	12.8	13.34
职工人数 Employment Engaged （万人，10000）					
棉纺织业 Cotton Textile	5.5016	5.0259	4.2052	3.5923	3.3104
毛纺织业 Wool Textile	0.9493	1.0018	1.0109	0.8700	0.7863
绢纺织业 Spun Silk	0.2706	0.3278	0.3082	0.2551	0.2317
化学纤维纺织业 Man-made Fiber Textile	6.6834	6.7625	6.2087	5.7251	5.7637
针织 Knitting	10.7015	9.1008	8.6068	6.2714	5.4603
印染 Dyeing	2.4878	2.4528	2.3851	2.2358	2.0666

续

项目 Item （单位 Unit）	1987	1988	1989	1990	1991
服装 Garment	14.0160	12.9418	10.9932	9.2836	8.6216
化纤工业 Man-made Fiber	2.7217	2.6575	2.4893	2.4330	2.5262
出口额 Exports （百万美元，million US $）					
纤维原料 Raw Fiber（26*）	329	448	615	602	653.8
纱线、织物 Yarn，Fabric（65*）	4152	4638	5216	5913	7029.6
二次制品 Clothing and other made-up goods（84*）	4996	4704	4498	3771	4306.5
合计 Total	9477	9790	10329	10286	11989.9
出口总额 Total Exports （百万美元，million US $）	53538.2	60585.4	66201	67214	76161.4
占出口总额 The share of whole exports（%）	17.7	16.2	15.6	15.3	15.74
进口额 Imports （百万美元，million US $）					
纤维原料 Raw fiber（26）	900	822	887	610	984
纱线、织物 Yarn，fabric（65）	768	920	857	930	1297.5
二次制品 Clothing and other made-up goods（84）	42	130	212	297	322.3
合计 Total	1710	1872	1955	1927	2604
进口总额 Total Imports （百万美元，million US $）	34957	49656	52249	54716	62862
占进口总额 The share of whole imports（%）	4.89	3.77	3.74	3.52	4.14

注 *括号内数字为国际贸易标准分类号。

Note Quoted figure are SITC code.

资料来源 台湾《薪资与生产力统计年报》。

Source Taiwan "Year Book of Earnings and Productivity Statistics".

台湾省纺织工业设备情况
Textile Equipment of Taiwan Province

项 目 Item	单 位 Unit	1986	1987	1988	1989	1990	1991
棉纺锭 Cott Spin	千锭 10^3SP	3932	4077	4077	4077	3829	3675
气流棉纺锭 OE Spin	千头 10^3Head	105	122	122	122	151	156
精梳毛纺锭 Worsted Spin	千锭 10^3SP	363	344	344	344	350	256
羊毛 For Wool	千锭 10^3SP	108	109	109	109	115	154
合纤 For Syn Fib	千锭 10^3SP	255	235	235	235	235	256
粗梳毛纺锭 Woollen Spin	千锭 10^3SP	74	68	68	68	68	82
棉织机 Cott-Loom	千台 10^3Set	54.0	53.9	54.2	54.2	39.1	19.92
无梭 Shutteless	千台 10^3Set	22.4	26.7	27.0	27.0	22.87	29.16
毛织机 Wool-Loom	千台 10^3Set	1.3	1.1	1.1	1.1	0.6	—
长丝织机 Fil-Loom	千台 10^3Set	14.2	15.0	15.0	15.0	7.5	—
特里科经编机 Tricot Knitting Machine	台 Set	436	437	437	437	437	437
拉舍尔经编机 Raschel Knitting Machine	台 Set	401	431	431	431	431	431
圆纬机 Circular Knitting Machine	台 Set	6768	6991	6991	6991	6991	6991
横机 Flat-bar Knitting Machine	台 Set	20767	19954	15504	15504	15504	15241
缝纫机 Sewing Machine							
平缝机 Plain Seam Machine	台 set	87122	85070	74510	74510	74510	74747
包缝机 Overcast Seam Machine	台 set	23913	23493	23181	23181	23181	23340
特种缝机 Special Seam Machine	台 set	22965	22659	23413	23413	23413	23427
合成纤维 Syn Fib	千吨/年 10^3t/year	1508.0	1556.8	1530.6	1732.4	1844.7	2026.7
长丝 F	千吨/年 10^3t/year	747.0	815.2	815.3	905.0	929.3	1059.7
短纤 S	千吨/年 10^3t/year	761.0	741.6	715.3	827.4	915.4	967
人造纤维 Rayon	千吨/年 10^3t/year	134.3	133.6	133.6	153.4	150.8	153.7
粘胶、醋酯长丝 Viscose, Acetate F	千吨/年 10^3t/year	4.3	4.0	4.0	4.0	3.2	4.0
粘胶、醋酯短纤 Viscose, Acetate S	千吨/年 10^3t/year	130.0	129.6	129.6	149.4	147.6	149.7

台湾省纺织品、服装和化纤产量
Production of Textiles, Apparels and Man-Made Fiber of Taiwan Province

单位：吨
Unit：ton

纱
Yarn

年份 Year	棉纱 Cotton yarn	毛纱 Wool yarn	混纺棉纱 Cotton blended yarn	混纺毛纱 Wool blended yarn	涤纶加弹丝 Polyester filament elastic	锦纶加弹丝 Nylon filament elastic	合纤纱 Synthetic spun yarn	化纤混纺纱 Man-made fiber blended yarn
1987	246356	12195	142589	5965	391520	25964	247249	337713
1988	252454	11667	159562	5040	405794	21887	239725	330789
1989	266164	10012	167107	6902	407514	24420	283253	328236
1990	203937	10051	181802	5031	456258	19246	295263	352356
1991	206353	12277	214709	5534	501301	21032	255331	367774

单位：千米
Unit：1000m

布
Fabric

年份 Year	棉织物 Cotton fabric	毛织物 Wool fabric	毛混纺布 Wool blended fabric	棉混纺布 Cotton blended fabric	锦纶丝织物 Nylon filament fabric	涤纶丝织物 Polyester filament fabric	化纤/棉混纺织物 Man-made fiber/cotton blended fabric	人纤纱织物 Rayon spun fabric
1987	729404	3223	11733	436842	511529	608063	347600	154322
1988	745236	3399	13245	377585	569395	657937	351514	170640
1989	785510	3025	12097	313462	678385	688747	303342	212628
1990	728959	2888	8759	304328	808243	674998	348406	221729
1991	608703	2529	7982	303100	916839	664311	455160	195188

单位：千打
Unit：1000 dozen

服装及其它
Clothing and others

年份 Year	成衣 Ready made clothes	毛、腈纶毛线衣 Wool，acrylic yarn sweaters	针织衣 Knitted clothes	袜子类 Hosiery	针织布（吨） Knitted fabric (ton)	手套 Glove	地毯（千米²） Carpet (1000m²)	毛巾 Towel
1987	40788	11018	55481	15713	135342	11197	6150	31687
1988	32647	6648	43463	13198	115087	11602	6358	19238
1989	30618	7811	41797	17934	112552	11730	6185	31329
1990	27758	3699	34539	18145	110720	13923	5317	39604
1991	26979	4301	41857	19759	116548	13346	5497	31334

单位：吨
Unit：ton

化学纤维
Man-Made Fiber

年份 Year	锦纶 Nylon	涤纶 Polyester			腈纶 Acrylic	人造纤维 Rayon			其它 Others	总计 Grand total
	长丝 f.	长丝 f.	短纤 s.	计 Total	短纤 s.	长丝 f.	短纤 s.	计 Total		
1987	173572	541477	534428	1075905	141069	2386	117206	119592	8185	1518324
1988	192220	540587	559055	1099642	139459	2628	123224	125852	8483	1565656
1989	193234	596820	595748	1192568	144838	3408	149157	152565	10646	1693851
1990	187890	675693	613963	1289656	134087	3409	158461	161870	12228	1785731
1991	224962	754205	702528	1456733	152159	3444	145276	148720	14329	1996903

香港地区纺织企业数及职工人数
Textile Enterprises and Employment of Hong Kong

单位：人
Unit：person

年份 Year	纺织 Textile		加工工业 Manufacturing		缝制 Sewing	
	企业数 Enterprises	职工数 Employment	企业数 Enterprises	职工数 Employment	企业数 Enterprises	职工数 Employment
1987	49403	867947	5196	119081	9126	258221
1988	49843	837072	5188	116509	8890	247557
1989	50566	791519	5366	113487	9116	237345
1990	49449	715597	5241	100150	8623	214108
1991	44388	629170	4786	94073	6914	181174

香 港 地 区 纺 织 品 产 量
Textiles Production of Hong Kong

纱
Yarns

单位：吨
Unit：ton

	1986	1987	1988	1989	1990	1991
棉纱 Cotton yarn	180149	215132	210606	216922	191847	176672
棉混纺纱 Cotton/MMF yarn	10511	9769	7604	4512	2972	1350
化纤短纤纱 MMF staple yarn	2803	3047	2555	3808	3641	3821

织物
Fabric

单位：千米²
Unit：1000m²

	1986	1987	1988	1989	1990	1991
棉织物 Cotton fabric	757650	848157	802063	816365	816427	752541
棉毛巾布 Cotton towel	1524	3043	2232	1158	1513	—
棉/化纤织物 Cotton/MMF fabric	40632	37276	37327	26645	16155	10478
化纤长丝织物 MMF filament fabric	633	—	—	—	—	—
化纤短纤织物 MMF staple fabric	979	1077	1193	996	1067	—

香港地区纺织设备安装数
Installed Textile Equipment of Hong Kong

单位：千锭
Unit：1000 spindle

项目 Item	1985	1987	1988	1989	1990	1991
短纺锭数 Staple spin.	292	255	290	264	—	—
OE 纺锭数 OE	52	70	74	71	—	—
精梳毛纺锭 Worsted Spin.	23.6	21.1	—	—	—	—
粗梳毛纺锭 Woollen Spin.	4.7	3.2	—	—	—	—
纺机锭数 Spindles	414	395	413	389	298	237
织机台数 Looms	20563	19609	16470	15731	12942	11186

香 港 贸 易 总 额
Hong Kong Trade Grand Total

单位：百万港元
Unit：HK $ mil

	年份 Year	出 口 Exports	进 口 Imports	转 口 Re-exports	港产品出口 Domestic exports
纤维原料 Raw Fiber	1988	4771	6234	4671	100
	1989	5029	7124	4934	94
	1990	3087	5336	2973	115
	1991	4516	7247	4401	115
	1992	4723	6897	4618	105
纱、织物 Yarns，Fabric	1988	49926	62969	34375	15551
	1989	59343	72454	42529	16814
	1990	64049	79582	47143	16906
	1991	76163	94258	58533	17630
	1992	84969	101321	67743	17226
衣着等 Apparel etc.	1988	92005	32022	24697	67309
	1989	109155	44461	37281	71874
	1990	119987	53844	47822	72165
	1991	139534	66822	63700	75834
	1992	155251	80077	35326	119925
总计 Total	1988	146702	101225	63743	82960
	1989	173527	124039	84744	88782
	1990	187123	138762	97938	89186
	1991	220213	168327	126634	93579
	1992	244943	188295	107687	137256

香 港 服 装 出 口
Clothing Exports of Hong Kong

单位：百万港元
Unit：HK $ mil

		1986	1988	1989	1990	1991
	全部商品输出	153983	217664	224104	225875	231045
	服装出口总计	52162	67309	71874	72165	75525
主要输出国家	美国 USA	26921	30986	34093	33788	34676
	德国（西部） Germany（West）	6328	9392	9209	10288	11606
	英国 UK	4869	7214	7264	7231	8023
	日本 Japan	2412	3842	4751	4108	3518
	加拿大 Canada	2046	2604	2992	2863	2636
	中国 China	783	1556	1846	2020	2530
	瑞士 Switzerland	1293	1761	1666	1394	1413
	荷兰 Netherlands	1123	1627	1569	1762	1855
	瑞典 Sweden	1066	1270	1386	1474	1315
	法国 France	—	978	977	1164	1319

香港服装按原料分的出口市场
Domestic Exports of Clothing by Market by Type of Material

单位：百万港元
Unit：HK $ mil

市场 Market	棉 Cotton			人造纤维 Man-made fibre			毛 Wool			丝 Silk			其它 Other/unclassified		
	1990	1991	1992	1990	1991	1992	1990	1991	1992	1990	1991	1992	1990	1991	1992
美国 USA	15424.4	15750.4	18392.7	7966.0	8022.3	8129.3	2701.5	2921.9	2953.4	1919.1	1685.4	1774.2	5380.7	6064.0	5699
德国 Germany*	5258.7	5342.4	4532.7	2950.5	3509.3	3011.6	689.9	1271.4	1725.2	683.0	670.7	432.4	690.1	870.5	502.3
英国 UK	3818.3	4165.7	4102.7	2635.7	2695.9	2434.7	340.8	574.1	763.8	94.6	124.7	140.8	333.0	458.5	407.3
日本 Japan	472.0	540.4	626.9	383.5	397.2	387.6	845.2	682.0	495.9	225.3	193.5	300.8	812.9	699.5	567.6
加拿大 Canada	1513.2	1470.5	1808.9	749.1	624.3	633.5	249.0	215.3	240.6	104.7	106.0	91.8	189.2	183.3	279.9
中国 China	322.8	504.1	1246.6	195.9	307.2	666.9	266.9	337.9	566.7	53.1	66.6	55.8	1161.0	1337.2	777.7
荷兰 Netherlands	995.9	1080.3	1089.4	546.1	523.7	545,6	97.1	143.0	219.5	25.0	33.8	32.7	97.3	76.7	95
瑞典 Sweden	854.8	750.7	635.3	216.7	257.2	275.5	28.5	160.5	84.5	75.6	56.9	13.8	126.3	112.8	50.3
瑞士 Switzerland	537.0	594.0	544.7	397.6	425.0	203.9	96.7	62.9	207	59.6	98.0	37.9	97.7	119.6	56.8
法国 France	859.0	770.3	551.2	457.6	392.1	488.4	45.2	63.2	91.1	19.6	8.3	59.4	104.4	73.9	98.5
奥地利 Austria	413.6	424.5	360	183.8	230.0	222.9	38.7	123.1	142.3	37.3	35.1	—	52.4	50.0	36.9
丹麦 Denmark	452.3	484.7	—	162.6	189.6	—	20.2	51.2	—	6.8	6.9	—	32.8	37.0	—
澳大利亚 Australia	234.2	339.3	—	91.7	152.3	—	72.9	72.8	—	51.7	82.1	22.3	75.6	94.1	—
挪威 Norway	322.5	367.1	—	162.7	170.5	—	31.9	45.1	—	7.8	4.1	—	26.0	22.2	—
意大利 Italy	284.7	256.2	—	140.3	136.2	—	64.2	57.9	—	9.8	7.7	—	77.3	65.1	—
芬兰 Finland	246.4	256.4	—	116.1	107.1	—	18.3	30.0	—	12.1	9.1	—	22.8	17.7	—
台湾省 Taiwan	155.4	176.0	397.8	50.7	74.5	198.5	65.6	39.6	190	8.6	15.6	57.3	64.7	59.4	34.2
新加坡 Singapore	152.4	128.4	—	59.9	75.6	—	5.9	83.6	—	10.0	13.3	—	43.9	47.2	—
比利时·卢森堡 Belgium Luxem	37.8	68.6	—	52.1	79.9	—	11.3	6.5	—	6.0	11.6	—	38.7	44.1	—
西班牙半岛 Peninsular Spain	146.7	155.2	—	66.1	71.1	—	3.5	13.0	—	4.0	13.1	—	13.6	17.2	—
其它 Others	254.5	217.0	2345.9	176.6	121.4	1412.6	42.9	36.9	483.3	4.7	6.8	213.4	209.4	208.8	534.4

注　＊1992年以前不包括德国(东部)。
Note　＊Does not include Germany(East)prior to 1992.

香港服装按织物分的出口市场

Domestic Exports of Clothing by Market by Method of Manufacture

单位：百万港元
Unit：HK $ mil

市场 Market	非针织物 Non Knitted		针织物 Knitted		其它 Others	
	1991	1992	1991	1992	1991	1992
美国 USA	17308.0	18764.7	16794.5	17977.6	573.4	400.9
德国 Germany	7192.9	5661.9	4340.3	4466.8	133.1	118.1
英国 UK	4954.0	4729.6	2961.6	3045.9	107.6	96.9
中国 China	976.9	1269.0	1371.5	1896.6	181.1	163.2
加拿大 Canada	1320.0	1452.2	1244.0	1566.8	72.0	68.3
日本 Japan	977.7	1067.1	1034.1	878.8	1506.8	1080.9
荷兰 Netherlands	1075.8	1094.0	757.6	866.3	21.7	22.2
法国 France	783.6	710.5	485.8	566.9	49.2	42.9
瑞士 Switzerland	550.6	339.6	741.1	697.2	120.9	224.1
瑞典 Sweden	753.9	485.4	531.2	567.1	29.7	13.7
台湾省 Taiwan	179.3	388.5	140.2	468.8	21.0	21.5
奥地利 Austria	473.2	360.8	378.9	419.7	9.1	4.2
其他 Others	2800.3	2642.4	2175.8	2161.4	396.5	353.9
总计 Total	39346.2	38965.5	32956.5	35580.0	3222.2	2610.9

二、各国纺织工业的主要情况
The Situation of Textile Industry by Country

中国纺织科学技术信息研究所 编
Editing by China Textile Information Institute

各国工厂棉、毛、化学纤维用量①

Mill Use of Cotton, Wool and Chemical Fiber by Country

年份 Calendar Year	棉 Cotton	毛 Wool	化学纤维 Chemical Fiber: 纤维素纤维 Rayon and Acetate: Production 长丝 Yarn	短纤 Staple	进口 Imports	出口 Exports	合成纤维 Synthetic Fiber: Production 长丝 Yarn	短纤 Staple	进口 Imports	出口 Exports	用纤总量 Total Mill Use	棉 Cotton	毛 Wool	纤维素纤维 Rayon and Acetate	合成纤维 Synthetics	总计 Total
	千吨 1000 tons											%				
阿根廷 Argentina																
1988	127.10	28.44	3.50		0.18	0.05	28.30	20.40	1.63		209.51	60.7	13.6	1.7	24.0	100.0
1989	131.50	27.41	3.40		0.23		24.30	19.80	0.86		207.50	63.4	13.2	1.7	21.7	100.0
1990	138.70	24.38	2.30		0.09		26.40	20.20	2.22		214.29	64.7	11.4	1.1	22.8	100.0
1991	142.96	29.54	2.70				27.70	20.70								
1992	153.33															
澳大利亚② Australia																
1988	21.97	20.25			1.95		15.70	1.20	29.48	0.23	90.33	24.3	22.4	2.2	51.1	100.0
1989	22.15	17.87			2.00	0.14	15.00	1.60	31.16	0.36	89.28	24.8	20.0	2.1	53.1	100.0
1990	24.08	17.09			1.13	0.09	15.30	2.00	30.25	0.64	89.13	27.0	19.2	1.2	52.6	100.0
1991	26.65	16.87					14.10	2.10								
1992	29.94															
孟加拉 Bangladesh																
1988	72.50		4.80	1.00	0.77		0.60		0.73		80.40	90.2		8.2	1.6	100.0
1989	90.53		5.00	1.20	1.32		0.60		0.14		98.78	91.6		7.6	0.7	100.0
1990	95.81		4.70	1.20	0.18		0.60				102.49	93.5		5.9	0.6	100.0
1991	101.50		4.80	1.20			0.70									
1992	109.25															

续

年份 Calendar Year	棉 Cotton	毛 Wool	化学纤维 Chemical Fiber								用纤总量 Total Mill Use	棉 Cotton	毛 Wool	纤维素纤维 Rayon and Acetate	合成纤维 Synthetics	总计 Total
			纤维素纤维 Rayon and Acetate				合成纤维 Synthetic Fiber									
			长丝 Production Yarn	短纤 Production Staple	进口 Imports	出口 Exports	长丝 Production Yarn	短纤 Production Staple	进口 Imports	出口 Exports						
	千吨 1000 tons											%				
巴西 Brazil																
1988	838.00	5.53	14.90	36.60	4.08	12.43	125.80	113.90	3.08	2.31	1127.15	74.3	0.5	3.8	21.3	100.0
1989	810.00	6.59	14.80	40.20	5.22	10.07	131.60	114.20	4.49	4.81	1112.22	72.8	0.6	4.5	22.1	100.0
1990	729.00	4.97	14.90	39.60	3.54	17.60	114.20	87.60	14.02	8.30	981.92	74.2	0.5	4.1	21.1	100.0
1991	700.00	5.30	14.80	44.60			100.70	89.20								
1992	720.00															
加拿大 Canada																
1988	41.87	6.45	13.10	33.20	13.52	33.38	77.40	59.20	107.28	45.59	273.04	15.3	2.4	9.7	72.6	100.0
1989	43.36	6.56	13.10	33.50	17.19	34.52	65.20	59.60	106.78	39.37	271.40	16.0	2.4	10.8	70.8	100.0
1990	42.65	4.37	11.20	28.50	7.03	29.03	65.40	57.60	84.46	44.95	227.23	18.8	1.9	7.8	71.5	100.0
1991	41.49	4.71	11.30	29.50			65.60	61.10								
1992	42.74															
中国 China																
1988	4372.94	293.01	47.90	120.00	110.18		407.80	666.70	539.10		6557.63	66.7	4.5	4.2	24.6	100.0
1989	4244.24	239.45	47.90	130.00	123.61	0.82	474.30	748.90	518.10	0.14	6562.54	65.0	3.7	4.6	26.7	100.0
1990	4193.79	169.48	48.70	143.00	116.26	0.59	531.20	811.60	453.10	0.36	6466.17	64.9	2.6	4.8	27.8	100.0
1991	4298.47	250.42	48.90	145.00			564.00	885.90								
1992	4555.58															
台湾省 Taiwan																
1988	370.51	19.89	2.60	123.20	7.53	36.61	732.70	697.50	67.40	532.80	1451.93	25.5	1.4	6.7	66.5	100.0
1898	389.59	20.92	2.60	145.00	9.43	41.10	783.50	739.60	71.35	343.37	1777.52	21.9	1.2	6.5	70.4	100.0
1990	354.58	8.97	2.20	145.70	7.94	50.03	866.00	755.50	77.29	395.99	1772.16	20.0	0.5	6.0	73.5	100.0
1991	361.26	30.40	2.10	147.00			982.40	859.00								
1992	372.38															

续

年份 Calendar Year	棉 Cotton	毛 Wool	化学纤维 Chemical Fiber								用纤总量 Total Mill Use	棉 Cotton	毛 Wool	纤维素纤维 Rayon and Acetate	合成纤维 Synthetics	总计 Total
			纤维素纤维 Rayon and Acetate				合成纤维 Synthetic Fiber									
			长丝 Production Yarn	短纤 Production Staple	进口 Imports	出口 Exports	长丝 Production Yarn	短纤 Production Staple	进口 Imports	出口 Exports						
	千吨 1000 tons											%				
哥伦比亚 Colombia																
1988	91.29	2.47	1.50		1.18		36.00	12.90	3.45		148.79	61.4	1.7	1.8	35.2	100.0
1989	78.93	2.68	1.00		1.81		37.80	13.70	4.54		140.46	56.2	1.9	2.0	39.9	100.0
1990	95.98	2.37	2.00		0.91		41.50	14.00	4.17		160.93	59.6	1.5	1.8	37.1	100.0
1991	106.94	3.46	2.10				41.10	17.50								
1992	114.24															
捷克和斯洛伐克 Czech & Slovak																
1988	116.88	24.62	18.80	39.50	0.09	2.18	92.60	48.60	4.72	7.71	335.92	34.8	7.3	16.7	41.1	100.0
1989	126.62	22.39	13.90	39.60		2.59	88.70	52.30	7.80	9.30	339.43	37.3	6.6	15.0	41.1	100.0
1990	121.00	25.93	10.00	38.50	0.09	1.45	92.40	48.00	5.22	11.48	328.21	36.9	7.9	14.4	40.9	100.0
1991	80.00	16.35	1.80	36.70			66.00	24.00								
1992	70.00															
埃及 Egypt																
1988	295.57	6.38	7.00	5.00	0.23	0.27	8.20	34.20	5.49	10.98	350.82	84.3	1.8	3.4	10.5	100.0
1989	299.29	3.79	7.70	5.20	0.18	0.14	9.40	38.40	3.99	11.88	355.93	84.1	1.1	3.6	11.2	100.0
1990	311.82	4.19	7.90	5.20	0.09		10.70	40.00	5.90	9.84	375.95	82.9	1.1	3.5	12.4	100.0
1991	321.82	4.46	7.90	5.20			9.70	40.80								
1992	329.12															
法国 France																
1988	145.11	32.70	4.50	10.50	59.69	23.09	58.40	116.40	208.93	116.98	496.16	29.2	6.6	10.4	53.8	100.0
1989	137.02	28.16	0.40	1.60	67.18	13.43	58.40	106.60	225.53	108.50	502.95	27.2	5.6	11.1	56.1	100.0
1990	118.73	23.62	0.40	1.60	66.81	12.29	58.70	98.30	233.51	119.89	469.50	25.3	5.0	12.0	57.6	100.0
1991	105.51	23.78	0.40	1.60			49.00	52.00								
1992	98.25															

续

年份 Calendar Year	棉 Cotton	毛 Wool	化学纤维 Chemical Fiber								用纤总量 Total Mill Use	棉 Cotton	毛 Wool	纤维素纤维 Rayon and Acetate	合成纤维 Synthetics	总计 Total
			纤维素纤维 Rayon and Acetate				合成纤维 Synthetic Fiber									
			长丝 Production Yarn	短纤 Production Staple	进口 Imports	出口 Exports	长丝 Production Yarn	短纤 Production Staple	进口 Imports	出口 Exports						
	千吨 1000 tons											%				
德国（西部）③ Germany (West)																
1988	213.80	54.28	64.60	57.40	81.42	74.44	359.90	391.20	223.31	616.62	754.85	28.3	7.2	17.1	47.4	100.0
1989	204.52	56.91	68.10	60.90	92.58	82.01	355.00	420.00	248.12	624.78	799.33	25.6	7.1	17.5	49.8	100.0
1990	215.64	53.98	68.63	61.37	87.41	90.45	363.00	414.00	276.10	543.23	906.45	23.8	6.0	14.0	56.2	100.0
1991	196.56	59.07	62.29	55.71			347.60	390.40								
1992	182.15															
希腊 Greece																
1988	167.08	13.73	7.20		0.23	4.49	9.50	9.50	29.57	7.39	224.93	74.3	6.1	1.3	18.3	100.0
1989	167.92	13.08	7.50		5.17	5.40	10.20	8.00	20.46	6.44	220.49	76.2	5.9	3.3	14.6	100.0
1990	175.83	14.48	7.00		5.31	5.26	10.20	4.00	32.21	4.58	239.18	73.5	6.1	2.9	17.5	100.0
1991	180.00	12.44	5.00				6.00									
1992	182.10															
印度 India																
1988	1739.31	33.70	52.60	121.50	3.13	1.45	200.10	121.50	21.86	6.85	2285.40	76.1	1.5	7.7	14.7	100.0
1989	1828.28	39.30	56.40	142.30	3.54	1.45	217.20	149.50	19.96	13.97	2441.05	74.9	1.6	8.2	15.3	100.0
1990	1921.18	38.30	58.20	158.50	2.77	2.04	259.30	177.30	21.95	27.58	2607.88	73.7	1.5	8.3	16.5	100.0
1991	1909.85	33.00	59.00	156.40			262.50	177.00								
1992	1911.41															
印度尼西亚 Indonesia																
1988	228.33			59.00	14.20	0.36	104.00	99.60	68.36	3.54	569.58	40.1		12.8	47.1	100.0
1989	273.33			59.00	3.99	0.05	126.80	100.00	33.97	3.86	593.20	46.1		10.6	43.3	100.0
1990	316.54			60.00	5.08	0.05	148.00	115.00	41.87	4.85	681.59	46.4		9.5	44.0	100.0
1991	350.08			63.00			167.50	140.50								
1992	375.22															

续

年份 Calendar Year	棉 Cotton	毛 Wool	化学纤维 Chemical Fiber 纤维素纤维 Rayon and Acetate 长丝 Production Yarn	短纤 Production Staple	进口 Imports	出口 Exports	合成纤维 Synthetic Fiber 长丝 Production Yarn	短纤 Production Staple	进口 Imports	出口 Exports	用纤总量 Total Mill Use	棉 Cotton	毛 Wool	纤维素纤维 Rayon and Acetate	合成纤维 Synthetics	总计 Total
	千吨 1000 tons											%				
伊朗 Iran																
1988	112.88	19.84			0.68		9.90	25.00	15.06		183.36	61.6	10.8	0.4	27.2	100.0
1989	114.44	24.39			0.09		10.30	29.00	16.65		194.86	58.7	12.5	0.0	28.7	100.0
1990	119.98	21.32			3.63		12.20	32.00	23.95		213.08	56.3	10.0	1.7	32.0	100.0
1991	120.17	21.72					13.20	36.10								
1992	120.00															
意大利 Italy																
1988	317.92	139.88	32.00		90.45	14.38	186.60	377.60	252.97	465.66	917.38	34.7	15.2	11.8	38.3	100.0
1989	312.92	133.60	35.00		87.68	13.61	195.00	345.00	266.67	345.55	1016.71	30.8	13.1	10.7	45.4	100.0
1990	325.57	137.65	36.00		76.66	9.12	186.50	374.50	284.54	274.15	1138.15	28.6	12.1	9.1	50.2	100.0
1991	325.50	155.09	32.00				178.60	359.40								
1992	325.65															
日本 Japan																
1988	727.97	126.26	99.80	190.80	2.04	126.33	618.90	733.00	85.68	366.28	2091.84	34.8	6.0	8.0	51.2	100.0
1989	744.81	121.84	98.90	174.00	2.59	109.91	656.90	724.00	76.20	319.60	2169.73	34.3	5.6	7.6	52.4	100.0
1990	656.22	110.21	99.10	176.70	2.72	110.90	702.10	722.90	94.26	329.22	2124.08	30.9	5.2	7.9	56.0	100.0
1991	622.54	116.72	96.50	169.90			714.90	714.70								
1992	596.06															
韩国 Korea, Rep. of																
1988	430.76	54.24	15.10		37.83	2.40	580.30	534.70	75.39	189.88	1536.03	28.0	3.5	3.3	65.1	100.0
1989	425.58	54.14	15.30		55.11	4.81	628.90	561.00	77.79	239.45	1573.56	27.0	3.4	4.2	65.3	100.0
1990	413.16	48.42	15.80		61.01	11.75	672.30	597.40	99.16	360.75	1534.75	26.9	3.2	4.2	65.7	100.0
1991	437.78	60.15	10.90				737.80	626.30								
1992	437.99															

续

年份 Calendar Year	棉 Cotton	毛 Wool	化学纤维 Chemical Fiber: 纤维素纤维 Rayon and Acetate: 长丝 Production Yarn	短纤 Production Staple	进口 Imports	出口 Exports	合成纤维 Synthetic Fiber: 长丝 Production Yarn	短纤 Production Staple	进口 Imports	出口 Exports	用纤总量 Total Mill Use	棉 Cotton	毛 Wool	纤维素纤维 Rayon and Acetate	合成纤维 Synthetics	总计 Total
	千吨 1000 tons											%				
马来西亚 Malaysia																
1988	36.23	0.81			8.71	0.09		40.00	8.57	1.45	92.77	39.1	0.9	9.3	50.8	100.0
1989	39.46	1.35			0.82			41.30	10.34	0.27	93.00	42.4	1.5	0.9	55.2	100.0
1990	41.38	1.82			0.68			41.90	12.66	0.18	98.25	42.1	1.9	0.7	55.3	100.0
1991	40.83	1.92						45.00								
1992	40.58															
墨西哥 Mexico																
1988	160.78	6.88	12.00		7.03	0.54	131.60	208.70	11.48	27.40	510.53	31.5	1.3	3.6	63.5	100.0
1989	165.98	6.07	12.60		4.99	1.00	150.00	202.80	21.86	23.41	539.90	30.7	1.1	3.1	65.1	100.0
1990	165.63	5.58	12.60		5.13	0.95	165.90	203.00	25.90	26.99	555.79	29.8	1.0	3.0	66.2	100.0
1991	173.54	6.70	13.40				171.60	222.60								
1992	179.40															
巴基斯坦 Pakistan																
1988	829.45	25.35	2.80		18.01	0.14	28.40	32.30	17.10	0.09	953.18	87.0	2.7	2.2	8.2	100.0
1989	1005.68	25.26	2.80		3.95	0.23	30.00	26.00	15.88		1109.34	90.7	2.3	0.6	6.5	100.0
1990	1164.07	25.02	2.80		8.75	0.14	31.50	40.20	9.71		1281.92	90.8	2.0	0.9	6.4	100.0
1991	1282.02	28.86	2.80				36.80	64.50								
1992	1403.56															
菲律宾 Philippines																
1988	60.18				4.49		24.50	15.00	13.15		117.32	51.3		3.8	44.9	100.0
1989	65.94				2.40		19.30	16.50	16.28		120.43	54.8		2.0	43.2	100.0
1990	58.66				3.18		22.50	17.50	9.39		111.22	52.7		2.9	44.4	100.0
1991	51.18						26.10	33.50								
1992	51.21															

续

年份 Calendar Year	棉 Cotton	毛 Wool	化学纤维 Chemical Fiber 纤维素纤维 Rayon and Acetate 长丝 Production Yarn	短纤 Production Staple	进口 Imports	出口 Exports	合成纤维 Synthetic Fiber 长丝 Production Yarn	短纤 Production Staple	进口 Imports	出口 Exports	用纤总量 Total Mill Use	棉 Cotton	毛 Wool	纤维素纤维 Rayon and Acetate	合成纤维 Synthetics	总计 Total
	千吨 1000 tons											%				
波兰 Poland																
1988	165.81	24.75	20.20	54.00	1.04	0.45	90.00	50.60	15.51	1.63	419.83	39.5	5.9	17.8	36.8	100.0
1989	160.00	21.47	17.50	48.10	2.22	0.36	88.00	51.40	8.98	2.00	395.31	40.5	5.4	17.1	37.0	100.0
1990	105.00	14.23	18.30	21.80	0.27	3.54	63.60	40.80	4.76	8.16	257.07	40.8	5.5	14.3	39.3	100.0
1991	68.60	11.13	8.30	17.20			65.80	23.20								
1992	80.00															
葡萄牙 Portugal																
1988	193.03	10.95	0.80		12.11	0.54		54.30	45.59	9.43	306.79	62.9	3.6	4.0	29.5	100.0
1989	189.88	12.68	0.90		12.43	0.54		55.80	41.37	10.48	302.03	62.9	4.2	4.2	28.7	100.0
1990	190.27	11.84	0.80		13.43	0.18		57.80	47.13	16.06	305.03	62.4	3.9	4.6	29.1	100.0
1991	151.55	14.32	0.80					64.00								
1992	152.62															
南非 South Africa																
1988	75.41	9.89			0.64		60.70	35.20	36.51	4.58	213.77	35.3	4.6	0.3	59.8	100.0
1989	79.61	12.47			0.45	0.05	57.00	35.90	39.55	5.08	219.86	36.2	5.7	0.2	57.9	100.0
1990	76.00	11.13			0.36		57.30	32.20	13.29	5.44	184.84	41.1	6.0	0.2	52.7	100.0
1991	81.80	4.45					57.50	32.40								
1992	67.08															
西班牙 Spain																
1988	141.58	11.99	7.50	29.50	31.39	13.38	79.60	185.80	93.17	132.31	434.83	32.6	2.8	12.7	52.0	100.0
1989	146.06	14.05	8.50	31.50	29.67	13.47	79.30	175.70	112.31	87.23	496.39	29.4	2.8	11.3	56.4	100.0
1990	148.46	20.64	7.65	28.35	22.82	16.56	79.50	171.50	103.47	121.88	443.95	33.4	4.6	9.5	52.4	100.0
1991	143.92	22.89	6.37	23.63			77.00	166.00								
1992	142.92															

续

年份 Calendar Year	棉 Cotton	毛 Wool	化学纤维 Chemical Fiber: 纤维素纤维 Rayon and Acetate 长丝 Production Yarn	短纤 Production Staple	进口 Imports	出口 Exports	合成纤维 Synthetic Fiber 长丝 Production Yarn	短纤 Production Staple	进口 Imports	出口 Exports	用纤总量 Total Mill Use	棉 Cotton	毛 Wool	纤维素纤维 Rayon and Acetate	合成纤维 Synthetics	总计 Total
	千吨 1000 tons											%				
泰国 Thailand																
1988	268.33			24.00	1.36		56.20	74.40	9.48	1.54	432.23	62.1		5.9	32.1	100.0
1989	288.75			41.20	1.50		62.70	81.50	10.43	0.77	485.31	59.5		8.8	31.7	100.0
1990	314.25			41.50	0.91	1.72	69.90	91.50	12.75	1.27	527.81	59.5		7.7	32.8	100.0
1991	364.17			45.30			87.70	126.80								
1992	395.83															
土耳其 Turkey																
1988	551.59	57.11	1.20	7.50	0.73	0.18	77.00	182.00	50.30	42.14	885.10	62.3	6.5	1.0	30.2	100.0
1989	580.00	53.70	1.40	7.90	1.18	0.86	87.00	196.00	38.10	51.76	912.67	63.6	5.9	1.1	29.5	100.0
1990	574.78	65.57	1.61	9.09	2.22	0.05	85.00	183.50	43.36	39.51	925.59	62.1	7.1	1.4	29.4	100.0
1991	567.40	62.50	1.63	9.17			136.00	170.80								
1992	591.77															
独联体 CIS																
1988	1984.90	310.60	263.80	337.20	13.38	0.54	457.70	401.30	46.18	1.63	3812.88	52.1	8.1	16.1	23.7	100.0
1989	1998.60	324.70	245.10	338.90	15.10	1.36	472.00	402.00	51.71	1.27	3845.48	52.0	8.4	15.5	24.0	100.0
1990	1974.47	252.20	221.00	323.00	17.42	0.45	485.50	408.00	71.40	2.13	3750.40	52.6	6.7	15.0	25.7	100.0
1991	1807.83	234.90	229.00	288.00			432.30	375.10								
1992	1628.51															
英国 UK																
1988	43.24	87.57	16.30	47.70	37.29	41.46	93.60	99.90	253.33	104.83	532.65	8.1	16.4	11.2	64.2	100.0
1989	38.52	80.67	17.20	37.80	33.79	51.89	100.00	85.00	263.54	96.39	508.24	7.6	15.9	7.3	69.3	100.0
1990	28.30	79.74	22.20	48.80	28.80	38.78	100.00	82.00	266.58	124.19	493.44	5.7	16.2	12.4	65.7	100.0
1991	17.78	71.37	19.70	43.30			77.00	103.00								
1992	14.32															

续

年份 Calendar Year	棉 Cotton	毛 Wool	化学纤维 Chemical Fiber								用纤总量 Total Mill Use	棉 Cotton	毛 Wool	纤维素纤维 Rayon and Acetate	合成纤维 Synthetics	总计 Total
			纤维素纤维 Rayon and Acetate				合成纤维 Synthetic Fiber									
			长丝 Production Yarn	短纤 Production Staple	进口 Imports	出口 Exports	长丝 Production Yarn	短纤 Production Staple	进口 Imports	出口 Exports						
	千吨 1000 tons											%				
美国 USA																
1988	1591.20	53.01	97.00	181.30	17.24	16.92	1340.90	1806.00	141.75	315.79	4895.69	32.5	1.1	5.7	60.7	100.0
1989	1835.28	56.52	98.70	164.60	36.42	11.07	1346.40	1773.00	169.92	298.56	5171.21	35.5	1.1	5.6	57.8	100.0
1990	1866.67	51.33	93.50	135.70	61.60	9.16	1259.70	1626.30	165.34	314.07	4936.90	37.8	1.0	5.7	55.4	100.0
1991	1972.00	62.64	96.70	124.00			1303.70	1599.20								
1992	2093.77															
西欧④ Western Europe																
1988	1395.88	418.76	189.80	341.60	406.24	349.63	950.90	1378.10	1550.30	1875.49	4406.45	31.7	9.5	13.3	45.5	100.0
1989	1373.53	413.06	195.60	334.90	428.51	385.19	967.40	1349.80	1634.63	1680.58	4631.66	29.7	8.9	12.4	49.0	100.0
1990	1375.22	411.69	199.55	345.45	405.43	372.18	969.70	1354.50	1727.21	1605.87	4810.70	28.6	8.6	12.0	50.8	100.0
1991	1292.91	427.04	180.44	294.56			909.80	1289.20								
1992	1273.70															
发达国家⑤ Total Developed																
1988	3854.30	634.61	399.70	746.90	441.62	526.26	3064.50	4012.70	1951.01	2607.96	11971.12	32.2	5.3	8.9	53.6	100.0
1989	4098.74	628.32	406.30	707.00	487.16	540.87	3107.90	3943.90	2058.24	2343.55	12553.14	32.7	5.0	8.4	53.9	100.0
1990	4040.84	605.81	403.35	668.35	478.27	521.36	3069.50	3795.50	2114.81	2300.19	12372.88	32.7	4.9	8.5	54.0	100.0
1991	4037.39	632.42	384.94	617.96			3065.60	3698.70								
1992	4103.29															
发展中国家⑥ Total Developing																
1988	10856.95	578.85	175.20	507.40	229.52	54.75	2611.90	2948.80	958.04	828.54	17983.37	60.4	3.2	4.8	31.6	100.0
1989	11112.73	531.51	179.40	581.80	227.80	60.92	2853.80	3141.30	912.91	699.85	18780.47	59.2	2.8	4.9	33.1	100.0
1990	11277.84	443.10	182.41	613.69	224.44	85.96	3110.80	3291.40	908.96	883.61	19083.08	59.1	2.3	4.9	33.7	100.0
1991	11591.44	563.13	180.03	626.77			3417.00	3626.70								
1992	12132.06															

注 ①所有的数据均指未加工的纤维原料。棉花数字包括工厂和"非工厂"消费的总量。羊毛数字引自英联邦秘书处，为工厂消费的洗净的新毛数量。化纤数字引自《纤维经济研究》，只有西欧1986～1988人纤纱及短纤的产量为国际棉花咨询委员会估计值。前苏联的化纤进出口量则引自苏《国际贸易》，化纤的工业消费总量由产量加上进口量减去出口量而得，但不含纺织玻璃纤维。保、捷、德国（东部）和罗马尼亚的化纤进出口量1986年以前没有统计数字，假定其产量与工业消费量相同。

②澳大利亚表中包括新西兰的化纤。

③1991年以前的数据不包括德国（东部）。

④西欧包括：奥地利、比利时、荷兰、卢森堡、芬兰、法国、德国（西部）、希腊、爱尔兰、意大利、挪威、葡萄牙、西班牙、瑞典、瑞士和英国。

⑤发达国家包括：澳大利亚、加拿大、日本、南非、美国和上述西欧各国。

⑥发展中国家（地区）包括：阿根廷、孟加拉、巴西、智利、中国、台湾省、哥伦比亚、厄瓜多尔、埃及、印度、印尼、伊朗、伊拉克、以色列、韩国、马来西亚、墨西哥、尼日利亚、巴基斯坦、秘鲁、菲律宾、泰国、土耳其、乌拉圭和委内瑞拉。

Note ①All figures pertain to consumption of raw fibre. Cotton data include mill and non-millconsumption. Wool data are from the UK Commonwealth Secretariate and refer to mill consumption of clean virgin wool . Chemical fiber data are from Fiber Organon, except for the estimates of yarn and staple cellulosic production in West Europe during 1986 through 1988, which are ICAC estimates. Data on USSR exports and imports of chemical fiber are from the Soviet magazine "International Trade". Total mill use of chemical fibers refer to production plus imports minus exports, excluding textile glass fibers. In Bulgaria, Czechoslovakia, Germany (East) and Romania, data on chemical fiber imports and exports are not available prior to 1986. Production are assumed to equal mill use in these countries during these years.

②Includes New Zealand for chemical fibers.

③Does not include Germany (East) prior to1991.

④Western Europe includes Austria, Belgium, Netherlands, Luxemborg, Finland, France, Germany (West), Greece, Ireland, Italy, Norway, Portugol, Spain, Sweden, Switzerland and the United Kingdom.

⑤Total developed includes Australia, Canada, Japan, South Africa, the United States and Western Europe.

⑥Total developing includes Argentina, Bangladish, Brazil, Chile , China (mainland), Taiwan, Colombia, Ecuador, Egypt, India, Indonesia, Iron, Iraq, Israel, Korea Rep. of, Malaysia, Mexico, nigeria, Pakistan, Peru, Philippines, Thailand, Turkey, Uruguay and Venezuela.

资料来源 国际棉花咨询委员会公报《棉花：世界统计》1992年10月。

Source Bulletin of The International Cotton Advisory Committee, Cotton: World Statistics. Oct. 1992.

世界合成纤维(不含烯烃类纤维)分国别(地区)生产量和生产能力

Worldwide Synthetic(Noncellulosic)Fiber Production and Producing Capacity by Country (Area)Except Olefin

单位:千吨
Unit:1000 tons

国家(或地区) Country(or Area)	实际产量 Actual Production						生产能力 Producing Capacity					
	1990			1991			3/1992			12/1993		
	Y①	S①	合计 Total	Y	S	合计 Total	Y	S	合计 Total	Y	S	合计 Total
欧洲 Europe												
奥地利 Austria	0	17.5	17.5	0	17.2	17.2	0	22.0	22.0	0	22.0	22.0
比荷卢三国 Benelux	80.0	40.0	120.0	91.4	42.6	134.0	123.5	81.5	205.0	103.0	72.0	175.0
芬兰 Finland	0.2	0	0.2	0	0	0	0.5	0	0.5	0	0	0
法国 France	58.7	98.3	157.0	49.0	52.0	101.0	82.0	68.0	150.0	80.0	65.0	145.0
德国② Germany	363.0	4140.	777.0	347.6	390.4	738.0	520.0	548.0	1068.0	523.0	550.0	1073.0
希腊 Greece	10.2	4.0	14.2	6.0	0	6.0	17.0	0	17.0	8.0	0	8.0
爱尔兰 Lreland	16.1	76.9	93.0	16.4	78.6	95.0	36.0	95.0	131.0	23.0	90.0	113.0
意大利/马尔他 Italy/Malta	186.5	374.5	561.0	178.6	359.4	538.0	234.0	410.0	644.0	233.2	423.8	657.0
葡萄牙 Portugal	0	57.8	57.8	0	64.0	64.0	0	74.5	74.5	0	77.0	77.0
西班牙 Spain	79.5	171.5	251.0	77.0	166.0	243.0	112.0	227.0	339.0	109.9	223.1	333.0
瑞典 Sweden	75.5	18.0	93.5	66.8	16.0	82.8	85.0	33.0	118.0	80.0	29.0	109.0
土耳其 Turkey	85.0	183.5	268.5	136.0	170.8	306.8	173.0	250.0	423.0	179.7	238.5	418.2
英国 UK	100.0	82.0	182.0	77.0	103.0	180.0	100.0	171.0	271.0	101.0	138.0	239.0
阿尔巴尼亚 Albania	0.5	0	0.5	1.0	0	1.0	2.0	0	2.0	2.0	5.0	7.0
保加利亚 Bulgaria	33.0	41.4	74.4	32.9	35.6	68.5	56.0	67.0	123.0	56.0	67.0	123.0
独联体 CIS	485.5	408.0	893.5	432.3	375.1	807.4	602.0	497.0	1099.0	613.0	562.0	1175.0
捷克和斯洛伐克 Czech and Slovakia	92.4	48.0	140.4	66.0	24.0	90.0	101.4	87.0	188.4	112.0	87.0	199.0
德国(东部) Germany(East)	57.0	74.4	131.4	—	—	—	—	—	—	—	—	—
匈牙利 Hungary	4.8	14.3	19.1	2.5	10.5	13.0	8.5	25.0	33.5	8.5	35.0	43.5
波兰 Poland	63.6	40.8	104.4	65.8	23.2	89.0	111.2	58.0	169.2	111.2	68.0	179.2
罗马尼亚 Romania	39.2	100.7	139.9	37.4	125.7	163.1	53.1	171.0	224.1	53.1	171.0	224.1
南斯拉夫 Yugoslavia	51.7	64.3	116.0	45.8	55.4	101.2	89.0	124.0	213.0	92.0	124.0	216.0
欧洲合计 Total Europe	1882.4	2329.9	4212.3	1729.5	2109.5	3839.0	2506.2	3009.0	5515.2	2488.6	3047.4	5536.0
美国 USA	1259.7	1626.3	2886.0	1303.7	1599.2	2902.9	1644.3	2022.6	3666.9	1711.0	2025.8	3736.8

续

国家(或地区) Country(or Area)	实际产量 Actual Production						生产能力 Producing Capacity					
	1990			1991			3/1992			12/1993		
	Y	S	合计 Total	Y	S	合计 Total	Y	S	合计 Total	Y	S	合计 Total
加拿大 Canada	65.4	57.6	123.0	65.6	61.1	126.7	82.4	84.0	166.4	82.4	84.0	166.4
其它美洲国家 Other Americas												
阿根廷 Argentina	26.4	20.2	46.6	27.7	20.7	48.4	44.6	34.6	79.2	45.6	34.6	80.2
巴西 Brazil	114.2	87.6	201.8	100.7	89.2	189.9	188.7	137.0	325.7	191.8	154.9	346.7
智利 Chile	5.4	6.5	11.9	5.2	6.2	11.4	7.7	11.0	18.7	7.7	11.0	18.7
哥伦比亚 Colombia	41.5	14.0	55.5	41.1	17.5	58.6	59.4	39.5	98.9	61.4	39.5	100.9
哥斯达黎加 Costarica	6.1	0	6.1	6.3	0	6.3	8.0	0	8.0	8.0	0	8.0
厄瓜多尔 Ecuador	6.0	0	6.0	5.7	0	5.7	7.2	0	7.2	7.5	0	7.5
墨西哥 Mexico	165.9	203.0	368.9	171.6	222.6	394.2	212.1	323.0	535.1	217.1	360.0	577.1
秘鲁 Reru	11.3	32.2	43.5	11.5	32.1	43.6	17.5	37.0	54.5	17.5	37.0	54.5
乌拉圭 Uruguay	1.8	4.4	6.2	1.9	4.4	6.3	4.5	5.5	10.0	4.5	5.5	10.0
委内瑞拉 Venezuela	11.5	19.0	30.5	11.6	26.5	38.1	23.0	31.1	54.1	23.0	31.1	54.1
其它美洲国家合计 Total Other Americas	390.1	386.9	777.0	383.3	419.2	802.5	572.7	618.7	1191.4	584.1	673.6	1257.7
日本 Japan	702.1	722.9	1425.0	714.9	714.7	1429.6	888.0	904.0	1792.0	888.0	904.0	1792.0
中国 China	531.2	811.6	1342.8	564.0	885.9	1449.9	680.0	1090.0	1770.0	745.0	1255.0	2000.0
其它亚洲国家和地区 Other Asia												
孟加拉 Bangladesh	0.6	0	0.6	0.7	0	0.7	1.0	0	1.0	4.6	9.0	13.6
印度 India	259.3	177.3	436.6	262.5	177.0	439.5	376.1	368.3	744.4	461.4	462.3	923.7
印度尼西亚 Indonesia	148.0	115.0	263.0	167.5	140.5	308.0	288.0	190.6	478.6	373.0	317.0	690.0
韩国 Korea, Rep. of	672.3	597.4	1269.7	737.8	626.3	1364.1	830.4	661.0	1491.4	920.4	691.0	1611.4
马来西亚 Malaysia	0	41.9	41.9	0	45.0	45.0	11.0	63.0	74.0	37.0	73.0	110.0
巴基斯坦 Pakestan	31.5	40.2	71.7	36.8	64.5	101.3	68.0	105.0	173.0	72.0	125.0	197.0
菲律宾 Philippines	22.5	17.5	40.0	26.1	33.5	59.6	73.0	36.0	109.0	83.0	36.0	119.0
斯里兰卡 Srilankia	2.1	0	2.1	2.5	0	2.5	3.3	0	3.3	3.3	0	3.3
台湾省 Taiwan	866.0	755.5	1621.5	982.4	859.0	1841.4	1176.7	968.4	2145.1	1176.7	968.4	2145.1

续

国家(或地区) Country(or Area)	实际产量 Actual Production						生产能力 Producing Capacity					
	1990			1991			3/1992			12/1993		
	Y	S	合计 Total	Y	S	合计 Total	Y	S	合计 Total	Y	S	合计 Total
泰国 Thailand	69.9	91.5	161.4	87.7	126.8	214.5	208.7	193.0	401.7	244.7	252.0	496.7
其它亚洲国家和地区合计 Total Other Asia	2072.2	1836.3	3908.5	2304.0	2072.6	4376.6	3.36.2	2585.3	5621.5	3376.1	2933.7	6309.8
中东、非洲和大洋洲 Middle East, Africa and Oceania												
阿尔及里亚 Algeria	0	0	0	0	0	0	0	0	0	0	15.0	15.0
澳大利亚/新西兰 Australia New Zea land	15.3	2.0	17.3	14.1	2.1	16.2	20.0	2.2	22.2	20.0	2.2	22.2
埃及 Egypt	10.7	40.0	50.7	9.7	40.8	50.5	20.0	87.0	107.0	24.0	94.0	118.0
伊朗 Iran	12.2	32.0	44.2	13.2	36.1	49.3	44.0	44.0	88.0	44.0	60.0	104.0
以色列 Israel	12.9	0	12.9	10.8	0	10.8	17.0	0	17.0	17.0	0	17.0
肯尼亚 Kenya	6.3	1.0	7.3	6.3	1.2	7.5	15.8	3.0	18.8	15.8	3.0	18.8
尼日利亚 Nigeria	4.7	1.1	5.8	4.8	1.3	6.1	18.0	3.0	21.0	23.0	14.0	37.0
南非 South Africa	57.3	32.2	89.5	57.5	32.4	89.9	68.6	46.7	115.5	74.7	46.7	121.4
坦桑尼亚 Tanzania	0	0	0	0	0	0	5.0	0	5.0	5.0	0	5.0
中东、非洲和大洋洲合计 Total M. E., A. &. O.	119.4	108.3	227.7	116.4	113.9	230.3	208.6	185.9	394.5	223.5	234.9	458.4
世界总计 Total World	7022.5	7879.8	14902.3	7181.4	7976.1	15157.5	9618.4	10499.5	20117.9	10098.7	11158.4	21257.1

注 ①Y—纱＋单丝，S—短纤＋丝束＋絮填。

②1991 年 1 月后，东西德数字合并在德国之下。

Note ①Y—Yarn＋monofilaments，S—Staple＋tow＋fiberfill.

②As of January 1991，East & West Germany combined under Germany.

资料来源 美国《纤维经济研究》1992 年 6 月。

Source USA"Fiber Organon"June，1992.

世界人造纤维分国别(地区)生产量和生产能力
Worldwide Artificial Fiber Production and Producing Capacity by Country (Area)

单位:千吨
Unit:1000 tons

国家(或地区) Country(or Area)	实际产量 Actual Production		生产能力 Producing Capacity	
	1990	1991	3/1992	12/1993
欧洲 Europe				
奥地利 Austria	135.0	120.0	136.0	136.0
比利时/荷兰 Belgium/Netherlands	39.0	38.0	43.0	43.0
芬兰 Finland	63.8	47.4	72.0	61.0
法国 France	2.0	2.0	3.0	3.0
德国[①] Germany	130.0	118.0	180.0	192.0
希腊 Greece	7.0	5.0	8.0	8.0
意大利 Italy	36.0	32.0	44.0	44.0
葡萄牙 Portugal	0.8	0.8	1.0	1.0
西班牙 Spain	36.0	30.0	42.0	42.0
瑞典 Sweden	24.4	18.8	25.0	26.0
土耳其 Turkey	10.7	10.8	11.2	11.2
英国 UK	71.0	63.0	76.0	76.0
保加利亚 Bulgaria	4.3	4.2	5.0	5.0
独联体 CIS	544.0	517.0	621.0	621.0
捷克和斯洛伐克 Czech and Slovakia	48.5	38.5	60.5	60.5
德国(东部) Germany(East)	69.1	—	—	—
匈牙利 Hungary	4.1	0	10.0	10.0
波兰 Poland	40.1	25.5	68.0	68.0
罗马尼亚 Romania	59.9	38.0	99.0	99.0
南斯拉夫 Yugoslavia	72.7	72.9	77.0	77.0
欧洲合计 Total Europe	1398.4	1181.9	1581.7	1583.7
美国 USA	229.2	220.7	247.2	247.2
加拿大 Canada	39.7	40.8	62.5	62.5
其它美洲国家 Other Americas				
阿根廷 Argentina	2.3	2.7	4.0	4.0
巴西 Brazil	54.5	59.4	64.0	74.0
智利 Chile	5.6	5.7	6.9	6.9

续

国家(或地区) Country(or Area)	实际产量 Actual Production		生产能力 Producing Capacity	
	1990	1991	3/1992	12/1993
哥伦比亚 Colombia	2.0	2.1	3.5	3.5
古巴 Cuba	8.0	8.6	12.5	12.5
墨西哥 Mexico	12.6	13.4	21.1	21.1
秘鲁 Reru	1.4	1.4	1.7	1.7
乌拉圭 Uruguay	1.6	1.7	1.9	1.9
委内瑞拉 Venezuela	1.4	1.5	2.4	2.4
其它美洲国家合计 Total Other Americas	89.4	96.5	118.0	128.0
日本 Japan	275.8	266.4	332.3	332.3
中国 China	191.7	193.9	220.0	220.0
其它亚洲国家和地区 Other Asia				
孟加拉 Bangladesh	5.9	6.0	11.5	11.5
印度 India	216.7	215.4	271.1	338.0
印度尼西亚 Indonesia	60.0	63.0	205.0	255.0
韩国 Korea, Rep. of	15.8	10.9	39.0	39.0
巴基斯坦 Pakestan	2.8	2.8	3.0	3.0
菲律宾 Philippines	0	0	25.0	25.0
台湾省 Taiwan	147.9	149.1	152.9	152.9
泰国 Thailand	41.5	45.3	64.0	75.0
其它亚洲国家和地区合计 Total Other Asia	490.6	492.5	771.5	899.4
中东、非洲和大洋洲 Middle East, Africa and Oceania				
埃及 Egypt	13.1	13.1	13.4	13.4
伊拉克 Iraq	8.6	8.6	10.0	10.0
中东、非洲和大洋洲合计 Total M. E., A. &. O.	21.7	21.7	23.4	23.4
世界总计 Total World	2736.5	2514.4	3356.6	3496.5

注 ①1991年1月后，东西德数据合并在德国之下。

Note ①As of January 1991, East and West Germany combined under Germany.

资料来源 美国《纤维经济研究》1991年6月。

Source USA "Fiber Organon" June, 1991.

世界烯烃类纤维产量
Worldwide Olefin Fiber Production

单位：千吨
Unit：1000 tons

国家(或地区) Country(or Area)	1987	1988	1989	1990	1991
奥地利 Austria	27	30	29	30	29
比荷卢三国 Benelux	160	165	200	215	230
丹麦 Denmark	30	32	36	43	46
芬兰 Finland	18	19	10	11	12
法国 France	58	70	70	69	73
希腊/塞浦路斯 Greece/Cyprus	16	17	18	20	20
德国① Germany	115	135	145	162	174
爱尔兰 Ireland	10	10	10	10	10
意大利 Italy	130	135	135	150	150
挪威 Norway	5	4	5	5	6
葡萄牙 Portugal	36	37	38	38	40
西班牙 Spain	49	53	56	60	64
瑞典 Sweden	6	7	8	10	10
瑞士 Switzerland	20	22	21	23	23
土耳其 Turkey	7	7	10	10	10
英国 UK	125	140	145	150	158
保加利亚 Bulgaria	25	25	20	16	12
原苏联 USSR	28	32	36	40	66
捷克和斯洛伐克 Czech and Slovakia	42	43	44	46	45
德国(东部) Germany(East)	10	10	10	10	—
匈牙利 Hungary	22	26	28	26	20
波兰 Poland	17	22	25	26	24
罗马尼亚 Romania	15	17	20	20	18
美国 USA					
纱+单丝 Yarn+Monofil	224	251	268	355	375
短纤 Staple	164	165	173	184	208
薄膜纤维 Film Fiber	291	293	288	282	251
加拿大 Canada	61	62	66	70	67

续

国家(或地区) Country(or Area)	1987	1988	1989	1990	1991
阿根廷 Argentina	24	18	18	17	20
巴西 Brazil	84	77	82	78	101
智利 Chile	7	6	8	8	8
哥伦比亚 Colombia.	3	3	3	3	10
萨尔瓦多 危地马拉 洪多拉斯 El Salvador Guatemala Honduras	3	3	3	3	4
墨西哥 Mexico	27	28	28	29	29
尼加拉瓜 Nicaragua	1	1	1	1	1
秘鲁 Peru	7	7	7	7	7
乌拉圭 Uruguay	2	2	2	2	2
委内瑞拉 Venezuela	0	0	0	5	7
日本 Japan					
纱＋单丝 Yarn＋Monofil	14	16	20	22	25
短纤 Staple	36	38	38	42	46
薄膜纤维 Film Fiber	NA②	NA	NA	NA	NA
中国 China	144	240	165	225	275
韩国 Korea, Rep. of	37	44	45	47	52
菲律宾 Philippines	3	3	3	6	10
台湾省 Taiwan	78	91	90	87	88
澳大利亚 Australia	20	26	28	30	27
南非 South Africa	5	5	10	13	14

注 ①1991 年 1 月后，东、西德的数据合并在德国之下。
②不详。

所列的烯烃类纤维数字指由政府、协会或其它统计机构公布的“官方”国家数据。另外，假若确信哪个国家生产烯烃类纤维，主要是切膜纤维和裂膜纤维，所列数字也包含估计值。例如，美国的烯烃类纤维产量数据包括纱、单丝、短纤、薄膜纤维和纺粘型聚丙烯。而意大利和日本公布的数字只包括纱＋单丝和短纤＋丝束的产量，不含例如用来制作麻袋、鱼网和地毯底布等的薄膜纤维，所以后者只好估计。

由于公布的烯烃类纤维生产量数据的不连续性，所以我们没有列出世界总计数字。

Note ①As of January 1991, East and West Germany combined under Germany.
②Not availableo

The olefin data shown include the “official”country data published by a government, an association or other statistical agency as well as an estimate of the olefin fiber, mainly slit and split film fiber, believed to have been produced in the country. For example: although U. S. olefin production data include yarn, monofil, staple, film fiber, and spunbonded polypropylene, published Italian and Japanese olefin data show the production of yarn＋monofilaments and staple＋tow but no data on production of film fiber, such as that used in sacks, fishing nets, and carpet backing. Estimates were made in the latter example.

Due to the inconsistencies in olefin production reporting, we have made no attempt to show a worldwide total.

资料来源 美国《纤维经济研究》1992 年 6 月。

Source USA“Fiber Organon”June, 1992.

部分国家1993/1994年度棉花的供应和使用
1993/1994 Supply and Use of Cotton by Selected Country

国家(或地区) Country (or Area)	种值面积 Area	单产 Yield	总产 Produc-tion	期初库存 Begin stocks	进口 Lmport	本期消耗 Consu-mption	出口 Export	期末库存 End stocks	库存比 S/U
	(千公顷 1000Ha)	(公斤/公顷 Kg/Ha)	(千吨.1000 metric tonnes)						比率 Ratio
墨西哥 Mexico	60	884	53	15	147	189	11	15	0.08
美 国 USA	5140	728	3740	762	3	2177	1459	870	0.24
危地马拉 Guatemala	22	1007	22	6	20	31	2	15	0.45
阿根廷 Argentina	419	455	190	116	11	163	33	121	0.62
巴 西 Brazil	1975	358	707	404	144	807	20	428	0.52
巴拉圭 Paraguay	347	412	143	46		15	87	87	0.85
埃 及 Egypt	374	807	302	41	71	346	30	41	0.11
尼日利亚 Nigeria	510	120	61	32	17	84		27	0.32
坦桑尼亚 Tanzania	430	154	66	25		14	44	34	0.58
意大利 Italy	0	500	0	91	363	340	2	113	0.33
西班牙 Spain	70	887	62	31	105	145	22	31	0.18
独联体 CIS	2855	828	2365	1004	1218	1550	2124	913	0.25
中 国 China	6337	820	5199	3538	10	5002	484	3260	0.59
台湾省 Taiwan	0	905	0	85	410	381		115	0.30
澳大利亚 Australia	217	1636	355	186	1	32	310	201	0.59
日 本 Japan				157	566	579		143	0.25
韩 国 Korea, Rep. of	0	437	0	85	444	444		85	0.19
印 度 India	7598	280	2125	934		1974	215	871	0.40
巴基斯坦 Pakistan	2929	755	2210	1049	1	1526	628	1106	0.51
以色列 Israel	20	1597	32	20	15	27	19	22	0.49
叙利亚 Syria	190	953	181	62		73	120	51	0.26
世界总计 World Total	33915	590	20013	9976	6441	20088	6441	9908	0.49

注 S/U为期末库存(S)除以本期消耗量与出口量之和(U)。

Note S/U epuals ending stocks devided by consumption plus exports.

资料来源 世界棉花咨询委员会秘书处,《棉花:世界统计》1992年10月。

Source The Secretariat of the International Cotton Advisory Committed, Cotton: World Statistics, October 1992.

超细棉产供销状况
Supply of Extra-fine Cotton

8月1日年度开始　　　　单位:千吨
years beginning August lst.　　　　Unit:1000 tons

	1988	1989	1990	1991 估计 Est.	1992 预计 Prol.	1993 预计 Prol.
产　量 Production						
中　国 China	25.0	35.0	56.5	50.0	40	34
埃　及(长绒棉) Egypt, L. STPL.	226.2	204.2	209.3	197.5	207	223
印　度 India	191.2	213.1	194.0	177.8	208	202
以色列 Israel	18.5	31.2	15.5	2.9	5	6
秘　鲁 Peru	23.0	32.6	26.8	17.8	9	15
苏　丹 Sudan	40.5	49.1	14.2	12.9	16	15
美　国 USA	72.8	150.7	78.2	86.7	109	95
独联体 CIS	390.1	256.0	298.0	279.0	248	250
其它产棉国 other producers	10.8	11.0	14.1	17.8	14	17
埃　及(超长棉) Egypt, ELS.	80.6	80.8	82.7	89.8	71	75
总计 total	1078.7	1063.6	989.3	932.6	927	933
消费量 Consumption						
中　国 China	14.2	23.5	25.0	26.0	26	27
埃　及(长绒棉) Egypt, L. STPL.	210.2	196.4	203.8	191.6	207	218
印　度 India	176.5	171.1	162.7	170.0	229	229
以色列 Israel	0.0	0.0	0.3	0.3	0	0
秘　鲁 Peru	7.5	17.0	9.6	14.2	9	11
苏　丹 Sudan	0.7	1.3	2.8	2.2	1	1
美　国 USA	15.5	15.9	14.2	14.2	15	15
独联体 CIS	326.6	292.8	283.3	254.7	225	225
其它产棉国 other producers	4.8	7.0	10.1	10.9	10	10
埃　及(超长棉) Egypt, ELS.	43.5	51.3	55.8	70.8	60	54
总计 total	799.4	776.3	767.7	754.7	782	791
出口 Exports						
中　国 China	13.0	8.2	10.0	15.0	20	20
埃　及(长绒棉) Egypt, L. STPL.	21.7	10.6	4.9	1.1	4	9
印　度 India	0.0	25.5	3.6	0.0	5	11
以色列 Israel	18.0	30.5	14.2	2.9	7	5
秘　鲁 Peru	11.1	10.1	20.7	9.6	3	4
苏　丹 Sudan	52.5	32.9	27.7	34.8	20	16
美　国 USA	57.7	98.4	90.4	65.3	78	82
独联体 CIS	56.5	39.2	7.8	16.3	16	16
其它产棉国 other producers	13.8	7.5	11.0	10.5	14	15
埃　及(超长棉) Egypt, ELS.	38.3	32.4	13.1	18.5	22	22
总　计 total	282.5	295.2	203.3	174.1	190	200

资料来源 《棉花:世界统计》1992年10月。
Source "Cotton: World statistics" Oct. 1992.

主要国家羊毛产量
Worldwide Production of Wool by Country

单位:千吨
Unit:1000 tons

国家 Country	1970/71	1980/81	1986/87	1987/88	1988/89	1989/90	1990/91	1991/92
澳大利亚 Australia	891	701	887	916	959	1102	1066	880
新西兰 NZ	334	381	350	346	339	311	305	295
中国 China	138	176	185	209	224	238	240	241
印度 India	33	35	30	27	30	35	35	35
巴基斯坦 Pakistan	20	39	50	53	55	59	63	64
伊朗 Iran	32	16	32	32	32	32	32	32
伊拉克 Iraq	16	18	17	17	17	17	17	17
美国 USA	85	49	39	39	41	41	41	40
阿根廷 Argentina	200	170	150	157	164	149	136	120
巴西 Brazil	32	33	26	26	26	26	27	25
乌拉圭 Uruguay	78	75	90	89	83	94	94	84
智利 Chile	22	21	20	19	20	20	20	18
英国 UK	46	52	59	62	65	70	72	70
法国 France	20	25	24	24	23	23	23	22
西班牙 Spain	34	28	32	33	38	39	42	40
土耳其 Turkey	47	61	85	85	85	85	83	87
独联体 CIS	419	464	492	461	478	479	471	419
德国(东部) Germany(East)	7	12	16	17	17	17	—	—
保加利亚 Bulgaria	29	35	33	32	31	29	26	24
罗马尼亚 Romania	30	37	43	39	38	35	33	30
波兰 Poland	9	13	18	17	16	16	15	11
南非 S. Africa	123	104	90	92	96	99	106	85
摩洛哥 Morocco	18	16	32	34	34	35	35	35
世界总计 Total World	2770	2843	3100	3132	3225	3370	3330	3010
	(1602)	(1599)	(1792)	(1813)	(1872)	(1966)	(1934)	(1739)

注 括号内指洗净毛。
Note ( )means clean wool.
资料来源 日本《纤维手册》1993年。
Source Japan"Handbook of Chemical Fiber"1993.

世 界 棉 纱 产 量
Production of Cotton Yarn

单位:千吨
Unit:1000 tons

国家(或地区) Country (or Area)	1988	1989	1990	1991 初算 Prel.	1992 估计 Est.	1993 估计 Est.
美洲 Americas						
阿根廷 Argentina	99.50	95.90	105.50	104.50	115.42	120.59
巴西 Brazil	697.35	674.05	606.65	582.51	599.16	657.11
加拿大 Canada	35.89	37.10	36.52	35.51	36.59	37.68
哥伦比亚 Colombia	78.02	67.45	82.02	91.39	97.63	103.73
古巴 Cuba	36.60	33.92	31.83	28.30	23.12	18.48
厄瓜多尔 Ecuador	28.31	31.60	32.22	33.61	35.29	37.05
秘鲁 Peru	21.15	20.51	17.86	18.45	18.30	17.70
美国 USA	1226.92	1404.18	1433.76	1511.72	1606.63	1648.99
美洲合计 Americas Total	2388.77	2557.24	2529.30	2583.02	2715.28	2830.69
非洲 Africa						
象牙海岸 Ivory Coast	13.50	13.81	14.15	14.30	14.38	14.38
埃及 Egypt	249.93	248.60	258.84	267.23	273.25	282.16
摩洛哥 Morocco	57.02	63.21	68.32	67.57	67.94	70.79
南非 South Africa	45.00	44.00	48.00	47.00	37.73	40.52
非洲合计 Africa Total	454.37	457.72	480.81	488.99	486.41	502.04
欧洲 Europe						
奥地利 Austria	16.60	16.06	16.72	19.61	21.73	22.16
比利时 Belgium	33.67	32.26	29.91	27.42	27.50	28.05
法国 France	128.49	120.01	107.67	95.43	88.34	85.32
德国[①] Germany	191.59	188.44	185.37	171.33	159.39	167.23
希腊 Greece	130.33	130.14	136.27	139.50	141.13	143.95
意大利 Italy	212.83	226.16	230.60	222.69	231.84	239.40
葡萄牙 Portugal	162.85	160.19	160.53	127.85	128.76	132.63
西班牙 Spain	98.70	99.38	101.01	97.92	97.24	98.09
瑞士 Switzerland	55.18	55.36	50.12	42.34	43.20	45.36
英国 UK	43.68	36.10	30.00	20.40	14.74	14.81
保加利亚 Bulgaria	85.72	82.51	77.63	48.77	37.87	34.08

续

国家(或地区) Country (or Area)	1988	1989	1990	1991 初算 Prel.	1992 估计 Est.	1993 估计 Est.
捷克和斯洛伐克 Czecho and Slovakia	147.22	147.08	146.01	99.20	83.68	95.86
德国(东部) Germany(East)	152.20	151.96	54.23	—	—	—
匈牙利 Hungary	62.30	58.30	42.84	30.72	27.48	30.49
波兰 Poland	205.89	195.55	126.71	73.15	96.85	100.82
罗马尼亚 Romania	165.40	158.00	130.86	92.30	122.10	123.16
独联体 CIS	1764.00	1760.00	1704.00	1560.19	1405.43	1347.80
南斯拉夫 Yugoslavia	135.80	124.88	98.07	83.44	82.68	86.81
欧洲合计 Europe Total	3825.33	3774.39	3460.49	2980.73	2837.76	2823.65
亚洲、大洋洲 Asia/Oceania						
中国 China	4656.00	4740.00	4443.60	4549.40	4912.06	5258.74
台湾省 Taiwan	412.06	415.40	385.74	389.10	403.09	408.57
香港 Hong Kong	210.61	216.92	191.85	192.02	200.18	208.19
印尼 Indonesia	405.22	485.09	561.77	621.30	665.91	712.52
日本 Japan	463.86	459.16	425.46	380.00	375.14	362.10
韩国 Korea, Rep. of	519.53	506.87	484.98	519.74	519.98	525.18
马来西亚 Malaysia	34.27	35.78	37.73	37.23	37.01	38.09
菲律宾 Philippines	57.17	62.64	55.73	48.62	48.65	50.55
澳大利亚 Australia	20.59	20.55	22.50	24.34	27.93	29.42
泰国 Thailand	193.20	207.90	226.26	262.20	285.00	296.40
孟加拉 Bangladesh	51.98	50.97	73.22	79.97	84.79	91.46
印度 India	1297.00	1337.00	1434.89	1426.43	1427.60	1462.00
伊朗 Iran	141.39	143.36	150.30	150.53	150.32	150.32
以色列 Israel	24.00	24.00	22.00	22.00	25.88	28.34
巴基斯坦 Pakistan	641.10	725.08	990.88	1125.64	1151.09	1203.61
叙利亚 Syria	38.82	36.39	35.78	39.05	43.60	46.06
土耳其 Turkey	387.89	397.28	359.86	338.60	379.21	402.74
亚大合计 Asia/Oceania Total	9619.56	9935.91	9976.64	10266.18	10789.58	11328.83
世界总计 World Total	16620.80	17069.65	16781.80	16656.88	17184.65	17857.18

注 ①1991年前不包括德国(东部)。

Note ①Does not include Germany(East) prior to 1991.

资料来源 《棉花:世界统计》1992年10月。

Source Cotton: World Statistics, Oct. 1992.

世界棉布产量
Production of Cotton Fabric

单位:千吨
Unit:1000 tons

国家(或地区) Country(or Area)	1988	1989	1990	1991 预算 Prel.	1992 估计 Est.	1993 估计 Est.
美洲 Americas						
阿根廷 Argentina	88.17	80.00	88.00	91.00	96.28	100.59
智利 Chile	32.50	121.95	117.50	120.62	125.96	128.19
哥伦比亚 Colombia	37.11	31.70	38.55	42.95	45.88	48.75
古巴 Cuba	26.77	24.77	23.26	20.68	16.89	13.50
厄瓜多尔 Ecuador	25.48	28.44	29.00	30.25	31.76	33.35
墨西哥 Mexico	83.14	86.57	86.01	90.31	93.26	96.53
秘鲁 Peru	25.33	24.57	21.39	22.10	21.92	21.20
美国 USA	731.28	724.56	701.35	810.29	877.24	892.12
美洲合计 Americas Total	1061.50	1140.36	1117.78	1235.28	1316.69	1341.66
非洲 Africa						
埃及 Egypt	68.15	68.57	70.98	73.49	75.04	77.55
埃塞俄比亚 Ethiopia	15.54	16.38	16.24	14.43	13.87	14.22
摩洛哥 Morocco	32.50	36.03	38.94	38.52	38.73	40.35
南非 South Africa	30.00	35.00	33.00	30.00	28.51	30.62
坦桑尼亚 Tanzania	23.72	31.76	34.39	33.36	32.80	31.76
赞比亚 Zambia	27.08	30.75	30.93	33.13	34.41	35.10
非洲合计 Africa Total	240.73	261.19	268.09	268.32	268.06	275.55
欧洲 Europe						
比利时 Belgium	44.54	42.68	39.57	36.28	36.38	37.11
芬兰 Finland	8.80	7.15	6.50	4.32	4.46	4.44
法国 France	111.18	111.08	107.76	88.81	84.13	82.01
德国① Germany	182.67	176.14	169.75	159.55	146.72	154.33
希腊 Greece	57.35	57.26	59.96	61.38	62.10	63.34
意大利 Italy	164.75	178.01	179.80	167.45	181.19	187.32
荷兰 Netherlands	8.26	10.35	10.53	7.20	5.91	5.06
葡萄牙 Portugal	86.80	85.38	85.56	68.15	68.63	70.69
西班牙 Spain	78.96	79.51	80.81	78.34	77.79	78.47
瑞典 Sweden	9.25	8.00	7.68	5.38	7.44	7.66
瑞士 Switzerland	20.85	22.07	19.98	16.88	17.22	18.08
英国 UK	31.25	30.00	27.00	24.66	13.01	12.94

续

国家(或地区) Country(or Area)	1988	1989	1990	1991 预算 Prel.	1992 估计 Est.	1993 估计 Est.
保加利亚 Bulgaria	43.73	43.23	39.42	24.77	19.23	17.31
捷克和斯洛伐克 Czecho and Slovakia	80.18	80.56	77.66	53.64	44.84	51.45
德国(东部) Germany(East)	52.03	53.57	19.12	—	—	—
匈牙利 Hungary	41.32	35.49	28.45	20.40	18.25	20.25
波兰 Poland	105.15	102.03	57.38	38.42	45.53	48.26
罗马尼亚 Romania	91.65	94.30	70.22	58.17	70.91	71.86
独联体 CIS	1100.67	1098.77	1065.78	974.03	877.41	841.44
南斯拉夫 Yugoslavia	65.15	62.68	49.59	42.04	41.73	43.78
欧洲合计 Europe Total	2394.00	2387.14	2211.65	1939.95	1833.65	1826.65
亚洲、大洋洲 Asia/Oceania						
中国 China	2183.66	2223.06	2084.05	2133.67	2303.75	2466.35
台湾省 Taiwan	280.72	282.99	262.78	265.08	274.60	278.33
香港 Hong Kong	106.88	108.64	108.69	110.74	114.44	119.54
印度尼西亚 Indonesia	389.02	465.68	539.30	596.44	639.27	684.02
日本 Japan	338.59	331.44	301.14	306.00	283.81	282.76
韩国 Korea,Rep. of	87.78	87.91	79.15	84.83	84.87	85.72
菲律宾 Philippines	64.61	70.78	62.97	54.95	54.97	57.12
泰国 Thailand	181.61	195.43	212.68	246.47	267.90	278.62
澳大利亚 Australia	4.83	5.07	4.96	4.74	6.34	6.77
孟加拉 Bangladesh	7.55	7.84	11.27	12.31	13.05	14.07
缅甸 Burma	2.80	3.59	4.56	3.32	3.19	3.35
印度 India	1209.97	1229.23	1319.23	1311.46	1312.53	1344.15
伊朗 Iran	82.01	83.15	87.17	87.31	87.19	87.19
巴基斯坦 Pakistan	379.82	388.69	418.75	582.00	595.16	622.31
亚大合计 Asia/Oceania Total	5706.35	5892.64	5916.84	6189.17	6431.10	6735.88
世界总计 World Total	9594.67	9880.67	9698.63	9818.87	10045.38	10384.90

注 ①1991 年前不包括德国(东部)。

Note ①Does not inclcde Germany(East)prior to 1991.

资料来源 《棉花:世界统计》1992 年 10 月。

Source "Cotton:World Statistics"Oct. 1992.

世界主要国家和地区羊毛纱产量
Production of Wool Yarn by Countries and Areas

单位:千吨
Unit:1000 tons

国家(或地区) Country(or Area)	1970	1975	1980	1985	1989	1990	1991
日 本 Japan	—	330	303	270	220	200	201
中国 China	—	—	57	126	250	238	255
韩国 Korea,Rep. of	4	14	36	198	228	207	191
印度 India	20	45	49	79	65	66	61
澳大利亚 Australia	28	20	19	23	20	19	17
新西兰 New Zealand	15	18	19	26	21	18	170
美国 USA	390	328	470	489	613	538	534
意大利 Italy	320	398	536	552	534	507	516
英国 UK	226	183	141	134	140	131	118
法国 France	143	135	134	106	70	60	58
德国(西部) Germany(west)	133	116	147	143	—	—	—
比利时 Belgium	81	71	81	91	98	88	88
奥地利 Austria	16	15	13	13	9	8	9
希腊 Greece	13	14	29	25	25	25	25
荷兰 Netherlands	21	17	11	10	4	3	3
西班牙 Spain	45	30	—	89	84	75	75
瑞士 Switzeralnd	14	14	16	18	10	9	8
葡萄牙 Portugal	25	22	41	35	32	33	33
原苏联 USSR	350	417	456	421	443	421	357
德国(东部) Germany(East)	32	62	76	75	80	—	—
捷克和斯洛伐克 Czecho and Slovakia	45	53	57	58	61	60	34
匈牙利 Hungry	14	22	26	25	20	17	11
保加利亚 Bulgaria	24	31	36	35	36	30	19
波兰 Poland	84	103	107	84	77	50	37
南斯拉夫 Yugoslavia	29	42	54	51	48	38	25
罗马尼亚 Komania	36	51	74	72	70	58	—
南非 South Africa	4	38	55	43	42	39	—
世界总计 Total World	2392	2738	3335	3644	3791	3504	3306

资料来源 日本《纤维手册》1993年。
Source Japan"Handbook of Chemical Fiber"1993.

世界主要国家和地区羊毛织物产量
Production of Wool Fabric by Countries and Areas

国家(或地区) Country(or Area)	单位 Unit	1970	1975	1980	1985	1989	1990	1991
日 本 Japan	百万米^2 million m^2	426	517	434	507	510	476	481
韩国 Korea, Rep. of		14	31	80	75	101	106	103
澳大利亚 Australia		27	14	12	11	9	8	8
美国 USA		255	107	158	116	148	118	142
加拿大 Canada		26	27	20	19	12	11	11
法国 France		151	166	177	160	112	93	86
德国(西部) Germany(west)		124	97	109	144	128	132	133
英国 UK		239	176	133	101	93	87	79
荷兰 Netherlands		40	30	18	7	4	5	4
比利时 Belgium		21	13	8	6	2	3	2
奥地利 Austria		20	19	18	15	10	10	9
原苏联 USSR		643	740	762	491	721	704	594
波兰 Poland		—	181	179	105	143	96	65
捷克和斯洛伐克 Czecho and Slovakia		—	85	85	88	87	87	65
南斯拉夫 Yugoslavia		57	66	92	101	100	83	63
保加利亚 Bulgaria		—	55	58	62	54	49	25
德国(东部) Germany(East)		35	88	107	92	99	—	—
匈牙利 Hungary		39	36	39	33	28	17	9
罗马尼亚 Romania		63	96	128	131	133	122	—
南非 South Africa		—	55	61	42	34	28	25
土耳其 Turkey		—	—	—	64	91	94	86
中国 China	百万米 million m	—	—	101	218	280	264	283
印度 India		13	28	36	117	97	84	75
台湾省 Taiwan		6	7	10	16	15	12	10
意大利 Italy	千吨 1000 tons	134	160	212	175	162	150	156
西班牙 Spain		34	30	24	21	—	—	—
葡萄牙 Portugal		10	9	13	13	—	—	—
世界总计 Total World	百万米^2 million m^2	2527	2908	3011	3711	3835	3552	3372

资料来源　日本《纤维手册》1993年。
Source　Japan"Handbook of Chemical Fiber"1993.

部分国家(地区)涤纶长丝进出口量
Polyester Filament Export and Import of Selected Countries(Areas)

单位:吨
Unit:ton

		1985	1987	1988	1989	1990	1991
日本 Japan	出口 Ex.	58781	43407	30641	26350	24021	30310
	进口 Im.	18067	29631	35675	39915	54006	48778
美国 USA	出口 Ex.	80316	23501	31716	46566	55119	74372
	进口 Im.	15100	15880		28436	18723	17814
德国(西部)Germany(West)	出口 Ex.		37500			86266	85498
	进口 Im.	35600	40079			27911	27862
意大利 Italy	出口 Ex.	30733	17770			23692	21973
	进口 Im.	28730	40100			46970	43532
法国 France	出口 Ex.	19162	16402			18478	18636
	进口 Im.	34950	38305			35557	39484
英国 UK	出口 Ex.	8398	12835			14778	14384
	进口 Im.	57845	63804			48640	46734
爱尔兰 Ireland	出口 Ex.	15302	17719			17159	22110
	进口 Im.	6245					
韩国 Korea,Rep. of	出口 Ex.	55708	35086	37468	47748	66680	56347
	进口 Im.	3717	26791	21977	17404	23838	29834
台湾省 Taiwan	出口 Ex.	198000	193000	216000	269000	321039	316075
	进口 Im.	2767	6177	6349	9665	12489	13000
香港 H. K.	出口 Ex.	75519	38339	33164	31006	49919	50000
	进口 Im.	88902	54376	48786	49096	71271	75000
中国 China	进口 Im.	252400	52500	61200	64864	62283	50681
印度 India	进口 Im.	2161	5437	6759		13000	15000

资料来源 日本《纤维手册》1993 年。
Source Japan"Handbook of Chemical Fiber"1993.

部分国家(地区)涤纶短纤维的进出口量
Polyester Staple Fiber Export and Import of Selected Countries(Areas)

单位:吨
Unit:ton

		1985	1987	1988	1989	1990	1991
日本 Japan	出口 Ex.	99375	53859	40237	35432	37864	34866
	进口 Im.	6153	16953	20958	7940	10698	10486
美国 USA	出口 Ex.	114548	111409	104532	72703	53762	70018
	进口 Im.	14416	33520		53826	55839	81550
德国(西部)Germany(West)	出口 Ex.					26000	25150
	进口 Im.	76793	72663			53815	83446
意大利 Italy	出口 Ex.	43863				27606	17350
	进口 Im.	74910	55294			36030	57148
法国 France	出口 Ex.	20568	15667			19749	22916
	进口 Im.	33030	31136			30909	39844
韩国 Korea. Rep. of	出口 Ex.	66855	78730	118008	152217	221377	250444
	进口 Im.	7011	6520	2956	2605	14670	6807
台湾省 Taiwan	出口 Ex.	97000	140000	180000	195475	242481	266088
	进口 Im.	4269	4522	2955	6132	4646	5000
香港 H. K.	出口 Ex.	19937	30942	44066	49016	49919	50000
	进口 Im.	37293	57082	66153	70955	71271	80000
爱尔兰 Ireland	出口 Ex.	26772	37439			30896	33052
	进口 Im.	21083					
中国 China	进口 Im.	258421	57000	118800	176145	153533	161285
印度 India	进口 Im.	2913	8095	6106	6479	6500	7000
英国 UK	出口 Ex.	19786	6314			8934	2554
	进口 Im.	38363	53556			55484	68328

资料来源 日本《纤维手册》1993 年。
Source Japan"Handbook of Chemical Fiber"1993.

部分国家(地区)锦纶长丝进出口量
Nylon Filament Export and Import of Selected Countries(Areas)

单位:吨
Unit:ton

		1985	1987	1988	1989	1990	1991
日本 Japan	出口 Ex.	43874	46094	40134	34463	31806	33726
	进口 Im.	7001	10525	12964	10643	12030	12562
美国 USA	出口 Ex.	47915	55472	70288	88052	86848	80514
	进口 Im.	23040	23400		38847	36597	50200
德国(西部)Germany(West)	出口 Ex.	72464	71403			66790	65869
	进口 Im.	42100	44278			78027	74857
意大利 Italy	出口 Ex.	74318	71415			79906	73392
	进口 Im.		43300			53948	51842
法国 France	出口 Ex.	31184	31726			34081	34544
	进口 Im.		46132			77681	71682
英国 UK	出口 Ex.	28313	17881			54587	63372
	进口 Im.	58740	56729			80872	76469
韩国 Korea, Rep. of	出口 Ex.	2543	2174	1576	4070	6260	7048
	进口 Im.	6663	23318	18121	9845	14175	15361
台湾省 Taiwan	出口 Ex.	33000	34000	35700	49000	23091	25000
	进口 Im.	6545	6989	8533	9672	12811	13000
香港 H. K.	出口 Ex.	5921	5030	8609	9950	7705	9000
	进口 Im.	10900	12015	15431	15898	13325	15000
爱尔兰 Ireland	进口 Im.	1100	2390				
比利时/卢森堡 Belg. /Lux	进口 Im.	94018	101848			146568	150281
中国 China	进口 Im.	34000	18754	21836	29713	10850	12256
印度 India	进口 Im.	3869	2819	7860		5500	6000

资料来源　日本《纤维手册》1993 年。
Source　Japan"Handbook of Chemical Fiber"1993.

部分国家(地区)腈纶短纤维进出口量
Acrylic Fiber Export and Import of Selected Countries(Areas)

单位:吨
unit:ton

		1985	1987	1988	1989	1990	1991
日本 Japan	出口 Ex.	149168	187064	211376	176331	181555	177920
	进口 Im.	1789	1164	2259	1525	2035	2123
美国 USA	出口 Ex.	86118	45988	78806	51202	58464	54713
	进口 Im.	11390	13020		17019	17192	17252
德国(西部) Germany(West)	出口 Ex.	137000				18900	19905
	进口 Im.	25815	18138			12014	12895
意大利 Italy	出口 Ex.	123861	152475			74929	52295
	进口 Im.	31265	91017			74908	87384
法国 France	出口 Ex.	32831	20854			23701	5463
	进口 Im.	31571	46041			37950	46295
英国 UK	出口 Ex.	42421	8154			22048	17727
	进口 Im.	15660	38675			22183	24297
比利时/卢森堡 Belg. /Lux.	出口 Ex.	26916				45053	40890
	进口 Im.	28860	27969			25633	22081
韩国 Korea, Rep. of	出口 Ex.	3021	1607	15917	12603	21531	43076
	进口 Im.	16526	49382	31218	26466	23363	20549
台湾省 Taiwan	出口 Ex.	32000	30000	46300	33600	58357	79532
	进口 Im.	42000	58922	46001	47568	32243	30000
香港 H. K.	出口 Ex.	2734	6424	12100	5624	6000	10000
	进口 Im.	5053	9387	13873	8622	8744	10000
中国 China	进口 Im.	225917	177380	263032	208960	216356	331187
印度 India	进口 Im.	992	766	5626		6000	8000

资料来源　日本《纤维手册》1993 年。
Source　Japan"Handbook of Chemical Fiber"1993.

世界棉纱进口量
Import of Cotton Yarn

单位：千吨
Unit：1000tons

国家(或地区) Country(or Area)	1988	1989	1990	1991
美 国 USA	42.41	47.07	38.58	
阿根廷 Argentina	0.48	0.29	0.17	1.00
委内瑞拉 Venezuela	0.02	0.03	0.62	13.64
南 非 South Africa	1.00	1.00	6.00	3.00
比利时 Belgium	51.55	52.63	56.20	
丹 麦 Denmark	16.00	15.63	20.14	
法 国 France	51.84	61.62	66.20	62.58
德国① Germany	138.46	134.01	134.96	138.95
希 腊 Greece	14.08	12.70	18.49	
爱尔兰 Ireland	6.74	9.32	12.59	
意大利 Italy	98.97	95.33	99.02	94.48
荷 兰 Netherlands	15.84	16.50	16.64	
葡萄牙 Portugal	32.70	30.36	37.40	
西班牙 Spain	7.18	9.57	10.66	
英 国 UK	66.70	66.26	76.40	78.90
奥地利 Austria	30.26	30.26		
芬 兰 Finland	5.88	5.67	4.43	3.54
马尔他 Malta	0.31	0.13	0.11	
匈牙利 Hungary	6.70	8.10		
挪 威 Norway	2.89	2.03	2.30	2.92
瑞 典 Sweden	7.13	5.69	4.88	4.10
瑞 士 Switzerland	9.57	8.79	9.87	
原苏联 USSR	22.00	25.00	28.00	
南斯拉夫 Yugoslavia	2.78	6.53	9.94	
香 港 Hong Kong	205.31	222.73	242.39	283.22
澳大利亚 Australia	9.39	9.42	9.57	15.34
日 本 Japan	199.61	208.88	189.35	
韩 国 Korea,Rep. of	54.80	55.54	61.26	
菲津宾 Thailand	3.26	4.51	7.27	
斯里兰卡 Sri Lanka	1.75	0.99	2.88	6.84
总 计 World Total	1350.80	1455.13	1555.51	1656.10

注 ①1991年前不包括德国(东部)。
Note ①Does not include Germany(East) prior to 1991.
资料来源 《棉花：世界统计》1992年10月。
Source "Cotton：World Statistics" Oct. 1992.

世界棉纱出口量
Export of Cotton Yarn

单位:千吨
Unit:1000tons

国家(或地区) Country(or Area)	1988	1989	1990	1991
墨西哥 Mexico	3.04	1.62	1.56	
美国 USA	12.34	7.17	10.07	
危地马拉 Guatemala	0.71	2.47	2.43	0.91
阿根廷 Argentina	7.16	9.60	11.34	3.80
巴西 Brazil	62.63	56.40	54.10	46.30
埃及 Egypt	66.20	126.61	79.18	
南非 South Africa	3.00	4.00	4.00	3.50
比利时 Belgium	27.62	31.00	27.83	
丹麦 Denmark	1.45	1.16	1.68	
法国 France	24.64	24.80	20.97	21.27
德国[①] Germany	55.33	67.95	62.26	65.99
希腊 Greece	50.99	55.20	43.63	
爱尔兰 Ireland	4.49	3.43	3.99	
意大利 Italy	45.47	54.20	54.97	59.59
荷兰 Netherlands	5.67	6.30	5.75	
葡萄牙 Portugal	7.77	7.90	7.88	
西班牙 Spain	41.86	36.18	42.82	
英国 UK	5.00	3.90	6.60	14.40
芬兰 Finland	0.05	0.05	0.04	0.06
挪威 Norway	0.63	0.67	0.92	0.80
瑞士 Switzerland	33.18	36.30	34.68	
原苏联 USSR	12.00	11.00	9.60	
南斯拉夫 Yugoslavia	7.25	8.74	13.57	
中国 China	205.72	183.70		
香港 Hong Kong	9.28	16.63	16.44	14.51
日本 Japan	3.61	5.24	6.01	
韩国 Korea, Rep. of	53.14	53.91	47.62	
泰国 Thailand	16.23	16.26	16.28	
印度 India	43.49	54.71		
巴基斯坦 Pakistan	235.53	331.32	436.11	474.27
叙利亚 Syria	6.44	4.90	5.01	
土耳其 Turkey	107.39	89.85	68.10	56.98
总计[②] Total Above	1293.26	1474.12	1504.77	1553.48

注 ①1991年前,不包括德国(东部)。
②1990年和1991年的数字为估计值。

Note ①Does not include Germany(East)prior to 1991.
②World totals for 1990 and 1991 and estimated.

资料来源 《棉花:世界统计》1992年10月。
Source "Cotton:World Statistics"Oct. 1992.

世界棉布进口量
Import of Cotton Fabric

单位:千吨
Unit:1000 tons

国家(或地区) Country(or Area)	1988	1989	1990	1991
美国 USA	221.63	263.72	255.37	
阿根廷 Argentina	0.51	0.20	0.52	5.60
南非 South Africa	6.00	5.40	6.00	6.50
比利时 Belgium	46.62	41.80	52.05	
丹麦 Denmark	13.85	13.59	15.88	
法国 France	99.43	110.17	116.34	99.66
德国① Germany	84.23	96.39	113.27	118.11
希腊 Greece	8.71	9.50	11.20	
爱尔兰 Ireland	8.61	7.89	8.36	
意大利 Italy	124.95	143.70	150.10	132.09
荷兰 Netherlands	54.63	56.05	65.84	
葡萄牙 Portugal	10.78	16.80	20.92	
西班牙 Spain	10.98	14.52	14.01	
英国 UK	143.40	138.60	146.60	135.90
芬兰 Finland	9.90	9.87	9.18	8.22
挪威 Norway	4.60	4.53	5.94	5.96
瑞典 Sweden	13.69	13.45	14.06	4.04
瑞士 Switzerland	8.32	9.35	9.74	
波兰 Poland	35.29	33.40	33.81	5.47
捷克和斯洛伐克 Czecho and Slovakia	13.85	5.89	5.50	
罗马尼亚 Romania	2.52	1.91	0.57	6.08
原苏联 USSR	30.82	25.66	29.33	
南斯拉夫 Yugoslavia	15.01	14.42	7.36	
香港 Hong Kong	316.55	350.40	245.02	270.63
日本 Japan	98.00	114.15	88.82	
韩国 Korea, Rep. of	21.16	26.88	13.69	
菲律宾 Philippines	26.82	42.42	35.57	
泰国 Thailand	12.87	14.21		
斯里兰卡 Sri Lanka	4.55	5.36		
土耳其 Turkey	6.33	7.17	16.52	12.97
总计 Total Above	1763.70	1903.64	1847.61	1804.73

注 ①1991年前不包括德国(东部)

Note ①Does not include Germany(East)prior to 1991。

资料来源《棉花:世界统计》1992年10月。

Source "Cotton:World Statistics"Oct. 1992.

世界棉布出口量
Export of Cotton Fabric

单位：千吨
Unit：1000 tons

国家(或地区) Country(or Area)	1988	1989	1990	1991
美国 USA	43.86	72.21	99.43	
埃及 Egypt	18.98	64.87	40.18	
比利时 Belgium	58.67	42.80	58.21	
丹麦 Denmark	5.74	5.69	6.76	
法国 France	71.35	82.29	84.26	79.99
德国① Germany	126.23	135.60	139.15	136.74
希腊 Greece	17.55	14.15	10.48	
爱尔兰 Ireland	14.66	15.44	14.02	
意大利 Italy	49.19	53.91	60.63	61.33
荷兰 Netherlands	36.55	38.43	41.68	
葡萄牙 Portugal	8.29	12.30	11.23	
西班牙 Spain	8.36	28.28	21.30	
英国 UK	22.10	26.50	35.00	35.80
瑞典 Sweden	4.54	4.07	4.07	3.99
瑞士 Switzerland	21.53	20.26	21.09	
捷克和斯洛伐克 Czecho and Slovakia	32.51	31.49	30.04	
匈牙利 Hungary	14.36	11.60		
波兰 Poland	27.73	23.30	5.94	0.81
罗马尼亚 Romania	10.09	9.91	3.92	1.86
原苏联 USSR	51.06	60.02	64.63	
南斯拉夫 Yugoslavia	9.69	7.98	20.29	
台湾省 Taiwan	62.11			
香港 Hong Kong	150.77	164.68	160.77	89.63
日本 Japan	54.24	55.71	69.68	
韩国 Korea, Rep. of	42.36	42.85	42.50	
泰国 Thailand	26.20	28.27		
印度 India	104.27	121.83		
巴基斯坦 Pakistan	123.82	139.04	156.34	169.81
叙利亚 Syria	7.51	5.15	2.37	5.52
土耳其 Turkey	27.67	31.40	28.57	29.74
总计 Total Above	2023.19	2246.83	2317.40	2276.74

注 ①1991年前不包括德国(东部)。

Note ①Does not include Germany(East)prior to 1991。

资料来源 纺织调查是由国际棉花咨询委员会和联合国进行的。

1990年、1991年的总计和小计是基于表中所示实际数据以及某些没有外贸统计的国家在过去几年中的平均出口增长率。

本表摘自：《棉花：世界统计》1992年10月。

Source Textile Survey conducted by ICAC and the United Nations.

Totals and subtotals for 1990 and 1991 are based on the actual data shown and the average growth rates of exports in past years for countries where trade data are not available.

This table is extracted from"Cotton：World Statistics"Oct. 1992.

世界主要国家和地区羊毛、毛纱和毛织物进口量
Import of Wool, Wool Yarn and Fabric by Countries and Areas

单位：千吨
Unit：1000 tons

	国家(或地区) Country(or Area)	1970	1975	1980	1985	1989	1990	1991
羊 毛 Wool	日 本 Japan	321	230	176	184	173	143	153
	中 国 China	6	1	29	113	101	33	106
	台湾省 Taiwan	16	11	28	41	45	31	61
	韩 国 Korea, Rep. of	6	11	23	31	34	34	39
	印 度 India	20	17	13	21	22	34	26
	原苏联 USSR	83	110	124	109	128	52	53
	南斯拉夫 Yugoslavia	21	15	23	21	12	9	10
	法 国 France	159	120	117	132	126	10	127
	英 国 UK	206	132	96	128	110	88	93
	意大利 Italy	127	80	118	120	109	119	38
	德 国① Germany	98	94	79	77	75	68	86
	比利时 Belgium	95	45	42	55	69	54	51
	美 国 USA	91	19	33	35	49	33	39
	世界总计 Total World	1461	1081	1120	1261	1257	988	1165
毛 纱 Wool Yarn	香 港 Hong Kong	12	7	24	23	34	29	42
	日 本 Japan	2	1	1	9	7	7	13
	德 国① Germany	29	19	19	17	14	14	17
	比利时 Belgium	8	8	15	9	7	7	6
	荷 兰 Netherlands	12	11	14	10	8	7	6
	英 国 UK	3	5	7	11	15	12	13
	意大利 Italy	3	1	5	8	11	11	12
	法 国 France	3	4	5	5	6	7	7
	瑞 士 Switzerland	2	2	5	5	4	3	4
	丹 麦 Denmark	6	4	5	5	3	3	3
	波 兰 Poland	—	8	11	9	7	3	—
	原苏联 USSR	18	10	8	4	3	—	—
	澳大利亚 Australia	1	1	4	7	7	6	4
	世界总计 Total World	122	101	151	156	160	147	169
毛织物 Wool Fabric	日 本 Japan	3	2	3	4	8	7	5
	印 度 India	22	28	26	24	22	22	26
	英 国 UK	7	7	9	9	8	8	6
	法 国 France	6	8	9	9	9	10	10
	荷 兰 Netherlands	8	8	7	5	4	5	5
	澳大利亚 Australia	3	3	4	3	3	2	3
	比利时 Belgium	5	5	4	3	3	3	3
	意大利 Italy	2	1	3	3	3	3	3
	希 腊 Greece	1	1	1	3	3	3	3
	芬 兰 Finland	2	1	2	2	1	1	1
	瑞 士 Switzerland	2	2	2	2	2	2	2
	美 国 USA	11	4	10	—	—	—	—
	加拿大 Canada	4	3	5	8	4	3	3
	世界总计 Total World	88	82	95	91	88	87	88

注 ①1991年前不包括德国(东部)。
Note ①Does not include Germany(East) to 1991.
资料来源 日本《纤维手册》1993年。
Source Japan "Handbook of Chemical Fiber" 1993.

世界主要国家和地区羊毛、毛纱和毛织物出口量
Export of Wool, Wool Yarn and Fabric by Countries and Areas

单位：千吨
Unit: 1000 tons

	国家(或地区) Country(or Area)	单位 Unit	1970	1975	1980	1985	1989	1990	1991
羊毛 Wool	澳大利亚 Australia	千吨 1000 tons	706	572	556	718	718	513	749
	新西兰 New Zealand		289	243	274	307	241	201	235
	阿根廷 Argentina		95	75	81	63	41	56	41
	南非 South Africa		93	68	62	53	38	50	49
	乌拉圭 Uruguay		45	37	41	26	27	37	26
	法国 France		32	35	44	37	34	25	30
	蒙古 Mongolia		11	17	17	13	4	5	5
	英国 UK		16	23	17	19	23	40	32
	智利 China		9	11	11	8	7	7	—
	世界总计 Total World		1425	1194	1193	1357	1283	1054	1313
毛纱 Wool Yan	日本 Japan	千吨 1000 tons	17	6	17	9	9	9	10
	香港 Hong Kong		1	1	13	20	27	22	30
	比利时 Belgium		28	17	18	12	10	10	9
	法国 France		22	16	20	14	9	7	8
	英国 United Kingdom		16	14	17	17	14	14	14
	意大利 Italy		11	8	7	15	14	15	20
	韩国 Korea, Rep. of		—	—	8	12	15	10	24
	西班牙 Spain		1	2	7	7	4	5	3
	台湾省 Taiwan		7	3	7	7	5	6	9
	荷兰 Netherlands		7	6	8	4	2	2	2
	世界总计 Total World		131	96	159	167	165	154	187
毛织物 Wool Fabric	日本 Japan	千吨 1000 tons	13	4	3	3	4	5	7
	意大利 Italy		51	51	56	62	48	46	59
	英国 UK		21	15	15	15	13	11	9
	德国 Germany		7	11	16	19	18	19	24
	韩国 Korea, Rep. of		—	2	3	3	3	2	3
	世界总计 Total World		120	112	120	129	111	111	129
	德国(东部) Germany(East)	百万米² million m²	3	8	15	10	10	—	—
	匈牙利 Hungary		4	8	10	10	10	7	—
	英国 UK		58	42	44	42	44	40	29
	捷克和斯洛伐克 Czecho and Slovakia	百万米 million m	—	5	3	20	7	—	—
	波兰 Poland		7	18	19	14	17	16	9
	世界总计 Total World	百万米² million m²	143	116	142	180	186	179	173

注 ①1991年前不包括德国(东部)。

Note ①Does not include Germany (East) prior to 1991.

资料来源 日本《纤维手册》1993年。

Source Japan "Handbook of Chemical Fiber" 1993.

棉花各品种的北欧到岸价

Prices of Cotton CIF North Europe

单位:美分/磅

Unit:U. S. Cent per pound

	1985/1986	1986/1987	1987/1988	1988/1989	1989/1990	1990/1991	1991/1992
Cotlook A 指数现值 Current Cotlook A Index	49.00	62.05	72.30	66.35	82.40	82.95	63.05
Cotlook B 指数(粗支)现值 Current Cotlook B Index "Coarse Count"	40.95	55.05	67.50	61.30	77.40	77.85	58.50
美国奥尔良/得克萨斯中级棉 Orleans/Texas Midd	52.26	56.38	72.07	63.14	79.01	80.35	63.51
美国孟菲斯特罗奴塔中级棉 Memphis Terr Midd	58.28	62.17	76.29	68.94	83.84	88.18	66.51
美国加利福尼亚阿卡拉 SJV 棉 Calif/Acala SJV	59.43	74.27	81.17	77.09	88.67	93.07	74.66
墨西哥中级棉 Mexico Midd	52.94	64.86	75.18	61.64	82.59	84.31	68.55
中美洲中级棉 Central Am Midd	51.38	63.09	72.93	60.76	80.78	83.14	68.65
巴西 5/6 型棉 Brazilian Type 5/6	50.48	68.79	—	—	76.13	79.11	60.38
巴拉圭中级棉 Paraguayan Midd	52.94	65.52	73.83	67.96	80.68	82.02	61.60
阿根廷 C-1/2 型棉 Argentine C-1/2	48.34	68.82	61.93	63.87	76.74	77.83	59.25
土耳其伊兹密尔棉 Turkey Izmir	54.13	64.87	86.21	66.77	90.45	88.70	74.84
希腊中级棉 Greek Midd	50.98	63.53	83.85	62.93	83.73	84.21	66.03
中亚中级棉 1-3/32 Central Asia Midd 1-3/32	47.63	62.85	76.18	66.18	82.07	81.78	58.99
中亚次中级棉 1-1/16 Central Asia SLM. 1-1/16	45.00	59.88	73.30	63.15	78.92	79.72	55.54
巴基斯坦旁遮普 1505 棉 Pakistan Punjab 1505	—	75.88	73.02	59.18	79.07	82.99	64.81
巴基斯坦信德/旁遮普棉 Pakistan Sind/Punjab	37.35	55.48	66.47	57.17	77.10	77.08	58.19
中国 329 棉 Chinese 329	49.88	62.40	77.31	69.11	85.81	87.40	71.75
坦桑尼亚 3 型棉 Tanzania A. R. Type 3	55.81	67.41	87.96	69.05	86.80	89.62	69.25
法语非洲中级棉 African France Zone Midd	48.80	63.30	73.28	65.51	80.58	81.60	61.75
澳大利亚中级棉 Australian Midd	50.15	67.05	75.99	71.94	84.37	85.99	67.54
埃及吉萨棉 Egypt Giza	111.40	112.59	145.11	176.85	189.54	177.43	128.10
埃及吉萨棉 70 Egypt Giza70	147.14	146.94	181.68	231.44	254.11	248.91	178.14
苏丹 G5B Shambat Sudan G5B	89.64	69.58	75.39	69.06	72.52	77.12	—
秘鲁坦圭斯 3 级棉 Peru Tanguis Grade3	74.26	85.43	117.18	75.84	84.31	—	—
秘鲁比马棉 1 级 1—9/16" "Peru Pima G1 1—9/16"	112.57	111.63	182.50	165.00	170.64	125.29	127.33
美国比马棉 3 级 1—7/16" "American Pima 1—7/16"	109.81	112.79	128.93	178.06	112.06	136.24	115.84

注 原表中有各种棉花规格的详注从略。

Note There were the detailed specifications in original table is omited here.

资料来源 世界棉花咨询委员会秘书处《棉花:世界统计》1992 年 10 月。

Source The Secretariat of ICAC"Cotton:World Statistics"Oct. 1992.

日、欧、美非织造布用纤维消费量

Fiber Consumpotion of Non-woven Industry in Japan, West Europe and USA

单位：千吨
Unit：1000 tons

纤维 Hem	1987			1988			1989			1990			1991		
	美国 USA	西欧 W. Europe	日本 Japan	美国 USA	西欧 W. Europe	日本 Japan	美国 USA	西欧 W. Europe	日本 Japan	美国 USA	西欧 W. Europe	日本 Japan	美国 USA	西欧 W. Europe	日本 Japan
涤纶 PE	121.0	86.3	40.9	137.6	91.3	43.8	151.0	93.5	67.5	148.0	98.4	75.0	147.0	99.0	—
粘胶 Viscose	62.0	51.0	20.0	55.0	50.3	22.9	44.0	54.2	21.9	40.0	49.7	20.8	32.0	47.0	—
丙纶 PP	215.7	132.7	32.7	228.0	143.3	35.1	240.0	181.0	38.6	257.0	213.5	41.9	290.0	225.2	—
锦纶 Nylon	20.9	—	20.4	7.0	79.2	19.2	7.0	11.5	13.7	105.0	12.7	14.0	141.0	12.8	—
其它 Others	73.3	38.4	20.4	76.1	79.2	19.2	76.0	73.6	15.2	105.0	74.4	17.4	141.0	75.0	—
总计 Total	480.0	329.3	114.0	503.7	364.8	121.0	518.0	413.8	156.8	550.0	448.7	168.8	610.0	459.0	181.0

资料来源 日本《纤维手册》1993年。

Source Japan"Handbool of Chemical Fiber"1993.

日、欧、美不同生产方法的非织造布生产量

Non-woven Production of Japan, West Europe and USA by Different Method

单位：千吨
Unit：1000 tons

制法 Process	1987			1988			1989			1990			1991		
	美国 USA	西欧 W. Europe	日本 Japan	美国 USA	西欧 W. Europe	日本 Japan	美国 USA	西欧 W. Europe	日本 Japan	美国 USA	西欧 W. Europe	日本 Japan	美国 USA	西欧 W. Europe	日本 Japan
干法 Dry Method	262.0	174.2	81.4	255.0	191.2	92.1	246.0	204.0	99.5	234.0	221.0	107.0	—	—	113.3
开松梳理法 Opening/Carding	221.0	—	—	—	—	—	—	—	—	191.0	—	—	—	—	—
气流成网法 Air-laid system	41.0	40.3	—	—	42.1	—	—	—	—	43.0	—	—	—	—	—
湿法 Wet Method	53.0	40.3	10.7	54.0	42.1	11.3	56.0	46.0	12.7	51.0	45.0	14.6	—	—	16.0
纺粘法 Sponbond	147.0	111.0	29.8	154.0	122.3	34.1	156.0	144.0	39.3	163.0	162.0	43.5	179.0	166.0	51.9
水射流法 Sponlace	45.0		4.5	55.0		5.4	62.0		6.6	79.0		7.0	—	—	4.7
熔喷法 Meltblown	29.0	16.0	1.1	38.0	15.2	1.4	50.0	20.0	1.7	65.0	23.0	—	—	—	2.1
其他 Others	21.0		—	21.0		—	20.0		—	20.0		2.0	—	—	—
总计 Total	557.0	338.5	127.5	577.0	370.8	144.3	590.0	414.0	159.8	612.0	451.0	175.0	680.0	460.0	188.0

资料来源 日本《纤维手册》1993。

Source Japan"Handbok of Chemical Fiber"1993.

世界主要国家(地区)喷射织机设备状况
The Jet Weaving Looms by Country(Area)

单位:千台
Unit:1000 sets

国别(或地区) Country(or Area)	种类 Item	1980	1985	1988	1989	1990	1991
日本 Japan	WJL	13.5	25.0	26.0	25.0	25.0	26.5
	AJL	1.1	6.5	13.6	17.8	18.0	19.0
韩国 Korea,Rep. of	WJL	5.3	10.5	16.2	18.9	25.0	30.0
	AJL	—	0.3	1.4	2.5	3.0	4.0
台湾省 Taiwan	WJL	4.2	9.0	16.2	18.0	25.0	26.5
	AJL	—	2.5	6.5	8.0	8.5	12.0
中国 China	WJL	—	4.0～5.0	5.6	6.3	6.5	7.0
	AJL	—	—	2.0	2.7	3.0	3.5
美国 USA	WJL	7.0	7.9	6.1	6.2	6.0	5.9
	AJL	3.8	12.7	14.2	14.3	15.4	15.2
西欧 W. Europe	WJL	0.5	13.0	13.5	12.0	12.0	12.0
	AJL	1.9	—	12.7	15.0	15.0	15.5
英国 UK	WJL	3.4	5.0	—	3.7	3.7	3.8
	AJL	0.8	5.0	—	1.0	1.0	1.1
意大利 Italy	WJL	3.0	—	—	3.0	3.0	3.0
	AJL	0.8	—	—	7.4	7.7	7.5
法国 France	WJL	2.5	—	—	3.8	3.8	3.8
	AJL	0.0	—	—	3.8	3.8	3.9
德国(西部) Germany(West)	WJL	1.0	—	—	0.5	0.5	0.5
	AJL	0.2	—	—	3.4	3.4	3.5
东南亚 Sortheast Asia	WJL	—	1.0	2.4	2.8	3.5	7.5
	AJL	—	—	1.8	2.5	2.6	6.2
其他 Others	WJL	2.0	—	2.7	3.8	3.5	3.6
	AJL	—	—	5.0	10.2	11.5	14.5
总计 Total	WJL	42.5	—	89.0	93.0	106.5	119.0
	AJL	—	—	57.3	73.0	77.0	90.0

注 WJL—喷水织机。
AJL—喷气织机。

Notes WJL—Water-Jet Loom.
AJL—Air-Jet Loom.

资料来源 日本《纤维手册》1993年。

Source Japan"Handbook of Chemical Fiber"1993.

主要国家（地区）聚酯纤维（涤纶棉）价格

Prices of Polyester

	美国 USA		台湾省 Taiwan		日本 Japan		德国 Germany		意大利 Italy	
	美元/公斤 Dollars/kilogram	美分/磅 U.S. Cents/pound	新台币/公斤 NT $/kilogram	美分/磅 U.S. Cents/pound	日元/公斤 Yen/kilogram	美分/磅 U.S. Cents/pound	马克/公斤 Marks/kilogram	美分/磅 U.S. Cents/pound	里拉/公斤 Lire/kilogram	美分/磅 U.S. Cents/pound
1989/1990										
8月 Aug.	1.89	86.00	44.50	78.40	210.00	67.40	3.90	92.30	2800.00	91.90
9月 Sep.	1.89	86.00	44.50	78.38	210.00	65.50	3.85	89.38	2800.00	90.13
10月 Oct.	1.89	86.00	41.50	72.38	210.00	67.75	3.70	89.88	2900.00	96.00
11月 Nov.	1.89	86.00	39.40	68.70	210.00	67.10	3.70	92.10	2589.80	97.90
12月 Dec.	1.89	86.00	35.50	60.50	210.00	66.17	3.70	95.83	2900.00	101.00
1月 Jan.	1.88	85.50	32.63	56.75	210.00	65.88	3.65	97.88	2800.00	100.50
2月 Feb.	1.85	84.00	32.88	57.25	202.50	63.25	3.50	95.13	2500.00	91.25
3月 Mar.	1.85	84.00	29.40	50.60	200.00	59.90	3.50	93.10	2500.00	90.40
4月 Apr.	1.85	84.00	28.63	49.25	200.00	57.25	3.50	94.00	2500.00	91.25
5月 May	1.85	84.00	28.00	47.00	214.00	63.20	3.50	95.40	2460.00	91.30
6月 Jun.	1.81	82.00	28.38	47.00	215.00	63.38	3.35	90.38	2300.00	84.25
7月 Jul.	1.68	76.00	29.00	48.38	215.00	65.13	3.25	90.00	2200.00	83.00
平均 Average	1.85	84.16	34.57	59.66	208.82	64.29	3.59	92.91	2597.04	92.27
1990/1991										
8月 Aug.	1.68	76.00	28.50	47.40	215.00	65.70	3.20	92.13	2200.00	86.25
9月 Sep.	1.68	76.00	29.25	48.63	230.00	75.13	3.24	93.63	2237.50	86.63
10月 Oct.	1.68	76.00	31.38	52.10	235.00	81.20	3.25	96.25	2306.25	91.13
11月 Nov.	1.68	76.00	31.00	51.50	235.00	83.20	3.25	99.20	2337.00	94.70
12月 Dec.	1.68	76.00	31.00	51.67	235.00	80.67	3.25	99.50	2355.00	95.50
1月 Jan.	1.68	76.00	31.30	53.70	235.00	79.30	3.25	97.30	2355.00	93.70
2月 Feb.	1.68	76.00	31.00	51.98	235.00	81.13	3.25	99.63	2355.00	94.75
3月 Mar.	1.68	76.00	31.00	51.50	235.00	77.88	3.17	88.88	2312.50	88.13
4月 Apr.	1.68	76.00	31.00	51.75	235.00	77.25	3.08	82.88	2300.00	82.50
5月 May	1.62	73.60	30.20	50.40	235.00	77.10	3.08	81.80	2300.00	81.80
6月 Jun.	1.65	74.50	28.38	47.50	235.00	76.25	3.08	78.00	2300.00	78.50
7月 Jul.	1.69	76.38	27.13	45.63	235.00	77.50	3.08	77.50	2225.00	75.25
平均 Average	1.67	75.68	30.09	50.32	232.65	77.53	3.18	90.51	2299.40	87.40
1991/1992										
8月 Aug.	1.61	73.0	26.6	44.5	235	77.6	3.08	79.9	2000	69.5
9月 Sep.	1.61	73.0	27.0	46.0	235	78.9	3.08	82.3	1963	70.3
10月 Oct.	1.61	73.0	27.2	46.9	235	81.4	3.08	82.5	1950	69.8
11月 Nov.	1.61	73.0	27.0	47.1	235	82.1	3.08	86.0	1950	72.6
12月 Dec.	1.61	72.8	26.5	46.6	237	83.2	3.08	88.0	1917	72.3
1月 Jan.	1.60	72.5	26.5	47.7	245	88.9	3.04	87.9	1780	68.8
2月 Feb.	1.60	72.5	26.5	48.0	245	87.4	2.90	81.0	1650	61.5
3月 Mar.	1.60	72.5	26.5	47.3	345	84.0	2.90	78.6	1650	60.1
4月 Apr.	1.61	72.8	26.6	47.6	245	83.1	2.90	79.7	1475	53.9
5月 May	1.63	74.0	26.5	48.0	245	84.6	2.90	81.1	1475	55.0
6月 Jun.	1.63	74.0	26.5	48.3	249	88.9	2.90	83.1	1513	57.3
7月 Jul.	1.63	74.0	26.5	48.5	250	90.2	2.90	88.1	1525	61.1
平均 Average	1.61	73.1	26.7	47.2	242	84.2	2.98	83.1	1735	64.2

资料来源　世界棉花咨询委员会秘书处《棉花：世界统计》1992 年 10 月。

Source　The Secretariat of ICAC"Cotton：World Statistics"Oct. 1992.

韩国纺织工业设备情况

Textile Equipment of Korea, Rep. of

项　目 Item	单位 Unit	1988	1989	1990
棉纺锭 Cotton Spindle	千锭 10^3sp	3584	3592	3686
毛纺锭 Wool Spindle	千锭 10^3sp	1140	1139	1159
棉织机 Cott-Loom	千台 10^3set	55.60	52.56	47.85
毛织机 Wool Loom	千台 10^3set	4.10	4.02	3.63
丝织机 Filament-Loom	千台 10^3set	86.72	78.57	69.87
其它 Others	千台 10^3set	2.73	3.05	2.56
合成纤维生产能力 Synthetic fiber producing Capacity				
锦纶 Nylon	吨/日 ton/day	439	482	538
聚酯长丝 Polyester(Cont)	吨/日 ton/day	1095	1214	1305
聚酯短纤 Polyester(Disc)	吨/日 ton/day	895	1023	1145
腈纶 Acrylic	吨/日 ton/day	539	539	539
其它 Others	吨/日 ton/day	73	81	81

资料来源　韩国纤维产业联合会。
Source　Korea, Rep. of Federation of Textile Industries.

韩国纺织品和化纤产量

Production of Textiles and Man-Made Fibers of Korea, Rep. of

项　目 Item	单位 Unit	1989	1990	1991
纺毛纱 Woolen Yarn	吨 ton	32067	28661	29973
梳毛纱 Worsted Yarn	吨 ton	32662	31905	34568
棉织物 Cotton fabric	千平方公尺 10^3m^2	648298	608999	586274
纺毛织物 Woolen fabric	千平方公尺 10^3m^2	20698	21248	19854
蚕丝织物 Pure silk fabric	千平方公尺 10^3m^2	20018	17773	16497
合纤织物 Synthetic fabric	千平方公尺 10^3m^2	2909697	3127619	3085184
毛毯 Blanket	千平方公尺 10^3m^2	11263	11726	12440
针织内衣 Knitted underwear	千件 10^3pcs	316633	343768	367248
锦纶 Polyamide fiber	吨 ton	113645	137676	137593
聚酯 Polyester fiber	吨 ton	654337	729810	779742
腈纶 Acrylic fiber	吨 ton	190108	183974	182698
无纺织品 Non-woven	吨 ton	—	67994	75438

资料来源　韩国统计月报。
Source　Monthly Statistics of Korea, Rep. of

韩国纺织品出口统计

Textile Export statistics of Korea. Rep. of

单位:百万美元

Unit:US $ Million

项目 Item	1989	1990	1991
合计 Total	15140	14670	15496
纤维、纱 Fiber,Yarn	1140	1177	1348
纤维 Staple fiber	267	325	376
毛纱 Woolen yarn	154	102	139
棉纱 Cotton yarn	198	166	185
长纤纱 Filament yarn	260	289	324
短纤纱 Spun yarn	236	273	280
布 Fabric	3861	4633	5694
丝织布 Silk fabric	277	264	324
羊毛布 Woolen fabric	73	65	86
棉布 Cotton fabric	289	311	354
长纤布 fabric(Cont.)	1970	2343	2875
短纤布 fabric(Disc.)	499	649	711
针织布 Knitted fabric	212	336	519
成衣制品 Apparel and textile products	10139	8860	8453
成衣 Apparel	8763	7600	7155
针织成衣 Knitted	3082	2584	2573
梭织成衣 Woven	3672	3149	2963
皮衣 Leather	2008	1867	1619
其它 Other textile products	1376	1261	1298

资料来源 韩国商工部。

Source Ministry of Trade and Industry Korea,Rep. of

附　录

Appendixes

纺织工业部机构设置及负责人

（截止 1992 年 12 月 31 日）

部　长：吴文英

副部长：季国标（任职到 1992 年 9 月）　杜钰洲　王曾敬　刘　珩　许坤元

办公厅：

主　任：林乃基

副主任：金　余

政策法规司

司　长：周玉成（任职到 1992 年 7 月）　沈克俭

副司长：栾忠信

综合计划司

司　长：许坤元（任职到 1992 年 9 月）　刘春年

副司长：王超鲁　沈兰珍

生产协调司

司　长：蔡祖琨

副司长：张炳城　吴国强（任职到 1992 年 11 月）　毛金凤

经济调节司

司　长：王春德（任职到 1992 年 8 月）

副司长：杨东辉　张　莉

科技发展司

司　长：华用士（任职到 1992 年 4 月）　王天凯

副司长：谢应安　钱言信　陈书杰

人事劳动司

副司长：赵宇章　顾　佩　常俊传

教育司

司　长：韩恩业

副司长：梁　善

国际合作司

司　长：贝聿泷（任职到 1992 年 9 月）

副司长：季　军

体制改革司

司　长：徐晋昶

副司长：马玉良　朱仲山

技术装备司

司　长：凌宝银

副司长：柳仁德　张怀良

化纤工业司

司　长：诸祥坤

副司长：沙福浩　王招玲　陈冠庆

行政司

副司长：满占九　吴桂英　吕来增

老干部局

局　长：周文成（任职到 1992 年 4 月）

副局长：马庆福　刘满桂

监察局

局　长：胡　桐

副局长：张松芳

审计局

局　长：韩锡贞

副局长：刘业超

机关党委

书　记：杜钰洲（兼）

常务副书记：方玉根 善

纪委书记：冯士纯（任职到1992年6月） 陈之

部直属企事业单位

纺织工业部经济研究中心（信息中心）

主　任：吴鹤松（任职到1992年8月）
程振华（兼信息中心主任）

副主任：马国富（兼信息中心副主任）

中国纺织报社

社　长：吴鹤松

总编辑：陈义方（任职到1992年1月） 薛庆时

副社长：王　烈

秘书长：张　东

纺织工业出版社

社　长：韩耀民

副社长：郝东晋　王文浩　王润安

总编辑：张永康

纺织工业部设计院

党委书记：郭开宇

院　长：王广鎏（任职到1992年12月） 罗文德

副院长：蒋士成（任职到1992年5月） 孙今权
赵学珍（任职到1992年12月） 郑世光　李法民　倪居华

纺织工业部科学研究院

党委书记：孙惠敏

院　长：徐　朴

副书记：于子雄

副院长：吴慧莉　高志鸿　沈有光　黄永芬

纺织工业部建设规划院

副院长：刘兴武　张　健　陈　政
郑世光（兼） 王超鲁（兼）

纺织工业部纺织技术组织开发中心

主　任：李　森

副主任：张仲兰

中国服装研究设计中心

主　任：朱秉臣

副主任：盛中鹏　谭　安

纺织工业部科学技术情报研究所

书　记：刘树梅

所　长：陈重希（任职到1992年2月） 刘树梅（兼）

副所长：施雍西　张延恺

纺织工业部纺织机械研究所

书　记：朱　彬

所　长：郑锡荣

副所长：张锡山　高孝纲

中国国际贸易促进委员会纺织行业分会

会　长：季国标（兼）

副会长：陈宝鑫　王海南（兼秘书长）

中国纺织机械工业总公司
中国纺织机械集团

董事长：曹东升

总经理：梅在森

副总经理：张天枢　陈希深　王家禄　张传海

中国丝绸工业总公司

总经理：李世娟

副总经理：杨永元　黄祖兴　谢昭月　李光添

中国服装工业总公司

总经理：于宗尧

副总经理：王中辉　廉乐英　周锦良　盛才庆

纺织工业部北京华诚纺织公司

总经理：何成杰

副总经理：周涵春

中国纺织物资总公司

总经理：李洪福

副总经理：王四维　徐庚生　黄兴昌

中国纺织工业对外经济技术合作公司
中国纺织机械和技术进出口公司

总经理：杨承恺（任职到1992年9月） 贝聿泷

副总经理：钱伟一　章睿骏

中国纺织装饰总公司

总 经 理：王嗣璘（任职到 1992 年 11 月）　吴国强
副总经理：吴焕新　李艾田

中国化纤公司

总 经 理：王玉耀
副总经理：耿仁彭　王宏奎

中国化纤工程公司

经　理：赵渊禄
副经理：谢宝康（任职到 1992 年 11 月）　郜竞人

中国纺织器材工业公司

经　理：孙　绳
副经理：林锦晖（任职到 1992 年 1 月）　朱彩珍

中国华诚财务公司

总经理：王春德

仪征化纤工业联合公司

书　　记：朱恪礼
总 经 理：任传俊（兼副书记）
副总经理：沈云飞　宣惠金　蒋士成（兼总工）
凌爱宝　陈锦芳　郑大中　蒋士明

华联纺织（集团）有限公司

总 经 理：周和文
副总经理：田志俊　朱金大　陆益桐　徐赐书
熊维信

中国华源实业有限总公司

总经理：周玉成

中国纺织大学

书　记：丁证青
校　长：周永元
副书记：金家友　徐佩莉
副校长：孙俊康　陈瑞琪　朱介民　孟广甫
金家友（兼）

天津纺织工学院

书　记：杨希禄
院　长：贾路桥（任职到 1992 年 10 月）　邱冠雄
副书记：何致瑜
副院长：张振生　崔永芳　何致瑜（兼）

浙江丝绸工学院

书　记：金邦炉
院　长：袁观洛
副书记：白同平　万士明
副院长：凌荣国　康　泰　董炳根

苏州丝绸工学院

书　记：王书昭
院　长：王书昭（兼）
副书记：施明干（兼）　关亨良
副院长：施明干　吴融如

武汉纺织工学院

书　记：章默英
院　长：贺经平
副书记：罗　兵
副院长：沈钧平　陈克强　徐冬青

郑州纺织工学院

书　记：吴法荀
院　长：凌德麟
副书记：薛志强
副院长：田智喜（任职到 1992 年 10 月）　郭承燕
苏天晓

西北纺织工学院

书　记：张瑞宝
院　长：张乐善
副书记：王享海
副院长：党　群　李宝德（任职到 1992 年 6 月）
胡宗德　朱宝瑜　翟荣祖　王享海（兼）

北京服装学院

书　　记：钟国治
院　　长：周亚夫（任职到 1992 年 11 月）　贾路桥
副 书 记：王　健
副 院 长：王蕴强　赵　亮

纺织工业部管理干部学院

书　记：李霞影
副书记：诸镇南
副院长：夏秀英　顾　钧

中国纺织政治函授学院

院　长：吴文英（兼）
副院长：吴鹤松（兼）　林乃基（兼）　凌侠锋

各省市纺织（轻、丝绸）工业厅（局、公司）负责人

（截止 1992 年 12 月 31 日）

北京市纺织工业总公司

书　记：孙建勋
总经理：徐青伟
副书记：王金玲
副总经理：张培华　姜宜茂　蒋志民　范兴华

天津市纺织工业局

书　记：李树蓬
局　长：于广才
副书记：胡惠民　高德云
副局长：徐其德　张立业　陆铁栋（任职到 1992 年 4 月）　宗国栋　吴泽泗

河北省纺织工业总公司

经　理：孙为伦
副经理：贾庆昌　贵新喜　刘文宪
总　工：黄绍文

山西省纺织工业厅

厅　长：李小货
副厅长：申桂英　佟慧茹　滑　仁

内蒙古自治区轻工业厅

厅　长：张健民（1992 年 6 月改任区联社主任）　王俊玉
副厅长：云裕民　吴一徽　丁翔文　梁振廷

辽宁省纺织工业厅

厅　长：张自栖
副厅长：芮克有　朱光武　朱玉书　钟文龙　詹惠珍　刘洪坤

吉林省纺织工业厅

厅　长：蒋明田
副厅长：轧希贤　张齐云　杨湘岚　韩绍霖

黑龙江省纺织工业厅

厅　长：张运琪
副厅长：沈克俭（任职到 1992 年 9 月）　肖耀斌　孙岫琴

上海市纺织工业局

书　记：邹木法（任职到 1992 年 12 月）　朱匡宇
局　长：梅寿椿（任职到 1992 年 12 月）　姜光裕
副书记：陆凤姝
副局长：刘　勤　丁　力　李克让　肖义家　杜双信

江苏省纺织工业厅

厅　长：林庆生
副厅长：奚锦昌　谢　明　窦　钰　胡上治

浙江省轻工业厅

厅　长：戴大鸣
副厅长：赵大贤　周云栋　赵万兴　冯鞠初

安徽省纺织工业厅

厅　长：张有信
副厅长：韩翠英　钱　凌（任职到 1992 年 9 月）　吴云生

福建省轻工业厅

厅　长：张家坤（任职到 1992 年 6 月）　王能光
副厅长：高晓山　林凤金　王学鼎　梁　模

江西省纺织工业局

局　长：丘善道
副局长：辛　萍　郑本纯　周立文

山东省纺织工业厅

厅　长：平茅芦
副厅长：刘寿北　张荷弟　张立功　戴顺林

河南省纺织工业厅

厅　长：姜书之（任职到 1992 年 7 月）　谢伟民
副厅长：张春德（任职到 1992 年 7 月）　李正君

李书勤　高体尧(任职到 1992 年 3 月)
朱振澄

湖北省纺织工业总公司

经　理:熊起业
副书记:宋杏珍
副经理:丁启秀　李丰均
总　工:孙煜生

湖南省纺织工业厅

厅　长:刘慧芳
副厅长:王逸时　曾昭宣　高佩琪　束立虹
总　工:杜负薪

广东省纺织工业总公司

总经理:李　炽
副总经理:谢城菘　张望曙　陈乃承

广西壮族自治区纺织工业厅

厅　长:董秀兰
副厅长:邹虎林
总　工:周子德

海南省纺织工业局

书　记:谢宗林(任职到 1992 年 8 月)
局　长:王军文
副局长:陈绍栋(任职到 1992 年 8 月)　曾凡玉
李庆普

四川省纺织工业厅

厅　长:杜世弘
副厅长:冯杰人　唐桥星　陈南园(1992 年 3 月改任纪检组长)　金一渔

贵州省轻纺工业厅

厅　长:邱栋臣
副厅长:葛长瑞　杨启云　励鑫华　姚　能

云南省纺织工业局

局　长:薛惠新
副局长:韩长旺　胥　鸿

陕西省纺织工业总公司

总经理:郭立志
副书记:李明新
副总经理:邬醒华　白希孟　殷志尧　朱恒耀

甘肃省轻纺工业厅

厅　长:陆　江(任职到 1992 年 10 月)　叶绍裘
副厅长:吴　敏(任职到 1992 年 4 月)　王国礼
韩桂生　赵　俊

青海省轻纺工业厅

厅　长:林世亭
副厅长:芦惠敏　朱太秀　郑明杰　阳藏伯

宁夏回族自治区轻纺工业厅

厅　长:杨继立
副厅长:张仁杰　张觉悟　张俊平　王树贞

新疆维吾尔自治区纺织工业局

局　长:邢自然
副书记:马艳华
副局长:茹克娅　石明章　初盈州

沈阳市纺织工业管理局

书　记:赵丽娟
局　长:丛福玮(任职到 1992 年 1 月)　刘铁成
副书记:杨学锋
副局长:耿秀清　郎欢丰　宣永久　李学舜

大连市纺织工业管理局

局　长:戴树基
副书记:许丽烨(任职到 1992 年 3 月)　毕作玉
副局长:刘润波　马东升　戚永成　王宝林
周有林

长春市纺织工业局

局　长:孙玉芝
副局长:王佐政　董会维　楚忠义

哈尔滨市纺织管理局

局　长:周楠林
副书记:徐淑芳
副局长:柏仁忠　崔永祝　林有发
总　工:王化山

南京市纺织工业公司

经　理:戴文华
副书记:刘国华
副经理:王家声　季君良(任职到 1992 年 3 月)
周美玉　余寿松

宁波市纺织工业局

局　长:吕国荣
副书记:卓祥骙(任职到 1992 年 9 月)
副局长:袁珊珊　朱瑞康

厦门市经委纺织工业处

处　长:杨佳香
副处长:刘秀銮

青岛市纺织工业总公司

总 经 理：刘泽清（任职到1992年2月）　许有仁
副 书 记：徐淑贞　孙贾尧
副总经理：李令言（任职到1992年10月）
江崇梅（任职到1992年10月）
周长根（任职到1992年10月）
刘善起　王泰来　王万庭　王　磊

武汉市纺织工业局

书　记：熊昌发
局　长：凌寿卿
副书记：万邦恩　崔华英
副局长：李敬忠　李　勇　胡仰先　郑明陆

广州市纺织工业总公司

书　　记：贾凯明
总 经 理：萧良钦
副 书 记：崔玉光
副总经理：倪福珍　许锦初　古和基

深圳市纺织工业公司

总 经 理：张应学
副总经理：管同科　陈　放

成都市纺织工业局

书　记：刘志树
局　长：刘云生
副局长：徐复兴　卢茂林

重庆市纺织工业局

局　长：谭德树
副书记：曹绍基
副局长：吴受铭　张光逊

西安市纺织工业公司

书　记：汪精文
经　理：张裕民
副经理：李继庚　方宝谭

江苏省丝绸总公司

总 经 理：宋顺才
副总经理：傅城衍　沈培根　周苏明

浙江省丝绸联合公司

总 经 理：凌人才
副总经理：何祥林　王象礼　赵洪其　李继林

安徽省丝绸公司

书　　记：周世忠
总 经 理：张开慧
副总经理：蒋忠奎　葛德琨　王业勤　古国栋

山东省丝绸总公司

总 经 理：左淑美
副总经理：石金昌　倪孔宣　王樽远　张立祥
卢恩荣

广东省丝绸公司

总 经 理：谢子擢
副总经理：刘耀崧　黄杏荣　杨筱兰　罗玉先
何永扬

四川省丝绸总公司

总 经 理：吴继生
副总经理：何永刚　辜硕权　王　碧　竺立根
李志民（任职到1992年8月）　陆义松

宁波市丝绸工业公司

经　理：方祥嘉
副经理：石英均　朱爱娣　覃作华　吕精达

成都市丝绸总公司

书　记：张南勋
经　理：鄢述尧
副经理：白光长　齐纪全　戴其林　姜玉珊

重庆茧丝绸集团公司

总 经 理：王瑞恩
副总经理：蒋化春　易正刚　李良和　李国良

天津市服装联合总公司

书　　记：周德恩
总 经 理：牟怀善（任职到1992年12月）　叶新泰
副 书 记：刘洪起（任职到1992年12月）
副总经理：费永泉（任职到1992年12月）
崔鹤鹿（任职到1992年5月）
龚文林（任职到1992年6月）
赵为雄　戴　延　施万明

纺织行业有关管理和经营机构

机构名称	地址	电话	邮政编码
纺织工业部	北京市东长安街12号	3081114	100742
中国纺织工业对外经济技术合作公司	北京市朝内大街75号	4011880	100010
中国纺织机械和技术进出口公司	北京市朝内大街75号	4011880	100010
中国纺织物资总公司	北京市东华门韶九胡同甲15号	5138282	100006
中国服装工业总公司	北京市北三环东路天阳宫七圣庙	4214336	100028
中国纺织装饰总公司	北京市朝外红庙针织公司4楼	5023361—302	100026
中国丝绸工业总公司	北京市西四北八条56号	6016826	100034
中国纺织科学技术开发总公司	北京市东直门外大街26号	4676199	100027
中国纺织工程咨询公司	北京市百万庄西路1号	8395212	100037
中国纺织化纤工程公司	北京市工人体育场东路15号	5004422—2616	100027
中国纺织机械集团	北京市崇文区天坛路85号	7012223100050	
中国纺织机械工业总公司	北京市崇文区天坛路85号	7012223	100050
中国纺织器材工业公司	北京市工人体育场东路15号	5004422—2617	100027
华诚纺织联合公司	北京市东交民巷正义路4号	5137143	100006
中国华诚财务公司	北京市东交民巷正义路4号	5139056	100006
中国化纤公司	北京市朝内大街75号	4016338	100010
仪征化纤工业联合公司	江苏省仪征市胥浦	23225	211451
华联纺织（集团）有限公司	广东省深圳市深南中路华联大厦	351000 360077	518031
上海经济区东纺联合开发总公司	上海市长寿路427号	3175107	200060
中国华源实业有限总公司	上海曹杨路540号中联大厦5层	2441065	200063
北京市纺织工业总公司	北京市东单三条33号	5127929	100005
北京市纺织工业物资供应公司	北京市朝阳区八里庄	5015554	100025
北京市毛纺织开发服务公司	北京市海淀区清河镇	2913803	100085
北京市棉纺织印染技术经济合作公司	北京市朝阳区八里庄	5024831	100025
中技北京市公司纺织分公司	北京市朝阳区八里庄	5024831	100025
北京三环毛纺针织集团公司	北京市东城区嵩祝院	4014488	100009
北京针织工业集团公司	北京市朝阳区红庙	5023361	100026
北京五洲染织集团公司	北京市朝阳区公园路	5023337—2218	100025
北京京工服装工业集团公司	北京市宣武区珠市口	3014979	100050
北京鞋帽工业集团公司	北京市崇文区天坛路	755219	100050
天津市纺织工业局	天津市和平区赤峰道33号	392755	300041
天津市色织工业公司	天津市红桥区西关外大街178号	753606	300121
天津市丝绸集团公司	天津市河东区桂林庄道天山路	473567	300162
天津市纺织工业局产业用纺织品管理处	天津市河西区大沽南路975号	806244	300220
天津市针织集团公司	天津市红桥区大丰路太平街4号	752094	300121
天津市纺织工业局毛纺管理处	天津市和平区云南路3号	355318	300051

续

机构名称	地址	电话	邮政编码
天津市纺织机械器材管理处	天津市河西区闽侯路14号	282637	300202
天津市纺织工业局化纤行业处	天津市南开区南马路西南角大水沟长生巷4号	250598	300101
天津市纺织工业局印染管理处	天津市河北区粮店后街10号	241780	300010
天津市飞天纺织装饰品联合公司	天津市河北区狮子林大街盐官厅西胡同5号	262525	300143
天津市东亚毛纺针织联合公司	天津市和平区西安道35号	303328	300051
河北省纺织工业总公司	河北省石家庄市合作路32号	744323	050051
河北省服装鞋帽工业公司	河北省石家庄市南马路261号	24903	050051
河北省丝绸公司	河北省石家庄市合作路32号	741586	050051
石家庄纺织集团总公司	河北省石家庄市和平中路60号	645530	050011
石家庄地区纺织工业公司	河北省石家庄市工农路14号	24237	050000
邯郸纺织集团总公司	河北省邯郸市中华北大街61号	25981	056002
邯郸地区纺织工业公司	河北省邯郸市邯山街7号	23554	056001
邢台市纺织工业局	河北省邢台市东关阁外	336712	054001
邢台地区工业公司	河北省邢台市西马路街12号	223234	054001
保定市纺织工业局	河北省保定市东风西路1号	436620	071052
保定地区轻纺工业公司	河北省保定市环城东路31号	224142	071004
唐山市纺织工业局	河北省唐山市北新道	226685	063000
承德市纺织工业管理局	河北省承德市西大街路北64号	223082	067000
承德地区轻工业公司	河北省承德市大佟沟5号	224234	067000
秦皇岛市轻纺工业局	河北省秦皇岛市海港区河北大街2号	332138	066000
沧州市纺织工业局	河北省沧州市光荣路28号	224910	061001
沧州地区轻纺工业局	河北省沧州市新华中路54号	225343	061000
张家口市纺织工业公司	河北省张家口市桥东区解放大街11号	217741	075000
张家口地区轻纺工业公司	河北省张家口市桥西区新华后街1号	214923	075000
廊坊市轻化工业局	河北省廊坊市新华路26号	212628	102800
衡水地区轻纺工业局	河北省衡水市自强街106号	223347 223151（办）	053000
山西省纺织工业厅	山西省太原市桃园北路9号	440111	030002
山西省纺织经销总公司	山西省太原市桃园北路9号	441415	030002
山西省纺织服装鞋帽工业公司	山西省太原市平阳路8号	774789	030006
山西省纺织机械器材公司	山西省太原市桃园北路9号	442505	030002
山西省纺织工业供销公司	山西省太原市桃园北路9号	442098	030002
太原市纺织工业局	山西省太原市晋祠路小王村	663461	030024
晋中地区轻纺工业局	山西省榆次市迎宾路22号	23757	030600
临汾地区轻纺工业局	山西省临汾市解放东路20号	4149	041000
运城地区轻纺工业局	山西省运城市河东路经委大楼	220347	044000
大同市轻工业局	山西省大同市新建南路	223583	037006
阳泉市轻工业局	山西省阳泉市新建路	23149	045000
长治市纺织工业公司	山西省长治市八一路	21004	046011
晋城市轻工业局	山西省晋城市新市东街小东关74号	222139	048000
忻州地区轻纺工业局	山西省忻州市长征路工交大楼	22707	034000
吕梁行署工业局	山西省离石县文化路8号	223173	033000
雁北行署工业局	山西省大同市雁同东路	622292	037044
内蒙古自治区轻工业厅	内蒙古呼和浩特市内蒙古自治区人民政府大院5号楼	662225	010055
内蒙古自治区纺织工业公司	内蒙古呼和浩特市中山东路1号	622813	010010
呼和浩特市纺织工业局	内蒙古呼和浩特市玉泉区石羊桥南	672589	010020
包头市轻纺工业局	内蒙古包头市东河区巴彦塔拉大街	72211	014040

续

机构名称	地址	电话	邮政编码
赤峰市轻工局	内蒙古赤峰市解放街7号	334880	024000
伊盟纺织工业公司	内蒙古东胜市解放南路	25451	017004
辽宁省纺织工业厅	辽宁省沈阳市和平区南四马路28号	3863872	110001
辽宁省纺织工业供销总公司	辽宁省沈阳市中华路49号	3869610	110001
辽宁省纺织机械器材工业总公司	辽宁省沈阳市南五马路148号	3867828	110001
辽宁省纺织品联合进出口公司	辽宁省沈阳市中华路198号	3873824	110001
辽宁省服装工业公司	辽宁省沈阳市沈河区盛京路28号	4849403	110011
辽宁省丝绸企业总公司	辽宁省沈阳市黄河南大街96号	4860571	110031
辽宁省丝绸进出口公司	辽宁省大连市中山区杏林街68号	2808256	116001
辽宁省蚕茧总站	辽宁省沈阳市黄河南大街96号	6840115	110031
辽宁省服装研究设计中心	辽宁省沈阳市黄河南大街96号	6840115	110031
营口市纺织工业管理局	辽宁省营口市渤海大街迎宾里6号	233412	115002
锦州市纺织工业局	辽宁省锦州市解放路三段33号	224278	121000
鞍山市纺织工业管理局	辽宁省鞍山市胜利路一段92号	513863	114031
抚顺市纺织工业管理局	辽宁省抚顺市东三路	225525	113008
辽阳市纺织工业局	辽宁省辽阳市民主路二段	24390	111000
丹东市丝绸工业局	辽宁省丹东市县前街88号	223143	118000
阜新市纺织工业局	辽宁省阜新市解放大街	225524	123000
本溪市纺织工业局	辽宁省本溪市明山区解放路二段	224844	117000
朝阳市纺织工业局	辽宁省朝阳市双塔区市政府院	217401	122000
铁岭市纺织工业局	辽宁省铁岭市银州区文化街	225816	112000
盘锦市轻纺工业局	辽宁省盘锦市兴隆台区市政府大楼	224127	124000
锦西市轻工业局	辽宁省锦西市莲山区水泥街	222884	121500
沈阳市纺织工业管理局	辽宁省沈阳市沈河区大南街101号	4803164 4805376	110011
沈阳市纺织工业供销总公司	辽宁省沈阳市和平区同泽北街33号	3832761	110001
沈阳市纺织工业联合销售公司	辽宁省沈阳市沈河区朝阳街202号	4852451	110011
沈阳服装公司	辽宁省沈阳市和平区中山路140号	2713771	110002
东北纺织原材料联营公司	辽宁省沈阳市沈河区大南街101号	4803164 4805376	110011
沈阳东毛实业有限公司	辽宁省沈阳市沈河区大南街101号	805012	110011
大连市纺织工业管理局	辽宁省大连市中山区天津街70号	2637292	116001
大连市纺织工业管理局供销公司	辽宁省大连市西岗区中山路141—6号楼	3632153	116011
大连纺织品联合进出口公司	辽宁省大连市沙河口区工华街17号	4603996	116021
吉林省纺织工业厅	吉林省长春市斯大林大街60号	825800	130051
吉林省纺织工业进出口公司	吉林省长春市北安路50号	823929	130061
吉林省纺织工业物资公司	吉林省长春市西四道街41号	822085	130041
吉林省服装鞋帽工业公司	吉林省长春市同志街7号	826625	130061
吉林省纺织产品经销公司	吉林省长春市新发路1号	868828	130051
吉林省纺织工业厅劳动服务公司	吉林省长春市同志街34—3号216房间	640638	130021
吉林市纺织工业局	吉林省吉林市松江路56号	221393	132001
四平市纺织工业局	吉林省四平市英雄大街59号	222935	136000
白城地区轻化工业局纺织科	吉林省白城市文化东路1号	24061	137000
辽源市纺织工业局	吉林省辽源市西宁大路11号	225921	136200
延边朝鲜族自治州轻纺工业局	吉林省延吉市河南街天池路77号	514355	133001
通化市纺织工业局	吉林省通化市新华大街73号	213100	134001
浑江市轻化纺工业局	吉林省浑江市八道街区浑江大街184号	225580	134300
公主岭市轻化工业局	吉林省公主岭市东二马路8号	214680	136100

续

机构名称	地址	电话	邮政编码
梅河口市轻化工业局	吉林省梅河口市梅河区解放街	2474	135000
长春市纺织工业局	吉林省长春市斯大林大街51号	824998	130051
黑龙江省纺织工业厅	黑龙江省哈尔滨市南岗区花园街22号	3642635	150001
黑龙江省丝绸公司	黑龙江省哈尔滨市南岗区辽阳街8号	3642225	150001
黑龙江省亚麻公司	黑龙江省哈尔滨市南岗区花园街22号	3641033	150001
黑龙江省纺织工程承包公司	黑龙江省哈尔滨市南岗区花园街22号	3638287	150001
黑龙江省服装鞋帽公司	黑龙江省哈尔滨市南岗区花园街22号	3643428	150001
黑龙江省纺织工业供销公司	黑龙江省哈尔滨市南岗区光芒街86号	2628954	150001
黑龙江省纺织工业贸易公司	黑龙江省哈尔滨市动力区亚麻街28号	2643305	150040
齐齐哈尔市纺织工业局	黑龙江省齐齐哈尔市龙华路怡安街1号	426249	161000
牡丹江市纺织工业局	黑龙江省牡丹江市东地明街	228901	157011
佳木斯市纺织工业局	黑龙江省佳木斯市站前街	223157	154002
鹤岗市纺织工业局	黑龙江省鹤岗市工农区	38644	154100
双鸭山市纺织工业局	黑龙江省双鸭山市尖山区站前街	223651	155100
伊春市纺织工业局	黑龙江省伊春市育林路	3417	153000
鸡西市纺织工业局	黑龙江省鸡西市鸡冠区红军路	355073	158100
绥化地区行署纺织工业局	黑龙江省绥化市行署街2号	225177	152054
哈尔滨市纺织管理局	黑龙江省哈尔滨市道里区中医街72号	4613863	150010
上海市纺织工业局	上海市中山东一路24号	3218000	200002
上海棉纺织印染联合公司	上海市江西中路421号	3299620	200002
上海化学纤维总公司	上海市中山东一路24号	3218000	200002
上海线带公司	上海市愚园路470弄15号	2520587	200040
上海手帕进出口公司	上海市陕西北路80号	2536490	200041
上海丝绸公司	上海市延安东路2号	3217328	200002
上海市服装公司	上海市茅台路567号	2518818	200335
上海毛麻工业联合公司	上海市中山东一路24号	3218000	200002
上海新联纺织品进出口公司	上海市愚园路1341号	2511532	200050
上海针织公司	上海市云南南路15号	3202658	200021
上海毛巾被单公司	上海市中山东一路24号	3218000	200002
上海纺织机械（集团）公司	上海市中山东一路24号	3218000	200002
上海纺织设备器材工业联合公司	上海市江苏路132弄26号	2512179	200050
上海康达纺织印染服装（集团）公司	上海市长安路1001号1号楼10层	3171371	200070
上海申达纺织服装（集团）公司	上海市北京西路1700号7楼	2550500	200040
上海华申纺织印染（集团）公司	上海市惠民路694号	5454888	200082
上海八达纺织印染服装公司	上海市浦东南路3888号	8800620	200127
上海针织内衣（集团）公司	上海市马当路477号	3737888	200025
上海纺织装饰（集团）公司	上海市延安西路1303号11楼	2521969	200050
上海市纺织原料公司	上海市长寿路652号	2564535	200060
上海市纺织建筑工程公司	上海市江宁路931号	2534370	200040
上海市纺织运输公司	上海市紫华路50号	3263870	200010
上海纺织工业经营开发公司	上海市塘沽路930号	3207960	200085
上海纺织咨询公司	上海市香港路58号	3233860	200002
江苏省纺织工业厅	江苏省南京市中山东路482号	4400099	210002
苏州市纺织工业公司	江苏省苏州市道前街170号	223540	215002
无锡市纺织工业局	江苏省无锡市健康路122号	201630	214031
常州市纺织工业局	江苏省常州市吊桥路1号	812364	213001
镇江市纺织工业公司	江苏省镇江市解放路434号	232440	212002

续

机构名称	地址	电话	邮政编码
南通市纺织工业局	江苏省南通市人民西路3号	513031	226001
扬州市纺织工业公司	江苏省扬州市三元路98号	347028	225002
淮阴市纺织工业公司	江苏省淮阴市健康东路	343604	223001
盐城市纺织行业管理办公室	江苏省盐城市建军东路31号	334214	224002
徐州市纺织工业局	江苏省徐州市中山南路129号	338672	221003
连云港市纺织工业公司	江苏省连云港市市场路1号	452045	222004
江苏省丝绸总公司	江苏省南京市中山东路472号	4415585	210002
苏州市丝绸公司	江苏省苏州市人民路537号	771626	215005
无锡市丝绸公司	江苏省无锡市健康路118号	228551	214031
常州市丝绸公司	江苏省常州市怀德北路2号	601401	213002
镇江市丝绸公司	江苏省镇江市解放路211号	237038	212001
南通市丝绸公司	江苏省南通市人民路西路副97号	511922	226005
盐城市丝绸公司	江苏省盐城市曹家巷1号	323333	224001
淮阴市茧丝绸总公司	江苏省淮阴市健康东路13号	341196	223001
徐州市丝绸公司	江苏省徐州市淮海西路103号	324840	221002
南京市纺织工业公司	江苏省南京市洪武路115号	4405166	210005
南京纺织经营总公司	江苏省南京市洪武路115号	4415179 4408665	210005
南京市纺织供销总公司	江苏省南京市石鼓路43号	4403527	210005
南京纺织工贸开发总公司	江苏省南京市洪武路115号	4406876	210005
南京纺织产品销售公司	江苏省南京市洪武路115号	6649412	210005
南京毛麻集团经营总公司	江苏省南京市中央路300号	6639529	
浙江省轻工业厅	浙江省杭州市梅花碑8号	774971	310009
浙江省轻纺实业总公司	浙江省杭州市梅花碑8号	779280	310009
浙江省化纤工业公司	浙江省杭州市体育场路181号	577069	310006
浙江省服装工业公司	浙江省杭州市梅花碑8号	774971	310009
浙江省纺织机械器材工业公司	浙江省杭州市体育场路80号东门	553396	310004
浙江省纺织工业集团公司	浙江省杭州市解放路108号	766615	310009
浙江省轻纺工业供销公司	浙江省杭州市梅花碑8号	779726	310009
浙江省越华轻纺股份有限公司	浙江省杭州市解放路108号	766615	310009
浙江省轻纺开发咨询公司	浙江省杭州市梅花碑8号	773304	310009
浙江省国际经济技术合作公司轻纺公司	浙江省杭州市梅花碑8号	774971（转）	310009
浙江省轻工业厅纺织测试中心	浙江省杭州市长明寺巷24号	771802	310009
纺织工业部纺织服装技术开发中心	浙江省杭州市解放路108号	766615	310009
浙江省轻纺工业设计院	浙江省杭州市省府路西	552201	310007
浙江省轻工业环保站	浙江省杭州市湖墅南路369号	876681	310005
杭州市纺织工业局	浙江省杭州市延安路市府综合楼	559101	310006
嘉兴市纺织工业公司	浙江省嘉兴市新马路33号	84850	314000
绍兴市纺织工业公司	浙江省绍兴市延安路小禅法弄4号	53918	312000
温州市纺织工业总公司	浙江省温州市瓦市巷86号	222764	325000
金华市纺织工业公司	浙江省金华市八一路181号	323325	321000
浙江省丝绸联合公司	浙江省杭州市体育场路55号	554249	310004
杭州市丝绸公司	浙江省杭州市新华路280号	553524	310003
嘉兴市丝绸公司	浙江省嘉兴市中山中路22号	284572	314000
湖州市丝绸公司	浙江省湖州市南街2号	24386 222431	313000
绍兴市丝绸公司	浙江省绍兴市西郭建楼下56号	546965	312001

续

机　构　名　称	地　址	电　话	邮政编码
金华市丝绸公司	浙江省金华市解放东路 181 号	923595	321000
衢州市丝绸公司	浙江省衢州市荷花新区	381343	324002
上虞市丝绸公司	浙江省上虞市百官镇解放街 133 号	212135	312300
海盐县丝绸公司	浙江省海盐县武原镇秦山路 101 号	623130	314300
桐乡县丝绸公司	浙江省桐乡县梧桐镇	821528	314500
海宁市丝绸公司	浙江省海宁市硖石镇	22340	314400
德清县茧丝绸联合公司	浙江省德清县城关镇长桥南埭	24205	313200
宁波市纺织工业局	浙江省宁波市开明街 207 号	362861（总机）	315000
宁波纺织品联合进出口公司	浙江省宁波市白龙巷 33 号	362253	315000
宁波市服装经营公司	浙江省宁波市杨善路 36 号玛瑙大厦五楼 F 段	386116	315020
宁波市服装联合进出口公司	浙江省宁波市杨善路 36 号玛瑙大厦五楼 F 段	386037	315020
宁波市服装工业公司	浙江省宁波市宁穿路	339834	315040
宁波市纺织工业供销公司	浙江省宁波市江东大河路 120 号	334031	315040
宁波市纺织经营开发公司	浙江省宁波市开明街 207 号	362861	315000
宁波市丝绸公司	浙江省宁波市	361656	315000
宁波市丝绸工业公司	浙江省宁波市	363691	315000
宁波市丝绸进出口公司	浙江省宁波市	363691	315000
安徽省纺织工业厅	安徽省合肥市长江路 85 号	251145—858	230001
安徽省纺织品公司	安徽省合肥市芜湖路 13—1 号	247132	230001
安徽省服装鞋帽工业公司	安徽省合肥市庐江路 64 号	244642	230061
安徽省纺织物资公司	安徽省合肥市金寨路 283 号九洲大厦	254577	230061
安徽省纺织机械设备公司	安徽省合肥市庐江路 52 号	253682	230061
深圳安徽纺织原材料公司	安徽省合肥市金寨路 236 号	254009	230061
安徽省兴达纺织（集团）公司	安徽省合肥市寿春路 8 号	247065	230011
安徽省针机（集团）公司	安徽省合肥市庐江路 52 号	255862	230061
安徽省纺织服务公司	安徽省合肥市庐江路 52 号	253590 转	230061
合肥市纺织工业公司	安徽省合肥市和平路	483093	230011
安庆市纺织工业局	安徽省安庆市戏校路 16 号	514331	246000
蚌埠市纺织工业公司	安徽省蚌埠市中荣街天桥西侧	246898	243000
芜湖市纺织工业公司	安徽省芜湖市劳动路 77 号	333391	241000
马鞍山市纺织局	安徽省马鞍山市湖北路 24 号	472316	243000
淮南市纺织工业公司	安徽省淮南市淮瞬南路	322189	232007
淮北市纺织工业公司	安徽省淮北市濉溪路	323784	235029
铜陵市纺织局	安徽省铜陵市石城路 80 号	231908	244000
宿县地区纺织工业管理局	安徽省宿州市东昌路 73 号	23388	234000
六安地区纺织工业局	安徽省六安市人民路	214540	237000
阜阳地区工业局	安徽省阜阳市阜阳饭店南侧	262162	236009
滁县地区工业局	安徽省滁州市南桥路 81 号	324074	239000
池州地区轻纺工业局	安徽省贵池市	222817	247100
宣城地区纺织工业局	安徽省宣州市鳌峰街	22866	242000
黄山市轻纺工业局	安徽省黄山市屯溪区跃进路 35 号	212533	245000
巢湖地区轻纺工业局	安徽省巢湖市人民路 98 号	213737	238000
安徽省丝绸公司	安徽省合肥市金寨路 283 号	251326	230061
安徽省丝绸公司合肥采供站	安徽省合肥市金寨路 276 号	252183	230061
安徽省丝绸公司芜湖采供站	安徽省芜湖市劳动路 1—2 号	333027	241000
安徽省丝绸公司蚌埠采供站	安徽省蚌埠市中荣街	47863	233000
金寨县丝绸公司	安徽省金寨县城内	2589	237300
青阳县丝绸公司	安徽省青阳县城内	550	248900

续

机构名称	地址	电话	邮政编码
歙县丝绸公司	安徽省歙县城东路42号	2779	245200
绩溪县丝绸公司	安徽省绩溪县城内	县总机转	245300
福建省轻工业厅	福建省福州市省府路1号	556552 550503	350001
福建省纺织工业公司	福建省福州市省府路1号	534905 554956	350001
福州市纺织工业公司	福建省福州市乌山路15号	553402 554484	350001
福州纺织企业联合进出口公司	福建省福州市花园街1—1号	550871 550879	350001
南平地区轻工业局	福建省南平市八一路109号	831087	353000
三明市纺织工业公司	福建省三明市列东街东新四路	223115 223116	365000
龙岩地区纺织工业公司	福建省龙岩市溪南	320602	364000
漳州市纺织工业公司	福建省漳州市新华北路中段	223139	363000
泉州市轻工局	福建省泉州市东大路	233301	362000
宁德地区工业局	福建省宁德市署前路10号	22294	352100
莆田市轻工业局	福建省莆田市仓后路	222259	351100
厦门市经济委员会纺织处	福建省厦门市莲岳路14号	559492 552489（传真）	361009
厦门市纺织工业公司	福建省厦门市厦乐路842号金榜大厦A座4～5楼	559132 ～559136	361004
江西省纺织工业局	江西省南昌市北京东路25号	332610	330029
江西省纺织工业供销公司	江西省南昌市北京东路25号	332249	330029
江西省丝绸公司	江西省南昌市北京东路25号	333171	330029
江西省服装鞋帽工业公司	江西省南昌市北京东路25号	332454	330029
南昌市纺织工业局	江西省南昌市民德路市经济大楼	784468	330008
九江市纺织工业局	江西省九江市人民路190号	224663	332000
抚州地区纺织工业局	江西省抚州市	224178	
上饶地区轻化纺工业局	江西省上饶市中山路36号	225211	334000
赣州地区轻化纺工业局	江西省赣州市青年路17号	222323	341000
宜春地区轻化工业局	江西省宜春市秀江路1号	223382	336000
萍乡市轻化工业局	江西省萍乡市八一街交通路6号	333616	337000
吉安地区轻纺局	江西省吉安市阳明路	223296	343000
新余市纺织局	江西省新余市东风西路76号	442425	336500
鹰潭市经委	江西省鹰潭市	221910	335000
景德镇市轻化局	江西省景德镇市	221203	333300
山东省纺织工业厅	山东省济南市文化东路145号	655911	250014
山东省纺织供销公司	山东省济南市民生大街58号	616290	250001
山东省纺织机械公司	山东省济南市朝山街2号楼	616821	250011
山东省纺织经济技术开发公司	山东省济南市文化东路145号	656851	250014
山东省纺织工业对外发展公司	山东省济南市文化东路145号	655674	250014
山东省纺织工业电脑技术咨询服务中心	山东省济南市文化东路145号	655675	250014
山东省纱布市场	山东省济南市山大路147号	835238	250013
山东纺织工程承包公司	山东省济南市历山路48号	656084	250013
山东省纺织品公司	山东省济南市山大路147号	835454	250013
山东省服装鞋帽工业公司	山东省济南市文化东路145号	655911—275	250014
济南市纺织工业局	山东省济南市工商河西路33号	552621	250031

续

机构名称	地址	电话	邮政编码
烟台市纺织工业公司	山东省烟台市南大街27号	245790	264001
潍坊市纺织工业局	山东省潍坊市跃进路6号	232351	261041
淄博市纺织工业公司	山东省淄博市张店区人民东路1号	225821	255020
惠民地区纺织工业局	山东省惠民地区滨州市黄河三路732号	325256	256617
德州地区纺织工业公司	山东省德州市新湖北路23号	321253	253016
聊城地区纺织工业局	山东省聊城市兴华西路44号	224844	252057
泰安市纺织工业局	山东省泰安市北新街61号	222706	271000
济宁市纺织工业公司	山东省济宁市红星东路	317345	272117
枣庄市纺织工业局	山东省枣庄市文化路38号	314157	277139
临沂地区纺织工业局	山东省临沂市红旗路	226972	276003
菏泽地区纺织工业局	山东省菏泽市中华东路15号	334801	274010
东营市纺织工业局	山东省东营市东城区	331380	257091
威海市纺织工业公司	山东省威海市解放路4号	222872	264200
日照市轻工纺织工业局	山东省日照市丽阳路6号	221335	276800
莱芜市第二轻工业局	山东省莱芜市莱城区	213837	271100
山东省丝绸公司	山东省济南市永庆街2号	616717	250001
山东省丝绸供销公司	山东省济南市永庆街2号	614185	250001
山东丝绸进出口公司	山东省青岛市湛流干路55号	515589	266071
青岛市丝绸公司	山东省青岛市市南区宁夏路97号	515899	266071
烟台市丝绸公司	山东省烟台市芝罘区太平街9号	223078	264001
淄博市丝绸公司	山东省淄博市周村区丝绸路13号	612113	255300
潍坊市丝绸公司	山东省潍坊市潍城区道口东路8号	232221	261041
济宁市丝绸公司	山东省济宁市申家口街16号	214976	272129
临沂地区丝绸公司	山东省临沂市开阳路2号	315094	276003
泰安市丝绸公司	山东省泰安市御碑楼街8号	335361	271000
德州地区丝绸公司	山东省德州市迎宾南路	623536	253003
菏泽地区丝绸公司	山东省菏泽市丹阳路134号	334553	274012
滨州地区丝绸公司	山东省滨州市黄河五路522号	325713	256613
聊城地区丝绸公司	山东省聊城市向阳路8号	421111	252000
枣庄市丝绸公司	山东省枣庄市建设南路	311112	277136
威海市丝绸公司	山东省威海市体育路2号	233430	264200
济南市丝绸公司	山东省济南市解放路芳苑宾馆	642305	250013
日照市丝绸公司	山东省日照市南路53号	224554	276800
青岛市纺织工业总公司	山东省青岛市馆陶路3号	224833	266011
青岛纺织品联合进出口公司	山东省青岛市牟平路16号	261065	266003
河南省纺织工业厅	河南省郑州市建设路市场街	446433	450007
河南省纺织工业总公司	河南省郑州市建设路市场街	771856	450007
河南纺织机械器材公司	河南省郑州市建设路市场街	774129	450007
河南省服装公司	河南省郑州市建设路市场街	771683	450007
河南省服装研究所	河南省郑州市建设路市场街	775633	450007
河南豫纺工贸公司	河南省郑州市建设路市场街	449877	450007
河南豫纺化纤工程公司	河南省郑州市建设路市场街	446433—228	450007
河南纺织实业总公司	河南省郑州市建设路市场街	773602	450007
河南纺织化纤安装公司	河南省郑州市中原路西段	447685	450007
郑州市纺织工业局	河南省郑州市委北院	446995	450006
开封市纺织工业局	河南省开封市自由路中段	550817	475000
平顶山市纺织工业局	河南省平顶山市矿工路中段	223681 225200	467000

续

机构名称	地址	电话	邮政编码
洛阳市轻纺工业局	河南省洛阳市八一路	337364 337109	471000
焦作市纺织工业局	河南省焦作市解放中路	333758	454100
鹤壁市轻化局	河南省鹤壁市	25136	456600
新乡市纺织工业公司	河南省新乡市人民路东头	223784	453000
安阳市纺织工业总公司	河南省安阳市友谊路	422014	455000
濮阳市轻工局	河南省濮阳市	415820	457000
漯河市经委轻纺办公室	河南省漯河市交通路	34876	462000
许昌市轻纺办公室	河南省许昌市七一路	224504	461000
三门峡市经委轻纺办公室	河南省三门峡市	221643	472000
南阳地区轻工局	河南省南阳市中州路	336208	473000
商丘地区纺织局	河南省商丘市	22907	476100
周口地区工业局	河南省周口市	3057　3045	466000
信阳地区经委纺织办公室	河南省信阳市西关	222319 221543	464000
驻马店地区轻纺局	河南省驻马店市解放路西段	2836　3264	463000
湖北省纺织工业总公司	湖北省武汉市武昌徐东路 52 号	612177 613935	430077
湖北省丝绸工业公司	湖北省武汉市武昌徐东路 52 号 8 楼	613892	430077
湖北省服装鞋帽工业公司	湖北省武汉市保成路 4 号楼（4—1）	212790	430020
湖北省纺织工业经销公司	湖北省武汉市广埠屯邱家湾特 1 号	715531	430072
湖北省纺织机械器材公司	湖北省武汉市中华路	875801	430061
湖北省纺织工业物资公司	湖北省武汉市中华路	875801	430061
湖北省纺织工业贸易公司	湖北省武汉市保成路 1 号楼	235272	430013
湖北省纺织企业联合（集团）公司	湖北省武汉市武昌徐东路 52 号 10 楼	613904	430077
黄石市纺织行业办公室	湖北省黄石市老虎头	224646	435000
十堰市轻纺工业局	湖北省十堰市江汉路 2 号	51921	442000
沙市市纺织工业公司	湖北省沙市市白云路	213977	434002
襄樊市纺织工业公司	湖北省襄樊市春风巷 36 号	441590	441000
宜昌市纺织工业公司	湖北省宜昌市东山大道 104 号	446954	443000
荆门市纺织工业公司	湖北省荆门市象山大道北段	32258	434500
鄂州市纺织工业局	湖北省鄂州市城区武昌大道中段	23244	436000
黄冈地区纺织工业局	湖北省黄州市黄州镇考棚街	54372	436100
孝感地区纺织工业公司	湖北省孝感市文化路	223871	432100
咸宁地区纺织工业公司	湖北省咸宁市温泉路	56610	437100
荆州地区纺织工业局	湖北省江陵县荆州镇荆东路 48 号	467875	434100
郧阳地区轻纺工业局	湖北省十堰市人民路 86 号	65921	442000
鄂西土家族苗族自治州轻纺工业局	湖北省恩施市午阳大街 204 号	22003	445000
武汉市纺织工业局	湖北省武汉市汉口江汉路 8 号	231407	430014
武汉市针织工业联合公司	湖北省武汉市中山大道多福巷 88 号	355415	430031
武汉市色织布工业联合公司	湖北省武汉市汉阳区琴台路特 1 栋 1 号	443976	430050
湖南省纺织工业厅	湖南省长沙市建湘南路 158 号	426950	410005
湖南省纺织物资设备公司	湖南省长沙市环城堤 202 号	446543	410005
湖南省纺织销售总公司	湖南省长沙市中山西路附 92 号	446257	410005
湖南省丝绸公司	湖南省长沙市古稻田新 80 号	45293	410005
湖南省服装工业公司	湖南省长沙市韶山路雨花亭 108 号	552041	410007
华升苎麻纺织企业集团公司	湖南省长沙市建湘南路 223 号	447488	410005
长沙市纺织工业局	湖南省长沙市韶山路 44 号	429363	410011

续

机构名称	地址	电话	邮政编码
株洲市纺织工业局	湖南省株洲市钟鼓岭	223891	412000
湘潭市纺织工业局	湖南省湘潭市雨湖路 69 号	21946	411100
岳阳市纺织工业局	湖南省岳阳市南湖路	223725	414000
衡阳市纺织工业局	湖南省衡阳市中山北路进步巷 26 号	225762	421001
邵阳市纺织工业局	湖南省邵阳市昭陵西路 248 号	222162	422000
常德市纺织工业局	湖南省常德市东郊楠竹山	225565	415003
益阳地区纺织工业局	湖南省益阳市长益路 58 号	223654	413000
娄底地区轻纺工业局	湖南省娄底市星平路	313962	417000
零陵地区轻纺工业局	湖南省冷水滩市河西区珍珠塔路	412031	425100
郴州地区轻纺工业局	湖南省郴州市苏仙北路 27 号	224753	423000
怀化地区轻纺工业局	湖南省怀化市	233618	418000
湘西土家族苗族自治州轻纺工业局	湖南省吉首市	223347	416000
大庸市工业局	湖南省大庸市何家山航校招待所一楼	222444	416600
广东省纺织工业总公司	广东省广州市环市东路 360 号珠江大厦东楼 3—5 层	3335066	510060
佛山市纺织工业公司	广东省佛山市建新路凿石街 45 号	350281	528000
江门市纺织工业总公司	广东省江门市江边里 213 号 2 楼	364691	529000
韶关市纺织工业总公司	广东省韶关市东堤中路 49 号	881306	512000
汕头市纺织工业公司	广东省汕头市樟北路	257148	515041
汕头经济特区纺织工业联营公司	广东省汕头市龙湖加工区 11 幢东侧二楼	60046	515000
珠海市工委纺织工业办公室	广东省珠海市政府大楼 216 室	228244	519000
珠海市纺织工业集团有限公司	广东省珠海市吉大华厦大楼三楼	333783	519000
梅县市纺织工业公司	广东省梅县市江南八号工业区	242182	514021
惠阳市纺织工业总公司	广东省惠州市南坛紫西岭 23 号	236973	516001
湛江市纺织企业集团公司	广东省湛江市霞赤四路北站口	332698	524044
茂名市轻纺工业总公司	广东省茂名市油城三路 289 号	263682	525000
肇庆市纺织工业集团公司	广东省肇庆市睦岗纺织路	225424	526020
阳江市纺织工业公司	广东省阳江市牛墟经委工业大楼	85971	529500
汕尾市经委	广东省汕尾市大道中西侧经委	325889	516600
河源市纺织工业公司	广东省河源市中堤路 4 号	33928	517000
东莞市纺织工业总公司	广东省东莞市莞城运河东路 21 号工业大楼五楼	226954	511700
中山市纺织丝绸工业公司	广东省中山市石岐华柏路花园新村 18 号	315390	528403
广东省服装工业公司	广东省广州市署前路 33 号	7765834	510080
佛山市服装工业公司	广东省佛山市祖庙路 3 号之一	285716	528000
惠州市服装集团公司	广东省惠州市中山西路 36 号	224805	516001
广东省丝绸公司	广东省广州市东风西路 198 号	3337448	510180
番禺县丝绸公司	广东省番禺县市桥环城东路 30 号	4833204	511400
深圳对外贸易（集团）丝绸、纺织品进出口公司	广东省深圳市木头龙一街 1 号六楼	232252	518003
珠海市丝绸公司	广东省珠海市香洲紫荆路港基大厦 D 座 507～508 室	236718	519000
汕头市丝绸公司	广东省汕头市外马路 201 号	275382	515031
潮州市丝绸公司	广东省潮州市城新路 28 号	261468	515600
韶关市丝绸公司	广东省韶关市环园东路 4 号	885891	512000
翁源县丝绸公司	广东省翁源县龙仙镇建设路一路 59 号	275429	512600
紫金县丝绸公司	广东省紫金县城秋江路 88—19	821860	517400
东莞市丝绸公司	广东省东莞市莞城镇运河东一路外贸中心四楼	233988	511700
中山市丝绸公司	广东省中山市石悦来南路 28 号	801156	528400

续

机构名称	地址	电话	邮政编码
江门市丝绸公司	广东省江门市江华路 42 号	364804	529051
新会县丝绸公司	广东省新会市城爱民路 9—13 号	666163	529100
台山县丝绸公司	广东省台山市台城桥湖路 84 号	22061	529200
佛山市丝绸公司	广东省佛山市汾江中路 53 号	223016	528000
南海县丝绸公司	广东省佛山市南桂西路 4 号 1 座	633981	528000
顺德县丝绸公司	广东省顺德县容奇镇长堤路 26 号	681538	528303
三水县丝绸公司	广东省三水县西南镇健力南路柱宝五街一巷四座	731743	528100
阳春县丝绸公司	广东省阳春县春城镇西大道沙尾路	736181	529600
湛江市丝绸公司	广东省湛江市霞山人民东一路 1 号	284805	524001
廉江县丝绸公司	广东省廉江县城中山三路 46 号	24840	524400
茂名市丝绸公司	广东省茂名市人民南路	88739	525011
高州县丝绸公司	广东省高州县城公园路 8 号	668382	525200
化州县丝绸公司	广东省化州县城河东路 97 号	222379	525100
肇庆市丝绸公司	广东省肇庆市正西路 6 号	224568	526020
高要县丝绸公司	广东省肇庆市康乐北路	232137	526020
罗定县丝绸公司	广东省罗定县城保定路 19 号	722585	527200
云浮县丝绸公司	广东省云浮县城星岩路 157 号	823919	527300
德庆县丝绸公司	广东省德庆县环城路外经大楼 4 楼	762469	526600
郁南县丝绸公司	广东省郁南县都城镇大堤路 2 号	593785	527100
清远市丝绸公司	广东省清远市城下濠巷 30 号	339748	511500
英德县丝绸公司	广东省英德县城建设路 32 号	222025	513000
阳山县丝绸公司	广东省阳山县城北松荣新街 1 号	84754	513100
遂溪县丝绸公司	广东省遂溪县遂城镇新风路	63148	524300
河源市丝绸公司	河源市（新市区）文明东路 3 号	339268	517000
曲江县丝绸公司	曲江县马坝狮岩路	666076	512100
广州市纺织工业总公司	广东省广州市广卫路 18 号	3332360 3335518	510030
广州市纺织工业联合进出口公司	广东省广州市连新路 145 号	3335902	510030
广州市纺织工业供销公司	广东省广州市大新西路 410 号	3335368 8871684	510120
广州市纱布经营中心	广东省广州市广卫路 18 号 2 楼	3330381	510031
广州兴纶公司	广东省广州市广卫路 16 号	3335518	510030
华南纺织原料纱布交易市场	广东省广州市江南西路紫龙大街 20 号 2 楼	4436388 4413553	510240
深圳市纺织工业公司	广东省深圳市上步中路振华路 3 号	3360127	518031
广西壮族自治区纺织工业厅	广西南宁市民族大道 55 号	561825	530022
广西壮族自治区纺织工业供销公司	广西南宁市民族大道 55 号	567432	530022
广西丝绸公司	广西南宁市园湖路	569567	530022
南宁市纺织工业总公司	广西南宁市古城路 28 号	562110	530023
柳州市纺织工业局	广西柳州市解放南路 86 号	225706	545001
桂林市纺织工业公司	广西桂林市叠彩路 4 号	223557	541001
梧州市纺织工业公司	广西梧州市大中路 47 号	224976	543000
北海市纺织工业总公司	广西北海市长青路老干部局大院内	334896	536000
北海市纺织工贸联合进出口公司	广西北海市纺织工业总公司（内转）	334896	536000
广西壮族自治区服装鞋帽工业公司	广西南宁市建政路 31 号	568925	530023
广西服装鞋帽工业公司经理部	广西南宁市建政路 31 号	565678	530023
广西服装鞋帽工业公司设备经营部	广西南宁市建政路 20 号	205696	530023
海南省纺织工业厅	海南省海口市海府路省府大院内	342577	570003

续

机构名称	地址	电话	邮政编码
海南省纺织工业局（总公司）	海南省海口市海秀大道28号	772514 772040	570005
海南省纺织工业供销公司	海南省海口市海秀大道28号	778799 772512	570005
海南省纺织工业实业公司	海南省海口市海秀大道28号	772514 772040	570005
海南省纺织原材料公司	海南省海口市海秀大道28号	790942	570005
海南省纺织服装工业公司	海南省海口市海秀大道28号	795162	570005
海南省纺织企业发展公司	海南省海口市海秀大道28号	776243	570005
海南省纺织建筑安装工程公司	海南省海口市海秀大道28号	796021	570005
海南省纺织丝绸公司	海南省海口市海秀大道28号	772514	570005
海南省纺织设备材料公司	海南省海口市海秀大道28号	772514	570005
海南省纺织兴业聚酯有限公司	海南省海口市港澳工业开发区翠玉园A座	664042 664045	570011
四川省纺织工业厅	四川省成都市东华正街	6625215	610015
自贡市纺织工业局	四川省自贡市	223371	643000
南充地区纺织工业局	四川省南充市	2205	637000
内江市纺织工业局	四川省内江市	224722	641000
乐山市轻纺化工业局	四川省乐山市	22236	614000
绵阳市纺织工业局	四川省绵阳市	23438	621000
达县地区纺织工业局	四川省达县市	24091	635000
涪陵地区轻纺工业局	四川省涪陵市	22159	648000
万县地区工业局	四川省万县市	23570	634000
遂宁市纺织工业局	四川省遂宁市	24776	629000
广元市纺织工业局	四川省广元市	22350	628000
德阳市轻纺工业局	四川省德阳市	2680	618000
泸州市轻纺工业局	四川省泸州市	3805	646000
宜宾地区轻纺工业局	四川省宜宾市	226636	644000
黔江地区纺织工业局	四川省黔江县	22592	648700
阿坝州工业局	四川省马尔康县	2119	624000
雅安地区工业局	四川省雅安市	2710	625000
攀枝花市轻工业局	四川省攀枝花市	22333	617000
四川省丝绸总公司	四川省成都市太升北路24号	6671257 6678111	610017
德阳市丝绸公司	四川省德阳市长江西路146号	221057	618000
泸州市丝绸公司	四川省泸州市江阳南路	233205	646000
自贡市丝绸公司	四川省自贡市五星街242号	223341	643000
南充地区丝绸公司	四川省南充市嘉陵路1号	222315	637000
绵阳市丝绸公司	四川省绵阳市富乐路138号	22392 24682	621000
万县地区丝绸公司	四川省万县市新城路87号	222774	0433
宜宾地区丝绸公司	四川省宜宾市小北街19号	224178	644000
涪陵地区丝绸公司	四川省涪陵市高笋塘路6号	224066	648000
达县地区丝绸公司	四川省达县市朝阳东路14号	22707	635000
乐山市丝绸公司	四川省乐山市兑阳湾24号	34439 23716	614000
内江市丝绸公司	四川省内江市大西街82号	223291	641000
广元市丝绸公司	四川省广元市商业街	222532	628017
遂宁市丝绸公司	四川省遂宁市遂州南路	223983	629000
黔江地区丝绸公司	四川省黔江县西沙北路2号	23565	648700

续

机构名称	地址	电话	邮政编码
攀枝花市丝绸公司	四川省攀枝花市大河北路三村280号	22587	617067
成都市纺织工业局	四川省成都市马道街75号	6635970 6647538（传真）	610015
成都市纺织工业局供销处	四川省成都市西玉龙街玉龙综合大楼三楼东座	6665919 6666902（传真）	610015
成都市蚕丝绸公司	四川省成都市红星路一段段35号	6679950	610017
重庆市纺织工业局	四川省重庆市中区七星岗领事巷11号	332985	630013
重庆市纺织工业总公司	四川省重庆市中区七星岗领事巷11号	332985	630013
重庆市纺织工业局供销公司	四川省重庆市中区上清寺	350179	630015
重庆市服装工业公司	四川省重庆市中区解放西路	341089	630012
重庆市鞋帽工业公司	四川省重庆市沙坪坝区陈家湾	962303	630030
重庆色织复制工业公司	四川省重庆市江北区观音桥	750246	630020
重庆纺织机械器材工业公司	四川省重庆市沙坪坝区石桥铺	813093	630039
重庆针织工业公司	四川省重庆市沙坪坝区石桥铺	810542	630039
重庆茧丝绸集团公司	四川省重庆市江北区建新北路72号	751145	630020
贵州省轻纺工业厅	贵州省贵阳市花溪大道	522475	550003
贵州省纺织工业公司	贵州省贵阳市兴关路24号	28800	550002
贵州省鞋帽服装工业公司	贵州省贵阳市延安东路39号	27466	550001
贵阳市纺织工业公司	贵州省贵阳市延安中路	622254	550001
贵州省纺织工业公司展销部	贵州省贵阳市兴关路22号	24426	550002
黔东南州轻纺工业局	贵州省凯里市韶山北路8号	22707	556000
黔南州轻纺工业局	贵州省都匀市剑江路96号	22167	558000
遵义地区轻纺工业局	贵州省遵义市老城	22614	563000
安顺地区轻纺局	贵州省安顺市中华北路202号	22448	561000
毕节地区轻纺工业局	贵州省毕节县威宁路5号	23135	551700
黔西南州轻纺工业局	贵州省兴义市盘江路	23611	562400
铜仁地区轻纺工业局	贵州省铜仁市共青路	23044	544300
六盘水市轻纺工业局	贵州省六盘水市康乐北路	24108	553001
云南省纺织工业局	云南省昆明市董家湾大厦	3163577	650041
昆明市轻纺工业局	云南省昆明市拓东路655号	3161810	650011
大理市纺织工业局	云南省大理市下关	25123	671000
曲靖行署轻纺工业管理处	云南省曲靖市	22632	655000
楚雄州轻纺化工公司	云南省楚雄市	23826	675000
红河州轻纺局	云南省个旧市	23124	661400
西藏自治区轻纺手工业局	西藏拉萨市林廓北路16号	22513	850000
西藏毛纺厂	西藏林芝八一镇川藏路22号	22909	850400
陕西省纺织工业总公司	陕西省西安市西八路29号	713789 713769	710004
陕西省纺织工业供销公司	陕西省西安市东七路25号	713146 26991	710005
陕西省纺织机械器材工业公司	陕西省西安市东七路25号	713146 26991	710005
陕西省纺织对外经济办公室	陕西省西安市东七路25号	719325 28245	710005
陕西省纺织品公司	陕西省西安市自强西路27号	723381	710014
宝鸡市纺织工业办公室	陕西省宝鸡市中山西路63号	214237	721001
咸阳市轻纺工业局	陕西省咸阳市人民东路39号	213596	712000
渭南地区轻纺工业局	陕西省渭南市西南京路29号	214763	714000
铜川市轻纺工业局	陕西省铜川市七一路	212987	727000

续

机构名称	地址	电话	邮政编码
汉中地区轻纺工业局	陕西省汉中市川前街	213319	723000
安康地区轻纺工业局	陕西省安康县南大街	2858、3904	725000
商洛地区轻纺工业局	陕西省商县北新街	2224、2277	726000
延安地区轻纺工业局	陕西省延安市七里铺	213756	716000
榆林地区经委	陕西省榆林县地区行署院内	22948	719000
陕西省服装鞋帽工业公司	陕西省西安市和平路西三道巷5号	27790	710001
西安市纺织工业公司	陕西省西安市西一路105号	715641	710004
西安市纺织工业供销公司	陕西省西安市南新街南长巷3号	714101	710004
甘肃省轻纺工业厅	甘肃省兰州市和政东街2号	418321	730000
甘肃省服装鞋帽公司	甘肃省兰州市城关区秦安路38号	28014—17	730030
甘肃省轻纺供销公司	甘肃省兰州市交通饭店4楼	417811—427	730000
甘肃省轻纺工业企业公司	甘肃省兰州市和政东街2号	418321	730000
甘肃省陇深轻纺股份有限公司	广东省深圳市春风路锦星楼4座18号102室	200204	518002
甘肃省天水针织绒线公司	甘肃省天水县社棠	236753	741024
甘肃省武威绒线针织公司	甘肃省武威市西关路	3479、3500	733000
青海省轻纺工业厅	青海省西宁市同仁路8号	45597 45893	810001
西宁市轻纺工业局	青海省西宁市石坡街91号	48096	810000
青海毛纺织工业公司	青海省西宁市韵家口	49951	810015
宁夏回族自治区轻纺工业厅	宁夏银川市西门桥229号	543979	750001
宁夏回族自治区服装鞋帽工业公司	宁夏银川市西桥巷36号	544249	750001
银川纺织工业公司	宁夏银川市解放东街南口	631182	750001
银川市服装鞋帽工业公司	宁夏银川市东环北路6号	631304	750004
新疆维吾尔自治区纺织工业局	新疆乌鲁木齐市友好南路177号	440237 440092	830000
新疆纺织工业供销公司	新疆乌鲁木齐市中山路97号	210676 210667	830002
新疆服装工业公司	新疆乌鲁木齐市建国路26号	219295	830002
新疆天山毛纺有限公司	新疆乌鲁木齐市银川路1号	441866	830000
乌鲁木齐市纺织工业公司	新疆乌鲁木齐市新华南路24号	225056	830002
喀什地区纺织工业局	新疆喀什市解放南路119号	23444	4795

纺织工业科学研究与开发机构

机构名称	地址	电话	邮政编码
纺织工业部纺织科学研究院	北京市朝阳门外英家坟延静里中街3号	5014466	100025
纺织工业部纺织机械研究所	北京市朝阳门外英家坟延静里中街3号	5004761	100025
中国服装研究设计中心	北京市工人体育场京都宾馆	5016655－3097	100027
北京市纺织科学研究所	北京市朝阳区金台路甜水园东街10号	5025061	100026
北京市化学纤维研究所	北京市朝内大街75号	445635	100010
北京市毛纺织科学研究所	北京市朝阳区和平西街小黄庄路1号	4215061	100013
天津市纺织工业研究所	天津市和平区河北路202号	394936	300040
天津市化学纤维研究所	天津市河东区红星路180号	441605	300160
天津市针织技术研究所	天津市南开区长江道都桥南路	710367	300193
天津市毛纺织技术研究所	天津市红桥区三条石横街大王庙后19号	253173	300092
天津市纺织机械器材研究所	天津市河东区福建路160号	283621	300202
天津市纺织装饰品工业研究所	天津市河东区新开路和平村大街增产巷32号	429167	300011
天津市丝绸技术研究所	天津市南开区广开中街90号	252820	300102
天津市服装研究所	天津市南开区王顶堤	341206	300191
河北省纺织科学研究所	河北省石家庄市长安区长安东路1号	552363	050031
河北省石家庄市纺织研究所	河北省石家庄市桥东区建设大街25号	646076	050011
河北省邯郸市纺织研究所	河北省邯郸市丛台区青年路15号	27931、27932	056004
山西省纺织科学研究所	山西省太原市南城区解放南路20号	448636	030001
山西省化学纤维研究所	山西省太原市和平北路5号	663902	030027
山西省丝绸研究所	山西省长治市英雄南路168号	32425	046000
内蒙古呼和浩特市纺织科学研究所	内蒙古呼和浩特市玉泉区石羊桥南路	672104－280	010020
内蒙古包头市服装鞋帽设计研究所	内蒙古包头市东河区和平路115号	43494	014040
纺织工业非织造布技术开发中心	辽宁省沈阳市东陵区南塔街124号	3863815	110015
沈阳市纺织科学技术研究所	辽宁省沈阳市大东区大北关街29号	4851646	110041
沈阳市服装研究所	辽宁省沈阳沈河区正阳街271号	4846867	110011
大连市合成纤维研究所	辽宁省大连市沙河口区鞍山路71号	4643224	116021
大连市纺织研究所	辽宁省大连市西岗区西岗街48号	3632523	116011
大连服装研究所	辽宁省大连市沙河口区长江路889号	4644719	116021
抚顺市纺织研究所	辽宁省抚顺市新抚区高山路53号	776408	113008
抚顺市服装研究所	辽宁省抚顺市新抚区东四路	225573	113006

续

机构名称	地址	电话	邮政编码
辽宁柞蚕丝绸科学研究所	辽宁省丹东市元宝区平安街500号	43275	118000
营口市针织研究所	辽宁省营口市西市区西大庙里71号	37636	115001
吉林省纺织工业设计研究院	吉林省长春市宽城区青龙路4号	75956	130062
长春市纺织服装工业技术研究所	吉林省长春市南关区西三马路7号	864150	130042
黑龙江省亚麻原料工业研究所	黑龙江省双城市工农街	3575、3411	150111
牡丹江化学纤维研究所	黑龙江省牡丹江市阳明区光华街	32428	157013
黑龙省纺织工业研究所	黑龙江省哈尔滨市南岗区辽阳街8－10号	3642098、3642108	150001
哈尔滨纺织科学研究所	黑龙江省哈尔滨市道外区太古街194号	8687804	150020
哈尔滨市服装工业研究所	黑龙江省哈尔滨市道外区北九道街211号	8682304	150020
黑龙江省服装研究设计中心	黑龙江省哈尔滨市道里区新阳路130号	4683601	150016
牡丹江市服装研究所	牡丹江市西安区西三条路长安路南	27077	157000
上海市纺织科学研究院	上海市杨浦区兰州路545号	5460011	200082
上海市合成纤维研究所	上海市长宁区天山路350号	2598842	200335
上海市针织科学技术研究所	上海市卢湾区淡水路442弄7号	3263810	200025
上海市织布科学技术研究所	上海市普陀区新会路255号	2561840	200060
上海市色织科学技术研究所	上海市卢湾区瞿溪路691号	3771779	200023
上海市丝绸科学技术研究所	上海市卢湾区永嘉路35号	4336959	200020
上海市毛麻纺织科学技术研究所	上海市卢湾区斜土路791号	4314490	200023
上海市印染技术研究所	上海市静安区西康路266号	5475170	200040
上海市纺织机械研究所	上海市长宁区延安西路1234号	2511149	200052
上海市纺织器材研究所	上海市杨浦区翔殷路165号	5491271	200433
上海市纺织标准计量研究所	上海市静安区江宁路931号	2535315	200040
上海市服装研究所	上海市长宁区茅台路567号	2512598	200335
上海市纺织装饰用品科学研究所	上海市长宁区定西路1232号	2513309	200050
纺织工业部印染行业技术开发中心	上海市杨浦区兰州路545号	5461655	200082
纺织工业新型纺纱技术开发中心	上海市徐汇区肇嘉浜路389弄内	4371185	200032
南京市纺织研究所	南京市白下区御道街53号	6641910	210007
无锡纺织机械研究所	江苏无锡市河埒口上里东227号	607531	214062
江苏省纺织研究所	江苏省无锡市南长区俭德路26号	226061	214031
无锡市纺织产品品种研究所	江苏无锡市崇安区健康路110号	222434	214001
徐州市服装研究所	江苏省徐州市和平路15号	22769	221009
常州市印染科学研究所	江苏省常州市凤凰路4号	444876、556552	213018
常州市纺织服装装饰产品研究所	江苏常州市天宁区和平南路100号	446460－348	213001
江苏省纺织器材研究所	江苏省常州市丽华路6号	441022	213014
常州市服装设计研究所	江苏省常州市南大街54号3－4楼	24595、24157	213003
苏州市丝绸科学研究所	江苏苏州市沧浪区公园路1号	221029	215006

续

机构名称	地址	电话	邮政编码
苏州市纺织产品研究所	江苏省苏州市金阊区北浩弄16号	331454	215008
南通市纺织科学研究所	江苏南通市工农路5号	516129	226007
盐城市纺织研究所	江苏盐城市建军东路62号	334195	224002
扬州市纺织研究所	江苏省扬州市泰州路35号	233630	225001
镇江市纺织工业研究所	江苏省镇江市解放路434号	222774、235331	212001
纺织工业部纺织服装技术开发中心	浙江省杭州市解放路108号	766615	310009
浙江丝绸科学研究院	浙江省杭州市莫干山路121号	886154	310011
杭州市纺织科学研究所	浙江省杭州市直大方伯92号	763732	310003
杭州市丝绸科学研究所	浙江省杭州市下城区青云街4号	554834	310003
温州市纺织研究所	浙江省温州市三板桥纺织路116号	227165	325003
宁波市纺织科学研究所	浙江省宁波市望京路10号	343916	315010
安徽省纺织工业科学研究所	安徽省合肥市铜陵路27号	482826	230011
安徽省纺织服装研究所	安徽省合肥市庐江路64号	276179	230061
安徽省丝绸研究所	安徽省合肥市西园新村	337512	230031
合肥市服装鞋帽工业研究所	安徽省合肥市长江路54号	253031	230001
蚌埠市纺织科学研究所	安徽省蚌埠市大庆路335号	81626	233010
芜湖市纺织科学研究所	安徽省芜湖市劳动路77号	34625	241000
福州市纺织工业科学技术研究所	福建省福州市鼓楼区右西路281号	531787	350001
福建省纺织工业研究所	福建省福州市福马路浦东	660647	350014
江西省九江市纺织产品研究所	江苏省九江市人民路194号	224166	332000
江西省服装鞋帽研究所	江西省南昌市塘山江纺院内	333282	330039
山东省合成纤维研究所	山东省潍坊市烟潍路12号	225226	261031
山东省丝绸研究所	山东省济南市永庆街2号	616672	250001
山东省济南市纺织科学研究所	山东省济南市天桥区无影山路北首	553712	250031
潍坊市纺织科学研究所	山东省潍坊市潍城区	225461	261041
山东省济南市纺织研究所	山东省济南市红星东路	310379	272149
淄博服装研究所	山东省淄博市张店区中心路109号	223806	255023
泰安市大麻纺织科学研究所	山东省泰安市泰山区涝洼西	337958	271000
山东省泰安市服装研究所	山东省泰安市奈河西路6号	335301	271000
山东省纺织科学研究所	山东省青岛市山东路191号	333473	266032
青岛市印染科学研究所	山东省青岛市台东八路60号	332843	266021
青岛市服装研究所	山东省青岛市市南区中山路91号	265626	266001
青岛市纺织系统肺部疾病研究所	山东省青岛市四流路127号	451577—463	266042
临沂地区服装研究所	山东省临沂市临西一路北段	223338	276003
河南省纺织科学技术研究所	河南省郑州市中原西站路62号	449013	450007
河南省安阳市纺织科学研究所	河南省安阳市北关区东风胡同	424547	455000

续

机构名称	地址	电话	邮政编码
新乡市纺织科学研究所	河南省新乡市红旗区胜利路164号	223770	453000
开封市纺织科学研究所	河南省开封市鼓楼区大彭袁坑沿街27号	554653	475000
河南省服装研究所	河南省郑州市中原区市场街70号	775633	450007
湖北省襄樊市纺织产品研究所	湖北省襄樊市松鹤路1号	224572	441002
湖北省纺织工业科学研究所	湖北省武汉市汉阳区七里庙唐家湾50号	441267	430051
武汉市纺织科学研究所	湖北省武汉市武昌区杨园纺机路37号	612403	430063
湖南苎麻技术研究中心	湖南省长沙市赤岗南路60号	553129	410007
长沙市纺织工业研究所	湖南省长沙市书院路向家湾66号	35915	410002
广东省化学纤维研究所	广东省广州市海珠区长江东路271号西楼	4449490	510260
广州市纺织工业研究所	广东省广州市海珠区昌岗东路271号	4449122	510260
广州市服装研究所	广东省广州市越秀区中山五路7号	3331795	510030
广西壮族自治区绢麻纺织科学研究所	广西南宁市亭洪路43号	227238	530031
广西壮族自治区化学纤维工业研究所	广西南宁市新城区星湖路南一里1号	551131、554743	530022
广西壮族自治区纺织服装设计研究所	广西南宁市新竹路39号	554634、551843	530022
四川省纺织工业研究所	四川省成都市十二桥街2号	6660677	610072
四川省丝绸工业研究所	四川省成都市金仙桥下街42号	7768668	610031
重庆市纺织工业研究所	四川省重庆市沙坪坝区天星桥晒光坪70号	963792	630038
重庆市服装研究所	四川省重庆市市中区凯旋路51号	342573	630012
四川省南充地区丝绸公司蚕茧收烘设备研制所	四川省南充市北湖路54号	22058	637000
云南省纺织科学研究所	云南省昆明市莲花池教场东路口	54119	650223
陕西省纺织科学研究所	陕西省西安市灞桥区纺织城西街	364327	710038
陕西省纺织器材研究所	陕西省咸阳市秦都区渭阳西路37号	212216、212217	712000
汉中地区轻纺工业研究所	陕西省汉中地区汉中市川前街	613462	723000
西安市纺织科学研究所	陕西省西安市碑林区金花南路13号	613462	710048
西安市服装研究所	陕西省西安市北大街88号	26807	710003
甘肃省纺织研究所	甘肃省兰州市城关区段家滩59号	498982	730020
青海省纺织工业研究所	青海省西宁市城西区西关大街68号	43127	810001
新疆纺织科学研究所	新疆乌鲁木齐市新华南路34号	210196、224963	830002
新疆羊毛研究所	新疆乌鲁木齐市新华南路34号	210196、224963	830002
中国服装研究设计中心新疆民族服装中心	新疆乌鲁木齐市友好南路177号	416983	830000

纺织（轻纺）工业主要设计机构

单　　位	地　　址	邮政编码	电　话
纺织工业部建设规划院	北京市东长安街12号257室	100742	3081351
纺织工业部设计院	北京市阜外甘家口增光路21号	100037	8395114
中国纺织勘察设计协会	北京市阜外甘家口增光路21号	100037	8395209
纺织工业部纺织科学研究院设计部	北京市朝外英家坟	100025	5014466
北京市纺织工业设计院	北京市朝外道家村1号	100025	583331
中国纺织化纤工程公司	北京市朝外体育场东路15号	100027	5014946
天津市纺织工业设计院	天津市南开区白堤路5号	300193	710237
河北省纺织工业设计院	河北省石家庄市合作路32号	050051	746769、753123
山西省纺织工业设计院	山西省太原市水西关南街18号	030002	440111
内蒙古轻化工设计院	内蒙古呼和浩特市乌兰察布西路	010010	42435
辽宁省纺织工业规划设计院	辽宁省沈阳市松花江东街45号	110032	6846416
丹东化纤工业公司设计院	辽宁省丹东市纤维街950号	118002	661812
吉林省纺织工业设计研究院	吉林省长春市西安广场青龙路4号	130062	79275
黑龙江省纺织工业设计院	黑龙江省哈尔滨市南岗区永和街39号	150001	2621281
上海纺织工业设计院	上海市长寿路130号	200060	2583020
上海市纺建工程公司设计室	上海市江宁路931号	200040	2534370
中国纺织大学建筑设计室	上海市延安西路1882号	200051	2599800—252
江苏省纺织工业设计院	江苏省南京市中央路117号	210009	3306726
仪征化纤工业联合公司设计院	江苏省仪征市胥浦	211451	221842
浙江省轻纺工业设计院	浙江省杭州市省府路3号	310007	552201
安徽省纺织设计院	安徽省合肥市长江路85号（省政府内北楼）	230001	277195
福建省轻纺工业设计院	福建省福州市东大路23号	350001	557803
江西省纺织工业科研设计院	江西省南昌市北京东路25号	330029	331450
山东省纺织设计院	山东省济南市历山路48号	250013	655743
河南省纺织设计院	河南省郑州市建设路市场街67号	450007	774129
郑州纺织机械厂工程设计所	河南省郑州市南阳路西街	450053	337251
湖北省纺织设计院	湖北省武汉市武昌徐东路52号	430077	613847
湖南省轻工纺织设计院	湖南省长沙市解放四村362号	410002	34647
广东省轻纺工业设计院	广东省广州市中山一路11号	510600	7754852
广西纺织工业厅设计所	广西南宁市建政路49号	530023	209732
海南省纺织工业设计院	海南省海口市	570000	
海南省海联纺织建设股份有限公司设计室	海南省海口市金盘工业开发区124号	570005	772525
四川省纺织工业设计院	四川省成都市青莲下街34号	610061	6629702
贵州省轻纺工业设计院	贵州省贵阳市南明区兴关路40号东楼	550002	27309
云南省轻纺工业设计院	云南省昆明市东风东路1号	650041	3164482
陕西省纺织工业设计院	陕西省西安市金花南路15号	710048	332095
甘肃省轻纺工业设计院	甘肃省兰州市城关区五泉路72号	730000	466517
青海省轻纺工业厅设计院	青海省西宁市城西区同仁路8号	710001	43608
新疆纺织设计院	新疆乌鲁木齐市友好南路177号	830000	443271

纺织行业有关专业信息机构

名　称	设站单位	地　址	电　话	邮政编码
全国棉纺织工业科技情报站	陕西省纺织科学研究所	陕西省西安市纺织城西街	374356	710038
全国毛纺织工业科技情报站	北京毛纺织科学研究所	北京市和平西街小黄庄路1号	4215061—261	100013
全国丝绸工业科技情报所	浙江丝绸研究院	浙江省杭州市莫干山路121号	888414	310011
全国苎麻纺织工业科技情报站	湖南省苎麻技术研究中心	湖南省长沙市东郊东湖	540680	410128
全国针织工业科技情报站	天津针织技术研究所	天津市南开区长江道断桥南路	710251	300193
全国印染工业科技情报站	上海纺织科学研究院	上海市兰州路545号	5460011—325	200082
全国人造纤维工业科技情报站	保定化纤厂	河北省保定市西郊	437941—2914	071055
全国合成纤维工业科技情报站	上海合成纤维研究所	上海市天山路350号	2598842—44	200335
全国服装科技情报站	上海服装研究所	上海市茅台路567号11楼03室	2518598—134、141	200335
全国纺织装饰品工业科技情报站	天津纺织装饰品工业研究所	天津市河东区新开路慧智东里增产巷32号	429842	300011
全国产业用纺织品科技情报站	中国纺织大学	上海市延安西路1882号	2599800—227	200051
全国非织造布科技情报站	上海纺织科学研究院	上海市兰州路545号	5460011—547	200082
全国纺织器材工业科技情报站	陕西省纺织器材研究所	陕西省咸阳市秦都区渭阳西路37号	212216	712000
全国纺织机械工业科技情报站	中国纺织机械器材工业协会	北京市朝阳区呼家楼西里七巷14号	5002943	100026

各地纺织纤维检验机构

机构名称	地址	邮政编码	电话
中国纤维检验局	北京市和平里东街20号	100013	4235311
北京市纺织纤维检验所	北京市东郊八里庄西里甲15号	100025	5014455
天津市纺织纤维检验所	天津市河北区博爱道12号	300010	240775、240538
河北省纤维检验局	河北省石家庄市工农路68号	050051	332241、331953
山西省纤维检验局	山西省太原市并西街9号	030012	224189
内蒙古自治区纤维检验局	内蒙古呼和浩特市展览馆东路	010010	43168、43316
辽宁省纤维检验所	辽宁省沈阳市和平区永安北路8号	110003	3894318
吉林省纤维检验处	吉林省长春市民康路8号	130041	863590、822080
黑龙江省纤维检验所	黑龙江省哈尔滨市司徒街67号	150036	2629475
上海市纤维检验所	上海市宁波路80号	200002	3211740
江苏省纤维检验所	江苏省南京市石鼓路227号	210029	6643634
浙江省纤维检验所	浙江省杭州市天目山路66号	310013	525609
安徽省纤维检验所	安徽省合肥市蜀山路西园路口	230031	257529
福建省纤维检验所	福建省福州市西门外祭酒岭	320002	713682
江西省产品质量检验所	江西省南昌市江大南路3号	330029	332747、331342
山东省纺织纤维检验所	山东省济南市经二路纬六路343号	250021	33582、33501
青岛市纤维检验所	山东省青岛市延安三路227号	266071	361670、371656
河南省纤维检验所	河南省郑州市东明路金水河南沿2号	450004	556394、554427
湖北省纤维检验所	湖北省武汉市武昌中山路297号	430061	872867
武汉市纤维检验所	湖北省武汉市汉口台北路72号	430016	511305
湖南省纤维检验所	湖南省长沙市新建西路41号	410007	551260
广州市纤维检验所	广东省广州市八旗二马路38号	510110	3338610
广西壮族自治区纤维检验所	广西南宁市新竹路12号	530022	200161
四川省纤维检验局	四川省成都市蜀都大道少城路7号	610015	6639111、6638901
成都市纤维检验所	四川省成都市外南永丰路9号	610041	5584247－253
重庆市纤维纺织品检验所	四川省重庆市市中区枣子岚垭正街80号	630010	357229
贵州省纤维纺织品監督检验所	贵州省贵阳市头桥海马冲51号	550003	42084
云南省纤维检验所	云南省昆明市校场东路30号	650223	3151013
陕西省纤维检验局	陕西省西安市西八路尚平路10号	710004	712668
西安市纤维纺织品監督检验所	陕西省西安市长安路北段45号	710061	54216
甘肃省纤维检验所	甘肃省兰州市南昌路443号	730030	20287
青海省纤维检验所	青海省西宁市长江路392号副4号楼	810000	45062
宁夏回族自治区纺织纤维所	宁夏银川市康乐巷12号	750001	45871
新疆维吾尔自治区纤维检验所	新疆乌鲁木齐市新华南路32号	830002	217433、223827

纺织工业主要检测单位

单　位　名　称	地　　址	电　话	邮政编码
国家棉纺织产品质量监督检验测试中心	北京市朝外英家坟	5004780	100025
国家毛纺织产品质量监督检验测试中心	北京市和平西街小黄庄路 1 号	4215061	100013
国家纺织器材产品质量监督检验测试中心	天津市河西区福建路 160 号	283621	300202
国家毛纺织产品质量监督检验测试中心	上海市建国西路 296 号	4312307	200031
国家针织产品质量监督检验测试中心	天津市南断桥南路	710251	300193
国家丝绸产品质量监督检验测试中心	江苏省苏州市公园路 1 号	222359	215006
国家服装产品质量监督检验测试中心	天津市南开区红旗南路 203 号	366062	300191
国家服装产品质量监督检验测试中心	上海市茅台路 567 号	2518598	200335
国家纺织机械质量监督检验测试中心	江苏省无锡市河埒口上里东	665945	214062
国家印染色织产品质量监督检验测试中心	上海市江宁路 931 号	2550296	200040
纺织工业部化纤产品测试中心	上海市新华路 643 号		200052
纺织工业部化学纤维检验测试中心	广东省广州市八旗二马路 38 号	3338610	510110
纺织工业部纺织机械质量检验中心	北京市朝外英家坟	5001884	100025
纺织工业部纺织机械质量检验中心	上海市延安西路 1234 号	2526558	200052
纺织工业部纺织仪器质量检验中心	江苏省太仓县城厢镇人民北路 62 号	524981	215400
北京市纺织产品质量监督检验测试中心	北京市朝外八里庄	5024831	100025
天津市纺织产品质量监督检验测试中心	天津市河北区博爱道 12 号	240803	300010
河北省纺织产品质量监督检验测试中心（1）	河北省石家庄市长安东路 1 号	551034	050031
河北省纺织产品质量监督检验测试中心（2）	河北省石家庄市建设北大街 25 号	646076	050011
山西省纺织产品质量监督检验测试中心	山西省太原市桃园北路 9 号	440419	030002
内蒙古纺织产品质量监督检验测试中心	内蒙古呼和浩特市呼纶南路	27322	010020
辽宁省纺织产品质量监督检验测试中心	辽宁省沈阳市沈河区盛京路 28 号	4847347	110011
吉林省纺织产品质量监督检验测试中心	吉林省长春市和平大街 4 号	74281	130062
黑龙江省纺织产品质量监督检验测试中心	黑龙江省哈尔滨市辽阳街 8—10 号	3661159	150001
上海市纺织产品质量监督检验测试中心	上海市江宁路 931 号	2550296	200040
江苏省纺织产品质量监督检验测试中心	江苏省南京市中山北路 601 号	8805696	210011
浙江省纺织产品质量监督检验测试中心	浙江省杭州市长明寺巷 24 号	771802	310009
安徽省纺织产品质量监督检验测试中心	安徽省合肥市铜陵路南	482378	230011
福建省纺织产品质量监督检验测试中心	福建省福州市福马路浦东	660407	350014
江西省纺织产品质量监督检验测试中心	江西省南昌市北京东路 25 号	331711	330029

续

单位名称	地址	电话	邮政编码
山东省纺织产品质量监督检验测试中心	山东省青岛市山东路 191 号	337100	266032
河南省纺织产品质量监督检验测试中心	河南省郑州市建设路市场街 71 号	446433—390	450007
湖北省纺织产品质量监督检验测试中心	湖北省武汉市武昌徐东路 52 号	613300	430077
湖南省纺织产品质量监督检验测试中心	湖南省长沙市赤岗南路	553129	410007
广东省纺织产品质量监督检验测试中心	广东省广州市八旗二马路 38 号	3338610	510110
广西纺织产品质量监督检验测试中心	广西南宁市亭洪路 43 号	224275	530031
四川省纺织产品质量监督检验测试中心	四川省成都市十二桥街 2 号	6671334	610071
贵州省纺织产品质量监督检验测试中心	贵州省贵阳市兴关路 24 号	26694	550002
云南省纺织产品质量监督检验测试中心	云南省昆明市教场东路	51962	650223
陕西省纺织产品质量监督检验测试中心	陕西省西安市纺织城纺织科学研究所内	30266	710038
甘肃省纺织产品质量监督检验测试中心	甘肃省兰州市段家滩 59 号	498389	730020
青海省纺织产品质量监督检验测试中心	青海省西宁市韵家口	49951	810015
宁夏纺织产品质量监督检验测试中心	宁夏银川市育新巷 10 号	25305	750001
新疆纺织产品质量监督检验测试中心	新疆乌鲁木齐市友好南路 177 号	440415	830000
重庆市纺织产品质量监督检验测试中心	四川省重庆市沙坪镇区土湾钟声村 36 号	662430	630030

纺织工业主要新闻出版机构

名称	地址	电话	邮政编码
纺织工业出版社	北京市东直门南大街 4 号	4678225	100027
中国纺织报社	北京市东交民巷正义路 4 号	5129153 5129157	100006
中国纺织杂志社	上海市江西中路 105 号 302 室	3213744	200002
中国服装杂志社	北京工人体育场内京都宾馆（18 台）中国服装研究设计中心	5016655	100027

纺织工业部直属纺织院校

院 校 名 称	地 址	电 话	邮政编码
中国纺织大学	上海市延安西路 1882 号	2599800	200051
天津纺织工学院	天津市河东区程林庄道 63 号	444504	300160
西北纺织工学院	陕西省西安市东郊金花南路 19 号	335561	710048
武汉纺织工学院	湖北省武汉市武昌区鲁巷纺织路 10 号	702391	430073
郑州纺织工学院	河南省郑州市中原西路 41 号	772640	450007
北京服装学院	北京市朝阳区和平街北口	4218877	100029
中国纺织政治函授学院	北京市朝阳区和平街北口	4218877－274	100029
苏州丝绸工学院	江苏省苏州市相门路 14 号	221691	215005
浙江丝绸工学院	浙江省杭州市文一路 88 号	875814	310033
纺织工业部管理干部学院	江苏省无锡市钱荣路	665081	214064

地方纺织院校及有纺织专业的综合院校

院 校 名 称	地 址	电 话	邮政编码
山东纺织工学院	山东省青岛市湛流干路 109 号	371069	266071
南通纺织工学院	江苏省南通市教育路 14 号	517124	226007
上海工程技术大学纺织学院	上海市普陀区新村路 435 号	6611420、6613660	200061
北京联合大学纺织工程学院	北京市朝阳门外八里庄路南英家坟	5064867、5001021	100025
上海纺织高等专科学校	上海市长宁区长宁路 1187 号	2517273	200051
成都科技大学纺织工学院	四川省成都市一环路南一段 24 号	581554－2238	610065
湖南省纺织专科学校	湖南省湘潭市东湖路 18 号	61599	411104
河南省高等纺织专科学校	郑州市桐柏路 62 号	446971	450007
丹东纺织工业专科学校	辽宁省丹东市振安区蛤蟆塘	451532	118003
成都纺织工业专科学院	四川省成都市三瓦窑	5554840	610063
西北纺织工学院惠州分院	广东省惠州市	233955	516000
中央工艺美术学院	北京市东三环北路 34 号	5024456	100020
广州美术学院	广东省广州市海珠区昌岗东路 257 号	4449883	510261
鲁迅美术学院	辽宁省沈阳市和平区三好街 19 号	3892635	110003
大连轻工业学院	辽宁省大连市甘井子区轻工苑	641891	116034
河北轻化工学院	河北省石家庄市裕华中路 5 号	647946	050018
广州联大纺织学院	广东省广州市	4421614	510260

纺织职工高等院校

院校名称	地址	电话	邮政编码
北京市纺织职工大学	北京市朝阳区八里庄	5022480	100025
中国纺织机械总公司职工大学	北京天坛路85号	7012223－317	100050
天津市纺织局职工大学	天津市河北区小关锦衣卫桥大街裕善里1号	660672－665186	300143
天津市毛纺织职工大学	天津市和平区云南路2号	345210	300051
河北省纺织职工大学	河北省石家庄市建华南大街44号	551613	050031
邯郸纺织职工大学	河北省邯郸市联纺路99号	27800	056004
唐山纺织职工大学	河北省唐山市新华东道	25329	063002
沈阳纺织职工大学	辽宁省沈阳市皇姑区陵北四台子	4860488、4860625	110034
大连纺织职工大学	辽宁省大连市凌水刘家村	4671089	116023
锦州纺织职工大学	辽宁省锦州市解放路7段28号	23851	121003
金州纺织职工大学	辽宁省大连市金州区五路	4402－436	116100
黑龙江纺织职工大学	黑龙江省牡丹江市东地明街	23467	157011
哈尔滨纺织职工工学院	黑龙江省哈尔滨市太平区东风镇七公里	7664067	250059
上海纺织职工大学	上海市长寿路652号	2566636	200060
上海纺织职大毛麻分校	上海市江阴路172号	3271271	200003
上海纺织职大纺机分校	上海市潘家湾路381号	2536939	200061
上海纺织职大巾被分校	上海市公平路570号	5416446	200082
上海纺织职大丝绸分校	上海市景星路352号	5414541	200082
上海纺织职大化纤分校	上海市江宁路536弄13号	2583823	200041
上海纺织职大针织分校	上海江苏路791弄56号	2524931	200050
上海纺织职大棉纺分校	上海市万航渡路800号	2525332	200042
上海纺织职大棉织分校	上海市常德路545弄43号	2562564	200040
上海纺织职大印染分校	上海市唐山路145号	4630965	200080
上海纺织职大新联纺分校	上海斜土路2093号	4311970	200032
上海纺织局干部学校	上海长寿路652号	586290	200060
苏州纺织职工大学	江苏省苏州市皮市街打线巷14号	771219	215001
无锡纺织工业职工大学	江苏省无锡市梁溪路97号	607783	214062
南通市纺织职工大学	江苏省南通市五一桥东	517980	226007
常州市纺织工业职工大学	江苏省常州市古村1号	22829	213003
盐城市纺织职工大学	江苏省盐城市盐纺路1号	25040	224001
江阴职工大学	江苏省江阴市君巫路	884217	214400

续

院校名称	地址	电话	邮政编码
仪征化纤工业联合公司培训中心	江苏省仪征市	222198	211451
杭州纺织职工大学	浙江省杭州市江干区太庙巷7号	663217	310002
杭州丝绸职工大学	浙江省杭州市机杨路40-2号	43865	310004
宁波纺织职工大学	浙江省宁波市望京路10号	366108	315000
嘉兴毛纺织总厂职工大学	浙江省嘉兴市南捻探花路94号	2934	314000
江西省纺织工业职工大学	江西省南昌市塘山乡	331183、333282	330039
山东纺织工业干部学校	山东省青岛市大麦岛文教区	337400	266071
郑州纺织职工大学	河南省郑州市互助路中段市纺织局内	773497	450007
新乡市职工大学	河南省新乡市北干道茹岗	54381	453002
湖北省纺织职工大学	湖北省武汉市武昌徐东路52号	813452	430077
湖北省纺织职大襄棉分校	湖北省襄樊市人民路218号	2258	441002
武汉市纺织工业职工大学	湖北省武汉市武昌和平道331号	875070	430062
湖南省纺织工业职工大学	湖南省湘潭市板塘铺	21211	411102
广州纺织工业职工大学	广东省广州市昌岗东路一巷6号	4410667	510260
重庆纺织局职工大学	四川省重庆市沙坪坝区石小路177号	810051	630039
陕西省纺织职工大学	陕西省咸阳市文汇路11号	5335	712000
兰州服装职工大学	甘肃省兰州市泰安路38号	24683、20064	730030
新疆纺织职工大学	新疆乌鲁木齐市七道湾路13号	25987	830063

纺织职工中等专业学校

院校名称	地址	电话	邮政编码
北京市纺织职工中专学校	北京市朝阳区团结湖五巷 7 号	5071431	100026
天津市纺织局干部中专学校	天津市南开区密云路 39 号	273160	300111
天津市丝绸公司职工中专学校	天津市南开区津盐公路养鱼池	319568	300381
天津市纺织装饰品公司中专学校	天津市南开区鼓楼西天瑞胡同 21 号	251641	300120
天津市针织职工中专学校	天津市南开区三元村 45 号	273252	300110
天津市棉纺织职工中专学校	天津市河西区解放南路 347 号	282861	300202
石家庄纺织职工中专学校	河北省石家庄市宁安路 12 号	742435	050000
邯郸纺织职工中专学校	河北省邯郸市联纺路 99 号	27800	056004
山西省纺织职工中专学校	山西省榆次市晋华纺织厂	26911	030600
呼和浩特市纺织职工中专学校	内蒙古呼和浩特市锡林南路 49 号	673156	026000
大连纺织服装职工中专学校	辽宁省大连市沙河口庆平街 2 号	441471	116021
抚顺纺织职工中专学校	辽宁省抚顺市将军路北沟	74076	113001
营口纺织职工中专学校	辽宁省营口市西市区	32717	115004
丹东化纤公司职工中专学校	辽宁省丹东市振兴区纤维街	61811	118002
吉林省纺织职工中专学校	吉林省长春市纺织厂技工学校院内	52235-7	130062
哈尔滨亚麻厂职工中专学校	黑龙江省哈尔滨市动力区民生路 94 号	2627862	150040
牡丹江纺织公司职工中专学校	黑龙江省牡丹江市东地明街	22538	157011
齐齐哈尔纺织总公司职工中专学校	黑龙江省齐齐哈尔市纺织厂内	27932	161002
肇东毛纺厂职工中专学校	黑龙江省肇东市北八道街	2851	151100
上海纺织服装职工中专学校	上海市茅台路 567 号	2517867	200335
仪征纺织职工中专学校	江苏省仪征市胥浦	32145	211451
镇江市纺织职工中专学校	江苏省丹阳市阜阳路 4 号	2211	212300
杨州市纺织职工中专学校	江苏省扬州市凤凰桥街 140 号	46587	225002
江苏省服装职工中专学校	江苏省常州市丽华路 2 号	41120	213014
苏州市纺织职工中专学校	江苏省苏州市苏苑街 2 号	721447	215007
吴江丝绸职工中专学校	江苏省苏州市吴江县盛泽镇	51417	215228
淮阴市纺织职工中专学校	江苏省淮阴市北京北路 20 号	34750	223001
浙江省化纤职工中专学校	浙江省杭州市莫干山路祥符桥	87025，888841	310011
杭州丝绸职工中专学校	浙江省杭州市机场路 40-2 号	43865	310004
杭州纺织职工中专学校	浙江省肖山杭二棉内	550236-205	311200

续

院校名称	地址	电话	邮政编码
湖州丝绸职工中专学校	浙江省湖州市吉山新村	23013	313000
合肥市纺织职工中专学校	安徽省合肥市和平路6号	482396转	230011
蚌埠市纺织职工中专学校	安徽省蚌埠市工农路82号	47025	233000
芜湖市纺织职工中专学校	安徽芜湖市北莱路57号	33705	241000
南昌市纺织职工中专学校	江苏省南昌市青云谱京山	42712	330001
九江市纺织职工中专学校	江西省九江市浔阳区人民路194号	224664	332000
济南纺织职工中专学校	山东省济南市经十路东首	44816	250041
青岛服装职工中专学校	山东省青岛市宁夏路中段大尧村东	363464	266071
青岛纺织职工中专学校	山东省青岛市北区馆陶路3号	227786-534	266011
烟台市纺织职工中专学校	山东省烟台市西山路67号	247386	264000
济宁市纺织职工中专学校	山东省济宁市红星东路	212766	272117
枣庄市纺织职工中专学校	山东省枣庄市秦潭路	224642	227129
惠民地区纺织职工中专学校	山东省惠民地区滨州市	23499	256617
聊城地区纺织职工中专学校	山东省聊城嚎东街	224695	252000
河南纺织干部学校中专班	河南省郑州市桐柏南路	446504	450007
安阳市纺织职工中专学校	河南省安阳市东风路东风胡同	26706	455000
华新纺织职工中专学校	河南省卫辉市北关	654221	453100
平顶山帘子布厂职工中专学校	河南省平顶山市建设路	32922	467000
湖北省纺织职工中专学校	湖北省武汉市武昌徐东路52号	813452	430077
武汉市纺织职工中专学校	湖北省武汉市武昌中山路282号	847176	430061
蒲圻纺织总厂职工中专学校	湖北省蒲圻市	22947	437321
沙市纺织职工中专学校	湖北省沙市市白云路	3976	434002
襄樊纺织职工中专学校	湖北省襄樊市工业区纱布站内	41142	441002
长沙市纺织职工中专学校	湖南省长沙市河西石岭塘	82068	410013
广州丝绸职工中专学校	广东省佛山市人民路8号	224344	528000
汕头市纺织职工中专学校	广东省汕头市汕樟路北墩	230975	515041
成都纺织工业干部学校	四川省成都市白马寺	33648	610081
重庆纺织局职工中专学校	四川省重庆市沙坪坝区石小路177号	810051	630039
川棉一厂纺织职工中专学校	四川省成都市麻石桥	4442921-820	610053
贵阳纺织职工中专学校	贵州省贵阳市遵义路193号	27974转	550002
西安纺织职工中专学校	陕西省西安市金花南路13号	332092	710048
西北国棉四厂职工学校	陕西省西安市纺织城		710038
西北第五棉纺织厂职工学校	陕西省西安市纺织城		710038
青海省纺织职工中专学校	青海省西宁市韵家口	49951转	810015
宁夏轻纺职工中专学校	宁夏银川市新城西花园福利巷5号	76418	750011

纺织中等专业学校、技工学校

院校名称	地址	电话	邮政编码
北京市纺织工业学校	北京市朝阳区八里庄	5022480	100025
北京市纺织技工学校	北京市朝阳区十里堡西一巷	5004477－995	100025
北京市纺织技工学校大兴分校	北京市大兴化纤厂	9243811	102600
北京市纺织技工学校昌平分校	北京市昌平第二毛纺厂	9742131	102200
天津纺织工业学校	天津市河西区琼州道 36 号	282547	300202
天津第一棉纺厂技工学校	天津市河东区六纬路 66 号	414425	300170
天津针织工业技工学校	天津市南开区三元村 45 号	766252	300110
天津纺织装饰品公司技工学校	天津市南开区鼓楼西天瑞胡同 21 号	751180	300120
天津纺织机械器材技工学校	天津市河西区琼州道 5 号	281154	300202
天津毛纺织技工学校	天津市卫国道二中内	442912	300160
天津棉纺四厂技工学校	天津市河西区大沽南路 1233 号	282951	300220
天津服装技工学校	天津市南开区天宝路 13 号	220087	300102
天津色织公司技工学校	天津市南开区广开三马路万盛里 75 号	252971	300102
天津纺机厂技工学校	天津市河北区小于庄万柳村大街	662721－2724	300241
天津丝绸公司技工学校	天津市南开区广开五马路双吉里 13 号	253658	300102
河北纺织工业学校	河北省石家庄市健康路 3 号	633479	050011
石家庄纺织技工学校	河北省石家庄市大经街 22 号	631651	050000
唐山市联办纺织技工学校	河北省唐山市塘沽路 29 中学院内	222229	063001
保定化纤厂技工学校	河北省保定市西郊纸厂路 1 号	437941－2910	071055
邯郸纺机厂技工学校	河北省邯郸市邯钢路	42985 转	056019
山西省纺织工业学校	山西省榆次市迎宾路	25804	030600
山西省针织厂技工学校	山西省太原市北营晋阳街	772991	030031
山西省纺织工业技工学校	山西省运城市河东路轻纺局内	220347	044000
山西省晋华纺织厂技工学校	山西省榆次市北关	26911－2710	030600
山西省纺织印染厂技工学校	山西省太原市和平南路 22 号	665283－298	030024
太原纺织技工学校	山西省太原市西羊市 37 号服装分厂	441366	030002
山西维尼纶厂技工学校	山西省洪洞县赵城镇	2502	031603
经纬纺机厂技工学校	山西省榆次市郭家堡	22823	030601
内蒙古纺织工业学校	内蒙古赤峰市西桥外	24876	024005
包头纺织总厂技工学校	内蒙古包头市体育馆道	57788－375	014030

续

院校名称	地址	电话	邮政编码
呼市纺织技工学校	内蒙古呼市锡林南路49号	673156	010020
辽宁省纺织工业学校	辽宁省大连市金州区吴家屯408号	7694426	116100
沈阳纺织工业学校	辽宁省沈阳市宝姑区陵北四台子	6840488	110034
营口纺织工业学校	辽宁省营口市西市区金牛山大街	38458	115004
丹东丝绸学校	辽宁省丹东市振安区哈蟆塘	451532	118000
沈阳一毛织厂技工学校	辽宁省沈阳市铁西区光明街一段1号	4852511	110025
沈阳二毛织厂技工学校	辽宁省沈阳市铁西区北车路1号	4858891	110025
沈阳服装技工学校	辽宁省沈阳市和平区西塔街二段兴文西里	332661	110002
大连纺织技工学校	辽宁省大连市甘井子区周家街	600991—254	116033
金州纺织技工学校	辽宁省大连市金州区五路	794402—442	116100
抚顺纺织技工学校	辽宁省抚顺市新抚区将军街高山路157—3号	774375	113006
本溪纺织技工学校	辽宁省本溪市明山区卧龙乡	411869	117011
阜新纺织技工学校	辽宁省阜新市海州区兴工街	26276	123000
锦州纺织技工学校	辽宁省锦州市凌河区解放路7段28号	220769	121003
大连麻纺厂技工学校	辽宁省大连市		116000
瓦房店棉纺厂技工学校	辽宁省瓦房店市大宽街2段265号		116300
辽阳纺织厂技工学校	辽宁省辽阳市白塔区解放路三段2号		111000
女儿河纺织厂技工学校	辽宁省锦州市太河区汤河子街	579241—308	121005
朝阳纺织厂技工学校	辽宁省朝阳市长江路三段	5401	122000
朝阳合纤厂技工学校	辽宁省朝阳市双塔区南街	5201	122000
丹东化纤公司技工学校	辽宁省丹东市振兴区纤维街950号	661811—2516	118002
沈阳纺机厂技工学校	辽宁省沈阳市铁西区景星北街44号	452651	110021
吉林省纺织工业学校	吉林省吉林市江南宜山路70号	461225	132011
长春纺织厂技工学校	吉林省长春市朝阳区春城大街52号	52233	130011
四平纺织局技工学校	吉林省四平市海丰大路48号	223148、224375	136000
开山屯化纤浆厂技工学校	吉林省龙井市开山屯镇南山街	3600—2210	133417
吉林化纤厂技工学校	吉林省吉林市昌邑区九站街	338474—285	132101
浑江纺织厂技工学校	吉林省浑江市三岔子区三岔子镇		134324
安图县纺织厂技工学校	吉林省安图县明月镇	2621	133600
黑龙江省纺织工业学校	黑龙江省阿城市	22667	133600
哈尔滨纺织服装工业学校	黑龙江省哈尔滨市太平区东风镇七公里	7664067	150059
黑龙江省纺织技工学校	黑龙江省阿城市	22667	150316
齐齐哈尔纺织工业局技工学校	黑龙江省齐齐哈尔市龙沙区北商埠路6号	428766	161000
牡丹江纺织公司技工学校	黑龙江省牡丹江市爱民区地明街	222538	157011
哈尔滨纺织技工学校	黑龙江省哈尔滨市道外区北十九道街77号	8681951	150020
哈尔滨亚麻厂技工学校	黑龙江省哈尔滨市和平路94号	2627822转	150040
上海第一纺织工业学校	上海市交通路1933号	6610226	200061
上海第二纺织工业学校	上海市长阳路1389弄75号	5432532	200090
上海纺织机电工业学校	上海市河间路1193号	5431821	200090
上海第一棉纺织厂技工学校	上海市长寿路522号	2539949	200060
上海第二棉纺织厂技工学校	上海市西苏州路1291号	2564460	200061

续

院校名称	地址	电话	邮政编码
上海第四棉纺织厂技工学校	上海市淮安路 640 号	2563194	200041
上海第七棉纺织厂技工学校	上海市长寿路叶家宅路 111 号	2532130	200060
上海第八棉纺织厂技工学校	上海市吴淞金杨家宅 11 号	6671060	200940
上海第九棉纺织厂技工学校	上海市周家牌路 217 号	5432720	200090
上海第十棉纺织厂技工学校	上海市浦东烟厂路 40 号	8840237	200120
上海第十一棉纺织厂技工学校	上海市宜昌路 320 号	2564435	200060
上海第十二棉纺织厂技工学校	上海市隆昌路 57 号	5432790	200090
上海第十五棉纺织厂技工学校	上海市齐齐哈尔路 502 号	5412310	200082
上海第十六棉纺织厂技工学校	上海市杨浦区齐齐哈尔路 604 号	5414800	200082
上海第十七棉纺织厂技工学校	上海市定海路 150 号	5431010	200090
上海第十九棉纺织厂技工学校	上海市平凉路 2767 号	5431220	200090
上海第二十一棉纺织厂技工学校	上海市玉屏南路 498 号	2598441	200051
上海第二十二棉纺织厂技工学校	上海市澳门路 150 号	2539890	200060
上海第二十五棉纺织厂技工学校	上海市光复西路 1185 号	2549250	200042
上海第二十八棉纺织厂技工学校	上海市浦东北蔡镇	8840421	200120
上海第二十九棉纺织厂技工学校	上海市广州路 140 号	5415076	200090
上海第三十五棉纺织厂技工学校	上海市崇明南堡镇	9678151	202157
上海第一毛条厂技工学校	上海市杨树浦路 1056 号	5414688	200062
上海第一丝织厂技工学校	上海市杨树浦路 468 号	5419267	200082
上海第三丝织厂技工学校	上海市许昌路 5 号	5415820	200082
上海第六丝织厂技工学校	上海市康定路 1007 号	2583440	200042
上海第一毛纺织厂技工学校	上海市余姚路 750 弄 1 号	2588600	200042
上海第五毛纺织厂技工学校	上海市榆林路 343 号	5414228	200082
上海第十二丝织厂技工学校	上海市海州路 33 号	5432128	200090
上海绢纺厂技工学校	上海市万航渡后路 72 号	2512752	200042
上海筛网厂技工学校	上海市长寿路 23 号	2580360	200062
上海第一纺机厂技工学校	上海市中山西路 78 号	2597900	200051
上海第二纺机厂技工学校	上海市场中路 265 号	5423736	200434
上海第四纺机厂技工学校	上海市共和新路 752 号	6628615	200072
上海第七纺机厂技工学校	上海市延安西路 678 号	2524309	200050
上海纺织机电技工学交	上海市安远路 84 号	2539939	200060
上海印染机械厂技工学校	上海市天山路 602 号	2599835	200051
中国纺织机械厂技工学校	上海市河间路 1193 号	5431710	200090
上海华立纺机厂技工学校	上海市凉中路 381 号	5434590	200090
上海针织机械一厂技工学校	上海市瑞金二路 410 弄 1 号	4371251	200020
上海沪东印染联合技工学校	上海市飞虹路 723 弄内	4514474	200092
上海新联纺织技工学校	上海市斜土路 2093 号	4310949	200032
上海线带公司技工学校	上海市永嘉路 33 号	4376273	200020
上海南汇针织联合技工学校	上海市南汇新场镇	8019410	201314
上海化纤公司技工学校	上海市江宁路 536 弄 13 号	2539671	200041
上海巾被公司联合技工学校	上海市公平路 570 号	5416446	200082

续

院校名称	地址	电话	邮政编码
上海织袜一厂技工学校	上海市沪太路 671 号	6613800	200070
上海服装公司技工学校	上海市茅台路 567 号	2517867	200335
上海景福针织技工学校	上海市肇嘉滨路 688 号	4372173	200031
上海第二丝织印染厂技工学校	上海市民和路 153 号	6629181	200070
上海纺织运输技工学校	上海市纪念路 151 号	5423284	200434
上海第十五羊毛衫厂技工学校	上海市瞿溪路 801 号	3773960	200023
上海毛麻行业技工学校	上海市江阴路 172 号		200003
上海纺织局技校工作站	上海市东余杭路 627 号	5464820—20	200080
南通纺织工业学校	江苏省南通市教育路 18 号	517234	226007
常州纺织工业学校	江苏省常州市丽路 2 号	441320	213014
盐城纺织工业学校	江苏省盐城市盐纺路 1 号	24951	224001
无锡纺织工业学校	江苏省无锡市梁溪路 97 号	667783	214062
苏州纺织工业学校	江苏省苏州市东大街梅家桥弄 1 号	226834	215007
南京纺织工业学校	江苏省南京市武定门外 17 号	6625879	210006
苏州丝绸工业学校	江苏省苏州市城北公路 20 号	773281	215008
南通纺织技工学校	江苏省南通市教育桥路 29 号	529274	226007
仪征化纤联合公司技工学校	江苏省仪征市胥浦	232323	211451
无锡一纺机技工学校	江苏省无锡市梁溪路 11 号	667456	214062
无锡天元麻棉纺织厂技工学校	江苏省无锡市西门外天元路 1 号	223071	214031
无锡协新毛纺织染厂技工学校	江苏省无锡市丽新路 60 号	227890	214044
无锡印染厂技工学校	江苏省无锡市丽新路 53 号	227934	214044
无锡丝绸技工学校	江苏省无锡市南门外清明桥中学内	552423	214023
浙江纺织工业学校	浙江省宁波市文教路 9 号	362532	315000
嘉兴丝绸工业学校	浙江省嘉兴市东栅大街 240 号	62001	314021
浙江省轻纺技工学校	浙江省杭州市祥符桥	891841	310011
温州市轻纺技工学校	浙江省温州市矮凳桥 52 号	22702	325000
福建省三明纺织工业学校	福建省三明市下洋新泉路	22980	365001
安徽省纺织工业学校	安徽省合肥市合巢路 252 号	331197	230051
安徽省纺织技工学校	安徽省巢湖市安徽维尼纶厂	3212	238002
安庆纺织技工学校	安徽省安庆市菱湖路	545103	246018
合肥纺织技工学校	安徽省合肥市和平路 6 号	482396	230011
淮南纺织厂技工学校	安徽省淮南市纺织厂	22484	232007
铜陵化纤厂技工学校	安徽省铜陵市化纤厂	32316	244005
江西省纺织工业学校	江西省南昌市塘山乡	333282	330039
江西省纺织技工学校	江西省南昌市解放西路 106 号	42559	330002
山东纺织工业学校	山东省潍坊市东风街 3 号	235036	261041
济南纺织工业学校	山东省济南市经十路东首	44816	250041
青岛纺织工业学校	山东省青岛市沧口区水清沟萍乡路	452081	266042
德州纺织工业学校	山东省德州市德兴北路 35 号	21848	253015
山东省丝绸工业学校	山东省淄博市周村区	2847	528041
潍坊纺织技工学校	山东省潍坊市东风大街 1 号	235037	261041

续

院校名称	地址	电话	邮政编码
聊城地区纺织技工学校	山东省聊城嚎东街	224695	252000
泰安市纺织技工学校	山东省泰安市东岳大街西头	337927	271000
青岛纺机厂技工学校	山东省青岛市四流南路22号	451122	266042
枣庄纺织局技工学校	山东省枣庄市光明西路	224642	227139
河南纺织工业学校	河南省郑州市桐柏路62号	446971	450007
河南第三毛纺织厂技工学校	河南省商丘市人民路北端	23864－264	476000
郑州纺机厂技工学校	河南省郑州市南阳路西1街1号	336496	450053
河南省纺织技工学校	河南省郑州市中原西路43号	771401	450007
新乡市纺织技工学校	河南省新乡市铁路西幸福街中段13号	222873	453000
新乡化纤厂技工学校	河南省新乡市北站	53901－313	453011
华新棉纺织厂技工学校	河南省卫辉市北关	352358－375	453100
新乡印染厂技工学校	河南省新乡市平原路东段	54961	453003
河南纺织机械技工学校	河南省郑州市南阳路西街1号	337251	450053
河南第二纺机厂技工学校	河南省信阳市工区路	222161	464000
南阳纺织技工学校	河南省阳南县白河大桥南	23912－407	473125
南阳市丝织技工学校	河南省南阳市建设西路3号	22812	473053
湖北省纺织工业学校	湖北省武汉市洪山区关山纺织路22号	701374	430073
武汉市纺织工业学校	湖北省武汉市武昌区和平道331号	715070	430062
黄冈纺织工业学校	湖北省黄州镇	26066	436100
沙市纺织工业学校	湖北省沙市市江津西路	4463	430061
湖北省纺织工业技工学校	湖北省武汉市武昌徐东路52号	814764	430077
武汉市纺织工业技工学校	湖北省武汉市武昌中山路282号	714176	430061
沙市纺织技工学校	湖北省沙市市太岳路	215960	434000
沙市棉纺厂技工学校	湖北省沙市市	5392	434000
黄石棉纺厂技工学校	湖北省黄石市老虎头	4694	435002
云梦棉纺厂技工学校	湖北省云梦县城关		432501
安陆棉纺厂技工学校	湖北省安陆市	2615	432600
宜昌棉纺厂技工学校	湖北省宜昌市伍家岗		
宜昌纺机厂技工学校	湖北省宜昌市东山大道	51334	443001
黄石纺机厂技工学校	湖北省黄石市老下陆	2093	435004
湖北化纤厂技工学校	湖北省襄樊县太平店	42552	441133
蒲圻纺织总厂技工学校	湖北省蒲圻市	2418	437321
襄樊纺织印染厂技工学校	湖北省襄樊市人民路218号	220258	441000
襄樊纺织技工学校	湖北省襄樊市松鹤路2号	613894	441002
湖南纺织工业学校	湖南省湘潭市东湖路18号	61599	411104
湖南维尼纶厂技工学校	湖南省溆浦县大江口	22988－204	419323
衡阳纺机厂技工学校	湖南省衡阳市南郊	24471	421007
常德纺机厂技工学校	湖南省常德市洞庭南路	2508	415004
邵阳第二纺机厂技工学校	湖南省邵阳市飞机坪	323323	422000
广东纺织工业学校	广东省佛山市普澜公路45号	272667	528041
广州市纺织中等专业学校	广东省广州市新港中路399号	4451325	510310

续

院校名称	地址	电话	邮政编码
广州市纺织技工学校	广东省广州市新港中路399号	4451326	510310
广西纺织工业学校	广西南宁市西乡塘陈村路7号	33508	530007
柳州纺织工业学校	广西柳州市社湾路30号	27351、33395	545005
桂林棉纺织厂技工学校	广西桂林市平山瓦窑	334401	541003
广西维尼纶厂技工学校	广西宜山县	2235	546307
四川蚕丝学校	四川省南充市桂花路15号	23601	637000
成都纺织工业学校	四川省成都市三瓦窑	5551393	610063
重庆纺织技工学校	四川省重庆市	625621	630039
绵阳市纺织技工学校	四川省绵阳市	23786	621000
广元市纺织工业技工学校	四川省广元市	23445－26	628000
达县棉纺织染厂技工学校	四川省达县市南坝16号	22677	635000
绵阳市丝绸技工学校	四川省绵阳市绵州中路119号附4号	24027	621000
南充棉纺织厂技工学校	四川省南充市龙门镇	22456	637103
内江棉纺厂棉纺班	四川省内江市壕子口	22563－337	641001
贵州省二轻工业学校	贵州省贵阳市龙洞堡甘龙洞1号	26814	550012
贵阳纺织职工技工学校	贵州省贵阳市营盘路68号	28338	550002
贵阳棉纺厂职工技工学校	贵州省贵阳市遵义路193号	27974	550002
都匀轻纺技工学校	贵州省都匀市七星路18号	2881－377	558004
昆明纺织工业学校	云南省昆明市莲花池正街44号	52827	650033
陕西咸阳纺织工业学校	陕西省咸阳市文汇路11号	5337	712000
西安市纺织技工学校	陕西省西安市东郊金花南路13号	332092	710048
咸阳纺机厂技工学校	陕西省咸阳市人民路	2803	712000
西北五棉实业有限公司技工学校	陕西省西安市东郊国棉五厂	364982	710038
甘肃省纺织工业学校	甘肃省兰州市七里河区龚家湾380号	36602	730050
甘肃省服装学校	甘肃省兰州市泰安路38号	20064	730030
宁夏轻纺技工学校	宁夏银川市新城西花园福利巷5号	76418	750011
青海省纺织技工学校	青海省西宁市韵家口	49951	810015
新疆纺织工业学校	新疆乌鲁木齐市七道湾路13号	25987	830063
新疆纺织技工学校	新疆乌鲁木齐市五星路	215470	830002

名　录

Names of Enterprises

一、纺织行业集团、公司名录

北京达美纺织集团公司

地址：北京市朝阳区十里堡
邮政编码：100025
电话：5003993
电报挂号：1861
电传：210362 FRHTL CN
传真：(01) 5060241
董事长：徐孝纯
总经理：徐孝纯
副总经理：简恩汝
成员企业：440 家
经营范围：主营：棉纺织品，毛、麻、丝、化纤纺织品，纺织原料、辅料、染化料及助剂，服装的采购供应、批发、零售，纺织专用设备，电子软硬件开发。兼营：出口达美集团各成员厂自产纺织品和纺织机件；进口自用原辅料和工具设备等。
出口产品："达美"牌漂白、染色、印花布；服装；装饰布等

山西化纤工业集团

地址：山西省太原市和平北路 5 号化纤大厦
邮政编码：030027
电话：642481
电报挂号：1441
传真：(0351) 640965
董事长：郭瑜
副董事长：张鹤生、曹玉斌、仝立祥、张引强
总经理：郭瑜
成员企业：5 家
经营范围：主营：开发生产、经销化纤、化工（除重要生产资料）、针纺织品及所需原辅材料、技术咨询、信息服务。兼营：批发、零售普通机械及配件、仪器仪表、五金交电（除彩电）、服装、鞋帽、日用百货、文教用品、文化办公机械、酒及非酒精饮料、罐头食品。
名优产品：部优产品："桐叶"牌涤纶 150D 低弹丝，"玉兰"牌锦纶 6 弹力丝。省优产品："牡丹"牌锦纶 60D、120D 民用复丝，"双鱼"牌 70D 锦纶 6 弹力丝，"桐叶"牌 50D 涤纶牵伸丝和 100D 涤纶低弹丝

中国大杨企业集团

地址：辽宁省大连市杨树房镇
邮政编码：116215
电话：9450009
电报挂号：2621
传真：(0411) 9450189
董事长：李桂莲
副董事长：石祥麟
总经理：李桂莲
副总经理：石祥麟
成员企业：38 家
核心成员：大杨企业集团股份有限公司、大杨服装（集团）公司、大杨原野（集团）公司、大杨华昊（集团）公司、大杨盛达（集团）公司、大杨进达（集团）公司、大杨鸿达（集团）公司、大杨企业集团进出口公司、大杨企业集团财务公司、万莲服装（大连）有限公司。
经营范围：本集团是以生产经营出口服装为主的外向型、综合性企业。主要产品有：西服、风衣、羽绒服、茄克衫、运动服、牛仔服、女时装等。兼营服装洗水、包装制品、纺织、印染、机械、化工、电器、房地产开发、仓储、货运、旅游、商贸等
名优产品："萃莲牌"茄克衫和男西服套装被评为部优，丝绸服装被评为市名优新产品，风衣被辽宁省授予"青龙奖"
出口产品：服装、包装制品、机械产品等

江苏东台纺织印染集团联合公司

地址：江苏省东台市谢家湾
邮政编码：224200
电话：213801
电报挂号：4770
传真：(05251) 213979
董事长：齐志强
副董事长：许文才、凡玉宽、杨增荣、李静
总经理：许文才
副总经理：何云富
成员企业：11 家
核心成员：东台纺织厂、东台染织厂、东台印染厂、东台服装厂
经营范围：主营：纱、布、化纤、服装等纺织品的制造、加工。兼营：纺机、纺配、染化料，逐步争取产品出口权
名优产品：21^s 纯棉纱、40/40 全棉精梳府绸、45/45 涤棉精梳府绸等获省优
出口产品：40/40 全棉精梳府绸，45/45 涤棉精梳府绸，各种纯

棉、牛仔、绒布、化纤、丝绸服装

无锡宏源纺织机械制造集团公司

地址：江苏省无锡市梁溪路 11 号
邮政编码：214062
电话：667456、601592
电报挂号：4791
传真：(0510) 602082
总经理：浦全甫
副总经理：殷俊德
成员企业：40 多家
核心成员：无锡市纺织机械厂、无锡市第三纺织机械厂、无锡市第五纺织机械厂
经营范围：主营：纺织机械，专用配件及器材制造，电机制造，为成员单位采购原辅材料。兼营：纺织品及机械加工，纺机技术，管理咨询及培训，纺织机械、专用配件及器材。
名优产品：FK6－700 型高速弹力丝机（部优产品）
出口产品：FA416 型棉纺高速粗纱机，SFA311 型棉纺高速并条机，塑料经纱管，MC 尼龙梭

浙江天昌丝绸企业集团公司

地址：浙江省湖州市龙溪南路 19 号
邮政编码：313000
电话：222074
电报挂号：1131
传真：(0572) 233224
董事长：姬树人
副董事长：殷志勤、汪建明
总经理：姬树人
副总经理：殷志勤、费玲、陈正明、高振声
成员企业：22 家
核心成员：湖州丝绸印染厂及 20 家紧密层企业
经营范围：主营：练、染、印丝织品，丝绸服装，丝绸工艺品，丝织，针织。兼营：化工原料、五金、电器、建材、钢材、燃料、运输、装璜、液化气
名优产品：12107 真丝染色双绉、19012 真丝练白斜纹绸、11556 打字纺、天昌牌丝绸服装、天昌牌丝绸工艺品
出口产品：天昌牌丝绸服装、天昌牌丝绸工艺品、天昌牌练、染、印丝织品

福建金峰纺织集团公司

地址：福建省漳州市国道西路 144 号
邮政编码：363000
电报挂号：0271
电话：227370
传真：(0596) 222683
总经理：蔡适期
副总经理：蔡炎生、吴建文、崔振国
成员企业：37 家
核心成员：漳州毛纺织印染总厂
经营范围：主营：纺织品制造。兼营：毛、毛混纺针织品制造以及设备、零配件、纺织原料、染化料贸易
名优产品："2826" 针织绒线，单、双层拉舍尔毛毯
出口产品：单、双层拉舍尔毛毯

福建华盛针织工贸集团公司

地址：福建省南平市安丰桥
邮政编码：353000
电话：835034
电报挂号：4930
传真：(0599) 835056
总经理：魏琼珍
副总经理：苏榴生、陈孝感、陈钟贵、吴传钊、游秋芳
成员企业：26 家
核心成员：福建省南平针织总厂、福建省南平第二针织厂、福建省南平第三针织厂、中外合资延顺针织有限公司
经营范围：全棉、化纤、涤棉交织、涤棉混纺坯布、面料及各类针织衫裤、系列运动服装等
名优产品："武夷山"、"安乐" 牌毛巾衫中童套装、32 支簿棉童套装、涤盖棉面料及运动服装、腈纶绒布童套装、大面积精密印花童装
出口产品：自营出口（拥有自营进出口权）各类针织品及其原辅材料等

山东如意毛纺集团总公司

地址：山东省济宁市红星东路 96 号
邮政编码：272149
电话：311818
电报挂号：4930
电传：399088 WT CN
传真：(0537) 316688
董事长：夏景武
副董事长：陈素清、李新胜、邱亚夫、秦云、韩忠田
总经理：夏景武
副总经理：陈素清、李新胜、邱亚夫、秦云
成员企业：25 家
核心成员：山东济宁毛纺织厂、山东济宁工贸联营兔毛纺纱厂、山东济宁毛纺织厂职工中等专业学校、山东济宁毛纺织厂科研所、山东济宁如意时装总厂、山东济宁如意毛纺织进出口总公司、山东济宁如意实业开发总公司、济宁如意毛纺织有限公司、山东济宁如意家俱装饰公司、济宁如意科技电脑开发公司
经营范围：生产、销售、研究开发各类精纺呢绒、兔毛纱、各类服装、家俱，经营餐饮、娱乐、商贸、办公室自动仪及汽车维修、建筑、装潢装修，承接国内外用户的技术咨询、技术培训等
名优产品：35010 毛涤派力司和 33215 毛涤中厚花呢获国家银质奖；33218 毛涤单面花呢获国家金质奖；毛涤麻系列产品获国家科技进步三等奖，该产品具有"国内首创、填补空白、国际领先" 水平
出口产品：全毛单面华达呢、全毛啥味呢、毛涤中厚呢及薄花呢、全毛贡呢等精纺呢绒，主要销往美国、澳大利亚、香港、加拿大、新西兰、日本、台湾等国家和地区

淄博市丝绸公司

地址：山东省淄博市周村区丝绸路13号
邮政编码：255300
电话：612113
电报挂号：1579
传真：(0533) 611956
经理：刘曰翰
副经理：王延斌
成员企业：14家
核心成员：淄博制丝厂、沂源制丝厂、淄博丝织一厂、淄博丝织二厂、淄博丝织三厂、淄博丝绸印染厂、淄博绢纺厂、淄博丝绸机械厂、山东世光针织品有限公司、淄博"哥乐瑞"时装有限公司
经营范围：主营：茧、丝、化纤原料，丝织品，丝绸服装，丝绸复制品，丝绸机械及配件。兼营：内销丝绸批发
名优产品：11216电力纺（国优），12103双绉、14467N花绉缎、10101乔其纱、13370和服绸、13481双宫绸、13482绢宫绸、13582和服绸、100/120D双宫丝（以上均部优）
出口产品：蚕茧、丝棉、厂丝、绸缎、混纺纱、服装、丝带

山东省纺织机械总公司

地址：山东省济南市明山街84号
邮政编码：250011
电话：616821、626331
电报挂号：4790
传真：(0531) 616821
总经理：于祥
副总经理：李天杰
成员企业：60家
核心成员：薛城纺织机械厂、潍坊纺织机械厂、济宁纺织机械厂、昌邑纺织机械厂、青州纺织机械厂、诸城纺织机械厂、海阳纺织机械厂、栖霞纺织机械厂、胶南纺织机械厂、德州纺织机械厂
经营范围：纺织机械及配件、专用仪器、仪表，金属材料、木料、纺织机械技术服务、石油制品、建筑材料、化工产品、纺织品
名优产品：A186H、F梳棉机，FA502A细纱机，GA615织机，D1203锭子，BC272B、C、F、G、H梳毛机，A272A毛梳精梳机，FA251A棉精梳机，各类印染后整理设备，全套黄麻设备
出口产品：GA615织机，FA502A细纱机、钢令，M231－180轧光机，金属镍网，JW780挠性箭杆织机，JW811喷水织机，全套纱线染整机械，全套黄麻设备

山东环宇（集团）股份有限公司

地址：山东省临沂市解放路88号
邮政编码：276002
电话：(0539) 225212
电报挂号：4784
董事长：李光法
副董事长：林祥瑞、陈德松
总经理：李光法
经理：林祥瑞
副总经理：陈德松、徐在亮、孙德宪、徐子乐、董宜山
成员企业：32家
核心成员：鲁南商业大厦、临沂人民商场、国际贸易公司、劳保公司、地纺公司、针织品公司、进出口公司、纺织品批发公司、百货公司
经营范围：百货、文体、鞋帽、纺织、针织、五金、交电、化工、土杂等商品的批发与零售，各种商品的进出口，娱乐饭店，服装、工艺品、脱水蔬菜、钻石等产品的生产与加工
出口产品：工艺品、脱水蔬菜、钻石

广州市染织工业公司

地址：广东省广州市光复南路112号
邮政编码：510130
电话：8868804、8882350
电报挂号：4123
传真：(020) 8868804
总经理：赵百伟
副总经理：卢秀云
经营范围：制造加工纺织品，批发零售针纺织品、纺织原料、纺织机械及配件、煤、钢材、建筑材料、五金、日用百货。纺织技术咨询，技术转让，技术服务。仓储、装卸、搬运服务

深圳中冠纺织印染股份有限公司

地址：广东省深圳市人民南路房地产大厦10楼C座
邮政编码：518001
电话：2200942
电报挂号：8889
传真：(0755) 2239100
董事长：田志俊
副董事长：张应学、邹星炳
总经理：石律德
副总经理：王国泰、曾进添、蒋永增、陈景秋
核心成员：中冠印染（香港）有限公司、中冠印染（日本）株式会社、中冠纺织（宁波）制衣有限公司、杭州华冠房地产公司、香港中汇纺织实业有限公司、深圳嘉丰纺织实业有限公司
经营范围：生产经营纺织工业品及所需的原材料、辅料、机械设备，并提供相关的服务
名优产品：全棉印花细布、印花府绸和涤棉印花布共四种规格获部优产品
出口产品：全棉、涤棉和麻棉印染布，产品全部出口

广东新会涤纶厂股份有限公司

地址：广东省新会市会城今古洲
邮政编码：529100
电话：673807
电报挂号：3321
传真：(07656) 673845
董事长：宋启越　　职工：2800人
主要产品：各种规格涤纶长丝新品种，涤纶差别化纤维新品种，印地科牛仔布，各种高档服装面

料，涤纶短纤维，涤纶精梳仿毛条，色母粒，纸筒管

广东省梅州市涤纶（集团）公司

地址：广东省梅州市新南大道八号工业区
邮政编码：514021
电话：242182、243840
电报挂号：3321
电传：429009 MXDLC CN
传真：（0753）243236
董事长：陈杰
总经理：陈杰
副总经理：欧庆国、韩佑平、李国均、朱海乔、曾荣祥
成员企业：6家
核心成员：梅州市梅县涤纶厂、梅州市丽丝纺织有限公司、梅州市丽丝织造印染有限公司、梅州市涤纶（集团）公司包装材料厂、梅涤集团供销公司、梅涤房地产开发公司
经营范围：涤纶50D至150D低弹丝、涤纶40D至100DFDY仿真丝，纺织机械设备及配件，纺织用原料、颜料、乳化剂
名优产品：50D至150D涤纶低弹丝

四川广华化纤股份有限公司（原四川广汉涤纶总厂）

地址：四川省广汉市南昌路
邮政编码：618300
电话：222333　　电报挂号：3321
传真：（08233）223184
厂长：方小方　　职工：1225人
主要产品：自1987年3月投产，生产了44dtex至333dtex不同规格、色泽的涤纶预取向丝、低弹丝、牵伸丝、网络丝及全牵伸细旦丝（FDY）等品种，年生产能力12000吨，并相继开发了各类化纤织物、服装、时装、纺织油剂等多元化产品

五环（集团）股份有限公司（原西北五棉集团公司）

地址：陕西省西安市纺西街
邮政编码：710038
电话：379511、374284
电报挂号：2758
电传：70028 QINLN CN
传真：（029）374968
董事长：应治邦
常务副董事长：王军
副董事长：曹洞宗
总经理：应治邦
常务副总经理：王军
副总经理：曹洞宗
成员企业：60家
核心成员：国营西北第五棉纺织厂、五环（集团）股份公司捷发服装厂、星火机械厂、陕西省舒梦娜床上用品装饰布公司、陕西西岳建筑公司、陕西省凯达塑钢制品厂、陕西五棉经济技术公司、秦联棉织实业股份有限公司、陕西秦康制线有限公司
经营范围：生产、加工、国内外贸易（国家有专项规定的按规定办）
名优产品：27.8/27.8全棉直贡呢（国优银质奖）、27.8/27.8全棉哔叽（部优）、13/13精梳涤棉细布（部优）、19.5/16、19.5/14.5全棉细布（部优）、13/13、14.5/14.5精梳涤棉细布（部优）
出口产品：纱、线、布、坯布、花布、色布、床上用品等

西北纺织物资联合公司

地址：陕西省西安市莲湖路西北二路1号
邮政编码：710003
电话：724930
电报挂号：9458
传真：（029）724930
董事长：沈克俭
副董事长：秦雍庆、李振江、沈明安
总经理：李克英
副总经理：刘玉瑞、杨恩龙
成员企业：24家
核心成员：中国纺织物资总公司、新疆纺织工业供销公司、青海轻纺工业供销公司、甘肃省轻纺物资总公司、西安市纺织工业供销公司、陕西省纺织工业供销总公司、宁夏轻纺工业供销公司、北京协力纺织联合公司
经营范围：主营：纺织原料、材料、机械、配件、器材、染料化工、丝织产品、服装。兼营：五金电器、包装物料、装饰材料、建材、煤炭、油类、汽车、粮食、食糖、饮料、土特产、畜产品

新疆纺织工业供销总公司

地址：新疆乌鲁木齐市中山路97号
邮政编码：830002
电话：219238、210667
电传：XTSMC CN 79182
传真：（0991）210667
总经理：李振江
副总经理：孙天柱、赵俊斌、李军、龚德国
经营范围：我公司有直接边贸进出口权，开展对独联体、东欧国家的边境和地方易货贸易及经济技术合作业务。设有四万八千平方米仓储和铁路专用线。主营：新疆棉毛丝麻原料，染化料，纺织设备器材及配件的供应和各类纺织产品销售。兼营：除国家专控商品外的各类物资。经营方式：供应、销售、联营、代储代运、进出口

二、纺织行业企业名录

北京维尼纶厂

地址：北京市顺义县牛山镇
邮政编码：101301
电话：9443794　电报挂号：9166
传真：(01) 9441766
厂长：王士铎　职工：2500 人
主要产品：维纶短纤维、长丝束、绳素丝、造纸纤维、素切纱、水溶纤维、原液染色纤维。涤纶 POY、DTY、网络丝、工业甲醛和尿甲醛预缩液

天津市第一纺织机械制造厂

地址：天津市河东区津塘路 113 号(一号桥)
邮政编码：300180
电话：413357　电报挂号：2623
传真：(022) 413365
厂长：许文新
主要产品：JGN205 型箭杆毛织机、JGN746B 型毛巾织机、GN723 型找性剑杆毛织机、JGT505 型毛巾提花开口装置

河北省乐亭县色织厂

地址：河北省唐山市乐亭县
邮政编码：063603
电话：(03416) 962517
电报挂号：4930
传真：(0315) 228807
厂长：赵志宏　职工：1200 人
主要产品：精梳纯棉府绸 $40^s \times 40^s \times 98 \times 70 \times 44''$，普梳纯棉色格布 $32^s \times 32^s \times 89 \times 70 \times 44''$，纯棉色织格布 $21^s \times 21^s \times 70 \times 60 \times 45/46''$，精梳棉涤纶细纺 $45^s \times 45^s \times 80 \times 70 \times 44''$，涤富色织细纺 $45^s \times 45^s \times 89 \times 60 \times 44''$

山西维尼纶厂

地址：山西省洪洞县赵城镇侯村
邮政编码：031603
电话：2502　电报挂号：4850
厂长：仝立祥　职工：3200 人
主要产品：聚乙烯醇 17-99 (省优)、1，4-丁炔二醇 (省优)、聚乙烯醇 17-88 (部优、省优)、乳胶、卷烟胶、人造毛皮定型胶、电石、碳化砖等

内蒙古第二毛纺织总厂

地址：内蒙古自治区呼和浩特市诺和木勒大街 4 号
邮政编码：010020
电话：671188　电报挂号：6502
传真：(0471) 671768
厂长：李惠来　职工：4435 人
主要产品：金羊牌、碧莲牌、银狐牌精纺呢绒面料多次获国家、自治区、部级名优产品称号，行销全国及世界 26 个国家和地区。纯毛华达呢、啥味呢、花呢获准挂国际羊毛局纯羊毛标志。本厂技术装备先进，管理现代化，产品高档，花色新颖。良好的服务是本厂的特点

吉林省白城市纺织厂

地址：吉林省白城市棉纺路 36 号
邮政编码：137000
电话：225367　电报挂号：4791
传真：(0436) 222559
厂长：马万才　职工：3400 人
主要产品：纯棉 40×40　133/72　47″府绸，人棉 40×40　100/80　50″细布，精梳涤棉 45×45　110/76　63″细布，精梳涤棉 45×45　139/94　44″仿羽绸

林源毛纺厂

地址：黑龙江省大庆市林源路
邮政编码：163813
电话：(04610) 324920、324714
电报挂号：3029
厂长：解居敏　职工：1010 人
主要产品：高粗纯毛绒线 180、482，毛腈混纺粗绒线 670、770、662，纯腈纶粗绒线 860，纯腈纶针织绒线 2826，毛腈混纺针织绒线 2730

新产品：变色线、花式线、拉毛线

其它产品：电脑提花时装毛衫、外套及帽子

上海沪西纺织机械厂

地址：上海市静安区万春街 197 弄 41 号
邮政编码：200042
电话：2566295　电报挂号：6860
传真：(021) 2567006
厂长：罗锡敏　职工：500 人
主要产品：GA014 型络筒机，1332 MD/PD 型槽筒式络筒机，A631E 型捻线机，SGA3502 型自动码布机，GA801、ME804 型验布机，ME813 型验布卷布机，GD143—120 型捻丝机，GD002—145

有边筒子络丝机，SFA0201－6多仓混棉机，SFA－170清钢联喂棉箱，LA开清棉联合机，SGT0101金属槽筒，1332型络筒机用3°、6°、9°锭子，各类棉纺配件

上海市纺织设备器材工业联合公司

地址：上海市江苏路132弄26号
邮政编码：200050
电话：2512179　电报挂号：1464
传真：(021) 2512179
经理：王世龙　业内职工：14000人
主要产品：各种纺织器材、纺织机械及专配件。公司具有进出口自主权，外销产品扩大到二十多个大类、几百个品种

无锡市第四织布厂

地址：江苏省无锡市大庄里535号
邮政编码：214021
电话：554225
传真：(0510) 201681
厂长：朱炳兴　职工：931人
主要产品：纯棉、化纤平布、卡其、府绸、高密防羽坯布及丝麻、丝棉、丝毛、化纤混纺、OE纱等，工艺技术先进，产品质量上乘，远销欧美、日本、前苏联等地。获得"出口商品生产许可证"和"出口商品质量认可证"

江苏省南通市色织一厂

地址：江苏省南通市文峰路3号
邮政编码：226001
电话：518178　电报挂号：1105
传真：(0513) 516061
厂长：孙云　职工：1401
主要产品：本厂拥有从国外引进具有国际先进水平的喷水织机、剑杆织机、精毛纺技术装备。生产品种主要有长丝交织物、高密纯棉织物、毛织物、合纤长丝织物、全毛机织纱和针织绒五大类。年生产能力：织布1400万米，毛纺加工1000吨

江苏省常熟市色织五厂

地址：江苏省常熟市元和路2号
邮政编码：215500
电话：621561　电报挂号：2758
传真：(05221) 771061
厂长：周洪春　职工：920人
主要产品：高支色织涤棉、纯棉府绸，色织涤棉、纯棉细薄织物，大提花装饰用布、服装用布，色织中长织物，色织中长长丝交并交织织物等。其中色织涤粘中长、涤棉色织府绸和色织中长长丝交并交织花呢为部优质产品

江都丝织厂

地址：江苏省江都县浦头镇北路3号
邮政编码：225218
电话：421007　电报挂号：4848
厂长：袁苏生　职工：868人
主要产品：本厂主要产品为真丝绸，包括各种纺类、绉类及缎类产品，同时兼顾生产各种合纤绸。真丝厚型织物的服装面料目前已开发试产成功，投入批量生产，产量质量达到国家标准。本厂服务宗旨是：质量第一，信誉至上。热忱欢迎海内外客户惠顾

苏州江南丝厂

地址：江苏省苏州市浒墅关镇南津二村4号
邮政编码：215151
电话：931728　电报挂号：0062
厂长：金乃根　职工：1400人
主要产品："顺风牌"桑蚕丝为江苏省优质产品，年产170吨。可溶性涤纶色母粒为国内首家研制生产，年产800吨色种300余种。涤纶长丝年产1500吨，生产各种规格的长丝和网络丝。竭诚欢迎海内外客商光临我厂，愿与同仁共创投资环境

南通丝绸印染联合厂

地址：江苏省通州市金沙大庆路6号
邮政编码：226300
电话：612075　电报挂号：1074
传真：(0513) 612825
厂长：洪祖泽　职工：3300人
主要产品：各种规格的白厂丝、双宫丝、绉、缎、仿等类真丝产品和人丝、合纤及其交织产品。本厂具有较强的练染、砂洗和服装加工能力。部优产品：梅花牌JTA桑蚕丝，色泽柔和、手感舒适；真丝双绉、素绉缎系列，穿着飘逸、滑爽、华贵，透气性能好，是我厂丝绸出口的拳头产品

江苏省徐州化纤厂

地址：江苏省沛县东风西路126号
邮政编码：221600
电话：223394　电报挂号：4960
传真：(05264) 221022
厂长：王学新　职工：350人
主要产品：1989年从西德BARMAG公司引进全套丙纶短程纺设备，年产丙纶短纤维2000吨，纤度范围3～60dt，长度38～110mm。1992年从台湾引进全套塑料纺藤席、走马带生产线，年产塑料席及装饰布80万码。另有一套塑料编织带生产线，年产编织袋150万m^2，拆经450～1100mm

江苏省张家港市化纤厂

地址：江苏省张家港市兆丰镇东
邮政编码：215622
电话：(05222) 650425、650439
电报挂号：8523
厂长：张振祥　职工：280人
主要产品：涤纶短纤维：中长型2.5D×38～65mm，异型3D～13D×38～102mm，毛型3D～13D×38～102mm，高收缩3D～5D×38～65mm，三维卷曲2.5D～10D×38×65mm(以上包括各种色丝)

江苏张家港市涤纶长丝厂、中外合资张家港吉雄化纤有限

公司
地址：江苏省张家港市德积镇
邮政编码：215635
电话：224650　　电报挂号：8040
传真：(05222) 224650
厂长：贲永宝　　职工：700人
主要产品：本厂（公司）年产各种规格的常规、异形、异色及超细旦涤纶长丝1.8万吨，主要产品有：50D～100D系列涤纶FDY一步纺牵伸网络长丝，50D～300D系列涤纶予取向丝（POY）和涤纶低弹丝（DTY）

中国纺织机械工业总公司太仓纺织机械电子技术应用开发中心、国营太仓纺织仪器厂
地址：江苏省太仓市人民北路62号
邮政编码：215400
电话：522911　　电报挂号：6752
传真：(05225) 524981
厂长：周元纲　　职工：450人
主要产品：纤维电子强力仪、纱线毛羽测试仪、化纤熔点仪、纤维长度仪、长丝卷曲收缩仪、槽筒机防叠控制箱、红外光电继电器、光电整纬装置、微机温度检控装置系列。本厂技术力量雄厚，设计制造水平先进，产品深受用户欢迎

扬州友谊服装总厂
地址：江苏省扬州市友谊路3号
邮政编码：225002
电话：343395　　电报挂号：4911
传真：(0514) 349793
厂长：马永泉　　职工：2000人
主要产品：本厂是国家二级企业，拥有固定资产4000万元，1956年开始从事外贸生产，年生产能力达300万件各类出口服装，有男女西装、茄克衫、风雨衣、各式时装及丝绸服装，产品远销美国、加拿大、香港、德国、意大利等50多个国家和地区，产品质量稳定、信誉较好，受到用户好评

宁波恒丰布厂
地址：浙江省宁波市鄞奉路91号
邮政编码：315010
电话：(0574) 366172
电报挂号：0048
厂长：郑炳岳　　职工：1112人
主要产品：本厂系大提花贡缎专业生产厂，生产品种有全棉32ˢ大提花贡缎，全棉40ˢ精梳大提花横贡缎及全棉40ˢ×60ˢ精梳大提花贡缎，产品全部出口

新昌县纺织厂
地址：浙江省新昌县城关镇鼓山28号
邮政编码：312500
电话：(05853) 622520、624524
电报挂号：0077
厂长：梁国林　　职工：250人
主要产品：专供外销针织服装用色纺针织麻灰纱系列产品，规格为18.4tex～30tex；纺织装饰织物用微电脑程控竹节纱系列产品，规格为20tex～60tex；以及微电脑程控复制花式线系列产品，规格为90tex～200tex

国营嵊县棉麻纺织印染总厂
地址：浙江省嵊县城关镇东南路88号
邮政编码：312400
电话：321733　　电报挂号：3236
传真：(05852) 333276
厂长：王炜　　职工：2600人
主要产品：纯粘、纯棉、纯苎麻纱、纯羊毛纱、麻类混纺纱及白坯布、印染布、砂洗布、印花布、磨织布、磨毛服装等，其中"艇湖牌"什色纯粘布获部优产品称号，"鹿山牌"19.5tex纯粘纱被评为省优产品。生产品种多达50多种，花色、规格近100种

奉化丝织总厂
地址：浙江省奉化市溪口镇百丈路38号
邮政编码：315502
电话：550145　　电报挂号：4846
传真：(05843) 550145
厂长：毛溪云　　职工：508人
主要产品：①双绉、电力纺、素绉缎；②各式领带（真丝、仿真丝、方便领带）；③涤纶加弹丝

永昌丝织厂
地址：浙江省湖州市益民路45号
邮政编码：313000
电话：222391　　电报挂号：3057
传真：(0572) 223642
厂长：章友义　　职工：2000余人
主要产品：本厂是一家生产真丝外销绸缎为主的全民所有制大型企业，常年生产纺、绉、斜等三十多个品种和各种规格的真丝、尼龙打字色带，产品销往欧、美、港澳等国家和地区。主要产品有12103双绉、"平湖秋月"庐山纱、11205电力纺、10118东风纱、10116东风纱等

浙江省临安丝绸总厂
地址：浙江省临安县锦城镇西墅街19号
邮政编码：311300
电话：23781　　电报挂号：4828
传真：(05817) 23783
厂长：汪掌富　　职工：1600人
主要产品：本厂是一家生产白厂丝、绸缎、氨纶经编、印染、砂洗、真丝绸服装、各类时装及服饰的联合企业，现有缫丝机256台、丝织机180台、服装平缝机120台，年产白厂丝160吨、绸缎300万米、服装24万件（套）。产品畅销全国各地，并出口欧美、日本、港澳、南洋等国家和地区，深受用户欢迎

宁波合成纤维厂
地址：浙江省宁波市五乡街
邮政编码：315111
电话：485050　　电报挂号：7233
传真：(0574) 485028
厂长：忻小毛　　职工：500人
主要产品：本厂是宁波市市级先进企业，专业生产各种涤纶长丝。主要产品有年产FDY长丝

1300 吨，UOY 丝 1800 吨。品种有 68D 白涤、大有光丝、异形丝等。厂址紧依“东方大港”北仑港，329 国道线穿厂而过，宁波经济技术开发区、宁波保税区就在附近

杭州纺织机械总厂

地址：浙江省杭州市石桥路 77 号
邮政编码：310022
电话：544004　　电报挂号：3600
传真：(0571) 544212
厂长：胡顺泉　　职工：1500 人
主要产品：D301A 自动缫丝机，GD752 单面剑杆织机，ZK272 系列丝织机，GD603 系列丝织机，GD 型络并捻设备，FU801 茧鉴定自动缫丝机

浙江省兰溪纺织机械厂

地址：浙江省兰溪市永进路 4 号
邮政编码：321100
电话：22872　　电报挂号：6520
传真：(0579) 338067
厂长：凌成明　　职工：800 人
主要产品：本厂是纺织工业部定点厂，技术力量雄厚，应变能力强，是浙江省国营纺机行业中唯一荣获国家二级企业的纺机厂。

主要产品有：GD163 真丝倍捻机，GD 系列大、中、小卷装络、并、捻丝机，LGD—100 捻丝机；GD141～100 型锭子；LTB—100 型铝筒管，LTB—82 型铝筒管等

福建省三明纺织厂

地址：福建省三明市新市北路
邮政编码：365000
电话：222501　　电报挂号：2758
传真：(0598) 242188
厂长：彭木桂　　职工：4100 人
主要产品：金雀牌 6～80 支纯棉、涤棉、粘棉等纱、线，奔鹿牌各种组织的纯棉、涤棉、人造棉等坯布，PP 纱

福建省邵武印染厂

地址：福建省邵武市中山路 1 号
邮政编码：354000
电话：(05096) 22774
电报挂号：2810
厂长：林坤发　　职工：308 人
主要产品：系列全棉灯芯绒；系列人棉灯芯绒；平绒、平布、帆布；真丝、仿真丝、仿麻、水洗、砂洗、水磨及拉绒等系列产品；各类化纤

福建省立丰印染股份有限公司（原三明印染厂）

地址：福建省三明市东新四路
邮政编码：365000
电话：222601　　电报挂号：2676
传真：(0598) 242708、241758
董事长、总经理：王桂洲
职工：1846 人
主要产品：主营印染产品的制造和销售，年产 7000 万米印染布，主要产品有纯棉、涤棉的漂、色、花布和化纤、针织、印染布及纯棉和化纤床毯，品类齐全，设计新颖，质量上乘，产品畅销国内，行销欧美、东南亚及港、澳等国家和地区。兼营化工原料及产品、建筑材料、五金交电、纺织机电设备及房地产开发等业务

抚州印染厂

地址：江西省抚州市城西路
邮政编码：344000
电话：222585　　电报挂号：0603
传真：(0794) 224417
厂长：乐和喜　　职工：1600 人
主要产品：纯棉、涤棉、人棉、麻棉、中长、仿丝绸等六大系列的漂白、染色、印花布。主要品种有：防羽绒布系列，涤黛绸，水洗布，杂色麻棉布，涤棉杂色府绸、细纺，纯棉、涤棉印花布，纯棉凡兰半线卡，拷花布，磨毛织物，立体印花布，印花富春纺，印花仿牛仔布，涤棉仿真丝织物

江西化学纤维厂

地址：江西省南昌市青山南路 44 号
邮政编码：330006
电话：212111　　电报挂号：4960
传真：(0791) 224005
厂长：叶文生　　职工：5200 人
主要产品：白杜鹃牌本色、有色、中空棉型、中长型、毛型粘胶短纤维。

雄狮牌本色纯棉、纯粘、粘棉混纺、普梳涤棉混纺、中长涤粘混纺纱线，色纺粘棉、中长涤粘混纺纱线。

白蕾牌纯粘、粘棉、纯棉、涤棉、中长本色坯布，纯粘、涤粘、色纺色织、涤长丝交织布

九江化学纤维厂

地址：江西省九江市庐山蛤蟆石
邮政编码：332017
电话：253170　　电报挂号：4850
传真：(0792) 253180
厂长：李良泉　　职工：4200 人
主要产品：粘胶短丝（各种规格棉型、毛型），粘胶人造丝（120D、100D、250D、150D、300D），全棉高级卫生纸系列产品，浆粕（棉浆粕、纸浆粕）

国营平度市棉纺织厂

地址：山东省平度市红旗路东端
邮政编码：262800
电话：(05423) 762638、762738
电报挂号：2758
厂长：于友泉　　职工：1800 人
主要产品：“银世牌”棉纱系列：21^s、32^s、40^s、10^s 纯棉无接头普梳纱和 J40^s 精梳纱，其中 21^s 纯棉普梳纱 1989 年被评为省优。“萃岛牌”机织、针织坯布及装饰布系列：32^s 纯棉汗布、32^s 纯棉棉毛布、J40^s×40^s×77×177×47″21 条灯芯绒坯布、21^s×21^s×60×58×48″平布、21^s×21^s×60×58×59″平布和编织系列装饰布

济南针织厂

地址：山东省济南市北园路 601 号

邮政编码：250033
电话：552292　　电报挂号：3962
传真：(0531) 551017
厂长：王子敏　　职工：2050人
主要产品：我厂经国家经贸部批准为有自营进出口权的企业。主要产品有纯棉针织内衣，涤纶经纬编面料、服装、蚊帐，弹力衫裤等三大类产品、120多个花色品种。产品销往26个国家和地区。"名泉"牌40支精梳弹力衫裤获国家金质奖

山东淄博毛毯厂

地址：山东省淄博市周村区新建西路11号
邮政编码：255300
电话：610947　　电报挂号：1731
传真：(0533) 612522
厂长：王维乐　　职工：1200人
主要产品："维尔舒牌"拉舍尔毛毯、双面花高级拉舍尔毯被、纯棉拉舍尔毛毯、棉腈拉舍尔毛毯、"喜鹊"腈纶提花、印花毛毯。产品规格齐全、色彩绚丽、绒面丰满密立、富有弹性、光泽好、保暖性强、耐潮防蛀、易洗不脱色，融实用性与装饰性为一体

淄博第二毛巾厂

地址：山东省淄博市周村区丝绸路42号
邮政编码：255300
电话：610126　　电报挂号：1800
传真：(0533) 612688
厂长：张宝珍　　职工：2280人
主要产品：大型企业，出口专厂，毛巾被产量国内最大。生产"众晶"牌高中档提花、割绒、螺旋、高低毛圈和印花、喷花、绣花、贴花及经编系列产品，并能进行特种工艺处理。仿浮雕多色纬提花口被填补国内空白，经编割绒喷印巾被国内首创

烟台地毯材料有限公司

地址：山东省烟台市开发区牡丹江路8号
邮政编码：264006
电话：(0535) 371167、371271
电报挂号：0506
厂长：初立全　　职工：150人
主要产品：丙纶膨体长丝，规格为1000D/120F～2600D/120F截面是三角形或三叶形的一束单色、一束双色或一束三色，主要用于生产簇绒地毯、工艺挂毯等产品，具有色泽鲜艳、着色牢固、挺拔力强等优点，产品荣获省优、部优称号，并获首届轻工业产品博览会铜奖。
　　各种工艺毯、挂毯，降温母粒、化纤油剂、涂敷料等

山东省高密化学纤维总厂

地址：山东省高密县人民大街101号
邮政编码：261500
电话：323121　　电报挂号：4960
电传：324703GSJWF CN
传真：(05464) 323187
厂长：李桂荣　　职工：1500人
主要产品："泰山牌"棉浆粕，丙纶长丝，高、中、低档卫生纸、餐巾纸、面巾纸，各种塑编篷布，柔性编织袋。其中"泰山牌"棉浆粕系部优产品，是粘胶纤维、中高档纸、化工以及酿造过滤材料的基本原料

即墨市纺织仪器厂

地址：山东省即墨市中山路45号
邮政编码：266200
电话：812465、815072
电报挂号：5072
传真：(05425) 815072
厂长：黄聿君　　职工：380人
主要产品：海雾牌系列自动加湿器具有高效、节能等特点，广泛用于纺织、烟草、印刷、制药、花卉、医院、宾馆等行业的空气加湿，有实验室用、车间用、空调室用、各种风道用加湿器。产品获纺织工业部科技进步奖，并获国家专利，畅销全国26个省市，并出口东南亚、中亚等国家和地区

开封纱厂

地址：河南省开封市五一路
邮政编码：475003
电话：331430　　电报挂号：4791
厂长：李德茂　　职工：3500人
主要产品：开封纱厂为国有中一型单纺售纱企业，建于1956年，各类专业技术人员300人，规模7万锭，年产精、普梳化纤、纯棉多种纱支1.3万吨，产值1.3亿元，税利近千万，荣获河南省"重合同守信用"企业，AAA级信誉企业，工业行业利税20强等称号，是河南省上水平新星企业

郑州第四棉纺织厂

地址：河南省郑州市棉纺路2号
邮政编码：450007
电话：447065、446901
传真：(0371) 446879
厂长：郭念生　　职工：9576人
主要产品：分为纯棉、涤棉的纱、线、布三大类共51个品种，有119.4cm　JT/C 13/13 (433/299) 府绸，119.4cm　JT/C 13/13 (524/228) 府绸，119.4cm　27.8/27.8 (425/228) 纱卡，119.4cm　36.4/48.6 (378/189) 纱卡，120cm　17.7/17.7 (268/268) 细布，132.1cm　27.8/27.8 (236/228) 平布，160cm　JT/C 19.4/19.4 (524/394) 府绸等

河南省中原棉纺织厂

地址：河南省新乡市中原路5号
邮政编码：453002
电话：222633　　电报挂号：5281
传真：(0373) 226151
厂长：段新德　　职工：5209人
主要产品：涤棉混纺和纯棉纱两大类，以精梳中高档次为主，棉布有窄幅和宽幅，并生产人棉和麻棉纱、布；拥有五个部优产品、九个省优产品，荣获纺织工业部质量管理奖，产品全

部执行国家标准，出口产品和重点产品执行国际质量标准，信誉质量较高

河南省驻马店地区棉纺织厂

地址：河南省驻马店市雪松路 91 号
邮政编码：463000
电话：(03011) 2352
电报挂号：4791
厂长：宋军　　职工：4500 人
主要产品：60 支以下各种纯棉、涤棉、麻棉、精梳、汽流纺、两合股等纯线，65 英寸以下各种纯棉、涤棉、涤卡、涤细、哔叽等坯布及 KS319 砂带布等工业用布。其中 21/21 哔叽、21 支纱获地优、J20ˢ、KS319 砂带布获省优、10ˢ/2 获部优。主要产品于 1984 年打入国际市场

河南省新乡市帆布厂

地址：河南省新乡市小吉镇
邮政编码：453731
电话：(0373) 552322、552364
电报挂号：1580
厂长：刘怀军、经营厂长：李兴战
职工：700 人
主要产品：我厂是省外贸纺织工业厅定点出口厂家之一，年产量 450 万米。主要产品有 7240 服装帆布、11238 双经平布、9050 府绸和各种规格的平布，以及 3+3×4、2+2×3、2+2×4 等鞋面、鞋里帆布。产品除国内销售外，还远销日本、美国、港、澳等国家和地区

漯河市针织化纤厂

地址：河南省漯河市五一路 154 号
邮政编码：462000
电话：21974、23823
电报挂号：5902
传真：(03813) 22009
厂长：陈汉兴　　职工：1500 人
主要产品："银海牌"涤纶低弹丝(DTY，含有色丝、网络丝，规格 75、100、135、150D)；"银海牌"涤纶牵伸丝 (FDY，含细旦丝、异型丝，规格 40、50、68、75、100D)；"长青牌"针织内衣、针织坯布；"宝源牌"涤盖棉运动套装及其它针织服装；涤纶丝织面料。其中三个产品为省优，两个产品为部优

国营新乡化学纤维厂

地址：河南省新乡市北站区
邮政编码：453011
电话：396601
电传：470212 HXCFP CN
传真：(0373) 396610
厂长：陈玉林　　职工：5800 人
主要产品：各种规格的粘胶人造丝、粘胶短纤维、锦纶民用长丝、涤纶民用长丝、漂平玻璃纸共五大系列 20 多个品种。产品注册商标为"白鹭"牌

焦作市合成纤维厂

地址：河南省焦作市丰收路东段
邮政编码：454152
电话：225861、222183
电报挂号：0014
传真：(0391) 225861
厂长：史作楹　　职工：400 人
主要产品：丙纶长丝：75D～150D 各种颜色，丙纶异形丝：150D 三叶闪光丝，丙纶可染丝：75D～150D 白色，丙纶粗旦高强丝 500D～20000D，规模 3000 吨/年

湘潭纺织印染厂

地址：湖南省湘潭市板塘铺
邮政编码：411102
电话：571001　　电报挂号：4784
电传：998015 XTPDM CN
传真：(0732) 571382
厂长：刘益山　　职工：11000 人
主要产品：纯棉、涤棉和麻棉纱、线、坯布、印染布。产品规格有：纱：T/C（精、普）13tex、C（精、普）9.5tex、C（精、普）14.5tex；坯布：C 14.5/14.5 484/264 120.65cm，T/C 13/13 433/299 122.5cm；印染布：T/C 卡其什色布、T/C 花布、T/C 漂白布

湘潭化纤厂

地址：湖南省湘潭市友谊广场东侧
邮政编码：411101
电话：61299　　电报挂号：0044
电传：998023 XTCFF CN
传真：(0732) 63141
厂长：袁志明　　职工：1759 人
主要产品：湘潭化纤厂系湖南省纺织化纤原料生产基地，现有固定资产 1.19 亿元，年产涤纶长丝 6000 吨，主要生产《婵娟牌》涤纶牵伸丝、弹力丝、网络丝三个系列 24 个规格品种产品

湖南省维尼纶厂

地址：湖南省溆浦县大江口镇
邮政编码：419323
电话：232988　　电报挂号：1441
传真：(07402) 232988
厂长：成安献　　职工：4000 人
主要产品：电石、聚乙烯醇、各种型号和规格的维纶纤维（包括水溶性纤维)、无纺布、乳白胶、聚乙烯醇缩丁醛、醋酸、甲醛、425R 和 525R 水泥、高速卷烟包装胶、接嘴胶、松香脂、叔戊醇等

国营邵阳第二纺织机械厂

地址：湖南省邵阳市宝庆西路 56 号
邮政编码：422000
电话：323323　　电报挂号：6811
电传：990004 SYSTM CN
传真：(0739) 323649
厂长：张电生　　职工：4320 人
主要产品：MH773 型、MH774 型各种幅度和热源的拉幅定型机，各类棉毛染整设备，系列载热油加热炉。化纤机械有腈纶、丙纶、涤纶、粘胶纺丝机，锦纶涤纶高速纺丝机及烟用滤咀丙纶丝束成套设备，并可承接 VC406 纺丝机改造项目

广州丝绸印花厂

地址：广东省广州市荔湾路 104 号
邮政编码：510170
电话：8826318　　电报挂号：4318

传真：(020) 8813746
厂长：任炳彝　　职工：678 人
主要产品：印染真丝绸、印染拉架布（针织尼龙）、印染人造丝、印染装饰布、印染棉布、印染合纤绸、印染涤纶混纺布、印花丝绒、印花丝巾、方巾

广州针织纺纱厂

地址：广东省广州市黄石路 188 号
邮政编码：510430
电话：6622975、6622972　电报挂号：5495
传真：(020) 6622976
厂长：胡颢忠　　职工：333 人
主要产品：我厂的主机设备是从意大利玛查力公司和德国斯拉福斯特公司全套引进，并从德国 LTG 公司引进全自动空调除尘装置，主机和辅机达到了 80 年代末 90 年代初的国际先进水平。

我厂主要生产中细号纯棉针织纱，产品质量按乌斯特 1989 年公布值的 25％考核

汕头市海力化学纤维有限公司

地址：广东省汕头市潮汕路下岐
邮政编码：515064
电话：221139　电报挂号：6449
电传：454089 HLCFC CN
传真：(0754) 225987
厂长：方维恭　　职工：684 人
主要产品：涤纶、锦纶、丙纶纤维。规格有 265dtex、175dtex 等各种规格涤纶 POY 丝，44dtex、56dtex、78dtex、110dtex 单股、双股锦纶弹力丝及加捻丝，500dtex、1000dtex 丙纶牵伸网络丝，涤丙空气变形丝等

广东新会涤纶厂股份有限公司

地址：广东省新会市会城今古洲
邮政编码：529100
电话：663807　电报挂号：3321
传真：(07656) 663845
董事长、总经理：宋启越
职工：2600 人
主要产品：各种规格涤纶长丝新品种、涤纶差别化纤维新品种、印地科牛仔布、涤纶短纤维、涤纶精梳仿毛条、色母粒、纸筒管

深圳中原纺织机械实业有限公司

地址：广东省深圳市华强北路上步工业区 204 栋 4 楼
邮政编码：518029
电话：3365219　电报挂号：2699
传真：(0755) 3349741
厂长：王国檩　　职工：40 人
主要产品：我公司引进意大利包复机生产氨纶空气包复纱、棉包氨纶纱，主要规格有 2015、2070、3070、4070、70D×20ˢ/2、140D×20ˢ/2，还可根据客户要求特殊加工。

我公司还生产经营纺织机械及其配件和器材，各种面料，服饰，针织服装

深圳申光纺织器材制针有限公司

地址：广东省深圳市华强路工业区 204 号
邮政编码：518028
电话：3365216　电报挂号：6999
传真：(0755) 3365216
厂长：赵维昌　　职工：26 人
主要产品：生产各种针织机用针、配件，喜鹊牌织针在国内外享有一定声誉。为更好服务于用户，在广东省佛山市、东莞市黄江镇、福建省晋江市设立了分公司（经营部），欢迎惠顾

深圳市力申纺织技术开发公司

地址：广东省深圳市华强北路 3 号深圳纺织大厦六楼
邮政编码：518031
电话：3321179、3344626
电报挂号：4784
传真：(0755) 3360139
经理：董有昌　　职工：20 人
主要产品：纺织印染用助剂，包括：①运用于各种类型染料的染色助剂，可以大大提高染料在浴中的分散度，增加上染率，消除染色不匀现象；②RS 系列净洗剂；③RS 系列柔软剂，有阳离子型、非离子型、有机硅型及混合型。大部分产品采用国际先进技术生产

深圳协利汽车企业有限公司

地址：广东省深圳市贝丽南路 3 号
邮政编码：518020
电话：(0755) 5534966、5508500
厂长：江达贤　　职工：100 人
主要产品：维修各类型汽车、档车（拆旧车），全部翻新，冷气安装等，经营进口旧车辆，兼营汽车零部件

长寿棉纺织厂

地址：四川省重庆市长寿县朱家镇
邮政编码：631221
电话：(08213) 44984
电报挂号：2758
厂长：向柏松　　职工：1327 人
主要产品：我厂系 80 年代初新建的棉纺织厂，生产规模为 3 万纱锭，生产各号纯棉、化纤混纺、麻棉纱线 6000 吨，及 120 万米/年轻重型帆布

四川省江油棉纺织厂

地址：四川省江油市顺江路 46 号
邮政编码：621701
电话：(08244) 221356、221592、221636
电报挂号：2172
厂长：邓显贵　　职工：3000 人
主要产品：纱类：纯棉 29tex、纯棉 22.5tex、涤棉 14tex、涤棉 13tex、维棉 22.5tex；布类：涤棉 14/14　318/291　119.5 细布、涤棉 14/14　314.5/275.5　96.5 细布、涤府 13/13　433/299　96.5 细布、维棉 22.5/22.5　236/228　96.5 中平布、维棉 22.5/22.5　236/228　118 中平布、维棉

22.5/22.5　236/228　123 中平布、维棉 22.5/ 22.5　255.5/228　87 粉袋布、纯棉 29/29　236/236　96.5 外销布

成都市变形纱总厂

地址：四川省成都市青白江区教育街
邮政编码：610300
电话：3301756　　电报挂号：9041
传真：（028）3301192
总厂长：易敏先　　职工：108 人
主要产品：我厂是纺织原料加工、生产、印花、织布、制衣的一条龙综合校办企业，曾多次荣获特级信用及市级先进企业称号。网络丝被评为市优产品。产品有各色网络丝、变形纱、平行纱、仿马海毛线、高弹涤纶、印花面料、男女时装、童装等

成都市丝织厂

地址：四川省成都市高新技术开发区外南永丰路二段
邮政编码：610041
电话：（028）5584834、5584742
电报挂号：4865
厂长：向克舟　　职工：1200 人
主要产品：15613 斜纹绸，13263 蜀宫绸，真丝电力纺类，12781 精华绉，116 斜条绸等纯桑蚕丝绸。斜纹绸、蜀宫绸获部及省、市优产品称号，斜条绸获省优新产品称号。产品主销海外，深受国内外用户欢迎

四川省南充第三丝绸厂

地址：四川省南充市平城街 52 号
邮政编码：637000
电话：226154　　电报挂号：1681
传真：（0817）226154
厂长：毛相康　　职工：3400 人
主要产品：C_3“梅花牌”各种条份白厂丝、双宫丝、优质土丝，“飞泉牌”系列电力纺、绉、缎、绫绸、纱等 100 多个花色品种丝织品，“三利牌”各种款式丝绸服装，传统工艺和现代技术加工而成的手绘、扎染、印花丝绸长、方巾、手绢、丝棉被和手工编织的真丝地毯、挂毯等

四川省南充地区阆中丝绸集团公司

地址：四川省阆中市双栅子街 25 号
邮政编码：637400
电话：22811　　电报挂号：0001
传真：（08262）22659
总经理：邓海清　　职工：4897 人
主要产品：生产 11 种规格的白厂丝，9 大类 60 余个不同规格的丝织品。年产各种款式丝绸服装 30 万件（套）

四川省遂宁丝绢厂

地址：四川省遂宁市和平路 81 号
邮政编码：629000
电话：226980　　电报挂号：4828
传真：（08252）225068
厂长：陆寿荣　　职工：3000 人
主要产品：19/21D、20/22D、27/29D、28/32D 桑白厂丝，50/70D、100/120D 优级土丝，10 支、15 支、17 支、20 支、25 支桑䌷丝，60 支、120 支、140 支桑绢丝，锦江牌、金顶牌桑绵球，各类丝织品、真丝针织面料、丝绸服装、羽绒制品等

四川蜀东化纤厂

地址：四川省达县市新盘路 4 号
邮政编码：635000
电话：（0818）223732、222908
电报挂号：0988
电传：615723 SCSPF CN
厂长：张友耕　　职工：650 人
主要产品：各种规格的涤纶低弹丝、网络丝、异型丝及色丝，主要规格品种有：50～300D/24、30、36、48、72、96F 涤纶低弹丝及网络丝、色丝，50～300D/24、30、36、48、72、96F 涤纶牵伸丝及牵伸网络丝、色丝，50～150D/30、36、48F 三角形和三叶形涤纶低弹丝及牵伸丝、色丝

重庆纺织器材厂

地址：四川省重庆市茄子溪纺材村 1 号
邮政编码：630082
电话：（0811）624014、624537
电报挂号：9008
厂长：张铭嘉　　职工：700 人
主要产品：本厂产品主要包括：各式塑料纱管、木梭、梭管配件、纺织木制配件等四大类，近百个品种，约 6000 个规格型号。各类梭管产品均按国标、部标及国际标准生产，还可生产各种非标器材产品及民用塑料制品

云南滇西纺织印染厂

地址：云南省大理市下关文化路 27 号
邮政编码：671000
电话：25489　　电报挂号：3329
传真：（0872）21868
厂长：罗宜山　　职工：4600 人
主要产品：“苍山牌”纯棉、人棉、混纺纱，“三塔牌”坯布，“洱海牌”染色、印花布和各式服装、床上用品。其中 21^s 纯棉纱、24×24 纯棉印花布、45×45 涤棉印花巴厘纱、涤卡茄克衫等 8 种产品分别获云南省、纺织工业部优秀产品

西安化纤厂（又名中国人民解放军第 3546 工厂）

地址：陕西省西安市长安路新文巷 12 号
邮政编码：710061
电话：（029）52884
电报挂号：3321
厂长：郎兴启　　职工：758 人
主要产品：各种规格的涤纶短纤维、涤纶差别化纤维、三维卷曲涤纶纤维、涤纶絮片、涤纶无纺布等，其中涤纶中长纤维为部优及军优产品。

新产品有纯羊毛被、电热毯，豪华变光鱼缸，玻璃钢系列产品等，都具批量生产能力

陕西省纺织建筑设计研究院

地址：陕西省西安市金花南路 15 号
邮政编码：710048
电话：(029) 332095、331194
电报挂号：0289
院长：许寒波　　职工：158 人
业务范围：主要从事棉、毛纺织、印染、化纤、丝绸、针复制工厂的全套设计及技术改造；进行小区规划，各种住宅、写字楼、商店、学校等民用工程设计及工程总承包；开展抗震鉴定、震灾预测、房屋加固设计及地基处理、施工监理、环保监测、评价、污水处理、技术咨询、服务等

甘肃省纺织机械厂

地址：甘肃省兰州市草场后街 71 号
邮政编码：730046
电话：21911　　电报挂号：0115
传真：(0931) 24494
厂长：徐兆坤　　职工：1050 人
主要产品：H212 型粗、精纺毛织机，A186 (D、F) 型梳棉机，BC272 (K、L、J) 梳毛机，LB022 (A、B) 型洗毛联合机，FN100 型羊绒分梳机，GSFX100 型亚麻短麻开松除杂机，CZ191 型苎麻梳理机，SYZ—4A 型塑料圆织机，SPL (90、110) 型平膜拉丝机组，SHJ—72 型双螺杆配料混练挤出机

新疆第三毛纺织厂

地址：新疆省乌鲁木齐市乌奇公路 40 号
邮政编码：830021
电话：336892、336887
电报挂号：3010
传真：(0991) 335546
厂长：李臣奇　　职工：1200 人
主要产品：本厂拥有毛精纺 5200 锭，并拥有先进的平网台板印花生产线，技术力量雄厚，检测手段先进，生产“西夏牌”全毛华达呢、马裤呢、缎背华达呢、啥味呢、女衣呢、鸵丝锦及印花呢绒系列产品，蒙丽莎、压花呢绒获“全国企业成果博览会”荣誉证书，产品畅销全国

新疆阿克苏大光毛纺织厂

地址：新疆阿克苏市南大街 9 号
邮政编码：843000
电话：23115、23116
电报挂号：1129
厂长：郭其昌　　职工：3400 人
主要产品：全毛及混纺各类精纺呢绒、粗纺呢绒、绒线，全毛水纹提花毛毯，商品毛条及各式羊毛衫和呢绒服装

广州呢绒纺织印染厂

厂长 李 钢

本企业于1986年引进法、英、西德、意大利、瑞士等国90年代先进的毛纺织印染设备生产线，总投资近1000万美元，是广州唯一毛纺、织、印染整理功能齐全的厂家。主要品种有精纺全毛、毛涤混纺纱，可织造全毛、毛混纺高档服装面料，纯棉色织布、涤粘中长布、毛麻涤轻薄面料及高级轿车汽车座椅面料，染整产品有高档的毛型整理印染布、仿毛化纤及各种洗缩整理布等。

地址：广东省广州市海珠区新港中路489号　　**邮政编码**：510810
电话：(020) 4461212、4461168　　**电挂**：4828

山东潍坊化纤集团总公司

总经理 潘景岫

山东潍坊化纤集团总公司位于潍坊经济技术开发区中，毗邻潍坊高新技术开发区，投资环境优越，交通便利。总公司是在潍坊化纤厂为核心层的基础上，经潍坊市政府批准的大型（一）企业，被省政府定为44家重点发展的大型企业集团之一。核心企业潍坊化纤厂是山东省规划的粘胶纤维基地。现有固定资产4.2亿元，职工5000人，其中技术人员461人，占地50万平米，年产粘胶长丝4000吨，粘胶短纤维1.3万吨，棉浆粕1.8万吨，6000KW自备发电。投产以来，产品质量稳步提高，粘胶短纤维系列产品创省优，其中中长纤维获部优，1990年至1993年分别创利税2001万元、3004万元、4031万元和5000万元，连续3年居全省纺织行业首位。

总公司积极发展内外贸易，先后在沿海、沿边和国外组建了12个工贸公司和8个合资企业。

到“八五”末期，总公司主要产品粘胶短纤维达3万吨，粘胶长丝5000吨，浆粕4.5万吨，产值达8亿元，实现利税过2亿元，出口创汇1000万美元，成为集生产、经营、科研、内外贸易、信息服务于一体的大型综合性企业集团。我公司竭诚欢迎国内外广大用户惠顾。

地址：山东省潍坊市寒亭区上海路　　**邮政编码**：261100　　**电　挂**：1472
电话：251481　　**电传**：324328　CFPWF　CN　　**传真**：(0536) 251388

湖北省襄樊棉纺织印染厂

厂长　余云先

湖北省襄樊棉纺织印染厂系全国大型一档企业，位于古城襄樊市人民路中段，占地52万平方米，拥有固定资产2.7亿元，纱锭9万枚，气流纺1600头，织机1600台，印染生产线7条，年产值3亿元以上。现有职工1.03万人，专业技术人员占职工总数的13%以上。1987年被评为首批“省级先进企业”，1988年晋升为“国家二级企业”。1993年获自营进出口权。

我厂近年来先后引进了溢流染色、多功能轧光、圆网印花及气流纺、自动络筒、整经、浆纱、片梭织机等国外先进设备和技术，能够生产各类纯棉、涤棉纱；纯棉、涤棉防羽绒布；府绸、纱卡、细布及漂、色、花系列产品，产品远销亚非欧美及香港等30多个国家和地区，有9个产品获“省优”称号，12个产品获“部优”称号，21纯棉哔叽和40杂色府绸获国家“银质奖”。

地　　址：湖北省襄樊市人民路229号　　**电　　话**：224247
邮政编码：441002　　**传　　真**：（0710）224457

通化市人造毛皮联合公司

厂长　胡寿元

通化市人造毛皮联合公司，是中国研制、生产人造毛皮以及其服装最早的专业厂家。公司现有职工900人，注册资金2170万元，年生产能力为250万米人造毛皮。产品多次获省优、部优称号，并荣膺第38届尤里卡世界发明博览会“银奖”和全国人造毛皮类产品唯一国优金奖。从1978年到1992年，企业共实现利税1亿1千万元。

我公司产品分为人造毛皮（其中包括高档仿兽毛皮、高级时装毛皮）、平剪绒（其中包括素色平剪绒、提花平剪绒、滚球绒、高级平剪绒）和长毛绒（其中包括色长毛、混长毛）三大系列、50多个品种、200多种花色。产品以花型典雅、质地丰厚、仿兽毛感逼真、风格以假乱真而著称。可分别用于制作各种女式大衣、高级时装、童装、棉裤、床毯、地毯、手套和鞋帽辅料等。

地　　址：吉林省通化市建设大街73号　　**邮政编码**：134000
电　　话：617901　　**传　　真**：（0435）616479

新疆伊犁毛纺织厂

厂　长：李世昌

新疆伊犁毛纺织厂建于1958年，拥有22760锭精纺纱锭，其中7264锭、35台织机系先后从德国、意大利、瑞士、日本和香港引进，基本形成了一条具有80年代国际先进水平的纺织染出口产品生产线；2000吨毛条规模，年产精纺呢绒350～400万米，绒线350～400吨。本厂是国家二级大型全能毛纺织厂，占地近40万平方米，有包括14个民族的4050名职工；少数民族职工占41.34％。

本厂有六大生产车间、纺织配件厂、驻外办事经销机构，还有食堂、托儿所等生产辅助部门和生活服务部门。下属实业开发公司经营针织，制毯，印刷，小化工，商场，宾馆等。同哈隆克斯坦共和国塔尔迪库尔干州阿加尔合作服装企业合资承办的《新疆凯伊塔服装有限公司》，年生产各式服装25万件。

本厂生产精纺呢绒250个品种，500多个花色以及各支粗细绒线，获国优、部优、区优产品共24个。主体产品XB2201华达呢连获国家银质奖。外销产品XB22014、XB22017华达呢获国家经贸部荣誉奖；在商业部主办的92最畅销国产商品展销月活动中，我厂"雪鸡牌"XB2204全毛缎背华达呢获"金桥奖"。

随着经济体制改革的深入，国营大中型企业经济机制的转换，企业以市场为导向，以销定产，经济效益不断提高。

1992年销售收入13683.9万元，实现利税3010.9万元，取得了较好的经济效益。

我厂将抓住扩大开放的有利时机，注重发展外向型经济，拓展多方位对外贸易，开展一业为主多种经营，逐步朝出口创汇企业发展，为国家多做贡献。

地　址：新疆伊宁市伊犁河路132号　**邮政编码**：835000
电　话：23050（总机）、21985（直拨）　**传　真**：（0999）21489

开山屯化学纤维浆厂

厂长　金今硕

开山屯化学纤维浆厂建于1936年，是全国制浆、造纸行业的综合性大型国有企业。主要生产“亚松牌”化纤浆、机制纸及纸浆、木素类化工产品和活性炭等4个系列、20余种规格、50多种产品。是我国目前主要的粘胶纤维木浆生产基地。

全厂现有职工近万人，占地面积144万平方米。拥有固定资产总值3.3亿元。1992年完成工业产值34034万元，完成销售收入26638万元，实现利税2523万元。

我厂技术力量雄厚，工艺设备先进，先后从国外引进了超精滤、高级铜版纸生产线等具有国际先进水平的设备。有14种产品荣获国家、部、省优质产品称号。产品行销全国各地，并远销日本、美国、香港及东南亚等国家和地区。

目前，我厂扩建年产两万吨粘胶短纤维项目已经国家计委批准列入国家“八五”计划，该项目完成后，将为我国的化纤纺织事业和振兴延边工业做出贡献。

地址：吉林省龙井市开山屯镇　**邮政编码**：133417

电话：222200　**电传**：84225 KSTM CN　**传真**：（04438）222200

黄石纺织机械厂

厂长　居少宏

黄石纺织机械厂是我国生产印染染整设备的大型骨干企业，水陆交通便利，经黄石港可达长江沿岸各港口；经武（汉）黄（石）铁路和公路可达武汉而通往大江南北；经黄（石）大（冶）公路和大沙铁路可达九江、南昌而连接沿海诸省。

本厂拥有九个生产车间和千余台（套）精良的加工设备和检测设备，主要生产印染染整设备，产品有：烧毛机、直辊丝光机、高速布铗丝光机、针织丝光机、圆网印花机、绳状练漂联合机、高速平幅退煮漂联合机、各种染色、水洗、轧烘机以及各种印染机械设备的烘筒、导布辊等辊类通用件及各种配件。产品行销全国各地，并远销欧、亚、非、拉美等二十余个国家和地区。

本厂拥有技术力量雄厚的产品开发队伍和售后服务队伍，经过长期不懈的努力，已形成了以丝光机、圆网印花机、高速平幅退煮漂联合机、绳状练漂联合机为代表的、能满足用户不同需求的一百多个品种。本厂在大力开展新产品的同时，不断进行技术改造，以提高高技术产品开发能力和制造能力，并从国外引进了一批先进设备，从而加快了产品开发，保证了产品质量。本厂长年坚持售后服务，想用户之所想，急用户之所急，以优质的产品赢得用户信任，以良好的服务与用户交朋友，黄石纺织机械厂朋友遍天下。

地址：湖北省黄石市下陆大道31号　**邮政编码**：435004

电话：222093　**传真**：（0714）222655

深圳市纺织工业公司

总经理　张应学

本公司成立于1984年3月，是深圳市政府直属的集团型行业公司，以纺织业为主、工贸技结合、多元化经营、综合型发展的经济实体。

公司成立以来，得到国内外各方面鼎力支持和合作、发展迅速，现拥有各类企业48家、总资产5亿元、净资产8200万元，产品90%外销。公司多年来工业总产值、销售收入、利税、创汇均为全市工业集团（总公司）前列，曾荣获深圳市工商信用企业AAA级和“三超”五连冠先进企业等殊荣，是一个经济实力和技术实力雄厚、资信好的国营公司。深纺公司拥有两家上市公司的股权，公司本身亦已做好股份制改组的一切准备工作，将成为上市股份公司。

本公司从事纺织、服装、原辅材料、纺织机械、器材、配件的生产和出口；纺织生产所需的原辅材料、染化料、设备、配件的进口；开展房地产开发、仓储运输、饮食旅业等第三产业。

要公司本着“团结、开拓、严明、高效”的企业精神，坚持“质量第一、真诚合作、互惠互利、共谋发展”的宗旨，竭诚为国内外广大客户提供最佳服务，愿与国内外新老客户建立广泛、持久、友好的合作关系。

地　　址：广东省深圳市上步中路振华路3号
邮政编码：518031
电　　话：3360127
传　　真：（0755）3360139

无锡第一棉纺织厂

厂长 李光明

原名申新三厂，是由中国近代著名实业家荣宗敬、荣德生先生于1919年创建，迄今已有74年历史。国家副主席荣毅仁曾任本厂董事长。

本厂位于驰名中外的大运河两岸。拥有11万纱锭、2000头气流纺、1438台织机。固定资产3.5亿元，为中国500家最大工业企业之一。

本厂拥有一流的技术设备。从日本、瑞士、意大利、比利时、德国引进了全程纺纱设备、无梭织机、精梳机、自动络筒机、乌斯特检测仪等先进纺织设备，两次荣获国家经委技术进步奖。

本厂为纺织行业出口创汇骨干企业。40×40纯棉府绸、高密羽绒布、涤棉细布、阿巴丁风衣面料、JK针织系列纱在国际市场上声誉卓著。

地址：江苏省无锡市健康路122号　　**邮政编码**：214031

电话：223567、228041　　**传真**：（0510）202374　　**电挂**：1612

鞍山市棉染厂

厂长 刘书声

鞍山市棉染厂是以生产纯棉、涤棉、麻棉、染色布为主的印染专业厂，建于1969年，现有职工563人。1992年实现工业总产值6190万元，销售收入5991万元，出口商品供货总值4899万元，质量（入库一级品率）91.3%，利润144.2万元，税金98万元。

本厂主要生产"铁虹牌"纯棉、涤棉、麻棉染色和漂白布，漂白树脂衬布，磨绒布，阻燃布。

地址：辽宁省鞍山市铁西区西解放路62号　　**邮政编码**：114014

电话：45120　　**传　　真**：（0412）814502

深圳市华强宾馆

总经理　钟剑平

深圳市华强宾馆是深圳市纺织集团公司属下的一座中型宾馆，宾馆设有豪华套房、豪华双人房、豪华单间和标准三人间等多种规格、多种档次的客房，房内地毯、程控电话、中央集中空调、21寸彩电、客用小冰箱和独立卫生间一应俱备，烟感报警、自动喷淋等先进的消防设施让客人倍感安全，正在筹建的与宾馆毗邻并配套的澳洲大酒楼和深圳市最大的川菜厅都同在深纺大厦推出，面积3000m²的深圳市人才交流市场和“国泰”、“招商”等大型股票交易厅就在宾馆楼下，求职、经商都极为方便。

华强宾馆从广州、湖南、四川、湖北等地聘请一批酒店管理专业人员参与管理，服务员全部从旅游学校招聘并经严格培训，“全天侯”的服务，使客人入住华强宾馆有宾至如归之感。

华强宾馆注重社会效益，坚持薄利经营，二星级的设备、一星级的房价，因而被客人誉为深圳市最实惠的宾馆。

地　　址：广东省深圳市华强北路3号
深纺大厦C座
邮政编码：518031
电话（总机）：3344611、3344612
订房直线电话：3344635、3350064
传　　真：（0755）3350064

山西维尼纶厂

SHANXI VINYLON FACTORY

山西维尼纶厂简介

山西维尼纶厂座落在山西莲花之乡——洪洞县的赵城地区，是目前山西最大的化工化纤联合企业。

山西维尼纶厂拥有固定资产1.3亿元，占地800亩，定员3200人。目前有高、中级各类技术人员200多人，技术力量雄厚，拥有先进的生产工艺和完善的检测手段，生产自动化水平高。有便利的陆路交通和良好的资源环境：南同蒲铁路、太茅公路位于厂区西侧，铁路专线直通厂内；石灰石、焦炭等都具有得天独厚的优势。

本厂产品规模为：年产电石近4万吨，聚乙烯醇(17—99)1万吨，维纶短纤维7200吨，甲醛5000吨。近年来新增产品规模为：聚乙烯醇(17—88)1000吨，丁炔二醇500吨，白乳胶5000吨，无纺布100万平方米。此外，醋酸乙烯、乳胶桶、地板漆等也有相应的生产能力。其中聚乙烯醇系列产品为出口创汇产品。

近几年来，山西维尼纶厂走深化改革，挖潜改造，以质量求生存，以品种求发展的道路，产品质量水平不断提高，企业经济实力不断增强。聚乙烯醇(17—99、17—88)先后获省优产品。1989年荣获省级先进企业称号。

SHANXI VINYLON FACTORY – BRIEF INTRODUCTION

SHANXI VINYLON FACTORY is the largest chemical industry and chemicalfibre integrated complex in Shanxi province, which is located at Zhao Cheng region of Hong Dong county – a place of lotus.

It covers an area of 800 mu, and the total value of fixed assets is 130,000,000 RMB. The fixed number of staff members and workers are 3200 including more than 200 technical personnels of all kinds at middle or highranks. With the advanced technology, automatic equipment and complete test methods, the factory has possessed a strong technical force. The factory is convenient in transportation and superior in resource environment: Both South Tong Pu railway and Tai Mao highway are to the west of it, a special railway line leads to the factory directly, and limestone and coke can be supplied in a steady stream.

The annual production capacity is as follows: Calcium carbide near 40,000 T, Polyvinyl alcohol [17–99],10,000T, polyvinyl alcohol cut fibres 7200T, Formaldehyde 5,000T, Polyvinyl alcohol [17–88] 1,000T, butynediol 500%, white emulsoid 5,000T, adhesive-bonded fabric 1,000,000m^2, the corresponding capacity of emulsion drum, floor paint and vinyl acetate has been formed, too. Among these, polyvinyl alcohol series products are sold in the world market.

By way of deepening the reform, tapping the latent power and making the technical transformations, the factory has been greatly strengthened with more kinds of new developed products which are at high quality. In 1989, it was elected a provincial advanced enterprise, and polyvinyl alcohol [17–99],[17–88] have also become provincial high quality products successively.

地址：山西洪洞县赵城
电话：2502
电挂：4850
邮政编码：031603

ADD. SHANXI VINYLON FACTORY
ZHAO CHENG HONG DONG COUNTY,
SHANXI, CHINA.
TEL: 2502
CABLE: 4850
POSTCODE: 031603

日本 住友商事株式会社
谷津株式会社　　　共同投资
中国 北京市红蓝服装厂
兴　建

北京頂上服装有限公司

B.S.G.C

Beijing Summit Garments Co.,Ltd

北京市顺义县北小营镇　TEL.FAX　944-2360

■工场面积　占地面积：12500m²
　　　　　　建筑面积：6300m²

■生产品种　高档毛衬男西服套装

■从业人员及生产能力

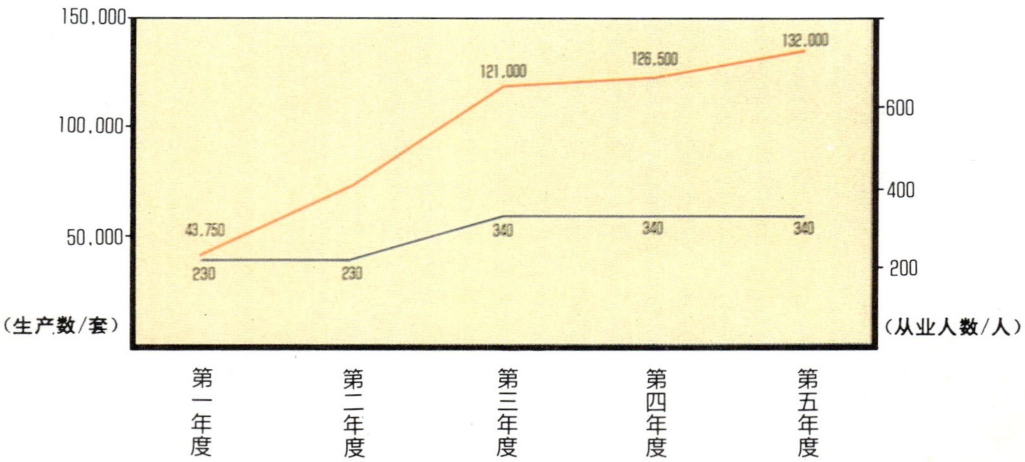

（京）新登字 037 号

《中国纺织工业年鉴》编辑出版人员

编辑主任：陈树津

编辑副主任：杨建新

编辑顾问：蒋一清　俞兆丰

编　　辑：（按姓氏笔划为序）

王云红　田大庆　孙　雷　刘俊茹

张景芳　昝宝森　姚茂春　顾　强

美术编辑：李　强

技术编辑：任星荪

出　　版：王　浩

责任编辑：杨建新

中国纺织工业年鉴

1993

《中国纺织工业年鉴》编辑委员会　编

*

中国纺织出版社出版发行

（北京东直门南大街 4 号）

电话：4662932　邮编：100027

北京觅子店印刷厂印刷

各地新华书店经售

*

787×1092 毫米　1/16　印张：22.5　插页：8　字数：754 千字

1993 年 12 月　第一版第一次印刷

定价：50.00 元

ISBN 7-5064-0975-5/TS・0908